# 민족혁명가 김원봉

한길사

*Kim Won Bong, a National Revolutionary*
By Lee Won Kyu

Published by Hangilsa Publishing Co. Ltd., Korea, 2019

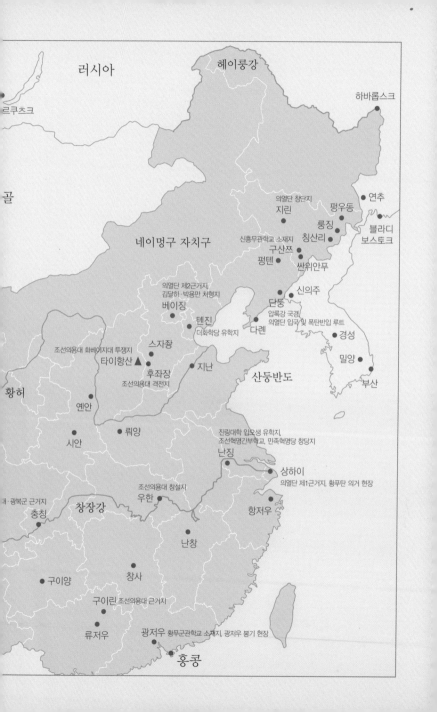

"나 김원봉은 민족혁명당을 대표해

여러분을 뜨겁게 환영합니다.

조국 강토에서 일본 침략자를 몰아내는 건

조선 청년의 사명입니다.

그 사명을 다하려고 여기까지 온 여러분에게

엄숙하게 동지적인 경의를 표합니다.

여러분에 대한 나의 사명은 앞서 육탄혈전을

감행하고 저세상으로 가신 의열단 동지들의

유지를 실현하는 것입니다.

그분들은 꼭 군대를 만들어달라고 했습니다.

나는 여러분을 중국 무관학교에서

교육받게 하여 장차 민족해방군 지휘관으로

양성하고 우리 부모 형제가 있는 조국 땅으로

진격하게 하겠습니다."

# 다시 불멸의 영웅을 위하여

저자의 말

의열단 창단 100주년에 맞춰 약산 김원봉의 본격 평전을 출간하게 되었습니다. 그는 시대가 요구하는 영웅이자 민족혁명가였습니다. 저는 약산 김원봉이 평생 붙잡았던 경이로운 정신력이 인간의 진정성에 바탕을 둔 감화력과 조국 독립에 대한 절대신념에서 비롯되었다는 사실에 감동받았습니다. 그의 숨결이 새겨진 현장을 걷고 그의 생애를 추적하면서 우리 민족사의 안타까움을 체득할 수 있었습니다. 그에 대한 존경과 연민이 더해졌습니다.

나라와 민족이 일본 제국주의에 짓밟혀 신음하고 있던 시기에 초개같이 몸을 던진 의열단원들의 투쟁은 굴종과 치욕의 굴레를 벗고 일어나라는 광야의 북소리 같은 것이었습니다. 조선의용대의 투쟁도 그랬습니다. 약산 김원봉과 동지들의 불굴의 투쟁이 없었다면 민족의 자존은 어떻게 되었을까요.

약산 김원봉은 민족혁명가로서 조국 광복을 이루고 평등하고 공정한 나라를 만들자는 일념으로 분투했습니다. 민족화합과 통일전선을 주장했습니다. 해방과 함께 고국에 돌아와서도 민족분단을 막으려고 혼신을 다했습니다. 그러나 그는 남에서도 북에서도 좌절했습니다. 생애를 던진 독립운동가였지만 해방된 조국에 제대로 설 수 없었습니다. 이 나라의 슬픈 현대사입니다.

묻힌 역사의 중심에 금기된 이름으로 남아 있던 약산 김원봉이지만 근래 들어 그에 대한 관심이 커지면서 놀랄 만큼 많은 자료가 발굴되고 연구자들의 연구 성과도 활발해졌습니다. 저는 2005년에 출간한 픽션 형태의 작은 책을 전면 확대 개작했습니다. 잘못된 부분을 고치고 새로 알게 된 사실을 넣어야 했습니다. 새 책 쓰기처럼 어려워 산을 넘듯 힘든 고비를 넘고 또 넘었습니다.

저는 시대와 역사에 대한 작가의 책임을 생각하면서 이 책을 썼습니다.

기록과 사실에 충실하려 했고 허용되는 범위 안에서 상상력을 덧붙였습니다. 사실에 기반했다는 것을 밝히기 위해 300여 개의 주석을 달았습니다.

이 책에는 많은 인물이 등장합니다. 모두 실존인물입니다. 책이 두꺼워진 것은 새로 알게 된 이야기들을 넣은 때문이기도 하지만, 수많은 인물들을 뺄 수 없었기 때문입니다. 저의 가슴에는 약산 김원봉과 어깨동무하고 있는 조선의 청년들, 그 이름과 혼이 각인되어 있습니다. 황상규·이종암·윤세주·박재혁·최수봉·김상옥·김익상·김지섭·나석주 의사 등 의열단원들입니다. 민족해방을 위해 밤하늘의 유성처럼 스러져간 수많은 혁명전사들의 이름을 한 번이라도 더 소리 높여 불러주고 싶었습니다. 약산 김원봉이 지녔던 불굴의 정신은 희생된 동지들의 이름이 역사에 묻히지 않도록 반드시 조국 독립을 이뤄야 한다는 비장한 염원에서 형성되었기 때문입니다.

저는 연구자가 아니고 소설가입니다. 자료 공부와 현장답사를 통해 만든 정신의 그물을 메고 역사 속으로 들어가 이야기로 만들어 독자에게 전해주려 했습니다. 역사적 사실을 큰 얼개로 만들어놓고 빈자리를 상상력으로 메우는 것은 제가 일련의 평전들을 쓸 때마다 해온 방법입니다. 상상력은 소설가가 누리는 권리이자 행복입니다.

이 책을 쓰는 동안 저는 약산 김원봉과 하나되어 기뻐하고 슬퍼하고 분노하면서 그의 삶 속에 함께 서 있었습니다. 평전이지만 약산과 동지들의 인간적 체취를 많이 드러내려 했습니다.

저는 평전을 쓸 때 주인공과 주요인물들이 살았던 현장을 직접 느끼는 경험을 가장 소중히 여깁니다. 독자들에게 생생한 현장감을 선사할 수 있기 때문입니다. 20여 년 전 겨울, 홍정선 교수와 함께 남북한인 가운데 처음으로 타이항산의 조선의용대 투쟁현장을 답사하며 고생하던 일이 생각납니다. 나침반을 보고 기록하며 점퍼가 때에 절도록 걸었습니다. 해외답사가 어려운 시절이었는데 지린·상하이·난징·구이린·충칭·광저우에도 여러 번 갔습니다. 이 책의 집필을 시작한 지난겨울에는 『서울신문』 취재팀과 또 답사할 기회가 생겨 현장감을 다시 느낄 수 있었습니다.

제가 약산 김원봉에게 푹 빠지기 시작한 것은 30년 전이었습니다. 이정식·한홍구 선생이 펴낸 『항전별곡』과 님 웨일즈의 『아리랑』은 제가 아는 독립운동사 너머에 그만큼의 역사가 또 있다는 것을 깨닫게 해주었습니다. 분단의 모순은 사회주의 항일투사들의 투쟁을 덮어버려 우리의 독립운동사마저 축소시켰던 것입니다. 『광활한 대지 우에서』 등 널리 알려지지 않은 이들의 회고담도 찾아 읽었습니다.

박태원의 『약산과 의열단』, 이종범의 『의열단 부장 이종암전』은 약산에 관한 최상의 기록입니다. 염인호 교수의 『김원봉 연구』, 김영범 교수의 『한국 근대민족운동과 의열단』, 한상도 교수의 「김원봉의 생애와 항일역정」은 최고의 연구성과입니다. 세 분의 다른 저술들과 이동언·장세윤·박환·최봉춘·임경석·김주용·김희곤·이명화·이정은·박철규·김용달·김삼웅 선생의 저술 등의 자료들도 많이 읽었습니다. 어두운 역사의 그늘에 묻혀 있던 약산 김원봉을 독립운동사의 한 획을 그은 존재로 드러내준 연구자 여러분들에게 감사와 경의를 표합니다.

『김일성 저작집』을 비롯한 북한의 발간물, 중국과 미국과 러시아의 자료들도 많이 참고했습니다. 그러나 약산 김원봉이 월북한 후의 행적에 대한 정보는 여전히 적습니다. 그의 최후를 확증할 자료를 구하지 못했습니다. 언젠가 정확한 자료를 얻으면 그 부분은 고쳐 쓸 생각입니다.

이 책이 많은 독자 앞에 놓이기를 바라지만, 비록 몇 사람의 손에만 이르더라도 잊혀버린 독립투쟁의 영웅 약산 김원봉과 그의 동지들이 가졌던 불굴의 투혼이 읽는 분들의 마음속에서 북소리처럼 울리기를 희망합니다. 영욕과 굴곡의 우리 역사를 한 번 더 돌아봐주기를 바랍니다.

많은 분이 집필을 도와주었습니다. 김영범·이동언·김주용 교수는 자료를 구해주며 현장답사에 동행해주었고, 중국 충칭의 이선자 선생은 중국 현지답사와 함께 『국제대오』『조선의용대총서』『조선의용대통신』 등 원문 자료들을 구해주었습니다. 약산 김원봉의 혈육인 고 김학봉 여사, 윤세주 선생의 후손 윤명화 여사, 이종암 열사의 손자 이정근 선생, 박차정 여사의 유족 박의영 목사, 밀양문화원의 손정태 원장, 밀양 의열기념관의 이준설 선생도 귀중한 증언과 함께 자료를 찾아주었습니다. 모든 분께 감사드립니다. 변변치 않은 글을 좋은 책으로 만들어준 한길사 김언호 사장님과 편집부 여러분에게도 감사드립니다.

2019년 가을
이원규

# 민족혁명가 김원봉

차례

다시 불멸의 영웅을 위하여 | 저자의 말 5

1  청년 김원봉 의열단 단장이 되다                          15

2  만주로 간 소년                                        43

3  광활한 대지                                           67

4  독립투사들의 집결지 신흥무관학교                        87

5  제1차 암살·파괴 작전                                  109

6  부산경찰서·밀양경찰서·조선총독부를 폭파하다          139

7  조선혁명선언                                          167

8  제2차 암살·파괴 작전                                  221

9  새로운 투쟁노선                                       251

10  열사의 용기                                          283

11  중국 혁명에 참가하다                                  303

12  결혼, 그리고 레닌주의정치학교                          331

13 청년간부들을 키우다 357

14 민족혁명가의 길 373

15 조선의용대 창설 409

16 임시정부와 광복군으로 가다 465

17 해방 조국으로 돌아오다 501

18 민족화합의 비원悲願 523

19 귀향 551

20 분노의 시간들 575

21 북한에서 보낸 세월 607

주요 참고자료 639
약산 김원봉 연보 649
찾아보기 · 인명 659
찾아보기 · 용어 667

# 1 청년 김원봉 의열단 단장이 되다

## 내 몸을 육탄혈전에

1919년 11월 초, 만주의 고도古都 지린吉林은 겨울로 들어서고 있었다. 몽골과 시베리아에서 치달려온 차가운 북풍이 나목의 가지를 흔들며 휘파람 소리를 냈다.

바후먼把虎門은 지린 고성 안으로 들어가는 여덟 개의 성문 가운데 하나였다. 이 성문 밖 마을 입구에 제법 큰 집이 하나 앉아 있다. 대문에 후아성여사華盛旅舍라고 삐뚤빼뚤하게 쓴 굵고 흐릿한 글자들이 보였다. 황토를 바른 벽에 낡은 기와를 얹은 만주식 가옥, 특별히 눈길을 끌 만한 것은 없다. 24세 조선인 청년 이종암李鍾岩이 열흘 전 반潘씨 성을 가진 만주인 주인에게 한 달간 빌린 집이다.

11월 9일 오후, 이종암의 셋집에 청년들이 하나둘 모여들었다. 이종암처럼 만주식 변발辮髮을 하지 않은 것으로 보아 조선인들이다. 대문은 굳게 닫고 집 뒤편 쪽문을 이용했다. 사람들의 눈에 잘 띄지 않았다.

여섯 개의 객실과 주인이 쓰는 큰 방이 하나 있다. 한쪽에 중국식 온돌 침상 캉坑이 자리 잡고 있다. 바깥 아궁이에 땔 것을 적당히 넣어 캉 바닥이 따끈따끈했다. 방 안에는 주물鑄物로 만든 작은 석탄난로가 있다. 중국

차를 넣은 주전자가 증기를 뿜으며 끓고 있다. 벽에는 괘종시계와 청룡언월도靑龍偃月刀를 들고 서 있는 관운장關雲長의 전신상이 색이 바랜 채 걸려 있다.

이종암을 비롯한 아홉 명의 조선인 청년들이 앉아 있다. 캉에 걸터앉기도 하고 벽에 등을 기대앉기도 했다. 막내격인 19세 청년 강세우姜世宇만이 벽에 뚫린 폭이 두 뼘쯤 되는 정방형 작은 유리창 앞에 서서 밖을 열심히 내다보고 있다. 방 안 분위기는 언뜻 보아서는 평온한데 풀어진 표정은 없다. 무엇인가 중요한 일을 앞에 놓고 기다리는 듯한 긴장감이 흐르고 있다.

그랬다. 그들은 조국 독립을 위해 초개같이 목숨을 던지는 육탄혈전肉彈血戰 비밀결사를 결성하기 위해 누군가를 기다리고 있다. 그들은 대부분 이제 막 서간도의 신흥무관학교를 졸업한 청년들이다.

철석같이 약속하고 이 자리에 못 온 청년도 있다. 윤세주尹世胄다. 고열이 심한 급성 인플루엔자에 걸려 혼절했다가 신흥무관학교 동기생인 사촌형 윤치형尹致衡에게 업혀 중국인 의원에 간 터였다. 해열제를 먹고 좀 나았다는 소식만 왔다.

이종암은 비밀결사 창단 준비를 위해 신흥무관학교 졸업식에 참석하지 않고 어린 동기생 강세우와 함께 미리 지린에 왔다. 길림군정사* 선배들의 권유에 따라 밀정들의 눈을 피해 군정사 본부와 멀리 떨어진 이 집에 합숙소를 마련했다. 쌀과 된장, 야채, 만두 등 먹을거리를 사들였다.

이종암은 난로 뚜껑을 열고 부삽으로 석탄을 한 삽 넣는다. 그는 스스로

---

* 길림군정사는 1919년 2월 말 여준(呂準)·조소앙·김좌진(金佐鎭) 등이 조직한 대한독립의군부(大韓獨立義軍府)가 그해 4월 이상룡(李相龍)·유동렬·조성환(曺成煥)·이장녕·손일민(孫逸民)·황상규 등과 연합해 지린에서 조직한 조선 독립군정사를 달리 부르던 호칭이다.

이종암.
의열단 창단자금을 대고
준비작업을 했다.
손자 이정근 선생 제공.

냉철하다고 여기며 살아온 사람이다. 그러나 지금은 온몸이 석탄난로처럼
열기에 차 있다. 곧 목숨을 거는 맹세를 해야 한다는 생각에 마음이 설레
고 초조하다. 당장이라도 폭탄을 던지러 가야 할 것처럼 가슴이 두근거린
다. 아홉 명의 동지들도 같은 기분일 것이다.

이종암은 주전자에서 차 한 잔을 따라 마신 뒤 벽시계를 본다. 다섯 시
까지 십여 분 남짓 남아 있다. 곧 그들이 우두머리로 받드는 백민白民 황상
규黃尙奎 선생이 도착할 것이다.

"누가 백민 선생님과 광복회의 장승원張承遠 처단 이야기 좀 해주시오.
난 잘 몰라서요."

러시아 연해주 출신 이성우李成宇가 말한다.

"내가 설명하겠네."

이종암이 소리친다.

"백민 황상규 선생이 김원봉 동지의 고모부이자 스승이시고 김상윤金相
潤·한봉근韓鳳根·윤세주 동지의 스승이시지만 나도 대구 출신이라 잘 아
니 내가 말함세. 광복회는 대구의 자랑이네. 백민 선생은 대한광복회 간부
셨네. 대한광복회는 채기중蔡基中 선생이 이끌던 경상북도 풍기의 대한광
복단과 대구의 조선국권회복단이 통합한 단체네. '비밀 폭동 암살 명령'을

목표로 삼았지. 총사령인 박상진朴尙鎭 선생은 무관학교 출신 김좌진을 부사령으로 임명해 이곳 지린으로 파견했다네.

경북 칠곡의 친일거부 장승원* 처단은 재작년 11월에 일어났어. 장승원은 유림의 대가이며 의정부 참찬이었던 왕산旺山 허위許蔿의 도움으로 경상북도 관찰사가 됐지. 그가 20만 냥을 바치자 왕산 선생은 받지 않고 뒷날 나라가 위태로워지면 쓰자고 했네. 그리고 점차 나라의 운명이 풍전등화처럼 기울자 왕산 선생은 의병을 일으켰고 서대문감옥에서 처형당하셨지. 의병대에서 그의 막료를 지낸 박상진 선생이 뒷날 대한광복회 총사령이 됐어. 박상진 총사령은 장승원에게 군자금으로 쓸 것이니 왕산 선생에게 주려던 돈을 달라고 했어. 장승원은 거절하고 대한광복회를 밀고했지. 격분한 광복회원들은 장승원을 사살했어. 유창순庾昌淳·채기중·강순필·임봉주 네 동지가 했지. 세상 사람들이 사적 원한으로 오해할까봐 '광복하려는 것은 하늘과 사람의 같은 뜻이니 이 큰 죄를 성토하여 우리 동포들에게 경계하노라. 성토하는 사람 광복회'曰維光復天人是符聲此大罪戒我同胞 聲戒人光復會라는 성토문을 문짝에 붙이고 나왔지.

그 박상진 총사령도 체포당해서 김좌진 선생이 구출하려고 경성에 잠입했다가 실패했지. 대한광복회는 무너졌어. 우리 비밀결사의 단장을 맡으실 백민 선생도 왜놈 경찰에 쫓기게 되자 작년 봄 탈출해 김좌진 부사령이 있는 이곳으로 오셨지. 백민 선생은 박상진 총사령의 유지를 받들고 있는 분이야."

---

* 장승원(1853-1917): 구한말에 중추원의관, 경상북도관찰사 등을 지냈다. 8·15 광복 후 수도경찰청장, 외무부장관을 지낸 장택상(張澤相)의 부친이다. 경상도 제일 부호로 대한광복회의 독립자금을 거절하고 밀고해서 광복회원들에게 사살되었다. 1947년 3월, 김원봉은 일제 고등과 형사 출신 노덕술 수사국장에게 체포되어 장택상 청장의 방으로 끌려갔다.

질문한 이성우는 물론 백민의 제자들까지 모두 머리를 끄덕인다. 왕산 허위 선생과 박상진 총사령의 정신을 우리가 이어가자는 다짐 같은 것이다.

시계가 뎅뎅 오후 다섯 시를 알린다. 창단 토론과 결의를 하기로 한 시각이다. 곧 그들이 두목으로 받드는 백민 선생이 도착할 것이다. 이종암은 이 엄숙한 분위기를 창단 회의 시작 때까지 이어가고 싶다. 그는 동지들에게 말한다.

"단장님 곧 도착하실 테니 바로 앉읍시다. 우선 김원봉 동지의 담론을 들읍시다."

여덟 명 모두가 반가부좌를 하고 둥그렇게 둘러앉으며 김원봉을 주목한다. 김원봉은 낮은 목소리로, 신념에 찬 표정을 하고 입을 열었다.

"일제는 비폭력 만세시위를 벌이는 우리 동포 수천 명을 학살했습니다. 나는 하루에도 수백 번 마음속에 복수를 다짐합니다."

김원봉은 전체 단원들을 하나하나 뚫어지게 바라본다. 강한 의지 때문인지 눈에서 푸른빛이 돈다.

"육탄혈전을 벌일 우리는 정신이 무쇠처럼 강인해져야 합니다. 안중근 安重根 의사께서는 이토 히로부미伊藤博文를 격살하기 전날 밤 하얼빈哈爾濱 여관에서 결의를 다지는 노래를 지었습니다.

장부가 세상에 처함이여

그 뜻이 크도다.

때가 영웅을 만듦이여

삭풍의 차가움이여

피가 끓도다!

내 몸을 조국의 제단에!

여러분! 안중근 의사님을 생각하며 다짐합시다. '내 몸을 조국의 제단에!'"*

청년들은 혹시 밖에 있을지도 모르는 밀정들이 듣지 못하게 목소리를 죽여서, 그러나 매우 엄숙하게 복창한다.

"내 몸을 조국의 제단에!"

순교를 각오한 신자들 같다. 눈물을 흘리는 청년들도 있다. 제의祭儀와도 같은 집단 심리, 열광과 강렬한 소속감으로 뭉쳐지고 있다.

김원봉은 침착하게 계속한다.

"짐작하건대 곧 단장님이 오시면 아마 우리의 비밀결사가 대한광복회를 계승할 것이며 길림군정사 소속이자 상하이上海에 있는 임시정부 소속 별동대로 한다고 하실 겁니다. 물론 우리가 동의해야 할 것이지요."

신흥무관학교 교관 출신 서상락徐相洛이 손을 번쩍 든다.

"나도 대한광복단과 연줄이 닿아 있소이다. 그러나 기존 조직과 연계하는 건 반대합니다. 비밀결사는 어떤 조직과도 동떨어져야 합니다."

동시에 찬성 발언이 여럿 나왔다.

김원봉이 이어서 말한다.

"그건 백민 선생님 오시면 결정해야지요. 아무튼 우리에겐 할 일이 있습니다. 하나는 비밀결사를 조직하고 의열義烈이라 칭하는 것, 둘째는 백민 선생을 단장으로 추대하는 것, 셋째는 상하이에 있는 임시정부와 안창호安昌浩 선생님 명령에 따라 지린에 폭탄제조기를 가져오는 것, 넷째는 폭탄을 조국 땅으로 보내는 것, 다섯째는 한 달 안에 폭탄을 휴대하고 고국 땅

---

* 안중근의 시 「장부가 세상에 처함이여」는 박은식(朴殷植)의 『삼한의군참모중장 안중근전』에 실려 있다. 윤병석 역주, 『안중근 전기』, 국학자료원, 2011, 89~90쪽.

에 들어가 파괴하고 암살하는 것입니다."*

김원봉은 주먹 쥔 손을 힘차게 치켜올린다.

"내 몸을 조국의 제단에!"

"내 몸을 육탄혈전에!"

청년들은 김원봉을 따라서 복창한다.

김원봉은 귀공자처럼 생긴 얼굴 때문인지 가장 어려 보인다. 5척 5촌 165센티미터쯤 되는 보통 키에 군살 없는 날씬한 몸이지만 이두박근과 다리가 탄탄해 보이고 손이 가늘다. 얼굴이 단아해 여장을 한다면 꼼짝없이 속아 넘어갈 듯한 미남이다. 입매는 단정하고 눈빛은 형형하다.**

그의 특장特長은 외모만이 아니다. 낮으면서도 신념이 실린 목소리, 사람들의 마음을 휘어잡는 독특한 화술도 그의 뛰어난 장점이다. 동지들은 그를 '설득의 귀재'라고 부른다.

방 안에 있는 사람들은 그의 고향 밀양의 선후배들이다. 그가 신흥무관학교에서 석 달 동안 살피고 설득해 규합한 동지들이다. 그가 사흘 전 지린에 도착했을 때 처음 만난 동지도 있다. 곽재기였다.

창문을 통해 여관 뒤 고샅을 내다보던 강세우가 고개를 돌려 말한다.

"단장님 오십니다."

이종암의 셋집 뒤편 고샅에는 느린 짐승들처럼 땅거미가 기어나오고 하늘에서는 저녁의 어둠이 물감처럼 서서히 스며들고 있다. 두툼하게 솜을

---

* 송상도 지음, 강원모·김도훈·이관성·이재숙·정민호 옮김, 『기려수필 3』, 도서출판 문진, 2014, 23쪽. 김원봉과 동지들이 임시정부와 길림군정사의 지원과 바람을 등에 업고 의열단을 창단했음을 알 수 있다.

** 김원봉의 형형한 눈빛에 대해 조선의용대 출신 김승곤(金勝坤, 1915-2008) 전 광복회장은 이렇게 회고했다. "눈빛이 번쩍번쩍합니다. 퍽 인상적이지요. 지도자감입니다"(김승곤, 육성인터뷰, MBC TV, 1993년 8월 16일).

넓은 청나라 전통 의상 창파오長袍를 입은 몸집 큰 사나이가 나타난다. 백민 황상규다. 30세로 체구가 6척이나 되고 눈이 부리부리하다. 가슴 안쪽에 6연발 권총을 차서 창파오가 불룩해 보인다.

그는 '관운장'이라는 별명에 걸맞게 행동이 가볍지 않다. 미행자가 있나 확인하며 뒤돌아 고샅을 살피고 마치 신발에 진흙이 묻은 것처럼 발을 쿵쿵 두 번 구른다. '미행자는 없다. 지금 들어간다'는 암호다. 이종암 셋집의 황토벽에 뚫린 창문이 반쯤 열리다가 닫히기를 두 번 반복한다. '좋다. 들어오라'는 신호다.

황상규는 그를 기다리는 청년 아홉 명 가운데 세 명, 인플루엔자 때문에 못 온 윤세주까지 넷의 밀양 동화同和학교 스승이다. 지린에 와서는 북로군정서 조직에 참여하고 재무총책을 맡아 직접 항일투쟁에 나서고 있었다. 3·1운동「독립선언서」보다 한 발 앞서 무오년 음력 11월에 발표된「대한독립선언서」*에 서명한 애국지사였다. 백의민족에 대한 사랑이 깊어 아호가 '백민'이다.

그는 지린 고성 안 니우마항牛馬行 후아성둥華盛東 거리에 있는 길림군정사 본부에서 손일민·김좌진과 함께 협의를 마치고 나오는 길이다. 지린에서 청년들과 육탄혈전 결사대를 만들기로 계획한 것도 그였고 처조카 김원봉을 신흥무관학교로 보내 지망자를 규합하게 한 것도 그였다.

백민이 방으로 들어가자 모두가 일어선다.

"동지들 반갑소."

백민은 우렁우렁한 음성으로 말하고는 청년들과 일일이 악수한다. 그가 선 곳은 마침 관운장 그림 앞이다.

"단장님, 관운장보다 잘생기셨습니다."

---

* 「무오독립선언서」로 더 많이 알려져 있다.

의열단 창단의 산파 역할을 한 백민 황상규.
밀양 의열기념관 제공.

청주 청남학교 교원이었던 곽재기가 말했다.

백민은 큰 소리로 웃고는 품속에서 공책을 꺼내 조선의 개다리소반 같은 작은 앉은뱅이 다탁 앞에 앉는다. 비밀결사 조직 계획을 적은 공책이다. 글자가 깨알같이 적혀 있다.

"이제 시작합시다. 먼저 비밀결사의 임무는 적의 기관과 요인을 암살하는 육탄혈전으로 하고 이름은 '조선의열단'으로 합니다. '육탄혈전'은 3·1운동 「독립선언서」보다 앞서 이곳 지린에서 발표한 「대한독립선언서」에 있는 말이고, 육탄혈전 결사대 조직은 우리 조국 임시정부가 길림군정사에 내린 명령입니다. 조선의열단은 지린에 본부를 두고 길림군정사에 소속되어 임시정부의 명령을 받아 임무를 수행합니다. 모두들 동의합니까?"

말이 떨어지기 무섭게 절반 이상이 손을 든다. 백민은 이종암을 지명한다.

이종암은 조금 전, 서상락이 한 발언을 그대로 말한다.

"저희는 그런 상위 조직에 속하는 걸 반대합니다. 비밀결사는 독립적으로 동떨어져야 합니다. 기밀유지가 생명이기 때문입니다. 이미 많은 투쟁 경험을 쌓으신 황 단장님 한 분의 지휘를 받아 독립적으로 투쟁하고 싶습니다."

백민 황상규는 천천히 고개를 든다,

"그게 동지들 전체의 생각이오?"

"그렇습니다. 단장님 오시기 직전에 독립조직으로 가기로 의견을 모았습니다."

백민은 처조카 김원봉과 제자들을 바라본다. 그들은 약속한 듯 찬찬히 고개를 끄덕인다.

백민은 시간을 달라는 뜻으로 한 손을 들어보이고는 묵묵히 생각에 잠긴다. 그러기를 한참 만에 무겁게 닫았던 입을 연다.

"젊은 동지들의 생각이 옳소. 그러나 나는 길림군정사와의 관계나 고국에 있는 광복회 동지들과의 약속 때문에 육탄혈전 결사대 창단 일선에서 물러나겠소. 다시 말하지만 여러분과 견해가 달라서라거나 불만이 커서가 아니오. 나는 한 발 물러서서 모든 힘을 다해 여러분을 돕겠소. 아니, 평단원으로 있겠소."

"아니, 그럼 단장은 누가 맡습니까? 저희들 경험이 다 고만고만한데 어떡합니까?"

이종암이 당황해서 말한다.

"여러분 가운데서 뽑아야지요."

뜻밖의 사태에 방 안은 술렁거린다. 그때 백민이 몸을 일으켜 다탁 위의 공책을 손으로 가리키며 말한다.

"여러 가지 구상한 바를 다 적어놓았소. 이걸 토대로 차근차근 창단 토론을 하시오. 나는 군정사 본부로 가서 여러분의 충정을 잘 이해시키고 내일 아침에 오겠소."

그의 언행에 진정성이 있어. 아홉 명의 청년 동지들은 그의 옷깃을 잡지 못한다.

## 만장일치 단장으로 추대되다

백민 황상규가 그렇게 물러나면서 갑자기 큰일이 벌어졌다. 이날 창단 토론에서 백민을 만장일치로 추대하고 충성을 다짐하려 했는데 어긋나버린 것이다. 그동안의 육탄혈전 비밀결사의 추진은 이러했다.

기획 및 총괄, 단장 추대 예정: 황상규

단원 규합과 결속: 김원봉

창단자금 쾌척 및 준비작업: 이종암

이제 진두지휘할 단장부터 뽑아야 했다.

이종암이 일어선다.

"동지 여러분! 백민 선생님 말씀이 옳습니다. 솔직히 말합니다. 나는 김원봉 동지를 단장으로 추대하기를 제안합니다."

곽재기가 번쩍 손을 든다.

"그 말 맞소. 단장은 강력한 지도력과 포용력, 날카롭고 냉정한 판단력이 있어야 합니다. 김원봉 동지를 만장일치로 추대합시다."

김상윤도 나선다.

"나는 김원봉과 어릴 적부터 친구입니다. 늘 우리들의 우두머리 노릇을 했습니다."

김원봉이 당황하여 손사래를 치며 일어선다.

"이종암 동지, 곽재기 동지 두 분 중 한 분이 맡아주십시오."

이종암은 상기된 표정으로 말한다.

"나는 하고 싶지만 가슴 떨려서 못 합니다. 우리의 각오대로 폭탄을 안고 뛰어 들어가는 투쟁을 감행하면 단장은 청사에 길이 남을 이름인데 누가 그걸 원하지 않겠습니까. 백민 선생님도 원했겠지요. 동지들도 그렇고요. 그러나 우리 비밀결사의 성공을 위해, 우리 조국을 위해 김원봉 동지가 단장을 맡아야 합니다."

이종암은 스스로 격정을 이기지 못해 눈물을 흘리며 선언한다.

"나는 김원봉 동지에게 복종하겠습니다."

김원봉이 다시 손사래를 친다.

"투표로 정합시다."

막내인 강세우가 수첩을 꺼내 작은 쪽지 여러 개를 만들었다. 돌아가면서 연필로 이름을 써서 강세우의 모자 속에 넣는다. 투표가 끝나자 강세우는 모자를 이종암에게 내민다. 이종암이 쪽지들을 펼친다.

"김원봉 동지 만장일치입니다. 나는 김원봉 동지에게 복종하겠습니다."

이종암은 그렇게 선언하고 그 자리에 무릎을 꿇는다. 그러자 곽재기가 그 옆에 무릎을 꿇었고 모두가 그렇게 한다. 김원봉도 무릎을 꿇는다.

"동지들이…, 동지들이 그 어려운 일을 저에게 맡기시는군요."

동지들이 간곡한 목소리로 소리친다.

"단장을 맡으시오!"

김원봉은 온몸에 전율이 스쳐가는 것을 느끼며 동지들을 향해 엎드려 절한다.

"맡겠습니다. 나 김원봉은 비밀결사를 위해, 동지들을 위해 신명을 바치겠습니다."

그 순간 모든 동지가 김원봉과 맞절한다.

육탄혈전의 비밀결사 의열단 단장은 김원봉으로 정해졌다.

김원봉은 한 덩어리가 되어 원형으로 둘러앉기를 원했다. 현장에 오지 않은 윤세주를 뺀 9명의 청년들은 원을 그리고 앉는다. 서로 어깨를 팔로 둘러 한 덩어리가 된다.

김원봉은 크지 않지만 신념이 밴 목소리로 구호를 선창한다.

"내 몸을 조국의 제단에!"

"이 몸을 육탄혈전에!"

이종암과 일곱 명의 동지들은 따라서 복창한다.

김원봉은 고모부 백민이 앉았던 자리에 앉아 공책을 집어 든다.

"오늘 밤을 새워서라도 비밀결사 명칭과 규약을 마련합시다. 이 자리에 는 윤치형尹致衡·윤세주·권준權俊, 가명 권중환權重煥·이낙준李洛俊, 가명 안종묵安鐘黙 동지가 오지 못했습니다. 비밀결사에 동참한다 했으니 단원 으로 간주합시다. 먼저 논의할 것은 목표 설정입니다."

"좋습니다."

모두 동의한다.


이종암이 창단자금을 대고 준비작업을 했으며 나이도 많으니 그가 단 장을 맡는 게 당연한 순리다. 게다가 그는 몸이 민첩하고 상황 판단이 빨 라 뒷날 여섯 번이나 국내에 잠입해 의열단의 작전을 조절했다. 그런데 이 때 단장 자리를 한사코 고사한 것은 '동지에게 폭탄을 안고 나가라고 모질 게 명령하지 못하는 자기 성격을 알기 때문'이었다. 그의 손자 이정근 씨 는 형의 전기 『의열단 부장 이종암전』을 쓴 작은할아버지 이종범에게 여 러 차례 질문하고 같은 답을 들었다.[*]

### 한밤의 비밀회의, 의열단을 창단하다

토론은 그렇게 시작되었다. 김원봉과 동지들은 밤을 새워 비밀결사 조 직을 위한 마지막 토론을 벌였다. 새벽녘에 '공약 10조'를 완성했다.

---

[*] 2019년 6월 18일, 인천 미추홀구 주안동에서 이종암 열사의 손자 이정근 선생 인터뷰.

1. 천하의 정의로운 사事를 맹렬히 실행하기로 함.

2. 조선의 독립과 세계 평등을 위하여 신명을 희생하기로 함.

3. 충의의 기백과 희생의 정신이 확고한 자라야 단원이 됨.

4. 단의團義에 선先히 하고 단원의 의義를 급히 함.

5. 의백義伯 1인을 선출하여 단을 대표함.

6. 하시何時, 하지何地에서나 매월 1차씩 사정을 보고함.

7. 하시, 하지에서나 초회招會에 필응必應함.

8. 피사被死치 아니하여 단의에 진盡함.

9. 1이 9를 위하여 9가 1을 위하여 헌신함.

10. 단의를 배반한 자는 처살處殺함.


제1조는 의열단 창단의 취지를 밝힌 것, 제2조는 김원봉과 동지들이 지향하는 기본이념과 투쟁목표를 비장하게 담은 것으로 단순한 테러 단체가 아니라 민족해방운동 단체라는 성격을 규정한 것이었다.

제3조는 단원의 자격, 제4조는 단원의 책임과 의무, 제5조는 단장 명칭을 '의백'으로 정한 것이다. '결사적으로 투쟁하는 단체의 존경받는 맏이'라는 뜻이니 '마치 혈연과도 같은 끈끈한 결속력으로 이끌어줄 절대적 우두머리'라는 단원들 공통의 뜻이 담겨 있다. 나머지 6, 7, 8, 9, 10조는 결사적 의지와 각오를 담은 것이다.

아침 해가 뜰 무렵, 비밀결사의 이름을 '조선광복의열단'으로 결정하면서 모든 것이 끝났다. 아홉 명의 단원들은 감격하여 서로 얼싸안았다.

"내 몸을 조국의 제단에!"

"이 몸을 육탄혈전에!"


11월 9일 저녁에 시작하여 다음 날 새벽에 토론이 끝났으니 의열단 창단일은 1919년 11월 10일이다. 토론에 참여한 창단 단원은 아래 열 명으로 보아야 한다.

**곽재기**郭在驥: 27세 충북 청원 출생, 경성 경신학교 졸업, 청주청남학교 교사, 대동청년단 투쟁, 3·1운동 주도 후 탈출 망명.

**서상락**徐相洛: 27세 경북 달성 출생, 신흥무관학교를 졸업하고 교관으로 일함.

**한봉근**韓鳳根: 25세 경남 밀양 출생, 밀양 동화학교를 거쳐 부산상업학교와 일본 후쿠오카福岡상업학교 수학, 밀양 3·1운동에 앞장 선 동생 한봉인을 체포하려고 가택수색 나온 일본 순사를 구타하고 탈출.

**이종암**李鍾岩: 24세 경북 대구 출생, 대구상업학교를 중퇴하고 대구은행에 입사, 출납계 주임이 됨. 독립운동 군자금으로 은행돈 1만 5백 원을 불법 인출해 탈출, 신흥무관학교 졸업.

**이성우**李成宇: 23세 함북 경원 출생, 동시베리아와 연해주의 국경 지역에서 최재형崔在亨·안중근의 투쟁을 보며 성장, 신흥무관학교 졸업.

**김상윤**金相潤: 23세 경남 밀양 출생, 동화학교 졸업, 3·1운동 후 망명 탈출해 신흥무관학교를 다님. 몸이 민첩하고 신출귀몰하게 행동함.

**김원봉**金元鳳: 22세 경남 밀양 출생, 밀양 공립보통학교와 동화학교, 경성 중앙학교, 텐진天津 더화德華학당, 난징南京 진링金陵대학 예비과정을 거쳐 신흥무관학교에 다님.

**신철휴**申喆休: 22세 경북 고령 출생, 신흥무관학교 졸업.

**윤세주**尹世胄: 21세 경남 밀양 출생, 동화학교를 거쳐 서울 오성학교를 나옴. 밀양 3·1운동을 주도하고 만주로 탈출, 신흥무관학교에서 수학함.

**강세우**姜世宇: 19세 함남 삼수 출생, 진링대학 수학, 신흥무관학교 수학.[*]

1947년 김원봉의 구술을 듣고 박태원이 『약산과 의열단』에 기술한 단원은 열세 명이다.

> 모인 사람은 김원봉 이하로 윤세주·이성우·곽경郭敬, 곽재기를 말함·강세우·이종암·한봉근·한봉인韓鳳仁·김상윤·신철휴·배동선裴東宣·서상락 외 1명, 총 13인이다.[*]

그러나 김영범은 일제 관헌자료들과 인물들의 소재기록을 정밀 분석하여 『약산과 의열단』에 기술한 열세 명 중 배동선과 한봉인을 제외한 위의 열 명을 1919년 11월 10일의 창단 단원으로 새롭게 비정比定했다.[**] 밀양 김원봉의 집터에 세워진 의열기념관도 이를 따랐다.

배동선은 난징 진링대학 중학부에 다닐 때 김원봉을 만났고, 한봉근은 어릴 적 친구이자 함께 만주로 망명한 동지로 한봉인의 형이었다.

박태원의 열세 명 명단과 김영범의 열 명 명단 외에 의열단 초기 단원으로 활동한 권준, 이낙준, 이수택李壽澤 가명 이일몽李一夢, 그리고 윤세주의 사촌형인 윤치형을 초기 단원으로 넣을 만하다.

권준은 경북 상주 출신으로 경성공업전습소를 졸업하고 광복회 활동에 참여했다. 신흥무관학교에서 김원봉과 의기투합했으나 지린의 창단 모임에는 오지 않았다. 제1차 암살·파괴 작전에는 동참했다.

이낙준은 당시 29세의 농민이었다. 단둥丹東[***]에서 만주로 오가는 독립

[*] 김영범, 「의열단 창립단원 문제와 제1차 국내거사 기획의 실패 전말」 별쇄본, 『한국독립운동사연구』 제58집, 2017.5, 22쪽.

[*] 박태원, 『약산과 의열단』, 깊은샘, 2000, 33쪽.

[**] 김영범, 같은 곳.

[***] 압록강 국경 철교 건너 신의주 대안의 국경도시. 중화인민공화국 수립 후 안동

투사들의 여행증명서를 얻어주고 안내와 연락을 제공하는 임무를 수행했다. 이수택은 경북 칠곡 출신으로 1913년 경북 풍기에서 광복단 결성에 참여하고 군자금 모금과 친일파 처단 활동을 했다. 1919년 6월 지린으로 가서 황상규를 만나고 의열단 창단에 참여하려 했으나 어머니 병환이 깊어 귀향해 있었다.

백민 황상규는 초대 단장으로 의열단 명부 맨 위에 이름을 올려야 한다. 그는 창단의 기획자이자 산파역을 한 인물이다. 경상남도 밀양의 저항정신을 상징하는 인물이기도 하다. 의열단 창립 단원들의 면면을 살펴보면 신흥무관학교 출신, 광복회의 본거지였던 경상남도 출신이 주축이다. 대한광복회로 대표되는 경남 인맥의 중심에 백민 황상규가 있었다.

의열단이라는 명칭은 어떻게 붙인 것인가. '의열'이라는 단어는 의열단 창립과 초기 투쟁 이후 일반화된 추상명사다. 국어사전에서는 '의로운 뜻이 열렬함' 또는 '정의의 마음이 열렬함'이라고 풀이한다.

김영범은 '사람됨의 도리義를 다하려고 생사를 돌보지 않는 행동을 취하여 결국은 아름답게 희생됨烈이 의열이다'라고 정의 내렸다.*

조지훈은 3·1운동 이후에 나타난 의·열사 또는 협사俠士의 결사적 대일투쟁을 폭력·공포투쟁이라고 규정하고 그 목적은 네 가지였다고 설명한다. 첫째 일제의 간담을 서늘하게 하여 민족의 의기意氣를 보이고, 둘째 민족의식을 경각시키며, 셋째 일본 통치에 불복함을 세계에 밝히고, 넷째 투쟁의 강화로 일제의 식민통치를 불가능하게 하여 그들에게 식민통치를

---

(安東)에서 단둥으로 지명이 바뀌었다. 혼란을 줄이기 위해 이하 단둥으로 통일한다.

* 김영범, 「의열투쟁과 테러 및 테러리즘의 의미 연관 문제」, 『사회와 역사』, 2013년 겨울, 161~201쪽.

포기하게 하려는 것이라고 설명했다.[*]

## 7가살 5파괴를 목표로 정하다

만장일치 투표로 의열단 단장으로 추대된 김원봉은 창단 단원들과 더불어 이종암의 셋집에서 닷새 동안 합숙했다. 목표를 더 선명하게 해야 했다. 철야토론을 제안하고 '7가살'七可殺과 '5파괴'五破壞를 구체적 목표로 설정했다.

7가살은 암살목표를 말하는 것으로서 조선총독 이하 고관, 군부 수뇌, 타이완 통치 일본 총독, 매국적 인물, 친일파 거두, 적의 밀정, 반민족적 토호열신 등이었다. 5파괴는 조선총독부, 동양척식주식회사, 매일신보사, 각 경찰서, 기타 일본의 주요기관이었다.


소설가 박태원이 김원봉의 구술을 바탕으로 쓴 『약산과 의열단』에 따르면 창단 초기에는 성문화成文化한 단團의 강령이 없었다. 그들은 구축왜노驅逐倭奴, 광복조국光復祖國, 타파계급打破階級, 평균지권平均地權을 비밀결사의 궁극적인 목표로 세웠다.

여기서 주목할 만한 것은 '타파계급'과 '평균지권'이다. 김원봉과 창단 동지들이 사회주의 영향을 깊이 받은 것일까? 김원봉의 경우로 국한해본다면 1914년 전국을 유랑할 때 경북 영주에서 만난 강택진姜宅鎭이 사회주의자다. 또한 함께 중국 난징으로 유학 떠난 김약수와 이여성李如星이 뒷날 사회주의 운동가가 되었다. 그러나 강택진이나 김약수·이여성의 영향을 받은 것 같지는 않다. 그보다는 1911년 신해혁명을 주도한 쑨원孫文의 민생중심 경제정책의 영향을 받은 것 같다. 쑨원은 국가가 지주의 토지

* 조지훈, 『한국민족운동사』, 나남, 1993, 150쪽.

독점을 억제해 불평등을 완화시켜야 한다고 주장했다.

김원봉과 창단 동지들, 창단을 이끈 황상규·김대지 등 길림군정사 선배들의 최우선 목표는 구축왜노와 광복조국이었고, 타파계급과 평균지권은 김원봉이 유학한 톈진 더화학당이나 난징 진링대학 예비과정 청년들이 지녔던 생각이었을 것이다.

이런 의열단의 목표는 그 후 여러 차례 수정을 거쳐 다음과 같은 문장으로 천하에 공표되었다.

1. 조선 민족 생존의 적敵인 일본 제국주의의 통치를 근본적으로 타도하고, 조선 민족의 자유독립을 완성할 것.

2. 봉건제도 및 일체 반혁명세력을 잔제剗除하고 진정한 민주국을 건립할 것.

3. 소수인이 다수인을 박삭剝削하는 경제제도를 소멸시키고, 조선인 각개의 생활상 평등의 경제조직을 건립할 것.

4. 세계상 반제국주의 민족과 연합하여, 일제 침략주의를 타도할 것.

5. 민중의 무장을 실시할 것.

6. 인민은 언론·출판·집회·결사·주거에 절대 자유권이 있을 것.

7. 인민은 무제한의 선거 및 피선거권이 있을 것.

8. 일군一郡을 단위로 하여 지방자치를 실시할 것.

9. 여자의 권리를 정치·경제·교육·사회상에서 남자와 동등하게 할 것.

10. 의무교육, 직업교육을 국가의 경비로 실시할 것.

11. 조선 내 일본인의 각종 단체인 동양척식주식회사동척東拓, 조선흥업주식회사흥업興業, 조선은행조은朝銀 등과 개인移民이 소유한 일체 재산을 몰수할 것.

12. 매국적, 정탐노 등 반도叛徒의 일체 재산을 몰수할 것.

13. 농민운동의 자유를 보장하고, 빈고貧苦 농민에게 토지, 가옥, 기구器具 등을 공급할 것.

14. 공인工人 운동의 자유를 보상하고, 노동평민에게 7할을 공급할 것.

15. 양로, 육영育嬰 구제 등 공공기관을 건설할 것.

16. 대규모의 생산기관 및 독점성질의 기업철도·광산·수선輪船·전기·수리水利·은행 등속은 국가에서 경영할 것.

17. 소득세는 누진율로 징수할 것.

18. 일체 가연苛捐, 백성들에게 부담시키는 것 잡세를 폐제廢除할 것.

19. 해외 거류동포의 생명, 재산을 안전하게 보장하고, 귀국동포에게 생활상 안전지위를 부여할 것.


의열단은 1919년 11월 10일 지린에서 창단해 1935년 7월 5일 난징에서 민족혁명당을 창당해 발전적 해체를 할 때까지 만 16년 동안 세상을 놀라게 하는 눈부신 투쟁을 펼쳤다. 초기 단원들은 십여 차례의 공격 과정에서 체포당해 목숨을 잃었다. 그들 외에 많은 투사가 입단해 폭탄을 던지고 생명을 조국의 제단에 바쳤다. 10명의 창단 단원 가운데 끝까지 검속되지 않고 활동한 독립운동가는 김원봉 단장과 강세우·김상윤·서상락 등 네 명이다.


## 임무를 정해 흩어지다

갑자기 의백으로 추대된 김원봉의 영광 뒤에는 수많은 시련이 기다리고 있었다. 충성을 다짐하는 동지들이 곁에 있었으나 그는 지도자로서 혼자 고심하고 구상하고 결심해야 했다. 전체 단원이 먹고 입는 일, 습격과 탈출의 기술 익히기, 응집력을 단단하게 하는 일, 일본의 밀정에게서 동지들을 보호하는 일, 장차 개시할 행동을 위해 폭탄과 무기를 손에 넣어 국내로 보내는 일, 군자금을 얻는 일 등 그에게는 한꺼번에 많은 문제가 들이 닥쳤다. 의열단을 지배하고 싶어 했던 길림군정사의 선배들과 원만히 지내며 지원을 받는 것도 중요했다. 그는 22세라는 젊은 나이답지 않게 슬기롭고 끈기 있게 여러 문제를 헤쳐나갔다. 그의 탁월함은 혼자였을 때보다 의백이 된 뒤에 더 두드러졌다.

당면한 문제는 첫 번째 육탄혈전 작전을 시작할 때까지 은밀히 존재를 감추는 일이었다. 길림군정사를 통해 파악한 지린의 조선인 거류민은 100명 정도로 농업6할, 여관업3할, 요리업1할에 종사하고 있었다. 이들 사이에 '개'라고 불리는 일본 앞잡이 밀정들이 숨어 있었다.*

김원봉은 기밀유지와 단원들의 결속, 정신무장에 주력했다. 밤이면 박은식이나 신채호申采浩의 글을 읽으며 토론하고 낮에는 체력단련에 나섰다. 윤세주가 병이 나아 합류했다. 체력단련은 지린의 베이산北山에서 했다. 눈 덮인 산기슭을 달리며 토끼사냥을 했다.

김원봉은 압록강 국경 단둥으로 손일민 선배를 만나러 갔다. 손일민은 거기서 여관을 경영하고 있었다. 손일민은 김원봉에게 임시정부 외무위원 장건상張建相을 소개해주었다. 장건상은 경북 칠곡 대지주의 아들로 태어나 일본과 미국에서 유학한 최고 인텔리겐치아로 이해 37세였다.** 그는 대한광복회가 처단한 친일부호 장승원과 11촌이었다.

"앞으로 잘 지도해주십시오."

---

* 라라생(羅羅生), 「지린에서」, 상하이 발행『독립신문』, 1919년 10월 7일자. 필자 라라생은 김원봉의 중앙학교 은사인 시인 나경석(羅慶錫)이다.
** 장건상(1882-1974): 경북 칠곡 출생. 도쿄 와세다(早稲田)대학 및 미국 인디애나주 밸퍼레이소(Valparaiso)대학 졸업. 1919년 임시정부 임시의정원 의원. 1921년 의열단 및 이르쿠츠크 고려공산당 참여, 1935년 김원봉이 주도한 민족혁명당에 참여했다(『한국독립운동인명사전』특별판 제2권, 독립기념관, 2019, 368-377쪽).

김원봉이 큰절을 하자 장건상은 깜짝 놀라 엎드리며 맞절을 했다.

"육탄혈전 결사대를 조직했다고 들었소. 조선의 아들로서 누구나 그런 꿈을 꾸고 결심도 하지요. 그러나 결심을 실천하기는 어렵소."

장건상은 그렇게 말하고는 도움이 필요하면 연락하라고 했다.

김원봉은 깊은 감사를 표하고 의열단 고문으로 모시겠다고 했다. 장건상은 선뜻 수락했다.* 의열단에 영어와 일본어에 능통하고 외국 사정을 잘 아는 단원은 없었다. 그는 김원봉에게 새로운 세계관을 가지라고 말하면서 아나키즘과 공산주의에 대한 이야기도 해주었다.

장건상 고문은 김원봉에게 조지 쇼George Lewis Show를 소개했다. 영국 국적자이지만 영국에 합병된 아일랜드 출신이었다. 단둥의 치외법권 지역인 영국 조계租界에 이륭양행怡隆洋行이라는 사무실을 차려놓고 압록강 국경도시 단둥에서 상하이, 톈진 등으로 항행하는 정기연락선을 운영하고 있었다. 10대에 동양을 여행했으며 20대 초반에 조선 땅에서 금광 사무원으로 일한 터라 조선어를 알아듣고 중국어도 잘했다. 아내가 일본인이라 일본어도 할 줄 알았다.

"나는 조선인들 편입니다. 독립운동을 돕고 싶습니다."

쇼는 사람 좋은 미소를 지으며 말했다.

김원봉은 단둥이 장차 의열단원이나 폭탄 무기를 운송하는 거점이 될 것이므로 고맙다면서 정중히 인사했다.

김원봉은 다시 지린의 동지들에게 갔다. 이제 첫 작전을 시작해야 했다. 창단 토론 때처럼 이종암 셋집의 큰 방에 모였다. 황상규도 오고 병이 나은 윤세주까지 열한 명이었다. 순교자들과도 같은 죽음을 뛰어넘는 뜨거운 신념과 신비할 정도로 강렬한 구심력으로 뭉쳐 있었다.

---

* 장건상, 「독립운동 반세기의 회고」, 『세대』 제9권 97호, 1971년 8월호, 319-320쪽.

아일랜드 사업가 쇼.
이륭양행을 통해 의열단 폭탄 수송 등
교통 편의를 제공했다.
대한민국 건국훈장을 받았다.
국가보훈처 데이터베이스.

김원봉은 남은 자금을 헤아렸다. 이종암이 내놓은 3,000원, 윤치형이 내놓은 300원, 그가 돌려받은 이여성의 돈 1,000원이 있었는데 절반 이상 소모되었다. 어서 빨리 폭탄 구입과 국내 잠입 작전을 시작해야 했다.

그는 단원회의를 열고 며칠 동안 구상한 작전계획을 내놓았다.

"이제 투쟁을 시작합니다. 국내로 잠입해 자금을 조달하고 공격을 감행하는 침투 행동조, 상하이로 폭탄을 구하러 가는 구입조, 단둥에 머물며 통신 연락을 하다가 국내로 들어가는 예비 연락조, 이렇게 셋으로 임무를 나눕니다. 국내 침투 행동조는 제가 맡습니다. 상하이로 가는 획득조는 백민 선생님이, 당분간 지린과 단둥에 체류하는 연락조는 이종암 동지가 맡습니다."

뜻밖에 반대의견이 나왔다.

"의백은 국내로 들어가면 안 됩니다. 단장이 잡히면 모두 끝나기 때문입니다."

이종암의 말이었다.

김원봉은 이종암을 향해 소리쳤다.

"이 동지! 가장 중요한 첫 번째 거사를 단장이 지휘해야지요. 그래야 뒤를 잇는 다음 단장도 그렇게 할 거라고요."

나이가 많고 늘 점잖은 서상락이 일어나 이종암의 편을 들었다.

"우리가 김원봉 의백을 단장으로 뽑은 건 용맹한 투사이기 때문이 아니오."

곽재기가 맞장구를 쳤다.

"맞소. 의백은 상하이로 가야 합니다. 임시정부 요인들에게 잘 말씀드리고 군자금을 얻고 폭탄을 구해야 합니다."

김원봉은 팔을 크게 내저으며 소리쳤다.

"동지들! 나를 단장으로 뽑아놓고 첫 작전 지휘를 못 하게 하다니요!"

그때 황상규가 입을 열었다.

"단장, 이건 동지들 말이 맞네. 의열단은 쓰러지고 쓰러져도 끈질기게 살아남아야 하네. 이번 국내 침투와 공격은 내가 맡겠네."

백민의 말이 끝나자 모두 일어나 찬성을 표시했다. 결국 김원봉은 고집을 꺾을 수밖에 없었다. 그는 첫 작전의 방향 설정과 임무 분담에 들어갔다.

그 상황이 『의열단 부장 이종암전』에는 다음과 같이 기록되어 있다.

1. 무기 구입을 위해 김원봉과 이성우는 상하이로 가고, 그 뒤 상황을 보고 뒤따라 입국한다.

2. 자금 조달책임은 황상규·윤세주·김상윤 등이 맡아서 먼저 국내로 들어간다.

3. 지린을 중심으로 국내외에 연락하는 일과 총지휘의 책임을 이종암이 맡고 신철휴와 함께 지린에 있다가 적당한 시기에 입국한다.

4. 무기 운반의 임무는 현재도 하고 있으니 계속해서 단둥의 이병철李丙喆과 마산의 배중세裵重世가 맡는다.

5. 최종적으로 무기를 모아서 맡을 사람은 밀양의 김병환金鉼煥으로 정한다.

6. 이번에 직접 육탄혈전을 감행할 사람은 곽재기·이성우·김기득·한봉근·신철휴 등으로 하되 입국 후 구체적이고 면밀한 계획을 세운다.

7. 일동은 적시에 입국하되 입국하는 대로 국내에서 많은 동지를 포섭하는 데 힘쓴다.

8. 무기 도착 후 1개월 이내에 결행한다.*

김원봉은 동지에게 각각 임무를 주며 정리해나갔다. 모두 명령에 복종하겠다고 엄숙히 대답했다.

임무 배정이 끝났을 때 윤세주가 입을 열었다.

"의백 동지, 나는 왜 뺐습니까? 나도 국내로 가고 싶습니다."

김원봉은 윤세주의 어깨에 손을 얹었다.

"윤 동지는 우리 중 가장 나이가 어려. 차마 보낼 수가 없어."

다른 동지들도 동의한다며 머리를 끄덕였다.

윤세주는 자리에서 일어서 뜨거운 목소리로 말했다.

"체포되지 않을 자신 있어요. 잡히더라도 비밀을 누설하지 않을 거예요."

그 말과 표정이 워낙 간곡해 김원봉은 승낙하지 않을 수 없었다.

김원봉은 이때의 일을 22년 뒤인 1942년 윤세주가 조선의용대 화베이華北지대를 이끌고 일본군과 싸우다가 타이항산太行山에서 전사한 뒤 조선의용대 소식지에 실은 추모글에 썼다.

---

* 이종범, 『의열단 부장 이종암전』, 사단법인 광복회, 1970, 81-82쪽. 이 책은 이종암의 동생 이종범이 생존 의열단원들을 인터뷰하여 집필했다. 김원봉이 아닌 황상규를 단장, 이종암을 부단장이라고 했다. 의열단 창단을 주도하고 6차에 걸쳐 국내에 잠입한 이종암의 공적이 묻히고 김원봉만을 중시하는 시각을 수정하려 한 것으로 보인다.

석정石正 동지는 당시 불과 19세로 우리 단에서 제일 나이 어린 동생이었으나 그는 수창手槍, 권총과 폭탄을 휴대하고 국내에 가서 파괴공작을 진행할 것을 자원했다. 우리들은 그의 연령이 너무 어리므로 가지 말라고 권했다. 그러나 그는 우리를 향하여 "나는 다른 사람보다 더 묘한 방법으로 적탐의 주의를 능히 피하여 모면할 수 있고, 만일 불행히 체포된다 하더라도 나는 의지가 견결하므로 우리의 비밀을 누설하지 아니하겠다"라고 열렬히 말했다. 그의 열정에 감동된 우리는 다시 더 만류하지 못했다.[*]

이날 헤어지면 일부가 죽거나 체포당할 수 있어 마지막 이별이 될 수도 있었다. 김원봉과 동지들은 앉은뱅이 다탁 위에 태극기를 펼쳤다. 그 위에서 한 사람씩 손가락을 칼로 찔러 큰 주발에 두세 방울씩 피를 떨어뜨렸다. 거기에 독한 고량주를 붓고 여러 잔으로 나누어 각각 한 잔씩 손에 들었다.

김원봉은 북받쳐 오르는 감동 때문에 장엄한 표정으로 자리에서 일어섰다.

"동지 여러분! 이제 각자 임무를 수행하다 보면 연락도 두절될 것이고, 일본경찰에 끌려가 죽음보다 더한 혹독한 고문을 당할 수도 있습니다. 우리 모두 합창하며 각오를 다집시다. 이토 히로부미를 사살하기 전에 하얼빈의 여관에서 안중근 의사께서 지은 노래에 있는 말을 구호로 외칩시다.

"내 몸을 조국의 제단에!"

의열단원들은 구호를 복창하며 맹세의 잔을 들어 올렸다.

"내 몸을 조국의 제단에!"

---

[*] 김약산, 「석정동지약사」(石正同志略史), 『앞길』 제32기, 1943년 6월 15일자. 충칭 이선자 선생 제공. 석정은 윤세주의 아호다.

그들은 마치 제의祭儀와도 같은 맹세를 끝내고 경건한 마음으로 나란히 누웠다. 이것이 창단 단원들이 함께 누운 마지막 잠자리였다.

다음 날 아침, 지린에는 폭설이 내렸다. 동지들은 각자 부여받은 임무를 다하기 위해 목적지로 떠났다.

곧바로 폭탄 구입과 국내 잠입 작전을 시작했으므로 의열단원들은 임무에 따라 몇 개의 그룹으로 분산되었다. 그러나 강력한 결속력이 단원들을 하나로 묶어주었다. 순교자들과도 같은 죽음을 뛰어넘는 뜨거운 신념과 신비하고 강렬한 구심력이 있었기 때문이었을 것이다. 그 중심에 밀양 출신 22세 청년 김원봉이 있었다.

이 무렵, 일본경찰은 의열단의 존재를 거의 정확히 파악하고 있었다. 맨 처음 눈치챈 곳은 관동군참모부였다. 관동군참모부는 의열단 창단 20여 일 뒤인 1919년 12월 5일 "급진대 본부가 지린성 바후먼 밖에 설치되어 있다"고 육군성에 보고했다. 그 후 관계기관들이 이 정보를 공유하면서 소리 없이 수십 명의 밀정을 깔아 밀착 감시를 벌였다. 경기도 경찰부 고등과는 '군정사의 소년단결사대인 급진단이 1920년 3월 중순을 기하여 선내鮮內를 공격한다는 임시정부의 계획에 호응하여 아연 활기를 띠고 거사에 필요한 결사대원을 모집 중이다'라는 첩보 보고를 보냈다.*

김원봉과 의열단원들 앞에는 생명을 위협하는 위험한 길이 기다리고 있었다.

---

* 김영범, 「의열단 창립단원 문제와 제1차 국내거사 기획의 실패 전말」, 『한국독립운동사연구』 제58집, 2017. 5, 24쪽.

# 2 만주로 간 소년

## 경남 밀양의 중인 가문에서 출생

약산若山 김원봉金元鳳은 1898년 3월 14일 경상남도 밀양군 밀양읍 내이동 901번지에서 아버지 김주익金周益과 어머니 이경념李京念의 첫아들로 태어났다. 김원봉이 망명투쟁을 하는 동안 혼인 및 자녀 출생 신고를 안 했기 때문에 호적에는 미혼으로 남아 있다.*

또한 족보에는 김원봉이 아닌 다른 이름으로 실려 있다. 아버지를 종익鍾益으로, 원봉을 원태元泰로 올려 놓았다.** 김원봉의 동생들은 물론 같은 항렬 친족들이 '태'를 돌림자로 쓴 것으로 보인다. 당시 관습대로 족보는 그렇게 올리고 실제 이름은 '원봉'으로 쓴 것임을 알 수 있다.

김원봉의 가문은 김해김씨 참판공휘영견파에 속했다. 조부는 이름이 김내흡金來洽이었는데 역관 출신으로서 멀리 한성까지 가는 일이 빈번했다고 한다. 부친 김주익은 아버지에게서 물려받은 토지가 있어 비교적 풍요

---

* 김원봉의 부친 김주익의 제적등본. 밀양 의열기념관 제공.
** 「참판공휘영견파」(參判公諱永堅派) 七十三世, 『김해김씨경파통합보갑3편』(金海金氏京派統合譜甲三編, 김원봉의 첫 번째 부인 박차정(朴次貞) 열사의 조카 박의영 목사 제공.

김원봉의 호적.
망명 중 혼인신고와 자녀 출생신고를
하지 않아 미혼으로 남아 있다.
밀양 의열기념관 제공.

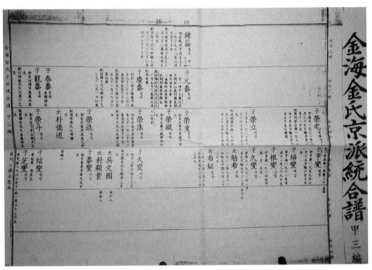

족보에는 '원태'로 이름이 실렸다.
박차정 열사의 조카 박의영 목사 제공.

로운 삶을 살았다.

김주익은 많은 자식을 얻었다. 장남 김원봉을 낳은 첫 아내 이경념은 월성이씨였는데 커다란 태양이 가슴 안으로 들어오는 태몽을 꾸었다고 한다. 이경념은 세 해 뒤 차남 경봉을 낳고 병사했다. 김주익은 영양천씨 천연이千蓮伊와 재혼해서 장녀 복잠과 6남 봉철, 7남 봉기, 8남 덕봉, 9남 구봉, 차녀 학봉을 낳았다. 밖에서 또 박순남朴順南이라는 여자를 보았다. 장녀 복잠 밑으로 3남 춘봉, 4남 용봉, 5남 익봉이 태어났다.*

그 당시 밀양 시가지는 고성古城의 서문 앞에서 뚫려나간 큰길을 중심으로 둘로 나뉘어 있었다. 왼쪽을 노하路下, 오른쪽을 노북路北이라 했는데 대체로 노하에는 부자들이, 노북에는 가난한 사람들이 살았다. 김원봉의 집은 서문에서 가까운 노하에 있었다. 제법 큰 초가집이었는데 바로 앞에 해천垓川이라는 큰 개천이 흘렀다. 해천은 밀양 고성의 해자垓字 구실을 했던 개천이라 붙여진 이름이었다.**

바로 옆집에 윤희규尹憘圭 시종侍從이 살았다. 정3품인 통정대부通政大夫로서 시종원侍從院의 시종직에까지 올랐다. 나라가 망하면서 물러났지만 관복을 입어보았고, 큰 기와집을 짓고 넉넉하게 살았다. 김주익의 조모가 윤씨 가문에서 시집왔기 때문에 김원봉 집안과는 인척관계였다.

김원봉이 태어났을 때 윤희규 시종이 『자평명리학』子平命理學을 들고

---

* 2004년 6월 17일, 김원봉의 누이 김학봉 여사와 밀양시 자택에서 인터뷰. 김주익의 자녀 11명 중 5남 익봉은 병사했다. 장남 김원봉이 1948년 월북한 뒤 보도연맹에 가입했다가 봉철, 봉기, 덕봉, 구봉이 처형당했다. 김학봉 여사만 홀로 생존해 있다가 2019년 2월 별세했다.

** 현재 김원봉의 생가 자리에 의열기념관이 자리 잡고 있다. 바로 옆집 윤세주 생가는 대지가 김원봉의 집터보다 세 배쯤 넓고 옛집의 본채가 남아 있다. 두 집 앞을 흐르던 해천은 복개했으나 다시 복원했다.

김원봉의 생가 터에 자리 잡은 밀양 의열기념관.
2018년 개관 당시 해천을 복원했다.

윤세주 생가. 김원봉네 옆집이다.

사주를 보았는데 천하를 호령할 '장상'將相이 될 운수였다고 한다.[*]

윤희규는 이 무렵 3남 1녀를 두고 있었는데 두 해 뒤 넷째 아들이 태어났다. 뒷날 의열단과 조선의용대의 핵심이 된 윤세주다. 김주익과 윤희규의 관계는 돈독했다. 10년 뒤인 1908년 읍내에 야학교를 세웠는데 윤희규가 거액을 쾌척했고 김주익이 교장을 맡았다.

김주익은 장남 원봉이 의열단 투쟁으로 이름을 크게 떨치던 1925년, 살던 곳에서 4킬로미터쯤 떨어진 부북면 감천리로 이사했다. 김원봉의 항일투쟁으로 경찰이 핍박해서 이사했다는 설이 있으나 그의 막냇누이 김학봉 씨의 말에 의하면 아버지 김주익이 피륙장사를 벌였다가 실패해 거의 빈털터리가 되었기 때문이었다.[**]

김원봉에게는 김주오金周五라는 이름을 가진 숙부가 있었는데 밀양읍에서 농사를 지었다. 아버지보다 손아래인 시악時岳이라는 셋째 고모는 밀양의 청년지도자 황상규와 결혼했다.

황상규는 1890년 밀양에서 태어났다. 밀양의 선각자들이 세운 사립 동화학교 출신으로 야학 교사를 맡기도 했으며 모교인 동화학교와 고명高明학교의 교원 노릇도 했다. 일찍부터 처조카인 김원봉의 명석함을 보고 총애했고 김원봉도 그를 몹시 따랐다. 그의 애국계몽운동이나 광복회 투쟁은 의열단 창단으로 발전했다. 그는 의열단 창단의 실질적 주역이었다.

한반도 남쪽 내륙에 깊숙이 들어앉은 밀양은 평화 시에는 있는 듯 없는 듯 아름답고 고요한 고장이지만 나라가 누란累卵의 위기를 맞으면 일어나 힘차게 꿈틀거린 내력을 지니고 있다. 임진왜란 때 밀양부사 박진朴晉이

---

[*] 2004년 6월 17일, 김학봉 여사 인터뷰.
[**] 2004년 6월 17일, 김학봉 여사 인터뷰.

군민을 이끌고 치열하게 항전한 역사가 있고 밀양 출신인 사명대사가 승군을 이끌고 연거푸 대승을 거둔 기록이 있다. 그 징표로 남아 있는 것이 표충사表忠寺와 표충비각이다.

표충사는 승병장 사명대사를 모신, 유교적 냄새가 짙은 사찰이다. 염주와 가사袈裟 등 사명대사의 유물 200여 점과 대사의 스승이자 승병장인 서산西山대사와 기허騎虛대사의 영정을 모시고 있다.

표충사 스님들의 3·1운동 시위도 대단했다. 1919년 4월 4일 밀양시 단장면 용회동 장터에서 일어난 만세운동은 '태룡장터 만세운동'이라 부른다. 그날 민간복으로 갈아입은 스님들은 「독립선언서」를 숨긴 채 장터로 입성해 정오 무렵이 되자 1,500여 군중들과 만세운동을 펼쳤다. 일본 헌병이 급파됐지만 남아 있는 군중들은 다음 날 정오까지 산발적으로 만세운동을 했다.*

사명대사의 공적을 기록한 표충비는 나라가 불행한 운명을 맞으면 눈물을 흘렸다는 전설이 있다. 1905년 을사조약 때도, 1910년 경술국치 때도 멀쩡하던 비석에서 눈물처럼 물이 줄줄 흘러 내렸다. 밀양 사람들은 표충사와 표충비를 보며 애국 충절을 늘 가슴에 품고 살았다.

김원봉이 태어난 무렵, 조선 왕조의 국운은 절망적으로 기울었고 밀양 땅에도 그 영향이 서서히 미쳐오고 있었다. 1880년 부산이 개항하면서 밀양에도 일본 바람이 거세게 불었다. 일본인들의 농촌 이민이 추진되었다. 밀양읍의 경부선 기차역을 중심으로 일본인 상인들이 진출해 게다짝 끄는 소리가 그치지 않았다.

애국과 투혼의 고장 밀양의 정신은 꿈틀거리기 시작했고 선각자들이 몸

---

* 「이찰수 외 4인 판결문」, 1919년 12월 10일, 대구복심법원, 국가기록원 데이터베이스(이하 국가기록원 DB).

을 던져 앞장섰다. 윤세용尹世茸·윤세복尹世復·전홍표全鴻杓·손일민 등이었다. 약관弱冠의 청년들인 김대지·황상규가 그 뒤를 따랐다.

무관 출신인 윤희규와 이웃의 김주익도 교육 계몽사업에 한몫했다. 1908년 가난한 집 아이들을 위해 가갸거겨 언문과 농사기술이라도 가르치자 하여 밀흥야학교를 연 것도 이때였다.

전홍표는 밀양에서 동화학교를 세워 학동들의 애국심 함양에 진력했다. 손일민은 1912년 만주로 망명하였으며 고향 선배인 윤세용과 함께 「무오독립선언서」에 서명했다. 그가 지린에 근거지를 잡은 것은 그 뒤 밀양 출신 독립투사들이 그곳으로 진출하는 데 큰 힘이 되었다.

김대지는 전홍표가 세운 동화학교에서 교사로 일했으며, 만주로 망명해 지린과 펑톈奉天에서 비밀결사를 조직하려다 체포되어 복역했다.

황상규는 청년기에는 교육 사업에 힘썼으며 『동국사감』東國史鑑이라는 역사 교과서를 직접 저술하기도 했다. 1913년 경북 풍기에서 조직된 대한광복단에 참가했고 일제에 쫓기자 만주 지린으로 망명했다.

김원봉은 유년기에 작은 병치레도 없이 무럭무럭 잘 컸다. 아버지 김주익은 김원봉이 여덟 살이 되자 서당에 보냈다. 1907년 열 살 때는 밀양 공립보통학교 2학년에 편입시켰다. 김원봉은 얼굴이 곱상하고 키도 크지 않았으나 병정놀이의 대장이었다. 머리띠를 질끈 매고 앞장서 아이들을 이끌고 뛰어다녔다. 사람들은 "크게 될 놈이야"라고 그를 평가했다.

그는 밀양 공립보통학교를 졸업하지 못하고 동화학교로 옮겼다. 14세이던 1911년 4월 29일 일본 천황의 생일인 천장절에 일장기를 변소에 처넣은 사건 때문이었다. 일본인 교장의 압박이 심해지자 자퇴하고 동화학교로 전학했다.*

---

* 김약산, 「석정동지약사」. 이 책 473쪽에 부분 인용했다.

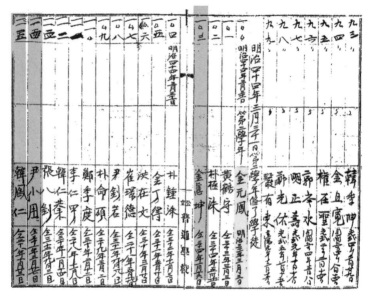

밀양 공립보통학교 학생명부. 8번에 김원봉, 맨 끝에 윤소용(윤세주)·한봉인 등
의열단원들이 보인다. 밀양 의열기념관 제공.

김원봉은 이 학교에서 스승 전홍표·김대지·황상규에게서 애국지사들
에 대해 배웠다. 전홍표 교장은 특히 도산 안창호에 대해 여러 번 이야기
했다. 김원봉과 학동들은 안창호가 망명길에 불렀다는 「거국가」를 모두
외웠다.

간다 간다 나는 간다 너를 두고 나는 간다

잠시 뜻을 얻었노라 까불대는 이 시운이

나의 등을 내밀어서 너를 떠나가게 하니

이제부터 여러 해를 너를 보지 못할지나

그동안에 나는 오직 너를 위해 일하리니

나 간다고 서러 마라 나의 사랑 한반도야.

동화학교 스승들의 교육은 어린 학동들에게 많은 영향을 미쳤다. 읍 단위 지역이면서 1만 3,000명이나 되는 인원이 참가한 3·1운동이나 김원봉과 윤세주·김상윤·최수봉崔壽鳳·한봉인·한봉근·윤치형 등 의열단과 조선의용대의 중심인물들이 밀양에서 배출된 것은 그런 분위기 때문이었다. 밀양 청년들이 서간도와 신흥무관학교로 간 것도 그런 영향 때문이었다. 김대지와 황상규는 의열단 창단을 주도했다.

## 학교를 살리려고 80원을 모으다

1911년 가을, 김원봉이 다니던 밀양읍의 동화학교는 총독부가 사립학교법을 내세워 강제 폐교시켰다. 당시 교원은 42세 불혹의 나이에 접어든 전홍표 교장, 아들뻘 되는 황상규 교사와 김대지 교사, 셋이었다.* 학생 수는 1학년 35명, 2학년 31명으로 모두 66명이었다. 그 가운데는 김원봉과 뒷날 밀양경찰서 폭파를 감행한 최수봉, 의열단 창단 단원이 된 김상윤 등이 있었다.

최수봉은 밀양 공립보통학교에 다닐 때 일본인 교사에게 불온한 질문을 해서 퇴학당한 일로 학생들의 존경을 받는 동무였다. 일본인 교사가 조선 민족의 시조인 단군은 일본 민족의 시조인 스사노오 노미코토素盞嗚尊**의 동생이라고 가르쳤다. 학기말이 되어 구두 질의시험을 볼 때 교사가 최수봉에게 그것을 물었다.

최수봉은 거침없이 대답했다.

---

* 전홍표는 1869년생, 황상규는 1890년생, 김대지는 1891년생이었다.
** 『일본서기』에 나오는 일본의 국조신. 마한(馬汗) 모르게 규슈로 이주했다가 여러 신에 의해 거기서 쫓겨나 신라국의 소시모리에 일시 정착했으나 "이 땅은 내가 있고 싶지 않다"고 말하고 흙배를 만들어 타고 본주의 출운(出雲)의 상류로 돌아갔다고 기록되어 있다.

"스사노오 노미코토는 단군의 형이 아니라 새까만 손자뻘이라고 보아야 합니다."

교사가 따귀를 때리며 호통쳤다.

"뭣이라고? 다시 한번 말해봐라."

최수봉은 대답이 한결같았다. 그는 퇴학당했다.

김상윤은 16세로 김원봉보다 한 살 위였다. 집이 밀양읍이 아니라 상남면 기산리로 10리 이상 먼 곳에서 책보를 메고 뛰어다녔다.

학교가 폐교당하고 열흘쯤 지난, 귀뚜라미 소리가 유난히 크게 들리는 초저녁이었다. 전홍표 교장의 집 삽살개가 컹컹 짖었다. 전 교장은 외바라지 문을 열었다. 대문 담장께에 누군가 서 있는 것이 어슴푸레 보였다. 툇마루 아래로 내려가서 신발을 꿰고 마당을 걸어 나갔다.

"교장 선생님, 김원봉입니다."

전홍표 교장은 깜짝 놀라 대문을 열어 김원봉을 사랑방으로 데리고 들어갔다.

김원봉은 큰절을 올린 뒤 주머니에서 두툼한 봉투를 꺼내 놓았다.

"학부형님들과 밀양의 유지 어른들을 찾아뵙고 학교를 다시 살리는 성금을 조용히 모았습니다. 모두 80원입니다."

전 교장은 눈을 휘둥그레 떴다.

"고모부이신 황상규 선생도 모르시는 일이냐?"

"네."

"그런 일이 어찌 소리 소문도 없이 진행됐단 말이냐? 왜놈 헌병대도 모르느냐?"

"네, 돈을 주시는 분들이 모두 은밀하게 해야 한다고 말씀하셨습니다."

전 교장은 길게 한숨을 쉬었다.

"네가 큰일을 했다만 학교는 열 수 없단다. 이 돈으로는 학교 법인을 만들 수도 없거니와 돈이 충분하다고 해도 왜놈들이 승인을 안 해줄 게다."

전 교장은 학교도 학교지만 어린 제자가 날개를 달기도 전에 다칠까봐 걱정했다. 전 교장은 조국이 처한 현실을 넓은 시각으로 바라보아야 한다고 이야기해주었다.

김원봉은 스승의 말을 충분히 알아들은 듯했다. 무릎을 꿇은 채 두 주먹을 쥐고 방바닥을 들여다보며 이야기를 들은 뒤 고개를 들었다.

"스승님 말씀대로 이 돈은 기부한 분들에게 돌려드리겠습니다."

다음 날 전 교장이 황상규를 만나 그 이야기를 하자 황상규는 눈을 둥그렇게 뜨고 혼자 고개를 주억거렸다.

"그 애가 저도 모르게 많은 돈을 모았군요. 그 녀석, 큰일을 할 아이입니다."

"나도 그렇게 봤네. 똑똑하고 차분한 데다가 사람을 감화시키는 힘을 가진 아이야. 그런 아이를 더 가르치지 못한다는 게 한스러워. 자네가 잘 이끌어주게."

"물론입니다, 스승님."

황상규는 스스로 다짐하듯이 말했다.*

그는 이날 처가에 들러 자기 집에 문틀을 고쳐야 하는데 일손이 필요하다며 김원봉을 불러냈다.

"80원을 모았다니 장하다. 아버님이 야학 교장을 맡으신 일, 내가 애국 운동을 한 일 때문에 너는 주목받기 쉽다. 이 세상 아무도 모르게 돈을 기부한 분들에게 돌려드려라. 넓은 시각으로 앞을 봐라."

고모부이자 스승인 황상규의 눈은 이글이글 타고 있었다. 김원봉은 묵

---

* 김원봉이 80원을 모금해 전홍표 교장을 찾아간 사실은 박태원이 쓴 전기에 있다 (『약산과 의열단』, 깊은샘, 2000, 15~16쪽).

묵히 그의 눈을 응시하며 고개를 끄덕였다.

황상규의 나이는 그해 22세였다. 소년 시절 서당에서 한문을 익혔고 동화학교에 중학과정이 열리자 그곳으로 옮겨 1908년 졸업했다. 그 무렵 읍내에서 밀흥야학교가 열렸고 19세 나이로 처음 교단에 섰다. 밀흥야학교는 전 시종 윤희규가 농우를 판 돈 50원을 내놓고 전홍표가 20원을, 밀양의 유지들이 성금을 내어 설립했다. 교장이 김원봉의 부친 김주익이었다. 그런 인연으로 황상규는 김주익의 셋째 매제가 되었다. 1910년 야학이 문을 닫자 모교인 동화학교로 와서 일한 것이었다.

황상규는 윤세용·윤세복·전홍표·손일민으로 이어지는 밀양의 구국운동 인물군의 끝자락을 붙잡은 청년운동가였다. 머릿속은 온통 애국계몽으로 가득 차 있었다. 1910년 강제병합에도 그는 기가 꺾이지 않았다. 시야를 넓혀 의병운동을 일으켰던 경상북도 풍기군의 지사들을 찾아가 만나기 시작했다.

## 경성에 가다

1911년 겨울, 김원봉은 경성으로 갔다. "사나이로 만들려면 서울 구경을 시켜야 한다"고 황상규가 처남인 김주익을 설득한 결과였다.

김주익은 아들 원봉이 경성행 짐을 꾸리자 여비와 함께 서찰 한 장을 내놓았다.

"이모할머니를 제대로 찾아갈 수 있겠느냐?"

"네. 주소를 수첩에 적었습니다."

김원봉은 큰절을 올린 뒤 돈과 서찰을 외투 속주머니에 넣고 일어섰다.

김주익은 아들의 얼굴을 미더운 시선으로 바라보았다. 귀티가 나고 늠름한 모습을 한 아들. 그는 문득 아들이 태어나던 날의 기억을 떠올렸다. '장상이 될 사주'를 타고났다고 한 옆집 윤 시종의 말이 또렷하게 기억났다.

그 뒤 십여 년의 세월이 지나는 동안 김주익은 아이들이 많이 태어난 터라 토지를 더 늘리지는 못했다. 그러나 식구들이 배를 곯지는 않았다. 풍채가 좋고, 한문깨나 읽을 줄 알았으며 부산과 마산을 자주 왕래해 개화문물도 익히고 있었다. 그걸 높이 본 윤희규가 권해서 세 해 전에는 야학 교장을 맡기도 했다.

김주익은 장남 원봉을 경성에 유학 보내지 못해 아쉬웠다. 그의 마음을 흔든 것은 매제 황상규였지만 손일민·전홍표를 비롯한 밀양의 애국지사들도 권했다.

"우리는 아드님을 관찰해왔습니다. 잘 가르치면 큰일을 할 비범한 아이입니다."

그런 말을 듣고 어깨가 으쓱하지 않을 아비가 어디 있을까. 김주익은 아들을 생각하며 술과 잡기도 삼가고 책을 읽었다.

매제인 황상규는 확신에 찬 표정으로 말했다.

"큰물에서 놀게 경성으로 보내야지요. 제가 알아볼게요."

김주익은 자신의 이모를 생각했다. 이모는 어린 나이에 불문에 들어가 영향력 있는 스님이 되었다. 경성의 큰 사찰에 몸담고 있으면서 고관대작들의 집에 출입하고 있었다. 민간에 살림집을 두고 있었으며 생활에 여유가 있었다.

두 해 전 김주익이 경성에 가서 만났을 때 이모는 그가 아이를 일곱이나 두었다는 말에 끌끌 혀를 찼다.

"세 여자와 배를 맞추기는 했지만 자네는 아이 만드는 재주는 있군. 큰애가 똑똑하다는 말은 들었네. 그애를 보고 싶네."

그는 그때 이모의 말을 기억하며 서찰을 써서 원봉에게 주었다.

김원봉은 경부선 기차를 타고 경성에 도착해 종로에 있는 이모할머니

댁을 찾아갔다.

이모할머니가 용돈을 주었다.

"얼굴에 귀티가 나는구나. 경성 시내 구경하고 배재학교, 중앙학교도 찾아가봐라."

김원봉은 경성 거리를 돌아다녔다. 일본인들이 차지해버린 진고개와 종로통, 조선인들이 삶에 부대끼며 사는 청계천변도 돌아다녔다. 남산에도 올라갔으며 일본 군대가 주둔한 용산에도 가보았다. 또래 학도들이 공부하는 학교에도 가보았다. 그의 마음을 사로잡은 곳은 중앙학교였다. 그 학교는 기호학회, 호남학회, 교남학회, 서북학회, 관동학회가 중앙학회로 합병되면서 세워진 학교이자 민족정기를 아우르는 대표적인 사립학교였다.

김원봉은 종로의 저자에서 한 모피상을 주목했다. 북방 사투리를 쓰는 모피상은 좌우를 살피면서 사람들에게 말했다.

"지금 왜놈들이 안명근 선생 사건을 트집 잡아 우리 조선 지도자들을 닥치는 대로 잡아들이고 있수다."

옷차림은 허술했으나 눈빛이 형형하고 조리 있게 말하는 것으로 보아 독립운동을 하는 비밀결사에서 밀파한 듯했다.

경성 사람이 소곤거리는 목소리로 물었다.

"안명근이라면 이토 히로부미 놈을 거꾸러뜨린 안중근 선생의 형제인가요?"

"그분의 사촌동생입네다. 작년에 간도 땅에 독립전쟁을 위해 무관학교를 세우고자 황해도 부호들에게서 군자금을 모으다가 체포당한 적이 있수다. 증거부족으로 석방된 뒤 이번에는 평안북도 선천역에서 데라우치寺內正毅 총독을 격살하려는 계획을 세웠는데 그거이 수포로 돌아갔수다. 왜놈들이 그게 신민회원들이 음모한 것이라고 뒤집어씌워 마구 잡아들이는 것이외다."

어떤 청년이 모피상에게 다가가 말했다.

"만주 땅 이야기를 더 해주시오."

모피상은 청년을 슬쩍 돌아보았다.

"서간도로 자네 같은 의로운 청년들이 몰려가고 있지비. 이강년李康秊 장군과 함께 의병전쟁을 했던 소백산 포수들도 가고, 노랑수건을 쓰는 삼수·갑산의 포수들도 가고, 강제 해산당한 군인들도 갔지비. 기래서 거기서 장래를 도모하기 위해 무관교육을 하려는 것이네."

김원봉의 가슴에 등불이 환하게 켜지는 듯했다.

며칠 뒤, 김원봉은 이모할머니를 따라 인력거를 타고 불교 신도의 집을 찾아갔다. 일제의 강제병합에 협력해 은사금과 작위를 받은 고관의 집이었다. 김원봉은 이모할머니의 재산이 친일 반역자의 행복을 기원한 대가로 얻어진 것이라는 사실에 회의감을 느꼈다. 눈 꾹 감고 이모할머니에게 의탁한다면 중앙학교에도 갈 수 있지만 그는 타협할 수 없었다. 그는 한 달여 만에 경성을 떠나 밀양으로 돌아왔다.

## 표충사에서 수도하다

김원봉은 집에서 며칠 머물다가 표충사로 갔다. 절 살림을 맡아 하는 원주院主 스님이 손일민·전홍표 등에게서 김원봉에 관한 이야기를 듣고 얼굴이나 보자고 했다는 것이다.

원주 스님은 요사채의 방 하나를 내어주고 『육도삼략』과 손자와 오자의 병법서를 구해다주었다. 김원봉은 밤이고 낮이고 책을 읽었다. 병법을 거의 외우듯이 읽게 되자 원주 스님은 부산에 탁발하러 가는 스님들에게 신학문을 다룬 책들을 구해오게 했다. 그중에는 『을지문덕전』『이순신전』 등 단재 신채호의 전기소설도 있었다. 그는 틈틈이 재약산載藥山의 사자평獅子坪 고원으로 달려 올라가 호연지기를 키웠다. 절을 품어 안고 있는

표충사 전경. 의병장 사명대사의 유품이 있는 도량이다.
김원봉이 소년 시절 수도 정진했다.

재약산은 신라 시대에 화랑도가 머물며 수련했고, 사명대사가 승병을 조련한 신성한 장소였다.

원주 스님은 때때로 김원봉의 독서내용을 확인하고 참선도 시켰다. 그는 불문의 교리나 경전 해석에 전념하는 이판승理判僧이 아니라 절 살림을 책임지는 사판승事判僧이었다. 김원봉을 유물 보관처로 데리고 가서 사명대사의 유물이 담긴 상자를 열어 대사가 입었던 장삼長衫을 보여주었다. 김원봉은 장삼을 만져보며 '항쟁'이라는 말을 가슴에 새겼다.

표충사 생활은 꼭 두 해 만에 끝났다. 김원봉의 아버지와 고모부가 중앙학교의 편입학 허가를 받아내고 학비를 마련했던 것이다.

작별을 고하자 원주 스님은 껄껄 웃으며 큰 손바닥으로 김원봉의 어깨를 철썩철썩 두드렸다.

"어서 가서 열심히 공부해라. 사명대사님의 정신을 잊지 마라."

스님은 꼬깃꼬깃 접어 숨겨두었던 지폐를 손에 쥐어주었다.

김원봉이 집에 가니 고모부 황상규가 와 있었다.

"중앙학교는 이 나라 최고의 명문이다. 최고의 스승들 밑에서 최고의 공부를 해라. 그래야 일본을 이긴다."

고모부 황상규는 그렇게 말하며 편입학 서류를 건네주었다.

이 무렵 황상규는 밀양과 마산, 대구 출신 애국청년들의 비밀결사인 일합사一合社와 대한광복회의 중심 단원으로 암약하고 있었다. 일합사는 1913년을 전후해 조직한 단체로 언제고 때가 오면 항일투쟁을 위해 들고 일어나기로 약속되어 있었다. 단원 가운데 한 명인 구영필具榮必이 항일무장투쟁 거점을 찾으려고 서간도에 다녀왔고, 1916년 구영필과 황상규·김대지 등이 밀양에 모여 뜻을 합해 조직을 확대하면서 일합사라는 명칭을 붙인 것이었다.

대한광복회는 3년 전, 소백산맥 아래 풍기군에서 의병투쟁 경력이 있는 채기중·유창순 등이 조직한 광복단이 그 전신이었다. 1915년 대구에서 그것을 모태로 삼아 강력 무장 투쟁의지를 가진 조선국권회복단의 박상진 등 지도자들과 손잡고 전국적인 조직으로 확대한 것이 대한광복회였다. 황상규는 이 단체의 발기인 13명 가운데 하나이며 총사령 박상진의 오른팔이나 다름없었다.*

## 중앙학교의 친구와 스승들

1916년 봄, 김원봉이 2학년에 편입했을 때 중앙학교는 김성수金性洙가 운영권을 인수한 직후였다. 전국의 애국계몽 인사들이 힘을 합해 운영했던 이 학교는 재정난에 부딪혀 곤란을 겪었는데, 호남 대부호의 아들인 김

---

* 김영범, 「독립운동가 백민 황상규의 생애와 초상」, 『지역과 역사』 제40호, 부경역사연구소, 2017, 208-209쪽.

성수가 도쿄東京 와세다대학을 졸업하고 돌아와 학교 운영재단을 맡은 것이었다. 김성수는 『황성신문』 주필을 지낸 유근柳瑾을 교장으로 모셔놓고, 와세다대학 동창인 안재홍安在鴻과 송진우宋鎭禹에게 학감과 교무주임을 맡기고 자신은 겸손하게 평교사에 머물러 있었다.

안재홍은 일본 유학을 마치고 중국 상하이 동제사同濟社*에서 활동하다가 귀국해 교편을 잡고 있었다. 송진우는 호남 유학의 거목인 기삼연奇參衍·김직부金直夫 문하에서 공부했으며, 김성수 등과 신학문을 배우다가 일본에 유학했다.

교사들 중에는 나경석과 백관수白寬洙도 있었다. 나경석은 도쿄고등공업학교를 나왔다. 과학도 가르치고 문학도 지도했다. 학생들에게 '큰대문집 선생님'이라는 말을 들었다. 경기도 수원에 있는 그의 집이 '큰대문집'으로 불리기 때문이었다. 조부는 호조참판이었고 부친은 강제병합 직전 사법관과 시흥군수, 용인군수를 지낸 집안이었다. 혜석蕙錫이라는 누이동생 때문에 더 유명했다. 나혜석은 진명여학교를 마치고 일본 유학길에 올라 도쿄미술전문학교에 다니고 있었으며 문학에도 재능이 있었다. 백관수는 경성법학전문학교를 나와 변호사가 되는 길을 마다하고 중앙학교에 와서 학생들을 가르치고 있었다.

스승들은 학생들에게 애국충정을 거침없이 털어놓고 말하는 터라 학생들의 존경을 받고 있었다. 김원봉 또한 스승님들이 좋고 학교가 좋았다. 중앙학교가 여러 지방의 토호들과 양심적 지식인들의 힘으로 만들어진 학교인 터라 학생 중에는 전국 각지의 명문거족 출신이 많았다.

---

* 1912년 7월 중국 상하이에서 조직된 최초의 한인 독립운동단체로서 이사장에 신규식, 총재에 박은식, 중견간부에 김규식(金奎植)·신채호·홍명희(洪命熹)·조소앙 등 회원 300여 명이 있었다. 임시정부 수립 전까지 상하이 한인의 중심조직이었다.

김원봉은 고모부 황상규의 편지를 받았다. 열심히 공부하라는 말과 함께 용돈이 들어 있었고 한 학년 아래 이명건李命鍵을 챙겨주라는 당부가 들어 있었다. 이명건의 아버지 이경옥李敬玉이 왕조시대에 경남 창원군수를 지냈으며 경북 칠곡의 존경받는 대지주라는 말도 쓰여 있었다. 고모부가 활동한 대한광복회와 관련 있을 것이라는 짐작을 하게 했다.

　　이명건을 만나보니 그보다 서너 살 아래였는데 총기가 흘렀다.

　　"나는 김원봉, 경상도 밀양에서 왔어. 거기서 동화학교를 다녔는데 왜놈들이 학교 문을 닫았지."

　　김원봉은 고모부의 편지를 보여주었다.

　　"아, 그렇군요. 저는 보성학교를 다니다 편입했는데 나이가 어리다고 1학년을 한 번 더 다니라 했습니다."

　　두 사람은 악수했다.

　　며칠 후, 학생 전체 토론시간에 둘은 대표로 나갔다. 김원봉은 이명건이 조리 있는 논리로 발언하는 것을 보고 지적 수준이 자신보다 높다는 것을 알았다. 두 사람은 우애가 깊어졌다. 늘 상대가 자기보다 탁월하다, 자신이 지니고 있지 않은 장점을 상대가 지니고 있다고 여겼으므로 학년과 나이를 넘어 우정을 쌓았다.

　　한 달 뒤 교내 웅변대회가 열린다는 공고가 붙었다. 김원봉은 웅변 원고를 들고 담임선생을 만났다.

　　"「사회발전은 종교에 있느냐 교육에 있느냐」, 참으로 훌륭한 원고구나. 설득력도 있고 주제도 선명해. 네가 썼느냐?"

　　"1학년 이명건이 쓴 걸 제가 제 호흡에 맞게 고쳤습니다."

　　김원봉의 말에 스승은 경탄했다.

　　"이명건은 만석꾼 집안의 아들인데 두뇌까지 명석하지. 물론 결점도 있어. 귀공자로 자라서 세상 쓴맛을 몰라. 네가 잘 이끌어줘라."

웅변대회에서 김원봉은 단연 돋보였다. 다른 학생들이 목청을 높여 격정적인 호소를 한 데 비해 그는 차분하게 연설했다. 500명이 넘는 학생들은 눈물을 흘리기도 했다. 시상식에서 김성수 선생은 심금을 울리는 호소력 강한 최고의 웅변이었다고 극찬했다. 김원봉의 이름은 전교생에게 알려지게 되었다.*

그해 가을 어느 토요일, 김원봉은 이명건과 함께 휘문의숙에 갔다가 인상 깊은 인물을 만나게 되었다. 일곱 살이나 많은 김두전金枓全이었다. 김두전은 경남 동래 출신으로 휘문의숙을 졸업하고 경성공업학교에 다니고 있었다. 후배들의 문예작품 발표회에 선배로서 참석한 것이었다. 김원봉과 이명건이 다니는 중앙학교 학생들 사이에는 전 학년 전 과목 백점 만점을 받고 졸업한 제1기 수석 졸업생 김두봉金枓奉의 이름이 회자되고 있었다. 김두전은 그 김두봉의 사촌동생이었다.

김원봉은 김두전과 민족의 장래에 대해 열띤 논쟁을 벌였다. 두 사람은 급속히 가까워지고 이명건도 끼게 되었다. 몇 달이 지나자 셋은 형제처럼 가까운 사이가 되었다. 조금은 독특한 관계였다. 가장 나이 많은 김두전과 가장 어린 이명건의 나이가 아홉 살이나 차이났다. 형이라고 부르고 동생이라고 불렀다. 처음에 김원봉과 이명건이 그랬던 것처럼 어색했지만 나이를 넘어서는 우정으로 자리 잡았다.

## 전국을 유랑하다

1916년 여름방학에 김원봉은 동저고리 바람에 책 몇 권 넣은 바랑을 등에 지고 유랑 길에 올랐다. 무전여행이었다. 지리산에도 오르고 계룡산에도 올랐다. 조선반도의 등뼈인 백두대간의 품에 누워 나무들의 비밀스런

---

* 박태원, 『약산과 의열단』, 깊은샘, 2000, 17쪽.

이명건. 이여성(李如星)으로
이름을 바꾸었다.

김두전. 김약수(金若水)로
이름을 바꾸었다.

속삭임을 들었다. 문경새재에서는 이강년 의병장이 이끌었던 의병들의 함성을 환청으로 들었다. 전라도 평야에서는 그 땅들이 일본인 지주의 손에 하나씩 넘어가고 있는 사정을 농민들에게서 들었다.

사람들은 19세 청년과객에게 잠자리를 제공했다. 씨암탉을 잡아 대접하는 촌부도 만났다. 충청도 논산에서는 잠자리를 구하지 못해 한둔을 하기도 했다. 부산에서 김철성金鐵城을, 경북 영주에서 강택진을 만난 것은 큰 소득이었다. 강택진은 사회주의자로서 사재를 털어 계몽운동을 하는 사람이었다. 조국 독립을 위해 목숨을 아끼지 않을 것을 맹세하며 후일을 기약했다.*

김원봉이 유랑을 끝내고 밀양으로 돌아온 것은 늦여름이었다. 읍내 저자에 나갔다가 동화학교의 동급생이었던 한봉인을 만났다. 한봉인은 큰 운송점을 하는 숙부의 경리 일을 해주고 있었다. 반색하는 친구와 걸으면

---

* 같은 책, 18쪽. 김철성의 본명은 김인태(金仁泰)다. 뒷날 김원봉과 몇 차례 인연이 이어졌다.

서 무전여행 중에 겪은 이런저런 이야기를 했다. 함께 걸어 운송점에 도착하니 한봉인의 친형 한봉근과 고종사촌형인 구영필이 거기 있었다.

"김원봉이 무전여행 갔다더니 돌아왔구나."

한봉근과 구영필이 알은체를 했고 김원봉은 고개를 숙였다.

"형님들 안녕하셨습니까?"

한봉근은 세 살 위로 밀양 공립보통학교 선배였다. 부산상업학교를 거쳐 일본에 가서 무슨 상업학교를 다니다 온 사람이었다.

구영필은 부산 동래에서 보부상 두목 출신 거부의 아들로 태어났다. 열댓 살 때 외가가 있는 밀양으로 왔고, 부산의 개성開成학교와 경성공업전습소(현 서울공고)를 1년쯤 다니다 일본 와세다대학 통신강의 과정을 밟았다. 아버지가 밀양의 대지주로서 정미소와 운송업을 하는 처남 한춘서의 사업에 투자했다. 구영필은 외숙들의 운송점 일을 하고 있었다.

김원봉은 밀양 사람 대부분이 모르는 사실을 알고 있었다. 구영필은 고모부 황상규와 비밀결사인 일합사의 동지로서 만주 땅을 여행한 바 있었다.

"저의 국내 무전여행은 영필 형님에 비하면 아무것도 아니지요. 저도 만주 땅에 한번 가보고 싶습니다."

구영필은 호탕하게 웃었다.

"만주 땅은 국내 여행과 달리 모험심을 가져야 한다."

구영필은 그렇게 말하고는 슬쩍 주변을 살피고 다시 입을 열었다.

"황상규 선생과 김대지 선생이 널 언제고 만주로 보낼 것이다. 그전에 중국말 공부를 해두어라."

구영필은 목소리를 죽여 속삭이듯 말했다.

그날 김원봉은 한봉인을 데리고 자기 집으로 가서 해가 질 때까지 이야기를 나누었다. 한봉인은 김원봉의 경성 유학생활과 전국 방랑 이야기, 장래의 포부를 듣고 싶어 했다. 김원봉은 학교를 빼앗겨버린 뒤의 동창들과 스승님들의 소식을 듣고 싶어 했다.

한봉인은 집으로 가기 위해 자리에서 일어서면서 눈물을 글썽거렸다.

"네가 공부를 많이 해서 왜놈들한테 빼앗긴 나라를 되찾는 일에 앞장서 줘."

이틀 뒤, 한봉인이 다시 찾아와 대뜸 지폐 뭉치를 내놓았다.

"이거 갖고 중국으로 가서 공부하자. 나는 숙부님 가게를 봐주면서 받은 월급을 모두 숙부님에게 맡겨두고 있었어. 어제 말씀드려서 그걸 받은 거야."

"그래, 나도 돈을 좀 마련해볼게."

김원봉은 이틀 전 구영필이 해준 말을 생각하며 머리를 끄덕였다.

며칠 뒤 김원봉은 한봉인과 함께 밀양을 떠났다. 다시 만나고 보니 한봉인은 지난번 보여준 돈뿐 아니라 숙부의 금고에 손을 대서 100원을 마련했다고 말했다.*

"금고에 손을 댄 건 죄를 지은 거야."

한봉인은 고개를 저었다.

"숙부님은 그렇게 생각하시지 않을 거야. 그 돈을 허투루 쓰지 않고 독립운동에 쓸 거라며 나를 믿으실 거야. 내가 독립운동하다가 체포당해 고문이라도 당한다면 돈을 훔쳤다고 해야 숙부님이 안전하시겠지."

두 사람은 경의선 열차를 타고 신의주로 올라가서 중국 땅 단둥까지 갔

---

* 박태원은 "한봉인이 그(김원봉)를 경모하여 주인집 금고에서 몰래 돈을 꺼내는 파렴치조차 주저하지 않았다"고 썼다. 또한 김원봉은 그 돈으로 혼자 유학길에 오른 것으로 기술했다(같은 책, 20쪽). 그러나 한봉인의 노년 구술을 바탕으로 작성한 국가보훈처 기록에 의하면 금고에서 100원을 꺼내 둘이 함께 만주로 떠났다(「한봉인 서훈 공적조서」, 국가보훈처 DB).

다. 단둥에는 밀양의 선배 손일민이 여관을 운영하고 있었다. 광복회의 만주 국경 비밀 연락거점이었다.

손일민은 고향의 후배들을 얼싸안았다.

"만주에 잘 왔어. 일단 공부를 열심히 해라. 우리는 너희에게 큰 기대를 걸고 있단다."

손일민은 이때 33세로 서간도에서 황상규·김대지와 더불어 밀양 출신 만주 지역 항일투쟁 인맥의 중요한 축을 만들어가고 있었다.

손일민은 김원봉과 많은 대화를 나누었다. 일합사와 광복회로 이어진 밀양과 경상도의 애국적 인사들의 인맥을 김원봉이 이어갈 것이라는 기대와 믿음 때문이었다.

한봉인은 평톈으로 간다 했고 김원봉은 톈진으로 가기로 했다.

이틀 뒤 손일민은 김원봉에게 용돈을 쥐어주며 조용히 말했다.

"주변 사람들을 진정성 있게 대해 너와 한 배를 타게 하는 친화력과 지배력, 그걸 갖추도록 해라."

김원봉은 공손히 돈을 받았다.

# 3 광활한 대지

## 중국 유학

톈진 더화학당에 입학한 김원봉은 중국어와 독일어를 열심히 공부했다. 중국어를 익히기 위해 틈틈이 저자에 나가 사람들과 부대끼며 지냈고 독일 조계에도 자주 갔다.

톈진에는 서구 열강 8개국의 조계지가 설정되어 있었다. 베이징北京과 가까운 항구인지라 중국을 수탈하려는 야욕을 지닌 나라들의 무대가 되어 있었다. 열강들은 임차국의 치외법권을 인정하는 조계지에 제각각 군대를 주둔시키고 있었다. 하루에 한 번쯤 열강의 군대들은 자기네 조계에서 벗어나 톈진 시내를 군악대를 앞세워 행진하며 무력시위를 했다.

다음 해 여름방학이 되자, 김원봉은 중국어에 거의 능통해져서 귀국길에 올랐다. 이번에도 배를 타고 압록강 국경 단둥으로 갔다. 거기서 압록강 국경을 건너 신의주에서 기차를 타고 갈 생각이었다.

김원봉은 손일민 선배가 경영하는 여관에 다시 들렀다. 손일민은 반색하며 김원봉을 맞아들였다.

"중국어가 많이 늘었겠구나."

저녁에 김좌진金佐鎭이 왔다. 이곳을 임시숙소로 쓰고 있는데 외출했다가 돌아온 것이었다. 김원봉은 함께 저녁식사 자리에 앉았다.

김좌진은 스물여덟 살이었는데 약관의 나이에 교육사업을 시작했고, 황상규가 핵심간부로 있는 대한광복회에 가입해 부사령副司令으로 활동하다가 3년간 옥고를 치르고 중국에 망명해 있었다. 김좌진과 통성명하고 맞절할 때 김원봉은 머리가 방바닥에 닿도록 깊이 숙였다.

"뵙게 되어 영광입니다."

그가 무전여행으로 조선 땅을 방랑하던 시절 충남 홍성에서 들은 이야기 때문이었다.

김좌진은 대지주의 아들이었다. 홍성 땅에서 당진이나 서산으로 나가 바다를 보려면 그의 땅을 밟지 않을 수 없다고 할 정도로 토지가 많았다. 열다섯 살에 부친이 돌아가서 호주가 되자 김좌진은 소작인과 노비들을 불러 앉히고 노비 문서를 태웠다. 소작인과 노비에게 땅을 나누어주고 자신은 절반만 가졌다. 홍성 땅에서는 그에 대한 칭송이 자자했다. 새벽에 정화수를 떠놓고 김좌진 도령님이 잘 되기를 기원하는 집을 김원봉은 여러 번 보았다.

김원봉이 그 이야기를 하자 김좌진은 카이젤 수염을 매만지면서 껄껄 웃었다.

"왜놈들이 조선반도의 토지 측량을 막 끝냈지. 그냥 갖고 있었으면 빼앗겼을 거야."

식사 중에 김원봉은 놀라운 소식을 들었다. 그의 고모부 황상규가 대한광복회 동지들과 함께 칠곡의 악질적인 친일 부호 장승원을 처단하는 등 반일 투쟁에 나섰다는 것이었다. 황상규는 일본 헌병과 경찰의 추적을 피해 만주 땅 지린으로 망명해 한동안 머물다가 한 달 전부터 김대지와 함께 국내에 다시 잠입해 있었다. 김원봉은 만주의 대한광복회 회원들이 황상규에게 보내는 밀서를 품고 귀국길에 올랐다.

황상규는 경성에 머물고 있었다. 그는 관운장처럼 큰 어깨를 흔들며 우렁우렁하는 음성으로 말했다.

"네가 없는 사이에 이명건과 김두전을 여러 차례 만났다. 정말 네가 평생을 같이해도 좋을 사람들이더라."

며칠 뒤 이명건과 김두전이 김원봉의 임시거처인 황상규의 하숙으로 왔다. 김원봉과 두 사람은 한동안 만나지 못했으나 서로 걱정하고 그리워한 감정은 바닷속처럼 깊었다.

황상규는 술 한 동이를 받아와 사기대접을 하나씩 안겼다.

"젊은 나이에는 수많은 벗을 만나지. 자, 술을 마시자. 그래야 우정이 깊어지는 거야."

그들은 건배를 외치고 술잔을 들어올렸다.

문득 생각난 것이 있는 듯 황상규가 세 사람을 둘러보았다.

"이참에 셋이 돌림자를 쓰거나 뜻을 같이하는 호를 갖는 게 어떤가? 어차피 독립운동을 하려면 본명을 감추는 게 나을 테니까."

셋은 그게 좋다고 반색했다.

천재소년 이명건이 눈을 반짝이며 입을 열었다.

"같을 여如나 같을 약若을 앞 글자에 넣고 뒤 글자는 바다 해海, 하늘 천天, 뫼 산山, 나무 목木, 별 성星 따위를 넣으면 좋겠어요."

김두전이 거들고 나섰다.

"선생님이 『주역』을 잘 아시니까 저희들 생일 생시를 보고 정해주시지요."

셋은 생년과 생월과 생일 생시를 적었다. 황상규는 한참을 고심한 뒤에 입을 열었다.

"두전이 자네는 약수若水, 원봉이는 약산若山, 명건이는 여성如星이 좋겠네. 물과 같다, 산과 같다, 별과 같다, 이만하면 어떤가?"

세 사람은 동시에 소리쳤다.

"좋습니다. 만족합니다."

그때부터 세 사람은 본명보다 호를 더 많이 사용하게 되었다. 김두전과 이명건은 아예 본명을 버릴 정도였다.

김원봉은 친구들과 헤어져 고향 밀양으로 갔다. 어느 날 아버지와 동생들과 함께 논에서 피 뽑는 일을 하고 있는데 아버지가 지나가는 말처럼 물었다.

"너는 신상에 아무 일 없는 거냐? 세월이 하도 수상해서 묻는 말이다. 네고모가 남편 상규 때문에 걸핏하면 일본 헌병대에 끌려간단다."

장남이 아마도 독립운동에 나설 것으로 짐작하고 하는 말이었다.

"1년 동안 그냥 열심히 공부만 했습니다. 더 아시려고 하지도 말고 누가 물으면 그렇게 말씀하세요."

아버지는 고개를 끄덕이고 더 말하지 않았다.

새 학기가 다가왔으나 김원봉은 톈진으로 돌아가지 못했다. 중국이 세계대전에서 연합국 편에 가담해 독일과 이탈리아에 선전포고를 했고, 자국 내의 독일인들을 추방하고 더화학당도 폐쇄했기 때문이다.

학교 폐쇄 사실을 알려준 사람은 헌병 경찰의 추적을 피해 다시 만주로 간 고모부 황상규였다. 그는 밀서를 통해 경성의 조직원들에게 소식을 전하면서 처조카인 김원봉이 영문 모르고 학교로 돌아오지 않게 전해 달라고 요청했던 것이다. 김원봉에게 난징의 진링대학을 가는 게 어떠냐고 권하고 있었다.

낙심하여 고개를 숙이고 있는 김원봉을 김약수가 위로했다.

"난징은 쑨원이 중화민국을 세운 곳이야. 나는 진링대학을 다닌 여운형 呂運亨이라는 사람을 만난 적이 있어. 미국 선교사들이 세운 학교인데 학비도 싸고, 성적 좋은 학생에게 장학금도 준다는군. 약산, 너는 중국말에 능통하니 아예 진링대학으로 가는 게 좋겠어."

김원봉은 학비 생각에 묵묵했다.

그의 마음을 아는지 만석꾼 아들 이여성이 웃으며 말했다.

"학비는 내 아버님이 주시는 걸 나눠 쓰면 되지요, 뭐."

결국 셋은 함께 난징으로 가기로 했다. 그들은 한 해 뒤에 떠날 것을 목표로 삼고 열심히 중국어를 배우기 시작했다. 김원봉은 고급 중국어를 배우기 위해 책을 들고 독학했고, 두 사람은 김원봉에게 배웠다. 외국어 공부에 합숙보다 좋은 건 없다. 대지주의 아들 이여성의 하숙에 함께 지내니 김원봉은 돈 걱정할 필요가 없었다. 대신 두 사람에게 중국어를 가르치는 일에 열중했다.

한 해가 지난 1918년 여름, 셋의 난징행 다짐은 이루어졌다. 북행열차를 타기 전 고향집에 다녀온 이여성의 배가 불룩했다. 유학 학비를 복대에 넣어 허리에 차고 온 것이었다. 김원봉이 나중에 안 일이지만 복대에 든 돈은 6만 원이나 되는 거액이었다. 그뿐이 아니었다. 김약수도 두툼한 전대를 차고 있었다. 김원봉만 겨우 여비 정도를 갖고 온 것이었다.

셋은 중국으로 가기 위해 경의선 열차를 탔다. 압록강 국경을 넘어 단둥에서 안봉선安奉線* 기차로 갈아타고 펑톈까지 가서 황상규를 만났다.

"만주에서는 수년 전 선각자들에게서 대두된 독립전쟁 해외기지론이 구체화되고 있다."

황상규가 말했고 김약수가 한마디 했다.

"서간도와 북간도는 적격이지요. 지난날 우리 영토였고 우리 동포들이 살고 있으니까요. 그 토대 위에 군사기지를 만들어 병사들을 훈련시키고 무관학교를 만들어 장교를 양성할 수 있지요. 그런 다음 국내로 쳐들어가

---

* 안봉선: 압록강 국경도시 단둥과 펑톈에 연결된 철도.

는 거지요."

황상규는 고개를 설레설레 저었다.

"북간도 동포들이 어떻게 목숨을 부지하고 사는지 몰라서 하는 말이야. 내가 북간도 동포사회에 대해 말할 테니 들어두게."

만주는 지난날 고구려 땅이었지만 이후 여진족이 살았다. 여진족은 금金 왕국을 거쳐 청 왕조를 세우고 베이징이 있는 남서쪽으로 옮겨갔다. 그후 평안도 사람들은 압록강을, 함경도 사람들은 두만강을 건너 월경하여 땅을 개간하고 공동체를 만들어갔다. 그것이 서간도와 북간도의 시작이었다. 북쪽의 러시아가 호시탐탐 이곳을 노리기 시작했고 이 무렵 많은 한족이 이주했다.

1885년 조선인도 집조執租, 토지문서를 얻게 되었다. 그러나 만주식으로 머리를 깎고 호적을 청나라로 바꾼 자에 한했다. 머리 깎기를 거부한 조선인 유랑민들은 소작인으로 전락했다.

광대한 땅을 가진 지주들은 마름에게 관리를 맡겼다. 지주와 마름, 하급 관리들은 조선인의 피를 빨아먹기에 혈안이 되었다. 조선인들은 굶어죽지 않기 위해 딸까지 팔았다.

"그런 사정인데 어떻게 아들을 병사로 보내달라고 말할 것이며 군자금을 달라고 할 것인가?"

황상규는 길게 한숨을 쉬며 만주 땅 동포들의 사정에 대한 설명을 끝냈다.

"동포사회에 기대어 군대를 일으키기는 어렵다는 말씀이군요."

"그렇네. 신흥학교에 대해 들어봤는가?"

이여성이 답했다.

"이회영李會榮 선생 형제들이 전 재산을 팔아서 세웠다는 학교 말이군요."

"그 학교 설립에 우리 밀양의 윤세용 선생도 참여했어. 학교는 곧 무관학교로 이름을 바꿀 거야. 북로군정서는 300명 이상의 군대를 만들었고 연해주 땅에서도 홍범도洪範圖가 군대를 튼튼히 일으켰다는 소식이 있어."

김원봉이 백민의 소매를 잡아당겼다.

"고모부님, 저희 세 사람의 소원도 궁극적으로는 왜놈들과 싸우는 건데요. 아예 이참에 신흥학교로 가는 게 어떨까요?"

백민은 머리를 흔들었다.

"언제고 조국이 자네들을 필요로 할 때가 올 거야. 그러니까 난징에 가서 공부를 더 해봐. 중국 친구들 사귀는 것도 잊지 말고."

"알겠습니다."

셋은 동의했다.

그들은 펑톈에서 며칠을 쉬고 다롄大連에서 상하이로 가는 기선을 탔다. 상하이에서 난징까지는 운하를 타고 거슬러가기로 했다.

## 난징에서

김원봉·김약수·이여성이 난징에 도착한 것은 경성을 떠난 지 거의 한 달이 넘어서였다.

난징은 창장강長江을 끼고 발달한 도시였다. 수운의 이점이 있어 옛날부터 강남의 중심이 되었고 삼국시대에 손권孫權이 오吳나라를 세운 이래 열개의 역대 왕조가 수도로 삼았던 유서 깊은 도시였다. 근대에는 태평천국 운동을 일으킨 홍수전洪秀全이 거점으로 삼았으며 쑨원도 중화민국의 임시수도로 삼은 곳이었다.

그들은 진링대학 입학 예비과정인 입오생入伍生 과정에 원서를 냈다. 김원봉은 더화학당에 다닌 기록이 있어 면제되었지만 김약수와 이여성은 중국어 회화와 작문 시험을 봐야 했다. 결과는 합격이었다.

여기서 김원봉의 난징 유학 부분을 싶고 넘어가려 한다. 박태원은 김원봉의 구술을 듣고 집필한 『약산과 의열단』에 김원봉이 이여성·김약수와

김원봉이 입오생으로 공부한 진링대학. 현재는 난징대학이다.

함께 진링대학에 다녔다고 썼다. 그러나 진링대학 입학명부에 그의 이름이 없다. 한 연구자에 의하면 "원명 김원봉을 비롯해 그가 사용했던 각종이명異名, 즉 최림崔林 · 이충李沖 · 진국빈陳國斌 · 천세덕千世德 등을 조사했지만 학적 명단에서 그의 이름을 찾을 수 없었다"고 한다.* 그러므로 입오생 과정이라 보는 것이다.

셋은 입학 허가서를 손에 든 채로 쯔진산紫金山에 올랐다. 아름다운 쉬안우호玄武湖와 무수히 많은 나무에 파묻혀 있는 유서 깊은 거리, 유유히 흐르는 창장강이 한눈에 내려다보였다.

폭이 십 리가 넘고, 중국 대륙 2,000리를 적시며 흐른다는 창장강. 그들은 너럭바위에 앉아 창장강을 굽어보며 주머니에 넣어온 고량주를 꺼내 한 잔씩 나눠 마셨다. 유학 성공을 자축하고 우정을 맹세했다. 이때 김약

* 윤은자, 「20세기 초 난징의 한인유학생과 단체 1915-1920」, 『중국근현대사의 연구』39집, 2008, 33-34쪽.

수는 27세, 김원봉은 21세, 이여성은 18세였다.

진링대학 예비과정에 재학하는 동안 세 사람은 영어와 중국어 공부에 미친 듯이 매달렸다. 한 학기가 지났을 때 김원봉이 사전을 펴놓고 쉬운 영문 소설을 읽는 것을 보고 이여성이 혀를 내둘렀다.

"형이 영어 소설을 읽다니 놀라운 발전이야."

김약수가 나섰다.

"우리 셋은 비슷하게 머리가 좋지. 그런데 나와 여성은 이것저것 욕심이 많은 데 비해 약산은 한 구멍만 파는 지독한 집념이 있지. 그게 약산의 장점이야."

김원봉은 그저 웃기만 했다.

어느 날 교정에서 중학부 소속 조선인 학생들을 만났다. 김원봉은 배동선을 주목했다. 배동선은 1899년생으로 김원봉보다 한 살 아래였다. 북간도 옌지延吉에서 목회활동을 하는 배형식 목사의 아들이었다. 김원봉은 배동선과 여러 번 만났다.

방학이 됐지만 세 사람은 난징을 떠나지 않고 공부에 열중했다. 세계적으로 힘의 질서가 재편되는 시기에 조국을 위해 해야 할 일이 무엇인지 찾으려 했다. 유럽에서는 제1차 세계대전이 끝나 전쟁 종결처리를 둘러싼 논의가 벌어지고 있었고, 러시아에서는 볼셰비키 혁명이 성공의 고비를 치달려 올라가고 있었다.

그들은 매일 저녁 토론을 벌였다. 얻은 결론은 세 가지였다. 첫째는 서간도에서 어떻게든 작은 군대라도 조직해 독립전쟁에 뛰어드는 것, 둘째는 국제도시 상하이에 가서 잡지를 발행하는 것, 셋째는 파리강화회의 현장에 가서 일본 대표를 암살하는 것이었다.

김원봉이 말했다.

"우리 셋 중 하나가 상하이를 거쳐 만주에 다녀왔으면 좋겠어요. 일단 가보면 우리가 가야 할 길을 찾을 수 있을 테니까. 내 생각은 약수 형이 가는 게 좋겠어요."

늘 그런 식이었다. 여섯 살 많은 김약수와 세 살 어린 이여성 사이에서 마지막에 방향을 결정하는 사람은 김원봉이었다. 김약수가 짐을 꾸리자 이여성이 복대를 풀어 2만 원을 건넸다.

"둔전 만들 만한 토지가 있으면 이 돈으로 그걸 사요."

김약수는 만주로 떠났고 김원봉은 이여성과 난징에 남았다.

김원봉은 이여성과 함께 열심히 영어공부에 매진했다. 그러면서 우쏭吳淞의 퉁지同濟대학에 재학 중인 김철성을 설득해 일본인 대표를 암살하기 위해 파리강화회의에 파견했다. 김철성은 1916년 김원봉이 무전여행으로 전국을 유랑할 때 부산에서 만나 의기투합한 인물이었다.

한편 난징에서 머나먼 길을 기차를 타고 달려 지린에 도착한 김약수는 일을 쉽게 풀지 못했다. 단 30명의 작은 군대도 조직하기 어렵고 둔전을 사는 일도 쉽지 않았다. 도저히 불가능하다고 판단한 그는 난징의 김원봉과 이여성에게 펑톈에서 만나자는 전보를 쳤다.

전보를 받은 김원봉은 이여성과 짐을 꾸렸다. 그들은 지린이 아니라 펑톈 쪽에 둔전으로 쓸 만한 곳을 봐둔 것 같다고 생각했다.


**다시 만주 땅으로**

김원봉과 이여성이 길을 떠나려는데 만주에서 온 한 조선인 학생이 한문과 국문으로 된 선언서 한 장을 주었다. 독립의군부 중심 애국지사들이 서명한 「대한독립선언서」였다.

김원봉과 이여성은 눈이 휘둥그레져서 그것을 소리 내어 읽었다.


아我 대한 동족 남매와 온 세계 우방 동포여!

아(我) 대한은 완전한 자주독립과 신성한 평등복리로 우리 자손 여민(黎民)에 대대로 전하게 하기 위하여, 여기 이민족 전제의 학압(虐壓)을 해탈하고 대한 민주의 자립을 선포하노라.

아 대한은 예로부터 우리 대한의 한(韓)이요, 이민족의 한(韓)이 아니라, 반만 년사의 내치외교(內治外交)는 한왕한제(韓王韓帝)의 고유 권한이요, 백만방리의 고산려수(高山麗水)는 한남한녀(韓男韓女)의 공유 재산이요, 기골문언(氣骨文言)이 유럽과 아시아에 뛰어난 우리 민족은 능히 자국을 옹호하며 만방을 화합하 여 세계에 공진할 천민(天民)이라, 우리나라의 털끝만 한 권한이라도 이민족 에게 양보할 의무가 없고, 우리 강토의 촌토라도 이민족이 점유할 권한이 없 으며, 우리나라 한 사람의 한인(韓人)이라도 이민족이 간섭할 조건이 없으니, 우리 한은 완전한 한인의 한이라.

천지로 망(網)한 한 번 죽음은 사람의 면할 수 없는 바인즉, 개·돼지와도 같 은 일생을 누가 원하는 바이리요. 살신성인하면 2,000만 동포와 동체(同體)로 부활할 것이니 일신을 어찌 아낄 것이며, 집안이 기울어도 나라가 회복되면 삼천리 옥토가 자가의 소유이니 일가(一家)를 희생하라!

아 우리 마음이 같고 도덕이 같은 2,000만 형제자매여!

국민본령(國民本領)을 자각한 독립임을 기억할 것이며, 동양평화를 보장하 고 인류평등을 실시하기 위한 자립인 것을 명심할 것이며, 황천(皇天)의 명명 (明命), 밝은 명령을 지봉(祇奉), 크게 받듦하야 일체(一切) 사망(邪網), 사악한 그물에서 해탈하는 건국인 것을 확신하야, 육탄혈전으로 독립을 완성할지어다.

단군기원 4252년 2월 일

끝에는 39명 민족대표의 이름이 실려 있었다.

김원봉은 감격해 소리쳤다.

"육탄혈전이래! 무장투쟁을 하자는 거야. 내가 아는 분들이 여럿이야.

내 고모부 황상규, 밀양 출신 윤세복·손일민 선생, 손일민 선생네 단둥여관에서 만나 통성명한 김좌진 선생 이름이 들어 있어.”

이 선언서는 1918년 무오년 음력 11월, 만주와 노령에 망명한 인사들이 참여해 작성한 최초의 독립선언이었으며 뒷날 「무오독립선언서」라고 부르게 되었다. 조소앙이 동생 조용주와 함께 기초했고 김교헌·김동삼金東三·신규식·정재관鄭在寬·여준·이범윤·박은식·이시영李始榮·윤세복·이동녕李東寧·신채호·김좌진·손일민·황상규 등 39명이 서명했다.

윤세복은 김원봉의 이웃에 사는 윤희규와 같은 윤씨 가문이었다. 대종교에 입문해 시교사施教師가 되고 제3대 교주를 지냈으며 대종교의 정신을 항일투쟁으로 밀고 나갔다. 그의 형 윤세용은 이회영·이시영 6형제들과 신흥무관학교의 전신인 신흥학교 설립에 참여한 인사였다. 형제 가운데 윤세복이 이름을 넣은 것이었다.


김원봉과 이여성은 육로를 타고 북쪽으로 올라가 지난濟南역에 내렸을 때, 그곳 신문에서 「조선독립혁명 발발」 기사를 보았다. 두 사람은 흥분한 채로 신문을 읽었다. 또 다른 「독립선언서」가 발표되고 민중봉기가 일어난 것이었다.

둘은 신문을 읽고 감격하여 얼싸안았다.

“약산 형, 우리 민족의 혼은 죽지 않았어!”

“그래, 여성아. 이젠 조선인이란 게 부끄럽지 않아.”

다음 날 다시 구해본 신문에서 조선의 독립혁명이 일본의 무자비한 진압에 꺾이고 있다는 기사를 읽었다. 둘은 초조한 마음으로 다시 북방으로 길을 떠났다. 김약수의 일이 잘 풀렸기를 바라는 기대감으로 가슴이 부풀었다. 지린에서도 「독립선언서」가 나오고 고국 경성에서도 「독립선언서」와 함께 대규모 만세시위가 일어나니 이제 무장투쟁도 해볼 만하다는 생각 때문이었다.

김원봉은 이여성과 함께 펑톈에 도착해 김약수를 만나 국내 상황을 상세히 들을 수 있었다. 펑톈은 압록강 국경도시 단둥과 안봉선 철도로 직접 연결되어 있어 조선반도의 소식이 빠르게 전해지는 곳이었다. 김약수는 조선에서 밀반출되어온 「독립선언서」를 내밀었다.

"이걸 읽어봐. 비폭력을 천명하고 있어. 수십만 명이 평화적인 시위에 참가했어. 전국이 만세 소리로 넘쳐나고 있어."

"아, 장한 일이에요. 조선반도는 이제 만세시위로 들끓을 거예요."

김원봉은 그렇게 답하고 화제를 둔전 구입 문제로 돌렸다.

"둔전은 어떻게 됐어요?"

김약수는 고개를 내저었다.

"토지를 살 수가 없어. 토지문서를 집조라고 하는데 청국 관리들이 허가하지 않으면 구입할 수 없다는 거야. 일본 놈들의 입김이 강하니까 외교적으로 처리하려 해도 불가능하대. 나는 조선 땅으로 돌아가려 해."

김원봉은 김약수의 팔을 잡고 말했다.

"쉽게 포기하면 안 되지요. 일단 지린까지 가봅시다. 거기 내 고모부님이나 선배들이 계시니까 조금 더 알아봐요."

셋은 지린으로 갔다.

황상규의 숙소는 넷이 자기에 비좁아 김약수와 이여성은 여관으로 갔다.

김원봉은 두 친구를 보내며 말했다.

"지린은 일본 밀정 놈들이 많아서 조심해야 한대요. 단단히 경계해요."

김약수는 염려 말라는 뜻으로 피식 웃으며 손사래를 쳤다.

"우리가 만주 여행을 하루 이틀 하는 것도 아니니 걱정 말게."

그렇게 말하고는 멀리 보이는 일본 료칸旅館을 가리켰다.

"등잔 밑이 어둡다 하지 않는가? 저기로 갈 생각이네."

김원봉이 투쟁할 시기 고국의 가족들.
아버지 김주익, 계모 천연이, 7남 봉기, 처남 김병환, 8남 덕봉, 누이 학봉, 9남 구봉이다
(왼쪽 둘째부터 시계 방향으로). 김학봉 여사 제공.

김원봉은 황상규의 숙소를 찾아갔다.

지난해 겨울, 「대한독립선언서」 작성 서명 이후 황상규는 계속 지린에 머물고 있었다. 1919년 새해가 왔고, 2월 하순에 그는 지린의 고성 북문 밖에 있는 여준呂準의 집에서 박찬익朴贊翊·조소앙·김좌진·손일민 등 선배 망명객 열두 명과 독립의군부를 결성했다. 여준을 총재로 추대하고 황상규는 재무를 맡았다.

황상규는 고국 땅에서 벌어지고 있는 만세운동을 김원봉보다 더 잘 알고 있었다. 지린은 조선에서 오는 길목이기 때문이었다. 두 사람은 진지하게 앞일을 논의했다. 전국으로 확대된 만세운동의 집중된 힘을 국내에서 쏟아 항일운동을 할 것인가, 그 힘을 끌어안고 국외에서 무장투쟁을 할 것인가. 무장투쟁이 우선이라는 의견은 황상규나 김원봉이나 같았다. 당장

군대를 양성하기는 어렵다는 것에도 동의했다.

"나와 지린의 동지들은 우선 왜놈들의 기관 폭파와 요인 암살, 왜놈에게 협조하는 개 같은 밀정들을 암살하는 방향으로 가야 한다고 의견을 모으고 있다."

김원봉은 앉은 채로 고모부 앞으로 다가갔다.

"그래서 이곳 지린에서 발표한 「대한독립선언서」 맨 끝에 '육탄혈전으로 독립을 완성할지어다'라는 말을 넣으신 거군요."

"그렇다. 안중근 의사께서 이토 히로부미를 거꾸러뜨린 것 같은 육탄혈전이 필요하다. 대한광복회가 장승원을 처단한 일처럼 친일파에 대한 거사도 필요하다. 만세운동에 고무되어 많은 애국청년들이 만주로 오고 있다고 한다. 그들 가운데 담력이 큰 청년들을 뽑아 작탄炸彈공격을 감행할 생각이다. 너는 내 제자이자 처조카이니 소중함은 말할 나위가 없다. 그러나 나도 너도 나라 구하는 일에 목숨 던질 각오를 해야 할 것이다."

황상규는 통이 크고 대범하지만 평소에는 온화하고 너그러운 태도로 사람들을 대하는 투사였다. 그러나 그는 지금 이글이글 타는 듯한 눈으로 육탄혈전을 말했다.

"저도 육탄혈전을 각오하겠습니다."

김원봉은 고모부와 나란히 누워 하룻밤을 지내고 지린 고성 안에 있는 독립의군부 본부에 가서 동화학교 스승 김대지 선생과 김좌진을 만났다. 김약수·이여성의 희망인 둔전 구입에 관해 선배들에게 물었다. 모든 사람이 고개를 젓거나 손사랫짓을 했다.

"둔전을 살 수 있다면 좋지. 사실은 구영필이 북만주에 넓은 토지를 사서 농장을 꾸리려 하고 있어. 토지구입은 보통사람도 힘든데 더구나 군대 키우는 둔전이라니, 어림도 없네. 외교적으로 해결해야 하는데 우리 조선은 일본에 먹혀 외교권이 없으니 뚫고 나갈 방법이 없어."

김원봉은 두 친구를 괜히 지린까지 데려왔다고 후회하면서 김약수와 이여성이 묵고 있는 료칸을 찾아갔다. 두 사람은 아침도 거르고 풀이 죽어 있었다. 이여성이 가진 돈 때문에 사고가 생긴 것이었다. 독립의군부 세력이 두 사람을 일본 밀정으로 보고 돈의 일부를 빼앗았다.

"그 돈을 약산 형이 의군부 쪽에 말해서 되찾아 와요."

이여성이 볼멘소리로 말했다.

"강탈당한 거니 찾을 수 있으면 찾아야지요."

김원봉은 그렇게 말하고 일어섰다.

이종암의 동생 이종범이 쓴 『의열단 부장 이종암전』은 그 사고와 김원봉이 돈을 돌려받으러 간 전말을 기록했다.

김원봉·김약수·이여성 세 사람이 그동안 톈진·난징으로 전전하면서 쓴 비용은 이여성이 충당한 모양인데 그 얼마 전에 김약수·이여성 두 사람이 지린에 와서 나고야名古屋라는 일본인 여관에 투숙한 일이 있었다. 두 사람의 생각에는 만주라는 데가 하도 어수선한 곳이라 안전한 곳을 택하느라고 일본인 여관에 들었는데 그곳에 있던 우리 독립군 편으로 보면, 왜 하필이면 왜노의 여관에 드느냐? 저자들이 왜노의 앞잡이가 아니냐고 의심을 하고 독립군 몇 사람을 여관으로 보내 두 사람을 추문推問해본 결과 밀정의 혐의는 없고 다만 왜노의 여관에 들었다는 그 괘씸한 행동을 징계하기 위해서 가지고 있는 현금만(3천 원?) 빼앗고 용서해주었다.

그랬는데 김약수·이여성은 김원봉을 시켜서 자네 고모부 황상규 씨가 군정서 회계책임자이니 가서 우리 사정을 잘 말하고 받아오라고 보냈다. 과연 김원봉이 가서 사정해서 받기는 했으나 3·1운동 직후라 그 독립군들의 기세를 보니 마음에 미안하기도 하고 불안스럽기도 해서 '에라 도로 받으시오' 하고 군정서에 다시 헌납하고 말았다. 그랬더니 김약수·이여성 두 사람은 '너 때문에 우리 두 사람은 이중으로 체면이 깎인 셈이 아니냐?'고 하면서 김원봉과 헤어져 국내로 들어가 버렸다는 것이다. 그래서 김원봉은 할 수 없이 혼자 지린에 남아 있었던 것이라 한다.*

결국 세 사람은 헤어지기로 하고 다시 밤새 토론을 했다. 새벽이 되어서야 결론을 내렸다. 김약수와 이여성은 만세운동으로 봉기한 민족의 총체적 역량을 집중시키기 위해 귀국하는 길을 택했고, 김원봉은 중국에 남아 무장투쟁하는 길을 선택했다.

김원봉은 둘을 전송하기 위해 펑톈까지 같이 가서 여관에 묵었다.

"약산은 북을 지키고, 약수는 중앙을 지키고, 여성은 남을 지킨다."

세 사람은 그렇게 합창하며 이별주로 고량주를 마셨다.

다음 날 아침, 김원봉은 펑톈역에서 두 사람을 태워 보내고 한봉인의 고종사촌 형 구영필의 점포를 찾아갔다. 고모부 황상규가 펑톈 가는 길에 편지를 전해달라고 했기 때문이었다. 구영필의 삼광三光상회는 펑톈역 가까운 곳에 있었다.

구영필은 반색하며 그를 맞았다.

"나는 여기서 잡화를 수입해 판매하고 있어. 대구 출신 이종암이란 친구가 준 돈으로 차린 가게야. 일합사와 광복회 동지들의 중간연락소 구실도 하지."

"고모부님한테서 이종암 씨 이름은 들었어요."

"이 가게는 곧 처분할 거야. 북만주 닝구타寧古塔에 큰 농장을 사서 경영하려고 해. 돈을 모아 독립운동 자금으로 써야지."

"김대지 선생님한테서 들었어요."

---

* 이종범, 『의열단 부장 이종암전』, 사단법인 광복회, 1970, 62-63쪽.

김원봉이 말했다.

구영필은 소곤거리는 음성으로 말했다.

"이종암은 너보다 두 살 위야. 나하고 김대지 형하고 셋이 형제처럼 지내는 사이지. 대구상업학교를 다니고 은행원이 됐어. 대구은행 출납주임이었는데 글쎄 배짱도 크지. 은행돈 1만 500원을 인출해 만주로 왔어. 처음부터 독립운동 군자금으로 쓰려 한 건 아니었고 나하고 김대지 형하고 셋이 미국 유학 떠나려 했지. 그래서 함께 미국행 기선 타려고 상하이까지 갔다가 세계대전 때문에 기선을 탈 수가 없어서 이게 독립운동 하라는 팔자인가 보다 하고 포기했지."*

"아, 그랬군요. 그 사람은 지금 어디 있어요?"

김원봉도 작은 목소리로 물었고 구영필도 그렇게 답했다.

"서간도로 갔어. 우리 독립투사들이 군사지식을 가르치는 신흥무관학교에 다니고 있어."

이종암은 만주에 도착해서 광복회 선배동지인 김대지를 만났다. 김대지에게 설복당해 미국 유학 대신 독립투쟁에 나서기로 결심했다. 김대지는 이재理財에 밝은 사람이라며 구영필을 소개했다. 그리하여 이종암은 구영필과 함께 펑톈으로 가서 7,000원을 투자해 삼광상회라는 무역상을 열었다. 그 운영을 구영필에게 맡겨 독립투쟁 자금을 만들게 하고 지린으로 나왔다가 신흥학교로 떠난 것이었다.

부산 출신이지만 밀양의 외숙에게 와서 살았던 구영필은 김원봉과 동갑이자 동창인 한봉인과 고종사촌 간이라 김원봉을 동생처럼 대했다. 두 사

---

* 이종암 등이 미국 유학을 결심하고 상하이로 갔다가 제1차 세계대전으로 포기한 사실은 송상도(宋相燾)의 『기려수필』(3권, 도서출판 문진, 2014, 75쪽)과 이종범의 『의열단 부장 이종암전』(사단법인 광복회, 1970, 55쪽)에 있다.

람은 밀양에서 보낸 시절을 그리워하는 이야기를 하며 회포를 풀었다.

그 무렵 두 사람의 고향이자 연고지인 밀양에서는 3·1만세운동이 크게 일어났다. 김원봉의 이웃에서 태어나 자란 청년 윤세주가 주도자였다.

김원봉이 경성 중앙학교와 톈진의 더화학당, 난징의 진링대학 입학 예비반에 다니는 동안 윤세주는 서울의 오성五星학교를 나온 뒤 고향으로 돌아와 결혼을 하고『독립신문』경남지국을 운영하며 3종의 간이신문을 등사판으로 찍어 발간했다. 기사도 쓰고 편집도 하고 인쇄와 배포도 했다.

1919년 봄, 고종황제가 붕어하고 3월 3일이 인산일因山日로 정해지자 그는 사촌 형 윤치형과 함께 거기 참가하기 위해 상경했다. 두 사람은 3월 1일 파고다 공원 만세운동에 참가한 뒤「독립선언서」를 품고 귀향했다. 한봉인·한봉근 형제와 김상윤·최수봉·김병환 등 청년 동지들을 규합해 만세운동을 계획해 3월 13일 밀양 장날을 맞아 장터에 1만 3,000명의 군중을 모으는 데 성공했다.

일본 군경은 하나밖에 없는 동구를 막아놓고 무차별 사격을 가해 노인과 부녀자를 포함해 수십 명이 다쳤다.

밀양 장터의 만세운동을 주도한 청년들 윤치형·윤세주·한봉인·한봉근·김상윤은 경찰에 쫓기게 되어 밀양 출신 독립투사들이 있는 만주 지린으로 떠날 준비를 했다. 최수봉과 김병환은 고향에 남았다.

# 4 독립투사들의 집결지 신흥무관학교

**지린의 애국지사들을 서간도로 보내다**

1919년 4월, 김원봉은 지린으로 갔다. 지린 고성 안 니우마항 후아성둥 거리에 있는 독립의군부 본부에서 황상규 및 그의 동지들과 함께 두 달을 보냈다. 회의에 참석하고 때로는 식사 준비를 했으며 책을 읽기도 했다.

그사이 4월에 상하이에서 대한민국 임시정부가 수립되었고, 그 지도자들이 한 발 앞서 국내에서 조직된 한성임시정부, 조선민국임시정부, 러시아 연해주의 대한국민회의 등 여러 임시정부를 통합하려 애쓰고 있다는 소식도 들려왔다.

황상규·김대지·김좌진 등 지린의 애국지사들은 무력 투쟁을 지지하는 사람들이었다.

"그거 참, 임시정부 몇 개를 세우면 뭐하나. 무력으로 왜놈들을 무찌르는 일이 더 급하지. 임시정부는 무력 투쟁으로 독립이 눈앞에 다가왔을 때 세워도 늦지 않지."

김좌진의 말에 독립의군부 지도자들은 동의했다. 그들은 독립의군부를 조선독립군정사로 바꾸어 군사 투쟁 지향성을 강화시켰다. 이상룡·유동열柳東說·조성환·이장녕李章寧 등 혁혁한 경력을 지닌 군사지도자들을 초빙해 조직을 확대했다. 군사부문을 유동열柳東說에게 맡기고 독판督辦이라고 불렀다. 황상규는 재무책임자를 맡았다. 조선독립군정사가 너무 길다고 그냥 '군정사'로 부르거나 '길림군정사'로 불렀다.

김원봉은 고모부와 함께 지내면서, 지도자들이 안은 고민이 자기가 하고 있는 고민과 똑같다는 사실을 확인했다. 당장 군대를 키우고 싶지만 군자금이 있어도 병영을 세울 수 없는 사정에다가 무기를 구하는 길은 참으로 요원했다.

김원봉은 '적을 은밀히 처단하는 군복 없는 대원들의 집합'을 자꾸 생각했다. 군자금이 필요했다. 만석꾼 아들인 이여성을 떠올렸다. 조국을 찾는 일에 함께 나서자고 철석같이 맹세한 걸 생각하면 2,000-3,000원은 보내줄 듯 싶었다.

함께 지린으로 온 친구 한봉인에게 군자금 모금을 부탁했다.

"자금이 없으면 아무것도 못 해. 네가 은밀하게 조선에 다녀와. 칠곡군 지천면 신동 마을에 가서 이여성을 찾아. 그 친구 본명은 이명건이고 아버님 이름은 이경옥李敬玉이야. 이여성에게 3,000원만 마련해달라고 말해."

착한 친구 한봉인은 김원봉의 요청을 외면하지 못하고 밀행에 나섰다. 국내에 잠입해 경상북도 칠곡까지 가서 이여성을 만났는데 이여성은 김원봉의 요청을 거절했다. 일제관헌 자료와 신문기사를 보면 그렇다. 그러나 그의 부친이 의열단에 상당히 많은 돈을 기부했다는 기록도 있다. 그 후 한봉인은 다시 지린으로 돌아오지 않았다. 그는 1926년 이종암 등의 경북 의열단사건으로 1926년 12월 28일 집행유예 선고를 받았다.[*]

* 「이종암 외 8인 예심종결결정서」, 대구지방법원 검사국 1926년 11월 21일, 국가기록원 DB ; 「군자모집 담당한 한봉인」, 『동아일보』, 1926년 11월 11일자. 한편 김원봉의 가까운 의열단 동지였던 김성숙(金星淑)은 이여성의 부친 이경옥이 황상규와 친했으며 땅을 팔아가면서까지 의열단에 많은 돈을 댔다고 회고했다

김원봉은 한봉인이 군자금을 갖고 돌아오기를 기다리며 묵묵히 고모부를 도와 길림군정사 일을 했다. 평톈과 지린에는 수많은 애국지사와 애국청년이 몰려들고 있었다. 모두 김원봉처럼 피 끓는 애국심으로 자기 한 몸 던질 각오를 한 사람들이었다. 애국지사 가운데 유독 눈길을 끄는 존재가 있었다.

　　김시현金始顯이었다. 그는 메이지明治대학 법학부 출신이었다. 고등문관 시험에 합격하면 판·검사와 군수 자리를 차고 나갈 수도 있는데 모든 것을 버리고 독립투쟁의 길로 들어섰다. 사려 깊고 겸손해 김원봉으로서는 몹시 마음이 끌렸다. 그러나 나이가 열다섯 살이나 위인 데다 인연이 닿지 않아 직접적으로 교유할 기회가 오지 않았다.

　　길림군정사를 찾아오는 사람은 그런 선배들만이 아니었다. 김원봉 또래의 청년뿐 아니라 아직 스무 살이 안 된 청소년들도 있었다. 길림군정사의 간부들은 당장 군대를 조직할 수는 없는데 청년들을 어떻게 수용해야 하는지 고심했다. 한 곳에 합숙시키면서 애국혼 교육과 군사훈련을 진행하면 좋을 텐데 지린에는 그런 조직이 없었다. 대안으로 떠오른 것이 서간도에 있는 신흥무관학교였다.

　　여준·김좌진·황상규 등 간부들은 암호 편지를 품은 밀사를 서간도로 보내 답을 받았다. 1919년 6월 초, 어느 날 그들은 김원봉을 불렀다.

　　"우리 길림군정사는 군대를 꾸려 항쟁하는 길을 당장은 보류한다. 그러나 고국 땅에서 만세운동이 바람 속의 들불처럼 일어나 민족의 투쟁 열망이 커진 걸 알면서도 침묵할 수는 없다. 대안은 네가 생각하는 소규모 결사대 조직 바로 그것이다. 적은 비용을 들여 소수인원이 비밀리에 잠입

　　(김학준 편집 해설, 이정식 대담, 「운암(雲巖) 김성숙」, 『혁명가들의 항일회상』, 민음사, 2006, 100쪽.

해 과감하고 신속하게 주요기관을 폭파하고 동포들 속으로 숨어드는 것이다.”

김좌진의 설명을 들으며 김원봉은 여러 번 고개를 끄덕였다.

“지린에서 발표한 「대한독립선언서」에 있는 ‘육탄혈전으로 독립을 완성하자’는 말을 저는 늘 가슴에 새기고 있었습니다. 육탄혈전 결사대, 저를 시켜주십시오.”

김원봉의 말을 들은 황상규는 그의 어깨를 커다란 팔로 끌어안았다.

“어서 신흥무관학교로 가라. 너의 임무는 두 가지다. 첫째는 폭탄제조법이나 사보타지 전술을 익히는 것, 둘째는 육탄혈전할 동지들을 구하는 것이다.”

“알겠습니다.”

“거기 가면 이종암이 있다. 작년에 입학했다.”

백민의 말에 김원봉은 고개를 끄덕였다.

“네, 전에도 말씀하셨고 구영필 형한테도 들었습니다.”

김원봉은 서둘러 짐을 꾸렸다. 길림군정사에 와 있던 몇 사람의 청년 지망자들과 저우쾅周況이라는 중년의 중국인과 함께였다.


신흥무관학교는 어떤 곳인가. 1880년대 말, 남부여대男負女戴해 떠난 조선인 유민流民들은 류허현柳河縣 싼위안푸三源浦와 인근 지역에 잡초처럼 뿌리를 내렸다. 1910년에 이회영·이시영 등 6형제가 독립전쟁 기지를 만들려는 일념으로 전 재산을 처분해 찾아와 싼위안푸읍에서 10리 떨어진 쩌우자가鄒家街로 갔고, 여준·이상룡·이동녕 등 선각자들이 모여들었다. 이들은 독립운동 기지를 건설해서 청년들을 훈련시켜 장교를 양성해 때가 오면 독립전쟁에 집중시킨다는 비원을 지니고 있었다.

1910년대에 선각자들이 독립전쟁론의 실현 장소로 서간도를 선택하

신흥무관학교 설립자 6형제 가운데
이회영(좌)과 이시영(우).

고 거기 신흥무관학교를 세운 이유는 무엇일까. 서중석은 두 가지로 설명
한다.

첫째, 독립운동의 선각자들이 만주를 부여와 고구려의 고토이며 부여,
고구려, 발해 등이 모두 단군의 핏줄을 이어받았다는 인식을 지녔기 때문
이었다. 그곳이 언젠가 되찾아야 할 우리의 강역疆域이라는 현실적 인식도
있었다. 둘째, 국외에 독립운동기지를 만들려면 우선 우리 동포가 많이
살아야 하고 그 지역 정부가 그것에 호의적이거나 통치력이 약화되어 있
어 방임할 수밖에 없는 상태에 있어야 한다. 만주는 신해혁명 이후 혼란이
계속되어 청국 정부의 통치력이 약화되어 있었다.

북간도는 일찍부터 일본영사관이나 영사관 분소가 설치되어 있었다. 그
와 달리 서간도 지방은 통치 중심인 선양瀋陽에서 멀리 떨어진 편이고, 신
흥무관학교 소재지는 통화通化나 류허에서도 꽤 떨어져 있었다. 일본이 통
화에 영사관분관, 순사파출소를 설치하고 정탐꾼을 둔 것은 1916년에 이
르러서였다.*

가장 무난하다고 생각한 서간도도 쉽지 않았다. 쩌우자가에 한인 집단

* 서중석,『신흥무관학교와 망명자들』, 역사비평사, 2001, 51-55쪽.

이상룡.
서로군정서를 설립한 애국지사. 국가보훈처 DB.

촌이 만들어질 조짐이 보이자 만주인 주민 대표가 류허현 현청에 고발했기 때문이다. 군경 수백 명이 몰려와서 이회영 형제 일행의 짐을 수색했다. 이회영은 베이징으로 가서 총리대신 위안스카이袁世凱를 만났다. 위안스카이는 청나라 군대를 따라 조선에 왔을 때 6형제의 부친 이유승과 가깝게 지냈고 6형제와도 그러했다.

위안스카이는 즉시 그들을 도우라는 강력한 지시를 내렸다. 일이 순조롭게 되어 마침내 신흥무관학교의 전신인 신흥강습소를 열었다. 청년들에게 민족의식을 고취시키고 독립투쟁의 전위로 키워 무장 항일투쟁을 전개하는 것을 목표로 삼았다. 싼위안푸가 눈에 띄기 좋은 곳이라 독립운동 기지와 신흥학교를 남동쪽에 있는 퉁화현通化縣 하니허哈泥河로 옮겼다.

이회영 일가가 겪은 고초는 컸다. 삼한갑족三韓甲族으로 불렸던 그들 일가는 전 재산 40만 원을 독립전쟁 기지 건설과 신흥무관학교 개교에 바치고는 생명의 밑바닥까지 이르도록 굶주리다가 죽거나 병들었다.

김원봉이 학교를 찾아갈 무렵 설립자이자 교장이었던 이시영 선생은 임시정부에 참여하기 위해 상하이로 떠나고 없었다. 그와 형제들이 세운 신흥무관학교는 애국지사들에 의해 무수한 시련의 고비를 넘기고 마침내 희망이 커지는 시기였다. 지금까지 배출한 신흥무관학교의 생도 수는 매년

100여 명에 불과했는데 3·1운동이 일어나자 입학하려는 학생들이 1,000명 넘게 쇄도했다. 하니허의 시설로는 부족해서 구산쯔孤山子에 새로운 교육장을 만들었다. 1919년 5월 신흥무관학교로 간판을 바꿔 달았다.

구심점은 한족회韓族會였고 우두머리는 석주石洲 이상룡이었다. 이상룡은 경북 안동 출신이었다. 고향에서 의병투쟁을 하고 대한협회 간부로 일했다. 경술국치 후 가족을 이끌고 서간도 류허현 싼위안푸로 이주했고 경학사耕學社와 부민단扶民團 대표를 지냈다. 1919년 4월에는 한족회를 조직했다.

한족회는 군정부를 만들었다. 자치행정과 무력항쟁을 분리하기 위해서였다. 군정부는 무관학교를 운영하는 주체가 되었다. 그것은 최근 상하이 임시정부의 방침을 받아들여 서로군정서로 바뀌어 있었다. 서로군정서의 최고 서열은 '남만의 맹호' '만주의 호랑이'라고 불리는 일송一松 김동삼이었다.

6월 중순, 일본 육사 출신 김광서金光瑞와 지석규池錫奎, 이청천·지청천가 일본군 중위 군복을 벗고 탈출해와 교관단이 증강되었다. 대한제국 무관학교를 나온 기존의 교관들 윤기섭尹琦燮·김창환金昌煥·성준용成駿用·신팔균申八均·원병상元秉常에다 30대의 젊은 교관 김광서와 지석규가 가세했다.

김광서는 함남 북청 출신으로 경기도 광주廣州와 한성에서 성장하고 경성학당을 거쳐 1904년 50명의 마지막 관비유학생으로 일본 유학을 떠나 일본 육사 기병과를 나온 현역중위였다. 지석규는 한성 출신으로 배재학당에서 공부했다. 대한제국 마지막 무관학교 생도로 학교가 폐교되자 일본으로 건너가 일본 육사 보병과를 나왔다. 계급이 같고 나이는 동갑이지만 김광서가 육사 3년 선배였다.

김원봉이 신흥무관학교에 입학한 것은 애국과 열정으로 의기투합한 새로운 젊은 교관들로 인해 생도들의 사기가 충천된 무렵이었다.

김원봉이 신흥무관학교 3개월 속성과정에 입학해 군사학을 공부했다는 것이 정설이지만 확실하지 않다. 그의 옆집에서 태어나 함께 성장하며 같이 학교에 다니고 뒷날 의열단, 민족혁명당, 조선의용대의 가장 가까운 동지였던 윤세주가 타이항산에서 전사했을 때 약산 김원봉이 쓴 글 「석정동지약사」를 살펴보자.

1. 그 윤세주는 신흥학교에 입학해 소원이던 군사학을 배우기 시작했다. 이 학교는 혁명학교이므로 그 당시 전국의 애국청년들이 운집한 학교였다. 당시에 나도 그곳을 가서 석정 동지를 다시 만났다.*

윤세주는 신흥무관학교에 입학했고 자신은 윤세주를 만나러 찾아간 듯이 기술했다.

의열단원 이종암의 동생 이종범이 집필한 『의열단 부장 이종암전』에는 이런 기록이 있다.

2. 동지들은 지린으로 갔다. 지린성吉林城 바후먼 밖 중국인 반 모씨의 집을 종암이 세로 얻어 동지들의 거처 및 연락소로 정해두었던 것이다. 이 집 주인 반 씨는 농민인데 자기들은 다른 데로 가서 살고 집 전체를 세놓았던 것이다. 이때 김원봉도 여기에 왔다. 곽재기도 왔다. 모두 다 지기상통志氣相通하는 동지들이었다. 김원봉은 얼마 전에 신흥무관학교에도 온 일이 있었

* 김약산, 「석정동지약사」, 『앞길』 제32기, 1943년 6월 15일자.

는데 그때부터 종암은 좋은 동지라고 생각했었다.*

김원봉이 신흥무관학교에 간 것이 입학이 아니라 동지를 구하기 위해 학기 도중에 방문한 것처럼 기술했다. 요지는 '김원봉이 신흥무관학교에 찾아온 적이 있다, 이종암이 지린 바후면 밖에 의열투쟁 비밀결사를 위해 비밀 숙소를 세로 얻은 뒤에야 김원봉이 나타났다'는 것이다.

소설가 박태원이 1947년 김원봉의 구술을 받아 집필한『약산과 의열단』에도 기록이 있다.

> 3. 이 부민단에서 신흥학교를 경영한다. 경술국치 후에 창립된 무관학교였다. 뜻있는 청년들이 이 학교를 많이 찾아와서 군사교육을 받았다. 이때 신흥학교장은 이천민李天民으로 충무공의 종손이었다. 김원봉은 이곳에서 여러 동지를 만났다. 그들과 더불어 폭탄제조법을 저우쾅에게서 배운 것이다.**

이 책에는 "이곳에서 여러 동지를 만났다"고 했을 뿐 "입학했다"는 표현이 없다.

그런가 하면 의열단 단원들에 대한 일제의 관헌기록은 '입학'이라는 단어를 사용해 입학 사실을 분명히 했다. '밀양의 폭탄사건'에 관한 신문기사를 보자. 의열단원들을 혹독하게 고문 취조한 수사 결과를 보도한 것이다.

---

* 이종범,『의열단 부장 이종암전』, 사단법인 광복회, 1970, 61-62쪽.
** 박태원,『약산과 의열단』, 깊은샘, 2000, 32쪽. 인용문 중 이천민은 이세영(李世榮)이다.

4. 배중세는 작년 6월경에 전기 신흥학교 생도인 김원봉 등으로 더불어 금일의 상태는 우리가 신흥학교에서 공부만 하고 있을 수가 없는 즉.[*]

석 달 후 열린 의열단원들의 밀양폭탄사건 결심공판 판결문도 입학 사실을 분명하게 기록하고 있다.

5. 피고 이성우는 대정 8년 6월경 중국 지린성 통화현 하니허에서 조선독립운동의 무관양성을 목적으로 한 신흥학교 생도 김원봉·양건호梁建浩·서상락·김호金浩 등과 함께 '오늘의 상태는 위의 학교 교육을 받는 것으로만 만족할 시기가 아니다.'[**]

그러니까 광복 직후 생존한 의열단원들의 구술이나 김원봉 본인의 구술을 바탕으로 한 1·2·3 세 자료는 신흥무관학교 입학 여부에 대해 불확실성이 있고, 신문기사와 관헌기록 4와 5는 김원봉의 입학을 사실로 기술하고 있는 것이다. 김원봉의 생애사 및 의열단 연구자들 중 대부분은 김원봉이 신흥무관학교에 다닌 것으로 기술했다.

1·2·3 자료에 보이는 불확실성의 기술은 김원봉이 2년 정규 과정에 재학 중이던 다른 생도들에 섞여 들어가 석 달만 재학하고 떠난 데서 온, 동지들의 기억 때문으로 보인다. 당시 구산쯔에 있던 신흥무관학교 새 교사校舍에 2학년 정규과정 생도들도 있고 3개월 속성과정도 있었다. 김원봉은 정규과정이 아니라 3개월 속성과정을 선택했다. 아무튼 김원봉의 신흥무

---

[*] 『동아일보』, 1921년 3월 5일자.
[**] 「곽재기 등 폭발물취체벌칙위반 판결문」, 국사편찬위원회 데이터베이스(이하 국편 DB).

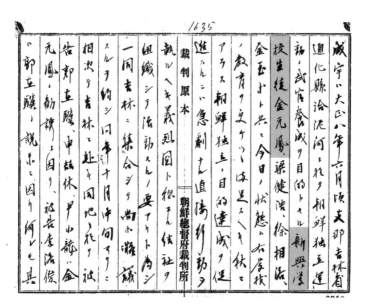

1635

곽재기 등 제1차 암살·파괴 작전 의열단원들 재판 판결문.
3-4행에 '신흥학교 생도 김원봉' 기록이 보인다.

관학교 입학은 사실로 인정해야 할 것이다. 온전한 3개월이 아니라 1-2개월로 보는 견해도 있다.*

또 하나 주목할 것은 김원봉이 신흥무관학교에 입학하러 지린에서 서간도로 갈 때 폭탄제조 전문가 저우쾅을 동반했다는 점이다. 저우쾅이 누군가? 중국 후난성湖南省 출신의 폭탄 무기 전문가로서 국민정부 쑨원의 수하에 있던 인물이었다. 『약산과 의열단』 기록을 보자.

김원봉은 새로 얻은 몇몇 동지와 더불어 지린을 떠나 서간도로 향했다. 일행 가운데는 한 명의 중국인이 끼어 있었다. 그는 후난 출신의 저우쾅이라는

---

\* 최국철, 『석정평전』, 연변인민출판사, 2015, 44-45쪽.

사람으로 폭탄제조 기술 교관이었다. 김원봉은 자기의 새로운 설계를 위하여 동지들과 함께 우선 폭탄제조법부터 배우려 한 것이다. 저우쾅은 단순한 기술자가 아니었다. 그도 자신의 나라를 근심하는 혁명가였다. 당시 그의 나이 40세. 멀리 상하이에서 그를 고빙雇聘해 지린에 이른 것은 김동삼이란 자다. 그도 지사였다.*

서간도의 서로군정서와 신흥무관학교를 이끌고 있는 이상룡과 김동삼은 길림군정사의 여준·김좌진·손일민·황상규 등과 「무오독립선언서」 「대한독립선언서」에 서명한 동지들이었다. 이상룡과 김동삼이 김원봉 등 길림군정사의 청년들을 무관학교에 받아달라는 요청을 수락했고, 폭탄제조 전문가가 필요해 중국 남부에서 저우쾅을 초빙한 것이었다. 저우쾅은 김원봉 등 의혈청년 그룹에 전속된 과외 스승이 아니라 신흥무관학교 임시 교관 후보자로 동행했을 개연성이 크다.

## 신흥무관학교에 입학하다

김원봉은 그렇게 1919년 6월 류허현 구산쯔에 있는 신흥무관학교에 입학했다. 동화학교 동창 김상윤이 정규과정 2학년에 재학하고 있어 반가운 포옹으로 재회했다. 김상윤은 1897년 9월 밀양군 상남면에서 출생, 마을 서당에서 한학을 공부하고, 김원봉과 함께 사립 동화학교를 거쳐 서울 중앙학교를 졸업했다. 김원봉과 동화학교, 중앙학교 동창이자 신흥무관학교도 동창인 셈이다. 밀양 3·1만세운동을 주도하고 경찰에 쫓기게 되자 밀양의 지사들을 통해 신흥무관학교의 존재를 알고 국내를 탈출해 서간도로 온 것이었다. 나이는 김원봉보다 한 살 위였지만 어린 시절부터 김원봉을

---

* 박태원, 『약산과 의열단』, 깊은샘, 2000, 31쪽.

큰일을 할 리더로 보고 늘 지지해왔다. 더구나 김상윤은 일합사, 광복회, 길림군정사로 이어진 밀양의 독립운동 인맥을 유지하고 있었다.

김원봉은 이때 처음 이종암을 만났다. 이종암은 초면인데도 그를 열렬히 환영했다. 두 사람은 구영필과 황상규에게 들어 서로를 잘 알고 있었다.

"신흥무관학교에 잘 왔소. 내가 이종암입니다."

"아, 뵙고 싶었습니다. 황상규 선생님께 말씀 많이 들었습니다."

김원봉은 그 자리에 무릎 꿇으며 큰절을 했다. 두 사람 다 물들인 광목으로 된 군복을 입고 있었으나 그렇게 해야 할 것 같았다. 이종암이 급히 호응해 똑같이 한 터라 맞절이 되어버렸다. 두 사람은 몸을 일으켜 서로 어깨를 끌어안았다.

"진링대학에 공부하러 갔다고 들었는데 독립전쟁을 하려고 중단했군요. 대단하십니다."

김원봉은 웃으며 대꾸했다.

"대학은 못 들어가고 입오생 과정이 끝날 무렵 작파했지요. 저보다는 은행 출납주임 자리를 던지고 망명한 분이 더 대단하지요. 눈 꾹 감고 은행원으로 살면 편안할 텐데 험한 길을 선택하셨습니다. 저는 이미 삼광상회에 들러 왔습니다. 구영필 형은 제 친구의 친척 형이기도 하고 밀양에서 멀지 않은 곳에 살았습니다."

두 사람은 금세 의기투합했다.

김원봉은 김상윤과 이종암의 도움으로 생도대 생활에 빨리 적응했다. 묵묵히 고된 훈련을 받았다. 생도들은 전원 합숙을 했다. 식사는 순번제를 정해 공동취사로 해결했으며 조밥에 시래기를 넣은 소금국을 먹었다. 무관학교인데도 총은 대여섯 자루밖에 없었다. 그것은 화기학火器學 시간에 교육도구로 썼으며 생도들은 집총훈련 때 목총을 사용했다.

신흥무관학교는 기본적으로 갖출 것은 모두 갖추고 있었으나 수백 명을 입히고 먹일 자금이 없었다. 생도들은 교지보다도 훨씬 넓은 둔전에서 교육보다 사역을 더 많이 해야 했다. 군복과 신발은 낡아 떨어지고 먹는 것도 형편없었지만 모두들 묵묵히 훈련에 열중했다.

김원봉의 존재는 처음에는 두드러지지 않았다. 그러나 한 달이 지나가자 그는 생도들 가운데 가장 영향력 있는 존재로 떠올랐다. 그는 늘 조용히 말하고 행동이 크지 않았으며 자기주장을 내세워 다른 사람을 설득하려 하지 않았다. 생도들은 그의 말을 들으려고 모여들었다.

김원봉은 이때부터 자신의 목적 달성을 위해 움직였다. 제일 먼저 친구 김상윤을 설득했다. 김상윤은 그의 설명을 듣고 고개를 주억거렸다.

"그러니까 급극急劇한 파괴공작이 최우선이란 말이지? 그게 원봉이 너 한 사람의 의지를 넘어 우리의 스승 김대지·황상규 선생님과 길림군정사의 목표라는 거지?"

"그래, 그러니 네가 동지들을 모으는 일을 도와줘."

김상윤은 쾌히 승낙했다.

김원봉은 이종암에게도 같은 부탁을 했다.

이종암은 경북 고령 출신 신철휴를 천거했다. 신철휴는 일합사와 대한광복회의 인맥에 닿아 있는 인물이었다. 신철휴는 금방 의기투합했다.

김원봉은 신흥무관학교에서 열심히 군사지식을 익혔다. 다만 교육과정에 충실히 따르기보다는 저우쾅에게서 폭탄제조법을 배우는 것과 육탄혈전할 동지들을 구하는 일에 열중했다.

한 달쯤 지나 7월이 됐을 때 밀양의 선후배들이 편입해왔다. 이웃에 살고 동화학교를 같이 다닌 윤세주와 그의 사촌형 윤치형이었다.

윤치형도 반가워했지만 윤세주는 김원봉을 얼싸안고 펑펑 눈물을 흘렸다.

"왜놈들한테 잡히면 반 죽도록 고문당하고 징역을 살아야 하는데 아슬

윤세주.
의열단·민족혁명당·조선의용대의
중심인물로 윤소룡이라는 이름도 썼다.
타이항산에서 전사했다.

아슬하게 탈출했어요."

"그래 잘했어. 자세히 알고 싶으니까 찬찬히 이야기해 봐."

김원봉은 윤세주의 어깨를 다독거렸다.

"치형 형하고 고종황제 폐하 인산에 맞춰 경성으로 갔어요. 경성의전 다니는 내 오성학교 동창 한위건韓偉健*을 통해서 「독립선언서」를 아침에 미리 받았고 점심 후에 탑골공원에 갔어요. 「독립선언서」가 장엄하게 낭독되고 우렁차게 울리는 만세 함성에 몸에 전기가 오는 듯 쩌릿쩌릿했어요. 「독립선언서」와 그날 첫 호가 나온 『조선독립신문』을 갖고 밀양으로 갔지요. 전홍표 스승님을 만나 의논 말씀을 올렸고 밀양읍 장날인 3월 13일을 거사일로 잡았어요. 그날 오후 한 시 내일동 장터 김병환 형네 쌀가게 앞에서 맘껏 만세를 불렀어요. 내가 「독립선언서」를 낭독했지요. 헌병대가 십여 명 달려와 군도를 휘둘렀으나 우리가 밀어버렸어요. 시위는 저녁까지 이어졌고 나하고 치형이 형은 아슬아슬하게 몸을 피했어요."*

김원봉은 박수를 치며 이야기를 들었다.

윤세주의 이야기는 계속되었다.

"나는 왜놈들의 촉수를 피해 은신해 있다가 결국 만주로 올 수밖에 없었어요. 부모님과 아내를 두고 떠나왔어요."

"그새 네가 결혼했구나."

윤세주는 손등으로 눈물을 훔쳤다.

"네, 작년 가을에 결혼했어요. 아내가 헤어지면서 말하더군요. '나라가 뭔지 당신은 부모님과 저를 두고 떠나는군요. 부디 무사하셔요'라고요."

윤세주와 윤치형은 경남 창원의 만세운동을 이끈 마산 출신 배중세와 함께 왔다. 김원봉은 다음 날 배중세도 만나 뜨거운 악수를 주고받았다. 배중세는 김대지와 황상규 두 스승과 연결된 대한광복회 단원이었다.

여기서 김원봉에게 군사기술을 가르친 교관들에 대해 짚고 넘어가야겠

산당에 입당하고 리철부(李鐵夫)라는 이름으로 중국공산당 간부가 되어 투쟁했다(강만길·성재경, 『한국사회주의운동인명사전』, 창작과비평사, 1996, 525-526쪽).

* 김영범, 『윤세주: 의열단·민족혁명당·조선의용대의 영혼』, 역사공간, 2013, 32-36쪽.

김경천. 본명은 김광서로 일본 육사를
나와 중위 시절 이청천과 탈출해
'백마 탄 김 장군'이라는 전설이 되었다.
카자흐스탄 발행『고려일보』수록.

이청천. 본명은 지석규로 독립전쟁
중에는 이청천, 광복 후에는
지청천으로 썼다. 뒷날 광복군
총사령관이 되었다.

다. 널리 알려진 바처럼 이 무렵 신흥무관학교에는 '남만삼천'南滿三天이
라고 부르는 교관단이 있었다. 신팔균이 신동천申東天으로, 김광서는 김경
천金擎天으로, 지석규는 이청천李青天으로 가명을 정한 것이다. 김경천과
이청천이 경의선 열차를 타고 탈출 길에 오른 것은 1919년 6월 6일이고
신흥무관학교에 도착한 것은 6월 20일쯤이다.

김원봉과 의열단원들은 분명 그들에게 배웠을 것이다. 그런데 김경천의
회고록『경천아일록』과 이청천의 전기『역사의 수레를 끌고 밀며』에는 뒷
날 독립운동 진영의 거물이 된 김원봉을 자신이 가르쳤다는 이야기가 없
고, 김원봉의 전기『약산과 의열단』에도 그들에게 배웠다는 언급이 없다.
민족혁명당과 임시정부에서 김원봉과 이청천이 갈등한 기록만 많다. 하
지만 그렇더라도 김원봉이 재학한 시기 그들이 교관직에 있었음은 분명
하다.

10월, 교관단에 약관의 교관 이범석이 부임했다. 그러나 이범석은 김원
봉이 이미 신흥무관학교를 수료해 시기를 비켜났을 가능성이 크다.

## 육탄혈전의 동지들을 구하다

1919년 가을, 김원봉은 서간도의 신흥무관학교에서 이종암·김상윤·신철휴·윤세주·윤치형·권준·배중세와 밤마다 모여 육탄결사대 조직을 만들기로 다짐하고 의논했다.*

"이제 급극急劇한 직접행동의 항일비밀결사를 조직할 수밖에 없다!"

태반이 밀양 출신으로 이것이 지린에 있는 여준·김좌진·황상규 등 선배들의 간절한 뜻임을 모두 알고 있었다.

김원봉은 그들의 지지를 등에 업고 생도들에게 간곡히 호소했다.

"어떻게 독립군을 만든다는 거야? 임시정부가 만들어지고 서간도와 북간도에 단단한 조직이 있지만 군대편성은 시기상조야. 지금 해야 할 투쟁은 갑자기 습격해서 폭파하고 암살하고 빠지는 육탄혈전이야!"

생도들은 처음에는 머리를 설레설레 저었다.

"만세운동이 군대조직 여건을 만들어줄 것이고 서간도와 북간도 그리고 러시아 연해주에서 충분히 군대를 만들 수 있어."

김원봉은 진정성을 갖고 설득했다. 독립군 군대 만들기를 평생의 소원으로 안고 있는 김동삼·김좌진 등 지도자들과 나눈 대화에 대해 이야기하고, 길림군정사의 사정도 들려주었다.

하나둘 동조자들을 모았다. 의열투쟁은 망설이지 않는 담대함과 냉철함을 동시에 지닌 사람이라야 할 수 있다. 이성우와 서상락과 강세우가 그러했다.

이성우는 1897년생으로 22세였다. 함경북도 경원 출신으로 러시아 극동 시베리아 우스문에서 출생해 연해주의 중국 국경 지역에서 성장했다. 1918년 이종암·서상락·강세우와 함께 만주 통화현 하니허에 있는 신흥

---

* 「곽재기 등 폭발물취체벌칙위반 판결문」.

학교에 입학했으며 1919년 5월 류허현 구산쯔에 학교가 증축되자 옮겨와 2학년에 재학 중이었다.

이성우는 동참을 선언한 뒤 그 이유를 말했다.

"나는 연해주 두만강 국경 연추煙秋에서 최재형 어른이 군대를 일으켜 안중근 의사에게 지휘를 맡겨 국내로 진공한 이야기를 어려서부터 들었어. 그러나 그 후로는 쉽지 않다는 것도 들었어."

서상락은 1893년 경북 달성 출생으로 1918년 1월 하니허에 있던 신흥무관학교를 졸업하고 교관으로 있었다. 27세로 가장 나이가 많고 교관 신분이었는데 며칠 동안 고민하다가 동참하겠다는 답을 내놓았다.

"교관을 하고 있지만 나는 이게 좋아. 내가 갈 길은 이것이야. 다만 학교일을 못 하게 되는 아쉬움이 컸지."

강세우는 겨우 19세로 함경남도 삼수 출생인데 열 사람이 에워싸도 붙잡지 못할 정도로 몸이 민첩했다. 그래서인지 아명兒名이 강비호돌姜飛虎 乭이라고 했다.

김원봉의 그런 행동을 학교 당국이 모를 리 없었다. 어느 날, 윤기섭 교감이 김원봉을 불렀다.

"네가 육탄혈전 결사대 동지들을 구한다는 말을 들었다. 자세히 알고 싶구나."

"걱정 끼쳐드려 송구합니다."

윤 교감은 어려움 속에서 신흥무관학교를 이끌어나가는 터라 전 생도의 존경을 받고 있었다. 김원봉은 그 자리에 무릎을 꿇었다. 고모부 황상규와 김좌진 등 길림군정사의 지도에 따라 자신이 학교로 왔다는 사실을 밝히고 지금까지 진척된 상황을 보고했다.

"짐작한 대로구나. 너희가 자랑스럽다."

윤 교감은 김원봉의 어깨에 손을 얹고 그렇게 말했다.

김훈(양림). 신흥무관학교 졸업 후
청산리 전투에서 큰 공을 세웠다.

며칠 뒤에는 이상룡·김동삼 선생이 학교로 왔고 그들도 격려해주었다.

김원봉과 동지들은 똘똘 뭉쳤다. 저우쾅에게서 폭탄제조법을 익혔다. 그러는 사이 여름이 지나고 가을이 왔다. 김원봉이 속한 단기과정은 10월 중순에 끝났다. 김원봉은 육탄혈전을 약속한 그룹에서 나이가 젊은 축이었지만 리더가 되어 있었다. 그는 분산이동을 선택했다. 만주의 조선인 가운데 일본의 개 노릇을 하는 밀정이 생각보다 많다고 황상규 선생이 한 말 때문이었다.

"동지들, 지린에 가서 합숙하며 급극한 투쟁의 방략을 논의합시다. 밀정이 많으니 우리 조직을 쥐도 새도 모르게 숨겨야 합니다."

김원봉은 그렇게 선언하고 윤세주와 윤치형을 먼저 황상규가 있는 지린으로 보냈다. 이후 이종암도 보내고 나머지 동지들도 하나둘 떠나보냈다. 그 자신은 며칠 더 학교에 남아 있었다. 교장과 교관들을 만나 비밀결사 조직을 만들기 위해 몇 사람이 뭉쳤음을 보고했다. 신흥무관학교 졸업자는 학교의 명에 따라 여러 독립군 부대로, 서간도와 북간도의 동포공동체가 운영하는 학교로 가게 되어 있었다.

교장과 교관들은 거부감을 보이지 않았다. 그런 투쟁이 절실히 필요해졌기 때문이었다. 그들은 부디 성공해서 일본인들에게 우리 조선이 쉽게 굴종하지 않는다는 걸 알려주라고 말했다.

그런 과정에서 막 편입해온 새내기를 만나게 되었다. 평양 출신인 김훈 金勛이었다. 1898년생으로 김원봉과 동갑이었는데 민첩한 몸놀림과 열정으로 존재감을 드러냈다. 그는 평안북도 출신으로 숭실대학 재학 중 3·1운동에 앞장서 일본경찰에게 쫓기게 되자 망명해왔다고 했다. 부친이 일본경찰에게 살해당한 터라 일본에 대한 적개심이 크다고 했다.

김원봉도 존재감이 큰 터라 두 사람은 서로 호감을 갖고 만났다. 김원봉은 김훈에게 육탄혈전을 다짜고짜 제안하지는 않았다. 일과가 없는 일요일에 시간 가는 줄 모르고 단둘이 이야기했는데 듣던 대로 김훈은 일본에 대한 적개심이 강했다. 그는 망명해온 지 얼마 되지 않아 만주와 중국 관내의 사정을 김원봉만큼 잘 알지는 못하지만 제1차 세계대전의 종결과 파리강화회의의 향방, 러시아 시베리아의 내전이 조선 민족에게 어떤 영향을 줄 것인지 예리하게 파악하고 있었다.

김훈은 김원봉이 하고자 하는 일이 무엇인지 알고 있었다.

"암살파괴 결사대를 만든다고요? 나는 암살은 싫소이다. 정정당당하게 군대로 싸워야지요. 독립군 부대로 가서 초급장교를 하며 경험을 쌓을 생각이외다."

김원봉은 웃으며 대답했다.

"그 생각을 존중하오. 나도 언제고 꼭 군대를 조직할 거요. 우리 독립전쟁 전선에서 동지로 다시 만납시다."

김원봉은 그렇게 일주일쯤 남아 뒷일을 처리하고 지린으로 가기 위해 짐을 꾸렸다.

# 5 제1차 암살·파괴 작전

## 파괴 작전 준비, 상하이로 가다

1919년 11월 10일, 지린에서 의열단을 창단한 김원봉은 단원들을 임무에 따라 3개조로 나눴다.

1. 폭탄 구입 임무: 김원봉 단장과 곽재기·강세우. 상하이로 가서 파괴공작에 사용할 폭탄을 구함.
2. 국내 잠입 임무: 황상규·윤치형·이성우·김상윤·윤세주. 연말까지 고국 땅으로 잠입해 폭탄을 기다리며 동지들을 규합하고 목표물을 정찰함.
3. 중간거점 연락 임무: 이종암·신철휴. 일단 지린에 체류하며 연락에 힘쓰다가 고국 땅으로 잠입, 거사에 합류함.

의열단은 계획대로 움직였다. 백민 황상규가 국내 잠입 임무 단원들을 이끌고 압록강 국경 단둥으로 이동했다.

김원봉은 11월 하순, 일행 3명과 함께 폭탄을 구하러 상하이로 떠났다. 스승인 김대지 선생이 상하이에 머물고 있어서 안심이 되고, 임시정부와 많은 애국자들이 있다는 것에 기대를 걸었다. 이륭양행의 쇼 사장이 일본인 밀정들이 냄새를 맡지 못하게 은밀히 상하이행 선박 승선권을 구해주었다.

이틀을 항해해 황푸탄黃浦灘 부두에 내린 김원봉과 동지들은 마차를 탔다. 김원봉은 중국인처럼 창파오를 입었다. 프랑스 조계 바오창루寶昌路 바오캉리寶康里 60호에 있는 은사 김대지 임시정부 의정원 의원의 집을 찾아갔다. 김대지는 포옹하며 반겼다.

"무사히 왔구나. 너희가 하는 육탄혈전 비밀결사는 눈치가 빨라야 하지. 상하이에서 그걸 배워라. 임시정부는 이제 자리를 잡아간다."

김원봉과 동지들은 김대지에게 밤이 깊도록 임시정부의 상하이 사정에 대한 설명을 들었다. 그들은 하룻밤만 김대지의 숙소에서 잤다. 임시정부 요인의 주변에는 동포 밀정들이 있기 때문이었다.

김원봉 일행은 프랑스 조계의 조선인 집거촌에 셋집을 얻었다. 큰 건물이 즐비하게 선 큰길 뒷골목에 있는 룽탕弄堂가옥 2층으로 작은 부엌과 방한 칸이 달린 곳이었다. 룽탕은 당대 상하이에 있던 독특한 건축물로서 골목 안에 1, 2층 주택을 벽을 붙여 짓고 복도 입구에 공용 대문을 단 다세대 가옥이었다. 일행은 윤치형의 공작금 중 일부가 남아 있었으나 돈을 아끼기 위해 한 방에서 칼잠을 자고 하루 두 끼 식사를 했다.

김원봉은 상하이에서 조선인 육탄혈전 비밀결사가 의열단이 처음이 아님을 알게 되었다. 그 가운데 하나는 임시정부 산하의 구국모험단이었다. 김성근金聲根과 임득산林得山은 1919년 4월 이 비밀결사를 조직한 뒤 폭탄제조와 사용법을 습득해 국내 각 관공서를 파괴하거나 대관大官 친일파를 암살하는 것 등을 목적으로 했다. 마침 미국 워싱턴에서 태평양회의가 개최되자 독립청원서를 미국 등 열강에 보내고, 국내에서 소요를 일으켜 폭탄으로 관헌을 파괴하고 대관을 암살하고, 결사대를 미국에 보내 일본의 특사를 암살하려는 계획도 세웠다.[*]

또 하나는 아나키스트Anarchists 그룹이었다. 3·1운동 직후 김성도金聖道·안근생安根生·김염金炎·김치평金治平 등은 중국의 지도자 쑨원과 협의하고 상하이에서 테러공격을 준비했다. 김성도가 홍콩에서 70만 달러를 보내자 상하이의 한인 아나키스트들은 1919년 8월 30일 밤 프랑스 조계 후아성둔루華盛頓路에서 모여 일본 도쿄에 기관을 속히 설치하고 프랑스 조계 청두루成都路에 폭열탄 제조소를 만들 준비에 들어갔다.** 그러나 추진의 구심력이 크지 않은지 조직했다는 정보만 있지 성과에 관한 것은 없었다.

김원봉은 김대지 스승을 통해 임시정부에 길림군정사의 신임장을 제출해 의열단 대표가 왔음을 보고했다. 임시정부는 기다리라고 했다. 며칠 후, 스승 김대지 선생은 임시정부의 명령에 따라 특별조사위원의 임무를 갖고 고국 땅으로 떠났다. 자기 고향의 유력자, 반일운동가, 학교, 종교 시설 등을 파악하는 일이었다.

김원봉은 자신과 의열단 동지들의 상하이 체류경비를 이종암과 윤치형이 내놓은 돈으로 해결하고 있었는데 체류가 길어지고 그 돈이 바닥을 드러내 조바심이 났다. 그는 자신과 동지들의 안전에 끊임없이 신경을 써야 했다. 그러나 그는 동지들에게 힘든 내색을 하지 않았다.

"동지들, 상하이에 묵는 동안 폭탄제조법을 배웁시다. 우리는 언제 이곳 상하이에서 육탄혈전을 감행할지도 모르오. 골목골목을 답사해 지리를 익혀두고 일본 놈들 시설도 눈여겨봅시다."

김대지의 소개로 알게 된 김기득金奇得과 정이소鄭利逍가 의열단원들을

---

* 이호룡, 「일제강점기 재중국 한국인 아나키스트들의 민족해방운동: 테러 활동을 중심으로」, 한국민중운동사학회, 『한국민족운동사연구 35집』, 2003년 6월, 249쪽.

** 같은 자료, 250쪽.

도왔다. 김기득은 김태희金泰熙라는 가명을 쓰고 있었는데 이 무렵 의열단에 가입했다. 1899년 서울 출신으로 용산철도학교를 나와 철도국에서 일했다. 3·1운동에 참가한 뒤 망명해 상하이에서 김원봉을 만났다. 김원봉은 입단선서를 받고 김기득을 의열단에 입단시켰다.

## 폭탄제조법을 배우다

해가 바뀌어 1920년이 되었다. 마침내 돈이 떨어져 갔다. 김원봉은 의열단 고문으로 모신 적 있는 장건상을 만나 도움을 요청했다. 염치불고하고 손을 벌리는 수밖에 없었다.

"나라 찾으려고 싸우는 건데 굶주리면 안 되지. 든든히 먹어야 해."

임시정부 외무차장으로 있는 장건상 고문은 그렇게 말하며 돈 봉투를 건네주었다.

김원봉과 의열단원들은 변장술을 익히고 미행자를 따돌리는 훈련도 했다. 그때 지린에는 신철휴와 이종암이 연락 임무를 갖고 남아 있었는데, 신철휴는 국내로 잠입하고 이종암은 김원봉을 찾아 상하이로 왔다.

김원봉은 부단장인 이종암이 곁에 와줘서 든든했다. 폭탄 구입에 대한 정보를 얻고 이리저리 노력한 끝에 인이산殷益山이라는 중국인에게서 폭탄 재료를 구입했다. 폭탄피와 폭약제조 연료가 되는 기초적인 화공약품이었다. 두 사람은 김원봉의 은사 김대지의 집에 은거하며 폭탄을 조립했다. 그때가 3월이었다.

김원봉은 저우쾅에게서 교육을 받아 폭탄의 제조와 사용 원리를 어느 정도는 알고 있었다. 투척용 폭발탄은 세 가지 방법으로 만들 수 있다. 첫째는 화약농축식으로서 쇠붙이로 싼 흑색 화약 뭉치에 충격을 주어 터뜨리는 식, 둘째는 투척식으로 폭탄 외부에 민감하게 제작한 뇌관을 붙여 충돌의 충격으로 폭발시키는 원리였다. 셋째는 도화선식으로 뇌관을 폭발시

장건상. 의열단의 고문을 맡았다.

켜 터뜨리는 방식이었다. 앞의 두 방식은 폭발 위험이 있어 안전핀을 꽂아 그것을 제거해야만 충격 부분이 노출되어 폭발시킬 수 있었고 투척자의 생명도 덩달아 위험했다. 도화선식은 폭발까지 1-2분의 시간을 벌 수 있었다. 세 가지 모두 불발할 가능성이 20퍼센트쯤 있었으므로 정교하게 만들어야 했다.

적을 향해 폭탄을 던졌는데 불발한다면 목숨만 빼앗길 것이었다. 조심하고 또 조심하면서 폭탄의 조립과 해체를 반복했다. 며칠 동안 밤을 새우고 조립해 거의 통달할 경지에 이르자 3종의 폭탄을 각 1개씩 인적이 없는 들판으로 들고나가 실험해보니 제대로 터져주었다.

마침내 화약농축식 1개, 도화선식 1개, 투척즉발식 1개 등 3개를 제조하는 데 성공했다. 4월 초순에는 완성품으로 도화선식 7개, 투척즉발식 6개를 확보했다. 권총 2정과 실탄 100발도 구입해 확보했다.

김원봉은 13개의 폭탄과 권총을 앞에 놓고 무릎을 꿇고 하늘을 우러러보았다.

"천지신명이시여! 민족의 비조鼻祖이신 단군님이시여! 저희는 조국을 되찾기 위하여 폭탄을 만들었습니다. 폭탄은 백발백중 터지고 우리 단원들은 죽지 않게 지켜주소서."

상하이의 의열단원들.
김원봉, 곽재기, 강세우, 김기득,
이성우, 정이소, 김익상
(맨 오른쪽부터 시계 반대
방향으로).

## 역사에 남은 사진 한 장

김원봉과 동지들은 폭탄을 숙소에 숨겨놓고 아무 일도 없었던 것처럼 외출해 거리를 돌아다녔다. 혹시 뒤를 밟을지도 모르는 밀정들을 혼란시키기 위해서였다. 어느 날, 동지들과 프랑스 조계 거리를 지나다가 사진관 간판을 보고 들어가 기념사진을 찍었다. 내일 사진을 찾기로 하고 밖으로 나가려는 동지들에게 김원봉이 말했다.

"먼저들 가시오. 사실 나는 사진 찍는 걸 반대하려 했소. 혹시 이담에 우리가 육탄혈전 공격에 성공해 유명해지면 왜놈들이 이 사진을 구해들고 혈안이 되어 우리를 찾을 것이니까. 나는 사진이 현상 인화된 뒤 원판을 받아야겠소."*

동지들은 물론 상하이 사정에 닳고 닳은 김기득과 정이소도 김원봉의 말에 깜짝 놀라며 고개를 끄덕였다. 늘 자질구레한 것까지 챙긴 것은 아니지만 예리한 통찰력을 지닌 그의 특장을 다시 깨닫는 순간이었다.

뒷날 김원봉의 예언은 적중했다. 의열단의 거사가 몇 차례 성공해 세상을 놀라게 한 후 일본경찰은 단원들의 고향집은 물론 친척, 친구들의 집, 그리고 서울, 밀양, 만주, 베이징, 상하이를 뒤져 사진을 찾으려 했고 이 사진을 확보했다. 의열단원들은 또 다른 사진을 남기지 않았기 때문에 이날 찍은 사진은 의열단원들의 형무소 수형카드에도 붙여졌다.**

준비는 끝났다. 김원봉은 혼자 방에 틀어박혀 고심을 거듭했다. 잠입대원들은 고국 땅으로 갔을 것이다. 이제 폭탄을 고국 땅으로 보내야 한다. 감시망을 어떻게 뚫을 것인가. 뜻대로 추진되지 않으면 어떻게 해야 할 것인가.


## 폭탄을 조국 땅으로

하룻밤을 새운 뒤 그는 다시 장건상 고문을 찾아가 공격목표와 폭탄운송에 대해 의논했다. 숙소로 돌아온 그는 단원들에게 선언했다.

"동지들, 제1차 암살·파괴 작전의 목표를 정했소. 경성에 대한 직접공격이오. 첫째는 남산 왜성대***의 조선총독부, 둘째는 황금정黃金町, 현재의

---

* 김원봉이 의열단 시절 사진촬영을 피했고 촬영하더라도 원판을 회수했다는 증언은 국회도서관 발행 『한국민족운동사료』(제7권 중국편, 1976, 487쪽)에 있다.
** 대표적인 의열단 연구가인 김영범은 사진 속의 낯선 이름 정이소를 임시정부 요인이었던 배동선(裵東善)으로 추정했다(김영범, 「의열단 창립단원 문제와 제1차 국내거사 기획의 실패 전말」, 『한국독립운동사연구』 제58집, 2017. 5, 11쪽).
*** 왜성대(倭城臺): 임진왜란 때 왜군이 주둔한 지역이라서 붙인 지명으로 현재의 중구 예장동, 회현동 일대다. 일본은 1907년 이곳에 건물을 신축해 통감부로, 강제병합 이후 총독부로 사용했다. 총독부는 1926년 광화문에 신청사를 완공해 옮겨갔다.

을지로의 동양척식주식회사 경성지점, 셋째는 태평통의 경성일보사, 이렇게 세 곳이오. 폭탄을 나무 상자에 담아 중국 우편을 통해 만주 단둥의 중국 세관에 있는 영국인 협조자 유스 포인에게 보낼 것이오. 유스 포인은 우리 단의 장건상 고문님과 절친한 사이오."

곽재기·강세우 등 의열단원들은 꼿꼿이 서서 들었다.

"곽재기 동지, 동지는 장건상 고문님의 밀서를 갖고 단둥으로 가서 유스 포인을 만나시오. 그 사람한테 도착해 있는 폭탄을 찾아, 단둥에서 원보元寶상회라는 상점을 열고 있는 이병철 동지에게 맡기시오. 이 동지에겐 그걸 밀양의 미곡상 김병환 동지에게 화물로 탁송하라고 하시오. 김병환 동지는 밀양청년회 회장을 맡고 있고 미곡상을 경영하고 있소."

곽재기는 큰 소리로 대답했다.

"의백 동지, 꼭 임무를 완수하겠습니다."

김원봉은 상하이에 며칠 더 머물렀다.

곽재기는 김원봉의 명령대로 유스 포인에게서 폭탄을 받아 원보상회 주인 이병철에게 넘겨주었고, 이병철은 폭탄을 옥수수 20가마 속에 넣고 포장해 고향 밀양역 앞의 화물 운송대리점인 '대운송점'으로 탁송했다. 그러고는 귀성객 차림을 하고 기차를 타고 고향 밀양까지 가서 옥수수 화물을 인수하고 김병환이 경영하는 미곡상으로 옮겨 그 집 마루 밑에 숨겼다.

의열단이 국내로 보낸 첫 번째 폭탄제조 및 운반과 관련한 당시 상황은 이 계획이 발각된 뒤 작성된 일제의 관헌자료에 있다.

같은 해 11월 초순에 이르러 피고 이성우는 김원봉과 함께 평톈에 거주하는 구영필에게서 피고 윤치형이 맡겨둔 돈 가운데에서 300원을 받아 여비로 충당해 그 지방을 출발, 동월 중순 상하이로 갔다. 피고 곽재기 등도 역시 이어서 상하이로 달려가 폭탄류 입수에 분주했다. 대정 9년(1920년) 3월 중, 피고 곽재기는 김원봉과 함께 폭열탄 세 개를 만들 수 있는 철제 및 진유 眞鍮, 황동합금제의 탄피 세 개 및 이것에 장전할 약품 부속품을 중국인 아무개에게서 구입하고, 그 지방 프랑스 조계 바오창루 바오캉리 60호 김대지의 집에서 피고 곽재기, 이성우, 김기득이 김원봉과 함께 위 폭탄을 포장했다. 피고 김기득은 그곳에서 김원봉 등에게서 전시 계획을 청취하고, 그 동지가 된 자로서 위 사람과 지방 참칭僭稱 임시정부 외무차장이라 불리는 장건상이란 자에게 의뢰해 중국 단둥현 세관의 영국인 S, 보잉유스 포인을 잘못 기록함 앞으로 중국 소포 우편에 의해 그 폭탄을 송부하고, 또 피고 곽재기를 조선 내에 폭탄을 운반할 책임을 맡게 하기 위해 단둥현으로 파견했다.*

곽재기가 단둥에서 돌아와 임무 완수를 보고했고, 이병철은 암호전보로 임무 완수를 보고했다. 제1차 폭탄 반입이 일단 성공한 것이었다.

4월 중순, 숨을 고른 김원봉은 제2차 무기와 총기 운반을 계획했다. 이번에는 쇼가 운영하는 이륭양행을 이용하는 작전이었다. 그는 이성우와 곽재기에게 명령했다.

"이성우 동지, 동지는 중국어와 중국인의 관습에 가장 능통하니, 중국인 옷장수로 변장해 폭탄들을 갖고 이륭양행 소속 연락선 구이린환桂林丸을 타고 단둥까지 가시오. 곽재기 동지는 호위를 맡아 이성우 동지의 뒤를 그림자처럼 따르시오. 이성우 동지는 단둥에서 그걸 이병철 동지에게 맡겨서 부산진 역전 김명국 운송점으로 탁송하시오. 마산 역전의 운송점을 거쳐 배동선 동지에게 전달하면 배 동지는 밀양의 미곡상 김병환 동지와 진영 역전의 강원석 동지의 미곡상으로 보내 은닉하게 하시오."

---

* 「곽재기 등 폭발물취체벌칙위반 재판 판결문」.

"알겠습니다, 의백 동지."

배동선과 이성우와 곽재기는 꼿꼿이 허리를 폈다.

김원봉은 국내에 행동대원으로 잠입할 동지들과 작전을 짜기 위해 베이징으로 돌아왔다. 그는 단둥으로 간 이성우와 곽재기가 돌아오거나 보고해오기를 초조하게 기다렸다.

얼마 후 두 동지가 돌아와 보고했다.

"의백의 명령대로 했소이다. 단둥의 이병철 동지가 수수쌀 자루에 폭탄들을 숨겨 '경남 부산부 부산진역 김영국 운송점 경유 배중세 귀하'로 써서 탁송했습니다. 배동선 동지는 화물 열차보다 하루 앞서 귀국길에 올랐습니다."*

곽재기와 이성우는 아슬아슬하게 임무를 수행하고 돌아온 터라 아직도 속이 울렁울렁하는지 가슴을 쓸어내렸다.

김원봉은 담담히 고개를 끄덕였다.

"수고했소이다. 두 동지는 다시 단둥으로 가서 국내 잠입조에 합세하시오."

두 사람은 목숨을 던져 임무를 완수할 것이라고 다짐하고 떠났다.

김원봉은 남은 동지들에게 말했다.

"동지들, 세상을 크게 흔들 기회가 다가왔소. 국내로 잠입할 동지들과 국내에 있는 동지들이 성공적으로 완수하기를 기원합시다."

김원봉은 말은 그렇게 했으나 어깨에 몸무게의 몇 배쯤 되는 무거운 짐이 턱 얹히는 것 같았다. 대형 폭탄 두 개, 소형 폭탄 열세 개, 권총 두 자루와 실탄 백 발. 국내로 들여보낸 무기의 분량으로 보아 의열단원 태반이

---

* 2차로 도착한 폭탄 무기들은 배중세가 챙겨 경남 창원군 진영(進永)의 강상진에게 보내 그 집 창고에 숨겨두게 했다.

목숨을 거는 일이었다.

그 무렵 국내 침투조들은 단둥에 은신하고 있었다. 입국은 늦어지고 있었다. 김원봉은 신입단원 김기득에게 단둥으로 가서 폭탄 반입을 돕고 거사에 동참하라고 명령했다.

김기득은 직립부동의 자세로 서서 대답했다.

"의백 동지, 내게도 임무를 주어 고맙습니다."

김원봉은 깊은 고독감과 함께 두려움이 밀물처럼 밀려왔다. 이날 밤, 그는 자신의 방에서 혼자 명상에 잠겼다. 참선하는 승려처럼 똑바로 가부좌를 틀고 앉아 눈을 감았다. 실천할 것인가, 급히 암호전보를 쳐서 실행을 미룰 것인가.

경술국치 10년 만에 일어난 3·1운동은 결국 엄청난 희생만 치르고 끝나 민족 전체에 강한 절망감과 열패감을 안겨준 채 수그러들고 있었다. 만세운동이 촉발시킨 민족 독립의 염원을 타고 임시정부가 만들어졌으나 의견 통일이 안 되고 대립해 추진력이 약해지고 있었다.

이런 때에 김원봉 자신이 잠입시킨 단원들이 일제 관청을 공격한다면 조선 땅 전체가 발칵 뒤집어지고 민족정기를 드높이 세울 수 있을 것이었다. 그러나 성공할 확신은 없었다. 국내에 잠입하는 단원 가운데 적어도 절반은 목숨을 잃거나 체포당해 온갖 고초를 겪을 것이었다.

김원봉은 얼굴이 더 야위어갔다. 미소년처럼 아름답던 눈은 날카로워지고 두 뺨이 쑥 들어갔다. 피부도 거칠어졌다. 그는 속이 타들어가고 있었으나 겉으로는 대범하고 태연한 척했다.

"동지들, 걱정해봐야 소용없소. 나는 여기서 고국의 동지들에게 어떤 지시를 할 수도 없소. 암호전보도 위험하니 보낼 수가 없소. 아마 고국에서 거사가 늦어지고 있는 건 자금 조달이 안 되거나 누군가가 망설이고 있어서겠지요."

김원봉의 말에 이종암은 고개를 끄덕였다.

"의백이 태연하니 마음이 놓입니다. 왜놈 앞잡이 밀정들이 냄새를 맡아 우리 동지들이 숨죽이고 있는지도 모르지요. 의백, 나는 그게 걱정스럽소."

김원봉은 이종암의 어깨를 툭 쳤다.

"진인사대천명盡人事待天命이오."

이종암이 불안함을 느끼며 한 말은 사실이 되었다. 의열단 창단 한 달 만에 결사대 조직정보를 손에 넣은 고등경찰은 은밀하고 광범위하게 첩보를 수집하고 있었다. 국내에 잠입한 열 명 가까운 의열단원들과 그들에게 동조하는 협조자들 십여 명에게 시시각각 생명을 위협하는 불길한 그림자가 다가오고 있었다.

## 민족의 사표師表 도산 안창호를 만나다

1920년 5월이 되었다. 김원봉은 상하이에 머물며 장건상 고문이 준 돈으로 버티고 있었다. 고국의 소식이 궁금해 기도하는 마음으로 나날을 보내고 있었다.

그러던 어느 날, 도산 안창호 선생을 뵙게 되었다. 도산은 김원봉이 가장 존경하는 민족의 사표였다. 소년 시절 스승 전홍표와 황상규를 통해 여러 번 이름을 듣고 존경해온 애국지사였다. 뵙기를 청하자 한참 만에 응답이 왔다. 단원들을 국내로 잠입시키고 나서 여러 날 뒤에 만나자는 것이었다.

5월 9일, 김원봉은 임시정부를 찾아가 도산에게 큰절을 올렸다.

"선생님, 저와 동지들은 지속적으로 작탄의거를 감행하려 합니다. 폭탄을 구해주십시오."

김원봉에게는 이제 폭탄이 없었다. 다음 거사를 위해 또 폭탄을 구해야 했으므로 그렇게 말했다.

도산은 무릎 꿇고 엎드린 김원봉의 손을 잡아 일으켰다.

"오, 장하오. 그대와 동지들의 의기가 하늘을 찌를 듯 높다는 건 민족의 희망이오."

도산은 그렇게 말하고는 창단 과정과 동지들에 대해 이것저것 물었다.

김원봉은 폭탄 열세 개를 국내로 보냈고 단원 대부분이 이미 잠입했다고 말씀드릴 수 없었다. 도산은 그 사실을 전혀 모르는 듯 조심스럽게 의견을 말했다.

"폭탄을 안고 달려가 죽기에는 그대들이 너무 젊어요. 무모하게 덤비다가 아까운 생명을 버릴까 걱정이오. 내 생각을 말하면 작탄을 단독적으로 기율紀律 없이 사용치 말고 군사 당국에 예속해 실력을 점차 쌓은 뒤에 좋은 시기를 노려 크게 일어나면 좋겠소."

도산의 말에는 젊은 생명이 아깝다는 안타까움도 있지만 임시정부 소속으로 들어와서 지시를 따르라는 뜻이 들어 있었다. 김원봉은 다시 무릎을 꿇었다.

"저와 동지들은 소규모 결사대로 해야 기밀을 유지하고 집중된 힘을 발휘할 수 있다고 생각하고 있습니다."

도산은 깊은 눈으로 그를 바라보며 한숨을 쉬었다.

그때의 일을 도산은 일기에 썼다.


김약산金若山 군이 내방하매 작탄 사용을 단독적으로 기율 없이 사용치 말고 군사 당국에 예속해 실력을 점축漸蓄, 점차 쌓음했다가 상당한 시기에 대거大擧, 크게 일어남하기를 주의하라 하다.*

---

* 「안창호 일기」, 1920년 5월 9일자, 『안도산 전서』, 샘터사, 1979, 701쪽. '김약산'

닷새 뒤인 5월 14일, 도산은 다시 김원봉을 불렀다.

김원봉은 무릎 꿇고 말했다.

"저는 빠른 시일 안에 거사하려 합니다. 폭탄을 구해주십시오."

도산은 안타까운 시선으로 그를 바라보았다.

"내 생각은 지난번과 같소. 그렇게 부분적으로 모험적 행동을 하지 말고 최고기관에 서로 긴밀히 관련된 준비를 하고 가장 적절한 시기에 대대적으로 감행하기를 바라오."

최고기관이란 임시정부를 뜻하는 것이고, 서로 긴밀히 관련된 준비를 하라는 것은 임시정부 별동대로 조직한 김성근 등의 구국모험단과의 연계를 당부한 것이었다. 김원봉은 도산의 얼굴을 우러르며 고개를 저었다.

"선생님 말씀이 옳습니다. 저는 감사하며 탄복할 따름입니다. 그러나 저와 동지들의 사정이 그것을 허락지 않으니 헤아려주십시오. 저희에게 폭탄이나 폭탄 만들 자료를 구해주십시오."

"알겠소."

도산은 한숨을 쉬며 고개를 끄덕였다.

이날의 대화를 도산은 다시 일기에 썼다.

하여 적응시기에 대대적으로 행동하기를 기망企望, 기대하며 바라는하는 뜻으로 설명했다. 이에 대하여 김원봉은 말씀이야 옳기에 탄복할 따름이나 자기와 동지의 사정이 그것을 허락지 않는다고 답했다. 종속입국從速入國, 신속히 입국하노라 하므로 내가 말하기를 여사如斯히 부분적으로 모험을 행동치 말고 그 모험 행동하는 최고기관에 연락聯絡하여 적응시기에 대대적으로 행

의 한자를 '若'이 아닌 '藥'으로 쓴 것은 흘려 쓴 육필원고를 출판사가 오독한 것으로 보인다.

동하기를 기망하는 뜻으로 설명했다. 이에 대하여 김원봉은 말씀이야 옳기에 탄복할 따름이나 자기와 동지의 사정이 그것을 허락지 않는다고 답했다.*

도산 안창호는 김원봉이 많은 폭탄을 이미 국내로 운송했고 의열단원들이 대거 국내로 잠입한 사실을 몰랐을까? 위의 일기문이나 다른 자료를 보면 그랬던 것 같다. 아니라면 그것을 일기에도 써서 남기지 않아야 한다고 판단했기 때문일 것이다.

왜 김원봉은 독립운동에서 줄곧 비폭력 온건 노선을 견지한 것으로 알려진 도산에게 떼를 쓴 것일까? 지원해줄 것을 믿고 응석부리듯 나선 것일까? 그것은 일반적 추론에 불과하다. 도산 안창호는 강온強穩 양면의 의지를 품고 있었다. 김원봉이 의열단 창단 직전 동지들에게 안창호와 박용만의 기대감에 대해 발언한 것도 길림군정사를 통해 그것을 알았기 때문이었다. 송상도는 의열단 창단 이전의 일을 이렇게 기록했다.

상하이에 있는 가정부假政府, 임시정부의 안창호가 명령한 대로 지린의 동지들은 폭탄제조기를 가져와야 하고 박용만과 안창호의 요구에 응해 그 폭탄을 보내야 한다. 지금 우리가 목적을 실행하고자 한다면 한 달 이내로 폭탄을 휴대하고 국내로 들어가서 암살·파괴 작전을 감행해야 한다.**

안창호는 결국 대양표 2,000원짜리 폭탄피 제조기를 구해주었다.***

* 같은 책, 1920년 5월 14일자, 703쪽.
** 송상도, 『기려수필 3』, 도서출판 문진, 2014, 23쪽. 김원봉을 비롯한 의열단 단원들과 길림군정사 애국지사들은 임시정부의 지원을 기대한 것으로 보인다.
*** 이종범, 『의열단 부장 이종암전』, 사단법인 광복회, 1970, 80쪽. 대양표(大洋票)는 1920년대 광둥(廣東)에 있던 중화민국 정부가 제정한 화폐제도에 따라 발행

## 윤세주의 비밀공작

1920년 3월 초, 국내에 잠입한 행동대원 가운데 막내인 윤세주는 밀양의 내이동 본가에 석 달째 은신해 있었다. 그가 황상규·서상락·김기득 등 육탄혈전 선발대의 일원으로 얼어붙은 압록강을 썰매로 건너 국경을 넘은 것은 지난해 12월 중순이었다. 모두가 일단 경성에 집결해 안전을 확인한 뒤, 각자 연고가 있는 곳으로 숨기로 했다. 윤세주는 경부선 열차표를 샀다.

고향 밀양에 가지 못하는 스승 황상규는 경성의 아지트에서 윤세주를 보내며 말했다.

"은밀하게 우리 집 소식을 알아보기만 해. 다음에 만날 때 그 얘기를 들려주면 돼. 너는 일단 머리카락도 안 보이게 꼭꼭 숨어 있어."

황상규가 그렇게 말한 것은 제자에 대한 배려, 아니 신혼인 남편을 망명지로 보낸 제자의 아내를 생각해서였다.

심야에 허름한 농부 복장을 한 윤세주가 집으로 숨어들었을 때, 부모와 아내는 놀라서 입을 열지 못했다. 늙은 어머니는 털썩 주저앉았다.

"이게 꿈이냐 생시냐!"

윤세주는 부모님과 아내에게 단단히 입단속을 시켰다. 대소변을 아내가 요강에 받아냈다. 바로 옆집이 김원봉의 집이었으나 소식을 전해주지 못했다. 독립운동가 가족들에 대한 밀정들의 감시가 극심한 터라 그것은 그 자신의 안전은 물론 다른 단원들의 안전과 제1차 암살·파괴 작전에 대한 실패를 부를 위험성이 있었다.

두 달 동안 그가 접선한 사람은 사촌형이자 의열단원인 윤치형과 최수

---

한 지폐로 쑨원 정부가 있던 광둥성은행 외에 군벌이 장악했던 다른 지역은행에서도 발행했다.

봉뿐이었다. 국내 잠입조는 '많은 동지를 포섭하는 데 힘을 쓸 것'이라는 의무가 있었다. 최수봉은 윤세주의 동화학교 1년 선배였다. 학교가 문을 닫자 그는 부산 동래 범어사가 설립한 명정학교를 다니다가 평양으로 가서 숭실학교를 1년쯤 다니고 중퇴했다. 평안도의 사금광을 찾아다니며 날품을 팔아 학비를 벌다가 기미년 만세시위가 일어나자 즉시 귀향해서 윤세주와 함께 만세운동을 주도했다. 밀양의 3·1만세운동을 함께 주도한 인물이니 윤세주로서는 포섭이 아니라 동지에게 합세를 요청하는 셈이었다. 윤세주는 최수봉과 더불어 한봉근과 신철휴에게도 접촉할 계획이었다.

윤세주는 아내를 시켜 최수봉에게 쪽지를 보내 만나자고 했고 두 사람은 달밤에 남천강 강변 대나무숲에서 만났다.

최수봉이 물었다.

"원봉이는 잘 있지?"

"네, 육탄혈전을 다짐한 비밀결사인 의열단의 우두머리예요. 원봉 형의 말 한마디에 의열단원들은 목숨을 던지게 돼 있어요."

윤세주는 달빛에 여울이 비치는 남천강으로 돌렸던 시선을 거두며 다시 말했다.

"치형이 형과 한봉근·한봉인 형제도 밀양에 와 있고 경상북도 고령 출신 신철휴라는 사람도 밀양에 와 있어요. 김원봉 단장이 보낸 어마어마한 폭탄도 밀양에 와 있을 거예요. 형이 연락을 맡아줘요."

윤세주는 제1차 반입 폭탄을 김병환 선배가 인수해 보관 중이라는 말은 못 했다. 못 믿어서가 아니라 경찰에 체포될 경우를 생각해서였다. 김병환을 보호하고 폭탄을 지키기 위해서였다.

"그렇게 할게."

최수봉은 선뜻 대답하고 나서 다시 입을 열었다.

"그런데 그 의열단이라는 거 너희들끼리만 하냐? 나도 좀 가입하면 안

돼?"

윤세주는 소리내어 웃었다.

"당연하지요. 우리 단원 두세 명 모였을 때 선서를 하면 돼요. 급한 건 아니니까 나중에 해요. 이번 계획에는 들어 있지 않지만 언제고 밀양경찰서를 폭파해야 해요. 의열단 우두머리와 단원 태반이 밀양 출신이니까 거길 박살내는 건 상징적 의미가 있거든요."

"경계가 심해서 맨몸으로 들어가기도 어려워. 내가 방법을 생각해볼게."

보름쯤 지난 뒤, 윤세주는 신철휴를 또 그렇게 심야에 만났다. 신철휴는 곽재기가 최근 김원봉 의백의 명령을 갖고 밀양을 잠행하고 간 사실을 털어놓았다.

"백민 선생은 경성에서 자금 조달을 위해 분투하고 계시다. 그리고 세 군데를 공격 목표로 삼았다. 즉 남산 왜성대의 조선총독부, 황금정의 동양척식주식회사, 태평통의 경성일보사에 폭탄 던질 방법을 찾고 있다. 폭탄은 안전한 곳에 도착해 있다. 한철휴·한봉근·윤세주 동지가 행동대원이다. 시간이 없다. 시간을 끌수록 실패할 가능성이 크다. 그러니 대기하며 다음 명령을 기다려라."

이것이 신철휴가 전한 명령이었다.

"알았소이다, 의백 동지. 기필코 임무를 완수하겠소이다."

윤세주는 연락원인 신철휴가 아니라 중국에 있는 김원봉에게 중얼거렸다. 그러나 마음속에는 지금 당장 육탄혈전을 벌이는 것이 무모하다고 생각했다. 단원들끼리 연락을 주고받는 게 생각보다 어렵지만 혼자 폭탄 한 개 들고 가서 목표물에 접근해 폭탄을 던지는 건 쉽다. 폭탄은 두 군데 보관돼 있고 그것을 나눠 갖고 목표물로 이동해야 한다. 내 목숨 하나 던지는 게 두려워서가 아니라 나 하나 어긋나면 모두가 위험에 빠지므로 섣부르게 행동하면 안 된다. 그런가 하면 김원봉 의백의 판단도 맞다. 빨리 감행하지 않으면 모두 수포로 돌아간다. 그것이 윤세주의 현실적인 판단이었다.

그 후 곽재기에게서 밀서가 왔다. 윤세주는 국내 침투 단원들과 회동하기 위해 변장하고 경부선 열차를 탔다. 경성의 인사동 호해湖海여관에 황상규·곽재기·김병환·이성우·신철휴·윤세주 등이 모였다. 일부 단원이 목표물 폭파 감행과 동시에 의열단의 이름을 격문을 만들어 뿌려야 한다고 주장했다. 자금을 모집하려고 불철주야 노력해온 황상규는 한숨을 쉬었다.

"거사가 발각되면 혹독한 고통을 당할 것을 생각해 부자들이 돈을 내놓지 않으니 큰일이네."

거사 비용과 인쇄 비용을 재산가들에게서 받아내야 하므로 시기를 기다리자는 의견이 나왔다. 그들은 비용이 준비되면 감행하자고 결의했다. 곽재기·이성우·한봉근·김기득·신철휴를 제1차 암살·파괴 작전 행동대원으로 결정했다.*

그러나 5월 8일, 뜻밖의 일이 일어났다. 경찰이 밀양 김병환의 집에 들이닥쳐 감춰둔 폭탄 세 개를 압수한 것이다. 경찰의 수사는 확대되기 시작했다.

경찰에 밀고한 자는 뜻밖에 한봉근·한봉인 형제의 고모부이며 김원봉과도 절친했던 구영필이었다는 설이 뒷날 제기되었다. 그렇다면 의열단내부에 배신자가 생긴 것이었다.

---

* 「밀양폭탄사건의 전말」, 『조선일보』, 1924년 5월 8일자 외. 사건관련 분석은 김영범의 「의열단 창립단원 문제와 제1차 국내거사 기획의 실패 전말」, 『한국독립운동사연구』 제58집, 2017. 5, 25-26쪽 참조.

## 김태석의 촉수에 걸려들다

이 무렵 베이징에 머물고 있던 김원봉은 거사가 늦어지면 발각될지도 모른다는 우려 때문에 잠을 이루지 못했다. 6월 중순, 그는 지린에 있는 연락책 이낙준에게 밀서를 보내 국내로 즉시 들어가게 했다.

6월 19일, 경성 서대문에 있는 이낙준의 숙소에 잠입단원들이 모였다. 이낙준은 엄숙하게 명령을 전했다.

"20일 안에 감행하라는 의백 동지의 명령입니다."

현지 작전 지휘권은 김원봉의 직접 명령을 받고 온 곽재기와 이낙준에게 있었다. 의열단원들은 김원봉의 명령대로 빠른 시일 안에 거사하기로 합의했다.

그들은 이때 경찰이 체포사실을 숨겼기 때문에 김병환이 보관해온 폭탄이 발각된 사실을 모르고 있었다. 그뿐이 아니었다. 이성우와 윤세주가 닷새 전인 6월 16일에 체포되어 그곳에 오지 못했는데 통신이 원활하지 않아 그들은 두 사건을 알지 못했다.

이낙준이 주재한 비밀 작전회의에 참석했던 단원들은 뒤늦게 그 사실을 알고 24일 긴급히 회동해 당장 거사하기로 결의했다. 황상규와 곽재기는 마포로 피신하고 밀양에 얼굴이 알려지지 않은 김기득이 폭탄을 인수하러 떠났다. 그는 2차로 도착한 폭탄을 배중세에게서 위임받아 관리하고 있는 이수택을 만났으나 거절당했다.

"폭탄을 며칠 안에 내가 직접 경성으로 갖고 가겠소이다."

이수택은 김기득이 낯선 인물이라 꺼림칙하다는 게 이유였지만 핑계인 것 같은 느낌이 들었다. 절망적인 상황이 계속되었다. 김기득은 기차로 경성에 도착하자마자 체포되고 말았다.

황상규와 곽재기는 각자 잠행하고 있었다. 곽재기는 마지막으로 얼굴을 볼지도 모른다는 심정으로 청주 본가에 들러 가족을 만난 뒤, 마산으로 급히 피신한 이수택을 찾아갔다. 하지만 이수택이 폭탄을 두고 왔기 때문에 받을 수가 없었다. 곽재기는 김병환을 만나러 밀양으로 갔으나 밀양역 주변에 경찰 비상선이 쳐 있고 경성에서 수사경찰이 와 있다고 사람들이 수군거렸다. 그는 부산으로 황급히 도피했으나 단골숙소인 복성여관에서 체포당했다. 그사이 황상규는 경성에서, 이낙준은 서대문에서 체포당했다.

모든 것이 윤세주와 이성우의 체포에서 시작되었다. 그들을 밀고한 것은 김진규와 안태익이라는 밀정이었다. 수사를 지휘한 것은 경기도 경찰부 고등과의 김태석金泰錫 경부警部였다.

일제강점기에 많은 독립투사를 체포하여 지금까지 이름이 알려지고 있는 김태석, 그는 누구인가? 김태석은 평남 양덕군 출신으로 1908년 관립 한성사범학교를 나와 훈도訓導로 일했다. 한때 일본 유학길에 올라 니혼日 本대학 야간부 법과에 다녔다. 1912년 함북 웅기경찰서 통역생으로 경찰에 투신해 1913년 경부로 승진했다. 1919년 6월 경무총감부 고등경찰과에 속했다가 8월 경기도 고등3부경기도경 고등과에 배속되었다. 이후 9월 사이토 마코도齋藤實 총독에게 남대문역에서 폭탄을 던진 강우규姜宇奎 등 관련 인물들을 전원 체포하고, 11월에는 의친왕 이강李堈을 국외로 망명시키려던 대동단 전원을 체포하여 악명을 떨친 자였다.*

김태석은 주도면밀하게 수사를 해나갔다. 체포한 사람들을 가혹하게 고문하여 정보를 얻고 의열단원들과 협조자들을 하나하나 잡아들였다.

## 의열단, 세상에 알려지다

7월 중순, 이종암은 국내 잠입단원들의 소식을 기다리며 김원봉 곁에

---

* 민족문제연구소, 『친일인명사전』 1권, 2009, 655-656쪽.

머물고 있었다. 그는 부단장이자 충실한 보좌역이었다. 고국 땅의 사정을 알지 못해 답답하고 불안한 것은 그도 마찬가지였다. 그가 김원봉에게 말했다.

"의백, 내가 들어가겠소이다. 도대체 폭파 결행이 왜 늦어지는지 상황을 시찰하고 결행을 촉구하겠소이다."

김원봉은 승낙하지 않을 수 없었다.

"뭔가 일이 꼬이고 있는 듯하니 몸조심하시오."

이종암은 즉시 출발해 단둥까지 갔다. 거기서 이병철에게 놀라운 소식을 들었다.

"방금 들어온 첩보입니다. 밀양 김병환 동지에게 맡긴 폭탄이 발각됐습니다."

"아, 2차 폭탄이 더 많은데 그건 지켜야지."

이종암은 정신을 번쩍 차렸다. 긴급 암호전보를 김원봉에게 보내고 잠행길에 올랐다. 두 번이나 옷을 갈아입는 변장을 하며 진영까지 내려가 배중세를 만났다.

"시간이 없소. 남은 폭탄을 주시오. 살아남은 서상락·김상윤 동지와 내가 결행하겠소."

배중세는 천천히 고개를 저었다.

"경찰이 나를 주목하는 것 같아 이수택 동지에게 맡겨두었소이다. 두 분이 구면이시지 않습니까? 이수택 동지를 만나십시오."

이종암은 즉시 달려가 이수택을 만났다. 이종암은 이수택과 친밀한 구영필과 천도교 관계로 교분이 두터웠다. 이수택을 스치듯 만난 적이 있었다.

이수택도 이종암을 만나 반색하면서도 고개를 저었다.

"못 줍니다. 만일 실행하고 달아나면 잡힌 동지들에게 누를 끼칠 수 있어 못 내줍니다."*

"내가 김원봉 의백의 특명을 받고 왔는데도 못 준단 말이오?"

"못 줍니다."

이종암은 발길을 돌릴 수밖에 없었다.

협력자 이수택이 이렇게 핑계를 대고 미루는 사이 하루하루 시간이 갔다. 김원봉이 마지막으로 이종암을 보내 결행하려던 계획마저 배중세와 이수택의 미적거림 속에서 좌절되고 말았다.

8월 하순, 이수택이 진영에 숨겨둔 2차 반입 폭탄마저 압수당했다. 일제는 대대적으로 검거작전을 시작했다. 이종암은 김상윤·서상락·한봉근·한봉인 등과 함께 검거망을 아슬아슬하게 피했다. 김상윤과 함께 서상락을 만나 셋이 대구로 갔다. 비밀조직과 접선해 대구 근교 시골 마을의 숲 속에서 동생 이종범을 만났다. 망명 3년 만에 아내와 아들 소식을 듣고 밀양으로 가서 최수봉과 접선했다. 그를 통해 밀양 청년들을 이끌어온 지도자 고인덕高仁德과 이원경李元慶도 만났다.

"밀양은 김원봉 의백과 많은 의열단 동지의 고향입니다. 제1차 암살·파괴 작전은 실패로 돌아갔지만 밀양경찰서를 폭파해야 합니다. 최수봉 동지가 그런 결심을 하고 있다는 말을 들었습니다. 하지만 폭탄은 모두 빼앗겼습니다."

이종암의 말에 최수봉은 선뜻 고개를 끄덕였다.

"폭탄을 만들어주십시오. 의열단원들은 만들 줄 안다고 윤세주가 말해 줬습니다."

이원경도 나섰다.

---

* 3년 후 재판정 이수택의 발언, 「밀양폭탄사건수괴 이수택의 공판」, 『시대일보』, 1924년 5월 9일자.

"저도 같이하겠습니다."

이종암과 김상윤과 고인덕은 치밀하게 계획을 세워 부산에서 화공약품을 구해왔다. 김원봉과 함께 베이징과 지린에서 김성근을 통해 폭탄제조법을 익힌 바 있는 이종암은 김상윤과 밀양의 산속 토굴에 숨어 폭탄 두개를 만들어 최수봉에게 넘겨주었다. 그리고 최수봉을 의열단에 가입시켰다. 이때가 1920년 11월이었다.

체포된 사람들이 혹독한 고문을 이기지 못해 국내에 잠입한 사람들 이름과 신상을 자백했을 것이므로 세 사람은 더 이상 국내에 머물 수가 없었다. 그들은 피눈물을 흘리며 압록강을 건너 단둥에 도착했다.

고국에 간 단원들의 암호전보를 초조하게 기다리던 김원봉은 베이징을 떠나 만주 단둥으로 갔다. 거사를 하고 귀환하는 동지들을 맞이하고 뒷수습을 하기 위해서였다. 동포 지도자가 심각한 표정을 하고 가져다준 고국의 신문을 보고 그는 털썩 주저앉았다.

"아아, 실패했구나!"

신문의 제목은 '조선총독부 파괴 음모 폭발탄대의 대검거'였다. 두 사람이 도주해 경찰이 쫓고 있다는 문장을 읽고 그나마 작은 위안을 느꼈다.

이틀 후 이종암·김상윤·서상락이 생환해왔다.

이종암은 김원봉을 보자 털썩 무릎을 꿇었다.

"모두 체포당하고 우리 셋만 탈출했소이다. 내 탓이오. 의백, 나를 처단하시오."

김원봉은 그 앞에 주저앉았다.

"아아, 하느님, 이걸 어찌합니까. 윤세주·이성우·곽재기·한봉인·신철휴, 이 동지들을 어찌합니까!"

김상윤·서상락이 함께 그를 끌어안았다.

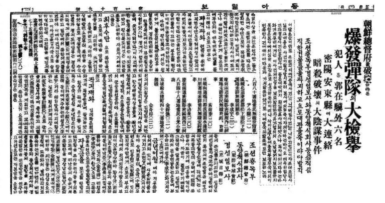

폭발탄대의 대검거. 『동아일보』, 1920년 7월 30일자.

"의백, 면목이 없어요. 우리를 죽여줘요."

김원봉은 사흘 동안 밥 한 술 물 한 모금 먹지 않았다. 눈에는 핏발이 서고 얼굴이 까맣게 타들어갔다.

동지들이 모여들어 그를 둘러쌌다.

"의백, 정신 차리세요. 옥에 갇힌 동지들이 뭘 원하는지 아셔야지요."

"내가 계획을 잘못 세웠소. 그렇게 판을 크게 벌이는 게 아니었소."

김원봉은 주먹으로 가슴을 쳤다.

다음 날 김원봉이 냉정을 되찾았을 때, 이종암과 사건을 복기復棋하기 시작했다. 이종암이 말했다.

"가슴 한구석에 미심쩍게 다가오는 게 있소이다. 거사를 독촉했는데도 자꾸 뒤로 미룬 경위는 무엇일까. 내부에서 누군가가, 우리 의열단원이나 협력자들 중 누군가가 변절했을지도 모른다는 느낌이 듭니다."

"누구라고 짚이는 사람이 있소이까?"

"모르겠소이다."

김원봉은 이때 자세히 알지 못했지만 총독부 경찰은 대대적인 검속을 벌여 20명을 체포했다. 『동아일보』는 1920년 8월 1일자에 '직경 3촌寸의 대폭발. 총독부를 파괴하려던 폭발탄은 비상히 크고 최신식으로 완성된 것'이라는 제목으로 보도했다. 그러나 기사가 시험 폭발을 해본 폭탄의 성능에 대한 설명뿐이라 의열단의 이름은 세상에 알려지지 않았다.

총독부 검찰은 친일 고등과 경찰 김태석이 체포한 20명 가운데 12명을 기소했다. 경성지방법원은 8개월간 예심을 열었고 1년이 지난 1921년 6월 결심공판을 열어 12명에게 중형을 선고했다. 곽재기와 이성우가 징역 8년, 윤세주·황상규·김기득·이낙준·신철휴가 징역 7년, 윤치형이 징역 5년, 김병환이 징역 3년, 배동선이 징역 2년, 이주현李周賢과 김재수金在洙가 징역 1년이었다.

신문들은 그제서야 사건의 내막을 보도했고 의열단 존재는 단장 김원봉의 이름과 함께 비로소 세상에 알려졌다.

## 구영필은 변절자인가

김원봉의 추측처럼 협력자가 변절한 것으로 보이는 자료들이 있다. 변절이 의심되는 사람은 주요 협력자였던 구영필이다. 그는 1926년 농장이 있는 닝구타에서 신민회 회원들에게 일제 밀정 혐의로 암살당했다.

구영필을 의심하는 가장 큰 증거는 윤치형의 증언이다. 1962년에 정부는 독립유공자 서훈을 위해 자료를 수집하던 중 구영필을 대상으로 넣었다가 수여행사를 하게 될 3·1절 직전 빼버렸다. 윤치형의 증언 때문이었다.

윤치형은 그 무렵 『국제신보』에 두 차례 기고한 회고문에서 구영필을 변절자로 규정했다. 그해 여름 북만주 닝구타에 있어야 할 구영필이 밀양에 나타났고 자신을 만나서 "경성의 동지들이 검거됐다"고 말하며 거사비용은 자기가 댈 테니 "남은 동지들을 모아달라"고 했다는 것이다. 자신에게 "무기 은닉처를 알려달라"고 계속 매달려 가르쳐주었고, "약속한 대로 김재수의 집에 가 있는데 경성의 형사대가 급습해 체포당했고 부산경찰서로 끌려가보니 거기 김태석이 있었다"는 내용이었다. 구치소에서 형무소로 이송되던 중 앞서 체포된 조카 윤세주가 마차에 동승했는데 비밀신호로 "구영필이 우리를 배반하고 동지를 일본경찰에 판 자다"라고 전했다는 내용도 있다.*

또한 윤치형은 1963년 정부가 독립유공자 서훈을 결정한 직후 자신이 작성한 공적조서에 이렇게 썼다.

구영필(당시 동지였다가 이후 변절자)의 밀고로 재경동지 황상규를 위시하여 전원이 체포되었다는 기별을 듣고 부산에 있던 윤치형·배중세·이수택·이주현 제 동지들은 무기수송을 중지하고 사방으로 피신했다. 동년 8월에 윤치형·배중세·이수택 3인이 구포 김재수 댁에 모여서 재거를 모의하다가 역시 구영필의 밀고로 김태석 경부에게 체포되어 3주간의 가혹한 고문을 겪고 그해 9월에 검사국으로 송치되는 즉시로 예심에 회부되었다.**

그밖에 의심할 만한 다른 정황도 있다. 1918년 일합사 사건 때 김태석이 구영필을 취조했고 큰 은혜를 입듯 관계를 형성했다는 점, 1920년 7월 8일 폭탄을 압수한 김태석 수하의 경찰이 보관자인 김병환과 구영필의 외숙 한춘옥을 체포했는데 한춘옥을 왜 체포했는지 알 수 없으나 곧바로 석방되었고 폭탄사건의 중요 인물 가운데 하나인 한봉근은 체포당하지 않았다는 점이다. 이것은 김태석이 구영필을 만주에서 불러와 회유하기 위한

---

* 「의열단 밀양폭탄사건 회고」, 『국제신문』, 1962년 6월 27일자.
** 「독립유공자공적조서」, 윤치형, 국가보훈처 DB.

사전작업이었을 것이라는 추측 등이다.*

반대로 구영필의 순결성을 강조하며 윤치형의 증언을 모함이라고 반박하는 주장들도 있다. 구영필의 후손이 그의 순결을 주장하며 윤치형의 주장을 조목조목 반박한 인터뷰 기사가 있고 연구 논문들도 있다.** 그러나 이 자료들만으로는 아직 부족하다.

구영필은 뒤에서 이야기할 황옥黃玉 경부와 함께 민족의 긍지인 의열단 역사의 가장 아픈 손가락이다. 의열단의 첫 거사이자 가장 창대했던 작전이 내부 변절로 좌절되었다는 불행한 인식을 뒤엎을 자료들이 발굴되고 모두가 공감하는 연구성과들이 나오기 바란다.

## 실패 원인을 분석하다

의열단 제1차 암살·파괴 작전은 무참히 실패했다. 1926년 12월 나석주 羅錫疇의 식산은행과 동양척식주식회사 폭파까지 의열단이 감행한 폭파 작전은 총 11회였는데 그 첫 번째 거사가 허무한 실패로 끝난 것이다.

작전 실패의 가장 큰 원인은 무엇일까. 박태원은 이렇게 기록했다.

실패의 원인은 어디 있는가? 의열단 동지들은 그것을 다음과 같이 설명하고 있다.

---

\* 김영범,「의열단 창립단원 문제와 제1차 국내거사 기획의 실패 전말」,『한국독립운동사연구』제58집, 2017. 5, 37-38쪽.

\*\*「우리에겐 아직 의열단이 필요하다」,『한겨레21』1075호, 2015년 8월 17일자. 논문으로 신규수의「구영필의 독립활동과 친일논란」,『역사와 사회』37호 (2007);「줄리아의 가족순례기를 통해 본 구영필의 독립운동 재조명」,『열린정신인문학연구』16집 1호(2015);「구영필의 1910년대 비밀결사 활동의 성격과 운동방략」,『역사학 연구』62집(2016) 등과 윤종일의「일우 구영필의 생애와 독립운동」,『한국사상과 문화』60집(2011)이 있다.

이 실패의 원인은 이번 사건뿐 아니라, 우리 조선혁명운동 중에서 일반적 원인이었으며, 또 장래에까지도 곤란한 문제다.

첫째는 무기를 국내에서 구하지 못하고 국외에서 수송하는 까닭이다. 본래 적의 국경 경계는 심히 엄밀하여, 단신으로도 출입이 극난하거든 하물며 무기·탄약의 운반에 있어서랴, 이것이 난사 중難事中 지난사至難事다.

둘째는 운동자금의 부족이라. 이러한 운동은 원래 일정한 예산을 세울 수 없는 것으로, 사정은 찰나간에 방침을 변하는 수가 있게 되고 ,행동은 극도로 민활을 요하여 자연 막대한 자금이 필요한 일이건만, 우리에게는 항상 그 준비가 부족한 일 등이다.


의열단의 제1차 암살·파괴 작전은 뼈저린 후회를 안겨주었지만 세상에 던진 충격은 컸다. 3·1운동이 일본 군경의 무차별 진압으로 좌절되고 만 시기에 감행한 의열단의 행동은 조선총독부 당국자들에게 가슴 서늘한 두려움을 안겨주었다. 다른 독립운동 단체들에게 대일항쟁의 의지를 크게 북돋우는 계기도 되었다.

2,000만 동포들에게는 '우리에게도 이렇게 용감한 애국청년들이 있다. 그래서 앞날에 희망이 있다'는 인식을 갖게 해주었다. 겁 없는 육탄혈전 결사대인 의열단, 22세의 청년 김원봉은 삼척동자도 아는 이름이 되었다. 깊은 회한과 절망에 잠겨 있던 김원봉에게 용기를 북돋아 다시 일어서서 다음투쟁을 도모하게 하는 힘을 주었다.

이 사건을 경찰과 신문들은 '밀양폭탄사건'이라고 불렀다. 밀양보다 더 많은 폭탄이 은닉되어 있던 곳이 진영이었다. 그래서 '진영사건'이라고도 불렀다. 그러나 박태원이 김원봉과 생존 단원들의 구술을 듣고 집필한 『약산과 의열단』에 '제1차 암살·파괴 계획'이라고 씀으로써 그렇게도 불리게 되었다.

# 6 부산경찰서·밀양경찰서·조선총독부를 폭파하다

## 상하이를 떠나 베이징으로 옮기다

1920년 가을, 김원봉은 국내 잠입 파괴작전에서 체포되지 않고 생환해 온 동지들과 상하이를 떠나 베이징으로 갔다. 그동안 상하이에 자리 잡고 의열단 후견인 노릇을 해오던 김원봉의 은사 김대지, 의열단 고문을 맡아 온 장건상과 신숙申肅*이 임시정부에 실망해 베이징으로 떠난 것이 계기가 되었다. 이들 선배 지도자들은 임시정부 수뇌부가 외교론과 준비론에 집착해 무장투쟁론을 외면하는 것에 실망하고, 국제연맹이 조선반도를 위임통치 해주기를 미국의 윌슨 대통령에게 청원한 이승만이 통합 임시정부의 대통령에 선출된 것에 환멸을 느껴 상하이를 떠났다. 김원봉과 동지들은 베이징에서 군사통일촉진회를 결성했다.

---

* 신숙(1885-1967): 경기 가평 출생. 1903년 동학에 입도해 한성에서 김남수 등과 문창학교를 설립해 운영했다. 1917년 천도교 중앙대종사 종법원에 선임되고 「기미독립선언서」 인쇄 배포에 기여했다. 1920년 천도교 대표로 임시정부에 참여하려 상하이로 갔으며 베이징에서 열린 군사통일촉진회 의장을 맡았다. 1930년 홍진·이청천 등과 한국독립당을 조직했다(웹사이트 한국민족문화대백과사전).

김원봉과 의열단 단원들은 베이징그룹에 편입되었고 김원봉은 다음 해 봄 신채호가 기초한 이승만 성토문의 54인 서명자 가운데 하나가 되었다. 서명자 김재희金在喜 · 송호宋虎 · 최용덕崔用德 · 정인교鄭仁敎 등이 의열단에 가입했다.

그렇다고 김원봉이 임시정부에 완전히 등을 돌린 것은 아니었다. 완전히 관계를 단절하지는 않고 약간의 연락은 유지했다. 그러나 창단 전후처럼 긴밀성은 없어졌다. 임시정부와 의열단 사이에 벌어진 틈은 1922년 3월 의열단의 상하이 황푸탄 의거에 대해 임시정부가 우리와 무관하다는 성명을 내는 것으로 드러났다.*

1921년 새해가 오고 김원봉은 스물네 살이 되었다. 나이에 비해 어깨에 얹혀진 책임은 막중했고 신변이 위험했다. 베이징의 비밀 숙소를 옮겨다니며 단원들이 무사할 수 있게 보호하고 활동비를 구하는 일에 열중했다.

하루에도 여러 번, 경찰에 붙잡혀가 고초를 당하고 있을 동지들을 생각하면 가슴이 에이는 듯했고, 지금까지 기울인 노력이 수포로 돌아갔다고 생각하면 기가 막혔다. 그럴 때마다 감옥에서 신음 중인 단원들의 무사를 기원하며 엄숙하고 경건한 마음으로 시간을 보냈다. 그는 옥에 갇힌 동지들을 위해 다음 일을 도모해야 했다.

### 김익상 · 오성륜 · 장지락 입단하다

신입단원이 되겠다고 찾아오는 젊은 애국자들의 발길이 이어졌다. 김원봉은 김익상金益相과 오성륜吳成崙을 신입단원으로 받아들였다.

김익상은 경기도 고양군 공덕리현 서울 마포구 공덕동에서 출생했다. 부친

---

* 김영범,『한국 근대민족운동과 의열단』, 창작과비평사, 1997, 81-82쪽.

이 목재장사를 하면서 일본인에 속아 파산하고 죽은 뒤 가난과 싸우며 이종호李鍾浩가 세운 삼호보성소학교를 다니다 중퇴했다. 그 후 철공소 공원, 광성연초공사에서 일하다 이 회사 평톈지점의 기계 감독으로 부임했다. 어릴 적 꿈이 비행기 조종사였다. 그 꿈을 이루려고 엽연초를 빼돌려 마련한 자금으로 비행학교가 있는 광둥으로 갔다. 광둥의 호법護法정부가 북벌에 치중하느라 비행학교를 중단한 터라 그는 상하이로 가서 공동 조계의 영국계 전차회사의 검표원으로 일했다. 거기서 한 친구에게서 의열단이라는 단체가 있다는 말을 듣고 김원봉이 머물고 있는 베이징으로 온 것이었다.

김원봉은 첫 대면에서 김익상이 놀라울 정도로 대담하며 호탕하다는 것을 알았다. 김익상과 마음이 통해 시간 가는 줄 모르고 이야기했다. 김원봉은 주머니의 동전 한 닢까지 털어 음식을 샀다.

"조선의 독립은 2,000만 민족의 10분의 8 이상이 피를 흘리지 않으면 안됩니다. 우리는 이때에 선두에 나아가 희생이 됨이 마땅합니다."

김원봉은 진정성이 가득한 표정으로 말했다.

김익상은 그 말에 감동해 의열단에 입단했다.*

오성륜은 스물한 살로 소년기에 부모를 따라 고향인 함경북도 온성穩城을 떠나 북간도 허룽和龍에 이주한 청년이었다. 룽징龍井의 3·14만세시위 때 앞장섰다가 독립운동 전선에 뛰어들었다. 그는 김원봉의 말에 감동해 입단했다.

김원봉은 숙소 앞에서 서성이는 자를 보았다. 마침 지나가는 수레가 있어 그것을 따라 몸을 숨기고 골목을 지나쳤다. 그자가 중국 수사기관 사람

---

* 「총독부 투탄의 동기」, 『동아일보』, 1922년 7월 2일자; 송상도, 『기려수필 3』, 도서출판 문진, 2014, 106쪽.

김익상. 조선총독부를
폭파하고 황푸탄 의거에도
참여했다.

오성륜. 명사수로 이름을 떨쳤다.
황푸탄 의거에 참가하고 체포됐으나
일본영사관 감방에서 탈출했다.

인지 아니면 일본의 밀정인지는 알 수 없으나 자신을 기다리는 듯했다.

며칠 뒤 오성륜이 뜻밖의 청년을 데리고 왔다. 신흥무관학교 후배 장지락張志樂이었다. 도쿄에 유학해 중학 2학년에 다니다가 자퇴하고 망명했다. 김원봉이 신흥무관학교를 떠난 뒤 입학해서 가장 어린 생도로 졸업했다고 했다. 이제 겨우 열일곱 살인데 의젓하게 양복을 입고 있었다.

"반갑네, 장지락 동지."

김원봉은 고향의 동생들처럼 어린 장지락의 손을 잡았다.

장지락은 귀엽게 웃었다.

"저는 선배님을 잘 알아요. 신흥무관학교에서 이름을 숱하게 들었지요. 김원봉이라는 생도가 똑똑하고 겁 없는 생도들을 골라 데려갔다고요."

"그랬군. 그런데 후배님은 상하이에서 무슨 일을 하오?"

"안창호 선생과 이광수 선생 밑에서『독립신문』편집을 하고 있습니다."

해가 뉘엿뉘엿 지고 있었다. 김원봉은 만두를 넉넉하게 산 뒤 장지락을 숙소로 데리고 갔다. 어쩐지 믿어도 되고 이끌어주고 싶은 청년이기 때문이었다. 오성륜은 만날 사람이 있다고 하며 나갔다. 김원봉과 장지락 둘만

장지락. 헬렌 포스터 스노
(필명 님 웨일스)는 장지락을
인터뷰하고 그의 이야기를
책으로 엮었다.

남았다.

장지락이 방 안을 둘러보다가 책 상자를 들여다보았다.

"이리저리 옮겨 다니시는데도 책이 참 많군요. 칼 마르크스Karl Marx의
『자본론』도 있고 톨스토이 소설이 수십 권은 되네요."

"나는 언제 갑자기 숙소를 버려야 할지 몰라 책은 많이 가질 수 없어. 투
르게네프의 『아버지와 아들』이 제일 좋아. 신구 세대 간의 갈등을 다룬 소
설인데 인물의 내면 묘사가 좋지. 우리 의열단 투쟁과는 거리가 멀어. 그
래서 좋아. 책을 읽는 동안은 어깨를 내리누르는 책임감에서 벗어날 수 있
으니까."

장지락은 차를 마시며 다른 책들을 뒤적거렸다.

"톨스토이 책이 가장 많군요. 톨스토이Lev Tolstoy는 인도주의를 작품 속
에 녹이는 작가인데 테러리스트의 누복이 읽는다니 이해되지 않아요."

"자네 말이 맞아. 나는 톨스토이 소설 밑바닥에 휴머니즘이 깔려 있어

서 자꾸 손이 가게 되네. 특히 『부활』에는 톨스토이의 깊은 인간애가 담겨 있어. 내가 사람을 처단하는 일에 앞장서고 있다는 자의식 때문인지도 몰라."

총명한 장지락은 머리를 끄덕이며 웃었다.

"톨스토이를 공산주의와 연결해 말할 수 있을까?"

그의 말에 장지락은 고개를 끄덕였다.

"공산주의는 인간의 가장 고귀한 감정의 항거에서 태어난 것이라는 내용이 「공산당선언」에 있지요. 질투와 증오의 산물이 아니라 가난한 자에 대한 동정의 산물이라고 했어요. 그건 톨스토이와 맥이 통하지요."

"그래, 자네는 설명을 잘하는군. 나한테 테러리스트라는 말은 다시 하지 말게. 나는 그 말이 제일 싫다네."

이부자리를 펴면서 김원봉은 권총 하나를 다리에 차고 하나를 베개 밑에 넣었다.

장지락이 말했다.

"의백님, 저도 의열단에 넣어주세요."

김원봉은 창 밖 치자나무를 스치고 지나가는 바람 소리에 귀를 기울였다.

"자네는 매우 총명해. 어서 대학 공부를 해. 그런 다음 독립운동에 나서도 늦지 않으니까."

"아무튼 의열단에는 넣어주세요."

"넣어주겠네. 하지만 임무는 한동안 주지 않겠어. 공부를 하란 말이네. 누가 손가락으로 힘 력力 자를 그리며 다가올 거야. 그러면 날짜가 홀수 날이면 고개를 왼쪽으로, 짝수 날이면 오른쪽으로 돌려."

"알겠습니다, 의백님."

장지락은 고개를 끄덕였다.

장지락은 이 무렵에 만난 김원봉에 대한 인상을 뒷날 헬렌 포스터 스노 필명 님 웨일즈Nim Wales에게 말했다. 이 이야기는 장지락을 중국공산당 근거지 옌안延安에서 22회에 걸려 인터뷰하고 김산金山으로 이름을 고쳐 집필한 논픽션 전기『아리랑』으로 출간되었다.

"김약산은 고전적인 유형의 테러리스트로, 냉정하고 두려움을 모르며 개인주의적인 사람이었다. 그는 내가 상하이에서 만난 사람들과는 아주 달랐다. 다른 사람들은 서로 잘 어울려 다녔지만 김약산은 언제나 조용했고 스포츠를 즐기지도 않았다. 그는 거의 말이 없고 웃는 법이 없었으며 도서관에서 독서를 하면서 시간을 보냈다. 그는 투르게네프Ivan Turgenev의 소설『아버지와 아들』을 좋아했으며 톨스토이의 글도 모조리 읽었다. 그는 여자들을 좋아하지 않았다. 하지만 아가씨들은 그를 멀리서 동정했다. 그가 빼어난 미남이고 로맨틱한 용모를 지녔기 때문이다."*

## 자객을 피해 상하이로

김원봉은 동지들에게 숙소가 노출되어 의열단 본부를 상하이로 옮겨야겠다는 쪽지를 무인 포스트에 남기고 서둘러 상하이행 기차를 탔다. 이런 경우에 대비해 숙소에 거의 아무것도 남기지 않는 것이 그의 버릇이었으므로 거기 갈 이유는 없었다. 남아 있는 책 100여 권이 아까웠지만 어쩔 수 없었다.

상하이에 도착한 그는 프랑스 조계에 있는 아지트에 잠복해 신입단원들을 훈련시켰다. 그 일은 창립단원으로 1차 국내 잠입에서 살아 돌아온 김상윤이 도맡아서 했다.

---

* 님 웨일즈·김산, 송영인 옮김,『아리랑』, 동녘, 개정판 2005, 167-168쪽.

김원봉은 긴 시간의 묵상을 통해 흔들리는 자신의 마음을 다잡으면서, 장래의 일을 생각했다. 그의 뇌리를 가득 메우고 있는 것은 동지들이 떠나면서 부탁한 말이었다. 끊임없이 거사를 계속하고 뒷날 군대를 일으켜 조국 땅으로 진격해달라는 것이었다. 그는 그 말들을 생각하며 이를 악물고 일어섰다.

김원봉은 동지들의 권유로 대여섯 군데에 숙소를 만들었다. 돈이 넉넉해서가 아니었다. 독립투사의 탈을 쓴 일본 밀정이 언제 다가올지 모르기 때문이었다. 그는 여러 숙소에 단원들을 분산배치하고 예고 없이 찾아가 잠을 잤다.

그의 신념을 흔드는 일들이 있었다. 3·1운동 이후 북간도와 서간도, 러시아 연해주에서 수많은 독립군 조직이 만들어지고 있다는 소식이 들려왔다. 독립군 조직에는 그가 이야기로만 들었던 최재형과 홍범도, 여러 차례 만나 함께 투쟁하자는 말을 했던 김좌진, 신흥무관학교 교관 출신인 김경천·이청천·이범석이 속해 있었다. 한때 동지로서 생사고락을 같이할 만하다고 여겼던 김훈도 있었다.

6월의 어느 날 놀라운 소식이 전해졌다. 상하이의 신문들이 '조선독립군의 대승'이라는 뉴스를 보도했다. 홍범도 장군이 이끄는 독립군 부대가 북만주의 평우동鳳梧洞 계곡으로 일본군 대대를 유인해 수백 명을 사살했으며 독립군 전사자는 십여 명에 불과하다는 것이었다.

상하이에 있던 독립운동 지도자들은 물론 조선 사람들은 모두 얼싸안고 눈물을 흘렸다. 김원봉도 동지들과 만세를 불렀다.

"만세! 만세! 이제 우리 민족도 일어나고 있소."

김원봉은 문득 감옥에 갇힌 이성우를 생각했다. 러시아 연해주에서 소년 시절을 보내며 홍범도 부대의 훈련을 지켜보고 그곳에 장교로 입대하고 싶어 신흥무관학교에 왔던 동지였다. 그는 자신을 따라 의열단에 들어왔다가 결국 작전 실패로 감옥에 들어가 있었다.

'아아, 그렇게 군대를 만들 수 있는데, 작은 비밀 부대가 아니더라도 군대를 만들 수 있는데, 내가 방향을 잘못 짚은 게 아닌가. 지금이라도 남은 동지들을 이끌고 북간도로 가는 게 옳지 않은가.'

김원봉은 자꾸만 그런 회의가 들었다. 그러나 자신의 회의를 묵상을 통해 이겨냈다. 젊은 날 표충사에서 익힌 참선을 하며 흔들리는 자신의 마음을 채찍질했다.

그는 자신에게 말했다.

"내가 흔들리지 않아야 동지들도 흔들리지 않는 거지. 우리의 투쟁은 세상사 가운데 가장 고귀한 일이야. 일신을 던진 거야. 나는 신념대로 사는 인간이야."

김원봉은 자기 암시로 스스로 신념을 다시 일으켜 세웠다. 그리고 마음의 평정을 얻기 위해 틈만 나면 책을 읽었다.

## 박재혁, 부산경찰서를 폭파하다

김원봉은 또 한 사람의 신입단원을 받아들였다. 두 해 전 상하이에서 잠깐 만난 적이 있는 박재혁朴載赫이라는 부산 출신 무역상이었다. 이리저리 연줄을 따지고 보면 진작에 동지가 되었을 인물이었다. 1916년 김원봉이 중국 톈진으로 유학을 떠나기 전 무전여행을 할 때 만났고 그 후 재회해 파리강화회의에 보낸 김철성본명 김인태의 친구이자 가까운 동지였다. 부산상업학교에 다닐 때는 『동국역사』를 등사판으로 찍어 돌리고 구세단이라는 비밀결사를 조직하기도 했다. 김원봉은 청년 시절 일합사와 광복단 광복회와 닿아 있었는데 두 단체는 구세단과 연결되고 박재혁과도 그랬다.

박재혁은 스물일곱 살이었다. 전차회사, 무역상회 등에서 사무원으로 일하다가 상하이, 난징, 싱가포르 등지를 돌며 무역을 하고 있었다.

"육탄혈전의 비밀결사를 운영하려면 자금이 많이 필요하겠지요."

박재혁은 군자금으로 쓰라고 돈을 내놓았다. 김원봉은 이 사람을 의열단으로 끌어들여야 한다고 생각했다. 그는 돈은 거들떠보지도 않고 덥석 그의 손을 잡았다.

"나는 박 동지를 여러 번 생각했소이다. 의열단에 들어와 같이 싸웁시다."

박재혁은 손사랫짓을 했다.

"나는 그런 위인이 못 됩니다. 닭 모가지도 비틀지 못합니다."

"박 동지, 우리 단원들은 모두 그렇습니다."

"김원봉 동지, 독립운동은 여러 가지 방법이 있습니다. 김 동지처럼 육탄혈전 결사대를 이끌 수도 있고, 독립군 부대에 들어갈 수도 있고, 무역을 해서 독립운동 단체에 후원금을 보낼 수도 있지요. 나는 버는 돈 절반을 독립운동 자금으로 내놓을 생각입니다."

김원봉은 물러서지 않았다. 하루 종일 밥 먹는 일도 잊고 매달렸다. 드디어 박재혁은 입단하겠다고 동의했다.


6월의 어느 날 박재혁이 찾아왔다.

"의열단의 군자금을 위해 계속 무역사업을 하겠습니다. 언제든지 부르면 달려와 죽을 곳을 찾아가겠습니다."

언제든 거사를 하기 위해서는 군자금을 확보해야 한다는 것을 알고 하는 말이었다.

"그렇게 하시오."

김원봉은 승낙했다.

8월 중순, 김원봉은 부산경찰서장 하시모토橋本가 고서古書 수집광이라는 첩보를 입수했다. 틈이 보일 듯했다. 싱가포르에 가 있는 박재혁에게 암호전보를 쳤다.

박재혁은 사흘 만에 달려왔다.

"부산경찰서를 폭파해야겠소."

김원봉의 말에 이미 각오했다는 듯 박재혁은 고개를 끄덕였다.

"부산경찰서라면 자신 있습니다. 부산은 일본에서 조선으로 들어오는 관문이고, 대표적인 식민도시로서 일본의 오사카大阪 같은 곳이지요. 왜놈들 게다짝 끄는 소리가 그치지 않는 곳이니 경찰서를 폭파하면 효과가 크겠지요."

"그렇소. 고서를 파는 상인으로 가장하고 침투하시오. 내가 적당한 고서와 폭탄을 구했소."

김원봉은 그렇게 말하고 폭탄을 싼 보자기를 풀었다. 러시아산 1902년식 소형 원통형 고성능 폭탄 1개가 수건에 싸여 있었다. 최근 블라디보스토크에서 구한 것으로 사람 다섯 명쯤 폭사시킬 수 있다고 했다. 그리고 현금 300엔과 두툼한 고서 몇 권이 나왔다. 가장 두터운 고서를 펼치니 폭탄 들어갈 자리가 딱 맞게 파여 있었다. 폭탄이 탐이 나는지 김익상과 오성륜이 같이 가게 해달라고 했지만 김원봉은 머리를 흔들었다.

"이번 침투는 혼자가 좋겠소."

김원봉은 앞에 보낸 동지들에게 그랬던 것처럼 박재혁과 이별주를 한 잔 나눠 마셨다.

"의백 동지, 조국을 위해 죽을 기회를 줘서 고맙습니다. 저승에서 만납시다."

"부디 살아서 다시 만납시다. 성공을 빌겠소. 소원을 물어봐도 되겠소?"

"지난번 모국으로 들어간 동지들이 남겼다는 말을 들었소. 언젠가 군대를 일으켜주시오. 그 군대를 이끌고 진격해서 왜놈들을 부산 앞바다에 모

박재혁.
고서를 파는 상인으로 가장해
부산경찰서를 폭파했다.

두 쏠어넣고 나 박재혁의 이름을 한 번 크게 불러주시오."

"명심하겠소, 박 동지."

김원봉은 박재혁을 길게 포옹하고 떠나보냈다.

드디어 의열단의 제2차 암살·파괴 작전이 시작되었다. 박재혁이 메고 있는 묵직한 책 보따리에는 폭탄이 숨겨져 있었다. 등을 돌리고 걸어가는 박재혁의 모습은 영락없는 중국 산둥성山東省 출신의 서상書商이었다.

박재혁은 황푸탄 부두에서 일본 여객선을 타고 일본 나가사키長崎를 거쳐 쓰시마를 경유해 부산에 갔다. 일반적으로 이용하는 시모노세키下關와 부산을 연결하는 관부연락선을 타지 않고 그런 노정을 택한 것은 일본경찰의 정탐이 훨씬 적다는 정보 때문이었다.

1920년 9월 12일 무사히 부산에 도착한 박재혁은 친구 오택吳澤의 집에 하룻밤을 묵은 뒤 고성능 소형폭탄을 그 집에 맡겼다. 친구 부부를 보호하기 위해 그게 무엇인지 설명하지 않았다.*

---

* 박재혁의 과거사와 교우관계, 부산 도착과 투탄의거, 형무소에서 자결한 일 등은 박철규의 논문, 「의열단원 박재혁의 생애와 부산경찰서 투탄」, 『항도부산』 제37집, 2019 참조.

하룻밤 묵고 외출해 또 다른 친구 최천택과 거사를 협의하고 정공단鄭
公壇에 올라가 거사의 성공을 빌었다. 정공단은 임진왜란 때 왜군의 제1진
인 고니시 유키나가小西行長의 군대를 맞아 장렬하게 싸우다 전사한 부산
진 첨사 정발鄭撥 장군을 추모하여 만든 제단이었다. 그는 정공단 내에 부
산 유지들이 세운 사립육영학교의 후신인 부산진 공립보통학교를 김인
태·최천택·오택과 함께 다녔다. 박재혁은 정공단 앞에서 고개 숙이고 기
원했다.

"왜적과 맞서 일신을 조국에 바치신 선열이시여! 저 또한 왜적을 죽여
뒤를 따르려 하옵니다. 저를 지켜주시옵소서!"

9월 14일 박재혁은 다시 오택의 집으로 갔다. 폭탄을 찾아 가슴에 품고
나와 최천택과 함께 용두산공원에 올라 기념사진을 찍었다. 그러고는 부
산경찰서로 갔다.

오후 2시 30분, 정문을 지키는 경비는 박재혁을 고서를 서장에게 팔러
온 중국 상인으로 보고 통과시켰다. 그는 건물 출입문도 쉽게 통과했다.
정문 경비에게 보고를 받은 서장이 창문으로 고개를 내밀고 어서 올려 보
내라고 복도로 소리친 때문이었다.

박재혁은 책 보따리를 들고 2층 서장실로 들어갔다.

"서장님께서 좋아하실 만한 진귀한 고서를 중국에서 가져왔습니다."

하시모토 서장은 담배 파이프를 문 채 어서 풀어보라는 뜻으로 턱 끝으
로 책 보따리를 가리켰다.

박재혁은 침착하게 두 권의 책을 꺼냈다. 폭탄이 드러났다. 그는 안전핀
을 잡고 일본어로 호통쳤다.

"왜적 하시모토야! 나는 상하이에서 온 의열단원이다. 네가 우리 동지
들을 잡아 우리 의열단의 계획을 깨뜨렸다. 조선 민족의 이름으로 너를 처
단하노라!"

하시모토가 권총을 잡기 위해 책상으로 달려가는 순간 박재혁은 하시모토의 발치에 있는 힘을 다해 폭탄을 던지면서 배를 깔고 엎드렸다.

꽝! 폭음이 나고, 옆구리와 다리에 파편상을 입은 박재혁은 뭉게뭉게 피어나는 연기 속에서 한쪽 다리가 날아간 서장이 몸을 비틀고 마지막 숨을 몰아쉬는 것을 보았다.

박재혁은 고통 속에서 소리쳤다.

"의백 동지, 임무를 완수했소이다. 의열단 만세! 대한독립만세!"

그는 엎드린 채 몸을 움직일 수 없었다. 탈출할 계획은 애당초 없었으나 또 하나 남은 폭탄으로 자결할 생각이었다. 그러나 남은 폭탄을 집을 수가 없고, 바지 속 왼쪽 종아리에 찬 단검을 뺄 수도 없었다. 그가 몸을 뒤틀며 단검을 뽑으려는 순간 뛰어 들어온 일본경찰관들이 총개머리와 곤봉으로 그를 마구 후려갈겼다. 그는 정통으로 머리를 맞고 기절해버렸다.

중상을 입은 박재혁은 유치장에서 깨어났다. 일본인 의사가 와서 치료한 때문이었다.

'나는 어차피 죽을 몸이다. 모진 고문을 당해 동지들의 이름을 팔고 욕되게 생명을 연장하느니 차라리 죽는 게 낫다.'

박재혁은 물도 한 모금 마시지 않고 단식에 들어갔다. 의사가 주사를 놓아 생명을 연장하려 했으나 소용없었다.

재판은 속전속결로 진행되었다. 그는 1심에서 무기징역을 선고받았으나 검사가 상고해서 사형이 확정되었다. 그러나 사형을 집행하기 전, 그는 단식으로 자진自盡해 스스로 목숨을 끊었다.


일본과 조선의 신문들은 일제히 부산경찰서 폭파사건을 보도했고 중국의 신문들도 크게 다루었다. 상하이에서 초조하게 소식을 기다리던 김원봉은 거사가 성공했다는 사실을 이번에는 금방 알았다.

'조선에서 경찰서장 폭사' '조선 청년들의 비밀결사 의열단이 폭파습격을 감행'이라는 기사 제목을 보며 김원봉은 중얼거렸다.

"고맙소, 박 동지. 내 박 동지의 희생이 헛되지 않게 신명을 바쳐 왜적과 싸우리다. 박 동지와의 약속을 죽을 때까지 잊지 않으리다."

의열단의 제2차 암살·파괴 작전은 그렇게 성공으로 끝났다. 제1차 작전 때 국내 잠입단원들의 대대적인 피검으로 그 존재마저 위협받던 의열단의 이름을 크게 떨치게 했다. 김원봉은 내친김에 더 달려갈까, 한동안 숨을 고르며 힘을 축적할까를 고심하다 후자를 택하기로 결심했다.

단원을 다시 20여 명선까지 늘려야 하며, 군자금도 확보해야 했는데 둘다 쉬운 일이 아니었다. 그가 근거지로 삼은 베이징과 상하이는 온갖 성향의 인물이 몰려 있는 곳이어서 섣부르게 사람을 받아들일 수가 없었다.

그때 예기치 못한 사건이 터졌다. 그의 고향인 밀양경찰서가 의열단원에 의해 폭파된 것이었다. 그 인물은 그의 동화학교 동창인 최수봉이었다.

## 최수봉, 밀양경찰서를 폭파하다

1920년 12월 27일, 부산경찰서 폭파를 감행한 박재혁이 사형집행을 거부하며 단식으로 생명이 꺼져가던 무렵이었다. 김원봉 단장이 명령하지 않은 제3차 암살·파괴 작전이 그의 소년 시절 친구에 의해 감행되었다.

밀양의 최수봉은 왕겨 더미에 헌옷을 친친 감아 묻어두었던 폭탄을 꺼냈다. 부산경찰서 폭파에 이어 밀양경찰서도 폭파한다면 세상이 놀랄 것이었다.

최수봉은 거침없는 성격의 소유자였다. 집을 나와 마치 당연한 일을 하러 가는 사람처럼 읍내를 천천히 걸어갔다. 매우 잘 익은 사과를 자루에 담아 어깨에 메고 있었다. 그 속에 폭탄이 숨겨져 있었다.

밀양경찰서의 경찰관들은 서장의 훈시를 듣기 위해 강당으로 집결하고 있었다.

그는 정문 초소 순사에게 말했다.

"저는 읍내 밖에서 과수원을 합니다요. 얼마 전 서장님께서 말을 타고 지나가시다가 우리 과수원에 들르셨지요. 제가 깊은 존경심에 사과를 하나 드렸더니 '참 맛있다 맛있다' 하시기에 그걸 드리려고 갖고 왔습니다. 순사님도 하나 맛보십시오."

일본인 순사는 사과를 한 알 받으며 입이 벌어졌다. 어서 들어가라고 안쪽을 손으로 가리켰다. 대개 건물 출입문에 경비가 있었으나 이날은 서장의 훈시를 듣기 위해 강당에 가고 없었다. 거침없이 건물 안으로 들어간 최수봉은 복도를 이리저리 두리번거리다가 강당으로 갔다.

그는 강당 안으로 들어갈까 하다가 생각을 바꾸었다. 들어가는 순간 순사들이 덮쳐오면 폭탄을 던지지도 못하고 제압당할 것 같았다. 유리창을 깨며 던질까, 유리문을 열어젖히며 던질까 2, 3초 동안 망설였다. 그러나 그가 유리창을 들여다보는 순간, 막 고개를 돌린 순사와 눈이 마주쳤다.

순사는 그가 위험인물임을 육감으로 안 것 같았다. 갑자기 눈이 휘둥그레지더니 벌떡 일어나 손으로 그를 가리키면서 소리쳤다. 동시에 복도 저쪽에서 순사가 권총을 뽑아들며 달려왔다. 최수봉은 자신에게 부여된 시간이 극히 짧다는 사실을 알아차렸다.

그는 사과 자루를 와르르 쏟은 뒤 폭탄을 들어 급히 안전핀을 뽑고 유리창을 향해 힘차게 던졌다.

"조선 민족의 원수 왜놈들아! 천벌을 받아라!"

그의 벽력같은 목소리는 천지를 흔드는 폭음에 끝말이 묻혀버렸다. 순사 십여 명이 피를 쏟으며 거꾸러지고 연기가 자욱하게 퍼지는 가운데 살아남은 순사들은 불 맞는 노루처럼 이리 뛰고 저리 뛰며 아우성을 쳤다. 그는 자신에게 달려드는 순사 하나를 복부를 차서 거꾸러뜨렸다. 그러고

최수봉. 사과 자루에 폭탄을
숨겨 밀양경찰서를 폭파했다.

최수봉의 사형집행을 보도한 『매일신보』 기사.

는 복도를 힘차게 내달렸다.

"대한독립만세! 의열단 만세!"

최수봉은 목청껏 소리쳤다. 자신이 매우 침착하며, 이렇게 달리는 것으로 보아 전혀 다치지 않았다고 생각했다.

앞뒤로 순사들이 달려들었다.

'그러면 그렇지. 무사히 빠져 나갈 수는 없겠어. 그렇다면 내 손으로 목숨을 끊는 게 낫지.'

그는 허리에서 단검을 뽑아 거침없이 자신의 목을 찔렀다. 그러나 숨이 끊기지 않았다. 다시 단검을 움켜쥐고 이번에는 심장을 겨냥해 가슴을 찌르려는데 뒤에서 달려든 순사가 총개머리로 그의 어깨와 머리를 내리찍었다. 그는 앞으로 고꾸라지며 기절해버렸다.

최수봉은 취조실에서 순사들이 끼얹은 찬물을 뒤집어쓰고 깨어났다. 사흘 동안 계속된 고문 취조에서 그는 조선독립의 정당성을 강조했다. 자신은 국내에서 가입한 의열단원이라고 밝혔다.

최수봉은 대구지방검찰청으로 넘겨졌고 대구지방법원에서 무기징역을

선고받았다. 검사는 형량이 가볍다며 상고했고 그는 복심재판에서 사형을
선고받고 27세의 나이로 순국했다.

상하이에 머물고 있던 김원봉은 의거 닷새가 지나 밀양경찰서 폭파사건
을 알았다. 부산에서 배를 타고 상하이로 들어온 조선인이 의열단원이 밀
양경찰서를 폭파하는 의거를 감행했다는 소식을 구두로 전했다.

김원봉은 자리에서 벌떡 일어났다.

"최수봉이야! 최수봉이 한 거야."

그는 최수봉을 입단시키고 그에게 폭탄을 만들어주었다는 것을 이종암
에게서 들어 알고 있었다. 김원봉의 직접 지령을 받아서 감행한 의거가 아
니라 최수봉이 의열단원으로서 혼자 감행한 것이었다.

사흘 뒤 의열단의 첩보조직이 고국의 신문을 구해왔다. 김원봉은 기사
에서 최수봉의 이름을 발견했다. 활달하고 의기가 높아 학우들의 존경을
받았던 네 살 많은 친구의 얼굴을 떠올리며 김원봉이 중얼거렸다.

"고맙네, 최수봉. 장하네, 최수봉. 자네가 우리 의열단을 다시 일으켜
줬네."

박재혁이 부산경찰서를 폭파한 제2차 암살·파괴 작전과 김원봉이 모르
는 사이에 밀양경찰서를 폭파한 제3차 암살·파괴 작전, 이 두 차례의 의
거 성공으로 의열단의 존재는 확고해졌다. 두 달 전의 대거 검속으로 인해
땅에 떨어진 의열단의 사기는 한껏 높아졌다.

## 김상옥 선배 입단하다

1921년 1월, 김원봉은 김대지 스승에게서 밀서를 받고 비밀장소로 가서
김상옥金相玉을 만났다. 길림군정사에서 여러 번 이름을 들은 광복회 선배
로서 그보다 아홉 살 위였다. 스승인 황상규·김대지와 엇비슷했다.

김상옥은 한성 출신으로 야학으로 공부하고 야학운동을 하며 애국계몽

운동을 했고, 1913년 경북 풍기에서 대한광복회에 가입해 투쟁해왔다. 동대문 창신동에서 철물점과 대장간을 열어 번 돈으로 광복회 동지들과 함께 전남 보성의 헌병대를 기습해 반민족분자 두 명을 처단한 투쟁경력도 있었다. 1919년 3월 1일 탑골공원 독립선언식에 참석한 뒤 곧바로 이어진 만세시위 때는 동대문 상인들에게 참가를 독려하고 일본경찰에 쫓기는 여학생을 구출하고 순사의 일본도를 빼앗기도 했다. 그 후 '암살단'이라는 비밀결사를 만들고 경찰에 체포되어 몇 달 구금되었고 의열단의 국내 잠입을 돕기도 했다.

김원봉은 김상옥에게 포도주를 권하며 말했다.

"선생님께서 작년 11월 저희 의열단의 제1차 암살·파괴 작전 때 단원들을 도우신 걸 김대지 스승님의 편지로 알게 되었습니다. 광복단 한훈 동지와 함께 암살단을 조직했고 북한산에서 사격훈련을 감행했으며 권총사격 솜씨가 최고라는 말씀도 편지에서 읽었습니다. 암살단 투쟁이 어려워서 망명하셨지요?"*

김상옥은 천천히 머리를 끄덕였다.

"그렇소. 내게 기회를 주시오."

"저희 의열단 최고 명사수는 오성륜 동지입니다. 오 동지보다는 선배님이 더 윗길이시지요. 선생님께서 저희 의열단을 지도해주십시오."

"지도해주다니요? 의열단은 조선 민족 전체의 긍지예요. 나는 의열단 평단원이 되고 싶소. 입단시켜주시오."

"선생님이 입단하시는 건 영광입니다만…."

---

\* 이정은, 「김상옥」, 『한국독립운동인명사전』 특별판 1권, 독립기념관, 2019, 124-135쪽. 자세한 사항은 이정은, 『김상옥 평전』(사단법인 김상옥의사기념사업회, 2014) 참조.

김상옥은 간곡하게 말했다.

"의백, 나를 폭파 암살 행동대원으로 쓰시오. 그게 내 유일한 소망이오."

김원봉은 김상옥에게 깊은 존경을 표하면서 단원으로 받아들였다.

## 김익상, 조선총독부를 폭파하다

1921년 여름, 김원봉은 김익상을 호출했다.

"김 동지, 조선총독부에 폭탄을 던지시오."

"네, 임무를 완수하겠습니다!"

김익상은 힘차게 대답했다. 그는 타고난 협객 기질이 있었다.

1921년 초가을, 의열단의 제4차 암살·파괴 작전이 시작되었다. 9월 9일 아침, 김원봉은 블라디보스토크에서 입수한 폭탄 두 개와 권총 두 자루를 김익상에게 건네주고 프랑스산 코냑을 한 잔 권했다.

"부디 성공하고 살아서 돌아오시오."

김익상은 술잔을 비우고 나서 입맛을 다셨다.

"의백, 내가 살아 돌아오면 이 좋은 술을 또 한 잔 주시겠소?"

"한 잔뿐입니까. 밤새도록 마시게 해드리리다."

김원봉은 그의 여유로운 농담에 그렇게 답했다.

이날 낮, 김원봉은 동지들과 함께 베이징역에서 김익상을 배웅했다. 얼마 전 한 중국인 갑부가 선물로 준 회중시계를 꺼내 김익상에게 주었다.

"혹시 여비가 떨어지면 팔아서 써요, 김 동지."

"고마워요, 의백 동지. 받기는 받되 살아서 돌아오면 돌려드리지요."

김익상은 그렇게 말하며 그의 손을 굳게 잡았다. 여행을 떠나는 사람처럼 여유로워 보였다.

시계를 돌려주겠다는 말 때문에 의열단원들은 눈시울을 붉혔다. 일본 침략의 심장부 조선총독부에 침투해 폭탄을 던지고 살아 돌아오기는 낙타가 바늘귀를 뚫고 나오는 것보다 어렵다는 현실적인 판단 때문이었다. 김원봉을 포함한 의열단원들 누구도 김익상을 살아서 다시 만날 것이라고 생각하지 않았다.

김익상은 스물일곱 살이었지만 갓 스물이 된 청년처럼 앳되어 보였다. 일본어가 능통해서 일본 도쿄 와세다대학의 교복을 입고 있었다. 경봉선京奉線, 베이징에서 펑톈까지 이어진 노선 열차로 꼬박 하루를 달려 펑톈에 도착한 그는 다시 안봉선 기차로 갈아타고 압록강 국경 단둥까지 갔다.

압록강 철교만 건너면 조국 땅인데 검문이 매우 까다롭고 엄중하게 이뤄지고 있었다. 국경을 넘는 일본인, 중국인, 조선인 중에 유독 조선인은 몸수색은 물론 짐까지 풀어헤쳐 조사했다.

김익상이 이에 대비하지 않았을 리가 없었다. 그는 일본어에 능숙하기에 일본인으로 가장하기로 했다. 펑톈에서 기차를 바꿔 타자마자 승객들을 살펴보았다. 두 살쯤 된 어린애를 데리고 있는 젊은 일본 여인이 눈에 띄었다. 그는 천천히 그쪽으로 걸어갔다. 그녀의 앞자리가 마침 비어 있었다. 그 자리에 앉으면서 아이와 여인을 바라보았다.

"아이가 매우 총명해 보입니다."

그가 유창한 일본어로 말을 걸었다.

스물서너 살로 보이는 여인은 아이가 똑똑해 보인다는 말에 두 눈에 기쁨을 가득 담고 그의 모자에 달린 와세다대학 마크를 바라보았다.

"고마워요. 이 아이도 커서 와세다대학에 들어갔으면 좋겠어요."

여인은 그의 대학생 교복을 한없이 부러워하면서 조금은 부끄러워하는 것 같았다.

"어디까지 갑니까?"

그의 물음에 여인이 대답했다.

"경성까지 갑니다. 집은 규슈 구마모토熊本현입니다만 경성에 숙부가 계셔 하루 이틀 들러갈까 합니다."

"아이와 함께 참으로 머나먼 길을 가는군요."

이렇게 말을 튼 그는 여인과 친해져서 음식도 나눠 먹고 가정 형편도 이야기했다. 아이가 낯을 가리지 않아 그는 여인 대신 아이를 데리고 변소에 가서 소변을 누이기도 했다. 그러는 사이에 기차는 국경에 이르렀다.

객차 안으로 권총과 칼을 찬 순사와 헌병들이 들어왔다. 날카로운 눈으로 승객들을 두리번거리며 얼굴 생김새가 조선 사람 같으면 여지없이 꼬치꼬치 캐묻고 짐을 검사했다. 그들은 일본 여인과 나란히 앉아 아이를 안고 있는 김익상을 지나쳤다. 아내와 아이를 데리고 여행하는 일본인 대학생으로 보았던 것이다.

경성역에서도 검문이 까다로웠다. 만주에는 여전히 독립운동 세력이 있기 때문에 조선인의 짐은 샅샅이 뒤졌다. 김익상은 일본 아이를 안고 일본 여인과 나란히 걸으며 집찰구를 유유히 빠져 나갔다. 이날이 9월 11일이었다.

김익상은 경성 시내에 머물지 않고 이태원*에 있는 동생 준상俊相의 집으로 갔다. 그는 거기서 아내를 만났다. 아내는 그가 기약 없이 망명의 길을 떠난 뒤로 세 살짜리 딸과 함께 거기서 몸을 의탁해 살고 있었던 것이다.

아내는 깜짝 놀라며 그를 반겼다.

"여보, 미안하오. 당신을 고생시켜서 면목이 없소."

그는 아내에게 어떤 일로 왔으며 며칠 동안 머물다 갈 것이라고 말할 수가 없었다. 그는 부부로 만나 마지막 인연의 밤일지도 모른다고 생각하면서 아내와 함께 잠자리에 들었다.

---

* 이태원은 당시 경성이 아니라 고양군 한지면에 속했다.

"다시 만나기 어려울 것이오. 마음 단단히 먹고 사시오. 나는 조선독립을 위해 총독부에 폭발탄을 던질 것이오."

9월 12일 아침, 하염없이 눈물을 흘리는 아내를 뒤로하고 동생의 집을 나왔다. 걸으면서 그는 속으로 울었다. 그러나 몇 시간 뒤, 냉정한 테러리스트로 돌아왔다. 한적한 골목길로 들어가 가방에서 전기회사 공원 제복을 꺼내 갈아입었다. 한 손에 전기수리 기구를 넣은 가방을 들고 남산 왜성대에 있는 총독부 건물을 향해 당당하게 걸어갔다. 그러나 정문의 무장 헌병을 보는 순간 마음이 흔들려 지나쳐버렸다. 아내를 만났기 때문이라고 생각했다. 그는 그대로 곧장 걸어가 작은 일본식 찻집으로 들어갔다.

젊은 일본 처녀가 그를 맞았다.

그는 입이 타는 듯한 갈증을 이기려고 맥주를 한 병 시켜 벌컥벌컥 들이켰다. 문득 베이징의 동지들이 한 말과 김원봉 의백이 한 말이 떠올랐다.

"장사는 한 번 떠나면 돌아오지 않는다고 합니다만 어떻게든 성공하고 살아서 돌아오기 바라오."

그는 자신을 휘어잡는 갈등을 떨쳐내기 위해 강한 자기암시로 자신을 이끌었다.

'나는 해야 한다. 조국의 독립이 내 손에 달렸다.'

그는 수십 번을 속으로 중얼거리다가 벌떡 일어서며 찻집 주인에게 말했다.

"맥줏값 받으시오."

김익상은 찻집을 나와 곧장 총독부 정문으로 걸어갔다. 그의 서슴없는 걸음을 무장 헌병이 가로막았다.

"무슨 용무인가?"

"전기 고치러 왔소."

김익상은 일본인처럼 유창한 일본어로 말했다. 아까와는 달리 두려움이

의열단이 제1차 암살·파괴 작전의 목표로 삼은 왜성대 조선총독부.
김익상이 폭파를 감행하고 탈출에 성공했다. 미국 국회 소장 자료. 위키백과 수록.

나 초조감은 없었다. 헌병은 그의 복장과 전기회사 로고가 쓰여 있는 도구
가방을 슬쩍 바라보고는 문을 열어주었다.

　김익상은 곧장 2층으로 올라갔다. 첫 번째 방이 비서과였다. 그는 한 손
으로 손잡이를 돌려 문을 열면서 다른 한 손으로 폭탄을 힘차게 던지고 벽
뒤로 몸을 붙였다. 폭음은 들려오지 않았다. 불발이라고 생각하며 그는 다
음 방인 회계과의 문을 열고 폭탄을 던졌다.

　꽝! 어마어마한 폭음과 함께 책상, 걸상, 집기가 부서지고 관리들은 몸
뚱이가 찢겨 날아갔다. 앞방, 옆방, 이 방, 저 방에서 관리들이 놀라 달려
나왔다. 그때 이미 김익상은 복도를 빠져나와 민첩하게 계단을 뛰어 내려
갔다. 계단 중간쯤에서 헌병, 순사들과 맞닥뜨렸다.

　"2층으로 올라가면 위험해요!"

　김익상은 일본말로 소리치며 내달렸다.

　헌병과 순사들은 주춤하며 그에게 길을 내주었다. 그는 숨도 쉬지 않고

뛰어 내려갔다. 총독부 마당으로 내려와서도 경비 헌병들과 마주쳤다.

"2층에서 큰일 났어요! 어서 피해요!"

헌병과 순사들은 영문을 모르고 서로 얼굴을 바라보다가 앞다투어 앞문과 뒷문으로 몰려 나갔다. 김익상은 그들 틈에 끼어 밖으로 나가는 데 성공했다. 한참을 정신없이 달리다보니 그는 황금정 전찻길 위에 서 있었다.

"이봐, 김익상, 너는 성공을 하고도 정신을 못 차리고 있군. 이러다간 큰일 나지."

김익상은 자신을 향해 중얼거리며 어디로 가야 하는지 재빨리 머리를 굴렸다. 전찻길은 세 갈래였다. 동쪽으로 가면 왕십리, 서쪽으로 가면 서대문, 북쪽으로 가면 창경원이었다.

길가에 일본인 옷가게가 보였다. 그는 거기 들어가 천연스레 일본 목수들이 입는 작업복과 홀태바지를 샀다. 작업복치고는 고급이어서 도목수都木手가 입을 만한 것이었다. 그것을 들고 남의 집 변소로 들어가서 옷을 갈아입고는 전차를 타고 왕십리까지 갔다.

거기서 강변으로 내려갔다. 음력 8월 초라 아직 노염老炎이 물러가지 않아 무더운 데다 극도의 긴장으로 그의 몸은 땀투성이가 되어 있었다. 그는 강물로 들어가 뜨거운 몸을 식혔다.

그날 밤 김익상은 일본 목수로 변장하고 경의선 열차로 경성을 떠났다. 경성역에 검문하는 순사가 쫙 깔리고 사복 입고 눈을 번뜩이는 사복형사와 밀정들이 우글거렸다. 한 차례 검문을 당했으나 일본인 순사는 그의 완벽한 일본어와 목수 작업복을 보고 쉽게 속아 넘어갔다. 그 말고도 의심스러운 사람이 무수히 많았던 것이다.

김익상은 국경을 무사히 넘은 뒤 펑톈과 톈진, 두 군데에 펼쳐진 검문망을 차례로 통과하고 마침내 베이징에 도착했다. 살아 돌아올 것을 장담하고 떠난 지 꼭 일주일 만이었다.

그는 김원봉 의백에게 보고했다.

"의백 동지, 조선총독부 폭파 임무 마치고 귀환했습니다."

"수고했소, 김 동지."

김원봉은 김익상의 어깨를 으스러지게 포옹했다. 그리고 김익상은 의백에게 시계를 돌려주었다. 이로써 의열단의 제4차 암살·파괴 작전은 행동대원이 생환해 돌아오는 성공으로 끝을 맺었다.*

## 유자명이 입단하다

그로부터 얼마 후 이종암이 특별한 제의를 했다. 비상한 두뇌와 지식, 뜨거운 애국심을 지닌 애국지사를 고문으로 모시자는 것이었다. 그가 추천한 인물은 충북 충주 출신 유자명柳子明으로 본명은 유흥식柳興植이었다.

유자명은 조선 최고의 농업학교인 수원농림학교를 나와 충주간이농업학교 교원으로 일했다. 1919년 3·1운동을 학생에게 독려한 일로 경찰에 쫓기게 되자 상하이로 망명해 신한청년당 비서가 되었고 임시정부 임시의정원 충청도의원을 지냈다.

그 후 국내로 들어가 임시정부 비밀 연락원 역할을 하다가 김한金翰과 만났다. 김한은 '무산자동맹'이라는 비밀결사를 이끌고 있는 국내 공산주의 지도자였다. 유자명은 김한에게서 아나키즘과 공산주의 사상을 전수받았고, 1921년 가을 다시 중국으로 나와 톈진에 머물고 있었다. 이회영·신채호·김창숙金昌淑 등과 함께 베이징을 중심으로 활동하는 조선인 지도자들 가운데 일원이었다. 아나키스트 성향이 강했으나 학문이 깊고 이론

---

\* 김익상의 생애와 투쟁에 관해서는 이명화의 논문 「식민지 청년 김익상의 삶과 의열투쟁」(『한국독립운동사연구』 제52집, 2015.12)과 김용달의 「김익상의 생애와 항일무장투쟁」(같은 책, 제38집 2011)을 참조해 구성했다.

유자명. 의열단의 최고 지성이자 싱크탱커였다.

에 출중했다.

이종암이 지난해 제1차 암살·파괴 작전 점검을 위해 국내에 잠행했을 때 김한을 잠깐 만났는데 유자명이 다시 중국에 와 있음을 알게 되어 고문으로 모셔야 한다는 의견을 낸 것이다.

김원봉은 이종암과 함께 톈진으로 갔다. 유자명의 숙소로 찾아가 큰절을 올렸다.

"선생님, 존함을 듣고 뵙고 싶었습니다. 의열단 자문을 맡아주십시오."

유자명은 흔쾌히 수락했다.

"의열단 단장의 요청이니 맡아야지요. 그건 의열단의 명령, 아니 2,000만 동포의 명령이니까요."

유자명은 그 후 의열단의 최고 지성이자 싱크탱크, 치밀한 기획자가 되었다.

# 7 조선혁명선언

**의사 이태준**

1920년 초겨울, 김원봉은 의사 이태준李泰俊을 베이징에 있는 중국식 요정에서 만났다. 의열단 활동이 너무 통쾌해서 저녁식사를 한번 같이하고 싶다고 이태준이 초청한 것이었다.

이태준은 경성에서 세브란스 의전을 나온 의사이자 독립투사였다. 1910년 105인사건 때 중국으로 망명해 난징에서 병원 일을 하다가 외몽골로 갔다. 외몽골의 왕족 주치의로 일했는데 중국 내 조선인 독립투사들과 선이 닿아 있었다.

김원봉은 자신보다 다섯 살 많은 그가 망명 직후 난징에 머물렀다는 사실을 의열단 첩보망을 통해 알고 있었다.

"선생님께서 난징에서 병원을 열었다가 외몽골로 가셨다고 들었습니다. 저도 난징에서 공부했습니다."

"아, 그렇습니까? 우리가 그때 만났으면 좋았겠군요. 나는 1914년에 난징을 떠나 외몽골로 갔지요. 의백께서는 진링대학에 다니셨나요?"

"대학은 아니고요, 1918년에 가서 반년 입오생 과정 보내고 진링대학 입학하려다가 참지 못하고 만주로 갔습니다."

"왜놈들을 절대 용서할 수 없다, 육탄혈전이다, 하고 가셨지요?"

김원봉은 크게 웃었다.

"그랬습니다."

"저는 황푸탄 거사를 보도한 신문을 보고 얼마나 기뻤는지 모릅니다."

이태준은 김원봉의 손을 힘주어 잡았다.

"부탁이 있습니다. 나를 의열단원으로 받아주십시오."

최근에 뜻밖의 인사들을 가입시킨 바가 있어 김원봉은 놀라지 않았다. 단원들이 언제 갑자기 총이나 칼에 의한 부상을 입을지 모르니 의사 단원이 한 사람 있었으면 좋겠다고 생각한 평소 희망이 이뤄지는 것 같아 기뻤다.

김원봉은 그 자리에서 이태준의 입단 서약을 받았다.

밤이 깊어 자리에서 일어서려 할 즈음 이태준이 말했다.

"의백, 황푸탄 의거에서 쓴 폭탄은 자체 제작한 것이오?"

"아닙니다, 선생님. 상하이 프랑스 조계에 있는 영국인 전문가에게서 비싼 돈을 주고 샀습니다."

이태준은 만년필을 꺼내 자기 손바닥에 '제림 나이트'라고 썼다.

"선생님, 제림 나이트가 뭡니까?"

"주먹만 한 것 하나로 집 한 채를 날려버리는 고성능 폭약이지요. 그걸 만들 줄 아는 기술자가 외몽골에 있습니다."

"그 사람을 데려와주십시오."

김원봉은 들뜬 목소리로 말했다.

"그럴 생각이었습니다."

이태준은 마자르Magyar라는 이름을 지닌 헝가리인 폭탄제조 기술자를 데려오기로 약속하고 외몽골로 돌아갔다. 마자르는 헝가리 망명객으로 이태준의 자동차 운전을 한다고 했다.*

## 레닌 자금을 받다

1921년이 되었다. 25세가 된 김원봉은 돈 걱정을 하며 하루하루를 보냈다. 의열단 단장으로서 지닌 가장 큰 책임은 활동자금 마련이었다. 돈이 없으면 아무것도 할 수가 없었다. 창단 초기에는 이종암, 윤치형, 길림군정사가 내준 돈이 있었지만 제1차 암살·파괴 작전 때부터 자금에 쪼들렸다. 지금은 사정이 더 나빴다. 도무지 돈 나올 곳이 없었다.

이런 때에 김원봉은 귀가 번쩍 뜨이는 첩보를 받았다. 이동휘李東輝 임시정부 총리가 자기 수하의 고려공산당원을 모스크바에 밀사로 보내 레닌 Vladimir Il'ich Lenin 정부에게서 막대한 재정 지원을 약속받았고, 그 일부인 40만 루블이 상하이에 도착했다는 것이다. 김원봉은 이 자금이 온전히 임시정부 금고로 들어가지 못할 것이라고 생각했다. 상하이파 고려공산당이 임시정부에 내놓지 않고, 라이벌인 이르쿠츠크파 공산당 쪽에도 주지 않고 독식하려 할 것 같았다.

'아, 백분의 일이라도 받는다면 얼마나 좋을까.'

김원봉은 가슴이 설레고 두근거렸다. 의열단도 지원금을 받는다면 동지들을 좀더 나은 곳에서 재우고 고성능 폭탄과 무기도 사들일 수 있을 것이었다. 무엇보다도 상하이파 고려공산당에 접근해야 그 일부를 받을 수 있을 것 같았다.

상하이파 고려공산당이란 무엇인가. 러시아 혁명이 성공하자 1918년 1월 시베리아 이르쿠츠크에서 러시아 국적을 가진 남만춘南滿春·김철훈金哲勳·오하묵吳夏黙 등이 공산당 한인지부를 만들었다. 이른바 이르쿠츠크

---

* 폭탄기술자 마자르는 이름과 국적이 자료마다 조금 다르다. 님 웨일즈·김산의 『아리랑』(송영인 옮김, 동녘, 2005, 161-162쪽)에는 국적 설명 없이 마르틴으로 나와 있고, 박태원의 『약산과 의열단』(깊은샘, 2000, 97쪽)에는 헝가리인 마자알로 쓰여 있다.

파 고려공산당이다. 몇 달 뒤인 1918년 6월, 이동휘 등 경술국치를 전후로 망명한 지사들이 동시베리아 하바롭스크에서 한인사회당을 조직했다. 이동휘가 임시정부 초대 총리가 되어 중국 상하이로 가자 중심단원들도 이동했다. 이들은 상하이파 고려공산당으로 불렸다.

김원봉은 간곡한 마음으로 상하이파 고려공산당 측과 만났다. 상황은 낙관적이었다. 공산당원들은 말했다.

"의열단에는 자금을 드려야지요."

레닌의 지원금 공여와 임시정부 특사의 자금 수령, 그 후 과정, 자금의 용처에 대한 이야기는 사뭇 복잡하다. 세 사람의 죽음까지 얽혀 있다. 임시정부 최고의 책사였던 김립金立이 레닌 자금 횡령범으로 몰려 백범 김구 수하의 경호원들에게 처형하듯 암살당했고, 폭탄제조 전문가 마자르 Magyar를 의열단에 소개하고 그 자신도 의열단에 가입했던 몽골 주재 의사 이태준은 자금 수송을 돕다가 러시아 백군에게 살해당했다.

이동휘 임시정부 총리는 러시아 혁명정부의 지원을 받아 독립운동을 전개하기로 방침을 세웠다. 임시정부 국무회의는 그의 제안을 받아들여 세 명의 특사파견을 승인했다. 그러나 이동휘는 자기 수하의 한인사회당 당원인 한형권韓馨權을 단독으로 파견했다.

한형권은 함경북도 경흥 출신이다. 1911년 블라디보스토크에서 이상설 李相卨 · 김학만金學萬 · 정재관 등과 권업회勸業會 창설에 참여했다. 1918년 5월, 하바롭스크에서 조직된 한인사회당에서 당수인 이동휘의 막료로도 활동했고 박진순朴鎭淳과 함께 당내 이론가로도 활동했다. 한인사회당이 1919년 말 상하이 대한민국 임시정부에 참여할 때, 그 이론적 기반을 마련해 한인사회당의 임시정부 참여에 깊이 관여한 인물이다.

한형권은 1920년 4월 말 여러 통의 신임장과 공문서를 휴대하고 홀로 상하이를 떠났다. 이동휘가 한형권 단독 파견을 임시정부에 알린 것은 한 달이 지나고 나서였다.

모스크바에 도착한 한형권은 대한민국 임시정부 특사로서 카라한Lev Mikhailovich Karakhan 등 고위관리들의 극진한 예우를 받았다. 그는 앞서 고려공산당 대표로 모스크바에 파견돼 있던 박진순과 함께 외교인민위원 치체린Georgii Vasil'evich Chicherin을 여러 차례 만났고 레닌도 만났다.

한형권은 레닌에게 네 가지를 요청했다. 첫째, 러시아 혁명정부는 대한 민국 임시정부를 승인할 것. 둘째, 한국독립군의 장비를 적군赤軍, 러시아 혁명군과 마찬가지로 충실하게 해줄 것. 셋째, 독립군 양성을 위한 사관학 교를 시베리아 지정장소에 설치해줄 것. 넷째, 독립운동 자금을 크게 원조 해줄 것 등이었다.

레닌은 모두 동의했고 200만 루블의 재정 지원을 약속했다.* 레닌은 1차 대금으로 60만 루블을 주었고 그 일부가 1920년 12월 하순 상하이에 도착 한 것이었다.

상하이 한인사회에 이런 소문이 돌았다. 한형권이 모스크바에 도착하 자 최고지도자인 레닌이 친히 맞이하며, 독립자금은 얼마나 필요로 하느 냐고 물었다. 한형권은 레닌이 너무 쉽게 재정 지원을 약속해서 깜짝 놀랐 다. 얼떨결에 200만 루블이라고 답했고, 레닌은 웃으면서 "일본에 대항하 는 데 200만으로 되겠소?" 하고 반문했다. 한형권은 임기응변으로, "본국 동포들과 재미 동포들이 자금을 보내줍니다" 하고 답했다. 그런 면담을 한 직후 레닌은 현금으로 200만 루블을 주라고 러시아 외교부에 명령했다. 러시아 외교부는 큰돈을 운반하는 문제 때문에 시험적으로 먼저 40만 루 블만을 한형권에게 주었다.**

---

* 이 금액을 오늘날 화폐가치로 환산하면 2,500억 원에 달한다.
** 백범의 회고를 압축한 것이다. 김구, 양윤모 옮김, 『백범일지』, 더스토리, 2017,

그러나 그 돈을 가져온 것은 한형권이 아니었다. 이동휘가 임시정부 국무원 비서장 김립을 보내 도중에 만나서 인수해오라고 했던 것이다.

김립도 한형권처럼 출생년을 알 수 없다. 본명이 김익용金翼容으로 1911년 블라디보스토크에서 권업회 결성에 참여하고 1913년 북간도에서 간민회墾民會 창립에 참여했다. 왕칭현汪淸縣 뤄쯔거우羅子溝의 동림東林 무관학교 교관을 지냈다. 1919년 4월 한인사회당 결성에 참여했고 이동휘와 함께 상하이로 가서 임시정부 국무원비서장을 맡았다.

박진순과 한형권은 시베리아 횡단열차에 금괴 상자를 싣고 그 위에서 교대로 자면서 브리야트 몽골의 수도 베르흐네우딘스크현재의 울란우데까지 무사히 운송했다. 거기서 이동휘가 보낸 김립을 만났다.

한형권은 지속적인 외교적 노력과 함께 나머지 20만 루블을 받기 위해 6만 루블을 활동경비로 떼어들고 모스크바로 되돌아갔다. 이제 남은 돈은 34만 루블, 중국 대륙은 위험하므로 그것을 분산 운송하기로 했다. 그중 22만 루블을 박진순이 만저우리滿洲里를 통해 상하이로 운반하기로 했다. 12만 루블은 김립이 몽골을 통해서 운송하기로 하고 쿠룬庫倫, 몽골의 수도 울란바토르의 옛 이름까지 갔다. 거기서 한인사회당 비밀당원인 의사 이태준을 만났다. 몽골에 러시아 백군이 침략할 우려가 있어 우선 김립이 8만 루블을 갖고 가기로 하고 4만 루블은 이태준이 추후에 갖고 가기로 했다. 목적지까지 가는 길이 무척 위험하다고 했다.

갑자기 손에 쥐게 된 34만 루블의 거금, 이동휘·박진순·한형권 등 상하이파 고려공산당 간부들은 그 돈이 자기들 책임 아래 국제공산당에 가입한 한인사회당에 지급된 것이므로 임시정부가 아니라 자기들 조직이 사용할 권리가 있다고 판단했다.

410쪽.

모든 독립운동가의 시선이 레닌 자금에 쏠렸다. 상하이에 도착한 것은 31만 루블이었다. 그들은 이 엄청난 자금에 크게 놀라고 있었다. 돈을 받는 과정은 한인사회당원들이 등한시하는 임시정부 측도 알게 되었다.

한편 상하이파 고려공산당은 임시정부 개조 운동에 주력하고 있었다. 임시정부의 대통령인 이승만이 미국에 조선 땅을 위임통치할 것을 요청했다는 사실이 드러났기 때문이다. 김원봉이 신뢰하는 이른바 베이징파로 일컬어지는 요인들이 앞장서 임시정부를 개조하는 운동에 나섰다. 김원봉도 그들 곁에 와 있었다.

그런 가운데 이동휘 총리가 김립 비서장을 보내 도중에 그 돈을 가로채서 임시정부에 안 주고 상하이파 고려공산당이 독점하려고 했다는 소문, 김립 비서장이 착복·횡령하려고 했다는 소문이 파다했다.

실제로 한형권은 안창호·이동녕·노백린盧伯麟·신익희申翼熙·김구 등 임시정부 요인들을 만나 레닌 자금 문제를 논의했으나 그 돈을 고려공산당에도 임시정부에도 넘겨주지 않았다. 임시정부는 긴급회의를 열고 응징을 결정했고 한형권은 도피했다. 그러나 김립은 김구 경무국장 수하의 경호원들이 징벌하듯이 대낮에 상하이 거리에서 암살해버렸다.

김립은 임시정부가 1922년 1월 20일자로 국무총리 신규식, 내무총장 이동녕, 군무총장 노백린, 학무총장 대리 김인전, 재무총장 이시영, 교통총장 손정도孫貞道 등 고위간부들이 연대서명하여 "국금國金을 횡령하여 사낭私囊, 개인 주머니를 살찌우고 같은 무리들을 소취嘯聚, 신호하여 불러모아 공산共産의 미명 하에 숨어서 간모奸謀를 하고 있어 그 죄 극형에 처할 만하다"라고 횡령범으로 지목해 포고문을 발표*함으로써 죽은 목숨이나 다름없었고 그렇게 대낮에 총탄 일곱 발을 맞고 사망했다. 백범 김구가 『백

---

* 김정주 엮음,『조선통치사료』7권, 한국사료연구소, 1970, 99-100쪽.

범일지』에 비판하는 이야기를 씀으로써 광복 이후에도 파렴치한 횡령범으로 낙인찍혀버렸다. 그러나 최근 반병률·임경석이 그 실체를 파헤침으로써 누명을 벗어가고 있다.*

김원봉은 자금을 받기 위해 심혈을 기울였다. 상하이파 고려공산당 사람들을 만나 간곡히 호소했다. 지원만 해주면 의열단을 성장시켜 일본인들 가슴을 서늘하게 하는 육탄혈전 작전을 감행하겠다고 호소했다. 장건상 고문, 유자명 고문과 협의하고 모든 인맥을 동원했다. 그 호소가 먹혀들어가 김원봉은 레닌 자금을 받았다. 1차로 받은 40만 루블 중 일부였다.

당시 상하이파 고려공산당의 재무담당이었던 김철수金鐵洙는 가장 많은 자금을 받은 사람이 김원봉이라고 훗날 증언했다.

모스크바 자금은 광범한 사람들에게 독립운동의 공작금으로 뿌려졌는데, 제일 많이 사용한 사람은 약산 김원봉으로 기억한다. 모스크바 자금의 수령을 극력 반대한 사람은 도산 안창호였다.**

'가장 많이 받았다는 것'밖에 김원봉이 받은 액수는 알 수 없다. 31만 루블은 중국 대양大洋은화 40만 원 가까이 되는 금액이니 김원봉이 그 가운데 3만 원-5만 원 정도를 받았을 것으로 추정될 뿐이다.

그런데 그것은 1차로 갖고 온 자금이고 김원봉은 2차로 또 받았다. 한형

* 반병률, 「김립과 항일민족운동」, 『한국근현대사연구』 제32집, 2005년 봄호; 임경석, 「누가 독립운동가를 쏘았는가」, 『한겨레21』, 제1202호(2018년 3월호)·1205호·1213호, 한겨레신문사.
** 김철수 인터뷰; 김준엽·김창순, 『한국공산주의운동사』 제1권, 청계연구소 1986, 19쪽 재인용.

권은 박진순과 김립에게 자금의 운송을 맡기고 자신은 나머지 자금을 받아내기 위해 다시 모스크바로 갔고, 1921년 11월 말 남은 자금 20만 루블을 갖고 상하이에 도착했다.

이 가운데 4만 6,700원을 의열단에 활동자금으로 주었다는 기록이 당시 상하이에서 발간된 한인 잡지에 남아 있다. 이것을 중국 대양은화로 환산하면 26만 원이었는데 그중 18퍼센트를 의열단 이름으로 받은 것이었다.

한형권의 26만 원 조건이 근간 그 계산서가 발표되얏는데 그 내역을 약기略記하면 좌左와 여如하다.

26만원 내內에서(대양大洋 가계價計로 수지收支가 차이差異)

온다 간다 하는 여비로 55,355원

기밀통신 기타 잡비 11,944원

국민대표회의에 준 것 6,4975원

정부에 준다 하고 일허먹은잃어버린 것 30,000원

정부 유지 운동비라는 것 6,335원

의열단에 준 것 46,700원

신의단申義團에 준 것 4,768원

십인단十人團에 준 것 3,350원

인성학교에 235원

상하이민단民團에 500원

활자매입비 1,010원

폭탄구입비 600원

쓰다 남은 것이 420원 60전*

---

* 「새소식」, 『배달공론』 제2호, 1923. 10. 1, 44쪽.

앞의 것은 김원봉이 받은 것이고 이번은 의열단 몫이었다. 돈줄을 쥔 상하이파 고려공산당이 김원봉과 의열단을 얼마나 중시했는지 알 수 있다.

## 고려공산당 예속을 피하다

김원봉과 의열단에게 가장 많은 돈을 준 이유는 무엇이며 어떤 의미가 담겨져 있는 것일까. 김영범은 이렇게 해석한다.

돈줄을 쥔 상하이파 고려공산당이, 그동안 의열단이 펼쳐온 육탄혈전을 높이 평가하고, 그 지속적인 활동을 장려한다는 의미로 준 단순한 격려금이었는가? 또는 의열단을 자기들 상하이파 고려공산당의 행동대로 육성하거나, 확실한 지지세력으로 삼고자 했던 것일까? 아니면 지원 자금을 매개로 제휴나 합작만을 꾀했던 것인가?

가장 많은 액수가 의열단에게 지급된 사실은 격려나 지원 이상의 기대가 개재했을 것임이 강력히 시사된다. 이미 1921년 5월의 창당대회를 준비하는 과정에서부터 그 당사자들은 의열단원들을 끌어들이려고 시도했던 것으로 보인다.

1922년에는 윤자영尹滋英과 김지섭金祉燮 등을 필두로 상하이파 고려공산당원이 의열단에 가입하기 시작했다. 이 무렵부터 의열단 조직과 활동에 상하이파 공산당의 입김이 스며들었을 가능성이 매우 높다.*

그렇다고 김원봉과 의열단이 상하이파 고려공산당의 지배 속으로 빠져든 것은 아니었다. 스칼라피노Robert Scalapino와 이정식은 『한국 공산주의 운동사』에서 이렇게 기술했다.

---

* 김영범, 『한국 근대민족운동과 의열단』, 창작과비평사, 1997, 86-87쪽 압축.

공산당에게 자금을 받았다는 사실만을 들어 의열단이 적화 노선으로 선회했다고 단언하기는 곤란하다. 비록 공산당의 기치를 내걸고 있기는 했으나 이동휘를 위시한 상하이파의 지도부는 강렬한 민족주의적 성향의 소유자들이어서, 그들의 당면 목표를 조국 독립에 두고 있었냐는 점을 상기할 필요가 있다. 그들이 러시아 혁명정부와 동맹을 맺으려 한 것은 소비에트 러시아가 식민지 민족해방투쟁의 가장 믿음직한 원군이라는 것을 자임했고 또 실제로 그러할 것이라고 확신했기 때문이었다.[*]

김원봉이 상하이파 고려공산당과 합작 또는 제휴했다는 것은 거의 확실하다. 의열단 창단 당시 '구축왜노驅逐倭奴, 광복조국'과 함께 사회주의의 정신인 '타파계급, 평균지권'을 궁극적인 목표로 잡았으니 어느 정도는 공산주의에 경도되었을 것이다. 그것은 신해혁명을 주도한 쑨원의 민생중심 경제정책을 바라보던 당시 청년 인텔리겐치아의 일반적인 경향이었다.

이때 김원봉이 공산주의에 빠져들어 확고한 이념적 신념을 가졌다고 보기는 어렵다. 의열단 수장으로서 긴급한 자금 확보와 인적 구성의 폭을 넓히기 위한 선택이었을 것이다. 비범한 리더십을 가진 25세의 청년 김원봉, 그는 세 차례의 암살·파괴 작전으로 세상의 주목을 받고 있었고 감옥에 갇혀 신음하는 동지들을 생각하면 의열단의 투쟁을 지속적으로 이끌어야 했다. 다음 사업을 위해 시급한 것은 돈이었다.

김원봉이 상세한 기록을 남기지 않아서 우리는 알 수 없다. 의열단원들이 남의 나라에서 일본 밀정들에게 쫓기며 어떻게 의식주를 해결했을까.

---

[*] 스칼라피노·이정식(李庭植), 한홍구 옮김, 『한국 공산주의운동사 Ⅰ』, 돌베개, 1986, 76쪽.

좁은 룽탕 숙소에서 여럿이 똑바로 누울 수도 없어 칼잠을 자고, 하루 한 끼 정도를 먹고, 입을 옷과 구두가 없어 임무를 띠고 나가는 대원들이 교대로 입고 신었을 것이다.

그렇게 많은 지원금을 주고받으면서 어찌 거래를 하지 않았겠는가? 상하이파 공산당원들은 레닌 자금의 용처에 대해 모스크바 코민테른 본부 또는 상하이 파견 요원에게 끊임없이 보고하고 허락을 얻었을 것이다. 소수 인원으로 작탄투쟁을 벌여 조선 민족 전체의 이목을 받고 있는 의열단을 마음대로 조종해 공산주의 혁명에 이용할 책략을 앞에 놓고 김원봉과 거래했을 것이다.

우선 급한 것은 국민대표회의의 성공적 진행이었으므로 의열단의 참석과 창조론 지지를 요구했다. 그러나 김원봉은 큰 미끼를 덥석 입에 문 물고기처럼 넘어가지 않았다. 요구를 거절하고 중립을 지켰다.

김원봉은 그렇게 해서 의열단의 활동자금을 넉넉하게 확보했고, 임시정부를 재창조하느냐 개조하느냐 하는 독립운동 지도자들 간의 갈등에서 벗어나 중립을 지켰다. 물론 상하이의 조선인들에게 '김원봉은 무정부주의자다'라는 인상을 다시 강하게 보여주었다.

김원봉은 겨우 하루 한 끼 허기를 채워온 의열단원들이 두 끼 정도 먹을 수 있게 배려해주었고 제대로 된 옷 하나 없는 이들에게 옷과 구두를 사주었다. 또한 신형 권총을 몇 자루 사고 장차 폭탄을 구입하기 위해 저축했다.

김원봉은 한형권을 만난 후 의열단 비밀집회를 열고 단원들에게 그 사실을 알렸다. 대부분 찬성하고 동의했는데 몇 사람이 임시정부를 폐지하고 다시 만들자는 창조론 편에 설 것을 요구하고 나섰다. 베이징에서 가입한 단원들이었다.

김원봉은 그들을 설득했다.

"우리 의열단의 앞날을 위해 결정한 바이니 싫으면 탈퇴하시오. 그러나 한 번 의열단이 됐으면 평생 의열단원이오. 언제든지 다시 들어오시오."

그가 그렇게 선언하자 최용덕·서왈보徐曰甫·송호·김가집 등이 탈퇴해 신의단이라는 새로운 비밀결사를 만들었다.

그 후 김원봉은 이태준이 폭탄기술자를 데려오기를 고대했다. 의열단과 자신의 위상이 높아지고 활동자금도 넉넉해졌지만 고성능 폭탄을 갖지 못한 아쉬움을 떨치지 못하고 있었다. 지금까지 의열단이 감행한 의거에서 성능 좋은 폭탄은 거의 없었다.

일은 뜻대로 되지 않았다. 국내 정찰을 끝내고 돌아와 있던 이종암이 보고했다.

"이태준 동지가 죽었어요."

"아니, 왜요?"

김원봉은 눈을 크게 떴다.

"몽골과 중국의 국경에서 한 외국인을 동반하여 오다가 러시아 백군에게 총살당했답니다."

김원봉은 실망하여 잠을 이루지 못했다. 새로 입단한 이태준이 비명에 간 것이 자신의 부탁 때문일 것이라는 사실에 가슴이 아팠고 고성능 폭탄 기술자를 구하지 못하게 된 것이 매우 아쉬웠다.

## 제5차 암살·파괴 작전 황푸탄 의거

1921년 겨울, 레닌 자금으로 인한 소동과 맞물려 베이징과 상하이의 한인 독립운동 지도자들은 임시정부를 개조하기 위해 국민대표회의를 열자는 주장으로 술렁거리고 있었다. 본격적인 문제제기는 반년 전인 1921년 2월에 시작되었다. 박은식·김창숙 등 14인이 임시정부의 무능과 분열을 비판하고 국민대표회의를 개최하여 새롭게 임시정부의 개혁을 선언했다.

이에 호응하여, 이승만과 임시정부의 외교론과 준비론 노선에 반대하던 베이징파 그룹 신채호·박용만朴容萬·신숙申肅 등은 두 달 뒤인 1921년 4월 군사통일주비회軍事統一籌備會를 결성하고 임시정부와 임시의정원에 대한 불신임안을 가결함과 동시에 국민대표회의 소집을 결정했다.

만주에서도 움직였다. 5월 초 만주 어무현額穆縣에서 임시정부 지지파였던 여준·김동삼 등 만주 지역 독립운동가들이 모여 이승만의 사임과 임시정부 개조를 위한 국민대표회의 소집을 요구했다. 이에 반발한 이승만은 임시정부에 머문 지 6개월 만인 1921년 5월 상하이를 떠나 미국으로 돌아가버렸다.

독립운동 진영은 여러 분파로 나뉘었다. 김구를 중심으로 임시정부를 고수하려는 계열을 '고수파'라 했고, 여운형과 안창호가 중심이 되어 임시정부를 확대 개편하려고 하는 계열을 '개조파'라고 했으며, 아예 임시정부를 해체하고 새로운 임시정부를 안전한 러시아 연해주에서 조직해야 한다고 주장하는 계열을 '창조파'라 했다. 한형권은 창조파였다. 그는 레닌 정부가 기대하는 대로 창조파가 승리하여 임시정부를 상하이가 아닌 러시아 연해주로 옮겨갈 책략을 갖고 있었다. 김원봉은 의열단이 중립을 지킬 것이라고 선언했기 때문에 회의 장소에 얼씬도 하지 않고 지켜보았다.

상하이에서 국민대표회의가 각파의 주장으로 혼란을 거듭하자 1922년 3월 초, 김원봉은 의열단의 제5차 암살·파괴 작전을 계획했다. 그 무렵 놀라운 첩보를 손에 넣었다. 일본의 육군대장 다나카 기이치田中義一가 필리핀에 갔다가 제 나라로 돌아가는 길에 싱가포르와 홍콩을 거쳐 상하이에 들른다는 것이었다. 다나카는 육군상을 지내고 일본군의 국제간섭군 명분으로 연해주 출병을 추진한 거물이며 남작의 작위를 받은 자였다. 1920년 10월에는 훈춘사건琿春事件을 조작해 '간도 불령선인 초토화 계획'을 구상했으며 작전계획을 수립하고 총지휘했다. 간도학살을 명령해 수많은 재만동포를 무참히 학살했으므로 그자는 '7가살'의 대상이었다.*

일본군 대장을 암살한다고 해서 독립이 성취되는 건 아니다. 그러나 성공하면 독립투쟁의 국면을 바꿀 수 있다. 종이호랑이 같은 중국에도 경종을 울리고, 3·1운동과 청산리靑山里 전투 이후 주춤하고 있는 조선 민중과 독립운동 진영을 흔들 수 있다는 판단이 들었다. 레닌 자금을 받은 직후라 자금도 넉넉했다.

김원봉은 공격을 감행할 대원으로 이종암·김익상·오성륜을 꼽았다. 이종암에게는 국내에 잠입해서 위기를 극복하지 못해 동지들을 잃고 돌아온 것을 만회할 기회를 주고 싶었고, 김익상은 조선총독부를 뚫고 들어가 거사를 성공시킨 돌파력을 믿기 때문이었다. 오성륜은 날아가는 새를 권총으로 명중시키는 최고의 명사수였다.

김원봉은 이종암에게 명령했다.

"오성륜·김익상 두 동지와 함께 일본 육군대장 다나카 기이치를 죽이시오. 3중의 공격을 준비하시오. 상하이는 김익상 동지가, 난징은 오성륜 동지가, 톈진과 베이징은 이종암 동지가 맡으시오."

이종암은 그의 단호한 음성에 어깨를 꼿꼿이 폈다.

"알겠습니다, 의백 동지!"**

김익상은 베이징과 상하이를 오가며 돈도 벌고 의열단 투쟁도 하는 요원이었다.

"의백 동지, 명령받고 달려왔습니다."

김원봉은 미더운 표정으로 김익상과 악수했다.

---

* 이명화, 「식민지 청년 김익상의 삶과 의열투쟁」, 『한국독립운동사연구』 제52집, 2015. 12, 117쪽.
** 김원봉이 이종암을 만나 공격 임무를 주고, 이종암이 김익상·오성륜을 만나 명령을 전달한 사실은 송상도, 『기려수필 3』, 도서출판 문진, 2014, 77쪽 참조.

"반갑소. 이번에도 중요한 임무를 줄 것이오. 대기하시오."

며칠 후, 이종암은 김익상과 오성륜을 중국인 이발소로 불러 김원봉의 명령을 전했다. 김익상만 상하이에 남고 둘은 목적지로 떠나려 하는데 상황이 바뀌었다. 다나카가 상하이에서 일본으로 곧장 돌아간다는 정보가 들어왔다. 난징과 톈진과 베이징은 준비할 필요가 없어졌다.

이종암이 김원봉에게 계획을 보고했다.

"상하이에서 삼중으로 하겠습니다. 오성륜 동지는 다나카가 배에서 내릴 때, 김익상 동지는 그자가 일본영사관에서 보낸 차를 향해 걸어갈 때, 나는 자동차에 오를 때를 노리겠습니다."

"좋습니다. 실수 없이 해야 합니다."

김원봉은 계획을 승인했다.

3월 26일 밤, 김원봉은 비밀 아지트 가운데 하나인 프랑스 조계 바이얼로白爾路의 룽탕 가옥 팅윈리停雲里 18호로 갔다. 다나카 암살 작전을 감행할 단원들이 모여 있었다. 작전 지휘를 맡은 이종암, 행동대원인 명사수 오성륜과 김익상, 뒤에서 보조할 권준·강세우·서상락·송호였다.* 최종 첩보 공유와 함께 준비 상태를 확인하고 거사 후 탈출과 잠입 등 후속조치를 점검하는 게 목적이었으나 행동대원들이 결의를 다짐하고 유언을 남기는 자리이기도 했다.

모든 준비와 협의가 끝났다. 김원봉이 들고 온 프랑스산 포도주를 내놓았고 강세우가 술병을 땄다. 성공과 무사귀환을 기원하는 건배를 했다.

1921년 9월, 조선총독부에 폭탄을 던지고 생환한 김익상이 먼저 말을

---

* 「Shanghai Municipal Police, Special Branch, 'D.4460, D.4463'」, 『한국독립운동사자료 20』, 임시정부편 V, 국사편찬위원회, 1991, 240쪽; 임경석, 「임경석의 역사극장: 독립운동가의 마음에 어린 딸이 떠올랐다」, 『한겨레21』 통권 1248호, 2019년 2월 5일자.

꺼냈다.

"나는 이번에도 살아 돌아올 자신이 있지만 당부를 남겨야지요. 남은 동지들이 서로 사랑하고 화합하기 바라오. 우리 의열단의 정신을 관철하기 위해 생사를 넘어서 노력해주시오. 육탄혈전 결사대답게 욕된 운명에 속박돼 구차하게 살려고 하지 말라는 말을 남기고 싶소."

모두가 고개를 끄덕이는데 김익상이 김원봉을 바라보았다.

"의백 동지께 부탁이 있습니다."

"네, 김 동지. 말씀하십시오."

"내게 딸이 하나 있소이다. 그애가 눈에 밟혀요."

김익상의 두 눈에 눈물이 고였다.

"조국이 해방되거든 의백께서 내 딸을 잘 공부시켜 여성 혁명가가 되도록 이끌어주시기를 부탁합니다."

"명심하겠소이다, 김 동지."

김원봉은 목멘 음성으로 답했다. 죽어도 해야 할 사명, 만약 김익상이 돌아오지 못한다면 그 대신 자신이 아버지가 되어 해야 할 사명이었다.

오성륜이 말할 차례였다.

"우리 의열단은 정의를 위해 몸을 던지는 결사대입니다. 남은 동지들, 조국을 찾기 위해 모두 의롭게 싸우기 바랍니다. 지하에서 한자리에 모입시다. 나는 미혼이니 자식 걱정은 없고 나이 어린 두 동생 장래가 걱정됩니다. 열일곱 살 성룡이, 여섯 살 성봉이, 의백께서 잘 교육시켜서 우리의 뜻과 같은 사람이 되도록 인도해주기 바랍니다."

"잊지 않으리다."

김원봉은 그렇게 대답하며 가슴속으로 울었다.*

---

* 「임경석의 역사극장: 독립운동가의 마음에 어린 딸이 떠올랐다」, 『한겨레21』 통

이틀 뒤인 3월 28일, 의열단원들은 아침 여섯 시부터 현장 부근에 나가 기다렸다. 여섯 시간이 지난 오후 세 시 삼십 분, 김원봉은 서상락·강세우와 함께 자전거를 하나씩 끌고 나가 부두가 잘 보이는 둔덕길 위에 서 있었다. 거사에 나선 세 동지가 위급해지면 그들에게 자전거를 넘겨주기 위해서였다.

"의백 동지, 배가 들어옵니다."

서상락이 멀리서 내항으로 머리를 돌려 다가오고 있는 기선을 가리켰다.

김원봉은 심호흡을 하며 곧 배가 접안될 부두를 바라보았다. 부두는 인파로 가득 차 있었다. 국제도시라는 이름에 걸맞게 중국인·일본인·조선인·인도인·미국인·영국인·프랑스인 등 여러 국적의 사람들이 상하이 황푸탄의 국제부두에 나와 있었다. 각국 신문기자들도 많았다. 그들 뒤에는 일본 거류민들이 일장기를 흔들며 도열해 있었다. 자동차와 마차, 인력거도 몰려와 북새통을 이루고 있었다.

다나카 대장을 태운 기선이 황푸탄의 세관 마두碼頭, 부두와 같음에 접안했다. 원봉은 둔덕 위에 서서, 일본군 해군 의장병 수십 명과 일본 조계의 순사들로 보이는 경관 수십 명, 미군과 영국군이 합동경비를 위해 부두 주변에 배치되는 광경을 바라보았다. 오성륜·김익상·이종암 세 동지가 자리 잡은 곳도 눈여겨보았다.

오성륜은 중국식 다갈색 마패자馬褂子를 입고 있었다. 김익상은 양복에 외투를 걸치고 전화부스 뒤에 서 있었다. 인파가 많은 것이 도움이 될 것인가 장애가 될 것인가. 오성륜이 최고의 명사수인 데다 김익상과 이종암

권 1248호, 2019년 2월 5일자 참조. 임경석은 의열단원들이 팅윈리 18호 숙소에 남긴 메모와 문헌자료를 토대로 스토리 라인을 짰다.

이 고성능 폭탄을 하나씩 갖고 있으므로 성공 가능성은 많아 보였다. 일단 적을 쓰러뜨린 뒤에는 인파가 많은 것이 탈출에 도움을 줄 것 같았다.

일본군 의장병들의 지휘자인 듯한 자가 외치는 구령 소리가 들려왔다.

"차렷!"

김원봉이 목을 빼고 보니 금 장식이 번쩍거리는 제복을 입은 장성이 배에서 걸어 내려왔다. 그자의 발이 지상에 닿은 순간, 고급장교와 관리들이 도열해 서서 악수하기 시작했다. 그 뒤로 오성륜이 다가갔다. 순간을 포착해 권총을 꺼내 조준하는 것이 보였다.

탕 탕 탕. 세 발의 총성이 울렸다. 김원봉은 눈을 의심했다. 금발의 서양 여자가 갑자기 조준선에 뛰어들고 있었다. 아마도 해풍에 모자가 날아가자 잡으려고 한 것 같았다. 쓰러진 것은 다나카 대장이 아니라 서양 여자였다. 눈을 부릅뜨고 보니 다나카는 땅바닥에 배를 깔고 납작 엎드려 있었다.

"대한독립만세! 의열단 만세!"

오성륜은 성공한 것으로 믿는 듯했다.

그는 큰 소리로 외치며 자신을 탈출시키기 위해 기다리는 자동차를 향해 죽을힘을 다해 달리고 있었다.

그때 김익상은 아수라장이 된 군중 속으로 권총을 뽑아들고 달려가, 몸을 일으켜 줄달음질치는 다나카의 등을 향해 두 발을 쏘았다. 총알은 머리통을 향했고 군모가 총탄을 맞아 휙 벗겨져 날아갔다. 빗나간 것이었다. 김익상은 품속에서 폭탄을 꺼내 옆에 있는 전주에 부딪친 다음 힘차게 던졌다. 그러나 폭탄은 터지지 않았다.

다나카는 병사들이 몸으로 방탄벽을 치는 가운데 자동차에 올랐다. 그 순간 제3선을 맡은 이종암이 폭탄을 꺼내들어 안전핀을 제거한 뒤 힘차게 던졌다.

"다나카! 지옥으로 가라!"

이번에도 폭탄은 터지지 않았다. 근처에 서 있던 미군 해병은 불발탄을 발길로 걷어차 바다에 처넣었다. 그사이 다나카의 자동차는 쏜살같이 달려 현장을 벗어났다.

혹시나 하여 있는 힘을 다해 자전거 페달을 밟아 거사지점으로 달리던 김원봉은 멀리 뒤꽁무니를 보이며 사라져가는 자동차를 바라보고 탄식했다.

'아아, 천운이 다나카를 돕는구나. 어떻게 천하의 명사수 오성륜이 명중을 못 시키고 폭탄 두 발이 모두 안 터진단 말인가.'

이제 남은 건 세 동지를 구출해 빼돌리는 일이었다. 김원봉은 열심히 자전거를 달렸다. 이종암과 거리가 가까웠다. 서상락과 강세우에게 자신은 이종암을 따라간다고 손짓해 알리고 그쪽을 향해 자전거를 달렸다.

이종암은 아수라장이 된 부두에서 빠져나와 거리로 달려가고 있었다. 헌병과 순사, 밀정들은 물론이고 일반 군중까지 그를 쫓아 달리고 있었다.

김원봉은 고꾸라질 듯 자전거를 몰아 뒤를 따랐지만 군중 때문에 앞으로 나아갈 수 없었다. 도대체 왜 그러는지 이 골목 저 골목에서 뛰어나온 사람들도 덩달아 달리고 있었다. 자칫하면 골목에서 뛰어나온 사람들에게 잡힐 것 같았다. 김원봉이 긴장하여 시선을 떼지 못하는데 놀라운 일이 벌어졌다.

이종암이 달려가면서 외투를 벗어 골목에서 튀어나온 사람에게 건네줬다. 아직 3월이지만 바닷바람이 찰 것이라면서 입고 나온 고급 모직 반외투였다. 외투 속에서 드러난 이종암의 옷 색깔은 달리는 사람들과 같은 청색이었다. 건네받은 사람은 물색없이 얼른 외투를 입었다.

이종암은 지그재그로 달리며 이따금 짐을 가득 실은 우마차와 자동차를 에워 돌아 달렸는데 갑자기 모습이 사라져버렸다. 아니, 사라져버린 게 아

황푸탄 의거 현장.
1922년 황푸탄 의거 당시
현장 모습이다.

니라 사람들과 똑같아서 구별할 수 없게 된 것이었다. 이종암은 순간적으로 떠오른 임기응변의 기지로 위기에서 벗어났다.

김원봉은 헌병과 순사와 밀정들이 닭 쫓던 개가 지붕을 쳐다볼 때처럼 허탈하게 돌아서는 것을 보며 안심하고 자전거를 다른 방향으로 몰았다. 다른 두 동지도 그렇게 살아 있기를 바라는 마음뿐이었다.

그는 프랑스 조계에 있는 또 다른 아지트로 갔다. 밤이 되자 서상락과 강세우가 와서 보고했다.

"의백 동지, 오성륜 동지와 김익상 동지는 잡혔소이다. 이종암 동지는 제7아지트로 무사히 돌아왔습니다."

두 동지가 지켜보고 들은 바를 종합한 결과는 이러했다.

김익상과 오성륜은 허공에 권총을 쏘아가며 아수라장 속을 함께 달렸다. 수십 명의 경찰과 헌병과 민간인이 마구 쫓아왔다. 중국인 경찰관 하나가 달려들었으나 김익상의 발길에 얼굴을 맞고 고꾸라졌고, 한 인도인 경찰관은 길을 가로막다가 오성륜이 쏜 총탄을 다리에 맞고 쓰러졌다. 영국 신문기자가 김익상에게 덤벼들어 권총을 빼앗으려다 가슴에 관통상을 입었다.

두 사람은 지우장루九江路를 지나 쓰촨로四川路로 내달렸다. 그때 그곳에는 손님을 기다리는 황포黃布를 씌운 인력거들이 있었다. 누가 소리쳤는지 인력거꾼들이 한꺼번에 달려와 앞을 막았다.

권총 탄환이 떨어지고 다리에 힘도 빠졌다. 김익상과 오성륜은 자동차를 타고 뒤쫓아온 헌병들에게 포박당했다. 그들은 "대한독립만세!"를 외치며 공동조계 공부국으로 끌려갔다.

서상락과 강세우의 보고를 받고 김원봉은 주먹으로 가슴을 쳤다.

"아, 육탄혈전이 이렇게 어렵단 말인가!"

그는 곧 폭탄이 불발된 이유를 찾아냈다. 김익상이 조선총독부를 폭파할 때 사용한 폭탄은 안전핀을 뽑고 던지면 폭발하는 종류였다. 이날 폭탄은 머리에 달린 나사 꼭지를 돌려 뺀 다음에 던져야 하는 것이었다. 김익상도 그걸 알고 있었다. 하지만 촌각을 다투는 순간에 깜빡 잊고, 충격 즉발식이라고 생각해 전신주에 힘을 다해 한 번 부딪친 다음에 던졌던 것이다.*

김원봉은 밀려오는 억울함을 삭이며 밤을 꼬박 새웠다. 다음 날 새벽 제7아지트로 가서 이종암을 만났다.

"의백 동지, 임무 완수를 못해서 미안하외다."

---

* 박태원, 『약산과 의열단』, 깊은샘, 2000, 83쪽. 이종암도 안전핀 처리를 잘못했다는 이야기는 없다. 제대로 뽑고 던져 불발된 것이라 볼 수 있다.

이종암은 나사 꼭지를 돌려 뺀 다음에 폭탄을 던져 불발된 것인데도 그렇게 말했다.

김원봉은 고개를 저었다.

"동지는 제대로 던졌소? 그놈의 다나카가 천운을 만난 탓이오."

그렇게 저격 실수와 폭탄 불발로 의열단의 제5차 암살·파괴 작전은 실패로 돌아갔다.

김원봉은 상하이에서 발행되는 신문을 구했다. 신문에서는 황푸탄 부두와 상하이 시내를 쑥밭으로 만들었던 테러리스트들이 김원봉을 중심으로 한 조선인 비밀결사 의열단 멤버들이며, 다나카 대신 총을 맞은 서양 여인은 미국에서 신혼여행 온 스나이더 부인이라고 보도했다.

황푸탄 의거는 상하이 주재 특파원들에 의해 전 세계로 타전되고 있었다. 의열단의 존재와 조선인들의 독립 투쟁의지가 선명히 드러났다. 후폭풍도 컸다. 일본인 장군은 죽이지 못하고 신혼여행 온 서양인 여자는 죽었기 때문이다.

한인 독립운동가의 투쟁을 지켜주었던 프랑스 조계 공부국 경찰은 일본의 외교적 압력에 못 이겨 프랑스 조계 내에서 총기 휴대에 대한 단속의지를 드러내기 시작했다. 중국 주재 미국 공사도 비난의 뜻을 표했다. 고국의 신문은 대한민국 임시정부가 의열단과 무관하다는 입장을 발표했다고 보도했다.

주중 미국공사 샬만 씨는 상하이를 출발하여 조선으로 향할 제에 조선인 공산당원의 다나카 대장 저격사건에 대하여 '조선인 독립당이 목적을 달성하기 위하여 공산주의자의 행함과 같은 잔혹한 수단을 출<sup>出</sup>함은 미국은 무론無論, 물론 세계 하국何國이든지 찬성치 아니하는 바이다' 언<sup>言</sup>하였고, 또 상하이의 조선 가정부假政府에서는 '세관부두의 폭탄사건에 대하여 가정부

爆彈事件과 假政府
絕對無關係임을 聲明

駐中美國公使舍란드氏는上海로부터의報道로써朝鮮人共產黨員의田中大將狙擊事件(朝鮮人獨立黨의目的을達하기爲하야共產主義가如何한殘酷한手段을取하든지不問에附한다)은無論世界의어느共產主義者이든지또上海에있는假政府이든지 (我들의假政府의行動에絕對로責任을負치아니한다) 聲明하얏다더라. (上海電)

独立政府員이나等이 如何한手段과犯罪를利用하며如何한手段을取하야或이나라或如何한時局에當하야도達할時는世界의어느共產黨員이나어느共產主義者이든지...

黃푸탄 의거 임시정부 무관 성명.
『동아일보』.

---

爆發彈

爆發彈아 爆發彈아 黃浦灘의 爆發彈...

「폭발탄」, 『독립신문』에 실린 4·4조 기사다.

---

는 하등의 관계가 무하므로 피등<sup>彼等</sup>, 그들의 행동에 절대로 책임을 지지 아니한다' 성명했다더라.(상하이전보)*

상하이의 한인들은 미국의 민간인 사망을 애도하면서도 의열단의 폭탄이 터지지 않은 것을 한탄했다. 특별한 기사 두 편이 임시정부가 발행하는

* 『동아일보』, 1920년 4월 7일자.

『독립신문』에 실렸다. 하나는 「폭발탄」이라는 제목의 4·4조 가사였다.

폭발탄아 폭발탄아 황푸탄의 폭발탄아
전중적田中賊, 다나카를 뜻함을 만나거든 소리치며 터지라고
천 번 만 번 부탁하고 정성들여 던졌거늘
네가 무슨 까닭으로 침묵하고 있었더냐
좋은 기회 다 놓치고 어느 때에 터지려고.*

또 하나는 한인애국부인회 김순애金淳愛 회장이 애도하는 서한과 함께 위로의 뜻을 담은 특별한 선물을 남편 스나이더에게 보냈고 답신을 받았다는 기사였다. 선물은 비단 바탕에 영문으로 '스나이더 부인의 죽음을 조상하노라'라는 문구를 자수刺繡로 놓은 것이었다. 그것을 조위弔慰하는 의미의 서한과 함께 보내니, 스나이더는 귀국 선박에서 감사하다는 답신을 써서 보냈다고 했다.** 이 기사들은 임시정부가 공식적으로는 '우리와 무관하다'고 발표했지만 실제로는 임시정부를 포함하여 주변에 안타까워하는 마음을 지닌 사람들이 많았음을 보여주는 것이었다.

## 오성륜은 탈출, 김익상은 16년 징역

황푸탄 작전의 후폭풍에서 벗어나기 위해 김원봉과 의열단원들은 잠시 베이징으로 근거지를 옮겼다. 프랑스 조계 공부국이 비인도적인 처사로 규정해 일본영사관 경찰에게 의열단원을 체포하도록 용인할 수도 있기 때문이었다.

---

* 『독립신문』, 1922년 4월 15일자. 전 4연 가운데 첫 번째 연이다.
** 『독립신문』, 1922년 6월 3일자.

베이징에서 한두 달 지내고 다시 상하이로 갔을 때 놀라운 일이 발생했다. 오성륜이 일본영사관 경찰서 감방 문을 열고 탈옥한 것이다.

김원봉은 첩보담당 단원에게 보고를 받고 벌떡 일어섰다.

"아, 참 잘했네. 김익상 동지는 같이 탈출 못 했소?"

"다른 감방에 갇혀 함께 탈출 못 한 듯합니다."

김원봉은 두 손을 모아잡고 기원했다.

"천지신명이시여! 오성륜 동지와 김익상 동지가 무사할 수 있게 지켜주소서!"

오성륜의 탈출 전말은 그와 가까운 동지였던 운암 김성숙의 회고와 의열단 고문 겸 비밀 참모였던 유자명의 회고에 실려 있다.*

5월 2일 오전 한 시 삼십 분 오성륜은 탈출에 성공, 황푸로에서 인력거를 타고 프랑스 조계 55호로 숨어들어 짤막한 보고서를 암호문으로 써보냈다.

"의백 동지, 나는 일본인 죄수 다무라田村와 함께 칼로 수갑을 풀고 유치장 자물쇠를 열어 탈출했소이다. 탈출 자금과 의복, 기차표가 필요합니다. 자세한 것은 훗날 보고하겠습니다."

보고서를 받은 김원봉은 모든 단원에게 잠복할 것을 명령하고 그의 탈출을 지원했다.

일본영사관 경찰은 영국과 중국 경찰의 지원을 받아 두 탈옥수의 체포에 온 힘을 기울였다. 다무라는 사흘 만에 체포했으나 오성륜은 찾지 못했다. 거액의 현상금을 붙였으나 소용없었다. 탈옥 열흘이 지나서 그는 의열

---

\* 김성숙의 회고는 『혁명가들의 항일 회상』(김학준, 민음사, 2005, 98-99쪽)에, 유자명의 회고는 『한 혁명자의 회억록』(독립기념관 한국독립운동사연구소, 1999, 120-123쪽)에 있다. 그밖에 상하이판 『독립신문』에 중국 『상하이일보』(上海日報)를 번역해 실은 자료가 있다. 세 자료는 내용이 거의 같다.

192

단원들의 도움을 받아 중국군 장교 복장을 하고 톈진을 거쳐 펑톈으로 갔다. 그리고 소련 유학길에 올랐다.

혼자 감옥에 남은 김익상은 고문에 못 이겨 예전 조선총독부 폭파사건을 고백했고 일본 나가사키 감옥으로 이감되어 사형선고를 받았다. 1924년 1월 일본 황태자 히로히토裕仁의 결혼식 은사칙령에 의해 무기징역으로 감형되고 1926년 히로히토가 천황이 되면서 다시 20년으로 감형되었다. 이후 12년간 목숨을 부지하다가 1936년 출옥해 고향으로 돌아왔다.

김익상의 동생도 화를 입었다. 나가사키 감옥으로 가서 형을 면회한 뒤 시모노세키에서 체포당했다. 형의 원수를 갚고자 조선과 오가는 길목인 그곳에서 사이토 총독을 저격하려고 했는지는 알 수 없다. 그 후 일제에 시달리다가 1925년 6월 자기 집에서 목매 자살했다.*

1922년 3월의 황푸탄 다나카 대장 암살작전은 실패로 끝났다. 의열단의 활동을 위축시킬 정도였고 여론을 악화시켰다. 그러나 긍정적인 효과도 있었다. 국제도시 상하이의 부두에서 총을 쏘고 폭탄을 던지며 거침없이 내달린 사건 자체와 오성륜의 탈옥은 일본인들을 두렵게 했고, 중국인들에게 조선인이 강인한 민족이라는 인상을 심어주었다.

"참으로 대담한 사람들이지 않은가. 수천 명 군중 속으로 달려가며 일본군 대장에게 총을 쏘고 폭탄을 던지다니."

"나라 찾겠다고 그렇게 목숨을 던지다니, 사나이 중의 사나이지. 게다가 한 사람은 현장에서 탈출했고 한 사람은 탈옥했다지 않은가."

중국인들은 이렇게 말하며 통쾌한 대리만족을 느끼고 있었다.

사건의 메아리는 고국에서도 들려오고 있었다. 소문을 전한 사람이 말

---

* 이명화, 「식민지 청년 김익상의 삶과 의열투쟁」, 130쪽.

했다.

"총독부가 애써 보도통제를 했지만 소문이 저잣거리에서 빠른 속도로 퍼져나가고 있지요. 조선 땅에서 임시정부 모르는 사람은 있어도 의열단을 모르는 사람은 없어요. 아이들도 골목길에서 총 놀이를 하며 '나는 의열단!'이라고 외치다가 부모에게 입을 틀어막힌 채 집으로 끌려 들어갑니다."

이러한 그들의 노력은 식민지를 경영하는 열강들에게 두려움을 심어주었다는 점에서 성공적인 측면이 있었다. 피식민지인들의 독립정신을 부추기는 일이기 때문이었다.

의열단의 황푸탄 의거는 소극적 투쟁의지 때문에 약화되고 있던 임시정부의 입장을 더 궁색하게 만들었다. 의거 직후 "임시정부와 하등의 관계가 무無하므로 피등의 행동에 절대로 책임을 지지 아니한다"는 성명을 발표한 일 때문에 더욱 그랬다. 그것은 베이징파 인사들의 국민대표회의 소집 명분을 크게 해주었다. 또한 전체 독립운동 진영에서 의열단과 김원봉의 위상을 뚜렷하게 만들었다.

장지락이 김원봉에게 그런 소문들을 전하면서 덧붙였다.

"사람들은 의백과 의열단을 아나키스트라고 말해요. 사실 의열단은 의백과 명목상의 부단장이 있을 뿐이지 누구는 정보부장이다, 누구는 총무부장이다, 누구는 사찰부장이다 따위의 조직을 안 갖추고 있지요. 그러니까 아나키스트 냄새가 나지요."

김원봉은 긍정도 부정도 하지 않고 그저 웃기만 하다가 입을 열었다.

"장지락, 자네가 의열단원인 줄 모르고 사람들이 이리저리 말하는군."

"나는 철저하게 숨겨진 비밀단원이니까 사람들이 알 리가 없지요. 사람들은 말해요. 의열단은 강력한 신앙으로 묶인 종교집단 같다고요."

김원봉은 이 말에 아무 대꾸도 하지 않았다. 장지락은 총명하면서도 성격이 자유분방해 기탄없이 말을 하고 좋은 호감을 갖게 했다. 장지락은 이무렵 북경의 셰허協和의대에 재학 중이었다.

1922년 여름, 김원봉은 폭탄기술자가 상하이 영국인 공장에서 기사장을 하고 있다는 정보를 듣고 은밀히 접촉했다. 유대계 독일인 마첼Machall이었다. 눈썹이 짙고 성격이 서글서글한 마첼은 폭탄을 만들어달라는 요청을 선선히 받아들였다.

"독립투쟁에 폭탄이 필요하시다니 만들어드려야지요."

아나키스트인 정화암鄭華岩*은 마첼의 공장에서 일한 경험과 의열단의 폭탄제조를 회고록에 남겼다.

"상하이 서쪽 차오자두曹家渡에 영국인이 경영하는 철공장이 있었다. 일상생활에 필요한 주물과 간단한 기계류를 제작하고 있었는데 공인이 3,000여 명에 이르는 큰 규모의 공장이었다.

이 공장에 공정사工程師로 와 있던 마첼은 유대계 독일인이었는데 우리나라의 독립운동에 남다른 관심을 가지고 있어 물심양면으로 많은 도움을 주었다.

의열단의 김원봉과 친분이 두터웠던 그는 이 철공장에서 비밀리에 폭탄을 만들어 독립운동에 사용토록 했다. 국내나 중국 등에서 일본의 간담을 서

---

* 정화암(1896-1981): 본명은 정현섭(鄭賢燮)으로 전북 김제 출신이다. 3·1운동을 계기로 중국에 망명, 1924년 조선무정부주의자연맹을 조직하고 남화한인청년동맹 맹원으로 주중 일본공사 아리요시(有吉)를 암살하려 육삼정 거사를 수도했지만 실패했다. 백범 김구와 연합해 투쟁했으며 광복 후 민주사회당, 통일사회당 등 사회주의 정치활동을 전개했다(김학준 편집 해설, 이정식 대담,「정화암」,『혁명가들의 항일 회상』, 민음사, 2005, 315-316쪽).

늘하게 했던 의열단 청년들의 폭탄 투척사건에 쓰인 폭탄 대부분이 마첼에게서 나온 시한폭탄이었다.

그는 내가 상하이로 온 지 한 달 만에 일자리를 구하자 철공장에서 일할 수 있도록 채용해주었다. 우리에게는 아무 기술도 없었으나 그는 공인의 자격으로 대우해주었고 생활을 꾸려갈 수 있을 만큼 노임을 주었다.

게다가 우리에게 폭탄제조 기술을 가르쳐주기도 하여 이을규, 이정규, 백정기와 나, 그리고 의열단의 이기연李基然 등이 함께 기술을 배웠다. 중국인 공인들은 공두工頭의 지시를 받고 일했지만 우리에겐 공정사 마첼이 직접 일을 맡겼다. 우리는 못도 만들고 철판도 잘랐다. 폭탄을 만드는 강철도 잘라 맞추고 화학약품도 다뤘다. 노임은 8원을 받았다."*

김원봉은 그렇게 폭탄을 확보하면서 단원들을 훈련시켜 내실을 다지는 데 주력했다. 이때 그가 베이징에서 공을 들인 단원들은 김시현·김지섭金祉燮·최용덕이었다.

김시현은 독립투사들에게 사상적·지적 바탕을 만들어주고 있는 최고의 인텔리겐치아였다. 김원봉은 1919년 여름 고모부를 찾아가 지린에 머물 때 그와 수인사를 나눈 적이 있었다. 메이지대학 법학부를 나와 쉬운 출셋길을 버리고 독립운동에 나선 지사였다. 그 후 상하이파 고려공산당원이 되었고 최근 당원 자격으로 모스크바 극동인민대표회의에 참가하고 돌아왔다. 밀양폭탄사건 때 의열단을 돕다가 경찰에 체포된 이력도 있었다.

그가 비밀단원으로 가입하기를 희망했을 때 김원봉은 깜짝 놀라 고개를

* 정화암, 『(어느 아나키스트의) 몸으로 쓴 근세사』, 자유문고, 1992, 60–61쪽. 이을규·이정규 형제는 이후 의열단에 가입했다.

숙였다.

"선생님, 다시 뵙고 가르침 받을 기회가 오기를 기다렸는데 단원이 되신다니요."

늘 겸손하고 점잖은 김시현은 표정이 엄숙해졌다.

"의백, 나는 평단원이 되고 싶소. 의백의 명령을 받아 권총과 폭탄을 들고 겁 없이 수천 군중 속을 달려 왜놈 대장을 저격했던 황푸탄 의거의 용사들처럼."

"정녕 선생님께서 그런 일을 하시고 싶단 말씀입니까?"

김시현은 눈물을 글썽이며 대답했다.

"그렇소. 임시정부도, 국민대표회의도, 국제법 이론도 다 부질없는 일이오. 나는 적을 향해 총을 쏘고 싶소. 어느 날 김익상 동지에게 내린 지상명령처럼 '조선총독부를 폭파하라'고 명령을 내려주시오. 그러면 당당하게 나가 죽겠소."

김원봉은 김시현을 단원으로 받아들였다. 마음속은 감격으로 벅차올랐다.

김지섭도 김원봉보다 열두 살 연상이었다. 경북 안동 출신으로 재판소 서기 겸 통역으로 일했다. 강제병합 뒤 재판이란 것이 애국지사를 감옥으로 보내고, 특히 3·1운동 때 수많은 지사를 재판하게 되면서 분연히 중국으로 망명해왔다.

최용덕崔用德은 중국 육군군관학교를 나온 현역 장교였으며 비행기 조종 교관으로 복무하고 있었다. 김원봉이 장차 중국군과 관계할 때를 대비해 비행학교에 단원들을 보낼 계산으로 받아들인 비밀단원이었다.*

---

* 최용덕(1898-1969): 한성 출생, 사립 봉명학교를 나와 경술국치 후 베이징 숭실중학에 다녔다. 위안스카이가 세운 군관학교를 나와 돤치루이(段祺瑞) 군대의

## 신채호 선생을 찾아가다

1922년 10월, 김원봉은 단둥을 떠나 곧장 베이징으로 가서 단재 신채호 선생을 방문했다. 의열단의 정신선언 때문이었다. 김원봉은 선생이 상하이 임시정부에 몸담고 있을 때 뵌 적이 있었고, 기회 있을 때마다 선생의 안부를 물었다. 선생은 이승만에 반대해 임시정부와 인연을 끊고 베이징에 머물며 한국 고대사를 연구하고 있었다.

김원봉은 마음 한구석으로는 자기성찰을 했다. 지금까지 의열단 활동은 용감한 행동만 있고 정신은 없는 듯했다는 자각, 피 끓는 젊은이들이 충동적으로 저지르는 듯한 느낌을 주었다는 자각이었다. 최남선崔南善 선생과 한용운韓龍雲 선생이 지었다는 「기미독립선언서」처럼 장려하고 엄숙한 선언이 필요하다고 느끼고 있었다.

신채호 선생은 민족정신의 지주였다. 성균관 박사 출신으로 장지연張志淵의 초청을 받아 『황성신문』의 논설을 썼으며 『대한매일신보』의 주필을 지내며 독립정신을 고취하는 수많은 논문을 저술했다. 신민회 창립에 중심이 되었고 임시정부 의정원 의원이 되었다. 운암 김성숙은 신채호의 풍모를 잘 설명해놓았다.

그 영감은 기본적으로 학자입니다. (…) 혁명적 정의감이 굉장히 강한 분입니다. 옳은 일이라면 자기가 칼날에라도 올라서야 된다는 사람입니다. 그래서 동지들에게 영향력이 굉장히 강했지요. 남을 격동시키는 이야기를 아주잘 하고, 또 두뇌가 비상한 천재적인 분이었습니다. 많은 고전물을 그냥 외우

---

장교를 지냈다. 3·1운동 후 베이징에서 대한독립청년단에 가입했다. 이승만의 위임통치 청원 비판운동에 참여하고 의열단에 가입했다. 김원봉이 의열단의 국민대표회의 중립을 선언하자 1923년 서왈보·송호·김가집 등과 탈퇴해 신의단을 조직했다(「이달의 독립운동가 최용덕」, 국가보훈처 DB).

고 있었어요. 예컨대『삼국유사』를 한번 보았으면 좋겠는데 망명지에서 그걸 구할 수 있나요? 그래서 단재에게 물어보면 줄줄 외우고 있어요. 아주 천재적이었지요. 필봉이 예리했고, 문장을 통해 남을 감복시키는 힘이 아주 컸지요.*

김원봉은 소년 시절 표충사에 머물며 선생이 쓴 전기『을지문덕전』『이순신전』, 소설『꿈하늘』등을 읽으며 사숙했다.

그가 찾아가자 선생은 버선발로 달려 나왔다.

"선생님, 늘 찾아뵈어야지 뵈어야지 하면서도 제가 불민해서 그리하지 못했습니다."

"비밀결사의 우두머리가 행동이 자유로울 리가 없지. 김 단장과 의열단이야말로 우리 조선 민족의 자존심이자 유일한 희망이네."

그는 선생의 서재로 들어가서 큰절을 올렸다.

"선생님, 저희가 급히 창단하면서 정신적 바탕이랄까, 그런 걸 제대로 만들지 못했습니다. 이제라도 저희들의 정신을 천명하는 선언을 하고 싶습니다."

단재는 껄껄 웃었다.

"선언이나 선전만 앞세우는 사람들보다는 낫지. 독립운동하는 사람들이 대개 말만 앞세운단 말일세."

"네, 그래서 선생님께 저희들의 정신적 선언을 기초해주십사 간청드립니다."

"좀더 자세히 말해보게."

"의열단의 투쟁노선과 방법에 대한 정당성을 논리적으로 전개하고 정

---

* 김학준 편집 해설, 이정식 대담,「화암(華岩) 정현섭」,『혁명가들의 항일 회상』, 민음사, 2005, 91쪽.

신적 지표를 명확하게 설정하고 싶습니다. 그동안 저희가 펼쳐온 육탄혈전 파괴 공작을 과격 모험주의라고 비난하는 분들도 있습니다. 의열단의 신념을 정당화하고 이론 무장도 해야 합니다. 2,000만 동포들에게 의열단의 정신을 널리 알리고 싶습니다."

단재는 김원봉의 어깨에 두 손을 얹고 고개를 끄덕였다.

"사명이라 생각하고 선언문을 작성하겠네. 내가 지금 써나가고 있는 책이 곧 탈고되니 내가 상하이로 가겠네."

이 무렵 단재 신채호는 3·1운동을 통해 세계열강은 조선의 독립을 돕지 않을 것이므로 우리 힘으로 해야 한다는 자각과 우리도 민중혁명이 가능하다는 것을 절감하고 있었다. 임시정부가 추구하는 외교중심 노선보다는 깨고 부수는 무장투쟁, 특히 일제 관청을 습격하고 요인을 암살하는 의열단의 투쟁이 효과가 가장 크다고 여기고 있었다. 그는 의열단의 정신이 민족혁명으로 발전해가기를 원했다. 그래서 자신이 기초하게 될 '의열단 선언'을 '조선혁명선언'으로 제목을 정하기로 결심했다.

김원봉이 단재 신채호를 방문한 것은 위험하기 짝이 없는 일이었다. 일제가 단재를 요시찰 인물로 집중 감시하고 있었기 때문이다. 1921년 10월에 작성한 「베이징거주요시찰선인명조사표」를 보면 단재의 집 주소가 베이징성 후문 외 마량다위안후퉁馬良大院胡同 11-1호로 나와 있다.* 방문자가 김원봉인 줄 알았으면 밀정이나 자객이 덮쳤을 것이었다.

## 김상옥, 종로경찰서를 폭파하다

1922년 10월 하순, 김원봉은 베이징을 떠나 상하이로 돌아왔다. 그때 김

---

* 1921년 10월 22일, 지나특명전권공사 오바타 유키치(小幡酉吉)가 외무대신 우치다 고사이(內田康哉)에게 보낸 기밀보고서다(기밀 제318호 「베이징거주요시찰선인표 송부의 건」, 국편 DB).

상옥이 면담을 요청해왔다. 김상옥은 국내에서 광복회에 속해 의열투쟁을 하고 의열단의 제1차 암살·파괴 작전 때도 힘을 보탠 인물로 두 해 전 상하이로 망명해 와서 의열단에 입단한 뒤 김원봉의 이해를 구하고 지금까지 임시정부 쪽에서 일해왔다.

김상옥은 김원봉의 손을 움켜잡았다.

"의백, 나를 조국 땅으로 보내주시오. 그동안 참아왔는데 이젠 못 참겠소."

김원봉은 깜짝 놀라 김상옥을 바라보았다.

"공격할 목표를 이미 정한 듯이 말씀하시는군요."

"사이토 총독 놈하고 종로경찰서요."

"선생님께서 암살·파괴공작에 나서는 걸 임시정부 분들도 알고 있습니까?"

김원봉이 물었다. 황푸탄 사건 직후 미국의 비난 발언이 있자 임시정부는 "임시정부와 의열단과는 아무 관계가 없으며 조선의 독립은 과격주의와 공포적 수단을 취하여 달성할 일이 아니다"라고 천명한 때문이었다.

"내가 그러겠다고 임시정부에 말했소. 나도 어엿한 의열단원이니 명령을 내려주시오."

김원봉은 제6차 공격 작전을 할 때라고 생각했다. 김한의 인맥이 어떻게 움직여 김상옥을 돕는가를 파악하고 싶었다. 그는 김한과 접선하는 방법을 일러주었다.

"이번이 의열단의 여섯 번째 공격 작전입니다. 이삼일 안에 출발하시지요. 폭탄은 준비돼 있습니다."

김원봉은 폭탄 세 개를 들고 나가 한 개를 시험해본 뒤 남은 것들을 김상옥에게 주었다. 권총 세 자루와 여비도 건네주었다.

"부디 성공하시고 무사히 돌아오시기를 기원하겠습니다."

김상옥은 고개를 저었다.

"죽기를 각오한 자는 살고, 살기 원하는 자는 죽는다 하지 않소. 나는 죽기를 각오하고 떠납니다. 다만 늙으신 어머님과 아내, 그리고 어린 남매가 눈에 밟힙니다. 아들은 아홉 살, 딸은 여섯 살이지요. 겨우 돌 지났을 때 내가 떠나 딸아이는 아비 얼굴도 모릅니다."

김원봉은 "이번에 만나보셔야지요"라고 말하지 못했다. 그것은 비밀요원에게 자신을 위험에 빠뜨리는 함정임을 알기 때문이었다.

1922년 11월 초, 김상옥은 김원봉에게서 받은 권총 세 자루, 신익희가 호신용으로 지녔던 권총 한 자루, 의열단과 임시정부가 구해준 대형폭탄 네 개, 소형폭탄 두 개, 탄약 800발, 그리고 조소앙의 기밀편지 몇 통을 휴대하고 출발을 서둘렀다.* 여비는 넉넉했는데 출발 직전 권총 실탄을 두 배로 구입하느라 여비의 절반을 써버렸다.

11월 14일 상하이 황푸탄 부두에서 김상옥은 젊은 동지 안홍한安弘翰·오복영과 함께 톈진행 기선을 탔다. 톈진에서는 윤숙경 애국부인회장 집에 묵었다. 여비가 부족했다. 윤숙경 회장이 의복과 침구를 저당 잡혀 15원을 마련해주었으나 그래도 압록강 국경을 넘는 기차표를 살 수 없어 오복영은 남기로 했다. 김상옥은 일단 안홍한과 평톈으로 갔다. 일본영사관에 있는 조선인 양 모 부영사를 은밀히 접촉해 여권 발행을 부탁했으나 거절당했다.

안홍안은 여권 없이 떠날 수밖에 없었다. 안홍한이 오동나무 판자로 이중 제작한 상자에 폭탄과 권총, 실탄 뭉치를 남대문역으로 탁송하는 데 성공했다. 다음 날 아침 무기 상자는 무사히 세관을 통과했으나 안홍한은 여

---

* 이정은, 『김상옥 평전』, 사단법인 김상옥 기념사업회, 2014, 351쪽.

김상옥. 종로경찰서를 폭파하고 혼자 일본경찰
1,000여 명과 시가전을 벌이다 산화했다.

권이 없어 불심검문에 걸렸다. 그는 신의주경찰서로 연행되어 4일간 혹독
한 고문 취조를 당했으나 견뎌내고 무혐의로 석방되었고, 12월 1일 남대
문역에 도착했다.

혼자 펑톈에 남은 김상옥은 그곳 의열단 동지들을 찾아 도움을 청하려
했으나 접선에 실패했다. 양복을 팔고 조선 바지저고리를 입었다. 비상시
를 대비할 겸 갖고 온 비단을 팔아 돈을 더 마련했다. 기차표는 사지 않았
다. 결빙한 압록강 위를 깊은 밤중에 썰매를 타고 건너 국경을 통과했다.
몇십 리를 걸어 평안북도의 어느 기차역에서 농민 복장을 하고 표를 사서
경기도 일산역에 내린 뒤 다시 걸어서 경성으로 들어갔다. 옛 동지 전우진
田禹鎭을 만나 종로에 있는 정설교鄭卨教의 집으로 가서 안홍한과 재회했
다. 그리고 그리운 어머니와 처자식이 있는 창신동 집으로 향했다.

아들이 왜경에 쫓기다 망명한 이후 김상옥의 어머니는 바람에 스치는
문소리만 나도 아들이 왔나 하고 귀를 기울였다. 김상옥은 급히 대문을 두
드렸다. 급히 달려오나 빠르지 못한 발소리, 어머니일 것이었다. 문이 열리
자 김상옥은 민첩하게 들어섰다. 그리움에 하루도 잊지 못한 어머니 얼굴
이 어둠 속에 흐릿하게 보였다.

"에구, 무엇하러 왔냐, 죽으려고 왔냐?"

"어머니, 이번이 마지막 보는 걸로 아십시오. 이번에 단판씨름하러 왔소."

그는 아내를 불러달라 하여 잠깐 보았다.

"미안하오. 아이들을 잘 부탁하오."

어머니가 불안해하며 어서 떠나라고 해서 김상옥은 더 있을 수가 없었다. 어머니에게 물어 삼판통三板通, 현재의 후암동에 사는 누이 집의 주소와 찾아가는 길을 알아두었다.

김상옥은 하룻밤도 아내 곁에 있지 못하고 추운 밤거리로 나와 전우진의 집으로 갔다. 그러나 독립운동 전력이 있는 동지의 집은 위험했다. 그는 생각을 바꿔 결국 누이네 집이 있는 삼판통으로 갈 수밖에 없었다.

그동안 어디서 어떻게 지냈는지 묻는 누이의 말에 김상옥은 둘러댔다.

"시골에서 피물皮物 장사를 하며 살았지."

그는 다음 날 외출하여 김한을 만났다. 김한이 말했다.

"김상옥 동지, 매우 좋은 정보가 있소. 한 달 뒤 도쿄에서 열리는 중추원 회의에 사이토 총독이 참석할 것이오. 사이토는 보나마나 남대문역에서 기차를 타고 부산진역에 내리겠지요. 남대문역과 부산진역, 두 장소 중 한 곳을 노리면 될 것 같소."

김상옥은 즉각 자기 생각을 말했다.

"남대문역이면 아주 잘 됐소. 나는 재작년 그곳에서 거사하려다가 못 한 터라 한이 맺혀 있소."

김상옥은 며칠 뒤 남대문역을 정찰하고 돌아오다가 미행하는 밀정이 있음을 알았다. 자신의 신분이 노출된 듯했다. 3·1운동 직후 혁신당이라는 비밀결사를 만들고 경찰에 체포되어 몇 달 구금된 일이 있는데 그때 사진을 찍힌 기억이 났다.

그는 김한에게 말했다.

"이러다가 아무것도 못 하고 붙잡히겠소. 두 번째 목표부터 실행하겠소."

1923년 1월 12일 아침, 김상옥은 창신동 집으로 연락해 어머니에게 집에 감춰둔 폭탄 하나를 무내미수유리 외가로 가지고 와달라고 부탁했다.

저녁에 김상옥은 곧장 종로경찰서로 갔다. 자신의 조카 김달수가 이 경찰서에 순사로 근무한다고 속여 정문 경비소를 통과하려 했으나 김달수가 외근을 나간 탓에 통과하지 못했다.

김상옥은 견고한 담장으로 가로막힌 경찰서를 한 바퀴 돌았다. 그리고 '동일당'이라는 가게를 주목했다. 그곳은 경찰서 담과 바싹 붙어 있어 유리창이 손에 닿을 것 같았다.

"천지신명이시여! 나라를 위해 적에게 폭탄을 던집니다. 저를 지켜주소서!"

그는 그렇게 기원하고 나서 힘차게 폭탄을 던지고 내달리기 시작했다. 폭탄은 유리창을 뚫고 들어가 어마어마한 폭음을 내며 터졌다. 건물 벽에 커다란 구멍이 나고 건물 밖 담장도 무너져내렸다.

아이쿠, 하며 재빨리 그는 배를 깔고 엎드리면서 두 팔로 머리를 감쌌는데 다행히 다친 곳은 없었다. 그는 옷을 툭툭 털고 일어나 다시 천연스럽게 웃옷을 벗어던지고 안전지대로 걸어갔다.

독립운동을 탄압하는 본영과도 같았던 종로경찰서가 폭파되자 경성 시내는 발칵 뒤집혔다.

『동아일보』는 폭파 이틀 뒤인 1923년 1월 14일, 사건을 보도했다. 경찰이 "자지도 먹지도 못하고 밤낮 계속 활동하는 상황이며, 약간이라도 의심되는 사람을 즉시 엄중히 취조하고 있는데 그렇게 연행된 사람이 30명이 넘고 이미 취조하고 방면放免한 사람도 적지 않다"는 내용이었다.

김상옥은 다음 임무에 들어갔다. 사이토 총독 암살이었다. 그러나 경찰은 김상옥을 용의자 가운데 하나로 지목하고 수사망을 좁혀왔다. 그의 매부 고봉근은 집 앞에 잠복한 경찰에게 두 차례나 질문에 답해야 했다.

1월 16일 오후, 김상옥은 총독의 출발일을 확인하기 위해 외출했다가 남대문역 앞을 돌아보고 저녁 무렵 삼판통으로 돌아왔다. 골목에서 수상한 인기척을 느껴 불안했지만 누이의 집에 들어가 잠을 청했다.

새벽 다섯 시경, 옆집 개가 컹컹 짖는 소리에 잠에서 깨어났다. 가슴에 품은 권총을 꺼내들며 들창에 귀를 기울였다. 간밤에 눈이 내렸는지 뽀드득 눈 밟는 발소리가 들려왔다. 어둠 속을 더듬어 방안에 들여놓았던 구두를 허겁지겁 신고, 폭탄 넣은 가방을 메고 권총을 양손에 쥐었다. 방문을 단단히 잠갔다.

"문을 열고 항복하라. 너는 포위됐다."

경찰이 소리쳤다. 김상옥은 침착하게 양손에 쥔 권총의 안전장치를 풀었다.

종로경찰서에서 몸이 날래기로 유명한 다무라田村 형사부장이 방문을 세게 잡아당겨 문이 떨어져나갔다. 그 순간 김상옥은 날아오르는 새처럼 몸을 날려 다무라의 목에 권총을 발사했다. 이마세今瀨 경부警部가 팔을 잡으려 했으나 그놈 역시 사살하고, 우메다梅田 경부보警部補가 달려들자 어깨를 쏘아 명중시켰다.

김상옥은 남산으로 나는 듯이 달렸다. 1,000여 명이나 되는 경찰이 남산 전체를 포위하고 포위망을 좁히며 올라갔으나 김상옥은 빠져나간 뒤였다. 김상옥은 장충단을 거쳐 왕십리 안장사安長寺에 도착했다. 탈출할 때 신었던 구두는 언제 벗겨졌는지 맨발이었다. 돌길, 얼음 맺힌 산길을 장시간 달려 발이 얼어터졌다. 스님에게 양말과 가사袈裟와 식량을 얻었다. 날쌀을 찬물에 말아 씹어서 후루룩 마시고 왕십리에서 하룻밤을 지낸 후 다시 시내로 들어가 효제동 이태성 동지 집에 숨었다.

그사이 경찰은 김상옥의 친족과 친지를 샅샅이 찾아내 취조해서 그가 이태성의 집에 잠복한 것을 알아냈다. 경찰 병력 수백 명이 효제동 일대를 겹겹으로 포위하고 지붕을 넘어 들어가 항복하라고 소리쳤다. 그러면서 집안 사람 가슴에 권총을 대고 김상옥을 끌어내라고 했다.

이태성의 가족은 김상옥이 권총을 가졌으니 그럴 수 없다고 애걸했다. 구라다倉田 경부보가 권총을 쏘면서 앞장서 들어갔으나 김상옥의 총을 맞고 쓰러졌다. 김상옥은 여러 형사가 주저하는 틈에 다락 속 널판지를 뚫고 나가 이웃집과 그 옆집 등으로 도망치며 세 시간 이상을 격렬히 싸웠다. 그러나 결국 빗발같이 쏟아지는 총탄을 맞고 쓰러졌다.

김상옥은 불사신처럼 다시 일어나 총을 쏘면서 옆집으로 들어가 주인에게 말했다.

"이불을 좀 주시오. 그걸 쓰고 탄환을 피하면서 몇 놈 더 쏴 죽이고 죽겠소."

주인은 이불을 주지 않았다. 탄약이 떨어진 그는 "대한독립만세! 의열단 만세!"를 외치며 마지막 한 발로 목숨을 끊었다.

총독부는 두 달이 지난 3월에 가서야 사건 보도를 허가했다. 『동아일보』는 2면짜리 호외를 발행해 시내에 뿌렸다. 앞면에는 사건의 자세한 전말과 김상옥의 최후의 순간을, 뒷면에는 김상옥이 죽은 뒤 어머니의 애끓는 심정을 인터뷰로 담아냈다.

밤에 문이 덜컹하기에 나가 보니까 아들이 와서 섰습디다. '에구, 무엇하러 왔냐, 죽으려고 왔냐?' 하니까, '어머니 이번이 마지막 보는 줄 아시오. 내가 아주 단판씨름하러 왔소' 하기에, '글쎄, 왜 그러니? 자수라도 하고 살아라' 하였지요. 그러니까 다른 때는 그러지 않더니 이번에는 제 아내를 찾으며 '집사람 어디 있어요?' 하길래 내가 불러주었더니 잠깐 보고 나서 내가

김상옥의 종로경찰서 폭파를 보도한 『동아일보』 호외.

'어서 가라' 하였더니 제 누이 집을 알려달라 했지요. (…) 이렇게 죽을 줄 알았다면 따뜻한 방으로 불러들여 뭘 좀 먹이기도 하고 여섯 살 먹은 딸자식에게 아비 얼굴이나 보여줄 것을, 그저 잡힐까 무서워서 그 추운데 떨고 온 것을 국 한 그릇을 못 먹이고 여섯 살 먹은 딸이 두 살 때 아비를 이별하여 제 아비 얼굴을 모르는데 얼굴 한 번 못 보여주고 (…) 그만 이렇게 되었습니다. 생각하면 내가 목숨이 모질지요. 이것을 당하고도 살아 있으니…" 하며 더욱 눈물이 옷깃을 적시었다.*

혼자서 1,000명의 적과 싸우고 장렬하게 전사한 의열단원 김상옥, 신문 호외에 실린 그의 영웅적 이야기는 바람처럼 퍼져나가 민족 전체가 울었다. 이제 의열단에 대해 삼척동자도 알게 되었다.

---

* 『동아일보』 전면 호외, 1935년 3월 15일자 뒷면.

## 신채호,「조선혁명선언」을 작성하다

1923년 1월 중순, 김상옥이 종로경찰서를 폭파하고 목숨을 잃은 지 며칠이 지난 뒤, 단재 신채호 선생이 상하이로 왔다. 김원봉은 조용한 곳에 거처를 마련해드렸다. 의열단의 통신과 선전책임자인 유자명을 선생 곁에 있게 했다.

단재 신채호는 유자명과 합숙하며 의열단에 대해 많은 것을 그에게 묻고 고심을 거듭하면서 선언문을 작성해나갔다. 단재의 고향은 충청도 청주, 유자명은 충주여서 동향이라는 유대감도 있었다. 신채호는 민족주의자이고 유자명은 아나키스트였으니 서로에게 영향을 주는 대화를 했고 그것이 선언문에 골고루 반영되었다. 의열단의 실상과 동떨어진 내용이 없고 문장 속에 아나키즘 사상이 녹아든 것은 유자명 덕분이었다.

상하이 체류 한 달이 다 되어 신채호는 마침내 다섯 개 부분으로 나뉜 총 6,400자의「조선혁명선언」을 완성했다.


강도 일본이 우리의 국호를 없이하며, 우리의 정권을 빼앗으며, 우리의 생존적 필요조건을 다 박탈했다.

경제의 생명인 산림·천택川澤·철도·광산·어장 내지 소공업 원료까지 다 빼앗아 모든 생산기능을 칼로 베며 도끼로 끊고, 토지세·가옥세·인구세·가축세·백일세百一稅·지방세·주초세酒草稅·비료세·종자세·영업세·청결세·소득세, 기타 각종 잡세가 날로 증가하여 혈액은 있는 대로 다 빨아가고, 어지간한 상업가들은 일본의 제조품을 조선인에게 매개하는 중간인이 되어 차차 자본 집중의 원칙 하에서 멸망할 뿐이요,

대다수 인민과 곧 일반 농민들은 피땀을 흘리어 토지를 갈아, 그 일 년 내내 소득으로 자기 한 몸과 처자의 호구거리도 남기지 못하고, 우리를 잡아먹으려는 일본 강도에게 바치어 그 살을 찌워주는 영원한 소와 말이 될 뿐

이요,

마침내는 그 소와 말의 생활도 못 하게 일본 이민의 수입이 해마다 높고 빠르게 증가하여 '딸깍발이' 등쌀에, 우리 민족은 발 디딜 땅이 없어 산으로 물로 서간도로 북간도로 시베리아의 황야로 몰리어가 굶주린 귀신으로부터 떠돌아다니는 귀신이 될 뿐이며, 강도 일본이 헌병정치·경찰정치를 지독하게 행하여 우리 민족이 한 발짝의 행동도 마음대로 못 하고, 언론·출판·결사·집회의 자유가 없어, 고통과 울분과 원한이 있으면 벙어리의 가슴이나 만질 뿐이요,

행복과 자유의 세계에는 눈뜬 소경이 되고, 자녀가 나면 '일어를 국어라, 일문을 국문이라' 하는 노예양성소 학교로 보내고, 조선 사람으로 혹 조선사를 읽게 된다 하면 '단군을 속여 소잔오존의 형제'라 하여 '삼한 시대 한강 이남을 일본이 다스린 땅'이라 한 일본 놈들의 적은 대로 읽게 되며, 신문이나 잡지를 본다 하면 강도정치를 찬미하는 반半일본화한 노예적 문자뿐이며, 똑똑한 자제가 난다 하면 환경의 압박에서 세상을 비관하고 절망하는 타락자가 되거나 그렇지 않으면 '음모사건'의 명칭 하에 감옥에 갇혀, 주리를 틀고 목과 발에 쇠사슬을 씌우고, 단근질·채찍질·전기질, 바늘로 손톱 밑과 발톱 밑을 쑤시는, 수족을 달아매는, 콧구멍에 물 붓는, 생식기에 심지를 박는 모든 악형, 곧 야만 전제국의 형률刑律 사전에도 없는 갖은 악형을 다 당하고 죽거나, 요행히 살아 감옥에서 나온대야 평생 불구의 폐인이 될 뿐이라.

그렇지 않을지라도 발명 창작의 본능은 생활의 곤란에서 단절하며, 진취 활발의 기상은 처한 형편의 압박에서 사그라들어 '찍도 쩍도' 못 하게 각 방면의 속박·채찍질·구박·압제를 받아, 삼천리가 하나의 큰 감옥이 되어, 우리 민족은 아주 인류의 자각을 잃을 뿐 아니라, 곧 자동적 본능까지 잃어 노예부터 기계가 되어 강도 수중의 사용품이 되고 말 뿐이며, 강도 일본이 우

리의 생명을 지푸라기로 보아, 을사 이후 13도의 의병 나던 각 지방에서 일본 군대가 행한 폭행도 이루 다 적을 수 없거니와….

이상의 사실에 따라 우리는 일본 강도정치 곧 이족異族통치가 우리 조선 민족 생존의 적임을 선언하는 동시에, 우리는 혁명수단으로 우리 생존의 적인 강도 일본을 죽여 없앰이 곧 우리의 정당한 수단임을 선언하노라.

제1부에서는 일본은 조선의 국호와 정권과 생존을 박탈한 강도라고 규정하고 일본을 타도하기 위한 혁명이 정당한 수단임을 천명했다. 제2부에서는 3·1운동 이후 대두된 자치론과 내정독립론과 참정권론 및 문화운동을 일제와 타협하려는 '적'이라고 규정했으며, 제3부에서는 대한민국 임시정부의 외교론과 독립전쟁 준비론 등의 독립운동 방략을 비판했다. 그리고 제4부는 일제를 몰아내려는 혁명은 민중의 직접혁명이어야 한다고 주장했으며, 제5부에서는 '조선혁명'과 관련하여, 다섯 가지 파괴와 다섯 가지 건설 목표를 제시했다. 다섯 가지 파괴 대상은 이족통치異族統治와 특권계급, 경제약탈제도, 사회적 불평균 및 노예적 문화사상이며, 다섯 가지 건설 목표는 고유적 조선과 자유적 민중과 민중적 조선, 그리고 민중적 사회 및 민중적 문화라고 선언했다.

김원봉은 마지막으로 정리된 원고를 읽고 신채호 선생에게 정중히 고개를 숙였다.

"선생님, 훌륭한 문장입니다. 우리 의열단의 정신적 목표와 이념이 아주 잘 녹아 있고, 조선 민족 전체에게 독립에 대한 확신과 목표를 정해주는 듯합니다."

신채호는 흐뭇한 표정으로 고개를 끄덕였다.

다음 날 아침이면 선생이 베이징으로 떠나실 것이라 김원봉은 요릿집에 모셔 후하게 저녁을 대접했다.

신채호. 김원봉의 요청으로
「조선혁명선언」을 기초했다.

식사가 끝나갈 무렵, 부단장인 이종암이 찾아왔다. 그가 전보용지를 펼치는 것을 보고 김원봉은 육감적으로 국내에 침투시킨 김상옥 동지에 대한 소식이 왔음을 알아차렸다.

이종암은 단재 선생이 권한 술잔을 두 손으로 받아 식탁에 놓고 눈물을 쏟았다.

"의백 동지, 김상옥 동지가 지난 1월 3일 종로경찰서를 폭파하고 장렬하게 순국했소이다."

김원봉은 눈을 감고 미동도 하지 않았다.

깜짝 놀라 고개를 든 것은 단재 신채호 선생이었다.

"임시정부에서 일했던 김상옥 동지 말이오?"

김원봉은 고개를 선생에게 돌리고 머리를 숙였다.

"네. 그분은 의열단 비밀단원이었습니다. 선생님께서 상하이에 오시기 전에 출발하면서 인사 올리지 못했습니다. 이번이 저희 의열단의 여섯 번째 작전이었습니다."

단재 선생은 두 팔을 뻗어 김원봉의 어깨를 끌어안았다.

"여섯 번째라니 장한 일이오."

이종암이 말을 이었다.

"전보 내용으로 보면 종로경찰서에 폭탄을 던지고 잠복해 사이토 총독 처단을 준비하다가 포위당하자 왜경 세 명을 사살하고 남산으로 탈출, 다시 여섯 명을 사살하고 마지막 탄환으로 자결했습니다."

"아, 그랬군요. 우리 묵념합시다."

단재 선생의 말씀에 김원봉은 옷깃을 여미며 일어섰다.

세 사람은 엄숙한 표정으로 일어나서 조국이 있는 동쪽을 향했다.

"김상옥 동지, 동지의 희생은 청사에 길이 빛날 것입니다. 부디 극락에서 편히 잠드시오. 그곳에서 우리들의 투쟁을 지켜주시오."

신채호 선생의 물기 밴 음성을 들으며 김원봉은 다시 속으로 울었다. 또한 명의 동지를 죽음의 길로 보낸 죄책감 때문이었다.

신채호가 베이징으로 떠나자 김원봉은 즉시 「조선혁명선언」 인쇄 제작에 들어갔다. 그것을 국민대표회의에 참가한 각계 대표들에게 보내며 널리 배포해달라고 부탁했다. 인쇄물은 즉시 고국 땅, 만주, 중국 관내, 러시아, 미주 그리고 일본 땅까지 퍼져나갔다.

이것은 의열단의 정신적 바탕이 되고 긍지가 되었다. 이후 의열단원들은 암살·파괴 작전을 수행하러 나갈 때 이 작은 인쇄물을 품에 간직했다. 김원봉 또한 이것을 의열단의 미래 지표로 삼았다.

김원봉은 이 선언문에 고무되어 유자명과 함께 「조선총독부 소속 관공리官公吏에게」라는 글을 작성했다.


강도 일본의 총독부 정치 하에 기생하는 관공리 제군, 제군은 선조로부터 자손에 이르기까지 움직일 수 없는 조선 민족의 일분자가 아닌가. 만약 조선

민족의 일분자라고 하면 설령 구복口腹과 처자를 위해 강도 일본에 노예적 관공리 생애를 한다고 할지라도 강도 일본의 총독정치가 이민족의 구적仇敵임을 알지라. 따라서 아我들의 혁명운동은 곧 강도 일본의 총독정치를 파괴하고 조선 민족을 구제하려고 하는 운동임을 알지라. 이를 안다면 우리의 혁명운동을 방해하지 않을 것을 믿는다. 그런데 방해하는 자가 있다고 하면 우리는 이러한 도배徒輩의 생명을 용서하지 않을 것이다.

4256년 1월 의열단

이 글도 「조선혁명선언」과 함께 국내로 쏟아져 들어갔다.

3월 하순, 김상옥의 투쟁을 보도한 『동아일보』 3월 15일자 호외가 상하이에 도착했다. 김원봉은 따뜻한 국을 끓여주지 못했다는 늙은 어머니의 회한을 읽으며 또다시 눈물을 흘렸다.

## 마자르, 고성능 폭탄을 만들다

1923년 1월 3일부터 상하이 프랑스 조계에서 말도 많고 탈도 많았던 국민대표회의가 개막되었다. 국내·상하이·만주 일대·베이징·간도 일대·노령·미주 등지에서 120여 개의 단체, 120여 명의 대표가 모였다. 안창호가 임시의장, 김동삼을 의장으로 뽑아 회의를 시작했다. 김원봉은 독립운동 전선의 통일과 단합을 적극 지지하며 국민대표회의가 성공적으로 진행되기를 희망했다.

의열단은 참가하지 않고 대표도 보내지 않은 터라 김원봉은 의열단 일에만 정신을 쏟았다. 그러면서 제2차 암살·파괴 작전을 계획하기 시작했다. 중국에 배치된 일본 밀정들이 국민대표회의에 열중하는 틈을 노리는 계산도 있었다.

김원봉은 조선총독부·동양척식주식회사·조선은행·경성우편국·경성

전기회사·경부선과 경의선 등 중요 철도와 사이토 조선총독·미즈노水野 정무총감·마루야마丸山 경무총감 그리고 밀정 가운데 유력한 자들을 목표로 잡았다.

제1차 암살·파괴 작전 때 의열단 창단 단원들이 중심이 된 데 비해 이번에는 아나키스트 계열 투사들과 이르쿠츠크 계열 공산당원 및 그 계열 출신 단원들이 행동의 주축이 되었다. 이르쿠츠크 계열 공산당 소속 의열단원들 정점에 장건상 고문이 있었다.

김원봉은 유자명과 남정각南廷珏을 국내에 밀사로 보내 무산자동맹이라는 비밀결사를 이끌고 있던 국내 공산주의 지도자인 김한과 접촉하게 했다. 교통 형편을 정찰하고 폭탄 운송방법도 알아보게 했다.

김한은 김사국金思國과 함께 국내에서 일어나기 시작한 진보적 청년운동을 지도하고 있는 인물이었다. 경성 출신으로 탁지부 주사 등을 지내고 1905년 일본 호세이法政대학 졸업 후 1912년 만주로 망명, 독립운동에 투신했다. 1919년 대한민국 임시정부 사법부장을 지냈다. 이후 서울청년회와 무산자동맹 결성에 참여하고, 고려공산청년회 집행위원의 경력을 갖고 있었다.

김원봉은 제1차 암살·파괴 작전에서 밀양과 경상도 쪽 인맥이 무너진 터라 이번에는 일본경찰이 짐작 못하는 새로운 인맥을 잡아 거사를 꾸미려는 복안을 갖고 있었다. 유자명은 그때의 일을 이렇게 회고했다.


의열단에서 통신 연락을 책임진 나는 1923년 여름 남정각과 함께 단둥과 서울로 가서 김한을 만나 금후의 활동 계획을 상론했다. 상하이에서 무기를 구하여 조선으로 날라다가 투쟁을 계속하기로 한 우리는 상하이로 돌아와 폭탄과 권총을 구해놓았다.[*]

두 밀사는 김한을 만나 김원봉의 요청을 전했고, 김한은 기꺼이 승낙했다. 얼마 후 남정각이 김한의 밀서를 갖고 왔다. 김원봉은 남정각을 통해 활동자금 2,000원을 김한에게 보냈다.

그때 이상한 첩보가 들어왔다.

"서양 청년이 베이징 성내의 술집을 돌아다니면서 조선 사람이 있냐고 묻고, 내가 조선인이라고 하면 김원봉을 아느냐고 묻는답니다."

김원봉은 보고한 동지에게 말했다.

"당장 데려오시오."

짐작한 대로 그 서양 청년은 헝가리 출신 폭탄제조 기술자 마자르였다. 마자르는 이태준의 죽음에 대해 증언했다. 이태준은 레닌 자금 4만 루블을 운송하고 마자르를 중국으로 데려오기 위해 위험을 각오하고 쿠룬에 잠시 머물렀고 러시아 백군 운게른 부대에게 체포당했다. 마자르는 유창한 러시아어로 적당히 둘러대서 체포를 피했고 이태준은 가택연금 상태에 들어갔다가 운게른의 사형집행조에게 잔인하게 처형되었다고 했다.

김원봉은 마자르를 데리고 상하이로 돌아왔다. 프랑스 조계에 있는 양옥집을 빌려 폭탄제조 아지트로 만들었다. 의열단원 이동화李東華에게 마자르를 돕게 했다. 마자르는 중국어나 조선어는 한 마디도 할 줄 몰랐다. 이동화는 블라디보스토크에서 오래 살았기 때문에 러시아어에 능통했다. 김원봉은 여성 의열단원 현계옥玄桂玉을 동거하는 여인처럼 위장시켜 그 집에 있게 했다. 그밖에도 마자르에게 매달 70달러를 월급으로 주면서 극진히 대했다.*

* 유자명, 『나의 회억』, 셴양: 료녕민족출판사, 1985, 79-80쪽.

* 장지락은 김원봉이 마르틴(마자르와 동일인물이 분명하다)에게 오토바이를 사주었으며 1924년 헤어질 때 1만 달러를 주었다고 회고했다(님 웨일스·김산, 송영인 옮김, 『아리랑』, 동녘, 2005, 161-162쪽).

현계옥의 공이 컸다. 여성으로서 웬만한 남성이 따르지 못할 정도로 기개가 높은 지사志士였다. 경남 밀양에서 악공樂工의 딸로 출생, 대구 기생조합 소속 기생이 되고, 경성으로 옮겨 장안 최고의 명기로 명성이 높았다. 정인 현정건玄鼎健의 영향으로 독립운동에 투신해 상하이로 망명했고 의열단에 입단해 여성이 할 수 있는 공작을 펼쳐왔는데 김원봉의 명령에 따라 마자르와 동거하는 임무를 받아들였다.

연락원 하나가 그 집에 드나들며 김원봉의 명령을 전했다. 차오라오 타이타이曹老太太라는 중국인 할머니였다. 병원을 운영하는 중국인의 아내인 그 할머니는 김원봉의 옛 동지 김철성의 양어머니였다. 김원봉은 남의 주목을 끌까봐 걱정되어 2-3일에 한 번 폭탄제조소를 찾아갔다.

폭탄기술자 마자르는 성격이 쾌활한 청년이었다. 일하면서 노래를 불렀다.

"의백님, 저의 조국 헝가리의 노래입니다."

마자르의 말에 김원봉은 고개를 끄덕였다.

"그런가? 어딘지 모르게 애조를 띠고 있군."

그렇게 만든 폭약은 하나둘씩 쌓여갔다.*

### 나혜석이 협력을 약속하다

1923년 봄, 국민대표회의는 공전하고 있었다. 김원봉은 독립운동 전선의 통일과 단합을 적극 지지하는 입장에서 상하이 국민대표의회가 성공적으로 진행되기를 희망했다. 그러나 임시정부를 해체하고 새로 조직하자는 창조파와 그대로 유지하면서 개편·보완하자는 개조파가 맞섰다. 5월 15일에 가서는 결국 개조파인 만주 대표들이 사임하는 사태가 전개되었다. 창

---

* 박태원, 『약산과 의열단』, 깊은샘, 2000, 101-102쪽.

조파는 윤해尹海를 의장에 추대하고 개조안을 부결 처리했다. 개조파가 회의를 전면 거부함으로써 국민대표회의는 사실상 결렬되었다.

소식을 들은 김원봉은 한숨을 쉬었다.

"120명이 석 달 동안 토론했는데도 결렬되다니 일본만 좋아하게 생겼군. 일본이 가장 두려워하는 것은 우리 민족이 3·1운동 때처럼 하나로 뭉치는 거야."

김원봉은 언젠가 모든 독립운동 단체를 통합하는 일에 나서겠다고 결심했다.


경륜 높은 단원들이 들어오고, 활동자금도 넉넉하고, 다시 두번째 대규모 암살·파괴 작전도 희망이 있어 보여 김원봉은 뿌듯한 기분으로 늦가을을 보내고 있었다. 11월이면 베이징이나 만주는 겨울이 시작되지만 상하이는 단풍이 한창이었다.

김원봉은 폭탄제조를 동지들에게 맡겨두고 이종암과 함께 베이징으로 갔다. 베이징과 톈진, 압록강 국경도시 단둥에 있는 비밀 조직망을 가동해 폭탄을 반입하기 위한 방법을 찾았다.

이륭양행의 쇼를 만났을 때 반가운 소식을 듣게 되었다. 단둥 일본영사관 부영사로 김우영金雨英이라는 조선인이 부임했는데 그의 아내가 화가이자 소설가인 나혜석*이라는 것이었다.

"아름답고 활발한 신여성이라 시선을 한 몸에 받았지요. 대화 중에 어쩌다 의열단 이야기가 나왔어요. 내가 김원봉 단장을 만난 적이 있다고 조용히 말했더니 나한테 살짝 말해주더군요 자기 오빠의 제자라고."

---

\* 나혜석은 1918년 3월 잡지 『여성계』에 단편소설 「경희」를 발표했고 그 뒤 「정순」이라는 소설도 내놓았다.

쇼의 말을 들으면서 김원봉은 머리를 끄덕였다.

"학창 시절 스승님의 누이예요. 만나게 해주세요."

속옷까지 샅샅이 뒤지고 짐이란 짐은 모두 풀어헤쳐 조사하는 압록강 국경의 통관을 피할 수 있는 길이 있을지도 모른다는 1퍼센트의 기대 때문에 김원봉은 그렇게 말했다.

비밀 연락을 주고받고 안전을 확보하느라 곡절이 있었지만 김원봉은 나혜석을 중국 음식점에서 만났다. 그녀는 원숙한 아름다움을 갖춘 여성이었다.

"한 달 전 경성에 갔다가 오라버니를 만났는데 세상을 뒤흔드는 의열단 단장이 중앙학교 제자라 하셨어요. 참으로 장하세요."

나혜석이 깊은 눈을 들어 말했다.

"고마운 말씀이군요. 일본에 충성하는 외교관을 남편으로 둔 분, 식민지 현실에 만족하며 미술과 문학에서 명성을 떨치고 있는 여성이 하시는 말씀이니 말입니다."

김원봉은 두 눈을 똑바로 들어 끝까지 응시하며 말했다. 그는 오로지 목적만을 생각하고 있었다. 그녀의 속마음을 떠보아야 하고 틈을 비집고 들어가야 한다고 다짐하고 있었다.

음식이 나왔다. 두 사람은 한동안 묵묵히 젓가락을 움직여 음식을 먹었다.

"일본에 붙어사는 조선인들은 민족적 양심도 없는 것처럼 말하는군요."

김원봉은 그렇게 말하는 그녀를 찬찬히 바라보았다.

"나는 '조선의 딸'이에요. 3·1운동 때 구속당해 다섯 달이나 옥살이를 했어요.* 내 남편도 변호사로서 독립투사들을 변호해 '만세 변호사'라는

---

* 나혜석은 1919년 3월 2일, 이화학당 기숙사에서 박인덕·황애시덕·김마리아 등

별명이 붙었어요."

김원봉은 고개를 숙이며 사과했다.

"미안합니다. 거기까지는 알지 못했습니다."

음식을 다 먹고 자리에서 일어설 때 김원봉은 나혜석 쪽으로 가서 일어나기 좋게 식탁 의자를 뒤로 빼주었다. 그때 나혜석이 김원봉의 손을 꼭 잡았다 놓았다.

"내 힘이 필요하면 연락해요."

김원봉은 고마워서 다시 그녀의 손을 잡았다.

"고맙습니다, 조선의 따님."

---

과 협의해 3·1운동을 주동한 일로 구속되어 고초를 겪었다. 「나혜석 검찰신문조서」, 「3·1독립시위 관련자 신문조서」(국편 DB)와 만세운동 구속 수감자를 보도한 1919년 5월 5일자 『매일신보』 기사에 있다.

# 8 제2차 암살·파괴 작전

## 암살·파괴 작전, 폭탄을 대량 운송하라

1923년 2월까지 헝가리인 기술자 마자르가 의열단을 위해 만든 폭탄은 50개가 넘었다. 도화선을 연결해 불을 붙일 수도 있었고 건전지를 쓰는 전기식도 가능했으며, 시계를 붙여 시간을 조절하는 시한 신관도 쓸 수 있었다.

김원봉은 마자르의 손을 굳게 잡았다.

"고맙소, 마자르 씨. 우리 조선 민족을 위해 참으로 훌륭한 일을 했소."

김원봉은 폭탄과 「조선혁명선언」 「조선총독부 소속 관공리에게」 유인물을 국내에 들여가기 위해 고심하기 시작했다. 밀정을 이용하는 일본경찰의 정보망이 촘촘한 그물처럼 빈틈없다는 것은 제1차 암살·파괴 작전 때 이미 경험했다. 김원봉은 새로 개척한 김한의 인맥이 일본경찰에게 포착되지 않았다고 믿고 있었다.

그가 고심하는 것을 보고 이종암이 말했다.

"의백, 제2차 암살·파괴 작전을 시작할 때입니다. 이번에는 내가 들어가겠소이다."

김원봉은 고개를 끄덕이다가 다시 흔들었다.

"이 동지의 얼굴은 경찰이 알고 있어 안 되오. 김시현 동지를 보냅시다."

김시현은 황푸탄 의거 직후 김원봉을 찾아와 눈물을 글썽이며, 자신도 의열단원이 되어 황푸탄 의거의 용사들처럼 권총을 뽑아들고 수천 군중 속을 달려 왜놈 대장을 향해 총을 쏘고 싶다고 말했던 중년의 투사였다. 김시현이 마침내 김원봉 의백에게 비밀리에 소환되었다.

"의백 동지, 나를 불러줘서 고맙소이다."

김시현은 감격한 얼굴로 말했다.

김원봉은 명령을 내렸다. 의열단의 대대적인 제2차 암살·파괴 작전이 었다. 단독작전까지 합하면 여덟 번째 공격의 시작이었다.

"김 선생님, 국내로 잠입하십시오. 고성능 폭탄 수백 개를 들여갈 통로 를 확보하고 폭탄이 오면 받아 은닉하십시오."

"알겠습니다, 의백 동지."

김시현은 엄숙한 표정으로 대답했다. 그러고는 외투를 입다가 문득 생 각난 것이 있는 듯 김원봉을 바라보았다.

"하실 말씀이라도 있습니까?"

김원봉은 김시현에게 한 발 다가갔다.

김시현은 두 눈에 힘을 주고 그를 바라보았다.

"나를 믿습니까?"

김원봉은 고개를 끄덕였다.

"그러니까 우리 동지들의 목숨과 의열단의 흥망이 걸린 일을 맡기는 겁 니다."

김원봉은 더 말하지 않았다.

며칠 뒤 그는 김시현이 보낸 밀서를 받았다. 그와 이종암만이 해독하게 난수표로 만든 암호편지였다.

김상옥 동지 의거 이후 조직 붕괴 재건 불능. 경기도 경찰부 황옥黃鈺 경부警部를 포섭했음. 그가 톈진으로 가니 만나기 바람.


　　난수표를 해독해 만든 단 두 줄의 문장을 김원봉은 한참 동안 들여다보았다. 행간에 숨은 뜻을 읽으려고 애쓰면서 문득 김시현이 임무를 받고 떠나면서 자신을 믿느냐고 말한 순간의 표정을 떠올렸다.

　　이종암이 말했다.

　　"조선인 경찰을 앞세우다니요? 믿어도 될까요? 의백이 그 사람을 만나러 톈진으로 가도 되겠소이까?"

　　"톈진은 우리 조직이 탄탄하게 살아 있는 곳이 아닙니까. 일단 가서 안전을 확보한 뒤에 황옥이라는 사람을 만나야지요."

　　김원봉은 그렇게 말하며 암호문을 성냥불로 태웠다.

　　그때 유자명이 들어왔다. 두 사람의 말을 듣고 유자명은 고개를 끄덕였다.

　　"국내에서 내가 활동할 때 김한 동지와 함께 황옥 경부를 만난 일이 있소. 그 사람 뱃속이야 갈라봐야 알겠지만 나는 믿는 쪽에 표를 던지겠소."

　　김원봉은 의열단 단원들에게 황옥에 대한 정보 수집을 명령했다. 의열단 전체를 들었다 놓았다 할 정도로 큰 영향을 미친 인물 황옥, 그는 어떤 인물인가.


## 경찰 간부 황옥을 믿다

　　황옥은 1887년 경북 문경 출생으로 38세였다. 젊은 시절, 통감부 재판소 서기 겸 통역생으로 일했는데 1910년대 평양에서 변호사 홍진과 친분을 쌓고, 3·1운동 직후 홍진과 상하이로 망명해 이규갑李圭甲·한남수 등 한성정부 인사들의 상하이 망명을 주선했다. 그러다 임시정부가 밀정으로 의심하자 국내로 돌아왔다.

1920년, 황옥은 임시정부에서 정탐한 내용과 검사국 경력을 앞세워 경기도 경찰부에 특채되었다. 그해 밀양폭탄사건 연루자로 체포된 김시현을 경성으로 호송하다가 그와 의기투합했다. 황옥은 1922년 1월 모스크바 극동민족대회를 정탐하라는 명령을 받고 고려공산당 이르쿠츠크파 간부로 뽑혔다. 그 후 김시현의 이르쿠츠크파 고려공산당 입당을 도와주고, 여행증과 여비를 마련해 극동민족대회에 참가하도록 도와주었다. 김시현은 황옥이 일본경찰이지만 독립에 뜻을 품은 인물이라고 철석같이 믿었다.

김원봉은 텐진으로 갔다. 비밀 연락망을 통해 황옥에게서 접선 메시지가 왔다. 의열단원들은 프랑스 조계에 있는 음식점을 장소로 정했다. 김원봉은 50대 중국인으로 위장해 중국인들이 좋아하는 중산복을 입고 콧수염과 턱수염을 붙인 채 방으로 들어섰다. 일부러 다리를 조금씩 절며 단장短杖을 짚고 있었다. 실탄 발사 장치와 칼날이 숨겨진 무기였다.

"황옥 선생이십니까? 내가 김원봉입니다."

마흔을 바라보는 장년의 사내는 의자에서 일어서며 두 팔을 허리에 붙이고 90도 각도로 절을 했다.

"고맙소이다. 일본경찰의 녹을 먹는 이 못난 놈을 믿고 만나주셔서."

"조국 광복을 위한 길이라면 무엇이든 해야지요."

김원봉은 손을 내밀어 황옥의 손을 잡았다. 김원봉은 여유롭게 웃고 있었지만 예리하게 상대의 눈을 바라보았다. 자신의 손에 느껴지는 상대방 손의 촉감에 정신을 집중했다.

황옥은 흥분하여 약간 상기되어 있었지만 두려움은 없어 보였다. 크게 뜬 두 눈이 진실해 보였다. 짧은 순간이지만 김원봉은 그가 일본의 밀정 아니라고 느꼈다. 야생동물이 지닌 육감 같은 것이었다. 의열단 동지들이 말하는, 평범한 사람에게는 없는 그만이 가진 예지력, 바로 그것이었다.

황옥은 주머니에서 미리 준비한 종이를 꺼내 김원봉 앞에 펴놓았다.

"저의 집 주소와 부모님과 형님, 아내와 두 아이의 이름입니다. 제 가족의 생명을 담보합니다."

신뢰를 얻으려는 행동이었다. 김원봉은 그것을 받지 않았다.

"약속으로 알겠습니다. 우리는 마음만 먹으면 열흘 안에 그런 정보쯤은 손에 넣을 수 있지요. 그런데 왜 위험을 무릅쓰고 나를 만나려 했습니까?"

"의열단의 존재는 만천하에 알려져 있고 조선의 사나이라면 누구든지 의열단원이 되고 싶어 합니다. 저도 비록 일본의 녹을 먹고 있지만 어찌 그런 욕망이 없겠습니까. 김시현 선생을 호송할 때 그분이 꾸짖는 말씀에 감복했습니다."

황옥은 그렇게 말하며 자기 격정을 못 이겨 눈물을 흘렸다.

"저를 이용하십시오. 이번에 저는 화베이 지역의 조선인 독립운동 조직을 관찰하는 임무를 갖고 출장왔습니다."

이날 황옥은 경기도 경찰부의 기밀을 서슴없이 털어놓았다.

"경찰 전체 인력의 8할이 저항적인 조선인을 색출하는 데 집중되고 있습니다. 마을마다 공개된 경찰보조원이 있고 비밀정보원이 두세 명씩 있습니다. 조금이라도 미심쩍은 사람은 집중적으로 비밀감시를 합니다."

김원봉은 담담히 머리를 끄덕였다.

"우리도 알고 있어요."

"어떤 사건에 연루되어 붙잡혀 오면 약점을 잡아 엄청난 협박으로 회유하지요. 체포하지 않은 것처럼 가만히 풀어주기도 하고, 혹독한 고문을 하고 풀어주기도 하지요. 그리고 그들을 밀고자로 만듭니다."

"그걸 어떻게 넘어설 수 있겠소?"

김원봉의 말에 황옥은 불가능하다는 뜻으로 머리를 설레설레 흔들다가 입을 열었다.

"그걸 뛰어넘는 상상력이 필요하지요."

"경찰의 집념을 뛰어넘는 상상력이라…."

김원봉은 그렇게 중얼거렸다.

숙소로 돌아오자 유자명과 이종암이 기다리고 있었다. 이종암이 물었다.

"의백, 황옥 경부는 사람됨이 어떠합디까?"

"강인하고 대담하며 과단성이 있어 보였어요. 하지만 좀처럼 남의 수하에 들지 않을 사람 같고요. 동족을 팔아버릴 사람 같지는 않습디다."

김원봉은 황옥을 만난 소감을 들려주었다.

이종암은 머리를 끄덕이면서도 선뜻 내키지 않는다는 듯 입을 열었다.

"황옥이 덫을 놓고 있는지도 모르지요."

"더 지켜봅시다. 우리가 확신할 수 있을 때까지."

이종암은 천천히 머리를 끄덕였다.

"나는 의백을 믿습니다."

유자명은 더 신중했다.

"끝까지 빈틈없이 관찰하고 예리하게 판단해야 해요."

김원봉과 황옥은 저녁식사를 같이한 것을 시작으로 사흘이 멀다 하고 만났다. 물론 톈진의 프랑스 조계를 벗어나지 않았으며 그때마다 의열단원들은 그림자처럼 소리 없이 움직였다.

어느 날 황옥은 자신이 받은 비밀전보를 보여주었다. 의열단장 김원봉이 상하이를 떠나 베이징이나 톈진 또는 단둥으로 가서 활동할 것으로 보이니 추적하라는 내용이었다.

그사이 김원봉은 비밀요원 유석현劉錫鉉을 상하이로 보내 폭탄을 가져오게 했다. 유석현은 다섯 개의 가방에 폭탄 36개와 권총 다섯 자루, 실탄 156발, 「조선혁명선언」과 「조선총독부 소속 관공리에게」 인쇄물 뭉치를 폭탄기술자 마자르를 앞장세워 톈진으로 가져왔다.

김시현. 인텔리겐치아로서 의열단에 가입해 국내폭파 공작을 계획했다. 1950년 국회의원에 당선되기도 했다.

황옥. 의열단의 폭탄 운송을 맡았으나 실패했다. 독립투사가 아니라 밀정이라는 논란도 있다.

마자르는 여유롭게 여행하는 서양인 대부호의 아들로 위장하고 유석현과 현계옥, 차오라오 타이타이 할머니까지 한 가족처럼 꾸며 배를 탔다. 누가 보면 서양인이 중국 여자와 결혼해 살며 아내와 장모, 짐꾼을 데리고 가는 것처럼 보였다.

그들은 상하이를 떠날 때는 짐 검사도 받지 않고 무사히 배에 올랐다. 그러나 톈진에서는 가슴 조이는 일이 벌어졌다. 마자르가 휴대한 작은 가방은 쳐다보지도 않던 중국 세관원이 유석현과 여자들이 들고 있는 가방은 검사를 하겠다고 막아선 것이다.

마자르가 눈을 부라렸다.

"내 짐을 왜 뒤진단 말이오? 나는 치외법권을 가진 사람이오."

세관원들은 마자르의 서슬에 물러섰다.

유석현은 가방들을 쇼의 이륭양행 창고에 맡겼다. 그다음 일은 또 다른 베이징 소재 의열단원 최용덕이 맡게 되어 있었다. 최용덕은 한때 의열단에서 탈퇴해 신의단을 조직했다가 다시 신의단까지 이끌고 입단해 있었다.

제1차 폭탄 반입 작전을 실패한 뼈저린 경험을 갖고 있던 김원봉은 이번 작전을 지휘하면서 제대로 먹지도 자지도 못했다. 여러 동지, 수많은 협조자의 생명이 달린 일이라 잠시도 긴장을 풀지 못했다. 제1차 암살·파괴 작전 실패로 감옥에 갇혀 신음하는 동지들을 생각하면 이번 작전에 혼신의 힘을 기울여야 했다.

마자르가 옮겨준 폭탄 가방들을 다시 기차에 실어 펑톈을 거쳐 단둥까지 운송하는 작전도 손에 땀을 쥐게 했다. 그것은 두 번에 걸쳐 이루어졌다. 먼저 백영무白英武가 세 개를 가져오고, 다음 날은 이현준李賢俊이 가지고 왔다. 폭탄은 홍종우洪鍾祐가 받아 자기 집에 숨겼다. 백영무는『조선일보』신의주 지국장이었고 홍종우는 단둥 지국장이었다. 그들은 의열단의 비밀조직과 연결되어 있었으며 자청하여 그 일을 맡았다.

폭탄이 도착하자 황옥은 국내로 들어갔다. 그는 "출장기간이 끝났으나 김원봉의 종적을 찾을 수 없다"는 내용의 보고서를 경기도 경찰부에 보내고 귀환 길에 올랐다.

김원봉은 황옥에게 말했다.

"황 동지, 우리 동지들의 목숨이 황 동지 손에 달렸소이다. 잘 부탁합니다."

폭탄의 국내 반입 작전이 치밀하게 이루어졌다. 나혜석이 국내로 침투할 의열단원들을 자기 집에 재웠고 남편의 외교관 신분을 이용해 폭탄을 넣은 짐짝에 영사관 꼬리표를 붙였다.

먼저 홍종우·백영무·이오길李吾吉 세 사람이 폭탄 여섯 개를 주머니에 넣어 인력거를 타고 압록강을 건넜다. 이들은 국경을 자주 왕래하는 신문 지국장들이라 무사히 넘어갔다. 다음 날은 황옥·김인순金仁順·홍종우·백영무·이오길 등이 술에 적당히 취한 유흥객처럼 꾸며 인력거를 여러 대

나눠 타고 기생들까지 앞세워 압록강 검문소를 통과했다. 폭탄은 기생들이 탄 인력거에 숨겼다. 이틀 뒤 폭탄이 담긴 짐은 '단둥 영사관'이라는 꼬리표를 달고 기차에 실렸다.

여류화가 나혜석이 개입해 폭탄을 운반한 그때의 일을 유자명은 이렇게 회고했다.

그래서 황옥은 직업관계로 서로 알게 되었으며 두 사람 다 조국의 독립을 위해 몸 바칠 뜻을 품고 있었기에 더욱 친밀하게 지내는 터였다. 그리하여 황옥은 유석현, 남정각, 박기홍과 함께 단둥을 지나올 때 김우영의 집을 찾아가 서로 만나보았고 남정각과 박기홍을 그에게 소개해주었다. 김우영의 부인 나혜석은 애국부인회의 김마리아와 친한 사이였는데 김마리아가 애국부인회 사건으로 대구 일본감옥에 갇혀 있을 때 나혜석은 대구로 찾아가 철창 밖에서 김마리아를 만나고 돌아와 뜻 깊고 감정 있는「김마리아 방문기」를 써서 신문에 발표한 일이 있었다. 나도 서울에 있을 때 이 글을 읽고 깊은 감동을 받은 적이 있다. 나혜석은 이와 같이 애국사상을 갖고 있었기에 남정각과 박기홍을 자기의 친동기와 같이 대해주고 자기 집에서 숙식하게 했다.

남정각이 상하이로 가서 폭탄과 권총을 가지고 와서 넘겨주자 황옥 등 네 사람은 톈진을 떠나 단둥으로 갔다. 그들은 단둥시에서 기차를 내려 나혜석의 집에서 하룻밤을 자고 이튿날 아침 서울행 열차를 타러 나갈 때 나혜석은 폭탄과 권총을 넣은 짐짝에 '단둥 영사관'이라는 꼬리표를 달아주었다. 폭탄과 권총이 든 짐은 고급 정탐인 황옥이 가지고 차에 오르고 나머지 세 사람은 각기 다른 차칸에 타고 무사히 서울에 도착했다.*

* 유자명,『나의 회억』, 셴양: 료녕민족출판사, 1985, 80-81쪽.

## 실패의 아픔

김원봉은 톈진의 프랑스 조계에 잠복한 채로 소식을 기다렸다. 폭탄이 서울까지 무사히 옮겨졌다는 보고가 오면 행동대원들이 거사에 나설 것이고, 그 뒤 자신은 행동대원들을 연거푸 침투시켜 파상적인 공격을 감행할 계획이었다.

보고도 없고, 신문 보도도 없고, 소문에 대한 탐지 소식도 없이 일주일이 지나자 김원봉은 초조해졌다. 일본경찰의 촉수에 걸려들어 조직망이 무너지고 비밀연락망까지 마비된 것이거나, 반대로 폭탄의 서울 운송과 은닉이라는 완전한 성공을 거두고 극도의 비밀유지를 위해 납작 엎드려 있거나 둘 중 하나일 것이었다.

"피가 마르는군, 피가 말라."

김원봉은 중얼거리며 책을 읽으려 했다. 글자가 눈에 들어오지 않았다. 그렇게 며칠을 보냈다.

달이 휘영청하게 뜬 밤, 그는 숙소 건물의 옥상에서 시내를 관통해 흐르는 하이허강海河을 굽어보고 있었다. 밤바람은 서늘했고 어디선가 클라리넷을 부는 소리가 들려왔다. 치외법권 지역인 조계에 체류하는 프랑스인이 향수를 달래기 위해 부는 것 같았다.

옥상 문이 열리고 누군가가 나타났다. 품속의 권총을 움켜쥐며 바라보니 이종암이었다.

"잠이 안 올 듯해 나도 올라왔소."

이종암은 그의 곁에 걸터앉으며 작은 고량주 병을 들어 보였다.

"술잔도 가져올까요?"

그는 고개를 저었다.

"우리 둘뿐인데 어떻소이까."

두 사람은 건어포를 쭉쭉 찢어 안주로 씹으며 술잔도 없이 술을 마셨다.

그것은 이종암의 방법이었다. 김원봉은 옷차림도 용모도 늘 깔끔했으며 밥 한 술을 뜰 때나 술 한 잔을 마실 때도 격식을 차렸다.

"3년 전 동지들을 처음 고국에 침투시켜 놓고 애면글면하던 의백의 모습이 눈에 선해요. 지금도 그렇군요."

이종암은 술병을 기울여 한 모금 마시고 그에게 건네주었다.

김원봉도 이종암처럼 술병을 기울여 한 모금 마셨다.

"그래요."

"나는 마지막 단계 현장 지휘자였으니까 회한이 커요. 이번에는 잘 돼야 할 텐데, 그래야 옥에 갇힌 동지들도 기뻐할 텐데."

김원봉이 건어포를 씹다가 이종암을 바라보았다.

"그때 집에 들러 부인과 아들을 만났다고 했지요?"

이종암은 길게 한숨을 쉬었다.

"집에 가서 부모님과 이틀을 지내고 창녕에 있는 처가로 가서 하루를 묵었어요. 내가 망명할 때 아내 뱃속에 있었던 아들을 처음 안아봤어요."

"아들 이름이 뭐지요?"

"태수예요. 나이는 세 살이고."

작은 고량주 병을 거의 비워가고 있을 무렵이었다. 누군가가 딱딱, 벽 두드리는 소리가 났다. 둘은 귀에 온 정신을 집중했다. 주먹만 한 돌이나 벽돌로 두드리는 소리 네 번 두 번. 긴급한 연락사항이 있다는 암호였다. 김원봉을 경호하는 대원이 그렇게 벽을 두드려 답하는 소리가 들려왔다.

얼마 후, 젊은 동지가 조용히 올라와 속삭였다.

"4번 무인 포스트에서 암호 연락문을 가져왔습니다."

젊은 단원은 궐련 한 대를 내놓았다.

김원봉과 이종암은 방으로 내려가 촛불을 켜고 궐련을 풀어나갔다. 그러자 돌돌 말린 쪽지가 나왔다. 두 사람은 난수표 암호문을 해독했다.

"작전 실패. 폭탄은 무사히 경성에 도착했으나 활동 경비가 없어 경성법원 법관 진 아무개에게 지원 요청. 그자가 밀고하여 김시현, 황옥, 남정각, 유석현 동지 등 다수 체포당함."

해독된 밀서를 읽고 김원봉은 무너지듯 주저앉았다.

"아, 또 실패로구나."

"그래요. 이번에는 변절자가 일을 망치고 말았어요!"

이종암이 울분을 삼키면서 그를 얼싸안았다.

김원봉은 그 뒤 단둥과 국내 비밀정보망으로부터, 의열단을 도운 혐의로 나혜석·김우영 부부가 곤경을 치르고 증거 불충분으로 간신히 풀려났다는 사실도 보고받았다.

의열단의 8차 작전이라 할 제2차 암살·파괴 작전이 그렇게 시작 단계에서 실패한 뒤 김원봉과 의열단원들은 의기소침한 시간을 보냈다.

의열단이 입은 손실은 매우 컸다. 3년 전 여름에 창립단원들을 다수 잃은 것에 비해 이번에는 고국 땅에 있는 수많은 협조자를 잃고 애써 만든 폭탄을 빼앗겼다.

김원봉이 그렇게 존경했던 김시현 동지와 이번 작전이 빗나가지 않았다면 아마도 장차 독립운동 전선에서 큰 몫을 했을 황옥 경부가 체포당했다. 게다가 일본경찰이 예측하지 못할 젊은 행동대원들을 보냈는데 그들마저 검거된 것이다. 국내 조직이 완전 마비상태에 이르고 거의 쓸모없는 지경이 되어버린 것이다.

"폭탄을 모두 빼앗기고 동지들이 잡힌 것도 억울하지만 참담한 건 어디도 뚫고 들어갈 수 없다는 절망을 확인한 것이오."

김원봉은 이종암에게 그렇게 말했고 둘은 취하도록 술을 마셨다.*

일본경찰은 이 사건을 1923년 3월 15일까지 수사하여 26명을 체포하고 기소했다. 이듬해 8월 경성지방법원은 12명에게 선고를 내렸다. 김시현*과 황옥은 징역 10년, 유석현과 남정각은 징역 8년, 유시태 징역 7년, 유병하와 홍종우는 징역 6년, 이현준·백영무·조황은 징역 5년, 조동근 징역 1년 6월, 이경희는 징역 1년이었다.

작전은 실패했지만 이 사건은 조선반도 전체를 폭탄처럼 뒤흔들었다. 조선 민족은 실패한 것을 아까워하면서도 속이 후련했고 경찰은 어디서 폭탄이 터질지 전전긍긍했다. 이 무렵의 신문기사는 그런 분위기를 짐작하게 한다.

속담에 이른바 '적벽대전에 혼이 난 조조가 나무 그림자만 보아도 상산 조자룡의 창끝으로 의심한다더니 의열단의 무서운 계획에 정신이 혼란한 조선 경찰 당국은 도처에 의열단이 있는 줄로만 알고 경성에서 야단들인데 2-3일 전 경부선 연선에 있는 조치원경찰서에서는 어떠한 18세의 청년이 차에서 내려서 어떤 사람과 무슨 의논을 하는 것을 붙잡아서 취조한즉 아직 진가眞假는 알 수 없으나 그 청년 말이 '나는 의열단원이다'라고 말하였으므로 그 경찰서에서는 대경실색하여 서장 무등武藤이 수명의 형사와 그 청년을 데리고 경성으로 올라와서 경기도경찰부의 후원을 얻어서 연루자를 잡

---

* 황옥 경부에 대한 신뢰는 엇갈린다. 이종암의 동생 이종범이 쓴 『의열단 부장 이종암전』(사단법인 광복회, 1970)은 황옥이 1년 내에 병보석 출옥한 점을 들어 그가 일제의 밀정으로 함정을 팠다고 기술했다. 그러나 박태원의 『약산과 의열단』(깊은샘, 2000)과 유자명의 자서전 『한 혁명자의 회억록』(독립기념관 한국독립운동사연구소, 1999)은 그에 대한 신뢰를 표현했다.
* 김시현은 그후 다른 사건으로 두 번 더 복역했다. 광복 후 제2대 국회의원에 당선되었으며, 1952년 이승만 대통령을 암살하려다 실패해 사형선고를 받았으나 4·19혁명으로 감형 석방되었다.

고자 하였으나 어떤 까닭인지 그 청년이 말하는 연루자는 모두 도망하였으므로 2-3일 종일 애를 쓰다가 할 수 없이 그 청년만 시내 모 경찰서에 맡기고 무등 서장은 도로 내려갔다는데 그들은 이것을 의열단의 제2차 대음모라 하여 더욱 검거하려고 애를 쓰는 중이라더라.*

## 다시 일어서 의열단 총회를 열다

1923년 6월, 상하이에서 움츠리고 있던 김원봉은 초췌한 얼굴을 쓰다듬으며 일어섰다. 의열단 총회를 열어 위축된 조직을 추스르고 단결을 강화했다. 새로 입단하는 대원이 많아져 총 인원이 150명을 넘었다. 작전 실패로 조직이 흔들릴 것 같은 위기감을 극복하기 위해서였다.

김원봉은 아무리 휘어져도 부러지지 않는 강철처럼 일어서서 단원들에게 새로운 행동요령을 하달했다.

1. 의열단원은 입단한 날부터 생명·재산·명예·부모·처자 일체를 희생에 바치고 오직 의열단의 주목적인 조선독립을 위해 결사모험으로써 활동한다.
2. 단원은 각기 특징에 따라 다음의 기술을 실제로 연습하고 연구할 의무가 있다. 검술·사격술·폭탄제조술·탐정술.
3. 단원은 간부의 명령에 절대 복종한다.
4. 암살·파괴·방화·폭동 등에 대한 기밀과 계획은 간부회의에서 지휘한다.
5. 활동 중 체포당하는 단원이 발생될 때는 반드시 복수수단을 강구하여 단원을 체포한 자나 단원에게 형벌을 선고한 자는 반드시 암살한다.

---

* 「자칭 의열단원 조치원에서 검거하여 대소동」, 『동아일보』, 1923년 4월 25일자.

6. 암살 대상 인물과 파괴 대상 건물은 의열단 활동 목표에 근거하여 실행한다. 특히 조선 귀족으로서 나라를 망하게 하고 백성의 앙화를 초래한 대가로 많은 재산을 소유하고도 의연義捐에 응하지 않는 자는 기어이 금년 안에 처단한다.

7. 의열단 명칭을 빙자하고 금전을 강청하여 의열단의 명의를 더럽히는 자는 반드시 엄벌한다.

8. 주요 기밀사항은 간부회의에서 결의한 후 공표하지 않고 해당 단원에게 출동을 명령한다.*

9월 5일 저녁, 김원봉은 프랑스 조계에 위치한 비밀 숙소로 갔다. 검은 옷을 입은 사내가 담벼락에 몸을 붙였다가 골목으로 숨는 것을 보았다. 동물적 본능으로 그자가 자객이라는 것을 알아차렸다. 양복 안쪽 옆구리에 찬 권총 손잡이를 잡고 민첩하게 옆 골목으로 들어선 그는 또 다른 비밀 숙소로 갔다.

다음 날 김원봉과 어릴 적 친구이자 의열단 창단 동지인 김상윤이 젊은 동지들과 함께 자객이 붙었던 그 의열단 비밀 숙소를 감시해 다시 나타난 그자를 미행했다. 젊은 단원이 영국 조계 지역까지 따라가서 그자의 숙소에 담을 타고 올라가 창에 귀를 대고 탐지한 결과 그자가 권총을 갖고 있으며 김원봉을 암살하려 한다는 것을 확인했다.

보고를 끝낸 김상윤이 날카로운 비수를 꺼내 허공을 찔러보이며 말했다.

"쥐도 새도 모르게 죽여버립시다."

김원봉은 담담하게 말했다.

---

* 『조선일보』, 1923년 7월 8일자; 염인호, 『김원봉 연구』, 창작과비평사, 1993, 68쪽 재인용.

"처단하지 말고 영국 조계 경찰서에 신고합시다. 그렇게 해서 세상에 알려지게 합시다."

김상윤은 그의 지시대로 했고, 영국 조계 경찰이 자객의 집을 급습해 권총을 압수하고 세 명을 체포했다. 이 사건은 『상하이 신문』에도 보도되었고 며칠 뒤 고국 신문에도 실렸다.


약산을 암살할 계획으로 육혈포를 준 것 발각

『상하이 신문』의 보도에 의하면 지난 9월 5일에 상하이 영英, 영국 조계 경찰서에 있는 형사 순사들이 애문의로愛文義路 1589호 안에서 중국 사람 장아청章阿成 · 장아쿤章阿堃 · 쾅신촨匡新泉 세 사람을 잡고 육혈포 하나와 탄환을 압수하였는데 쾅신촨의 말이 그 육혈포와 탄환은 어느 일본 사람이 준 것인데 법法, 프랑스 조계에 있는 김약산金若山, 義烈團長 씨를 암살하기 위하여 준 것으로, 성공된 때에는 돈 600원을 주기로 약속한 것이라더라(상하이).


김약산을 저격하려 한 자 재판에 부쳤다.

상하이 영 조계 애문의로에 사는 중국 사람 장아청 · 장아쿤 · 쾅신촨 등 세 사람이 일본 사람의 시킴을 받아서 의열단장 김약산 씨를 암살하려다가 발각되어 체포되었다 함은 이미 보도한 바거니와 9월 19일에 영 조계 회심공해會審公廨 제1호 형사법정에서 관회심관關會審官과 영국 부영사가 이것을 심리하였는데 영 조계 공부국 서탐장工部局 西探長은 피고들이 그 육혈포와 탄환은 일본인 청목무靑木茂와 조선인 안정호安定浩에게 받아서 법 조계에 있는 김원봉을 암살하라는 부탁을 받은 일을 자백했다는 뜻을 진술하매….

위는 『동아일보』 1923년 9월 14일자 3면 기사이고, 아래는 9월 27일자

金若山謀殺事件

김원봉이 암살을 모면했다는 『독립신문』 기사.

3면 기사다. 상하이 발행 『독립신문』 1923년 10월 28일자에도 같은 내용이 있다. 암살을 사주한 일본인 이름이 가쯔오 가쯔克篤生이고 김원봉의 숙소가 프랑스 조계 서문로 50호라는 사실이 실려 있다.

김원봉은 언제든지 빈틈만 보이면 암살당할 처지에 놓여 있었다. 그 비밀 숙소는 의열단만 아는 곳인데 어떻게 드러난 것일까. 김상윤 등 간부단원들은 당황했을 것이다.

"혹시 이번에 새로 뽑은 신입단원 중에 왜놈 밀정이 있는 건 아닐까?"

그들은 십여 명의 신입단원들을 소리 없이 조사했다. 허위기밀을 알려주고 그 결과가 어떤 상황으로 전개되는지 파악했다. 그러나 아무것도 찾지 못했다.

꼬리가 잡히지 않은 이때의 밀정은 김호라는 가명을 쓰며 활동한 김재영金梓瀯이 의심된다. 1926년 2월 8일 중국 한커우漢口 주재 일본총영사 다카오高尾亨가 외무대신에게 보낸 기밀보고*에 의하면 김재영은 1924년 3월 상하이로 가서 일본총영사관 통역관 오다 미쓰루尾田滿의 명으로 의열단에 위장 가입했다. 김원봉은 1925년 11월 한커우에 갔는데 김재영이 수행했다. 그때 김재영은 오다에게 100원의 공작금을 받았고 돈이 떨어지자 50원을 더 송금받았다. 그는 의열단 단장 김원봉이 한커우에 하루 머물다 베이징으로 간 사실을 밀고했다.

해방 후 김재영은 독립유공자로 인정되어 건국훈장 서훈을 받았고, 국가보훈처에 있는 공적조서에는 그가 1923년 의열단에 입단했다고 실려 있다. 그가 처음부터 밀정으로 입단했는지, 도중에 일제에 회유당해 변절했는지는 알 수 없다. 또는 믿을 만한 정보를 제공하고 밀정이 된 척하면서 역정보를 흘렸을 수도 있지만 그 가능성은 희박하다.

### 9차 작전 만주·경성·도쿄 광역 거사 계획

1923년 여름, 김원봉은 이해가 가기 전에 대규모 거사를 감행하고 싶었다. 임시정부를 비롯하여 만주의 독립군까지 전체 독립운동 진영이 침체에 빠져 있어 의열단만이라도 줄기차게 싸워야 한다고 다짐했다. 그러나 자금이 떨어져 가고 있었다. 레닌 정부로부터 받은 4만여 원은 실패한 암살·파괴 작전으로 거의 소진되었다.

어떻게 하면 계속해서 의열단의 이름을 떨칠 것인가. 그는 싱크탱커 유자명과 의논했다.

"한 사람이 단독으로 감행한 작전은 성공하고 단체 거사는 번번이 실패했소. 밀정들 때문이오. 그래도 다음 작전을 단체로 할 건지, 개인 작전으로 할 건지 결정해야 해요. 게다가 자금도 떨어져 가니 타개책을 찾아야지요."

둘이 논의를 거듭하다가 얻은 결론은 다른 조직들과 연합하는 것이었

---

* 秘第85號, 「義烈斷二 關スル 件」, 1926年 2月 8日.

다. 더 큰 투쟁을 위해 여러 지역 단체, 여러 성향의 조직과 연합하여 대규모 광역 거사를 감행하는 것이었다. 경성·도쿄·만주에서 한꺼번에 육탄혈전을 벌이는 작전이었다.

국내 작전은 육탄혈전 결사대 열여섯 명을 투입하기로 결정하고 베이징과 국내 천도교 조직과 연합하기로 했다. 베이징의 천도교 조직은 신숙이 이끌고 있었다. 그의 수하에 있는 최동오崔東旿가 의열단원이었다.

작전 준비에 들어갔다. 베이징과 상하이 체류 단원들에게 폭탄 사용법과 정밀한 사격훈련을 시켰다. 중국 관내에 의용단義勇團이라는 작은 조직이 있었다. 그들을 끌어안아 훈련에 동참시키고 9월 중순에 최동오를 비롯한 선발대를 국내로 잠입시켰다.*

일본은 도쿄의 아나키스트 그룹을 이끄는 박열朴烈과 손잡기로 했다. 박열과 김원봉 사이에 다리를 놓은 사람은 경성의 무산자그룹 대표 김한이었다. 김한이 황옥의 힘을 빌어 의열단의 폭탄을 대거 국내로 운송하려던 작전이 좌절되기 직전, 박열은 경성으로 가서 김한을 만났다. 의열단을 통해 일본 천황을 폭살시킬 폭탄을 구하고 싶어서였다.

박열의 일본인 아내 가네코 후미코金子文子의 회고록에 기록이 있다.

가네코 후미코와 박열은 폭탄을 입수할 여러 가지 방법을 논의한 결과 의열단과 연락을 취하는 것이 가장 빨리 입수하는 길이라고 생각하여 박열이 1922년 11월 조선에 가게 되었고 김한을 만나 늦어도 1923년 가을까지 폭탄을 넘겨달라고 요청했다.**

* 김영범, 『한국 근대민족운동과 의열단』, 창작과비평사, 1997, 111-112쪽.
** 야마다 쇼지, 정선태 옮김, 「가네코 후미코의 재판기록」, 『가네코 후미코』, 산처럼, 2003, 185쪽 재인용.

박열이 1924년 4월 도쿄 지방재판소에서 심문에 응하면서 의열단과 관련 있음을 자백한 기록도 있다. "피고박열는 의열단에 가입되어 있는가?"라는 질문에 "의열단과 관계는 있다"고 답했다.*

김원봉은 박열과 손잡고 일본 천황 부자를 포함하여 황족과 정부요인들을 암살하고 중요 시설을 파괴하는 작전을 벌이기로 하고 포탄 50개를 운송할 방법을 찾기 시작했다.

만주와 랴오둥遼東반도에는 일본 세력이 강했다. 일본은 러일전쟁 승리로 남만주의 여러 권익을 러시아에게서 빼앗았는데 이를 지키고 또 남만주철도 본선 및 안봉선 등을 수비하기 위해 막강한 군대를 주둔시켰다. 이것이 관동군이었다. 만주에는 관동군 말고도 영사관과 많은 민간인 회사가 진출해 수만 명의 일본인 공동체가 형성되어 있었다. 그것을 깨부수는 것도 의미가 있었다.

7월 초순, 김원봉은 베이징과 톈진에 있는 의열단원들에게 안봉선 정찰을 명령했다. 취약지점을 찍어낸 정찰이 끝나자 일곱 명의 결사대를 조직했다. 서간도에는 한인 독립운동 조직 통의부와 의군부가 있었다. 밀사를 보내 연합을 요청하니 기꺼이 수락했다.

### 광역 거사, 간토關東대지진으로 실패

동시다발 광역 거사 계획 중 도쿄작전은 뜻밖의 사건으로 좌절되었다. 1923년 9월 1일 간토대지진이 발생했다. 혼란의 와중에 일본경찰은 '조선인들이 폭동을 계획 중'이라는 소문을 퍼뜨려 조선인에 대한 대대적인 학

---

* 「박열, 의열단과 관계 있다. 내 사상 일치해 제휴」, 인터넷 뉴스 매체 『뉴시스』, 2019년 7월 20일자. 신문조서 원본을 발굴하여 작성한 기사다.

살이 일어났다. 그런 가운데 도쿄에 잠입시킨 단원들 대부분이 희생되고 박열이 체포당했다. 상하이에서 포장이 끝나 운송 직전에 있던 폭탄 50개가 긴급 추적한 일제의 조치로 압수당했다.

창단 이후 세 번째 큰 타격이었다. 인명 손실은 물론 의열단 재정도 바닥을 드러내기 시작했다. 어떻게 이 난국을 타개할 것인가. 단원들이 실망하여 주저앉자 김원봉이 두 주먹을 부르쥐고 일어섰다.

"이가 빠졌으면 잇몸으로 해야지요!"

김원봉은 북만주에 본부를 두고 있던 적기단赤旗團과 손잡는 계획을 구체화했다. 적기단은 무장 비밀결사로서 상하이파 고려공산당 계통과 닿아 있었다. 그쪽에서 벌써부터 연합투쟁을 제의했는데 미뤄두고 있던 상황이었다.

1924년 1월, 김원봉은 적기단과 연합해 도쿄에서 치러질 히로히토 황태자의 결혼식에 맞춰 일본을 발칵 뒤집어놓기로 작전을 세웠다. 필요한 군자금은 소련정부에서 지원받을 생각으로 의열단원 이진李辰에게 자금 요청 임무를 주어 이르쿠츠크로 파견했다.*

적기단과 연합하는 계획은 내부의 반대에 부딪혔다. 가장 큰 반대자가 이종암이었다.

"나는 반대합니다. 그 사람들 막무가내로 고집 세우고 자기들이 최고라고 떠드는 사람들입니다. 저쪽에서 조직 해체하고 전원 의열단에 가입한다면 몰라도 안 됩니다."**

이종암은 그의 자금으로 구영필이 경영하는 농장이 닝구타에 있어서 적기단에 대한 이런저런 말을 듣고 있었다. 신뢰가 안 간다는 것이었다.

---

* 김영범, 『한국 근대민족운동과 의열단』, 창작과비평사, 1997, 112-115쪽.
** 박태원, 『약산과 의열단』, 깊은샘, 2000, 187쪽.

"말馬이면 다 같은 말이지 검은 말 흰 말 가릴 이유가 없지요."

김원봉은 그렇게 말했다. 그는 이번에야말로 대대적이고 신속하게 작전을 성공시키고 싶었다. 이르쿠츠크로 보낸 밀사가 지원금만 받아오면 못할 것이 없었다. 다만 이종암이 반대하는 터라 강하게 밀어붙이지 못했다.

이르쿠츠크에 밀사로 간 이진은 빈손으로 돌아왔다. 간토대지진에서 희생당한 의열단원은 20명이 넘고 살해된 동포가 3,000명이 넘는다는 보고가 들어왔다. 김원봉도 평단원들도 복수심을 억누를 수가 없었다.

김원봉은 베이징 소재 간부단원들을 소집했다. 이종암·구여순具汝順·장두환·문시환文時煥 등이었다. 김원봉은 유자명과 함께 그들과 회동하여 네 가지 방략을 결정했다.

1. 늦어도 내년 봄(즉 1924년) 왜왕의 아들 혼례식까지는 반드시 도쿄에 가서 일대거사를 벌인다.
2. 대여섯 달 남았다. 문시환·강홍렬姜弘烈·김정현金禎鉉 등 11명이 필요한 자금을 조달한다. 각자 임의로 국내 어디든지 가서 조달하되 성공하면 도쿄로 직행, 실패하면 베이징으로 돌아온다.
3. 목표는 도쿄다. 거사 방법은 차라리 단독 행동이 낫다.
4. 조달 총액은 3만원은 넘어야 할 것이다.*

이 결정을 다른 동지들에게 알릴 책임도 나누었다. 의열단원임을 증명하는 신임장과 「조선혁명선언」「조선총독부 소속 관공리에게」 등을 나누어 가졌다.

며칠 뒤 김시현의 동생 김정현이 김원봉에게 면담을 요청했다. 김정현

* 같은 책, 188-189쪽.

은 21세로 베이징에서 대학에 다니고 있었다. 형이 체포당하자 학교를 그만두고 의열단에 입단했고, 형이 감옥에서 단식투쟁한다는 말을 듣고 형의 뒤를 이어 투쟁하겠다고 잠입작전을 자원했다. 일본에 대한 적개심이 하늘을 찌를 듯했다.

"의백 동지, 저는 경성으로 가겠습니다. 제 형님이 우리 집안 부자어른에게 독립운동 자금 5만 원을 청구했다가 1만 원밖에 못 준다 해서 안 받았지요. 제가 그걸 받아서 이번 작전 자금으로 쓰겠습니다."

김정현의 말에 김원봉은 그렇게 하라고 허락했다.

여섯 차례 국내 잠입을 경험한 이종암이 김정현에게 한마디 했다.

"분노를 가라앉히게. 그래야 냉정하게 대처할 수 있어. 나하고 같이 들어가세."

그렇게 말하는 이종암은 각기병이 심했다. 김원봉은 이종암에게 입국 불허 명령을 내렸다.

"그 몸으로 10리도 못 가요. 낫기 전에는 국내 들어갈 생각 마시오. 각기병은 돼지고기와 콩밥을 많이 먹으면 낫는다 하지 않소? 닝구타로 가서 쉬시오."

이종암은 지난번 적기단과의 연합에 펄펄 뛰며 반대했지만 이번에는 단장의 명령을 어길 수가 없었다. 이종암은 닝구타로 떠났다.

남은 국내 잠입요원 열 명은 구여순만 32세이고 나머지는 20대로 신참 단원들이었다. 김원봉은 각 지방의 토호들을 찾아가 군자금 기부를 요청하라는 명령을 내렸다.

"동지들, 동포들은 왜놈들한테 착취당할 대로 착취당해 입에 풀칠도 하기 어려운 정황이오. 문제는 지방 토호들이오. 왜놈들에게 붙어서 배를 불리는 부자들도 있지만 틀림없이 애국심을 가진 부자들도 있을 것이오. 그들에게 의열단 신임장을 보이고 간곡히 자금을 청하시오. 자금을 제공한

게 드러나면 경찰에 끌려가 혹독하게 당하니까 빼앗아주기 바라는 부자들도 있다 하오. 그런 낌새가 보이면 권총으로 협박하시오."

그렇게 명령을 내리고 각자 열흘에 한 번씩 안전을 보고할 수 있는 개별 암호도 주었다.

제일 먼저 입국한 것은 문시환이었다. 그는 『동아일보』 부산지사 기자로 1923년 초 상하이에서 열린 임시정부 국민대표자회의에 참가했다가 입단했다.

다음은 강홍렬이 떠났다. 그도 역시 임시정부 국민대표자회의에 참가했다가 입단했는데 두 달 전 국내에 밀파되어 연락공작을 하고 귀환 후 활동자금을 구하기 위해 다시 잠입했다.

구여순이 뒤를 이었다. 경남 진주에서 3·1운동을 주도하고 구속되어 1년 징역을 살고 망명한 뒤 모스크바에서 열린 원동遠東 피압박민족대회에 참가했다. 이해 베이징에서 의열단에 입단했다. 그는 마늘장수로 위장해 단둥-신의주 국경을 통과해 국내로 잠입했다.

김시현의 동생 김정현도 들어갔다. 나머지 일곱 명의 단원들도 치밀하게 변장한 차림으로 여러 갈래의 경로를 통해 국내로 들어갔다.

이렇게 본격적으로 고국의 동포들에게 군자금을 요청한 적은 없었다. 김원봉은 초조한 마음으로 소식을 기다렸다. 그러나 결과는 비관적이었다. 열흘이 지나자 두 동지가 안전신호만 보고했을 뿐 군자금 확보 보고는 없었다. 한 달이 지나자 안전보고마저 끊어져버렸다.

두 달이 지났지만 김원봉은 희망을 버리지 않았다. 그러나 침투한 단원들 대부분이 밀정에게 꼬리를 밟혀 검거된 듯하다는 국내 조직망의 보고를 받고 모든 희망을 버렸다.

당시 김원봉은 알지 못했지만 사실은 김정현이 체포되면서 일이 틀어진 것이었다. 김정현은 혹독한 고문을 당한 끝에 모든 것을 자백했고 경찰은 그것을 토대로 자금모집 단원들을 하나씩 체포했다.

모두 기소되었고 형사재판 선고는 1926년 2월 28일에 내려졌다. 구여순 32세 징역 4년, 문시환 26세 징역 2년, 강홍렬 22세 징역 2년, 오세덕 28세 징역 1년, 김정현 22세 징역 8월이었다. 재판이 끝난 뒤 그들은 "대한독립만세!"를 부르며 끌려갔다.

## 김지섭, 일본 황궁에 폭탄 던지다

1923년 12월 중순, 김원봉은 베이징에 머물고 있었다. 간토대지진으로 의열단원들이 대거 희생된 일 때문에 큰 허탈감에 빠져 있었다. 어떻게든 폭탄을 던져 복수하고픈 열망과 견고한 일본의 벽을 넘기가 너무나 어렵다는 한계의식 때문에 혼란스러웠다. 조선반도의 일본경찰 정보망은 거미줄처럼 빈틈없었다. 황옥 경부의 말처럼 일본의 상상력을 넘어서는 전략은 무엇일까. 결론은 도쿄로 가서 황궁에 잠입해 천황에게 폭탄을 던지는 것이었다. 때마침 상하이에 머물고 있던 김지섭에게서 밀서가 왔다.

경애하는 의백 님

이 몸 김지섭은 단독으로 왜국의 도쿄로 가서 의회의사당을 육탄공격하고자 합니다. 보름 전쯤부터 우리 단의 기밀단원인 김옥金玉·윤자영 동지 등과 작전을 세웠습니다. 일본인을 이용하여, 조선인으로서 정정당당하게 기차로 조선을 경유하겠습니다. 부디 공격 명령을 내려주시기 바랍니다.

김원봉은 암호전보로 제국의회를 향한 육탄혈전 작전을 승인했다.*

---

\* 김지섭의 밀서와 김원봉의 전보 승인 전말은 일제 고등경찰 기록에 있다(김희곤·류시중·박병원 역주, 『국역 고등경찰요사』, 도서출판 선인, 2010, 403쪽).

김 동지에게

동지의 뜻이 그렇다면 작전을 감행하십시오. 조선인으로서 당당하게 일본에 들어가는 것에 찬성합니다.


윤자영이 김지섭에게 말했다.

"일본인 선원을 소개해줄 테니 그 사람의 도움을 받아 밀항하세요."

김지섭은 윤자영의 소개로 일본인 히데시마秀島와 고바야시小林를 만났고 고바야시의 소개로 그의 형을 만났다.

1923년 12월 21일, 김지섭은 그들의 도움으로 나카무라 히코타로中村彦太郎라고 쓴 명함 수십 장과 폭탄 세 개를 갖고 상하이 푸둥浦東항에 정박 중인 미쓰이三井 물산 소속 화물선에 탔다.

12월 30일, 규슈 야하타八幡항 주변의 한 제철소 옆 해안에 도착한 김지섭은 기차를 여러 번 갈아타고 도쿄까지 침투했다. 그러나 아쉽게도 일본 제국의회는 휴회 중이었다.

해가 바뀌어 1924년 1월이 되었다. 제국의회는 개회할 전망이 없고 김지섭의 여비는 바닥났다. 위험물을 소지한 까닭에 발각될까 걱정스러웠다. 차라리 황궁의 위병을 쓰러뜨리고 궁내로 돌진하여 황궁을 폭파하면 일본의 귀족내각은 쉽게 무너질 것이고 또한 직접 행동한 자가 조선인이기 때문에 국제적으로 조선독립 문제가 야기될 것이라 판단하여 그는 독단으로 실행하기로 결심했다.[*]

조선인이라 숙소를 구하기가 어려웠다. 하숙을 구하고자 했으나 번번이 거절당했다. 그는 위험을 무릅쓰고 도쿄 시내 와세다早稻田 쓰루마치쵸鶴券町에서 여관에 들어 하룻밤을 묵었다.

---

[*] 같은 책, 404쪽.

1월 5일 아침 열 시경 그는 지도를 사들고 전차를 타고 히비야日比谷까지 갔다. 거기서 점심을 먹고 근처 여러 집과 다리를 지나 세이코우켄淸光軒에서 이발을 했다. 거사가 성공하든 실패하든 체포되거나 자결할 것인데 마지막까지 말끔해 보이고 싶어서였다.

오후 7시 20분경, 그는 양복주머니에 폭탄 세 개를 감추고 황궁 출입문인 니주바시교二重橋에 도착했다. 구경꾼 두 사람과 동행인 것처럼 꾸며서 접근했다. 그렇게 산책하는 척하다가 다리 위로 천황이나 황태자가 출입하면 폭탄을 던질 계획이었다.[*]

그때 순찰 경관이 다가왔다.

"날씨가 춥고 밤이 깊어지는데 뭘 구경하시오, 어서 돌아가시오."

김지섭과 세상 돌아가는 이야기를 하며 거닐던 일본인 구경꾼 두 사람은 자리를 떠났다. 김지섭은 큰 나무 뒤로 몸을 숨겼다. 그러나 한겨울이라 숲이 우거지지 않아 순찰 경관에게 발견되었다. 경관이 호루라기를 불며 달려오자 김지섭은 하늘을 보며 탄식했다.

"아, 왜놈 왕족이 출입하는 기회를 못 잡는구나!"

경관이 체포하려는 순간 그는 니주바시교를 향해 폭탄을 던졌다. 폭탄은 다리 중앙에 떨어졌다. 그러나 뇌관은 터졌으나 습기로 인해 도화선이 타들어가다 꺼져 폭약까지 이르지 못하고 픽 소리를 내며 불발했다.

그는 니주바시교 쪽으로 달려서 다리를 건너려고 했다. 다리를 지키던 근위보병들이 총검을 겨누며 접근했다. 천황이나 천황 가족을 살해하기는 틀렸다고 판단한 그는 탈출기회를 얻기 위해 남은 폭탄 두 개를 그놈들에게 던졌다. 그러나 둘 다 데구르르 굴러갈 뿐 터지지 않았다.

"아아, 폭탄 세 개가 모두 불발이구나!"

---

[*] 김용달, 『김지섭: 살신성인의 길을 간 의열투쟁가』, 역사공간, 2017, 16-17쪽.

김지섭. 일본 제국의회를 폭파하려고 도쿄에 잡입해 황궁 출입구 니주바시교에 가서 폭탄을 던졌으나 불발되고 형무소에서 옥사했다.

김지섭은 자결하려고 단검을 꺼내다가 쫓아온 순사와 근위대원들에게 제압당했다.

"대한독립만세!"

"의열단 만세!"

그는 그렇게 외치며 포박당했다.

폭탄은 어찌하여 세 개가 모두 불발한 것일까? 일본 신문은 이렇게 보도했다.

김이 던진 폭탄은 크기가 3촌 정도의 수류탄으로 육군기술부가 감정한 결과 25미터 떨어진 인마人馬도 죽일 수 있는 정교한 것이다. 불발로 그친 이유는 최초 한 발은 지하에 오래 보존하여 두었던 때문에 습기가 들어가 뇌관으로 통하는 선이 작동하지 않았던 때문이고, 뒤의 두 발은 낭패한 나머지 안전핀을 제거할 틈도 없이 그대로 위병을 향해 던졌기 때문이다.*

---

\* 『시사신보』(時事新報), 1924년 4월 24일자; 김용달, 『김지섭: 살신성인의 길을 간 의열투쟁가』, 역사공간, 2017, 19쪽 재인용.

김지섭이 폭탄을 던진 도쿄 일본 황궁 니주바시교.

이 사건은 일본 땅 전체를 발칵 뒤집어놓았다. 그러나 의열단의 9차 작전은 대체작전마저 그렇게 종료되었다.

김지섭은 작전 실패의 한을 여러 편의 옥중시로 남겼다.

거사에 실패해 옥에 갇히다失敗入獄

폭탄을 품고 일본 황궁에 달려들었으나挾彈馳入大和城

십 년 꾸민 일이 하룻밤에 헛되었도다一夜投虛十載營

뜻있어도 무능한 죽음뿐이나有志無能祗可死

부끄러움과 욕됨을 참고 구차히 목숨 이어간다含羞忍辱苟延生

외로운 혼 끊어지려 하니 어디로 돌아갈까孤魂欲斷歸何處

그나마 짧은 혀가 있어 오히려 불평하네 寸舌猶存設不平

원컨대 뒷날 도쿄로 건너오는 의사들이여 更願他辰東渡客

내가 한 일 거울삼아 그대는 공을 이루시라 前車爲戒厥功成 *

김지섭은 무기징역을 선고받았다. 독립운동에 투신하기 전 법원 통역생으로 일한 경험이 있었으므로 그는 재판장 기피신청과 단식투쟁으로 저항했다. 수감된 지 4년이 지난 1928년 2월 20일 지바千葉형무소에서 순국했다.

의열단은 며칠 지난 고국의 신문을 받아보고 있었고 단장 김원봉은 그의 옥중 저항과 순국을 그때마다 챙겨 읽었다. 순국 소식을 듣고는 고개 숙여 명복을 빌었다.

---

* 김용달, 『김지섭: 살신성인의 길을 간 의열투쟁가』, 역사공간, 2017, 19-20쪽 재인용.

# 9 새로운 투쟁노선

## 광둥성 광저우로 가다

1924년 봄, 의열단은 한없이 위축되고 있었다. 김지섭이 도쿄 한복판에서 의거를 감행하여 명성을 떨쳤으나 국내 잠입단원들이 군자금 모금에 실패하고 대거 체포당함으로써 동력을 잃어가고 있었다. 이르쿠츠크에 밀사로 간 이진이 빈손으로 돌아온 것이 2월이었고 이제 군자금이 들어올 곳도 없었다. 김원봉은 성능 좋은 권총 100자루를 구입할 길이 열려 꼭 사고 싶었으나 자금이 없어 포기하기 직전이었다.

어떻게 의열단 투쟁을 계속할 것인가. 김원봉이 오랫동안 생각을 거듭한 끝에 눈 돌린 곳은 중국 대륙의 남쪽 끝 광둥성廣東省의 항구도시 광저우廣州였다.

중국국민당은 이해 초 광저우에서 전국대표대회를 열고 제1차 국공합작을 선언했다. 군벌세력의 타도와 국민혁명의 완성을 목표로 삼았다. 황푸군관학교를 세우기로 했다.

이 학교는 중국국민당과 중국공산당 간에 이루어진 합작의 결실이었다. 설립 목적은 '쑨원의 혁명종지革命宗旨를 관철하고 군사와 정치 인재를 양성하여 황푸군관학교 출신을 혁명군의 골간으로 삼아 제국주의와 봉건군벌을 타도함으로써, 국민혁명國民革命의 목적을 완수하는' 것이었다.

당장은 소련의 지원을 받기 어려우니 광둥으로 가서 국공합작을 이룬 중국 쪽에 지원을 요청하면 가능할 것이라는 기대가 섰다. 그곳에 소련대표가 와 있다는 정보도 있었다. 4월 중순, 김원봉은 광둥성 광저우로 내려갔다. 그 도시의 한인 지도자들을 통해 쑨원의 측근인사이자 좌파 지도자로서 국공합작을 주도한 랴오중카이廖仲愷와 중국공산당원으로서 국민당에 입당하여 중앙조직부장을 맡고 있는 탄핑산譚平山에게 면담을 요청했다. 두 중국 지도자는 의열단을 대한민국 임시정부보다 존재감이 큰 조직으로 알고 있었으므로 면담이 성사되었다.*

김원봉은 중국 지도자들에게 말했다.

"일본은 장차 중국을 침공할 것이고 한인 독립운동 단체들은 중국 편에 서서 싸울 것입니다. 우리 의열단을 도와주십시오. 의열단을 지원해주면 장차 중국에 큰 도움이 될 것입니다."

랴오중카이와 탄핑산은 황푸탄 의거를 통해 의열단의 용감무쌍한 투쟁 방식을 잘 알고 있었다. 신언서판身言書判을 중시하는 중국인들답게 김원봉의 귀공자 같은 풍모와 신념에 찬 태도에 감동한 그들은 장제스蔣介石 위원장에게 잘 보고하겠다고 약속했다.

김원봉은 국민당 정부의 대답을 기다렸다. 결론은 적극적 지원은 일본에게 침략 명분을 만들어주므로 당장은 어렵고 최근 광저우 앞바다에 창저우長洲섬에서 개교한 황푸군관학교공식 명칭은 중앙군관학교에 입교 주선을 할 수 있다는 것이었다.

"아, 이제 군대를 만들 수 있는 희망이 보이는구나! 저세상에 가신 동지들, 옥에 갇혀 신음하는 동지들, 우리 모두의 꿈이 군대였지요. 그 희망이

---

* 김영범, 『한국 근대민족운동과 의열단』, 창작과비평사, 1997, 118-119쪽 참조.

보입니다."

김원봉은 군관학교가 들어선 창저우섬을 바라보며 중얼거렸다.

그는 의열단 본부가 있는 상하이로 돌아와 참모들과 의논한 뒤 4월 20일 톈진에서 의열단 확대간부회의를 열겠다고 각 지역 의열단 지부에 명령했다. 대회는 40명이 참석했다. 그는 광저우에 다녀온 일을 보고했다.

4월 말, 김지섭의 일본 도쿄 폭탄 투척을 보도한 국내 신문이 인천에서 떠난 화물에 실려 상하이에 도착했다.

김원봉은 탄식했다.

"아! 또 불발이오. 폭탄 세 개가 모두 불발되고 김지섭 동지가 체포된 건 애석하지만 절반은 성공이오. 우리 이름이 다시 세상에 떠오르고 왜놈들은 의열단이라는 이름만 들어도 벌벌 떨게 되었소."

그는 5월에 광저우에서 의열단 간부회의를 소집했다. 두 차례 회의에서 논의한 것은 중국의 넉넉한 지원을 얻을 때까지 자금 조달 방법, 남중국 지역에서 활동할 방향, 공산주의자들에게 갖추어야 할 태도 등이었다.

## 상하이청년동맹과 노선 경쟁

김원봉이 그렇게 의열단의 번영과 발전을 위해 전력을 기울이고 있을 때 뜻밖의 악재가 터졌다. 한인 민족운동 진영에서 누구도 감히 넘보지 못했던 의열단에 딴죽을 거는 조직이 생긴 것이다. 바로 상하이청년동맹이었다.

상하이청년동맹은 1924년 4월 창립된 단체로서 민족주의 계열 일부를 끌어안은 상하이파 고려공산당 계열을 주축으로 구성되었다. 의열단과 비슷한 강령과 주의를 갖고 있어 한인 청년들을 끌어당기고 있었다. 리더는 김지섭 밀파 작전을 도왔던 윤자영이었다. 그와 그의 동지들은 가장 전투적이고 맹렬한 기세로 항일투쟁을 전개하는 의열단을 넘어서려는 욕구를 갖고 있었다. 의열단은 상하이청년동맹이라는 신생 조직체가 부상하면 할수록 위상을 위협받는 처지가 되었다.*

1924년 10월 4일, 상하이청년동맹은 총회를 열고 선언문 한 편을 채택했다. 독립운동의 중요방략과 노선들을 실력론·외교론·좌향론·공포론으로 정리하고 그 한계점을 비판했다. 그 가운데 공포론, 즉 암살·파괴 운동노선에 대한 비판은 그들이 넘어서고자 하는 의열단을 겨냥한 것이었다. "파괴의 목적물을 제도·조직·통치권이 아닌 개인 또는 건물로 잘못 설정함으로써 주종을 혼용하고 있으며 결국 이상주의·자유주의·개인주의·허무주의 등의 폐단을 낳는다"는 것이 비판의 요지였다. 의열단이나 청년동맹이나 이념의 지표는 비슷했는데 운동방법상의 문제와 결함만을 꼬집어 비판한 것이었다.** 좁게 말하면 상하이·베이징·톈진 등 중국 관내 혁신적 민족운동의 헤게모니 싸움이요, 넓게 말하면 공산주의 종주국 소련과 코민테른의 지지 우위를 차지하기 위한 싸움이었다.

"이 사람들, 실천은 한 번도 안 해보고 입만 살아서 감히 의열단을 공격하네."

김원봉은 모욕감을 느끼며 탄식했다.

단원들은 그 정도에 그치지 않았다. 다섯 명이 상하이청년동맹 지도자 윤자영과 김규면을 찾아가 따지고 선언을 취소하라고 요구하다가 윤자영을 구타하는 사고를 냈다. 여러 독립운동 전선에서 비난이 쏟아지고 의열단 내부에서도 반발이 일었다. 결국 김원봉이 한봉근과 함께 윤자영과 김규면을 찾아가 구타행위에 대한 사과를 해야 했다.***

* 같은 책, 127-128쪽 참조.
** 같은 책, 129쪽 참조.
*** 「상하이청년동맹 선언문제 해결」, 『동아일보』, 1925년 1월 9일자.

사과했으니 패배한 것이다. 상대방의 공격적인 논리를 격파할 우세한 논리를 갖추지 못하고 수세에 몰린 것도 불리했다. 의열단의 싱크탱커인 유자명은 상하이에 없었다. 결국 육탄혈전 감행의 용기보다 논리와 논쟁에 강한 청년동맹은 위상이 높아지고, 탁월한 논객보다 우직한 결사대원 중심의 의열단은 위상이 격하되고 말았다. 이 노선 경쟁에서의 패배는 무풍지대를 달리듯 거침없이 달려온 김원봉과 의열단에게 국내 잠입공작 실패만큼이나 큰 상처를 남겼다.

　자존심이 상한 김원봉은 먹지도 자지도 않고 고심을 거듭했다.

　'우리 의열단, 이대로는 안 돼. 상하이청년동맹이 우리를 공격한 건 그게 우리 약점이기 때문이야.'

　광저우에서의 일이 자꾸 떠올랐다. 그는 문득 문병도 할 겸 이종암과 의논하고 싶어서 농민 복장을 하고 닝구타로 향했다.

　이종암은 반색하며 그를 맞았다.

　"의백 동지가 문병을 오다니 고맙소."

　김원봉은 이종암이 주는 술잔을 받으며 병세를 묻고 나서 그동안의 일을 말하기 시작했다.

　이종암은 찬찬히 고개를 끄덕였다.

　"감히 우리 의열단을 모욕하는 놈들이 있군요. 이럴수록 경이로운 성과를 내는 수밖에 없소이다. 앞으로 그런 도전은 계속 생길 거외다. 재작년쯤부터 의열단에 무정부주의자·사회주의자들도 많이 가입했잖소. 앞으로는 내부 분열이 생길지도 모르니 단단히 단속하십시오."

　김원봉은 광저우에서 국민당 요인들을 만난 이야기도 했다.

　이종암이 그의 얼굴을 물끄러미 바라보았다.

　"작년에 개교했다는 황푸군관학교에 대해 나도 들었소이다. 언젠가는 육탄혈전 투쟁을 버리고, 우리들의 꿈이었던 군대조직을 가져야지요. 의백부터 눈 딱 감고 황포군관학교에 들어가십시오."

"젊은 단원들을 보내야지요."

"의백 동지, 내 부탁이라고 생각해두시오. 내가 죽거나 못 돌아온다면 유언이 될 것이오."

"알았소이다."

김원봉은 이종암의 어깨를 두드렸다.

중국 대륙은 군벌 타도를 목표로 국민당과 공산당이 합작하면서 새로운 국면이 열리고 있었다. 이종암은 그런 과정 속으로 비집고 들어가 의열단이 나아갈 길을 찾아 새로운 전환을 도모하라고 마지막 부탁을 한 것이었다. 다시 자금 부족과 일본 공격 이야기가 나왔다.

김원봉이 말했다.

"활동자금이 없어서 당장은 아무것도 못 해요. 내가 국내로 가겠소이다. 그래도 김원봉이 왔다고 하면 자금을 구할 수 있겠지요."

이종암이 손사랫짓을 했다.

"의백, 그건 안 돼요. 임무를 받고 떠난 동지들이 남긴 부탁을 잊었어요? 의열단의 정신을 끈질기게 이어가고 희생된 동지들의 넋을 독립된 조국 땅에서 달래야 할 거 아니오?"

"이거 보시오, 이 동지. 나는 언제까지나 중국 땅에 남아 있으란 말이오?"

이종암은 머리를 설레설레 흔들었다.

"의백이 왜놈들한테 잡히면 전체 동포가 절망하게 됩니다. 임시정부가 제 역할을 못 하고 있고, 만주에서 불이 붙었던 독립군 전투도 잠잠한 지금 그래도 동포들에게 희망을 주는 건 우리 의열단밖에 없습니다."

"이보시오! 나도 이 동지처럼 붙잡히지 않고 살아 돌아올 자신이 있소!"

김원봉은 삿대질을 하며 따지고 나섰다.

이종암은 지지 않았다. 김원봉에게 달려들어 어깨를 잡고 세차게 흔들었다.

"김약산! 당신은 앞에 나가서 싸우는 테러리스트가 아니야. 냉철하게 의열단을 이끌어야 할 단장이란 말이야. 그래서 우리가 당신을 의백으로 추대한 거야. 김원봉 없는 의열단은 끝이야. 당신이 국내로 들어가 죽거나 붙잡히면 항일투쟁 전체가 타격을 받게 된단 말이야."

이종암이 주먹으로 눈물을 훔치며 그의 손을 잡았다.

"의백, 나를 다시 국내로 보내주시오. 내가 경상도에 파고들면 자금을 구할 수 있을 거요."

김원봉은 그의 등을 두드리며 고개를 끄덕였다. 또다시 뜻을 꺾을 수밖에 없었다.

"알았어요. 그렇게 할게요."

다음 날 이종암이 출발 준비를 끝냈다. 김원봉은 그와 단둘이 앉아 코냑 한 잔을 권했다.

"내가 친형처럼 좋아하는 이종암 동지, 이렇게 이별주를 마시고 여러 차례 살아 돌아온 우리 의열단 최고의 동지. 이번에도 불사신처럼 살아와줄 것을 믿어요. 다만 동지가 앓는 각기병이 걱정이외다."

이종암의 각기병은 병원치료를 하고 관리를 잘하면 나을 병인데 그러지 못해 차도가 없었다. 이종암은 술잔을 비운 뒤 잠시 김원봉을 바라보았다. 그가 특별히 할 말이 있는 것 같았다.

"의백, 나는 이번이 여섯 번째 잠입이오.* 내가 성공하지 못하면 투쟁방

* 「경계망을 돌파 전후출입 6차」, 『동아일보』, 1926년 1월 11일자. 이종암이 외가의 성을 따라 양건호로 변명(變名)했다고 한다. 의열단의 전모를 밝히는 제2면 전면기사의 일부다. 창단 과정과 김원봉 단장에 관한 정보도 싣고 있다.

법을 바꾸시오. 우리가 처음 뜻을 같이했던 육탄혈전 공격은 충분히 목적을 달성했소. 우리의 궁극적 목표는 군대를 만드는 거지요. 먼저 떠나간 동지들의 염원도 그거였어요."

"먼저 떠나간 동지들의 염원"이란 말에 김원봉의 가슴은 뭉클해졌다. 이종암도 그들처럼 떠나고 말 듯한 불길한 예감 때문에 더욱 그랬다.

"그때가 기억나요."

이종암이 다시 말했다.

"의열단을 지금까지 이끌어온 건 기적이오. 의백이 아니었으면 주저앉았겠지요. 이제 중국과 손잡고 군대를 만들어요. 언제고 일본은 중국을 칠 거고 그때는 중국을 붙잡고 매달리시오."

"내 생각도 똑같소."

김원봉은 그 말이 이종암의 마지막 당부 같아서 가슴이 철렁했다.


## 이종암, 군자금 위해 다시 국내로 잠입하다

이종암은 1925년 7월 11일 압록강 국경을 넘었다. 의열단의 제10차 작전 시작이었다. 그는 폭탄 두 개, 권총과 탄약 50발 그리고 「조선혁명선언」 100매를 품고 있었다. 이미 여러 차례 국내 잠입을 한 바 있는 그는 곧장 경상도 밀양으로 내려갔다.

얼마 전 세상을 떠난 이병철의 집에 들러 조용히 조문하고 동지들을 찾아 나섰다. 제1차 암살·파괴 작전 때 체포된 동지들이 대부분 출옥해 있었다.

"왜놈의 황태자 결혼식을 맞아 특사特赦를 받은 거지요."

밀양의 윤세주가 껄껄 웃으며 말했다.

이종암은 김병환·고인덕·한봉인을 만나 군자금 모금을 의논하고 마산으로 가서 배중세를, 고령에서 신철휴를 만났다. 동지들이 모두 경찰과 밀정의 감시를 받는 처지라 그들과 접선하기 위험하고 힘들었지만 그는 양건호라는 전혀 다른 사람으로 행세하고 있었다.

배중세가 지닌 수리사업권을 부산의 김재수에게 넘기고 자금 5,000원을 확보했다. 이종암은 더 욕심이 났다. 경남 하동의 박종원에게서 5,000원을 받기로 했으나 자금이 손에 들어오지 않아 연락을 기다리면서 경북 달성의 이기양李起陽 소유 산장에 은신해 각기병을 치료했다. 그러나 결국 1925년 11월 5일 밀정의 제보를 받고 출동한 경북경찰부 고등과장 나리토미成富文五에게 검거되었다.* 여섯 번에 걸친 잠입이 마지막을 고하고 죽음보다 더 고통스러운 혹독한 고문을 받았다.

의열단 기밀부가 입수한 고국의 신문을 받아보고 김원봉은 혼자 방에 들어가 엉엉 울었다.

"아아, 내 형처럼 든든하던 이종암 동지!"

이종암의 암호명인 '양건호 사건'으로 불리는 이 사건에 연루되어 체포된 사람은 배동선·한봉인·김재수·이병태·이병호·김병환·신철휴·이기양·이주현·고인덕·한봉근 등이었다. 모두 혹독한 고문을 당했다. 고인덕은 고문을 견디다 못해 두 차례 자결을 시도했고 1926년 12월 21일, 대구형무소 병감病監에서 사망했다.

이종암은 징역 13년을 선고받고 대전 감옥에 이감되었다. 1930년 5월 19일, 위장병·인후병·폐결핵 등이 돌이킬 수 없게 악화되어 형집행정지로 석방되었다. 고문후유증으로 얻은 병이 그의 생명을 위협했다. 그는 대구 남산정에 사는 형 이종윤 씨의 집에서 석방 열흘 뒤인 1930년 5월 29일 숨을 거두었다.**

* 이동언, 「이종암의 생애와 의열투쟁」, 『한국독립운동사연구』 제42집, 2012. 8, 155-156쪽.

## 밀정 김달하 처단

1925년 3월 말, 김원봉은 상하이에 체류하고 있었다. 베이징의 유자명이 일본에 고용된 고급밀정 김달하金達河를 처단할 테니 명령을 내려달라고 요청하는 밀사를 보내왔다. 유자명은 신채호·이회영·김창숙 등 선배들과 충분히 협의했다고 전했다. 김원봉은 처단을 승인한다는 답을 보냈다. 의열단의 다음 작전은 동포 밀정 암살 작전으로 시작되었다.

김달하는 평북 의주 출신의 달변가였다. 패망한 대한제국 외아문外衙門 주사主事를 지내던 시절, 한성에 와 있던 위안스카이와 인연을 맺었다. 서북학회*에서 활동하기도 했는데 위안스카이와의 인연을 믿고 1915년 베이징으로 갔다. 이때 그의 실체는 조선총독부의 밀정이었다. 수단이 좋은 그는 1916년 위안스카이가 죽은 뒤에는 친일파인 북양군벌 돤치루이 총리의 비서로 일했다. 베이징의 한인 애국지사들과도 교유했는데 특히 석주 이상룡과 심산 김창숙의 신임을 받았다. 김달하의 아내는 인천 출신으로 이화학당을 졸업한 김애란金愛蘭이었다. 이들 부부의 딸 김유옥과 김정옥이 이회영의 딸 이규숙, 아들 이규창과 함께 징스제일소학교京師第一小學校에 다녔다.

김달하는 1921년 중국 육군참모부 참사가 되었고 베이징 한인사회 유력자로 활동했으며 독립운동 단체에도 들어가 활동하며 일제에 밀고하고 내분을 조장했다. 그가 밀정임이 드러나자 한인 지도자들은 대책을 강구했다. 1923년 겨울, 이회영 휘하의 아나키스트 이을규李乙圭·이정규 형제와 백정기가 베이징의 부촌에 사는 친일거부 고명복高明福의 집에 가서 금

---

** 같은 책, 161쪽.

* 서북학회: 1908년 이동휘·안창호·박은식·이갑·유동열·최재학 등 서북 해서·
  관서 출신 지도자들이 한성에서 조직한 애국계몽단체.

김달하. 의열단이 밀정으로 낙인찍어 처단했다.

품을 강탈하는 사건이 발생했다. 김달하를 처단할 자금이 필요해서 한 행동이었다.

김창숙도 김달하 제거에 동의했다. 김창숙은 1922년 3월 파리강화회의에 가려고 상하이로 망명했다가 좌절된 인물이었다. 4월에 상하이에서 대한민국 임시정부가 설립되자 임시의정원의 경상북도 의원을 지낸 애국지사였다.

김창숙은 1924년 봄, 기독교청년대회에 참석하려고 베이징에 온 이상재와 김활란金活蘭을 통해 김달하를 알게 되었다. 김활란은 김달하의 처제였다.

김애란이 이화학당에 재학할 때 상처한 홀아비 김달하의 청혼이 들어왔다. 어린 처녀 김애란은 재산이 많고 지위가 높은 데다 덕망도 있어 보이는 김달하의 재취로 들어갔다. 김달하는 처제 김활란에게 '우월'又月이란 호를 붙여주었다.*

---

* 김달하와 김애란의 딸 김정옥이 쓴 김활란 전기가 있다(김정옥, 『이모 김활란』, 정우사, 1977).

이회영과 김창숙은 김달하와 교유했다. 김창숙은 김달하의 실체를 모른 채 독립운동과 학문을 논하며 가까이 했다. 안창호가 그를 피하라 했지만 의심하지 않았다. 김창숙의 회고록에 그 이야기가 있다.

내가 김달하와 알게 된 것은 이때부터였다. 그는 제법 학식이 풍부하고 이승훈, 안창호와도 친하여 관서의 인물로 일컬어지고 있었다. 나는 그와 상종하며 경사經史를 토론해보고 그 해박한 지식에 서로 얻는 바 있어 기뻤다. 당시 사람들이 그를 일본의 밀정이라 의심을 두었는데 나는 실로 눈치채지 못했다. 하루는 안창호를 김달하 집에서 만났다.

안창호가 웃으면서 나에게 물었다.

"김달하를 일본의 밀정으로 생각하시오?"

"나는 전혀 모르오. 정말 그가 밀정 노릇을 하는 줄 안다면 당신은 어찌해서 상종하고 있소?"

"돌아다니는 말은 있지만 나는 믿지 않고 있소. 다만 농담으로 해본 것입니다."

그 뒤 하루는 김달하가 서신으로 만나자 하여 갔다. 이야기로 밤이 깊어져, 그는 천하의 대세를 통론하다가 문득 우리나라 독립운동가들이 파당을 일삼는 데 이르러 독립을 성취할 가망이 없다면서 슬픈 기색으로 눈물을 흘렸다. 그러더니 내 손을 잡고 은근히 묻는 것이었다.

"선생은 근래 경제적으로 자못 곤란한 터인데 숨기지 말고 말씀해주시오."

"곤란하기야 하지만 분투하는 혁명가의 본색이 그렇지 않겠소?"

"천하에 자기 식생활도 해결하지 못하는 혁명가가 있단 말이오? 만약 자기 식생활도 해결하지 못한다면 이른바 혁명운동은 빈말에 지나지 않는 것이오."

그는 이렇게 말하고서 다시 나의 손을 굳게 잡고 낙루落淚하며 말을 이었다.

"선생은 끝내 성공하지도 못할 독립운동에 종사하시니, 무엇 때문에 이같이 고생을 사서 한단 말입니까? 곧 귀국할 결심을 하여 안락한 가정의 낙을 얻는 것만 같지 못합니다. 내가 이미 선생의 귀국 후 처우 등의 절차를 조선총독부에 보고하여 승낙을 얻어놓았습니다. 경학원經學院 부제학 한 자리를 비워놓고 기다리고 있으니 선생은 빨리 도모하기 바랍니다."

나는 대노하여 그를 꾸짖었다.

"네가 나를 경제적으로 곤란하다고 매수하려 드는구나. 사람들이 너를 밀정이라 해도 뜬소문으로 여겨 믿지 않았더니 지금 비로소 허투루 하는 말이 아닌 줄 알았다."

나는 와락 그의 손을 뿌리치고 돌아와서 김달하가 밀정 노릇하는 실상을 널리 알렸다.*

김달하가 회유하며 제안한 경학원은 일제가 성균관을 친일 연구기관으로 바꾼 곳이었다. 회고록 내용에 있듯이 김달하는 김창숙을 회유하여 경학원에 초치하기로 총독부와 밀약한 것이었다. 김창숙이 그걸 받아들였다면 안락한 삶이라는 달콤한 꿈을 받아먹는 대신 일제의 앞잡이가 되어야 했을 것이다.

김달하가 김창숙을 회유한 직후 이번에는 재미 독립투사 박용만朴容萬을 회유해 일제와 타협하게 하는 공작을 꾸민다는 말이 돌았다. 그 외에도 독립운동가의 정보를 팔아넘긴 정황이 하나둘 드러났다. 김창숙·이회영·

* 김창숙, 「벽옹 73년 회상기」 중편, 『심산유고』, 국역심산유고간행위원회, 1979, 738-739쪽.

유자명 등 지도자들은 고심을 거듭했다.

김창숙과 이회영의 요청을 받고 유자명이 말했다.

"의열단이 맡겠습니다. 다물단多勿團도 참여시켜 경험을 쌓게 하겠습니다. 사람 목숨을 거두는 일이니 일단 증거를 잡겠습니다. 그런 다음 김원봉 단장의 명령을 받아야지요."

유자명은 의열단원인 동시에 베이징의 새로운 비밀조직 다물단의 자문도 맡고 있었다. 다물단은 1923년 4월, 밀정을 제거할 목적으로 조직된 비밀결사로 단장은 황해관黃海觀이고 단원은 이회영의 조카 이규준李圭駿, 아들 이규학李圭鶴 등 7-8명이었다. 다물단 단원들은 신채호·이회영·유자명의 지도를 받았다. 다물단은 밀정으로 의심되는 자의 암살을 강하게 주장하면서 말없이 작전을 수행했는데 이는 의열단을 떠올리게 했다.*

유자명은 베이징에 있는 의열단원들을 지휘해 한 달 동안 치밀하게 김달하의 행동을 감시했다. 김달하와 접촉한 일본인 첩자를 미행해 강도처럼 위장하고 덮쳐 돈을 빼앗고 밀서까지 압수했다. 거기에는 신채호·이회영·김창숙 등의 동정에 대한 보고와 회유공작에 돈이 더 필요하니 공작금을 보내 달라는 내용이 적혀 있었다. 짐작하건대 그 밀서는 김달하가 조선군사령관 우쓰노미야 타로宇都宮太郎 대장에게 보내는 보고서였을 것이다.

최근 또 다른 밀정 김규흥金奎興이 우쓰노미야에게 보낸 밀서가 공개되었다.

김달하와 함께 각지의 독립운동가들을 베이징에 모아 조선으로 돌려보내는 계책을 갖고 있습니다. 활동비로 김달하에게는 3만 엔, 저에게는 2만 엔

---

\* 김희곤·류시중·박병원 역주, 『국역 고등경찰요사』, 도서출판 선인, 2010, 208쪽.

우쓰노미야 타로 조선군사령관.　　　　김규흥. 최근에 밀정으로 지적되었다.

을 보내주시기 바랍니다.*

　우쓰노미야는 3·1운동 때 "다시는 일어서지 못하게 잔혹하게 진압하라"고 명령한 자며, 제암리 학살을 은폐하고 군법회의에서 학살을 저지른 장교가 무죄선고를 받게 한 자다. 구한말 일본 육사 출신 김응선을 회유해 친일의 길로 끌어들였고 대한제국 마지막 무관생도로서 김경천·지청천과 더불어 서간도 신흥무관학교를 탈출하려 한 이응준李應俊, 훗날 초대 육군참모총장을 회유한 바 있다. 우쓰노미야의 일기**에는 김규흥에 대한 이야기도 십여 차례 나온다.

　의열단 첩보망은 치밀했다. 주먹구구식으로 대강 파악해 암살·파괴를 감행하는 수준은 아니었던 것이다. 증거가 나오자 유자명은 김원봉에게

---

\* KBS TV, 「시사기획 창: 임시정부를 파괴하라」, 2019년 8월 20일.

\*\* 宇都宮太郎 關係資料研究會 編, 『陸軍大將 宇都宮太郎 日記 3』, 東京: 岩波書店, 2007. 우쓰노미야가 조신인 무관들을 회유한, 특히 권총을 임시정부 군자금 밀사에게 대여한 죄를 용서하는 미끼로 이응준을 회유해 독립전쟁 전선으로의 탈출의지를 꺾은 이야기는 『마지막 무관생도들』(이원규, 푸른사상, 2016)에 있다.

의열단원 이인홍(李仁弘).
본명은 김종희로 이집중(李集中)이라는
가명도 썼다. 뒷날 조선의용대와
광복군 간부가 되었다.

작전 승인을 요청하고 승낙받았다.

작전이 시작되었다. 먼저 의열단원인 이을규·이정규 형제가 자금을 확보했고 다물단원이자 이회영의 조카인 이규준은 현장 파악을 맡았다. 이규준은 사촌누이 이규숙이 김달하의 딸 김유옥과 가까운 동급생인 터라 이규숙에게 김달하의 집 내부 구조를 알아오게 했다.

결행에 나선 행동대원은 3년 전 상하이 황푸탄에서 다나카 대장 암살작전에 나서 오성륜과 김익상을 보조했던 이인홍*이었다. 그는 다물단원이며 의열단 후배인 이기환李箕煥을 데리고 베이징의 김달하 저택을 방문해 김달하를 처단했다.

박태원은 김원봉의 구술을 듣고 쓴 『약산과 의열단』에서 두 사람의 대담한 행동을 이렇게 기술했다.

1925년 3월, 의열단은 이들 밀정 가운데 가장 악질분자인 김달하에게 마

---

* 이인홍(1890-1946): 본명은 김종희(金鐘熙)로 이집중이라는 가명도 썼다. 전북 김제 출신으로 의열단 창단 직후 입단했다. 1922년 봄 상하이 황푸탄에서의 다나카 대장 암살작전에 참가했고, 김원봉과 함께 황푸군관학교 4기 입학생이 되었으며 조선의용대 제1지대장, 임시정부 의정원 의원 등을 지냈다.

침내 사형선고를 내렸다. 그리고 형의 집행을 단원 이인홍과 또 한 명 동지에게 맡겼다. 1925년 3월 30일 오후 여섯 시가량하여서다. 이인홍은 또 한명 동지와 더불어, 이 가증한 경견警犬 김달하의 처소로 찾아갔다. 당시 김달하는 안딩먼네이安定門內 처녠후퉁車輦胡同 시커우네이루베이西口內路北 문패 23호에 살고 있었다.

문을 두드리니 하인이 안에서 나와, 누구시냐, 묻는다. 두 동지는 긴말 않고, 곧 그에게 달려들어 뒷결박을 지우고 입에다는 재갈을 물려 한구석에 틀어박아 놓은 채 안으로 들어갔다.

가족과 함께 방 안에 있던 김달하가 "누구냐?" 외치며 자리에서 벌떡 몸을 일으킨다. 이인홍은 그의 손이 바지 포켓으로 들어가는 것을 보자

"꿈쩍 말아!"

한마디 하고, 손에 단총을 꺼내들며, 그의 앞으로 갔다. 그리고 이인홍이 그자의 바지 포켓에 들어 있는 단총을 압수하는 사이에 또 한 명 동지 이기환은 그 가족들을 차례로 묶었다.

"네게 이를 말이 있다. 이리 나오너라!"

그들은 김달하를 이끌고 따로 떨어져 있는 뒤채로 갔다. 그리고 품에서 문서 한 장을 꺼내 탁자 위에 펴놓았다. 의열단에서 내린 사형선고서.

밀정의 얼굴이 파랗게 질렸다.

"내 한 번 읽으마. 자세히 들어라!"

이인홍은 선언하고 곧 선고서를 낭독했다.

그것에는 어제까지의 그의 온갖 죄상, 즉 나라와 동포를 반역하고 왜적의 주구가 되어 우리 혁명운동을 어떻게 파괴하여 왔나, 얼마나 많은 동지를 왜적의 손에 넘겨주었나, 하는 것이 세세히 기록되어 있었다.

읽고 나서 이인홍은 엄숙히 말했다.

"네 죄목에 조금이라도 이의가 있다면 어디 반박해보아라!"

그러나 밀정은 파랗게 질린 얼굴에 바짝 마른 입술만 덜덜 떨 뿐, 끝내 아무 말이 없었다.

"이의가 없으면 수결手決을 두어라."

이인홍은 다시 한마디 했다. 밀정은 그가 명하는 대로 기계처럼 움직였다.

그의 가족들이 서로 묶은 것을 풀고 몸의 자유를 찾은 것은 그로써 여러 시간이 지난 뒤다.

"소리 내거나 꿈쩍하면 용서 없이 쏠 테다!"

한 괴한의 으름장이 무서워 그들은 그때까지 송장처럼 방구석에 들어박혀 있었던 것이다.

그들이 집안을 샅샅이 뒤져 마침내 뒤채에 찾아 이르렀을 때, 그들의 가장은 이미 차디찬 송장이었다. 그의 목에 새끼줄이 감겨 있었다.

괴한은 정녕 소리가 밖에 들릴 것을 저어하여 단총을 사용 안 하였던 것이다. 시체 옆에 떨어져 있는 사형선고서를 보고, 중국 경찰은 그것이 의열단원이 한 일임을 알았다. 그러나 그들은 살인범을 깊이 추구하지 않았다. 각 신문도 이 밀정의 죽음에 대해 털끝만치도 동정을 표하지 않았다.*

사형선고서를 읽어주고 죄를 인정한다는 의미로 수결을 하게 한 것은 김원봉의 명령이자 이미 정해진 의열단의 규칙이었다. 김원봉의 고모부인 백민 황상규가 속했던 대한광복가 장승원을 처형하고 현장에 성토문을 남긴 것을 김원봉은 의미 있게 생각했기 때문이다.

의열단의 김달하 처형은 즉시 국내 신문에 간략하게 보도되었다.** 그 후 한동안 소문만 무성해 국내 애국지사와 지도자 들은 이 사건에 대해 한없

---

* 박태원, 『약산과 의열단』, 깊은샘, 2000, 171-175쪽.
** 「밀정 필경피살 베이징에서 암살당해」, 『동아일보』, 1925년 4월 4일자.

이 궁금해했는데 몇 달이 지나자 자세한 암살 경위가 기사로 나왔다.*

이 사건의 불똥은 의열단이 아닌 이회영 집안으로 튀었다. 김달하가 돤 치루이의 수하였던지라 중국 공안국이 본격수사에 나섰고 이규숙이 김달 하의 집 안 구조를 파악한 사실이 드러났다. 이규숙은 1년간 구금되었고 이규학은 상하이로 도피했다. 그런 가운데 이규학의 자식 둘이 죽고 이회 영의 어린 아들도 죽었다.**

이회영의 아내 이은숙은 김달하의 처 김애란과 평소 가까웠던 터라 그 가 죽은 경위를 모르고 아들 규창을 데리고 문상을 갔다. 그러나 이회영이 김달하의 죽음을 슬퍼하여 아내를 문상 보냈다는 소문이 퍼져 일파만파 오해를 불러왔다. 김창숙은 이회영에게 절교편지를 보냈고 이회영은 의열 단에게 처단될 위기에 놓이기도 했다.

의열단의 김달하 처단은 김원봉이 베이징 현장에서 지휘한 일은 아니었 다. 그러나 그는 자신이 명령했으므로 위의 인용문처럼 박태원에게 구술 하면서 의열단의 거사였음을 분명히 했다. 행동대원 이인홍·이기환은 물 론 자금을 마련한 이을규·이정규 형제가 의열단원이었으니 당연한 일이 었다.

---

* 「심방 왔던 괴청년 일거(一去) 후 유혈참시(流血慘屍)」, 『동아일보』, 1925년 8월 6일자. 괴청년이 누군지 모른다는 것, 괴한 두 명이 김달하의 가족을 안심시킨 뒤 "주인과 극히 비밀히 하여야 할 말이 있으니 안으로 들어가달라" 하므로 의심 없이 안으로 들어갔다는 것이 『약산과 의열단』(박태원, 깊은샘, 2000)과 다르다. 졸지에 가장을 잃은 김달하의 식솔들이 돈이 없어 걸식할 처지라는 내용도 있다.
** 이정규, 「우당 이회영 선생 약전」, 『우관문존』, 삼화인쇄출판부, 1974, 50-51쪽.

## 민족주의와 사회주의 사이

1925년 들어서자 김원봉은 한없이 위축되었다. 활동자금이 바닥나고 새로운 단원들의 입단 지원이 끊어져 의열단의 침체를 벗어날 길이 없어서였다. 그는 궁핍할 대로 궁핍해져서 프랑스 조계에 있는 다섯 개의 비밀 숙소를 하나로 줄였다. 끼니도 걸렀다. 그의 주변에 있던 의열단원들은 부두노동이나 싸구려 날품팔이에 나섰다.

어느 날 김원봉은 길에서 힘없이 걸어오는 젊은 단원을 만났다.

"동지, 점심 먹었소?"

젊은 단원은 고개를 저었다. 아침은 먹었는가, 어제 저녁은 먹었는가, 연속된 물음에 답이 없었다.

"미안하오, 동지. 여기서 좀 기다리시오."

그는 옆 골목에 있는 전당포로 가서 외투를 맡기고 돈을 구해 젊은 단원에게 주었다.

"의백 동지, 죄송합니다. 걱정 끼쳐드려서."

젊은 단원이 울먹거리며 말했다. 젊은 단원들은 알고 있었다. 의열단 단장인 그가 단 한 푼도 허투루 쓰지 않고 돈 관리에 투명하다는 것을.

김원봉이 침체의 원인을 깨닫는 데는 오래 걸리지 않았다. 그는 자신과 의열단의 투쟁이 단순한 방식으로 지속되어, 변화하는 정세를 따라가지 못했기 때문이라고 판단했다. 갑자기 등장해 전 세계를 풍미하고 있는 사회주의가 그것이다. 국내에서 일어나고 있는 대중운동이나 사상운동에 의열단이 부응하지 못한 것이었다.

마르크스주의는 아무리 공정하고 순수하고 세련된 문명적인 것일지라도 민족주의만은 용납하지 않았다. 마르크스주의는 온갖 민족주의 대신 국제주의를 표방하고 모든 민족이 보다 고도의 통일을 이루기 위한 융합을 표방해야 한다는 입장이었다.

레닌이 부르주아 민족주의에 대해 말한 이 이론*은 국내외는 물론 중국의 지식인과 지도자들에게 큰 영향을 미치면서 파급되고 있었다. 의열단의 노선과는 사뭇 다른 것이었다.

「조선혁명선언」에는 대략 다섯 가지 강령으로 의열단의 지향점을 규정하고 있었다.

1. 일본을 조선의 국호와 정권과 생존을 박탈해간 강도로 규정하고 이를 격파하기 위한 혁명이 정당한 수단임을 천명하고,

2. 3·1운동 이후 국내에 떠오른 자치론·내정독립론·참정권론 등과 문화운동을 일제와 타협하려는 이적행위로 규정하고,

3. 대한민국 임시정부의 외교론과 독립전쟁 준비론 등의 독립운동 방략을 비판하고,

4. 일제를 타파하는 혁명은 민중 직접혁명이어야 한다고 주장하고,

5. 또한 조선혁명과 관련하여 다섯 가지 파괴와 다섯 가지 건설 목표를 제시했다.

파괴 대상은 이족통치·특권계급·경제약탈제도·사회적 불평균과 노예적 문화사상이며, 건설 목표는 고유적 조선·자유적 민중·민중적 조선·민중적 사회 및 민중적 문화라고 선언했다.

이러한 기본 강령을 충실히 지키며 의열단을 이끌어온 김원봉은 방향선회를 놓고 고심하기 시작했다. 침체를 극복하려면 어떻게 해야 하는가.

---

* 「민족 문제에 대한 논평」(『레닌전집』 제20권, 20-21쪽), 극동문제연구소, 『원전 공산주의 대계』(859쪽) 수록.

고심하던 그때 중대한 사건이 일어났다. 1925년 5월, 상하이에서 총파업이 일어나고 제국주의 타도 운동으로 확산되기 시작한 것이다. 상하이에 있던 많은 조선인이 여기에 가담했다. 특히 청년층은 매우 적극적으로 행동했다.

상하이 독립운동가들은 이 사태로 인해 두 노선으로 나뉘었다. 임시정부는 프랑스 조계에 자리 잡고 있었기 때문에 반제국주의 운동 편에 서면 프랑스에 밉보이고 서구열강과 멀어지니 곤란하다는 입장이었다. 반면 임시정부 창조파 지도자들은 반제국주의 운동에 동참해야 한다고 주장했다.

김원봉은 의열단을 역동적으로 이끌기 위해 변화가 필요하다고 판단했다. 이제는 의열투쟁에서 한 단계 나아가 군대를 양성해야 한다고 생각했기 때문이다. 이종암이 떠나면서 마지막으로 당부한 것도 그것이었다. 이제 목표를 향해 차근차근 한 발씩 전진해야 할 때라고 생각했다. 군대양성이야말로 오랜 시간에 걸친 비원悲願의 달성이며 침체를 극복하기 위한 방편이었다.

김원봉은 광저우로 갔다. 그곳에서 혁명의식을 지닌 군벌에게 약간의 군자금을 얻었고, 중국 혁명을 돕겠다고 와 있는 세계 각국의 양심적인 지성인과 혁명운동가, 식민지 민족독립운동가들을 보았다. 강당과 정원에 모여 중국의 진정한 해방과 통일을 위한 토론을 벌이고 있었다. 김원봉은 그들에게 중국이 조선의 독립운동가들과 연합해 일본과 싸우면 큰 성과가 있을 것이라고 역설했다.

중국의 혁명가들은 조선의 독립운동가들과의 연합을 시급하게 여기지 않았다. 중국 혁명을 돕는 것이 궁극적으로 조선의 독립을 돕는 것이라는 의견만 나왔다. 그러나 김원봉은 자신과 의열단이 비집고 들어갈 틈은 있다고 생각했다.

'나를 아는 사람이 아무도 없는 낯선 도시 광저우, 마음이 편하네. 그러

나 방심할 수는 없어.'

그는 매일 숙소를 옮겼다. 항상 상의 안쪽에 소형 권총을 차고 다녔다. 의열단장이 된 지 6년쯤 되자 그는 예민한 촉수를 지닌 곤충처럼 감각이 발달하게 되었다.

어느 날 해가 어스름한 저녁, 그는 광저우 주택지대 야자수 길을 걷고 있었다. 과일장수가 멜대를 야자수에 기대 놓고 허리를 굽실거리며 바나나를 싸게 판다고 했다. 바나나는 잘 익어 보였고 값을 물어보니 반값이었다. 김원봉은 먹고 싶은 생각에 주머니를 뒤져 잔돈을 꺼내 과일장수에게 건네주었다. 그러나 이상한 느낌이 들었다. 과일장수는 허름한 옷차림에 비해 손톱이 깨끗했고 눈빛이 긴장돼 보였기 때문이다.

불길한 예감이 스쳤다. 포드 자동차 한 대가 길 쪽을 향해 정차해 있는 것이 보였다. 양쪽 골목에서 건장한 사내 둘이 단장을 들고 걸어 나오고 있었다.

'아, 밀정이 따라왔구나.'

김원봉은 민첩하게 몸을 날려 멜대를 잡아 과일장수를 가격하고 전력을 다해 자동차로 달렸다. 골목에서 나온 자들이 단장에서 시퍼런 칼을 뽑아 치켜들고 그를 쫓아왔다. 단검 두 개가 어깨와 머리 위를 스칠 듯 날아가 석회를 바른 벽에 부딪쳤다.

그는 달리는 탄력으로 자동차 엔진 뚜껑을 밟고 운전석 지붕 위로 올라간 다음 어떤 집 지붕 위로 올라섰다. 잇달아 늘어선 지붕 위를 허둥지둥 기어가고 내달리고 하다 보니 한 놈은 뛰어올라 그의 뒤를 따랐고 두 놈은 골목을 달리고 있었다. 김원봉은 납작 엎드려 숨죽이고 있다가 벽돌을 던져 지붕 위까지 올라온 놈을 땅으로 떨어뜨렸다.

위기를 모면한 김원봉은 매일 옷을 갈아입고 외출도 삼갔다.

김원봉은 어느 날 창저우섬으로 건너가 황푸군관학교의 훈련을 참관했다. 신흥무관학교와 비교할 수 없는 격이 높은 훈련을 보면서 장차 군대를 이끌어가려면 이곳에 입학하는 수밖에 없다는 판단이 들었다.

"이종암 동지, 당신 생각이 맞았소."

그는 교문을 나오면서 중얼거렸다.

김원봉의 광저우행은 생명의 위험을 자초하는 여행이었다. 의열단에 잠입해 있던 밀정 김재영이 그가 광저우로 갔음을 보고했기 때문이다.

보고합니다. 저는 군자금을 모집하기 위해 다이쇼 14(1925)년 11월 28일 의열단 단장 김원봉과 함께 한커우로 왔습니다. 김원봉은 체류 1일째에 베이징을 경유하여 광둥으로 향하였고 저는 목적 수행을 위하여 한커우에 체류하였습니다.

광둥에 있는 황푸군관학교(속칭 동양공산학교)에는 재학생 1만여 명이 있으며 3년 후 졸업, 다시 러시아에 파견하여 소정의 학업을 마치면 선전원으로 각지에 파견됩니다. 학생 중에는 조선인이 450명 있으며, 의열단원으로 평안북도 출신의 25세 김용해도 그중 한 명입니다.

의열단 단장인 김원봉은 현재 광둥에서 노농정부에 대하여 선전비 교부를 교섭 중으로 이번 달 안으로 다소의 선전비를 수령할 가능성이 있습니다. 그리고 상하이 프랑스 조계 31공학에서 의열단 총회가 개최될 예정으로 참석자는 40-50명입니다.[*]

위 보고서에 따라 자객이 밀파되었고 김원봉은 한순간 위기에 빠졌던 것으로 보인다.

머리칼이 곤두설 만큼 긴장한 상태로 사방을 경계하면서 상하이로 돌아

---

[*] 秘第85號, 「義烈斷ニ 關スル 件」, 1926年 2月 8日.

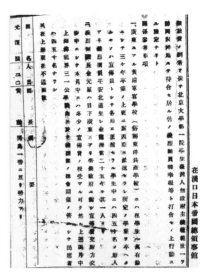

김주용 교수가 제공한
김원봉에 대한 밀정보고서.

온 김원봉은 한숨 돌리며 하루를 누워 지냈다. 그리고 의열단원들을 하나 둘 광저우로 내려보냈다.

이 무렵 『동아일보』가 김원봉에게 기고 요청을 보내왔다. 『동아일보』는 조선의 독립운동 지도자들이 사회주의를 어떻게 받아들이는지를 취재하기 위해 유력한 인물들을 섭외하여 인터뷰를 하거나 기고를 받았다. 김원봉은 한용운·최남선·신채호·이동휘·안창호·김규식·현상윤·조봉암曹奉岩 등과 함께 기고 요청을 받았다. 김원봉이 민족지도자 거물 반열에 올랐다는 증거였다.

김원봉이 거물 지도자 반열에 오른 것은 의열단이 최근 실패를 거듭하고 침체해 있기는 하나 그간의 활약을 그 누구도 따라가지 못할 경이로운 용기로 인정받았기 때문이다.

김원봉은 『동아일보』에 「합치되는 두 운동」이라는 제목으로 자신의 생각을 피력했다.* 그는 "민족독립운동이 마침내는 사회주의 운동이 될 것이고 계급투쟁은 민족독립운동으로 나타날 것"이라고 썼다. 당시 국내에 있던 민족주의자들은 두 운동은 손잡을 수 없다는 견해를 지니고 있었다. 국내 민족주의자들은 일단 독립한 뒤에 군주정치·공화정치·공산주의식 정치 가운데 하나를 선택하게 될 것이라고 판단했다. 김원봉은 이 같은 인식을 부정하고 두 운동이 합치될 것이라고 해석했다.

국내외 지도자들은 항일민족공동전선을 이루기 위해서는 세계 약소민족들의 반식민제국주의 투쟁과 연대해야 한다는 인식으로 기울어가고 있었다. 김원봉은 『동아일보』 기고에 그런 견해를 실었다. 사실 그는 그런 인식을 앞세워 의열단의 노선을 수정하려고 결심하고 있었다.

김원봉의 이 기고문은 자체의 모순과 한계를 넘어서 더 높은 길을 찾아가는 정반합론正反合論을 바탕에 깔아놓은 듯하다. 그렇기에 이 글은 평생에 그가 쓴 문장들 가운데 가장 빛난다. 의열단의 싱크탱커로서 김원봉을 보좌한 유자명이 원고를 첨삭한 것으로 짐작된다. 물론 그랬다는 기록은 두 사람의 회고록이나 전기에는 없다. 이 글은 의열단이 종래의 조국 광복을 위한 순수한 민족주의 노선을 견제한 채 계급적 이념에 바탕을 둔 급진적 민족주의 또는 사회주의를 받아들이는 방향으로 선회하게 되었음을 나타내는 것이었다.

단원들을 대부분 광둥으로 내려보내고 상하이에 체류하던 김원봉은 인상 깊은 후배 김무정金武亭을 만났다. 김무정의 본명은 김병희金炳禧로 그는 함경북도 경성에서 출생해 소년기에 한성으로 가서 중앙고보를 거쳐 중국 바오딩保定군관학교를 나왔다. 14세에 3·1운동에 참여한 그는 20세에 포병상위上尉 계급장까지 달았다. 이후 군복을 벗고 공산당원으로서 상하이폭동을 주도하고 있었다. 김무정은 그보다 나이가 일곱 살이나 많은

---

* 『동아일보』, 1925년 2월 20일자 및 2월 21일자.

「합치되는 두 운동」,『동아일보』.

데다 자신의 중앙학교 선배인 김원봉을 깍듯이 대우했다.

"저는 어린 시절부터 의열단에 들어가고 싶었습니다. 하지만 그때는 나이가 어렸고, 열여섯 살에 군관학교에 들어가는 바람에 그만 기회를 놓쳤습니다."

김원봉은 그의 당당한 눈빛에 반했다.

"의열단이 아니면 어떻소? 어디서든 조국 독립을 위해 싸우면 되지."

두 사람은 밤이 깊도록 민족의 장래에 대해 이야기했다. 서로 다른 길을 걸어왔으면서도 오랜 세월 교유해온 동지처럼 공명共鳴하게 되는 사이. 김원봉은 김무정에게서 그런 감정을 느꼈다. 김무정은 그가 평생 동지로 생각해온 나이 어린 동지 이여성이나 장지락과는 또 다른 풍모가 있었다. 이여성은 총명하고 예리하나 포용력이 아쉬웠고 장지락은 명석하고 부드러우나 사람을 바람처럼 휘어잡는 강력한 힘이 없었다. 김무정은 그러한 덕목들을 두루 갖추고 있었다.

"언제고 나란히 서서 조국을 위해 싸울 날이 있을 것이오."

"저도 그런 날이 오기를 기다리겠습니다."

두 사람은 굳은 악수를 하고 헤어졌다. 두 사람은 뒷날 조선의용대라는 경이로운 조직을 두고 서로 뺏고 빼앗기는 악연으로 이어지리라고는 생각하지 못했다.

## 나석주 대선배, 의열단에 입단하다

1926년 2월, 김원봉은 단원들에게 의열단의 방향 선회를 설명하기 위해 상하이를 떠나 베이징을 거쳐 톈진으로 갔다. 톈진에서 그는 유자명을 통해 한 선배 독립투사를 큰 음식점에서 만났다. 이미 이름을 들어온 임시정부 쪽 인사 나석주였다.

서른여섯 살의 나석주는 이미 소년기 때부터 독립투쟁을 펼쳤다. 허베이성河北省 한단邯鄲에 있는 육군제1군사강습소의 군관단을 졸업해 한동안 장교로서 중국 군대에 복무한 경력이 있었다. 성격이 호탕하고 담력이 커서 임시정부에서 김구 경무국장의 경호원을 지냈다.

이미 유자명 고문에게서 그가 의열단 입단을 희망한다는 것을 들은 김원봉은 조심스럽게 말했다.

"선생님이 우리 단에 들어오신다니요? 저희가 한 수 배워야 할 대선배님이 아니십니까?"

나석주는 껄껄 소리 내어 웃었다.

"나를 선배로 대해주는 건 고맙소. 지금 항일운동 하는 사람 중엔 김 단장이 제일이고 단체 중엔 의열단이 제일이오. 그러니 나를 평단원으로 받아주시오."

김원봉은 나석주의 손을 잡았다.

"알겠습니다, 선생님. 지금 저와 손을 잡는 것으로서 입단서약을 하신 것으로 하겠습니다."

"의열단이 광둥으로 본부를 옮겼다고도 하고 곧 옮겨갈 거라고도 하는데 어느 게 맞소?"

김원봉은 웃으며 그에게 만두를 권했다.

"선생님, 의열단 본부가 어디 있습니까. 그냥 대다수 단원들이 머무는 데가 본부지요."

"광둥은 어떠합니까? 쑨원 선생은 작년에 베이징에서 돌아가셨는데 거기가 혁명의 성지처럼 떠오르는 이유가 무엇이오? 광둥은 중국의 양심, 세계 지성의 양심이라고 하지요. 중국 혁명의 희망, 우리 민족 독립의 희망이 거기 있다고 하지요. 정말 그럽디까?"

"그렇습니다. 지금 광둥은 소련의 군사고문과 정치고문이 속속 도착하고 있고 황푸군관학교는 깨끗하고 똑똑한 장교들을 양성하고 있고, 쑨원의 뜻에 따라 개조된 국민당 지도자들은 봉건군벌을 타도하기 위한 북벌을 준비하고 있습니다."

김원봉은 나석주 선배와 대화를 하며 고량주를 한 잔씩 나눠 마셨다. 나석주가 그의 곁으로 다가앉으며 귓속말을 했다.

"나는 고국 땅에 들어가서 폭탄을 던지고 싶소. 폭탄도 구했소. 의열단 단원이 됐으니 내게 고국 땅 침투를 명령해주시오."

김원봉은 심호흡을 했다.

"어디를 목표로 삼으셨습니까?"

폭탄을 어디서 구했느냐고는 묻지 않았다. 김원봉은 나석주 선배에게 폭탄쯤은 구할 힘이 있을 거라 생각했기 때문이였다.

나석주는 두 주먹을 부르쥐며 말했다.

"식산은행과 동양척식주식회사요. 독립운동이라고 뭐 제대로 되는 게 없지 않소이까? 임시정부라는 게 거의 효율을 얻지 못하고 있고 나 자신도 망명해온 뒤에 아무것도 이룬 게 없소이다. 그래서 결심했소."

김원봉은 굳게 쥔 나석주의 주먹을 두 손으로 감싸 잡았다.

"알겠습니다. 두 곳을 노리는 작전, 고국 땅으로의 침투 공작을 준비하겠습니다."

박태원은 『약산과 의열단』에서 나석주가 의열단에 가입했다고만 기술했고 나석주의 식산은행과 동양척식주식회사 폭파가 의열단 단독 거사인 듯이 표현했다. 그러나 정확히 말하면 김구와 김창숙이 기획하고, 의열단원 유자명과 김원봉이 실행을 지휘한 것이었다.

대한민국 임시정부 임시의정원 의원을 지냈던 김창숙은 신채호·박은식 등과 베이징파의 일원으로서 국민대표회의를 추진한 인물이다. 김창숙은 1925년 초 베이징의 고급밀정 김달하가 친일로 돌아서라고 회유하자 꾸짖고 의열단이 그를 암살하는 데 동의하기도 했다. 그해 8월 해외 독립운동 기지 건설 소요자금을 마련하기 위해 고국 땅에 잠입했다가 다음 해인 1926년 3월 기대한 성과를 거두지 못하고 다시 상하이로 나온 참이었고 국내에서 모금한 군자금을 갖고 있었다. 김창숙은 나석주를 지원한 일을 회고록에 썼다.

텐진과 베이징 사이에는 전쟁이 치열하고 진푸津浦 사이에도 길이 트이지 않아 부득이 해로를 이용해서 상하이로 갔다. 5월(1926년) 그믐께였다. 석오 이동녕·백범 김구·김두봉·유자명·정세호 등 여러 분이 내가 국내에서 왔다는 소식을 듣고 달려와 맞이하며 위로했다. 나는 석오와 백범에게 말했다.

"지금 내가 약간 가지고 온 자금으로 대규모 사업을 착수하기는 실로 어렵습니다. 청년결사대들에게 자금을 주어 무기를 가지고 국내로 들어가서 왜정 기관을 파괴하고 친일부호를 박멸하여 국민의 의기를 한번 고취시켜

봅시다. 그런 연후에 다시 국내와 연락을 취하면 되겠지요."

두 분이 모두 좋다고 했다.

"나와 친한 결사대원으로 나석주·이승춘李承春 같은 이가 지금 톈진에 있고, 그곳에 의열단원도 많이 거주하고 있으니 당신은 유자명과 상의하여 먼저 무기를 구입해 톈진으로 가서 기회를 보아 실행하는 것이 옳겠소."

백범이 이렇게 말하여 즉시 유자명을 오게 해서 의향을 물었더니 그도 명령대로 따르겠다고 했다. 곧 무기를 구입할 자금을 유자명에게 주었다.

유자명에게 부탁하여 의열단원 중 일을 할 만한 인물을 찾았더니 한봉근 등 몇 사람을 데리고 함께 왔다. 이에 톈진으로 가서 나석주·이승준 등을 만나 백범의 소개 편지와 계획안을 내보였더니 모두 팔뚝에 힘을 주면서 비분강개했다.

"우리들은 진작 죽기로 결심하였으니 어찌 즐겨 가지 않겠습니까?"

나는 가지고 온 무기와 행동자금을 나석주 등에게 주면서 당부했다.

"제군의 용감함은 후일 독립운동사에 빛나게 될 것이니 힘써주시오."

이들은 즉시 웨이하이웨이威海衛를 향해 떠났는데 대개 바다로 잠입할 계획이었다.*

나석주는 김창숙이 김구의 천거를 받아 암살·파괴 작전 행동대원으로 결정한 인물이었다. 나석주는 의열단에 들어가야 유기적인 협조를 얻을 수 있을 거라 생각했다. 그는 의열단 자문이자 통신 담당인 유자명을 통해 김원봉을 만나 의열단에 가입했고, 김창숙이 국내에서 모금한 군자금으로 마련해준 폭탄을 들고 의열단 조직망을 통해 국내에 잠입해 의거를 감행한 것이다.

— 

* 심산사상연구회 편, 『김창숙 문존』, 성균관대학교출판부, 2001, 298-310쪽.

이 무렵 김구는 임시정부의 내무총장이었다. '김구와 김원봉이 한국독립운동사의 라이벌이었다'는 인식만으로 김구가 의열단의 승승장구하는 투쟁을 처음부터 질시하고 경원했으리라 생각해서는 안 된다. 당시 김구는 이렇게 의열단을 돕거나 그들의 힘을 빌렸고 김원봉도 그랬다.

# 10 열사의 용기

## 변화를 위해 다시 광둥으로

김원봉은 나석주가 출발한 뒤 다시 광저우로 갔다. 그곳에서 선배 독립투사인 손두환孫斗煥과 여운형을 만났다.

손두환은 1910년대에 일본 메이지대학 법학부를 나와 상하이로 망명해 임시정부에서 군법부장을 지냈다. 그는 중국국민당 내의 실권자이자 황푸군관학교 교장인 장제스와 친분이 있었다.

그는 김원봉이 황푸군관학교 입학 가능성에 대해 묻자 고개를 끄덕였다.

"김 단장이나 의열단원들이 원한다면 가능할 것이오. 장제스 교장이 의열단의 투쟁에 깊은 감동을 받았다고 말한 적이 있소."

김원봉이 좌파 지도자로서 특별히 존경하는 여운형은 국민당 수립 이전부터 중국 국민혁명에 동참한 터라 충분한 영향력을 갖고 있었다. 여운형 또한 낙관적으로 말했다.

"중국 지도자들이 의열단원들을 안 받아줄 리가 없지. 걱정 말고 기다리시게."

김원봉은 의열단 총회를 열었다. 이 무렵 광저우의 의열단 중심 단원은 김원봉·김성숙·유자명·오성륜·장지락이었다.

김성숙은 입단한 지 얼마 되지 않아 날카로운 이론가이자 선동가로서 김원봉을 떠받치는 한 기둥이 되어 있었다. 그는 김원봉과 동갑이었는데 소년기에 머리를 깎고 양평 용문사에서 스님이 되었던 경력을 지니고 있었다. 그는 3·1운동이 일어나자 앞장섰고 중국에 망명해 베이징의 민궈民國대학을 다녔다. 젊은 수재인 장지락과 상하이 황푸탄 의거의 공로자인 오성륜에게 큰 사상적 영향을 주고 있었다.

장지락은 많은 독서를 통해 해박한 지성을 지닌 지도자로 성장해 있었고 김성숙의 영향으로 아나키즘에 기울어 있었다. 상하이 황푸탄 의거를 통해 세상을 놀라게 했던 오성륜은 상하이 일본영사관 유치장에서 탈출한 뒤 독일 베를린에 유학하고 소련 모스크바로 가서 동방노력자대학을 졸업하고 광둥으로 와서 황푸군관학교 교관을 하고 있었다.

60여 명이 참석한 의열단 총회에서는 열띤 토론이 이어졌다. 김원봉은 동지들에게 말했다.

"형제와 같은 동지 여러분, 우리 의열단은 그동안 초개같이 몸을 던진 동지들의 희생으로 빛나는 성과를 거두었지만 이제 그 한계를 극복하고 변화하는 정세에 맞춰 새로이 전진하는 길을 찾아야 합니다. 지난해1924년 1월 중국 국공합작 성립을 계기로 우리 의열단은 지금까지 걸어온 육탄혈전의 방향성을 지양하고 새길을 찾아야 할 상황을 맞았습니다. 우리가 중국 혁명의 전진기지인 이 광둥 땅에 옮겨온 이유도 그것입니다. 오늘 동지 여러분과 함께 그 구체적 방안을 찾고자 합니다."

김원봉이 모두발언을 하자 김성숙이 동의하고 나섰다.

"의백 동지의 말씀이 옳습니다. 우리 의열단은 이제 무정형의 암살·파괴 작전을 지양하고 군사·정치조직으로 변신해야 합니다. 대중을 각성시키고 조직화하는 방향으로 가야 합니다. 우리 단원들은 이제 성숙했고 무엇보다 외부상황이 그걸 요구하고 있습니다."

유자명이 벌떡 일어섰다.

"그건 안 됩니다. 의열단이 의열단다운 것은 신채호 선생께서 써주신 그 장려한 「조선혁명선언」에서처럼 초개같이 몸을 던져 육탄혈전을 감행하는 데 있습니다. 김성숙 동지의 말처럼 한다면 그건 의열단을 해산하는 것이나 마찬가지지요. 앞장서 거사에 나섰다가 저세상으로 간 선배 동지들, 지금도 차디찬 감옥에서 고초를 겪고 계신 동지들을 생각하십시오. 그분들은 의열단은 의열단답게 모두의 목숨이 끊어질 때까지 싸우기를 원하실 겁니다."

오성륜이 발언권을 얻어 일어섰다.

"나는 이미 황푸탄에서 죽었어야 할 몸인데 살아 있으니 지금 삶은 덤으로 사는 겁니다. 우리보다 앞서간 동지들이 원하는 바는 우리 의열단이 발전적 전략을 갖는 겁니다."

김원봉이 다시 발언했다. 그는 의거에 앞장서 생명을 바친 동지들의 비원에 대해 말했다. 언젠가 때가 되면 군대를 일으켜 달라고 한 그들의 유언, 군자금을 모으려고 국내에 잠입했다가 체포된 이종암이 마지막으로 남긴 말이 중국과의 연합이라는 것도 밝혔다.

김원봉이 그렇게 이야기하자 동지들의 의견은 그 방향으로 기울었다. 끝까지 반대하던 유자명이 눈물로 통곡하며 퇴장해버렸지만 대세는 기울었다.

김원봉은 의열단의 추후 당면 과제를 '결사적인 항일군대 조직'이라고 천명하고 단원들이 광저우에 있는 황푸군관학교나 중산대학에 입학할 것을 제안했다. 그러면서 자신의 결심을 말했다.

"나는 일개 무명생도로 군관학교에 입학할 생각입니다."

의열단 창단 단원 김상윤이 그의 말에 반대하고 나섰다.

"저 같은 무명단원이라면 몰라도 의백 동지는 안 됩니다. 의백의 위상은 중국군 장군보다 높습니다. 그런데 생도로 입교한다니요? 고국의 동포들이 통곡할 겁니다."

눈물을 흘리며 반대하던 그는 결국 김원봉의 간곡한 설득으로 진정될 수 있었다. 유자명도 반대의견을 접었다.

토론이 끝난 뒤 그들은 언제 논쟁을 했나 싶게 술을 마시며 동지애를 돈독하게 키웠다.

한편 여운형이 황푸군관학교 덩파鄧發 부교장을 만나 입학에 대한 허락을 받고, 손두환이 장제스 교장과의 면담을 성사시켰다.

김원봉은 손두환·김성숙과 함께 황푸군관학교로 갔다.

장제스 교장은 두 팔을 벌려 김원봉을 환영했다.

"그대가 살아 있는 전설인 조선의열단의 대표로군요. 벌써부터 만나고 싶었소. 테러리스트의 두목처럼 보이지 않는군요. 의열단 대표가 이렇게 단아하고 용모가 준수한 줄은 몰랐소."

세 사람은 의열단에 대한 군자금 지원과 황푸군관학교 및 중산대학 입학 허가를 요청했다.

장제스가 대답했다.

"우리도 재정 사정이 어렵소. 그러나 의열단을 황푸군관학교에 받아주고 중산대학 학비 면제와 장학금을 주는 특혜 정도는 해줄 수 있을 것이오."

세 사람은 감사의 인사를 하고 자리를 물러났다.

이 무렵 김원봉이 중국공산당에 입당한 것으로 기록된 자료가 있다. 바로 장지락의 전기인 『아리랑』이다.


우리는 하나씩 하나씩 준비를 해나갔다. 그리고 1926년 늦봄, 조선인의 모든 집단과 정파를 대표하는 중앙동맹체인 조선혁명청년연맹의 창립대회를 열기에 이르렀다. 이 대회는 대단히 성공적이었으며 즉석에서 300명의 회원을 얻었다. 이 연맹의 중앙위원으로 선출된 사람들은 대부분 공산주의자였다. 그 속에는 발기인인 김성숙과 김원봉도 들어 있었다. 나는 가입자격을 결정하는 조직위원의 한 사람이었고, 1927년에는 중앙위원으로 선출되었다.*

조선혁명청년연맹은 공산당의 산하기구 가운데 하나였다. 김원봉이 공산당이었을 개연성을 보여준다. 당원이라면 조선공산당원이 아니라 김성숙과 장지락처럼 중국공산당이었을 것이다. 그러나 뒷받침할 다른 근거가 없다. 김원봉은 입당하지 않았다는 견해가 우세하다.

총회 이후, 의열단은 협동전선 참가를 위한 독립촉성운동에 대한 선언문을 발표했다. 그 내용은 다음과 같다.

1. 본단은 조선독립운동을 정궤적正軌的으로 하려면 통일적 총지휘기관이 확립되어야 함을 확신함.
2. 본단은 통일적 총지휘기관을 확립하려면 촉성회의 형성으로써 이를 성공시킬 수 있는 것이라 주장함.
3. 본단은 전 단원으로 하여금 개인 자격으로 그곳 촉성회에 가입하여 그 운동에 진력할 것을 선언함.
4. 본단은 통일적 총지휘기관이 확립하는 날 본단의 해체를 선언할 것을 약속함.
5. 본단은 대독립당大獨立黨이 출현할 때까지는 본단의 조직과 역할을 계속할 것이며, 그 기간 중에는 특히 각 단원에 대해 대독립당의 주의와 강

* 님 웨일스·김산, 송영인 옮김, 『아리랑』, 동녘, 2005, 205쪽.

령 및 기타 당적 훈련에 노력할 것을 선포함.

강만길은 의열단의 노선변화를 다음과 같이 설명했다.

1919년 개인 폭력 중심의 독립운동단체로서 성립된 의열단이 1923년의 「조선혁명선언」을 통해 일단 민중혁명 노선으로 나갔다가 1925년 중요 단원이 황푸군관학교에 입교한 것을 계기로 사회주의 영향을 받았으나 1927년경에는 단의 해체까지 전제하면서 전체민족운동 전선에 나타난 민족협동전선운동, 즉 민족유일당운동에 참가하게 된 것이라고 볼 수 있다.

그러나 국내전선의 민족유일당운동은 신간회운동으로 일단 결실을 보았지만 국외전선에서는 결실을 보지 못했다. 따라서 의열단은 해체되지 않고 계속 민족협동전선을 추구하면서 점점 사회주의적 성격이 짙은 일종의 정당 형태로 발전해갔음을 볼 수 있다.*

## 최림이라는 가명으로 황푸군관학교 입학

광저우로 이동하면서 의열단은 변화의 시대를 맞았다. 1926년 3월 8일, 김원봉은 29세의 나이에 황푸군관학교 4기생으로 입학했다. 박효삼朴孝三·이영준·박건웅·이춘암·이집중 등 몇몇 동지가 그를 따랐다. 한인 입학생은 총 24명이었다. 김성숙·장지락·박건웅朴健雄 등 주요인물과 나머지 단원들은 대부분 중산대학에 입학했다.

1926년 초여름, 중국 대륙 남단의 아름다운 도시 광저우 시내를 관통해 흐르는 주강珠江은 초록이 싱싱했다. 둑을 따라 늘어선 보리수나무들은 무성한 머리를 쳐들고 있었으며 나무 아래는 긴 풀이 푸릇푸릇했다.

* 강만길, 『조선민족혁명당과 통일전선』, 창비, 2018, 49쪽.

1925년 황푸군관학교 정문 모습.

　동남쪽 강 건너에 고요하게 엎드려 있는 창저우섬은 젊은이들의 함성으로 가득 차 있었다. 중국인들이 중국의 희망, 중국의 미래라고 부르는 중앙육군군관학교는 그 섬에 있었다. 1924년 개교 초기 교명은 중국국민당 육군군관학교였는데 김원봉이 포함된 4기생 입학 직전인 1926년 3월 국민혁명군중앙군사정치학교로 바뀌었다. 통칭 황푸군관학교라고 했다. 국민당 중앙정치위원회 소속으로 장제스가 교장이고, 랴오중카이가 당대표, 공산당이 파견한 저우언라이周恩來가 정치부 주임을 맡고 있었다.

　김원봉은 생도대 보과步科 제1단 제5연 소속이었다. 오늘날의 한국군 편제로 말하면 생도대 보병병과 제1연대 제5중대였다. 전술학·군제학軍制學·병기학·축성학·교통학·지형학·경리학·위생학·마학馬學 등의 군사학 학과목들과 교련진중근무, 전범령典範令, 복무제요服務提要, 기술·마술馬術 등의 술과術科, 여기에 중국국민당사, 중국 근대사 등의 정치·역사 관련 과목들을 가르치고 있었다.*

　김원봉은 일본 밀정에게 들키지 않기 위해 최림崔林이라는 명찰을 군복에 달았으나 일부 생도들은 그가 의열단 단장임을 알고 있었다. 그중 하나가 22세인 텅제滕傑였다. 텅제는 장쑤성江蘇省 빈하이현濱海縣 출생 으로 상하이대학 사회계에 다니다가 장교가 되겠다는 꿈을 안고 입학한 청년이었다. 당시 황푸군관학교 생도들 태반은 공산주의에 기울고 있었 는데 텅제는 성실히 자기 할 일을 했다.** 김원봉은 텅제가 어딘가 대학 생 티가 나는 데다 표정이 밝고 착해 가까이 했다. 텅제는 명문대학 출 신이라 자신의 학과 숙제를 금방 해치우고 김원봉에게 노트를 빌려주곤 했다.

김원봉은 텅제의 아버지와 형이 국민당 정부의 요직에 있어서 장래가 보장되었는 데도 거들먹거리지 않고 진솔한 게 마음에 들었다. 김원봉은 텅제에게 자신이 일곱 살 많으니 형이라고 부르라 했고 텅제는 김원봉의 말대로 그를 형이라고 불렀다. 김원봉은 그를 셋째 동생쯤으로 여겨 응석 을 받아주곤 했다. 두 사람은 그러면서 친해졌다.

텅제는 김원봉이 쌓아온 의열단 투쟁에 대해 깊은 존경심을 지니고 있 었다.

"형은 이 학교를 졸업하고 중국군 장교로 의무복무를 다하면 조국을 위 한 항일투쟁에 다시 나서겠지?"

"물론이지."

김원봉은 텅제의 어깨를 잡아 자기 쪽으로 돌렸다.

"일본은 언제고 중국을 침공할 거야. 그러면 너하고 나는 일본이라는 공 동의 적을 향해 싸우게 될 거야."

입학한 지 한 달, 김원봉과 텅제는 제5연에서 가장 두드러진 존재감을

* 한상도, 「김원봉의 생애와 항일역정」, 『국사관논총』 제18집, 1990, 171쪽.
** 웹사이트 중문백과.

드러내면서 선의의 경쟁 속에서 우정을 쌓아갔다.

## 김훈과 최용건

어느 날 황푸군관학교 본부에서 김원봉을 불렀다. 소련 시찰단이 학교에 왔는데 김원봉과 의열단원들이 생도로 재학 중임을 알고 만나고 싶어 한다는 것이었다. 알고 보니 러시아 유학을 다녀와 교관을 하고 있던 오성륜이 시찰단에게 김원봉의 존재를 알려준 것이었다.

김원봉은 의열단 소속의 동기생들과 함께 시찰단을 만났다. 김원봉은 소련 정부가 레닌 자금을 보내준 것에 감사 인사를 하고 연해주의 두만강 국경 가까운 곳에 한인사관학교를 만들어달라고 요청했다. 그들은 회담을 끝내면서 기념사진을 찍었다.*

다음 주에 오성륜은 김원봉을 교관단 숙소로 데려갔다. 오성륜처럼 교관단 휘장을 붙인 중국군 상위가 김원봉을 기다리고 있었다.

"의백 동지, 이 사람은 최용건崔庸健이오. 의백을 만나고 싶어 합니다."

상위가 먼저 군화 뒤축을 붙여 차렷 자세로 서서 경례했다.

"처음 뵙습니다. 최용건입니다."

김원봉도 급히 경례를 했다.

"미안합니다, 생도인 내가 먼저 경례해야 하는데…."

최용건은 허리를 조금 숙였다.

"중국군 상위는 의열단 단장에 비하면 아무것도 아닙니다. 저는 양림 선배, 아니 김훈 선배라고 해야 아시겠지요. 김훈 선배의 윈난雲南강무학교 후배입니다. 생도 시절에 김훈 선배에게 김원봉 단장님 말씀을 많이 들었고 의열단 투쟁에 대해 늘 감격하고 있었습니다."

---

* 유자명, 『나의 회억』, 셴양: 료녕민족출판사, 1985, 94쪽.

황푸군관학교 시절의 김원봉(당시 가명 최림).
보병병과였는데 통신으로 잘못 기록되었다.
최봉춘의 『조선의용대 혈전실기』에 수록.

김원봉은 그제야 고개를 끄덕이며 그에게 악수를 청했다.

최용건 교관은 양림김훈 상위가 이 학교 교관이며, 중국군사위원회에 연락장교로 가 있다는 반가운 사실을 알려주었다.

며칠 후, 김훈이 왔다. 김훈은 상위 계급장과 양림楊林이라는 명찰을 달고 있었다.

"김훈 형과 신흥무관학교에서 헤어졌으니까 일곱 해 만이군요. 김 형께서 신흥무관학교를 졸업하고 이범석 교관을 따라 북로군정서로 가서 거기서 연성대 교관으로 후보생들을 똘똘하게 키웠고, 그들을 지휘해 청산리 전투에서 혁혁한 전과를 세운 것도 들었소이다. 최고의 길이었지요."

김원봉의 말에 김훈은 천천히 고개를 저었다.

"천만의 말씀이오. 의열단을 이끌고 민족의 자존심을 지킨 김 단장이야말로 최고의 투사였지요. 나는 독립군 장교를 할 때나 중국군 장교를 할 때나 의열단의 거사를 소문으로 들으며 만세를 불렀소이다."

김훈은 평양 숭실대학 재학 중에 3·1운동이 일어나자 시위를 주도했고 경찰에 쫓기게 되자 만주로 망명해 신흥무관학교에 입학했다. 김원봉은 의열단 창단을 함께할 동지들을 찾다가 그를 주목했다. 김훈은 육탄혈전

292

은 반대하지만 그 신념은 존중한다며 김원봉과 아쉬운 작별을 한 터였다.

김훈은 청산리 전투에서 전공을 세운 뒤 윈난강무학교로 갔다. 그곳을 수석으로 졸업하고 중국군 장교로 임관되어 복무하고 있었다. 1년 전 황푸군관학교 교관이 되어 왔으나 최근 석 달 동안은 연락장교로 중국공산당 군사위원회에 파견 나가 있다가 복귀한 것이었다.

김훈은 다음 주부터 포병전술 과목으로 생도들을 가르쳤다. 그의 수업을 받는 동안 김원봉은 생도의 입장이 되어 친구를 교관으로 존중하면서 열심히 배웠다.

교관 신분인 오성륜·최용건·김훈은 주말에 김원봉에게 몇 번 저녁을 샀다. 세 명 모두 중국공산당 당원이었으나 항일투쟁의 거물 김원봉에게 그들의 노선을 강요하지 않았다. 그저 서로를 존중할 뿐이었다.

최용건이 그에게 맥주를 권했다.

"나는 의열단 이야기를 들을 때마다 생각했어요. 그들의 용기는 어디서 오는가 하고. 그러면서 문득 로마의 철학자 세네카Lucius Annaeus Seneca의 말을 생각했지요. 세네카는 '금은 불에 의해 시험되고 용기 있는 자는 역경에 의해 시험된다'고 했거든요."

김원봉은 맥주를 단숨에 마셔 비우고 컵을 최용건에게 건넸다.

"의열단 동지들은 생사를 다르게 보지 않았어요. 서로 죽으러 가겠다고 경쟁했어요. 『장자』에 '열사烈士의 용기는 죽음을 삶과 같이 보는 데 있다'는 말이 있어요. 아마 그게 의열단을 10년이나 지탱하게 해준 정신이겠지요. 그런 정신으로 투쟁한 의열단원이 여기 있지 않습니까?"

김원봉이 턱 끝으로 오성륜을 가리키자 상하이 황푸탄 공격의 주인공 오성륜은 어깨를 으쓱해보이며 말했다.

"맞는 말씀입니다. 의열단은 생사를 초월하고 삽니다."

오성륜은 그렇게 말하고는 길게 한숨을 쉬며 말을 이었다.

"나는 황푸탄에서 다나카를 명중시키지 못하고 미국 여자를 쏴서 죄인이 됐지요."

김원봉은 주말 외출 때마다 다른 동포 청년들도 만났다. 광저우의 조선 청년들은 조선식 음식점에 모여 토론을 벌였다. 모임 때마다 유자명이 참석하곤 했는데 다음 모임에 앞서 김원봉에게 어떤 논리로 어떤 이야기를 하라는 메모를 주곤 했다. 중산대학 재학생인 김성숙과 장지락은 토론에서 김원봉의 논리를 도왔다. 옛날부터 '설득의 귀재'라는 말을 들은 터였으므로 김원봉은 토론의 중심인물이 되었다.

서운한 이별도 했다. 김훈이 아내와 함께 독일 유학을 떠나게 되었던 것이다.

"구라파에 가서 좋은 공부하고 오게."

김원봉은 김훈 부부와 홍콩행 연락선이 있는 부두에서 작별했다.

"몸조심하게, 약산. 훗날 독립운동 전선에서 다시 만나세."

김훈은 김원봉과 포옹하고 배에 올랐다.


## 중국군 소위로 임관

김원봉이 그렇게 황푸군관학교 생도로 생활하고 있던 1926년 7월 초순, 장제스를 총사령관으로 하는 국민혁명군은 10만 병력으로 북벌을 시작했다. 대상은 우페이푸吳佩孚·쑨촨팡孫傳芳·장쭤린張作霖 등 군벌이었다. 우페이푸는 후난湖南과 후베이 일대를 장악하고 있었으며, 쑨촨팡은 장쑤성과 저장성浙江省 등 화중 지역을 지배하고 있었다. 그리고 장쭤린은 만주 지역과 화베이 일부를 장악하고 있었다.

10월, 김원봉은 황푸군관학교를 4기로 졸업했다. 모든 졸업생은 소위 임관과 함께 광저우 방위와 진공부대에 편입되었다. 김원봉은 학교 소속으로 정치부 교관을 맡으라는 명령을 받았다. 조선인 동기생 박효삼과 강

평국은 입오생부 교관으로, 이기환은 관리부에 배속되었다.*

의열단원들이 임지로 떠나며 말했다.

"의백 동지, 중국군 부대에 가서 경험도 쌓고 전술학 공부도 많이 해두겠습니다. 언제든지 부르시면 군복을 벗고 달려가겠습니다. 한 번 의열단원은 죽어도 의열단원입니다."

김원봉은 대원들의 어깨를 두드렸다.

"고맙소, 부디 몸조심하시오."

며칠 뒤 김원봉은 여운형을 만났다. 여운형은 황푸군관학교 졸업식에 참석하러 광저우에 온 길에 이것저것 일을 보고 김원봉과 저녁식사를 했다.

여운형이 말했다.

"자네가 교관 생활을 하면서 의열단을 이끄는 것을 이해해달라고 내가 군관학교 최상층에 부탁을 해두겠네."

"그렇게 해주십시오. 이왕 오신 김에 군관학교에 조선인 입학생 정원을 늘려주고 가십시오."

김원봉의 말에 여운형은 선뜻 대답했다.

"알았네. 저우언라이 선생에게 부탁해보겠네."

황푸군관학교는 5기생으로 새로 입학하는 전체 정원 가운데 조선인을 100명으로 확대했다. 김원봉은 그들 가운데 의열단원이 아닌 생도 80명을 모두 의열단에 입단시켰다. 의열단은 단원이 많아지고 한층 더 젊어졌다. 의열단에 중국 정규 군관학교 졸업자가 120명이 넘게 되는 것이었다. 김원봉으로서는 가슴 벅차고 기쁜 일이었다.

그는 곧장 의열단 총회를 소집했다. 지난날 단순한 테러리스트였다가

* 김영범, 『한국 근대민족운동과 의열단』, 창작과비평사, 1997, 173쪽.

김성숙·두쥔후이(杜君慧) 부부와 세 아들, 의열단 동지 박건웅(오른쪽).

중국 정부의 장학금으로 군관학교와 중산대학을 다닌 동지들은 이구동성으로 요구했다.

"과거와 같은 단순한 테러로는 독립을 이룰 수 없으니 중국의 국민당 같은 혁명정당을 만듭시다. 그것을 기반으로 뒷날 군대를 만듭시다."

일부 단원들이 반대했다.

"의열단이라는 이름을 버리면 나는 자폭해버릴 거요."

김원봉은 그들을 설득했다.

"의열단의 이름과 정신은 끝까지 갖고 갈 겁니다."

이때 광저우 의열단원들의 화제는 김성숙의 연애와 장지락의 의과대학 생활이었다. 김성숙은 중국인 여학생과 사랑에 빠져 있었다. 상대는 두쥔후이杜君慧*라는 이름의 같은 대학생이었다. 1926년 두쥔후이는 스물세 살로 김성숙과는 아홉 살 차이가 났는데 인도차이나 사람처럼 피부가 까맣고 키가 작았지만 눈이 아름답고 지적인 처녀였다. 김성숙이 고국에 본처를 두고 온 것을 아는 김원봉으로서는 두쥔후이에게 그것을 발설할 수가 없었다. 장지락은 베이징 셰허의대에서 중산대학 의과로 편입해 있었다.

## 나석주, 의열단의 마지막 폭탄을 던지다

북벌전쟁은 치열하게 펼쳐지고 있었다. 한인대원들은 용감함으로 명성을 떨쳤다.

'후난과 화중, 화베이를 해방하고 만주와 조선반도까지 가자.'

그들은 북벌이 성공하면 조국 독립에 도움이 되리라 믿고 열심히 싸웠다. 가장 주목을 끈 인물은 헤이그 특사로 파견된 이준 열사의 아들 이용李鏞과 뒷날 명성을 떨친 김홍일金弘壹이었다. 시베리아 고려의용군 사령관 출신인 이용은 국민혁명군 동로군 총지휘부 포병대 교관으로, 만주 독립군 부대 지휘관 출신 김홍일은 동로군 지휘부 참모로 활약했다.* 두 사람과 깊은 교유를 하지는 못했지만 김원봉은 그들이 무사하고 명성을 떨치기를 기원했다.

국민혁명군은 승승장구하여 진격했다. 며칠 만에 후난성 창사長沙를 함락시키고 9월과 10월에는 후베이성湖北省 한양漢陽·한커우·우창武昌을 점령해 우페이푸군을 창장강 이북으로 밀어냈다. 12월에는 장시성의 난창南昌·지우장九江을 점령하고 마침내 우한정부를 성립시켰다. 우두머리

---

* 두쥔후이(1904-81): 광둥성 광저우 출생. 중산대학을 졸업하고 일본에 유학, 귀국 후 공산당에 입당했다. 정인인 김성숙과 동거했다. 함께 상하이에서 좌익작가연맹에 속해 활동했으며 『사회과학사전』을 공동집필했다. 8·15광복 후 김성숙이 혼자 귀국하자 세 아들을 키우며 살았다.
* 같은 책, 174쪽.

나석주. 중국군 장교로 있다가 의열단에 가입했다. 식산은행과 동양척식주식회사에 폭탄을 던지고 시가전을 벌이다가 자결했다.

는 왕징웨이汪精衛였다. 북벌군은 계속 진공해 다음 해인 1928년 2월 중순에는 항저우杭州를, 3월에는 상하이와 난징을 점령해 9개월 만에 중국 관내 지역 대부분을 점령하기에 이르렀다.

중국에서 북벌전쟁이 펼쳐지던 1926년 겨울, 고국 땅에서는 의열단의 제11차 암살·파괴 작전이 시작되고 있었다. 12월 26일, 겨울바람이 매섭게 몰아치는 인천항 부두에 중국에서 온 여객선 리퉁利通호가 접안했다. 배에서 내린 승객은 179명, 그 가운데 중국인이 172명, 일본인이 4명, 조선인이 3명이었다. 출입국 관리원과 경찰관은 조선인 승객에게만 관심을 두고 따져 물을 뿐 중국인들은 건성으로 통과시켰다. 그 중국인 가운데 마중더馬忠德라는 35세의 산둥성 출신 장사치가 있었다. 그가 바로 나석주였다.

리퉁호에서 내린 승객 가운데 22명이 인천 부두의 청관거리 지나정支那町 38번지에 있는 중국여관 원화잔元和棧에 묵었다. 나석주는 숙박부에 '山東省人 馬忠大 三十五歲'산둥성인 마중다 35세라고 쓰고 투숙했다.* 다음 날 기차로 경성에 가서 진남포까지 올라갔다가 다시 하루 만에 평양발 열차로 내려와 남대문 근처 중국여관 동춘잔東春棧에 투숙했다. 혹시 뒤를 쫓을지도 모르는 밀정을 따돌리기 위해서 이리저리 옮겨 다닌 것이었다. 12월 28일 아침, 그는 여관을 나오며 유서 세 통을 남겨두었다.**

오전에 그는 목표물인 식산은행과 동양척식주식회사 건물 정찰을 마쳤다. 오후 두 시, 황금정 2정목 동양척식주식회사 정문으로 가서 사람 이름이 적힌 쪽지를 수위에게 내보이며 마치 중국인 듯 일부러 더듬거리는 조선말로 말했다.

"나는 중꾹 살람이야. 이 살람을 만나러 왔어해."

수위는 "그런 사람이 없다"며 가라고 손짓해서 나석주는 그곳을 나왔다. 몇 분 뒤 그는 남대문통 2정목에 있는 식산은행에 들어섰다. 그곳 수위는 그가 중국산 벼루와 붓을 파는 장사치라고 생각해서 건물 입구 계단을 가리켰다.

나석주는 고맙다는 뜻으로 허리를 굽실거리고는 천천히 건물로 들어갔다. 그러고는 곧장 보따리를 풀어 폭탄을 꺼내서 은행 철책 너머 반대편 벽을 향해 힘차게 던졌다. 그러나 담벼락에 부딪쳤는데도 폭탄이 터지지 않았다.

은행원들은 워낙 바쁜 터라 불발탄이 떨어진 줄도 모르고 일하고 있었다. 돈을 찾으러 온 일본인 회사원이 이상하게 생각해서 모두에게 알렸다. 서무과에 앉아 있던 육군 중좌가 불발탄이라고 판단하여 경찰에 알려 비상이 걸렸다. 그러나 수상한 중국인은 이미 사라지고 없었다.

10분 뒤 나석주는 다시 동양척식주식회사 건물에 들어서고 있었다. 건

---

* 나석주는 일본경찰을 속이기 위해 이름을 여러 번 바꿔 썼다.
** 김성민, 『나석주: 투탄과 자결, 의열투쟁의 화신』, 역사공간, 2017, 9쪽.

식산은행 경성지점. 일제의 경제착취 근거지로 의열단원 나석주가 폭탄을 던졌다.

물 정문 수위는 없고 양복 입은 고관이 책상 앞에 앉아 무엇인가 쓰고 있었다. 그는 잡지사 기자 다카기 요시에高木吉江였다. 나석주는 그자를 일본인 고관으로 판단해 권총으로 사살하고는 나는 듯이 2층으로 달려 올라가 복도를 달려오는 젊은 사원 타케미츠武智光를 사살했다. 그러고는 토지개량부 기술과장실로 들어가 과장과 차석을 사살했다.*

나석주는 남은 폭탄의 시한 신관을 1분간으로 재빨리 조절했다. 그러고는 제일 큰 사무실 문을 열어젖혀 폭탄을 던지고는 죽을힘을 다해 달렸다. 잠시 후 세상을 뒤흔드는 엄청난 폭음이 울렸다.

나석주는 동양척식주식회사 건물을 벗어나 황금정 거리를 달렸다. 경기도 경찰부 소속 경부보 다바타田畑가 권총을 뽑아들었으나 나석주의 총탄이 더 빨랐다. 그는 다바타를 쓰러뜨리고 계속 달렸다. 정복순사 대여섯 명이 총을 쏘며 달려왔다.

---

* 같은 책, 11쪽.

동양척식주식회사. 일제의 가혹한 수탈의 본산으로 나석주가 폭파를 감행했다.

나석주는 탄창에 남은 총탄을 헤아렸다. 그는 침착하게 배를 깔고 엎드려 달려오는 경찰들을 향해 두 발을 발사하고는 큰 소리로 "대한독립만세! 의열단 만세!"를 외쳤다. 그러고는 손가락을 방아쇠에 걸고 가슴 밑에 깔고 엎드려, 남은 세 발을 자기 가슴을 향해 발사하고 피를 뿜으며 고꾸라졌다.

경찰이 그를 급히 병원으로 옮겨 캠플 주사를 맞게 했다. 주사 기운에 잠시 정신을 차린 그는 약 한 시간 뒤 절명하고 말았다. 의열단의 육탄혈전 공격 작전은 제11차로 감행된 이것이 끝이었다.

# 11 중국 혁명에 참가하다

## 장제스의 쿠데타

1927년 초, 중국 남쪽 끝 광저우에 머물고 있던 김원봉은 나석주의 의거 성공을 금방 알지 못했다. 경성과 만주로 통하던 의열단의 비밀 연락망이 거의 마비되어 있었고 상하이는 물론 만주와 베이징, 톈진 등 중국 북쪽에 퍼져 있던 의열단 동지들이 속속 광둥으로 오고 있기 때문이었다.

일제는 앞서 의열단이 일으킨 다른 사건처럼 반년 또는 1년 동안 비밀 수사를 하지 않고 사건 열흘쯤 뒤 보도통제를 풀었다. 김원봉은 상하이에서 『조선일보』와 『동아일보』를 읽은 동지들의 전언을 통해 의거 한 달이 지난 뒤에야 나석주의 순국을 확인할 수 있었다.

"나석주 동지, 우리는 동지의 정신을 잊지 않을 것입니다."

김원봉은 중국 육군 소위 군복을 입은 채로, 조촐하게 만든 나석주의 빈소에 동지들과 함께 절했다.

김원봉과 광저우에 체류하는 동지들이 희망했던 민족혁명당 조직은 외적 상황의 변화로 더 추진하지 못했다. 다음 해 봄, 중국의 국공합작이 깨져버렸기 때문이다.

광저우에 있는 조선인 청년 혁명가들은 분통을 터뜨렸다. 조선 음식점

마당에서 열린 토론회에서 김성숙이 소리쳤다.

"지주와 재벌 등 중국의 부르주아와 밀접한 관계를 맺고 있던 자본주의 열강은 북벌전쟁이 반제국주의와 반봉건주의로 발전하는 것에 위협을 느꼈습니다. 국민혁명군 내의 우익 세력을 충동질한 것입니다."

김원봉도 중국 장교 군복을 입은 몸이었지만 분연한 표정으로 일어서서 외쳤다.

"이건 넘어서야 할 중국의 한계입니다. 국공이 분열하면 결국 일본이 박수를 칠 겁니다. 중국 국력은 반으로 약화될 것이고 일본 놈들한테 침략의 틈을 보이고 말 겁니다."

이런 토론도 더 이상 하지 못했다. 장제스 총사령관이 공산주의자들을 뿌리 뽑을 것을 명령했던 것이다. 상하이에서 공산주의자들과 급진 노동운동가들에 대한 학살이 시작되고 광저우는 울분 속에 술렁거렸다.

학살의 폭풍은 광저우까지 들이닥쳤다. 장제스를 추종하는 우파 군대는 황푸군관학교 교도대와 교관단의 무장을 해제시키고 노동지도자와 공산주의자를 색출하기 위한 작전에 돌입했다.

국민정부와 국민혁명군 본부는 우창에 있었는데 장제스가 이끄는 우파 군대와 군벌 군대가 우창을 포위하기 위해 진격하고 있었다. 광저우의 의열단원들은 김원봉의 명령에 따라 집결했다.

"지금 같은 내란 정국에 줄을 잘못 서면 설 자리를 잃게 되기 마련이오. 의열단은 어느 길을 가야 하는지 동지 여러분의 의견을 듣고 싶소."

의열단원들은 대부분 입을 모아 소리쳤다.

"우창으로 가서 국민혁명정부를 지켜야 합니다."

반대하는 단원들도 있었다.

"왜 남의 싸움에 끼어서 피를 흘리려 합니까. 의백이 조금 전 말한 대로 줄을 잘못 서면 뒷감당을 어찌합니까. 중국이 장차 장제스의 나라가 되면

1920년대 광둥성 광저우.

어디에 발을 붙이려고 합니까."

김원봉은 자리에서 일어섰다.

"분명히 말씀드립니다. 나는 공산주의가 좋긴 하지만 우리 의열단의 장래를 위해 입당하지 않았습니다. 앞으로 공산주의와 민족주의를 함께 포용할 것입니다. 여러분도 그렇게 해야 합니다. 나는 그런 사상적 편향 때문에 불화하는 단원은 용납하지 않을 것입니다. 그러나 우리는 지금 우창으로 가야 합니다. 정의가 거기 있기 때문입니다."

김원봉은 동지들을 미리 떠나보내고 유자명과 함께 마지막으로 광저우를 떠났다. 그때까지 남아 있던 조선 청년 20여 명이 체포되고 대부분이 살해당한 터라 더 이상 광저우에 머물 수가 없었다. 김원봉은 사복 차림이었으나 만약을 대비해 가죽 허리띠 속에 황푸군관학교 교관 신분증을 집어넣어 꿰매서 차고 있었다.

부두를 향해 급히 걸어가던 김원봉과 유자명은 갑자기 들려오는 총성에 급히 골목길 담벼락에 몸을 붙였다. 그들이 몸을 숨긴 바로 앞 건물에는

'공산당을 타도하자'라는 붉은 표어가 붙어 있었다.

반대편 골목에 병사들이 보였다. 그들은 방금 문을 열고 탈출하던 청년을 사살한 듯했다. 골목에 시체가 쓰러져 있고, 병사들은 젊은 여자 둘을 큰길로 끌어내고 있었다.

김원봉은 두 여자 가운데 한 사람을 알고 있었다. 그는 유자명을 향해 중얼거렸다.

"키 큰 여자는 중산대학에 재학생인 공산당 세포였어요. 총살하려나 봐요."

"그런 것 같소. 안됐지만 지켜볼 수밖에 없소."

유자명이 말했다.

병사들은 두 여자를 벽 앞에 세우더니 죄목조차 말하지 않고 그대로 총살해버렸다.

그곳을 벗어나 부두에 도착한 김원봉과 유자명은 상하이로 가는 연락선을 탔다. 연락선은 연안항로를 타고 북쪽으로 올라갔다. 그렇게 한나절을 갔을 때 갑자기 콩 볶듯이 총성이 나고 해적선이 달라붙었다. 배는 전속력으로 피해 달아나고 갑판에 있던 사람들이 피를 뿜으며 쓰러졌다.

모두가 배를 깔고 엎드리는데 유자명이 김원봉의 몸 위로 덮치듯이 올라탔다.

"왜 그러세요, 유 동지?"

김원봉은 헐떡거리며 말하다가 그것이 유자명이 자신을 총탄으로부터 보호하려는 행동임을 알아차리고 그를 밀어냈다.

"의백, 의백은 죽거나 다치면 안 되지 않소?"

유자명이 소리쳤다.

김원봉은 권총을 꺼내 해적선을 향해 발사하며 소리쳤다.

"나는 군대의 장교예요."

해적선은 점점 멀어지는데 갑자기 날아온 유탄이 유자명의 다리에 맞았다.

"아이쿠, 총상이 이렇게 아픈 줄은 몰랐네."

총탄이 뼈를 스친 모양이었다. 김원봉은 옷을 찢어 지혈했다. 유자명은 이를 악물고 고통을 참았다. 한 중국인이 아편을 가져다줘서 그것을 물에 풀어서 먹고 고통을 잊었다.

아편에 취해 나른한 표정으로 유자명이 미소를 지었다.

"나는 명색이 의열단원인데 이제야 총이라는 걸 맞아봤소."

"그래도 나보다는 낫지요. 나도 명색이 의열단 단장인데 처음으로 총을 실전에서 발사했으니까요. 그런데 총 맞을 때 충격이 어땠어요?"

유자명은 눈을 둥그렇게 떴다.

"홍두깨처럼 굵은 몽둥이로 냅다 얻어맞는 것 같네요."

"그렇군요."

두 사람은 마주 보며 웃었다.

김원봉은 중간 기항지에 도착했을 때 그곳에 있는 미국 개신교가 운영하는 병원에 유자명을 맡겼다. 미국인 목사와 의사에게 치료를 당부하고 혼자 상하이로 떠났다. 상하이를 거쳐 우창까지 간 김원봉은 유자명을 호송하기 위해 동지들을 파견했다.

## 난창봉기에 휩쓸려

의열단원들이 이동한 국민혁명군의 근거지 우창은 창장강의 중간 유역에 들어앉은 아름다운 도시였다. 한커우·한양과 강을 사이에 두고 솥의 다리처럼 마주보고 있어 한데 묶어서 흔히 '우한'이라고도 불렸다. 창장강을 타고 어디든지 갈 수 있는 수운水運의 이점이 있어 전략적으로 중요한 곳이었다. 1858년 톈진조약으로 개항했으며 일본 조계가 만들어져 있었다.

중국공산당은 장제스의 국민당 군대에 밀려 10퍼센트 이내의 병력만 남고 거의 궤멸되었다. 그러나 중국공산당은 주저앉지 않았다. 1927년 8월 1일 저우언라이 · 주더朱德 · 허룽賀龍* 등은 난창南昌에서 무장봉기를 준비했다.

유자명이 무사히 도착한 뒤 김원봉은 사태를 관망하며 우창에 머물렀다. 그러나 우창은 시시각각 위기 속으로 빠져들고 있었다. 우창을 지키던 한 부대가 장제스의 압력을 못 이겨 돌아섰고, 중국공산당은 폭동으로 맞설 준비를 하고 있었다.

공산당을 지지하는 부대들이 난창으로 이동해 집결하기 시작했다.

"우리도 난창으로 갑시다!"

김원봉은 우창의 의열단원들에게 말했다. 무장봉기에 동조하는 게 아니라 장제스가 4월 12일 상하이에서 감행한 것처럼 무차별 학살이나 체포를 할지도 모른다는 우려가 크기 때문이었다.

의열단들은 한두 명씩 분산하여 난창으로 향했다. 김원봉은 짚신을 신고 챙이 넓은 삿갓을 쓴 채로 작은 쪽배를 타고 떠났다. 그렇게 이틀을 가서 7월 31일 난창에 도착했다.

난창은 광둥성 바로 북쪽에 달라붙은 장시성의 성도였다. 도시 전체가 산과 강으로 둘러싸인 아름다운 도시였다. 그는 신분을 숨기려 했으나 봉기군에 편성되어 있던 조선인 장교들의 눈에 띄어버렸다.

---

* 허룽(1896-1960): 후난성 출신. 세금 납부 문제로 숙부를 죽게 한 세리(稅吏)를 살해하고 탈출해 의적 활동을 벌였다. 1918년 지역 군벌과 연합해 군대를 일으켰고 공산혁명군에 가입했다. 1927년에 2만 4,000명의 병력을 지휘, 난창봉기를 주도했으나 실패했다. 뒷날 중화인민공화국 중앙정치국원을 지냈고 문화혁명 때 박해를 받아 사망했다.

"중국군 장교이니 우리 부대에 편입해 부대를 지휘하시오."

그들이 간청했으나 김원봉은 고개를 저었다.

"내 소속부대가 아니니 나는 우리 단원 동지들과 함께 무명소졸로 백의종군하겠소."

그의 뜻대로 되지 않았다. 그곳에는 수십 명의 조선인 의용병들이 싸우려고 와 있었는데 의열단 단장이 왔다는 말을 듣고 모두 몰려와 그의 휘하에 들었던 것이다. 김원봉은 결국 의열단원을 포함한 80명의 조선인 의용병을 지휘하는 지휘관이 되었다. 참여 의지가 강하지 않은데도 봉기군 지휘관이 된 셈이었다.

김원봉과 의열단원들이 속한 봉기군 부대는 허룽의 지휘 하에 있었다. 허룽이 조선의 홍길동이나 신돌석처럼 소년기에 의적義賊 활동을 하며 유명해진 사람이라 대원들의 사기는 높았으나 정규군이 아니라서 무기는 장제스군에 비해 보잘것없었다.

봉기를 감행하는 날 밤, 우창 시내는 폭풍 전야의 고요에 잠겨 있었다. 거리와 골목에는 봉기한 공산군 병사들이 총을 든 채 경계하고 있었다. 이따금 장교들의 명령과 병사들의 구호 소리가 적막을 깨며 들려왔다. 김원봉이 속한 부대는 이렇게 거리를 지키며 밤을 보내다가 도시 외곽의 적진지를 공격할 계획이었다.

그는 다른 의열단 동지들처럼 목에 붉은 넥타이를 매고 팔에는 흰 완장을 두르고 있었다. 붉은 십자가를 붙인 손전등을 옆에 놓고 땅바닥에 등을 붙이고 누웠다. 하늘에는 총총히 별이 박혀 있었다.

시간은 느리게 흘러갔다. 그는 소총을 들고 꼿꼿이 누운 채로 투쟁의 나날을 떠올렸다. 군자금을 구하느라 노심초사하고, 그의 목숨을 노리는 자객으로부터 아슬아슬하게 몸을 피한 순간들, 동지를 죽음의 길로 보내기 위해 고뇌했던 순간들, 동지의 최후를 전해 듣고 절망했던 시간들, 의열투쟁에 목숨을 바친 동지들의 얼굴을 하나씩 떠올렸다.

김원봉은 회중시계를 꺼내 들여다보았다. 한 시 오 분. 초침이 숨 가쁘게 뛰어가고 있었다. 그는 군관학교에서 전술학 공부를 한 터라 알고 있었다. 적이 공격해오기 전에 먼저 공격하는 것이 훨씬 유리하다는 것을, 야간 공격은 새벽 두 시가 가장 적절하다는 것을. 그는 이번 야간 공격도 두 시가 될 것으로 예상하고 있었다.

김원봉은 잠든 동지들을 깨우려다 그냥 두었다. 한 시간 뒤 생사가 어찌 될 줄 모르고, 또 살아난다 해도 전투가 계속되면 언제 잠을 잘 수 있을지 모르기 때문이었다. 그러나 그 순간은 길지 않았다. 잠시 후 공격 대기선으로 이동하라는 전령이 왔다.

그는 조용히 총구로 땅바닥을 두드렸다.

"동지들, 소총에 탄약을 장전하고 육박전에 대비해 총검을 꽂으시오."

공격 부대는 유령처럼 소리 없이 어둠 속을 이동했다. 하늘에 뜬 반달이 적진을 어슴푸레 비추었다.

탕, 탕, 탕, 총성과 함께 붉은색 신호탄이 어둠 속에서 솟아올랐다.

"동지들, 돌격하시오!"

김원봉은 앞장서 총을 쏘며 달려갔다.

귀를 찢을 듯한 총성이 울리고 대원들은 몸을 일으켜 적진을 향해 달려갔다. 모래주머니를 쌓은 적진에서 소총들이 붉은 불을 뿜는 모습이 어둠 속에서 뚜렷이 보였다. 전투는 세 시간이나 계속되었다. 마침내 우창은 봉기군 손에 들어갔다.

재집결지에 도착한 김원봉은 주검이 되어 줄지어 눕혀진 전사자들을 보았다. 그는 의열단 동지들을 확인하려고 하나하나 얼굴을 들여다보았다. 의열단원 여덟 명이 전사했다.

허룽의 부대는 중국 혁명의 출발점인 광저우를 향해 이동하기 시작했다. 찌는 듯한 무더위 속에 800리를 가는 멀고 먼 진군이었다. 크고 작은 전투를 치르며 장시성江西省을 벗어나 한 달 만에 광둥성으로 들어섰다.

며칠 동안 쉬지 않고 비가 내려 전진 속도가 느렸다. 군화는 흙범벅이 되어 쇳덩이처럼 무거웠고 발을 조였다. 보급이 끊겨져 배를 주려야 했다. 그러나 인민들의 대우는 호의적이었다. 민주와 민권을 향한 혁명군에게 중국 인민들은 아낌없이 옷과 음식과 잠자리를 내놓았다.

허룽의 부대는 리지셴李濟深*이 지휘하는 광시군廣西軍에게 쫓기고 있었다. 리지셴은 김원봉이 황푸군관학교에 재학할 때 부교장으로서 지혜롭고 용맹스런 장군으로 명성이 높았다. 그는 2개 사단 병력을 휘몰아 봉기군을 공격해 일방적인 승리를 거두고 있었다.

김원봉은 승산이 없다는 걸 알고 초조해졌다. 내 생명도 중요하지만 의열단 후배들도 살아남아야 했다. 그는 고심하고 또 고심했다. 나와 동지들의 목표는 조국 독립인데 중국의 두 세력 사이에 끼어 희생될 수는 없지 않은가.

그의 부대는 어느 날 밤중에 산길을 오르다가 기습공격을 받았다. 그가 속한 봉기군 부대는 병사들 태반이 쓰러지고 흩어져버렸다. 김원봉은 땅을 뒤집을 듯 날아와 터지는 포탄을 피해 바위틈에 엎드렸다가 간신히 목숨을 건졌다. 그가 할 수 있었던 것은 아무것도 보이지 않는 어둠 속에서 동지들을 향해 크게 외치는 것뿐이었다.

"동지들, 흩어집시다. 어떻게든 살아남아 재집결지에서 만납시다."

새벽에 포격이 그치고 적군의 사냥이 시작되었다. 그는 수없이 닥쳐온

---

* 리지셴(1885-1959): 장쑤성 출신. 베이징 육군대학을 졸업. 황푸군관학교 부교장을 지내고 4·12정변 후 장제스 편에 있으나 반대하여 공산당 진영으로 가서 일본군에 맞서 투쟁했다. 중화인민공화국 창립 후 전국인민대표회의 상무위원회 부의장 등을 지냈다.

위기에서 적을 사살하며 아슬아슬하게 몸을 날려 기적적으로 총탄을 맞지 않았다. 일단 사격망을 벗어난 그는 탄약이 떨어진 소총을 버리고 이틀 밤 낮으로 산길을 달려 위험 지역을 벗어났다.

김원봉은 기진맥진한 채로 어느 농가의 밀짚 더미에 숨어들어 온종일 잤다. 날감자와 옥수수를 훔쳐 먹으며 밤에만 이동했다. 가슴을 채우는 것은 끝없는 자기 혐오였다.

'전장에서 단원들의 목숨도 지키지 못한 나는 얼마나 무능한가.'

그런 자책감 속에서도 확신은 있었다. 자신이 걸어온 30년 삶에 후회가 없다는 것, 다시 태어나도 독립군의 삶을 선택할 것이라는 확신이었다.

김원봉은 그런 확신으로 자기를 일으켜 세우며 걷고 또 걸었다. 그리고 어느 날, 지칠 대로 지쳐 자신의 바로 앞에 장제스의 군대가 행군하는 것을 알지 못하고 걸어가다가 포로가 되었다.

"너는 누구냐? 봉기군의 패잔병이구나."

김원봉은 자신이 중국 최고의 군관 교육기관인 황푸군관학교 출신이자 교관이었다고 밝힐 수가 없었다. 그것이 가져올 파문을 생각해서였다. 그는 심문하는 군관의 물음에 광둥 지방에서 소학교 교원을 했으며, 난창 근처를 여행하다가 봉기군에 강제로 편입되었다고 대답했다.

그렇게 말한 것은 그들이 포로를 처형하지 않고 포차砲車나 치중차輜重車를 끄는 마부나 인부로 부리는 것을 보았기 때문이었다. 일손이 필요해서인지 군관은 길게 묻지 않고 곧장 마부 일을 할 것을 명령했다.

치중차 인부가 되고 보니 포로가 아닌 사람들도 있었다. 노무자들이 모자라다 보니 여기저기서 민간인을 붙잡아온 것이었다. 김원봉은 신변의 위험이 없음을 알고 안도의 한숨을 쉬었다.

치중차를 관리하는 군인은 40세가 다 되어가는 늙은 병사였는데 무식하지만 천성이 착해서 노무자들을 심하게 구박하지 않았다.

그는 이따금 김원봉의 엉덩이를 걷어차며 말했다.

"이 녀석아, 네가 아무리 소학교 교원이었다고 해도 지금은 마부란 말이다."

어느 날 김원봉은 그 군인이 집으로 보낼 편지를 대필해주었다. 그러자 김원봉에 대한 대우가 달라졌다.

"너는 이제부터 말에게 먹일 사료 통계를 맡아라. 나는 도무지 맞춰볼 때마다 숫자가 다르단 말이다."

그렇게 한 달을 보내면서 김원봉은 밑바닥 인생을 제대로 맛보았다. 중국인 노무자들과 뒹굴며 마차 밑에서 잠을 잤고, 개의 먹이나 다름없는 형편없는 음식을 먹었다.

달 밝은 밤, 김원봉은 경계가 소홀한 틈을 노려 탈출에 성공했다. 이번에는 초조해하지 않고 여유롭게 중국인 마을을 거치며 이동했다. 그는 마부 차림이었고, 몸에서는 말똥 냄새가 났다. 또 다른 장제스군 부대의 정찰대를 만났으나 병사들은 의심하지 않았다.

## 목숨을 구해 광저우로 다시 상하이로

천신만고 끝에 광저우에 도착했다. 의열단원인 김성숙·박건웅·장지락이 그를 맞았다. 그들은 광저우에서 곧 봉기가 일어날 것이라고 추측했다.

광저우봉기에는 조선인 청년이 200여 명이나 참가했다. 중앙군사정치학교 우한분교 제6기생이 중심이었다. 장제스가 4·12정변을 일으키자 생도 4,000명을 우한 지역 수비군에 포함시켰다. 중국이 좌파 왕징웨이汪精衛 중심의 우한정부와 우파 장제스 중심의 난징정부로 나뉘자 한인 200여 명을 포함한 병력이 제4군 소속 군관학교 교도단으로 개편되고 공산당의 중심무력이 되었다. 한인 병력은 교도단 제2영에 속해 있었다. 그들 외에도 봉기군에는 한인 대원들이 포병연, 황푸군관학교 특무영, 경위단에 속해 있었다. 군대조직과는 거리가 먼 중산대학 재학생들도 있었다.

광저우의 봉기군 한인대원 가운데 지도적 역할을 맡은 사람은 여럿이었다. 헤이그 특사였던 이준 열사의 아들 이영李瑛, 이용李鏞은 신임 교도단장 예젠잉葉劍英의 정치·군사고문이자 참모였고, 모스크바 군사학교 출신 양달부楊達夫는 홍군紅軍 총사령 예팅葉挺의 군사참모로서 봉기 책임자 5인 가운데 한 명이었다. 황푸군관학교 제3기 출신 이빈李彬은 포병 지휘관 겸 북로 경계 책임자였고, 박영은 대대급 부대인 제5연의 연장聯長이었다. 황푸군관학교 교관이었던 최용건은 교도단 교관이자 황푸군관학교 특무영의 제2연 연장이었고, 김성숙은 제5연의 당조직 책임자이자 광저우 소비에트 정부의 숙반肅反위원회 위원을 맡고 있었다. 김원봉의 신흥무관학교 후배 장지락은 교도단 번역관이자 예팅의 비서였고, 명사수 오성륜과 박진朴振 그리고 박건웅은 독립 분견대장이었다.*

봉기 지도자 가운데 중견간부 의열단원은 김성숙·장지락·오성륜·박건웅이었다. 김성숙이 이들을 대표해 김원봉에게 말했다.

"정의는 우리 편에 있습니다. 광저우에서 봉기가 일어나면 광둥성의 전 민중이 동참하는 혁명이 될 겁니다. 광저우의 의열단원들이 거지반 참여할 것이니 의백께서도 참여하셔야지요."

김원봉은 대답하지 않았다. 봉기가 일어나면 봉기군의 열 배쯤 되는 장제스의 국민당 군대가 밀려올 것이고 봉기군은 속절없이 무너질 것이 뻔했기 때문이다. 황푸군관학교 특무영에 소속된 한인 청년들은 대부분 자발적 의지로 봉기에 참가했지만 상당수 한인들은 중국공산당의 '명령'으로 자기 의지와 무관하게 봉기에 동원되었을 것이다.

난창봉기에서 패배의 쓴맛을 본 터라 그는 개죽음을 당할 수는 없다고

---

* 김영범, 『한국 근대민족운동과 의열단』, 창작과비평사, 1997, 179쪽.

생각했다. 그에게는 의열단을 지킬 책무가 있었다. 중산대학과 황푸군관학교에 다니는 인원을 포함해 광저우의 의열단원들은 100명이 넘었다. 그는 그들을 따로 불러모아 봉기에서 빠져 딴 곳으로 가자고 명령할 수가 없었다. 김성숙·장지락·오성륜·박건웅 등은 자기의지로 봉기에 참여하지만 소속부대가 통째로 봉기군이 되어 있었다. 무단이탈은 반역으로 간주되어 총살당할 것이었다.

김원봉은 은밀히 연락해 11월 말에 결국 열 명 미만의 측근과 함께 광저우를 벗어났다.[*]

"미안하다, 광저우에 남은 젊은 단원들아. 부디 생존해다오."

그는 상하이로 떠나면서 여러 번 중얼거렸다.

김원봉이 상하이에 도착하니 고맙게도 동지들이 절반쯤 모여 있었다. 화베이에서 활동하느라 제때 광둥에 모이지 못했던 단원들, 난창봉기에서 살아 돌아온 사람들이었다.

"의백, 무사히 돌아와서 다행이오."

유자명이 재빨리 프랑스 조계에 새로운 비밀 숙소를 마련하고 그를 그곳에서 쉬게 했다.

"부끄러워서 못 견디겠어요. 내 책무가 의백인 데다 명색이 정규 군관학교를 나온 장교인데 포로가 됐었어요. 그리고 젊은 대원들을 광저우에서 빼내지 못했어요."

그가 한숨 쉬며 말하자 유자명이 위로했다.

---

[*] 뒷날 두쥔후이는 회고록 『광저우기의견문』(廣州起義見聞)에서 "김원봉이 광저우봉기에 나서지 않고 배신했다"(金之奉, 黃埔軍校 卒業生 後反變)고 썼다. 여기서 두쥔후이는 김원봉을 '김지봉'(金之奉)으로 썼다. 장지락도 '장지장'(張之章)으로 썼는데 두 사람의 실명을 감춰 보호하기 위해서인지 인쇄소의 오타인지 알수 없다.

"잘 판단하셨소이다. 의백 동지는 앞서 저세상으로 가신 동지들과의 약속 때문에 죽을 수도 없는 몸이니까요."

"정말 죽을 수도 없어요, 나는."

김원봉은 다시 한숨을 쉬었다.

유자명은 다리의 총상이 완쾌되어 김원봉이 없는 몇 달 동안 의열단원들을 지휘해왔다. 유자명이 단원들을 관리해온 덕에 의열단의 결속력은 흐트러지지 않았다. 그는 신입단원을 임시단원이라는 이름으로 십여 명 받아놓기도 했는데 의백 김원봉이 최종 승인해야 입단이 확정되는 것이었다.

"고맙소, 유 동지. 신입단원들은 어때요?"

"모두 똑똑하지. 참, 특별한 청년이 하나 있었소. 동래 출신 박문호朴文昊인데 자기 칠촌당숙이 김약수 선생이라 했소."

김원봉은 김약수에게 들었던 이야기를 더듬었다.

"박문희朴文熺가 아닌가요? 외사촌누이 아들이 도쿄 니혼日本대학에 다니고 기독교 전도사를 한다고 들었어요."

"아, 형이 대학 나와서 애국계몽운동을 한다고 했소. 그분 동생입니다."

"그렇군요. 내일이나 모레 신입단원들을 만나게 해주세요."

유자명이 잠시 묵묵히 있다가 입을 열었다.

"그동안에도 조선인 밀정들이 끊임없이 접근해왔고 여섯 놈인가를 처단했소. 그런데 고참단원들이 신참들 담력을 키운다고 그자들을 권총으로 쏘라고 명령했소. 그러다가 이강李康이라는 젊은 동지가….."

"그 젊은 동지가 어떻게 됐는데요?"

"머리가 그만 돌아버렸소."

이강은 의열단에 입단하자마자 고참단원들에게 끌려 나가 밀정을 처단하는 일을 하게 되었다. 사람을 죽여봐야 의거할 담력이 생긴다는 믿음 때

316

문에 생긴 통과의례였다.

"이봐, 눈을 똑바로 뜨고 그놈 눈을 노려봐. 그리고 총구를 머리에 대고 가차없이 방아쇠를 당겨!"

고참들이 윽박지르자 이강은 방아쇠를 당겼는데 밀정의 머리 한쪽이 날아가면서 피가 튀어 그의 얼굴이 피범벅이 되었다. 이강은 그때 그만 머리가 돌아버렸다.

이야기를 다 듣고 김원봉이 입을 열었다.

"안됐군요. 그 동지는 내가 오늘 만나보겠어요. 그런데 여기 모이지 않은 의열단원 절반은 지금 대부분 광저우에 있소이다. 오성륜·김성숙·장지락·박건웅처럼 애당초 의열단원이 아니라 광저우에 모인 뒤 입단한 사람들이지만 나는 그 사람들을 봉기군에서 빼내지 못했소이다. 광저우봉기가 정의로운 것이긴 하지만 우리 목표는 일제 타도이지 중국 혁명이 아니니까요. 부디 살아남아서 다시 만나기를 바랄 뿐이에요."

유자명이 그의 손을 잡았다.

"의백의 마음 내가 압니다. 홍군 부대에 있는 우리 의열단원들도 꽤 있어요. 그 동지들도 살아남아야지요."

김원봉은 고개를 갸우뚱했다.

"지금 홍군이라고 했소?"

유자명은 머리를 주억거렸다.

"언제부터인가 봉기군을 그렇게 부릅디다. 러시아 혁명 때 혁명군을 적군赤軍이라 부르더니 구별하려고 그렇게 부르는 모양이오."

김원봉은 긴장이 풀려 졸음이 몰려왔지만 밀정을 죽이다가 정신이상이 되었다는 젊은 동지 이강을 만나야 했다.

"잘못했어유. 앞으로는 안 그럴게유."

이강은 두 손으로 싹싹 빌었다.

"유 동지, 이 동지가 나을 때까지 데리고 지냅시다. 집으로 돌려보낸다 해도 집을 제대로 찾아가지 못할 것 같네요. 그리고 나 좀 자야겠어요."

그는 유자명에게 양해를 얻고 자리에 누웠다.

그는 비밀 숙소에서 잠을 자고 또 잤다. 그렇게 열흘쯤 보내고 나니 넉 달 동안의 피로가 풀렸다. 그때 광저우에서 소식이 왔다. 대대적인 봉기가 일어나고 '광저우 코뮌'이라고 부르는 소비에트 임시정부가 들어섰으나 사흘 만에 진압되고 봉기군은 광저우와 하이펑海豊·루펑陸豊 등 광둥성 서부 지역을 붉게 물들이며 쫓기고 있다는 것이다. 전멸은 시간문제였다.

김원봉은 탄식하며 광저우봉기에 가담한 의열단원들을 헤아렸다. 의열 단원 100여 명을 포함해 200명 가까운 조선인 청년들이 희생될 위기에 처한 것이었다.

"천지신명이시여! 우리 의열단원을 비롯한 한인청년들을 지켜주소서!"

그는 그렇게 기원하면서 남은 의열단을 추슬렀다.

김원봉은 나중에 확인했지만 의열단 간부 김성숙은 광저우 코뮌이 삼일 천하로 끝난 뒤 중국인 애인 두쥔후이의 집에 숨어서 살아남았고 오성륜 과 장지락은 토벌군에 밀려 하이펑과 루펑까지 이동했다가 구사일생으로 생존해 귀환했다. 그밖에는 거의 모두 희생되었다.

광저우봉기는 의열단은 물론 한인 혁명운동사에 막대한 손실을 끼쳤다. 장세윤은 이 봉기를 다음과 같이 평가했다.

한민족의 민족운동(독립운동)에서 200여 명에 달하는 군사·정치 인재들 이 중국 혁명 과정에서 희생된 것은 큰 손실이었다. 이들은 향후 민족해방 (독립)운동의 골간이 될 인재들이었기 때문이다. 물론 봉기에 주도적으로 참가한 주요 인재들은 국제주의적 인식을 갖고 있었던 것이 사실이다.

그러나 그들 역시 복잡다기한 운동과정에서 다수의 중국인 가운데 소수

광저우의 조중혈의정(朝中血誼亭). 광저우봉기에서 희생된 조선인 대원들을 추모하고 있다.

자로 살아갈 수밖에 없는 한인(조선인) 혁명가로서의 한계와 벽을 실감하고 여러 가지로 고뇌하기도 했다. 운동노선이나 민족의 정체성에 회의가 들기도 했던 것이다. 1930년대 이후 많은 한인이 '조선공산당' 지부를 스스로 해체하고 중국공산당에 가입했다. 그러나 오성륜·장지락 등 광저우봉기 참가자들이 여러 가지로 착종錯綜하는 투쟁노선과 미묘한 감정 사이에서 번민을 거듭하면서도 이후 유연한 정세판단과 통일전선적 투쟁방식을 모색하는 등 성숙한 면모를 보이게 되었다. 광저우봉기와 같은 시행착오를 통해 뼈아픈 교훈을 얻은 것이다.*

## 한동안 공산주의에 기울다

1928년 늦여름 김원봉은 상하이에서 안광천安光泉을 만나 유대를 맺기

* 장세윤, 「중국공산당의 광저우봉기와 한인 청년들의 활동」, 『사림』 제24집, 2005. 12.

시작했다. 제3차 조선공산당 비서 출신 안광천은 모국에서 망명한 지 얼마 지나지 않았다.

제3차 조선공산당은 무엇인가? 1925년 4월 17일 경성 황금정의 중국 요릿집 아서원雅敍苑에서 김재봉金在鳳 · 김찬金燦 · 조동호趙東祜 · 김약수 · 조봉암 등 화요회 중심인물들이 조직한 것이 제1차 공산당이다. 책임비서는 김재봉이었다.

이 조직이 그해 11월 신의주에서 기밀이 누설되어 와해될 위기에 처하자 김재봉은 강달영姜達永 · 홍남표洪南杓 · 이봉수李鳳洙 · 김철수金錣洙 · 이준태李準泰 등을 불러 후계당을 이어줄 것을 요청했고 그 사명을 강달영이 이어받아 조직한 것이 제2차 조선공산당이다. 그러나 1926년 6 · 10만세운동으로 존재가 드러나 붕괴되고, 서울청년회 그룹이 김철수를 내세워 재건한 것이 제3차 조선공산당이다. 책임비서 김철수는 이해 12월 코민테른의 승인을 받기 위해 모스크바로 떠나게 되자 안광천을 후계 책임비서로 지명했다. 안광천은 임시관리자나 다름없었으나 당원들의 신임을 받지 못해 김준연에게 책임비서 자리를 넘긴 뒤 1928년 8월 망명했던 것이다.

안광천은 김원봉보다 한 살 위였는데 김원봉의 고향 밀양에서 가까운 경남 진영 출신이었다. 아버지가 패망한 왕실의 시의侍醫였고 그도 경성의전을 졸업한 의사로서 자혜병원에서 일한 바 있었다. 1923년 김해청년회 결성에 참여하고 다음 해 일본으로 가서 북성회에 가입했다. 그 후 일월회와 조선무산청년동맹을 조직하는 등 일본과 조선을 오가며 사회주의 운동을 펼치고, 1926년에 제3차 조선공산당 책임비서가 되었다. 다음 해 「신간회와 그에 대한 임무」를 발표하고 프롤레타리아 전취론을 주창했다. 하지만 당내 반대에 직면했고 제3차 공산당 검거 때 체포되었다가 쉽게 탈출한 일로 변절설이 퍼졌다. 안광천의 탈출을 보도한 신문기사를 보면 아리송하다.[*]

안광천은 아내 이현경李賢卿을 불법적으로 복당시킨 일도 시빗거리가 되었다. 그는 당 비서 자리를 내놓고 체포되었으나 탈출해 망명했다.** 뒷날 투옥된 그의 후계자 김준연은 옥중에서 안광천을 스파이라고 비난했다. "안광천의 애정사건과 스파이 행위가 관련이 깊고, 애정행각에 돈이 필요해서 스파이 행각을 했다"는 내용이었다.

갈 곳 없는 신세인 안광천은 김원봉을 찾아가 의탁했다. 김원봉은 그가 경남 인맥이라서 좋았고 자신이 앓고 있는 위장병 때문에 의사인 그가 반가웠다. 의열단을 창단하고 9년이 지났다. 수많은 실패와 위기를 겪고, 동지들을 죽음의 길로 보낸 김원봉의 몸이 온전하다면 오히려 이상한 일이었다.

안광천은 레닌주의를 중심으로 하는 탁월한 공산주의 이론가였다. 레닌주의란 마르크스주의 원리로서 역사와 사회를 과학적으로 이해하고, 자본주의 체제 전복과 사회주의 건설에 헌신하며, 정권을 획득한 후에도 위의 변화를 성취하기 위해 매진하고, 지극히 헌신적인 소수 정예의 역할이 필요하다는 사상이다. 게다가 그는 신간회 결성을 배후에서 지원하고 민족협동전선 운동을 펼쳤던 인물이었다.

안광천이 갖춘 이론체계는 김원봉의 철학과 같았다. 안광천이 신간회가 주도했던 민족통합운동에 동참했던 행동은 사회주의자와 민족주의자를 모두 포함하는 민족의 대통합을 갈망하던 김원봉의 신념과 잘 맞았다. 그는 비범한 이론가며, 광저우 코뮌에서 희생된 것으로 여겨지던 김성숙을 대신할 만했다.

---

* 「하씨가 감금 중 안광천 탈출」, 『동아일보』, 1928년 2월 8일자. 적리(赤痢, 음식이 체하여 생긴 이질)와 목병이 심했다. 감시하는 경관에게 약을 지으러 간다고 하고 슬쩍 나가서는 그길로 도주했다.
** 강만길·성대경, 『한국사회주의운동 인명사전』, 창작과비평사, 1996, 263·388·525쪽.

김원봉은 그해1928년 10월, 상하이에서 의열단 전국대표대회를 열고 선언문을 발표했다. 거기 포함된 20개 항목의 정강 정책은 국민의 기본적 자유보장, 남녀평등의 지방자치 실시, 의회주의 민주국가의 건설을 지향했다.* 11월 10일을 기해 상하이에서 의열단 제3차대회를 열고 창단 9주년 기념사를 발표했다.**

의열단 중앙집행위원회 이름으로 발표했지만 김원봉의 의지가 들어 있었다. 그는 여기에서 '노동대중에 기초한 실질적·전투적 민족협동전선 결성'이라는 명제로써 의열단의 향후 목표를 약소민족해방을 넘어 무산계급혁명과도 연합하려는 자신의 의지를 천명했다. 지난 9년을 돌아보건대 의열단은 제11차의 암살·파괴 작전을 통해 혁명적 의열정신을 보지保持하고 전개한 것을 '광휘였다'고 자평하고 장차 나아갈 방향은 독립운동과 노동운동과 세계혁명운동이 삼위일체가 되어야 한다고 역설했다. 그것은 의열단의 노선변화를 천명하는 것과 같았다.

## 의열단원들, 박용만을 암살하다

1928년 10월, 김원봉이 상하이에서 안광천과 의기투합해 의열단의 장래 설계에 몰두해 있을 때 뜻밖의 사건이 일어났다. 거물 독립투사 박용만을 의열단원 이해명李海鳴과 이지견李志堅이 암살한 것이다. 이것은 의열단이 펼친 십여 차례의 공격작전 중 잘잘못이 규명되지 않은, 단장 김원봉이 명령했는지 여부가 밝혀지지 않은 특별한 사건이다.

박용만은 누구인가? 1910년대 미주 독립운동의 걸출한 지도자로서 이

---

* 한상도, 「김원봉의 생애와 항일역정」, 『국사관논총』 제18집, 1990, 177쪽.
** 김희곤·류시중·박병원 역주, 『국역 고등경찰요사』, 도서출판 선인, 2010, 108-109쪽.

박용만. 의열단원 이해명이
민족반역자로 적시해 처단했다.

승만과 쌍벽을 이룬 인물이 아닌가. 그는 1919년 상하이의 대한민국 임시
정부 외무총장에 지명되었으나 그 자리를 거부하고 무장투쟁을 주장하며
투쟁해온 거물 독립투사였다. 1881년 강원도 철원 출생으로 한성일어학
교를 거쳐 게이오기주쿠慶應義塾에서 공부했으며 1905년 미국으로 가서
1912년 네브라스카대학을 졸업했다. 1909년에는 한인소년병학교를 창립
하고 하와이에서도 독립운동을 펼쳤다. 1919년 3·1운동 후 러시아 연해
주에서 대한국민군을 조직했고 1921년에는 베이징에서 군사통일회의를
조직했다. 1922년 안창호·이동휘·유동열·노백린 등과 둔전병제를 통한
투쟁방략을 모색했고 베이징 근교에 농장을 사서 군자금을 마련하려 했으
나 뜻대로 되지는 않았다. 1924-25년경 국내에 밀입국해 어떤 공작을 전
개했는데 조선총독과 밀회했다는 소문이 돌았다. 많은 애국지사가 의아해
했다.

　박용만은 미국으로 건너가 필요자금을 모금하고 1926년 여름 베이징으
로 돌아왔다. 땅을 사서 대륙농간공사大陸農墾公司를 설립해 논농사를 경
영하고 정미소를 운영하기도 했다. 1928년 중국 국민군 옌시산閻錫山 부

대가 베이징에 입성하자 독립군 양성에 필요한 둔전을 사려고 교섭하고 있었다.*

1928년 10월 17일 낮, 박용만은 베이징의 충원먼崇文門 밖 상얼탸오上二條 거리에 있는 대륙농간공사 공관에 있었다. 그때 이해명과 이지견이 그를 찾아왔다. 박용만은 동포 청년들에게 차를 대접하려 했는데 마침 비서 여직원과 남직원이 보이지 않았다.

얌전해 보이던 이해명과 이지견의 표정이 갑자기 험악해졌다.

"우리는 의열단원이오. 우리는 당신이 펼치는 농간공사 사업이 독립운동을 가장한 비열한 농간이란 걸 알고 있소. 당신이 베이징 정부의 외무성 촉탁으로 일하는 일본 놈과 은밀히 교섭한 사실을 알고 있고 국내로 잠행해 사이토 총독을 만난 사실도 알고 있소. 당신은 이곳 대저택에서 호의호식하고 있는데 진정으로 대일항쟁을 펼치는 동지들은 굶주리고 있소. 군자금으로 1,000원을 내놓으시오."

박용만은 펄쩍 뛰었다.

"여보게들, 그건 오해네. 국내에 밀행한 건 철원에 있는 아내를 데리고 나오기 위해서였네. 회사 사정이 안 좋아 지금은 군자금을 낼 수 없네."

"변명하지 마라, 민족반역자야. 사형선고를 읽겠다."

의열단원이 주머니에서 종이 한 장을 꺼내는 걸 보면서 박용만은 김달하의 죽음을 생각했다. 그는 자객들이 사형선고서를 낭독하고 수결을 받아갔다는 말을 들은 적이 있었다.

이해명은 사형선고를 낭독하고는 수결하라고 소리쳤다.

"죽여야 한다면 죽이게. 수결은 할 수 없네."

박용만은 눈을 감았다. 잠시 후 총성이 세 발 울렸다. 안창호·이승만과

---

* 김도훈, 「박용만」, 『한국독립운동인명사전』 특별판 1권, 352–365쪽 압축.

함께한 '재미 3대 독립운동가'로 박용만·이동휘·노백린·김가진金嘉鎭과 더불어 '임시정부의 4대 무단파武斷派'였던 박용만은 그렇게 죽었다.*

이해명의 본명은 이구연李龜淵이다. 그는 1896년 강원도 통천에서 출생했고 3·1운동 이후에 중국으로 망명해 신흥무관학교를 나왔다. 의열단에 가입했으며 1927년에 황푸군관학교를 제6기로 졸업했다. 이해명은 박용만을 처단한 사건으로 중국 감옥에서 4년을 복역한 뒤 민족혁명당과 임시정부에서 활동하며 조선의용대와 한국광복군 창설에도 참여했다. 광복 후에는 남한으로 귀국해서 국군에 편입되었고 1950년 한국전쟁 중 전사했다. 1980년 건국훈장 독립장을 추서받았다.**

박용만이 민족반역자로 의심받은 정황은 무엇인가? 1924년 6월, 그가 만주 창춘長春에 있는 일본영사와 비밀리에 만났다는 소문이 돌았다. 고향 철원에 남아 있던 부인을 데려오려고 두 번 밀입국한 일 때문이었는데, 그런 일은 일제의 양해 없이 이루어질 수 없다는 것이 상식이었다. 박용만의 국내 밀행 사실을 베이징의 독립운동가들은 용서할 수 없는 행위로 지탄했고, 임시정부 창조파의 대체정부 기관인 국민위원회는 1924년 6월 15일자로 그를 국민위원직에서 파면하고 제명처분했다.***

이제 하나씩 짚어볼 필요가 있다. 첫째, 누가 암살을 지령했느냐 하는 것이다. 이해명은 베이징에서 열린 재판에서 자신의 신분을 '베이징의 한인 독립당원'으로 밝혔고, 1925년 가입했다고 진술했다. 소속단체에서 사형을 판결해 총살명령서를 우송해왔기에 집행한 것이라고 주장하며 "이성李

---

* 김희곤·류시중·박병원 역주, 『국역 고등경찰요사』, 도서출판 선인, 2010, 177쪽. 임시정부 내 당파를 이승만·이동녕·안창호·남형우·김규식·신규식 등의 문치파와 이들 무단파로 구분했다.

** 독립유공자 공훈조서, 국가보훈처 DB.

*** 국회도서관, 『한국민족운동사료』, 제7권 중국편, 1976, 157쪽.

姓과 조성曹姓을 가진 분이 독립당의 지도자"라고 공술했다. 그의 입에서 지령자로 이청천李靑天이, 재판장의 입에서 증인으로 조성환曹成煥이 거명되었다. 당시 이청천은 정의부 중앙집행위원회 군사위원장으로서 만주 지역 민족유일당운동에 참여하고 있었고, 조성환은 대독립당조직 베이징촉성회의 주요 회원이면서 다물단 지도자로 알려져 있었다.

재판장은 법정에서 증인 유금한劉錦漢을 심문하며 조성환을 거명했다. 유금한은 님 웨일즈가 쓴『아리랑』의 주인공이자 의열단원인 장지락의 다른 이름이다. 그가 증인으로 나간 것은 이 거사가 의열단과 관련 있음을 말해준다. 이해명은 이 무렵 의열단에 가입했다. 재판 중 진술한 '베이징의 한인독립당원'은 의열단을 보호하려고 한 거짓말일 것이다.


재판장이 다음은 유금한(장지락)을 부른다.

**문** 조욱曹煜, 조성환의 중국 이름은 오늘 왜 안 나왔는가?

**답** 지금 독립당이 개조되고 있어 조는 떠나고 없습니다. 제가 그를 대표해서 왔습니다.

**문** 당신은 독립당의 베이징 주재 대표인가?

**답** 그렇습니다.

**문** 이해명이 박용만을 죽인 데 대해 알고 있었나?

**답** 알고 있습니다.

**문** 박은 독립당인가?

**답** 그렇습니다. 그러나 박은 민국 13년(1924년) 후로는 독립당이 아닙니다.

**문** 박에게 반당 행동이 있었는가?

**답** 있었다뿐입니까. 많습니다. 약간의 증거는 법정에 제출하기 불편합니다만 민국 14년(1925년)에 하나의 간행물은 박용만을 추방하라, 그놈

326

을 개를 죽이듯 죽여 없애라 하였습니다. 그해에 박은 천다허陳大和와 왕래하면서 제국주의를 위하여 봉사하고 있었습니다. 이것은 증명할 수 있는 것입니다.

**문** 이해명은 독립당원인가?

**답** 그렇습니다. 그러나 그의 자세한 경력은 저도 알지 못합니다. 우리 독립당은 한 계열로 통일된 것이 아닙니다. 그렇지만 이러한 견의용위見義勇爲의 행동은 실로 탄복할 만합니다.

**문** 당신은 박이 당을 배반했다고 하였는데 어떻게 미국에 있는 독립당이 600-700원 씩 보내고 있나?

**답** 완전히 사기로 얻는 돈입니다. 지금 이미 조사하여 명백해졌습니다. 또 이를 증명하는 편지도 있습니다.*

박용만 암살 사건은 앞에서 살펴본 김달하 처단 사건과 관련이 있다. 당시 『동아일보』는 "금년 봄에는 김달하가 박용만 사건에 관계되어 더욱 청년들의 주목을 받았는데, 이번에 돌연히 죽은 것도 그 사건에 관련된 듯하다"**는 기사를 내보냈다.

김달하 처단과 유사한 면도 있다. 이해명과 이지견이 의열단원이자 독립단원이었고 처단할 배반자에게 사형선고를 내리고 집행한 것도 그렇다. 김원봉의 개입을 부정하기는 어렵다. 그의 구술을 중심으로 기술한 『약

---

* 『시지에리바오』(世界日報), 1929년 2월 28자 및 3월 1일자. 방선주, 『재미한인의 독립운동』, 한림대학교 아시아문화연구소, 1989, 164-165쪽 재인용. 이 책에서 방선주는 박용만이 밀정이 아니라고 주장했다. 인용문에서 유금한은 장지락의 다른 이름이고, 천다허는 앞서 의열단이 처단한 김달하(金達河)의 중국식 이름이다.

** 「심방 왔던 괴청년 일거(一去) 후 유혈참시(流血慘屍)」, 『동아일보』, 1925년 8월 6일자.

산과 의열단』은 이 사건을 의열단 단독으로 감행한 것으로 설명했다.

> 어느 틈엔가 그가 왜적들과 비밀리에 왕래했다는 정보를 받은 이래 의열단은 은근히 그의 행동을 감시해왔다. 그리고 마침내 그와 베이징 외무성 촉탁 무텅木藤이란 자 사이에 은밀한 교섭이 있음을 적실히 알았다. 얼마 후 이 변절자는 국내로 들어가 조선총독 사이토 마코토齋藤實와 만났다. (…) 의열단은 이 추악한 변절자를 그대로 둘 수 없었다. 그들은 이자에게 마침내 사형을 선고하기에 이르렀다.*

연구자들 사이에는 박용만이 억울하게 살해된 것으로 보는 견해가 우세하다. 박용만이 이승만과 사사건건 대립하고, 김구와도 대립했던 것을 피살된 원인으로 보지는 않는다. '일본이 조국 땅을 실질적으로 지배하고 있으므로 인정할 것은 인정하고 일본과 타협하며 때를 기다리자'는 것이 타협론자들의 생각이었다. 박용만은 타고난 능력자로서 타협 수완을 발휘해 러시아·중국·일본을 왕래하며 살았다. 조선총독을 만난 것이 사실이라면 회유당하지 않을 자신이 있어서였을 것이다. 그러나 망명지사들은 '검은색 아니면 흰색'이어서 그것을 용납하지 않았다. 증거가 드러나자마자 처단한 것이다.

김원봉의 명령에 따른 것이 아니라 이해명과 이지견 두 사람이 개인 군자금을 얻으려고 저지른 일이라고 보는 견해도 있다. 또한 일제가 독립운동계를 분열시키기 위해 '박용만의 변절을 베이징 시내에 소문으로 유포해 그것을 사실로 여긴 의열단이 살해했다'는 설도 있다. 그렇다면 더욱 기가 막힐 일이다.

———

* 박태원, 『약산과 의열단』, 깊은샘, 2000, 177쪽.

조심스럽게 새로운 자료들을 발굴해 들여다보는 학자들도 있다. 지금까지 알려진 자료들 외에 관동군 첩보요원들이나 일본영사관 비밀요원들이 그와 접촉한 기록, 심지어 조선군사령관 우쓰노미야 타로 육군대장의 일기에도 박용만이 변절한 것으로 의심하게 하는 자료들이 실려 있기 때문이다.

김원봉은 박용만의 암살을 명령 또는 승인한 듯하다. 그는 이해명이 출옥하자마자 자신이 졸업한 황푸군관학교에 제6기로 입학시켰다. 이해명은 김원봉을 따라 광복 때까지 민족혁명당, 조선의용대, 광복군과 임시정부에서 요직을 맡아 활약했다. 김원봉은 이해명이 단장인 자신이 모르게 다른 지도자의 명령을 따라 박용만을 암살했다면 그를 곁에 두지 않았을 것이다.

뒷날 조국이 박용만과 이해명에게 각각 독립투쟁의 공적을 인정해 건국훈장을 추서한 것은 이 사건의 불확실성과 아이러니를 느끼게 한다.

# 12 결혼, 그리고 레닌주의정치학교

## 박차정이 곁으로 오다

1929년 봄, 김원봉은 안광천과 함께 박건웅·이영준 등 가까운 참모들을 거느리고 상하이를 떠나 베이징으로 갔다. 화난華南에서는 장제스의 국민당 군대가 급진 좌익세력을 압박하고 있었고, 베이징·톈진·만주·화베이와 둥베이東北 지역에서는 일본의 침입을 염려하며 공산주의 계열 중국인들의 항일의지가 점점 커지고 있었기 때문이다.

그런 분위기 속에서 김원봉은 베이징에서 ML계 동포 공산주의자들과 유대를 강화할 계획을 하고 있었다. 그는 베이징에서 안광천을 도와 『레닌주의』라는 잡지를 창간하는 일과 레닌주의정치학교를 개교하고 운영하는 일에 힘을 기울였다. 그는 국내에서 학생운동 지도자와 청년운동 지도자들을 데려와 교육시킨 뒤 다시 국내로 들여보내 항일투쟁으로 확대하려고 계획했다. 그러기 위해 공산주의 비밀조직과 연계할 필요를 느끼고 있었다.

김원봉은 어느 날 톈진에 갈 일이 생겼다. 기차 안, 말쑥하게 양복을 차려입고 무역회사 사장으로 변장한 김원봉의 옆자리에는 지난겨울에 입단한 젊은 동지 박문호가 경호원으로 앉아 있었다. 박문호는 베이징의 화베이대학에 적을 둔 대학생이었다.

김원봉은 루쉰魯迅의 『아큐정전』을 읽고 있었다. 그는 잠시 차창으로 눈을 돌렸다. 봄빛이 가득한 산야에는 풀빛이 진하고 나뭇잎이 아기 손처럼 작게 피어 나오고 있었다. 그는 문득 옆자리의 박문호가 경호 임무 때문에 긴장하고 있음을 알아차렸다.

"이봐, 박 동지. 지금은 안전하니까 긴장 풀어."

앞자리에 탄 늙은 부부가 곤히 자고 있어서 그는 우리말로 말했다.

"괜찮습니다, 의백 동지."

박문호는 정색했다.

김원봉은 책을 무릎 위에 놓았다. 문득 박문호가 김약수김두전의 외가 친척임이 생각났다.

"김두전 형을 마지막으로 만난 게 언제쯤인가?"

"나석주 선생께서 동양척식주식회사에 폭탄 던진 직후니까 재작년 겨울입니다. 두전 아저씨는 어머니 생신을 맞아 동래에 와 계셨는데 그때 뵈었습니다. 아저씨는 의백 동지하고 난징에서 유학하던 이야기를 했습니다."

김원봉은 미소를 지었다.

"그래, 뭐라고 했나?"

"테러리스트 단장답지 않게 미남이라고 했습니다. 냉철하고 추진력이 좋다는 말씀도요."

김원봉은 다시 미소를 짓다가 한마디 했다.

"미남은 내가 아니라 자네일세."

김원봉이 다시 책을 펴드는데 박문호가 고개를 돌렸다. 그는 할 말이 있으면 어서 하라는 뜻으로 머리를 끄덕였다.

"의백 동지께 허락받을 일이 하나 있습니다."

"말해보게."

"제 누이가 여학교 때부터 근우회槿友會 투쟁을 하는데 걸핏하면 왜놈 경찰서에 끌려가 고초를 당하는 터라 어머님과 형님이 중국으로 데려다 공부시키라고 서찰을 보내오셨습니다."

김원봉은 잠시 생각하다가 입을 열었다.

"의열단 비밀조직을 이용해 불러들이도록 하게."

김원봉은 잠시 차창 밖의 봄 경치를 내다보다 다시 책으로 눈을 돌렸다.

뒷날 김원봉의 아내가 되고 처남이 되는 박차정·박문호 오누이는 민족 의식이 강한 환경에서 성장했다. 박차정은 경술국치 직전인 1910년 5월, 경남 동래에서 출생했다. 부친 박용한朴容翰은 동래의 개양開揚학교를 거쳐 보성전문학교를 졸업하고 구한국 탁지부 주사로서 측량기사를 한 개화인물이었다. 1918년 일제의 무단통치에 분노해 부산 다대포에서 자결했다. 어머니는 동래 기장의 명문가 출신으로 김두봉과는 사촌이고, 김두전과는 육촌이었다. 다섯 남매는 아버지 별세 후 외가의 영향을 많이 받았다.

박차정의 큰오빠 박문희는 동래사립고등보통학교현 동래고등학교 재학 중 동맹휴교 등 항일투쟁을 하고 경성신학교를 나와 니혼대학 경제학과에 유학했다. 그 후 기독교 목회자의 길을 걸으면서 신간회* 운동에 열중했고 의열단에 입단했다.

둘째 오빠 박문호는 동래사립고등보통학교를 나와 동래청년동맹 집행위원과 신간회 회원으로 활동했다. "형은 일본에서 대학을 다녔으니 나는

---

* 신간회(新幹會): 1927년 2월 '민족유일당 민족협동전선'이라는 표어 아래 민족주의를 표방하고 민족주의 진영과 사회주의 신영이 제휴해 창립한 민족운동단체다. 안재홍·이상재(李商在)·백관수·신채호·신석우(申錫雨) 등이 발기했다. 1931년 5월 자진 해산했다(웹사이트 두산백과).

김원봉의 첫 번째 부인 박차정 생가. 부산 동래에 있다.

베이징으로 유학간다" 하고 베이징으로 와서 화베이대학을 다니다 휴학하고 의열단에 입단해 있었다.

남동생 박문하는 부산상업학교 출신으로 동래에서 의료사업에 종사했다. 부산의 대표적인 수필가로 활동하다 1960년대 병사했다. 이들 일가는 1918년에 설립된 동래성결교회에 다닌 독실한 교인이었다. 박차정은 이런 가정환경에서 성장하면서 남다른 민족의식과 남녀평등 사상을 체득할 수 있었다.

박차정은 1925년 오스트레일리아 장로교 선교부에서 운영한 동래일신여학교 고등과에 입학해 1929년 졸업했다. 이 학교는 부산의 여성 항일운동을 선도한 구심체였다. 당시 동래는 항일의 기세가 충만해 있었다. 특히 동래청년회관은 부산 항일운동의 온상이었으며 젊은 항일투사들의 집합소였다. 박차정의 항일의식은 이러한 동래 지역사회와 학교 분위기 때문에 더욱 견고해졌다.

박차정은 일신여학교에 다닐 때 동맹휴교를 주도했고, 문학활동에 열중했다. 일신여학교의 교지 『일신』日新 제1집에 「철야」徹夜라는 단편소설을 발표하기도 했다. 자전적인 글로 일제하 민족의 고난을 상징화하면서 해방을 기필코 달성하겠다는 본인의 강한 의지를 담은 글이었다. 『일신』 제2집에는 세 편의 글이 실렸으나 현재까지 그 책은 발견되지 않았다. 박차정은 소년단체에서도 활동했다고 알려져 있다. 그 성향으로 보아 동래 기독교소년회였을 가능성이 높다.

박차정은 일신여학교 재학 중에 동래여자청년회 멤버로 민족운동도 펼쳤다. 이 단체는 발전적으로 해체해 당대 국내 민족주의 계열과 사회주의 계열이 연합한 근우회* 동래지회로 바뀌었고 박차정은 근우회 동래지회 멤버가 되었다. 여학교 졸업 직후인 1929년 7월 경성에서 열린 근우회 제2차 전국대회에 동래지회 대표로 참가해 열아홉 살에 중앙상무위원 겸 상무집행위원이 되었다. 큰오빠 박문희가 신간회 중심 멤버여서 그녀는 어린 나이에 근우회 중심 멤버가 된 것이었다.

근우회는 신간회와 함께 광주학생운동의 전국적 확대를 유도하고 경성의 여학생 시위를 배후에서 지도했다. 1930년 1월, 박차정은 정종명·허정숙 등과 함께 다시 구속당했다. 서대문경찰서에서 혹독한 고문을 당해 병보석으로 석방되었으나 2월에 다시 수감되었다.**

박차정은 모진 고문으로 몸이 상한 채로 풀려나 큰오빠 박문희의 집에서 한 달 이상을 꼬박 누워 치료를 받았다. 간신히 몸을 움직이게 될 즈음

---

* 근우회: 1927년에 창립하고 1931년에 해산된 여성 항일구국운동 및 여성 지위향상운동 단체. 1927년 신간회가 조직된 직후, 자매단체의 성격을 띠고 민족주의 여성운동계와 사회주의 여성운동계들이 창립했다(웹사이트 두산백과).
** 「전도사 의열단원으로 다시 일어서다」, 『국민일보』, 2018년 1월 5일자; 강대민, 『여성조선의용군 박차정 의사』, 도서출판 고구려, 2004, 15~21쪽.

의열단이 보낸 밀사가 도착해 그녀를 빼돌렸다. 그녀는 신분을 위장해 인천에서 배를 타고 중국으로 망명했다.

여름이 가고 가을이 왔다. 어느 한가한 늦은 오후, 김원봉은 비밀 숙소에서 독서하고 있었다. 러시아 작가 투르게네프의 소설 『첫사랑』의 영문판이었다. 영어는 난징 진링대학 입오생 과정 때 배운 것이 전부였다. 그 후 상하이에 머문 시기가 많아 영어를 더 익히게 되었고 이제 웬만한 대화를 하고 책도 읽을 수 있었다.

9월이라 그늘이 든 방 안은 책 읽기에 좋았다.

'투르게네프의 소설에는 왜 깊은 강처럼 우수가 흐르는 것일까. 왜 서사를 그리면서도 서정시 같은 느낌을 주는 것일까. 그것은 아마 슬라브인의 근원적인 비애와 우수가 들어 있기 때문인지도 몰라.'

그런 생각을 하다가 그는 다시 책으로 눈을 돌렸다. 그때 조심스럽게 노크 소리가 났다. 느리게 네 번, 빠르게 두 번, 암호로 된 안전신호였다.

방문이 열리고 박문호가 들어왔다. 그의 뒤를 따라 젊은 여성이 들어서고 있었다. 김원봉은 책을 의자 위에 엎어놓고 일어섰다.

"의백 동지, 모국에서 누이동생이 왔습니다."

박문호가 한 발 옆으로 비켜서고 그의 누이가 정중하게 고개를 숙였다.

"처음 뵙습니다. 박차정입니다."

"어서 와요."

김원봉은 그녀를 찬찬히 바라보았다. 겨우 스무 살쯤 된 앳된 처녀였다. 먼 여행 때문인지 피곤해 보였으나 달걀형 얼굴과 비교적 긴 목에 청순함이 엿보였다. 눈에는 총기가 있었다. 전체적인 분위기가 가련해 보여, 어떻게 경찰의 혹독한 고문을 견뎠는지 애틋한 마음이 일었다.

그 뒤 김원봉은 상하이에 머물고 있던 김두봉이 조카 박문호를 시켜 박차정을 화베이대학에 입학시키라 했다는 말을 들었다.* 김원봉은 자신의 활동에 대해 호의적인 중국인 인사에게 간청해 박차정을 화베이대학에 입학시켰다. 그가 그렇게 파격적인 정성을 기울인 것은 그녀를 처음 본 순간에 느낀 알 수 없는 애틋함 때문이었다.

석 달 뒤, 김원봉은 베이징대학에서 열린 중국 공산청년동맹의 비밀 초청강연에 참석했다. 그는 강연 뒤에 열린 토론회에서 박차정을 보았다. 그녀는 화베이대학 대표로 나와 있었다. 부족한 중국어를 통역을 통해 보충하면서도 발군의 토론 능력을 보여주었다.

토론이 끝난 뒤 김원봉이 인력거를 타고 떠나려는데 박차정이 달려왔다. 그는 그녀를 화베이대학까지 데려다줄 수밖에 없었다. 두 사람은 뚜껑이 있는 이륜마차를 탔다.

"토론을 잘해 참으로 기뻤소."

김원봉은 열두 살이나 어린 동지의 누이에게 존댓말로 말했다.

"모두 의백님이 길을 열어주신 덕분입니다. 언제든지 때가 되면 저를 불러주십시오. 의열단의 첫 여자 단원이 되어 폭탄을 들고 나가겠습니다."

박차정은 마차 안을 비추는 가스등 빛 속에서 두 눈을 또렷이 들고 말했다.

김원봉은 크게 고개를 가로저으며 평소의 그답지 않게 목소리를 높여 말했다.

---

* 박차정의 화베이대학 입학 사실은 「영부인학력등급기(令夫人學力等級記)」라는 흥미로운 기사에 있다(『삼천리』 7권 5호, 1935년 6월호). 조카인 박의정 목사(큰오빠 문희 씨의 아들)도 확인해주었다. "박문호는 형 문희가 일본 유학을 한 데 비해 자신은 공부가 부족하다고 판단해 베이징에 유학 갔다가 의열단에 입단했고, 차정은 베이징에 간 뒤 외당숙인 김두봉의 권유로 화베이대학에 입학했다"는 것이다(2019년 6월 24일 전화 인터뷰).

"절대로 그런 일은 없을 거요. 열심히 공부해서 대학을 마치면 그대에게 맞는 일이 뭔가 있을 거요."

그는 팔짱을 낀 채 고개를 돌려 한참 동안 어두운 바깥만 내다보았다. 다시는 그녀가 그런 말을 꺼내지 못하게 단호하게 행동해야 한다고 생각했다.

"화나셨어요, 의백님?"

박차정이 조금 떨리는 목소리로 말했다.

그는 묵묵히 머리를 저었다.

시간이 지나자 말발굽 소리와 요령소리, 마차바퀴 소리만 들렸다.

"영문판 투르게네프를 읽는 분이니까, 제가 소설을 쓴 적이 있다고 하면 고개를 이쪽으로 돌리시겠어요?"

박차정의 목소리는 따뜻하고 부드러웠다.

김원봉은 고개를 돌려 그녀를 바라보지 않을 수 없었다.

"일신여학교 교우회지에 실렸어요."

그는 부드럽게 입을 열었다.

"내용을 말해봐요."

"제목은 「철야」고요. 독립운동가인 아버지와 어머니를 모두 잃어 고아가 된 채 배고픈 겨울밤을 지내는 오누이가 등장해요. 수업료를 내지 못해 동생이 제적을 당할지도 몰라서 누나는 괴로워하죠. 남동생은 하루를 굶었거든요. 누나는 진열장에 먹을 것이 잔뜩 쌓여 있는 호떡집 앞에 서서 빅토르 위고의 『레미제라블』에 나오는 장발장을 생각하지요."

"재미있군요."

김원봉이 표정을 풀고 미소를 지으면서 말했다.

박차정도 그가 빈말을 한다는 걸 알면서도 미소를 지었다. 김원봉은 마음이 따뜻해지는 것을 느꼈다.

이륜마차가 화베이대학 기숙사에 도착했다.

"안녕히 가십시오."

박차정은 마차에서 내려 단정히 고개를 숙여 보이고 총총히 학교 안으로 걸어갔다.

김원봉은 가슴 깊은 곳에서 일기 시작한 애틋한 마음을 꾹꾹 누르며 그곳을 떠났다.

며칠 후, 그는 박차정을 베이징 의열단 활동 주력요원으로 집어넣었다. 나이는 19세로 어리지만 큰오빠가 신간회 회원이고 작은오빠가 의열단원인 데다 근우회의 중앙 간부였으므로 어색하지 않았다.


## 레닌주의정치학교를 열다

박차정이 탈출해온 1929년 가을, 김원봉은 안광천 등 동지들과 의기투합해 조선공산당재건동맹을 결성했다. 위원장은 안광천이었고, 중앙위원으로는 김원봉·박건웅·이영준이 있었으며, 젊은 의열단원으로는 박문호·이현경·박차정이 들어갔다. 이현경은 안광천의 아내로 근우회 활동을 할 때 박차정과 동지였다.

조선공산당재건동맹은 1930년 8월에 베이징지부, 1930년 말에 만주지부, 1931년 4월에 조선지부를 설치하고 조직을 확장해나갔다. 1930년 8월에는 많은 인원을 국내로 밀파했다. 『레닌주의』라는 월간지도 발행했다.

부속기관으로 조선공산당재건국준비위원회비위원회를 두고 6개월짜리 코스인 레닌주의정치학교를 개교했다. '공산주의 기초 이론'과 '조직 및 투쟁' '조선혁명사' 등을 가르쳤다. 1930년 4월부터 9월까지 제1기생 10명을 배출하고, 10월부터 다음 해 2월까지 제2기생 11명을 배출해 총 21명을 배출했다. 졸업생 일부는 국내와 만주 등지로 잠입했다.

베이징에서 공산주의 활동에 많은 자금이 들어갔다. 그 돈은 황푸군관학교 동창회장으로 국민당 정부 첩보조직인 삼민주의역행사三民主義力行社의 책임자였던 캉저康澤가 후원했다.

이 시기의 김원봉과 안광천의 동향을 일본 첩보망은 이렇게 파악해 기록했다.

1928년 6월의 제4차 조선공산당 검거에 즈음해 재빨리 해외로 망명한 당 최고간부 안광천은 1929년 가을에 종래 테러수단의 민족혁명운동을 청산하고 공산주의에 전화한 김원봉과 함께 동지 이춘암·박건웅·양백림 등을 규합해 베이징에서 조선공산당재건동맹을 조직하고 중앙부를 베이징에 설치했다. 이 단체는 위원장 안광천 이하 9명의 위원을 선임하고 훈련, 통신, 조직, 선전의 각 부문을 설치했다. 또한 조선·베이징·만주의 각지에 지부를 조직하기로 하고 각 책임자를 임명해 진용을 정비하는 한편, 동지 양성기관으로서 베이징에 중앙부 직속의 레닌주의정치학교를 설립하고 6개월을 수업기간으로 해 공산주의의 이론, 조직 및 투쟁전술, 조선혁명사 등을 교습하고 1930년 이후 3회에 걸쳐 다수의 졸업자를 배출했다. 이들 졸업생으로 우선 조선지부를 확립하고자 1931년 4월에 정동원·유기회·이철영 등을 조선지부 간부원으로서 입국시켰고, 그 뒤 권오훈·남영기·이소진 등 10여 명을 국내로 투입했는데 이들은 경성·평양·강릉·고성·신의주·원산·대구 등지에서 노동계급과 학생층을 선동해 공작위원회를 조직하고, 한편 중앙부와 연락을 취하면서 더욱 조직의 확대 강화에 광분 중인 것을 1933년 10월에 경성 서대문경찰서에서 탐지해 현재 국내 각지로부터 관계자 130명을 검거·조사 중이다.

본건은 ML계의 거두 안광천 등이 종래 테러 수단의 민족혁명의 괴수로서 이름 높은 김원봉과 결합해 조선공산당의 재건을 기획한 것으로서, 코민테른 및 중국공산당과는 직접적 관계가 없는 듯하나 중앙부 직속의 레닌주의정치학교를 설치하고 대대적으로 동지 양성을 행한 것은 주목할 만한 사건이다.*

김준엽과 김창순은 "안광천이 김원봉과 연합한 것을 설명하면서 그가 국내활동에서도 정우회선언에서 민족 단일당 주장으로 공산주의자로서의 민족적 임무라고 하는 민족주의와의 통일전선 결성의 시범을 보인 사람"이라는 것에 주목했다. 그가 "한때 열혈적인 민족혁명운동가였던 김원봉과 손잡고 조선공산당 재건활동을 전개한 것은 민족주의와의 통일전선이라는 전략이었다"고 보는 것이다.** 이것은 반대로 대표적인 민족주의자 김원봉이 공산주의자로 변신한 것이 아니라 조국 독립을 위해 민족주의자의 본질은 유지한 채 공산주의도 포용해 통일전선을 구축해야 한다는 의지를 지녔음을 인정하는 표현이기도 하다.

이 시기 김원봉의 활동을 가장 잘 아는 김성숙은 김원봉이 의열단을 이끌고 항일투쟁을 전개하면서 1930년대 전반 공산주의를 붙잡기는 했지만 당시 상황에서 선택 가능한 최선의 방편이었을 뿐이었다고 회고했다.

**이정식** 김원봉이 공산주의와 가까워지는 것이 베이징시대인 1932년쯤 되지요. 레닌주의정치학교를 운영해나간 때지요. 그러면 그때 김원봉이 공산주의에 대해 지니고 있는 지식은 어느 정도였나요?

**김성숙** 어느 정도 있었지요. 그가 다닌 황푸군관학교는 공산주의를 많이 가르쳤습니다. 중공당의 저우언라이 같은 이가 그때 정치부 주임으로 있었어요. 황푸군관학교의 한 절반은 벌써 빨갱이였지요. 그러니 거기서 벌써 상

---

\* 국사편찬위원회, 『일제침략하 한국36년사』 제10권, 1933, 299쪽; 김준엽·김창순, 『한국공산주의운동사』 제5권, 청계연구소, 1986, 333쪽 재인용.
** 같은 책, 334쪽.

당한 수준의 공산주의 이론이라든지 상식 같은 것을 지니고 있었다고 봐야지요.

**이정식** 그러면 김원봉의 공산주의 사상에 대한 신념은?

**김성숙** 신념은 그리 크지 않았을 것입니다. 대개 '우리 정도의 민족과 국가가 앞으로 잘 되려면 이러한 방법으로써 이러한 방향으로 나가야 하나 보다' 하는 수준에서 공산주의를 받아들였을 것입니다. 어떻든 김원봉은 기본적으로 민족주의자요 애국자로 항일을 앞세운 투사였지 공산주의가 좋아서 거기에서부터 출발한 사람은 아니었지요.[*]

당시 김원봉에게는 공산주의가 독립투쟁을 위한 최선의 방편이었다. 그리고 그는 대표적인 민족주의자였다.

## 박차정과 결혼하다

김원봉은 이 무렵 안광천과 인간적인 유대를 이어갔다. 안광천의 아내 이현경은 남편을 따라 베이징에 와 있었다. 그녀는 경성여고보와 니혼여자대학 사회학부를 다녔다. 근우회 간부를 지냈으며 동아일보사 기자로도 일했다. 박차정과 근우회 동지였으므로 두 여성은 베이징에서 반갑게 해후했다.

안광천·이현경 부부가 망명할 때, 이현경의 경성여고보 동창이자 절친한 친구인 여의사 이덕요도 남편인『동아일보』기자 한위건韓偉健과 함께 경성을 탈출해 중국으로 왔다. 한위건은 뒷날 리철부李鐵夫라는 이름으로 중국공산당 중심간부이자 이론가가 되었다. 장지락과 서로 사상적 순결성

---

[*] 김학준 편집 해설, 이정식 대담,『혁명가들의 항일 회상』, 민음사, 2005, 117-118쪽.

을 의심하며 악연으로 얽히기도 했다.*

안광천의 아내 이현경과 한위건의 아내 이덕요는 도쿄 유학 시절 동성연애로 유명했다. 자살미수 사건까지 벌어져 호사가들의 입에 오르내렸다. 안광천과 이현경, 한위건과 이덕요는 1930년대의 유명한 글 「붉은 연애의 주인공들」에도 나온다. 이현경에게 도쿄 유학생 약혼자가 있었는데 안광천이 가로챘다는 이야기도 있다.**

김원봉은 일본 밀정들에게 늘 쫓기는 신세였으므로 그들을 자주 만나 교류하지는 못했다. 그러나 소문난 연애의 주인공인 두 부부의 등장은 김원봉에게 박차정과의 연애 감정을 느끼게 했다.

김원봉은 어느 날 숙소에서 심한 복통으로 실신해 쓰러졌다. 10년 가까이 위험한 고비를 넘기고 많은 밤을 고심하며 노심초사했기 때문에 위장이 급격하게 망가졌던 것이다. 의사 출신 안광천은 하루 세 끼를 시간 맞춰 먹고 마음을 편하게 가지라고 충고했으며 강황薑黃 가루를 차茶에 타서 마시라고 갖다주었지만 김원봉은 식사 시간조차 지킬 수 없었다. 의열단 단장이란 사람은 평온한 일상을 보낼 수가 없었던 것이다.

김원봉은 젊은 단원에게 발견되어 급히 병원으로 옮겨졌다. 그는 죽음의 고비를 간신히 넘겼다. 병간호를 위해 박차정이 왔다. 근우회 선배였던 이현경이 알려준 것이었다. 박차정은 허리 뒤쪽에 소형 권총을 차고 김원봉의 머리맡을 지키며 밤을 새웠다.

---

* 이현경에 관해서는 한동민의 「수원의 여성독립운동가 이현경과 이선경」(『수원역사문화연구』 통권 1호, 2011)이 있다. 한위건과 장지락의 악연에 관해서는 이원규의 『김산 평전』(실천문학사, 2006) 참조.
** 이현경·이덕요의 동성연애는 「여기자 군상」(『개벽』 신간 제4호, 1935년 3월호)에, 「붉은 연애의 주인공들」은 『삼천리』 제7호(1931년 7월호)에 실려 있다. 안광천이 이현경을 파혼시키고 그녀를 가로챘다는 이야기는 김준연의 회고에 있다(김준엽·김창순, 『한국공산주의운동사』 제3권, 청계연구소, 1986, 210쪽).

김원봉이 깨어난 것은 나흘 뒤였다. 병상 옆에서 졸고 있던 박차정이 눈을 크게 떴다. 얼굴에 기쁨이 가득했다.

"깨어나셨군요."

잠시 후 유자명이 의사·간호사와 함께 들어왔다. 의사와 간호사가 병세가 좋아졌으니 안심하라고 말하고 나간 뒤 유자명이 길게 한숨을 쉬었다.

"천지신명이 우리 조선을 돕는 모양이오. 우리는 의백이 깨어나지 못하는 줄 알고 말도 못 하게 조바심을 냈소이다. 의백이 죽으면 조국의 큰 손실이오."

"내가 무슨 병에 걸렸어요?"

"위장이 거의 다 망가졌다 합니다. 안광천 동지가 마침 나하고 있다가 함께 달려와 수술에 입회했고, 박차정 동지가 줄곧 병상을 지켰소. 정성이 이만저만이 아니었소."

안광천과 유자명이 설명해주었다.

김원봉은 고개를 끄덕이면서 눈으로 박차정을 찾았다. 그녀는 병상 모서리에 걸터앉은 유자명 뒤에 서서 다소곳한 눈으로 그를 굽어보고 있었다. 그는 그녀를 향해 말했다.

"고맙소. 정성을 잊지 않겠소."

유자명이 중절모를 들고 일어섰다.

"나는 레닌주의정치학교 강의가 있고 동지들에게 의백이 깨어난 사실을 알려야 하니 가보겠소."

김원봉은 함께 가라는 뜻으로 박차정에게 손짓을 해보였다.

유자명이 대신 입을 열었다.

"그렇게 해요. 그동안 거의 못 잤으니."

그러나 박차정은 거절한다는 뜻으로 병상 옆 간이의자에 앉았다.

유자명이 간 뒤 김원봉은 박차정이 의국에서 받아온 약을 먹고 머리가 어지러워 눈을 감았다. 알 수 없는 행복감에 젖어 가물가물 잠에 빠졌다.

그의 병상을 지키는 박차정은 가슴이 설렜다. 며칠 동안 조바심내며 간호하느라 지친 몸이 충만해지는 벅찬 감정으로 다시 힘이 솟는 듯했다. 그녀는 목에 걸고 있던 십자가 목걸이를 벗어 두 손으로 받쳐 들고 기도했다.

"하나님 아버지, 고맙습니다. 이분을 살려주셔서 고맙습니다."

정신을 차린 김원봉은 오랫동안 몸에 밴 행동을 했다. 병실에서도 베개 밑에 권총을 묻어두고 문 여는 소리만 나도 놀라서 그것을 움켜잡았다. 복도에서 발소리가 나도 긴장했다. 자다가 가위에 눌려 헛소리를 하기도 했다.

"동지들, 미안해."

잠꼬대를 한 날도 있었다.

박차정은 그의 이마에 맺힌 땀을 닦아주며 모성애적 보호본능을 느꼈다.

"다 잊고 편히 주무세요. 제가 지켜드릴게요."

그녀는 연민에 차서 눈물을 글썽거리며 혼자 중얼거렸다.

김원봉은 신분을 감추기 위해 비밀 숙소로 옮겨 두 달 동안 누워 지냈다. 숙소 밖에 경호원이 잠입해 있고 당번을 정해 간병하는 단원이 있었지만 박차정은 강의가 끝나는 대로 그의 곁으로 달려왔다. 김원봉은 그녀가 병상 옆에 앉아 안톤 체호프Anton Chekhov의 소설을 읽어주는 것을 좋아했다.

김원봉은 두 달 만에 건강을 되찾아 툭툭 털고 일어났다. 그때 그는 박차정에 대한 감정이 거부할 수 없는 사랑이라는 것을 깨달았다.

두 사람은 1931년 3월 결혼했다. 이때 김원봉은 서른네 살, 박차정은 스물두 살이었다.

## 정화암의 험담

김원봉에게 박차정 이전에 첫 아내가 있었다는 증언이 있다. 김원봉과 사이가 좋지 않았던 정화암이 이정식과 나눈 회고담이다.

**정화암** 그래요. 김두봉의 조카딸하고 김원봉이가 결혼까지 합니다. 내가 알기로 김원봉은 원래 평안도 사람 최석진의 딸과 결혼을 했었는데 새장가를 듭니다.

**이정식** 아, 그래요? 그러니까 재혼이군요.

**정화암** 그렇지요. 영웅호색이라고. 김원봉이가 원래 호색을 하거든요. 그래서 화류병에 만신창이였어요. 그래서 그 부인이 완전히 화류병으로 세상을 떠나게 됩니다. 김두봉의 조카딸도 마찬가지입니다.[*]

김두봉의 조카딸이란 박차정을 말한다. 정화암의 회고담을 채록한 이정식의 기록을 책으로 엮으면서 김학준은 "김원봉에 관한 이 증언이 얼마나 정확한지를 편저자는 판정할 수 없음을 여기 강조해둔다"라는 말을 덧붙였다.

상하이 시절 의열단원들은 여성들에게 연민과 사랑의 대상이었다. 프랑스 조계에 있는 프랑스공원은 자유 연애를 하는 청춘들의 공간이었다.

"나는 의열단원이야. 내일이라도 김원봉 의백이 폭탄을 안고 나가라고 하면 초개같이 몸을 던져야 해."

의열단원들이 그렇게 말하면 여성들은 연민에 차서 마음도 열고 몸도 열어 하룻밤 사랑을 허락했다고 한다.

김원봉은 단장이니 부하들의 그런 사랑을 짠하게 바라보았을 뿐, 자신

---

[*] 같은 자료, 349쪽.

2018년 상하이 프랑스공원. 의열단원들이 여성들과 데이트하던 곳이다.
지금은 푸싱(復興)공원으로 바뀌었다.

이 그렇게 하지는 못했을 것이다. 내일을 기약하지 못하며 살아온 그라도 20대의 청춘 때 다가온 여성이 왜 없었겠는가. 어쩌다 만난 여성과 짧은 동거를 하거나 화류병에 걸렸을 수도 있다. 그러나 그를 부정하는 다른 사람들의 수많은 증언 속에 성적인 문란과 화류병 이야기는 없었다.

박차정의 유족인 박의영 목사도 그 이야기를 부정했다.

"소년 시절부터 박차정 고모와 김원봉 고모부에 대해 많은 이야기를 들었습니다. 김원봉 장군은 박차정 고모와 초혼이었습니다. 김원봉 장군이 앞서 사실혼 관계 같은 게 있었다면 처가인 우리 집안에서 알았겠지요. 한때 화류병에 걸린 적이 있을 수도 있겠지만 그 이상은 믿지 않습니다."*

이 말을 믿어주고 싶다.

김원봉과 박차정의 결혼생활은 행복했다. 김원봉은 열두 살이나 어린 아내를 지극히 사랑했고 보통의 지아비처럼 안정된 보금자리를 만들어주지 못함을 매우 미안해했다. 박차정은 끝없는 존경과 사랑으로 남편을 바라보았다. 의열단 단장이며 조선 사람 전체를 감동으로 몰아넣곤 하는 항일투쟁의 영웅이 자신의 남편이라니 그녀는 모든 것이 그저 꿈만 같았다. 자신의 정성으로 그가 되살아난 것을 생각하면 마치 하늘이 내린 숙명 같기도 했다.

두 사람은 여섯 군데의 비밀 숙소를 옮겨가며 살았다. 한곳에서 대엿새를 보내다가도 김원봉이 둘만이 아는 암호로 연락하면 박차정은 짐도 꾸리지 않은 채 옮겨갔다. 박차정은 여학교 시절 늙은 할머니로 변장해 지하운동을 했기 때문에 그런 생활에 당황해하지 않았다. 그녀는 결혼을 함으로써 남편이 밀정에게 피습당할 위험이 몇 배 커졌음을 알고 있었다. 박차정은 구경口徑이 작은 모젤 권총을 늘 치마 속 허벅다리에 차고 다녔다.

박차정은 의열단 단장의 아내로서 남편의 그늘에만 있지 않았다. 학업을 계속하면서 항일운동 조직에도 참여했다. 그녀는 김원봉의 아내이기도 했지만 이미 조선에서 근우회 중요 간부로 활동했고 두 차례나 투옥 경력이 있는 터라 중심 간부가 되었다.

---

* 2019년 7월 19일. 박의영 목사 전화 인터뷰.

김원봉과 박차정의 신혼 시절. 김학봉 여사 제공.

## 동기생 텅제와의 해후

어느 날, 황푸군관학교 제4기 동기생이자 조선공산당재건동맹 사업을 거들어준 이춘암이 김원봉을 찾아왔다.

"어서 오게. 스자좡石家莊은 근무할 만하던가?"

김원봉은 나이가 대여섯 살 아래라 군관학교 시절에도 동생처럼 여겼던 이춘암을 끌어안고 등을 두드렸다. 중국군 헌병장교인 이춘암은 얼마 전 전속명령을 받고 베이징에서 200리쯤 떨어진 스자좡으로 갔는데 베이징에 온 김에 그에게 들른 것이었다.

"황푸군관학교 동기생 텅제 장군 소식을 전하러 왔어요."

김원봉은 한동안 소식을 모르고 지냈던 친구의 소식에 눈을 크게 떴다.

"텅제가 장군이 됐다고? 일본에 유학 간 뒤 소식이 끊겼지."

그는 텅제가 현역장교 신분으로 도쿄의 메이지대학 경제과로 유학 간 것만 알고 있었다.

"우리 헌병대 선임장교가 부상당해 베이징의 국립궁허共和병원에 입원해 있는데 그분을 문병하러 갔다가 텅제 소식을 우연히 듣고 병실에 가서 텅제를 만났어요. 텅제는 최전방 시찰을 나갔다가 포탄 파편에 부상당해 후송됐대요. 의백을 만나고 싶다 했어요."

이춘암이 말했다.

김원봉은 다음 날 문병을 갔다.

"어이, 텅제. 용감하게 싸우다가 다치셨군."

"최림, 자네 왔는가?"

텅제는 김원봉의 군관학교 시절 가명을 부르며 병상에서 몸을 일으켰다.

"자네가 베이징에 있기는 해도 의열단이 비밀조직이라 찾기가 힘들었어. 그래서 연락하는 것을 포기하고 있었는데 이춘암이 찾아왔더군."

텅제는 부상당한 다리 상처가 아물어 목발을 짚고 있었다. 그는 텅제와 긴 시간 마주앉아 밀린 이야기를 나누고 돌아왔다.

며칠 뒤 개성 출신 동포가 찾아왔다.

"나는 조선 인삼을 중국에 가져와서 파는 밀매상입니다. 의열단의 거사가 하도 고마워서 이걸 드리러 왔습니다."

밀매상은 인삼 100뿌리를 내놓았다. 김원봉은 한사코 사양했으나 밀매상은 막무가내로 보따리를 놓고 돌아갔다.

그는 동지들에게 인삼을 보여주며 말했다.

"이 고마운 성의를 보답하는 길은 우리가 열심히 싸워 독립을 앞당기는 것이오. 이걸 팔면 큰돈을 만질 수 있겠지만 처분은 나에게 맡겨주시오."

동지들은 어디에 쓸 것이냐고 묻지 않고 그의 말에 동의해주었다.

그는 인삼을 들고 다시 텅제를 찾아갔다.

"고려 인삼이야. 이걸 푹 끓여 드시게, 회복이 빨라질 테니까."

고려 인삼의 효능을 들어 알고 있던 텅제는 입이 크게 벌어졌다.

"고맙네. 내 잊지 않겠네."

인삼의 효능 때문인지 텅제는 몸이 빠르게 쾌유되어 임지로 떠났다.

## 만주사변으로 상황이 바뀌다

김원봉이 박차정과 결혼한 지 반년쯤 지난 1931년 9월 18일 만주사변이 일어났다. 새로운 변화의 계기가 닥쳐온 것이다. 김원봉은 10월에 베이징에서 긴급 의열단 임시대표회의를 열어 대책을 논의했다.

그와 의열단원들은 지금까지 소극적 태도를 지녔던 국민당 정부가 이제 일본과 맞서려는 태도를 보일 것이며, 일본의 눈치를 보지 않고 조선인들의 반일민족혁명운동을 적극 지원할 것이라고 전망했다.

"우리 의열단이 한동안 조선공산당 재건을 위해 애써왔는데 국민당 쪽으로 몸을 돌려도 무리가 없겠는가?"

괜찮다는 분석이 나왔다. 그동안 조선공산당 재건운동은 중국공산당이나 코민테른에 예속되지 않고 자주적으로 활동했기 때문이다.

하루종일 토론을 하고 숙소로 온 남편 김원봉을 아내 박차정이 따뜻하게 맞았다.

"이리 앉으세요. 발을 닦아드릴게요."

그녀는 주전자에서 끓고 있던 찻물을 대야에 받아 적당히 찬물을 섞은 뒤 그의 발을 닦으면서 마사지했다.

"고마워. 피로가 싹 가시는 것 같군."

김원봉은 아내의 윤기 나는 머리를 쓰다듬었다.

"투쟁방법에 변화가 있겠지요?"

"물론이지. 일본이 중국의 주적主敵이 됐고 일본과 싸워온 우리는 중국과 저절로 동지 관계가 됐지."

"우리한테는 좋은 기회군요."

"대전환을 할 거야. 국민당과 손을 잡아야겠어. 군관학교 때 나와 가장 가까웠던 친구가 국민당 군부의 핵심세력이야. 그 친구한테 밀사를 보낼 거야."

박차정은 수건으로 그의 발을 닦았다.

"중국국민당은 공산당을 사갈蛇蝎처럼 싫어하잖아요. 앞으로 한인 공산당원들과의 관계는 어떡하시려고요?"

"이해를 구해야지. 내가 공산주의자가 아니라 공산주의 운동을 우리 의열단 투쟁의 방편으로 여긴다는 건 그 사람들도 알고 있어."

"하긴 고국 사람들도 당신을 공산주의자가 아니라 아나키스트라고 생각해요."

"누가 그런 말을 했어?"

"저하고 근우회 활동을 하다가 같이 투옥됐던 허정숙 동지요. 3·1운동 때 민족대표 33인 변호를 맡았던 허헌許憲 변호사 알지요?"

"만난 적은 없지만 이름은 들어봤지."

"그분은 신간회 중앙집행위원장도 지냈어요. 허정숙이 그 허 변호사의 딸인데 저보다 여덟 살 위예요. 어느 자리에서 의열단 이야기가 나왔는데 김원봉은 무정부주의자라고 하더군요. 그래서 제가 뭐라고 했는지 맞혀보세요."

박차정이 귀엽게 장난기 어린 미소를 지으며 말했다. 김원봉은 웃으며 머리를 저었다.

"진정한 테러리스트는 무정부주의자며 독신주의자일 거라고 했어요. 끝까지 결혼도 안 할 거라고요. 그런데 3년 뒤 저는 그의 아내가 됐어요."

김원봉은 머리를 끄덕이며 아내의 어깨를 감싸 안았다.

김원봉이 예상한 대로 만주사변은 대전환의 계기가 되었다. 만주에서 중국 인민들이 항일의용군을 조직해 일본군에 대항하기 시작했다. 조선인들도 무장부대를 꾸렸다. 양세봉梁世奉은 남만주에서 조선혁명군을 이끌고 중국 인민의용군과 연합해 일본군과 싸우고, 이청천은 북만주에서 조선독립군을 이끌고 중국 의용군과 합세해 일본군과 맞서 싸우기 시작했다.

## 난징으로 가다

1932년 초, 난징에 있는 텅제에게서 의열단의 군대 창설을 확실하게 지원할 것이니 국민당 정부가 있는 난징으로 이동하라는 연락이 왔다. 김원봉은 의열단원 일부를 남만주의 조선혁명군과 북만주의 조선독립군에 파견해 상황을 파악하게 하고 나머지 단원들과 함께 난징으로 떠났다. 아내 박차정도 함께 갔다.

김원봉 일행은 기차 안에서 신문기사를 보았다. 조선인 이봉창李奉昌이 일본 도쿄에서 황궁을 향해 폭탄을 던진 사건 보도였다.

신문에는 자세한 배경이 소개되지 않았지만 유자명이 날카롭게 분석했다.

"이봉창은 김구 쪽 사람이에요. 김구 계열 사람들이 우리 의열단을 테러리스트라고 비난하더니 결국 의열단을 모방해 비밀결사대를 만든 거지요."

김원봉은 머리를 끄덕였다.

"아무튼 고맙고 장한 일이지요. 우리 의열단은 군대를 만들려고 떠나고 있는데 우리가 할 일을 해줬으니."

자신이 한때 학교를 다닌 남부의 따뜻하고 아름다운 도시 난징에 도착한 김원봉은 중국국민당 정부의 첩보조직 남의사藍衣社의 서기가 된 동기생 텅제를 찾아갔다.

남의사의 정식 명칭은 삼민주의역행사였다. 대원들이 푸른 셔츠를 입어 남의사 또는 '블루셔츠'라고 불렀다. 중국국민당 극우세력의 비밀조직으로 장제스의 지휘 아래 중화민국과 국민당을 군국주의 노선으로 이끄는 일종의 정보기관이자 준군사조직이었다. 철저하게 우파 정신으로 무장한 조직으로 대 일본 첩보와 특수전 공작, 중국공산당 탄압과 국민정부의 권력 강화를 위해 반대파에 대한 백색테러, 숙청, 암살에 관여하고 있었다. 우두머리인 사장社長은 장제스고 아래 총사總社라고 부르는 실질 책임자가 있었지만 조직이 노출되지 않기 위해 서로 횡적 연락도 하지 않았다.

"어서 오시게."

텅제는 김원봉을 힘차게 부둥켜안았다.

포옹이 끝난 뒤 푹신한 안락의자에 앉으며 김원봉이 말했다.

"텅제, 자네 장군 계급장이 잘 어울리는군."

그는 빠르게 진급한 친구의 계급장과 고급 천으로 만든 장군복, 그리고 광택이 나는 집무실의 집기가 부러웠다.

"당신이 준 인삼 말이야. 대단한 명약이야. 그때 몸도 빨리 나았지만 지금도 몸에 활력이 넘친단 말이야."

텅제의 말에 김원봉이 응수했다.

"다행이군."

텅제가 화제를 바꾸었다.

"우리 남의사는 의열단과 성격이 비슷하니 내가 한 수 배워야겠어."

"한 수 배우다니, 이 사람아. 자네가 나를 도와줘야지."

김원봉은 자신이 암살·파괴 작전을 중단하고 군대 조직을 만들기 위해 모든 노력을 다할 것이라고 말했다. 이를 위해 의기 높은 조선 청년들을 데려다 교육시키고 싶다는 포부를 밝혔다.

"그러니까 초급 장교나 혁명 간부를 양성하는 학교를 만들고 싶다는 건가?"

텅제가 물었다.

"맞아. 이름은 조선혁명간부학교로 하고 싶네. 장차 군대 조직을 만들려면 기초 작업이 필요해. 나를 돕는 것이 결국은 중국을 위하는 길이라는걸 자네는 알아야 하네."

"당신은 사유가 깊고 통찰력이 높으니까 그런 점에서 말해봐. 왜 그게 중국을 위한 길인지를."

"일본은 군국주의와 파시즘을 선택했네. 군사적 침략으로 독점자본의 활로를 찾으려 하네. 그래서 만주침략을 감행했지. 앞으로 중국 대륙 전체를 식민지로 만들려 할 걸세. 나는 일본이 중국 본토 침공을 감행할 것이라고 예상하네. 그러므로 중국은 일본과 싸우는 우리를 도와줘야 하네."

그의 말에 텅제는 선선히 머리를 끄덕였다.

"알았네. 장제스 장군께 보고하겠네. 그리고 김 단장 부부를 우리 집에 초대할 생각이야. 그러면 김 단장 부부도 우리 부부를 초대하겠지?"

텅제의 말에 김원봉은 선뜻 대답했다.

"물론이지."

텅제가 갑자기 눈을 끔벅이더니 제 무릎을 한 번 쳤다.

"망명객 부부가 어떻게 집을 구하겠나. 내가 마련해줘야지."

텅제는 약속을 지켰다. 며칠 후 부관을 보냈다. 김원봉 부부는 부관이 타고 온 트럭에 짐 가방을 몇 개 싣고 텅제가 마련해준 집으로 들어갔다.

"집을 갖게 되다니 꿈만 같아요."

박차정은 감격하여 눈물을 글썽거렸다.

그러나 아쉬움이 있었다. 밀정이나 자객을 피하려면 붙박이로 한 집에 오랫동안 머물 수 없기 때문이었다.

# 13 청년간부들을 키우다

## 윤봉길의 의거로 상황이 호전되다

1932년 4월 29일, 놀라운 소식이 전해졌다. 조선인 투사 윤봉길尹奉吉이 상하이 홍커우虹口공원에서 열린 일본 천황의 생일 축하회장에 폭탄을 던 져 상하이 주둔 일본군 사령관 시라카와 요시노리白川義則 대장 등을 죽이 고 여러 명에게 중상을 입혔다는 보도였다.

윤봉길은 지난겨울 일본 황궁 밖에 폭탄을 던진 이봉창과 같은 한인애 국단 소속이었다. 백범 김구가 만든 조직이었다. 비록 의열단의 거사는 아 니었지만 김원봉은 박수 치며 기뻐했다. 적장을 죽였다는 것도 의미가 크 지만 그로 인해 조선독립 투쟁 전선과 중국이 연합하는 중요한 계기가 될 것이라는 예감 때문이었다.

윤봉길 의사의 의거로 인해, 김원봉이 추진하는 일은 생각보다 잘 풀려 나갔다. 몇 차례 실무 협의를 거친 끝에 남의사는 김원봉과 의열단이 간부 를 양성하는 교육기관을 만들면 월 3,000원을 지원하겠다고 결정했던 것 이다. 난징까지 내려온 수십 명 단원들의 숙식도 걱정이 없어졌다.

김원봉이 진심으로 고마워하자 텅제가 대답했다.

"우리 남의사가 의열단을 전폭적으로 지원하기로 결정한 이유는 세 가지일세. 하나는 우리가 군사조직이라 의열단에 군관교육을 받은 사람이 많다는 점을 높이 평가한 것, 둘째는 최림 자네의 능력과 애국심에 대한 신뢰, 셋째는 우리 조직에 황푸군관학교 출신이 많기 때문이네."

조선혁명간부학교 설립이 확실해지자 김원봉은 단원들을 각지에 파견해 학생 모집에 나섰다. 국내 모집책은 국내에 있는 김원봉의 큰처남 박문희가 맡았다.

박문희가 국내에서 뽑은 조선혁명간부학교 입학생들이 부산에서 배를 타고 상하이에서 내린 뒤 난징으로 왔다. 그들을 맞으러 난징역으로 나간 김원봉은 깜짝 놀라 눈을 크게 떴다. 그 배에 의열단 창립단원인 윤세주가 타고 있었던 것이다.

"세주야, 세주가 왔구나!"

"형님!"

친형제처럼 가까웠던 두 사람은 감격하며 얼싸안았다.

윤세주는 의열단 창단 직후 제1차 암살·파괴 작전을 위해 국내에 잠입했다가 체포당한 뒤 옥살이를 했다. 출옥한 뒤에는 고향 밀양에서 신간회 활동을 하면서 재망명의 기회를 노렸다. 일본경찰의 감시 속에서 세월을 보내다가 역시 신간회원이었던 박문희와 연락이 닿아 다시 망명길에 오른 것이었다.

"너는 감옥에서 고생하는데 나는 편하게 사는 것 같아 마음이 편하지 않았다. 나 결혼했어. 오늘은 우리 집에 가서 자자."

김원봉은 윤세주를 자신의 집으로 데리고 갔다.

"왜놈들이 우리 가족들을 핍박했겠지?"

윤세주는 한숨을 쉬었다.

"우리 집도 이사하고 형님네도 이사했어요."

"우리 집은 어디로 갔어?"

"부북면 감천리로요. 어르신이 읍내에서 피륙장사를 하다가 재산을 날리셨어요."

"식구들이 많은데 큰일이군."

"멀리 살아서 늘 지켜보지는 못했지만 왜놈들한테 당하는 걸 말로 형언할 수가 없지요. 가슴만 아플 테니 알려고 하지 마세요. 다만 식구들이 온전하다는 것만 알아두세요. 형님이 결혼한 건 알고들 계셨어요."

"내가 아버님께 편지로 말씀드렸지. 왜놈들이 편지를 가로채지 않고 배달했군."

김원봉이 아내와 나란히 앉아서 그렇게 말했다.

"배달은 하긴 했는데 며느리 된 여자가 누구냐고 순사가 와서 꼬치꼬치물은 모양이에요. 하지만 어르신은 박경옥이란 이름만 알 뿐이니 아무것도 말할 수 없었지요."

"아내가 국내에서 지하운동을 했던 터라 내가 일부러 가명을 써서 보냈지. 집사람 이름은 박차정이야. 참, 너는 의열단 들어오기 전에 결혼을 했지?"

김원봉의 말에 윤세주는 어깨를 으쓱했다.

"결혼은 제가 훨씬 선배지요. 아들이 일곱 살인 걸요."

국내 학생모집에 성공하자 이번에는 만주 지역에서 학생들을 모집했다. 김원봉은 그것을 윤세주에게 맡겼다. 한 달 뒤 윤세주가 데려온 사람들 중에는 뒷날 민족시인이자 저항시인으로 유명해진 이육사李陸史도 있었다.

돈 걱정은 할 필요가 없었다. 남의사는 학교 운영비와 소요물자를 지원했고 경상비로 매월 3,000원을 주었으며, 의열단 운영비도 매월 1,000원 내외를 지원했다.

## 시인 이육사

이육사는 일본 도쿄와 중국 베이징에 유학하고 세 번이나 감옥에 갇히는 등 참으로 파란만장한 인생길을 걷고 난 후 난징의 김원봉에게 왔다.* 처음부터 김원봉과 의열단에 경도되어 결심하고 찾아온 건 아니고 윤세주에게 설득당했다.

이육사는 1904년 퇴계 이황의 13대손으로 경북 안동에서 태어났다. 본명은 원록源祿이었다. 이활李活, 이육사二六四, 이육사는 가명이자 필명이었다. 그는 5형제 가운데 차남이었고, 넷째가 이원조李源朝다. 형제들이 민족운동에 앞장섰으며 외가는 의병투쟁으로 명성이 높았다. 형제들은 제각각 민족운동에 뛰어들어 함께 감옥으로 가기도 했다. 이육사의 외조부 허형許蘅은 의병장이었고, 더 큰 의병장 왕산旺山 허위許蔿는 그의 사촌이었다.

이육사는 고향에서 사숙에 다니고 공립보통학교에도 다녔다. 18세 때 경북 영천으로 가서 결혼하고 그곳 백학白鶴학교에서 수학했다. 1923년 대구로 이사했고 1925년 1월 일본으로 떠나 세이고쿠正則예비학교를 거쳐 니혼대学에서 공부하다가 1년 만에 병으로 자퇴했다. 다시 대구에 머물던 그는, 베이징에 다녀온 이정기李定基의 영향으로 비밀결사에 참여했다.**

이육사는 1926년 7월 이정기를 따라 대구를 떠나 베이징으로 갔다. 중궈대학 상과에 입학해 베이징에 체류하던 남형우南亨佑 · 배병현裵炳鉉 등

---

* 이육사의 생애 저술은 김희곤의 『이육사 평전』(푸른 역사, 2010)이 있다. 의열단 가입, 베이징 유학과 난징 조선혁명간부학교 입학 경위는 김영범이 정리했다(「이육사의 독립운동 시-공간(1926-1933)과 의열단 문제」, 『한국독립운동사연구』 제34집, 2009. 12). 이 책에서는 이원록, 이활이라는 본명 대신 이육사로 쓴다.
** 이 무렵에 형제들과 함께 의열단에 입단했다는 설이 있으나 근거가 부족하다.

시인 이육사. 난징에서
조선혁명간부학교를 다녔다.

과 교유하며 의열투쟁의 방략을 논의했다. 다음 해까지 광둥성 광저우로
가서 중산대학 의과에 다녔다고 알려져 있으나 근거는 확실하지 않다.\*
두 대학에 동시에 적을 두기가 어렵고 여러 가지 상황이 엇갈리기 때문이
다. 그 무렵 광저우에 갔다면 당시 한인 청년들에게 새로운 희망으로 떠오
르고 있던 중산대학이나 황푸군관학교에 깊은 관심을 갖고 다녀왔을 것이
이다.

이육사는 1927년 여름, 대학을 자퇴하고 국내에서 투쟁하기 위해 고향
으로 돌아왔다. 이런저런 계획을 세웠으나 시작도 하기 전에 그해 9월 대
구은행 폭파 의거에 참여한 혐의로 형제들과 함께 구속당해 2년여 동안
옥고를 치르고 무혐의로 석방되었다. 그의 대표적인 필명 '이육사'는 억울
하게 갇혀 있을 당시의 수인번호 264번에서 유래했다는 것은 널리 알려진
사실이다.

그 후 중외일보사 기자로 일하다가 다시 체포되었고 광주학생운동 때도
구속당했다. 이후 조선일보사 기자로도 일했다. 첫 작품인 시 「말」을 발표

---

\* 이에 관해서는 김영범의 「이육사의 독립운동 시-공간(1926-1933)과 의열단 문
제」를 보면 된다.

한 것이 1930년 가을이었다.

1931년 이육사는 동생 이원조와 함께 다시 베이징으로 향하다가 만주사변으로 앞길이 막혀 되돌아왔다. 이육사는 이듬해 봄 만주로 떠났고 거기서 윤세주를 만나 난징으로 간 것이었다.

이육사는 뒷날 체포되어 1935년 5월 15일 경기도 경찰부의 심문을 받으면서 이때의 일을 진술했다. 압축하면 이렇다.

『중앙일보』 만주지국을 설치하려고 처남 안병철安炳喆과 함께 만주에 갔으며 펑텐의 나경석 집에 묵었다. 거기서 중외일보사 동료였던 윤세주를 만나 함께 텐진으로 갔다. 여관방에서 윤세주가 자신이 의열단원임을 밝혔다. 자신이 김원봉을 찾아 베이징으로 왔으며 김원봉이 난징 방면에서 국민정부 지원으로 육영사업 하는데 학생 수가 적어 곤란하다 하니 안병철을 거기 입학시키자 했다.

이육사는 의열단이 독립운동을 하기 위해 여러 흉포 행위를 감행한 사실을 알고 있으며 그 목적이란 것이 조선의 독립과 혁명에 있다는 것을 그의 말 외에 뜻이 있다는 것을 의식했다. 그래서 처남 안병철은 충분히 사리를 분별할 수 있을 것이니 직접 권유해보라 하고 혼자 베이징으로 가서 중궈대학 동창생 조세강趙世鋼 집에 묵으며 취직운동을 하려 했다. 그러나 여의치 않아 다시 텐진으로 갔다.

그동안 윤세주가 처남 안병철을 설득해 상하이 도항을 결심하도록 해놓았다. 그래서 이육사는 일단 난징으로 갔다가 뒤에 상하이로 오려고 결심했다. 9월 중순 안병철과 의열단원 윤세주 그리고 동 김시현金始顯 4인은 난징을 향해 출발했다. 난징에 도착하니 중국 헌병신분인 의열단원 이춘암李春岩이 마중을 나와서 여관을 안내했다. 김시현·윤세주·이춘암은 외출했다가 30분쯤 뒤에 37, 38세쯤 되는 검은 안경을 쓴 조선인을 동반해왔다. 그가 김원봉이었다.*

김원봉은 윤세주와 김시현이 데려온 이육사와 그의 처남 안병철을 난징 성 안의 간루샹甘露巷 거리에 있는 자신의 숙소로 데리고 갔다. 김원봉은 여러 차례 투옥 경력이 있는 이육사에게 마음이 끌렸다. 왕산 허위 가문이 외가이고 더구나 시인이라니. 그는 자신보다 여섯 살 아래인 이육사를 교 관단에 넣고 싶었다.

"조선혁명간부학교 교관 하시는 걸로 알겠소."

이육사는 고개를 저었다.

"저는 군사나 정치는 잘 몰라요. 공부하러 왔으니 교육을 받아야지요."

"두고 봅시다."

김원봉은 이육사와 안병철에게 소지품을 모두 맡기고 군복으로 갈아입 게 했다.

김원봉은 잠자기 전 윤세주·김시현과 함께 아내 박차정이 끓여주는 차 를 마셨다. 윤세주에게서 베이징과 톈진의 의열단원들에 대한 이야기들을 보고받듯이 들었다.

이육사와 안병철 외에도 입학 희망자는 20명쯤 되었다. 김원봉은 이육 사와 안병철을 포함한 제1기 입학생들을 쉬안우호 부근의 우저우五洲공 원에 있는 중국인의 별장을 빌려서 임시로 묵게 했다. 그리고 첫 생도들에 게 환영사 겸 훈시를 했다. 두 가지 엄명도 내렸다.

"동지들을 환영하오. 일본 밀정 놈들이 사냥개처럼 냄새를 맡고 탐지 에 나설 것이오. 이곳은 임시 숙소요. 숙소 수당을 줄 것이니 반드시 자취 를 하시오. 필히 중국어를 사용하고 조선말이나 일본말은 절대로 쓰지 마

---

* 「증인 이육사 심문조서」, 1935년 5월 15일, 경기도 경찰부, 국역, 국편 DB.

시오."

며칠 후, 쉬안우호에서 유람선 사업을 하는 사람이 격려차 보트 여러 척을 빌려주겠다고 제안했다. 김원봉은 생도들에게 뱃놀이를 권했다. 그는 2인승 보트를 선택하고 동승자로 이육사를 지목했다.

"이 동지는 나하고 같이 탑시다."

김원봉은 이육사에게 마음이 끌렸다. 그는 허리에 6연발 브라우닝 권총을 차고 있었는데 혹시 이육사의 노 젓기가 서툴러 물에 젖을까봐 앞가슴에 찼다.

이육사는 열심히 노를 저었다. 꽤 멀리까지 배를 저어갔다. 김원봉은 이런저런 말을 시키다가 본론으로 들어갔다.

"이 동지, 이 동지가 생각하는 우리 조선의 일반정세는 어떻소? 철도망이나 노동자 수, 농민의 생활상태 등을 얼마나 알고 있소? 그리고 노동조합이 몇이나 있고, 노동운동에 대한 이론이나 운동방법 등에 대하여 이 동지가 지닌 생각은 무엇이오?"

이육사의 대답은 신통치 않았다.

"현재 조선의 노동조합은 특별한 게 없습니다. 잠재적으로는 있겠지만 어느 정도인지는 파악하기 어렵습니다."

이육사는 김원봉이 평소에 신문이나 잡지를 통해 접한 내용 정도만 이야기했다.

김원봉은 노 젓는 이육사를 바라보며 고개를 저었다. 노동층의 조직이론은 그것만으로 안 된다는 생각이 들었다.

"이 동지, 나는 공산주의자가 아니지만 노동조합은 중시합니다. 고국 땅으로 가서 노동조합을 조직해야 합니다. 그걸 기본조직으로 삼아야지요. 그리 하려면 자기 자신이 노동자가 되어 그들을 동료로서 사귀고 신임을 받아야 합니다. 그리고 궁극적으로는 노동조합 조직이 일본 자본 타도의 전위가 되어야 합니다."

이육사는 김원봉을 뚫어지게 바라볼 뿐 더 말하지 않았다. 그는 뒷날 조선혁명간부학교를 졸업하고 고국 땅에 잠입해 투쟁하다가 경찰에 체포당한 뒤 그때의 일을 이렇게 진술했다.

나는 그것에 대해서는 충분히 반박의 여지가 있다고 생각했지만, 아무래도 김원봉이 상대이고 권총도 가지고 있었으므로 섣부르게 말했다가는 불이익이 될 것이라고 생각하여 아무 말도 하지 않았다. 그리고 난징에서 약 5일쯤 체재해 있다가 9월 25일에 탕산湯山, 난징 교외 4리으로 이전해 학교 운동장의 땅 고르기와 정리정돈에 교관, 생도 전부가 일하고, 10월 초순경에 개교했다.*

뱃놀이 면접 이후 자신은 교관으로서의 자질이 부족하다고 느꼈는지 이육사는 학생으로 입학하겠다고 말했다. 그러자 윤세주가 덩달아 자기도 학생으로 입학하겠다고 우기기 시작했다.

김원봉은 둘을 달랬다.

"이 사람들아, 이미 혁혁한 혁명경력을 쌓았는데 왜 학생으로 입학하나? 둘다 교관을 하시게."

윤세주는 정색하고 김원봉을 바라보았다.

"나도 제대로 된 군사교육 한 번 받고 싶어서 그러는 것이니 눈감아줘요. 의백 형님도 나이 서른이 다 되어 황푸군관학교에 입학했잖아요."

이육사의 생각도 마찬가지였다. 김원봉은 윤세주의 고집에 질 수밖에 없었다. 결국 윤세주도 이육사도 생도 신분으로 입학하게 되었다.

---

\* 같은 자료.

김원봉이 입학을 위해 대기 중인 청년들을 돌아보고 있는데 한 청년이 일어섰다.

"저희에게 조국을 위해 투쟁할 기회를 열어주셔서 감사합니다. 그런데 한 가지 궁금한 게 있습니다. 이봉창·윤봉길 두 분이 의거를 감행하자 조선 사람들은 만세를 불렀지요. 그러나 의열단이 아니라 김구가 이끄는 한인애국단이라는 것에 고개를 갸우뚱했어요. 간부교육을 하는 걸로 보아 대략 짐작은 합니다만 우리 민족독립에 대한 의백 동지의 기본 전략은 무엇입니까?"

김원봉은 늘 그렇듯이 조용한 미소로 청년들을 바라보았다.

"우리 의열단은 11년 동안 암살·파괴 작전을 무수히 했지만 궁극적 목표는 군대를 만드는 거였소. 조선혁명간부학교를 만들고 군대를 조직하는 게 의열단의 정신을 계승하는 길이지요. 기본전략은 이렇소. 밖에서 치고 안에서 흔드는 거지요. 중국 땅에서 군대를 만들어 고국으로 진격하고 국내에서는 민중이 봉기하는 거지요. 여러분 조선혁명간부학교 제1기생들은 장차 군대의 지휘관이 되어 전투를 하거나 국내에 잠입해 민중봉기를 유도하는 임무를 하게 될 것이오."

그 청년이 다시 물었다.

"일본과 전쟁하게 될 날을 언제로 보십니까?"

"나는 머지않아 중일전쟁·소일전쟁·미일전쟁이 일어날 것이라고 예상해요. 그 시기는 아마 5-6년 후가 되지 않을까요? 그래서 지금 간부 양성에 주력하는 것이오."

다른 청년이 물었다.

"지금 만주에서 왜놈들과 싸우는 무장세력이 있는데 거기와 손잡을 생각을 하고 계신지요?"

"양세봉 장군이 이끄는 조선혁명군을 말하는 거군요. 연합할 거예요. 여러분이 조선혁명간부학교를 졸업하면 그곳 지휘관으로도 보낼 것이오."

그의 말이 끝나자 청년들이 일제히 박수를 쳤다.

## 조선혁명간부학교

1932년 10월 20일 난징 교외 탕산에 있는 산서우안善壽庵이라는 암자에서 조선정치군사혁명간부학교 제1기 입학식이 열렸다. 학교 이름이 길어서 대개 '정치군사' 네 글자를 빼고 '조선혁명간부학교'로 줄여서 불렀다. 선수암은 국민당 정부의 간부훈련소로 사용되어왔다. 김원봉은 일본에 정보가 새어 들어갈 것을 염려해 간부훈련소 기능을 계속하는 것으로 위장했다. 그가 교장 겸 외교주임을 맡았고 황푸군관학교 출신 의열단원들이 교관을 맡았다.

난징 거주 한인 학자에게 가사 창작을 의뢰하고 작곡 경험이 있는 입교생도 곡을 붙여 교가도 만들었다.

> 꽃피는 고국은 빛 잃고 물이 용솟음치듯 대중은 들끓는다.
> 억압받고 빼앗긴 우리 삶의 길 들끓는 것만으로 되찾을 수 있으랴.
> 갈 길 방황하는 동포들이여 오라 이곳 배움의 마당으로.*

김원봉은 입학식을 전후해 중국인 대부호 후다하이胡大海의 장원莊園인 후자화위안胡家花園으로 숙소를 옮겼다. 방이 60개 있고 내부에 호수와 야산까지 있는 거대한 장원에서 김원봉 부부와 간부들이 묵었다.

김원봉은 제1기생들을 반년 만에 졸업시킨 뒤 곧바로 제2기생을 뽑았다. 제2기생들은 장쑤성 캉닝전康寧鎭에 있는 쩡쭈쓰曾祖寺라는 사찰로 옮

---

\* 한상도, 『한국독립운동과 중국군관학교』, 문학과지성사, 1994, 266쪽.

김원봉이 난징 시절 살았던 후자화위안. 오랜 세월 방치되어 퇴락했는데 최근에
복원했다(2018년 12월).

거가 공부했다. 제1기생으로 졸업한 윤세주가 제2기생 교관을 맡았고 의
열단 내의 제2인자로 떠올랐다. 의열단 창립단원으로서 국내에 침투했다
가 7년간 옥살이를 하고 나와 복귀한 경력이 있는 데다 감옥에서 6년 동안
독서에 매달린 터라 지적 수준이 높아졌기 때문이다. 사실 유자명의 존재
감이 더 컸지만 유자명은 윤세주 앞에서 몸을 낮췄다.

"윤세주 동지는 우리 의열단의 대들보입니다."

김원봉과 유자명이 그렇게 말하는 데 이의를 다는 사람은 아무도 없
었다.

윤세주는 자신과 동기생인 제1기생들을 국내나 중국 내의 비밀요원 또
는 만주 독립군 초급 지휘관으로 보내는 일을 맡았다. 그와 함께 가장 주
목을 받았던 시인 지망생 이육사는 교관을 맡아달라는 김원봉의 부탁을
거절하고 국내 침투를 희망했다. 결국 공작금 80원을 받고 국내로 잠입하
라는 명령을 받았다. 이육사의 임무는 제2기생을 모집하는 것이었다.

김원봉은 이육사를 보내기 전날 저녁, 동지들과 뱃놀이를 했다. 그는 다

시 이육사와 같은 배를 탔다.

"나는 이 동지를 윤세주 동지와 함께 제2기생 교관을 맡아주기를 바랐는데 이 동지가 국내투쟁을 원해 보내드리는 겁니다."

이육사는 겸손하게 고개를 숙였다.

"국내에 들어가더라도 의열단의 정신을 잊지 않겠습니다. 의백 동지께서 문학작품을 많이 읽는 것은 저에게 참 인상적이었습니다."

그렇게 졸업생들이 떠나간 뒤 김원봉은 다시 닥쳐온 임무에 매달렸다. 윤세주와 유자명이 충실히 그를 도왔다.

윤세주는 의열단 내의 모사謀士로 불렸다. 그는 인원과 체제를 정비하고 결속시키는 일에 주력했다. 김원봉과 황푸군관학교를 같이 나와 레닌주의 정치학교에서 함께 일했던 좌파 단원들의 입지는 좁아졌다.

1934년 4월, 제2기생 졸업에 맞춰 김구가 난징으로 와서 조선혁명간부학교를 방문했다. 김구는 김원봉의 업적을 치하하고 학생들을 격려하며 태극기 문양을 넣은 만년필을 선물했다.

김구는 학교를 떠나면서 김원봉의 손을 잡았다.

"약산, 참으로 훌륭한 일을 했소. 나도 그대들을 도와야지. 내가 중국국민당 측에 강력히 요청해 뤄양洛陽군관학교에 한인 청년들을 입학시키는 길을 열어놨소. 이번 졸업생들 중 스무 명을 거기 보내는 게 어떻소?"

"고맙습니다, 선생님."

김원봉은 기꺼이 동의했다.

김구가 돌아간 뒤 윤세주가 고개를 갸우뚱했다.

"김구의 속셈은 우리가 키워놓은 동지들을 자기 휘하에 넣겠다는 게 아닐까요?"

김원봉은 고개를 저었다.

"어차피 항일전선에서 싸우는 건데 아무려면 어떤가. 졸업생 동지들 장

조선혁명간부학교 3기생을 교육한 상팡전의 톈닝쓰(2018년 12월).

래를 위해서도 좋지 않은가. 김구의 마음을 붙잡아야 할 일이 하나 있네. 졸업생들 중 20명을 뽑아 지원서를 받아놓게."

졸업생 20명이 뤄양으로 떠났다. 그 밖의 졸업생들은 국내공작을 하거나 독립군 부대의 초급지휘관으로 투쟁하기 위해 난징을 떠났다. 아쉬운 것은 매우 강성한 무장세력이었던 남만주의 조선혁명군이 양세봉 사령관이 암살당한 뒤 와해되기 시작한 것이었다.

조선혁명간부학교는 다시 난징 교외 상팡전上坊鎮 황룽산黃龍山에 있는 사찰 톈닝쓰天寧寺로 옮겨가 청년들을 가르쳤다. 일본의 첩보망을 피하기 위해 다시 옮긴 것이었다.

## 대일전선통일동맹 창립을 주도하다

1932년 가을, 김원봉이 동기생 텅제의 도움으로 난징 교외에서 조선혁명간부학교를 개교할 무렵, 중국 내의 한인단체 통일전선 결성이 가시화되고 있었다. 이것 역시 한 해 전 일제가 저지른 만주사변이 가져다준 반

작용이었다. 민족운동가들은 1927년 무렵 활발하게 진행되다 중단된 유일당운동 같은 통합을 다시 해야 한다는 데 동의하고 있었다. 김원봉은 통합론자로서 결성하기 위해 힘을 기울였다.

이것은 독립운동 전선에 나와 있는 지도자들의 한결같은 생각이었다. 사실 1930년 1월, 도산 안창호가 앞장서 대독립당 결성을 부르짖었으나 제대로 실현되지 못했다. 그러다가 1932년 4월, 윤봉길 의사의 의거로 도산이 상하이에서 구속당해 국내로 압송되면서 통일전선에 대한 노력은 주춤하게 되었다. 그러나 다시 공감대가 커졌다.

독립운동가들은 "일본이 가장 두려워하는 건 의열단도 독립군도 아니다. 우리 민족이 3·1운동 때처럼 한덩어리로 뭉치는 것이다. 지금처럼 민족운동 단체들이 이념과 출신지 또는 계열에 따라 분열하는 건 바로 일본이 바라는 것이다"라고 생각했다.

그들은 1920년 유일당촉성운동이 실패한 이유를 되새기고 있었다. 매번 회의를 하고 촉성대회 같은 집회를 열기만 한 뒤 진전되지 않은 것이 문제였다. 모임을 가진 뒤에는 단체들이 서로 비난하고 성토하는 대결구도로 넘어가곤 했던 것이다.

"이번에는 그러지 말자. 다 내려놓자."

모두들 이심전심이 되었다.

김원봉의 의열단, 송병조와 김두봉이 이끄는 한국독립당, 김규식이 이끄는 한국광복동지회 등이 우선 뭉쳤다. 김원봉이 직접 나서서 요청했지만 김구의 한인애국단만은 포함시키지 못했다. 윤봉길의 의거로 잔뜩 독이 오른 일본군이 혈안이 되어 김구를 찾고 있었기 때문이다.

1932년 10월 김원봉은 의열단 대표로 한일래와 박건웅을 지명해 준비 모임에 보냈다. 그중 전권위원으로 뽑힌 각 단체 대표 김규식·김두봉·박건웅·신익희·최동오 등 다섯 명은 통일전선 단체명을 한국대일전선통일동맹으로 정하기로 합의했다. 그리하여 11월 10일 마침내 동맹을 결성하기에 이르렀다.

그러나 이 동맹은 각 단체가 독립성을 유지하고 제휴하는 선에 머물렀다. 김원봉은 장차 이 단체를 민족유일당으로 발전시키고 싶은 욕심이 생겼다.

# 14 민족혁명가의 길

## 민족혁명당 창당

난징시의 고색창연하고 장려한 옛 성채 밑으로 진화이허秦淮河라는 강이 해자垓字 구실을 하며 흐른다. 이 강은 큰 성문인 중화먼中華門 아래를 지나 시내를 관통해 창장강으로 흘러 들어간다.

강 건너 중화먼을 통과해 서북쪽으로 조금 걸어가다 보면 성벽 가까이에 밋밋한 언덕이 있었다. 그곳에 화루강花露崗이라는 작은 마을이 있고 이 마을 뒤편에는 먀오우뤼위안妙悟律院이라는 사찰이 자리 잡고 있었다. 사찰 뒤편에 웅장하게 생긴 누관樓館이 하나 있다. 이곳이 김원봉이 이끄는 의열단의 본거지였다. 숙소인 후자화위안에서 멀지 않아 김원봉은 이곳에서 공적인 업무를 처리했으며 의열단을 찾아온 애국청년들의 숙소도 여기 있었다.

김원봉은 암살·파괴 작전에 국한되었던 의열단의 활동방향을 군대를 만들기 위한 청년 장교 육성으로 전환하는 것에 성공했다고 판단했다. 그러자 갑자기 그에게 힘이 몰리기 시작했다. 그는 접어두었던 목표를 다시 꺼내들었다. 중국 내의 조선인 독립운동 단체들을 결속력이 강한 하나의 당黨으로 묶는 것이었다. 그는 대일전선통일동맹 회의를 열고 대동단결을 호소하며 하나의 통일된 정당을 제안했다. 그는 힘이 있었으므로 대세를 장악할 자신이 있었다.

김원봉이 좌우익을 망라한 통일대당을 꾸릴 수 있는 주도권을 장악하게 된 이유를 김영범은 이렇게 설명한다.*

첫째, 의열단은 1934년에 이르러서는 대일전선통일동맹 안팎으로 발언권을 높여가면서 통일운동의 흐름을 주도하게 되었다. 일제 관헌도 이 무렵에는 '동맹의 중심기둥'을 의열단으로 지목했다.

둘째, 한국독립당의 세력이 약화되어 내분이 생기고 결속력이 이완되고 있어 의열단의 일사불란한 조직세가 돋보이게 되었다. 의열단은 김원봉의 확고한 지도력과 중국국민당의 전폭적인 지원에 힘입어 새 근거지인 난징에서 탄탄한 정치적 기반을 구축하고 있었다.

셋째, 조선혁명간부학교에서 80여 명의 졸업생을 배출시킨 점도 의열단의 위세를 크게 높여주었다. 젊은 단원의 증가는 힘의 균형을 김원봉 쪽으로 기울게 했다.

넷째, 중국국민당의 자금 지원 창구 단일화를 주장해 지원대상과 지급액까지 좌지우지하던 김구의 처사가 여러 단체의 반감을 유발해 반사적 이득을 본 것이었다.

김원봉 부부는 윤세주를 집으로 불러 저녁식사를 했다. 그는 이즈음 윤세주를 부를 때 이름 대신 아호 석정石正으로 불렀다.

"이보게, 석정. 통일대당 결성은 전망이 점점 더 좋아지고 있어. 우리

---

* 김영범, 『한국 근대민족운동과 의열단』, 창작과비평사, 1997, 374-375쪽.

의열단 외에 이청천 장군의 신한독립당, 김학규金學奎* 동지의 조선혁명당, 김규식 선생의 대한독립당이 동의했네. 거부한 건 김구 선생이 이끄는 한인애국단과 조소앙 선생의 한국독립당일세. 상황이 이렇게 돌아가고 있네."

김원봉의 말을 들으며 윤세주가 수저를 내려놓았다.

"주도권을 잡아야지요. 그야말로 호기도래好機到來지요."

"한국독립당은 통일대당을 우리 의열단이 주도하는 게 싫은 거야. 그 사람들은 우리가 사회주의 색채가 있다고 눈을 흘기지만 사실은 주도권을 놓치기 싫은 거지."

그의 말에 윤세주는 손가락으로 돈을 뜻하는 동그라미를 만들어 보였다.

"하지만 돈이지요. 꽃놀이패를 쥔 건 우리라고요. 남의사가 의백과 의열단 뒤에 든든한 언덕으로 앉아 있으니까요."

"욕망을 감추고 명분을 앞세워야 해. 식민지 재분할을 위해 열강들이 곧 전쟁을 벌일 것이고 일본도 끼어들 것이야. 그때 집중된 힘을 가하기 위해 통일대당이 필요하지. 그래야 동포 민중을 하나로 뭉칠 수 있단 말이야."

"형은 민족혁명가가 되고 싶은 거지요?"

윤세주의 말에 김원봉은 정색하고 대답했다.

"민족혁명가? 그래, 온 민족이 나를 그렇게 불러주면 좋겠어."

"그렇게 될 거예요. 충분히 할 수 있어요. 그런 명분도 있고 우리한테는 힘이 있으니까요."

---

\* 김학규(1900-67): 평안남도 홍원 출신으로 신흥무관학교를 나와 독립군 초급 장교를 지내고 학교교원으로 일했다. 남만주에서 조직된 조선혁명군 참모장으로 있다가 양세봉 사령관이 암살당하자 난징으로 가서 민족혁명당에 가입했다.

윤세주가 말했다.

김원봉은 윤세주를 자주 앞세웠다. 윤세주는 옛날과 달리 책사策士의 기질이 생긴 데다 독립운동가 누구도 6년 감옥살이 경험이 없기 때문이었다. 윤세주의 말은 잘 먹혀들어갔다.

"자네가 정당 대표들을 만나보게. 조직의 지분을 주고 돈도 정당하게 나눠준다고 하게. 나는 집사람과 함께 한국독립당 이사이신 김두봉 선생을 만나 뵙겠네. 처외당숙인 데다 내 의형제인 약수 형의 사촌형님이니 간청하기가 쉽지 않겠는가?"

김원봉은 윤세주의 술잔에 술을 부었다.

윤세주는 그것을 단숨에 들이마셨다.

"노완고老頑固 선생은 어떡하고요?"

'노완고 선생'이란 고집이 센 김구를 가리키는 말이었다.

"내가 직접 만나 뵈어야지. 뵙기를 간곡히 요청하는 서한을 보내겠네."

김원봉은 아내 박차정과 처남 박문호를 동반해 상하이로 김두봉 선생을 찾아갔다. 김두봉은 박차정의 외당숙이었고 그런 인척관계를 떠나서 김원봉과 결의형제 사이인 김약수의 사촌형이었다. 그는 김원봉의 중앙학교 선배이기도 했다. 김두봉은 한글 연구의 선구자 주시경의 수제자로서 어문연구에 열중하다가 항일투쟁에 뜻을 두고 망명해 있었다.

김두봉은 김원봉이 예상했던 풍모가 아니었다. 숨소리도 힘차지 못하고 가랑가랑했다. 반대로 그의 부인은 여장부 풍모였다. 김두봉을 이렇게 설명한 것은 소설가 김광주였다. 김광주는 김원봉에 대해서도 설명했다. '어떤 수상한 놈도 감히 근처에 얼씬하지 못하는 김원봉의 의열단'이라고 썼다.*

---

* 김광주, 「상하이 시절 회상기」하, 『세대』 29호, 1965년 12월호, 257쪽, 267쪽.

민족혁명당원으로 활동한 국어학자 김두봉.
체구가 작은 데다 뺨이 홀쭉하고
손이 여자처럼 가냘팠다.

김두봉 부부는 세 사람을 반갑게 맞았다. 세 사람은 큰절을 했고 김두봉은 급히 맞절로 받았다.

"천하에 이름을 떨친 의열단 의백이 오시다니 영광이오. 문호야, 차정아, 나는 너희들이 자랑스럽다."

김두봉은 가랑가랑한 목소리로 말했다. 한국독립당을 유일당에 참가시켜달라는 김원봉의 요청을 김두봉은 흔쾌히 받아들였다.

"내가 차근차근 사람들을 설득해보겠소."

김원봉은 김구도 만났으나 김구는 그의 요청을 거절했다. 김구는 뒷날 『백범일지』에 김원봉이 벌인 5당 통일운동을 '임시정부 취소운동'이라고 비난했다. 이 기록은 매우 사실적이다. 이 기록을 보면 김원봉과 의열단 계열의 행동을 반대편에서는 어떻게 바라보았는지 알 수 있다.

이때 우리 사회에서는 또다시 통일의 바람이 일어나 대일전선통일동맹의 발동으로 의론이 분분했다. 하루는 의열단장 김원봉 군이 특별면회를 청하기에 난징 친화이秦淮의 하반河畔, 강둑에서 비밀히 만났다.

김 군이 말했다.

"저는 지금 발동되는 통일운동에 부득불 참가하겠으니 선생도 동참하는 것이 어떻습니까?"

"내 소견으로는 통일의 대체는 동일하나 동상이몽으로 보이오. 군의 소견은 어떻소?"

"제가 통일운동에 참가하는 주요 목적은 중국인들에게 공산당이란 혐의를 면하고자 함이올시다."

나는 그렇게 목적이 각각 다른 통일운동에는 참가하고 싶지 않다고 말했다. 그 이후 이른바 5당 통일회의가 개최되니, 의열단·신한독립당·조선혁명당·한국독립당·미주대한인독립단이 통합하여 조선민족혁명당으로 나타나게 되었다.

5당 통일 시에 임시정부를 눈엣가시로 생각하던 의열단원 중 김두봉·김원봉 등이 임시정부 취소운동을 극렬히 벌였다. 당시 국무위원 김규식·조소앙·최동오·송병조·차리석·양기탁·유동열 7인 중에서 김규식·조소앙·최동오·양기탁·유동열 5인이 통일에 심취했으나 임시정부의 파괴에는 무관심했다. 이를 본 김두봉은 임시 소재지인 항저우로 가서 송병조·차리석 두 사람에게 "5당 통일이 되는 이때에 명패만 남은 임시정부를 존재케할 필요가 없으니 해체하여 버립시다" 하고 강경히 주장했으나 송병조·차리석 두 사람은 강경하게 반대했다.*

김두봉은 망명 초기 임시정부 임시의정원 의원을 지낸 인물로 전 소속단체를 폄하할 사람은 아니었다. 임시정부 해체 발언은 지나가는 말로 한 것일 수 있지만, 김원봉과 사전에 협의한 정략적인 발언은 아니었다. 그러나 김구는 심각하게 받아들여 이렇게 기록한 것이다.

주도권은 김원봉과 의열단에 있었다. 그들은 집요한 설득과 간청으로

---

* 김구, 양윤모 옮김, 『백범일지』, 더스토리, 2017, 456쪽.

378

마침내 김구의 한인애국단을 제외한 항일 독립운동의 각 단체를 소집하는 데 성공했다. 대표를 보낸 단체들은 의열단과 신한독립당(이청천)·조선혁명당(최동오)·대한독립당(김규식)·한국독립당(조소앙)·재미 대한독립당·뉴욕대한민당·미주국민회·하와이국민회·하와이국민동지회 등이었다.

김원봉은 독립운동전선의 맹주가 되어 목표를 향해 밀어붙였다. 그리하여 중국 내 한인 민족운동은 김구와 김원봉의 양대 산맥으로 형성되었다. 김원봉은 조선민족혁명당이라는 당명까지 정해놓고 밀어붙였다. 두 세력은 마치 팔씨름 같은 힘겨루기에 들어갔다.

일본의 첩보망은 이렇게 분석했다.

의열단이 신당 결성에 노력해온 진의는 김구 세력에 대항하기 위해서일 뿐 아니라 다수의 청년투사(군관학교 졸업생)를 데리고 있어 그 효과를 선만鮮滿, 조선과 만주과 미주 각지로 파견해 각종 혁명공작을 진행하기 위해서다. 구 혁명세력, 즉 기설旣設, 이미 설립한된 각종 민족단체와 완전한 연계를 하지 않고는 종래와 마찬가지로 헛된 희생자를 냄으로써만 효과를 올리게 된다. 각 혁명단체와의 합체에 노력하여 신당결성 당초에 중국국민당 쪽에서 받는 원조금을 더 받아 신당의 재정력 실권을 자파가 쥠으로써 각 혁명세력의 주도권을 장악하려는 것이다. 신당 결성 당초부터 각 혁명당원에 대해 '군관학교 경영 등의 사업을 신당에 인계함은 물론 중국 측의 원조금도 완전히 인계하는 것이다'라 하여 동지를 규합해왔다고 한다.*

* 고려도서무역, 영인본 『사상정세시찰보고집』, 제2집, 1974, 8쪽; 김영범, 『한국근대민족운동과 의열단』, 창작과비평사, 1997, 377쪽 재인용.

1932년 2월 대일전선통일동맹 제3차대회를 열고 새로운 통합정당 창립을 위한 집행위원을 선임했다. 그러나 회합은 자꾸 늦어져 몇 달이 지난 6월 25일부터 나흘 동안 각 단체 대표회의를 열었다. 김두봉·이광제가 한국독립당 대표로, 김원봉·윤세주·이춘암이 의열단 대표로, 최동오·김학규가 조선혁명당 대표로, 윤기섭·이청천·신익희가 신한독립당 대표로, 김규식이 재미국민총회 위임대표로 참석했다.

당명을 정하는 것부터 논란이 일었다. 의열단을 포함한 사회주의 계열은 조선민족혁명당이란 명칭을 주장했고, 민족주의 계열은 한국민족혁명당이란 명칭을 주장했다. 쟁점은 '조선'과 '한국'이었다. 그러자 김두봉이 일어섰다.

"아, 쉬운 걸 가지고 왜들 그래요? 조선도 빼고 한국도 뺍시다. 그냥 민족혁명당으로 합시다."

모두가 박수를 쳤다. 새로 창립되는 통합 유일당의 당명을 '민족혁명당'으로 결정했다. 중앙조직도 정했다.

중앙집행위원: 김원봉·김두봉·김규식·이청천·윤기섭·신익회·조소앙·성주식·최동오·김학규·진의로陳義櫓, 이영준·석정石正, 윤세주

감찰위원: 양기탁·김창환·이복원·신악·강창제

서기부 부장: 김원봉, 부원: 김상덕·윤세주

조직부 부장: 김두봉, 부원: 최석순崔錫淳·김학규·조경한

선전부 부장: 최동오, 부원: 신익희·성주식

군사부 부장: 이청천, 부원: 김창환·윤기섭·성주식

국민부 부장: 김규식, 부원: 조소앙·신익회

훈련부 부장: 윤기섭

조사부 부장: 진의로*

김구를 중심으로 한 '임시정부 사수파'를 제외한 중국 관내의 민족운동 진영의 중요한 인물이 망라되었다. 어느 한 단체에 치중하지 않은 명실상 부한 통일전선 정당의 모습이었다. 김원봉의 이름은 중앙집행위원 중에서 도 맨 앞에 있고 서기 자리에 올랐으니 그의 위상이 가장 높았다. 김원봉 이 한 판의 팔씨름에서 김구를 이긴 것이었다.

장차 무장항쟁을 펼칠 군사부는 김원봉이 다닌 옛 신흥무관학교가 중 심이 되었다. 신흥무관학교 교성대장으로 활동할 때 함께 군사 인재 양성 을 위해 노력하던 이청천을 필두로 김창환·윤기섭·성주식 등이 자리 잡 았다.

중앙집행위원들만 정하고 위원장 자리를 비워둔 것은 민족혁명당이 명 실공히 '민족유일당'으로서 자리 잡기 위해 임시정부 고수파의 김구를 영 입하기 위한 배려였다. 양기탁·이청천·조소앙·신익희 등 통일정당 결성 에 참여한 민족주의 지도자들의 바람과는 달리 김구는 끝까지 신당 조직 에 반대했다. 결국 김구는 이시영·이동녕·조완구趙琬九 등과 한국국민당 을 결성하기에 이르렀다.**

민족혁명당 창당회의에서는 13개의 결의사항을 의결했다.


1. 당명을 '민족혁명당'이라고 칭한다.

2. 임시정부를 옹호한다.

3. 임시정부의 헌법을 정정한다.

4. 총본부를 임시로 난징에 설치한다.

5. 군관학교 출신자를 비상 소집할 방법을 강구한다.

* 지복영, 『역사의 수레를 끌고 밀며』, 문학과지성사, 1995, 309-310쪽.
** 같은 책, 311쪽.

6. 선인鮮人 비행사를 전부 통일하여 비상시에 동원할 방법을 강구한다.

7. 선인 청년을 일 연대聯隊 양성한다.

8. 선내鮮內·만주·노령 각 방면과 통신 연락의 방법을 택하고 연락을 더한층 긴밀하게 하여 비상시 총동원 방법을 강구한다.

9. 적십자사를 조직하고 군의 간호사를 양성한다.

10. 중한호조사中韓互助社를 부활시킨다.

11. 동북의용대를 부활시킨다.

12. 본 동맹에 찬성하는 제3국 국민에게 친선적 태도를 표시한다.

13. 당의·당강·정책·당장黨章 등을 다음과 같이 제정한다.*

이 13개 결의사항을 살펴보면 임시정부의 옹호, 무장력의 확충, 한중 연합의 도모 등으로 정리할 수 있다. 무장력 확충에 많은 비중을 둔 것도 알 수 있다. 민족혁명당의 주된 활동 목표가 항전을 위한 '무장대오의 편성' 이었던 것이다.

초기 민족혁명당의 당세는 강했다. 당원은 2,000여 명에 이르렀다. 민족혁명당 조직에 참여한 각 단체를 발전적으로 해소하고 사무 인계 시 보고된 현황은 다음과 같다.

의열단 300여 명(군관생도 및 졸업자 100여 명, 단원 200여 명).

한국독립당 70여 명.

신한독립당 650여 명(군관생도 및 졸업자 50여 명, 당원 600여 명).

조선혁명당 1,000여 명.

대한독립당 200여 명.

---

* 같은 책, 312쪽.

김원봉 주도로 5개 단체는 발전적 해체를 선언하고 민족혁명당을 창당한다.
난징대학교 구내에 보존되어 있는 진링대학 대례당(2018년 겨울).

재정상태는 월 정기 수입 4,000여 원으로 의열단 3,000여 원, 한국독립당 600여 원, 신한독립당 500여 원 정도였다.*

1935년 7월 5일, 난징의 진링대학 대례당大禮堂에서 각 단체 대표들은 마침내 민족혁명당 창당을 선언했다. 동시에 대일전선통일동맹은 해체되고 참여한 5개 단체는 공동으로 자기 단체의 발전적 해체를 선언했다. 각기 사정에 따라 해산하기로 한 것이다.

이로써 의열단은 16년간의 피어린 투쟁의 역사를 공식적으로 마감했다. 그러나 그것은 '공식적'인 것이었다. 우리끼리 결속해야 통일대당의 주도권을 잡는다는 공리적 계산도 있었지만 그보다는 수많은 단원이 피 흘리고 죽어간 역사를 이어가야 한다는 정신적 유대감이 더 컸다.

김원봉은 1937년 1월 제2차 전당대회에서 총서기로 추대되어 명실공

* 같은 책, 313쪽.

히 최고실권자 지위에 올랐다. 그는 당명을 '조선민족혁명당'으로 바꾸었다. 이 무렵의 민족혁명당은 의열단이 옷만 바꿔 입은 단체인 듯한 모습이었다.

7월 5일 민족혁명당 창당대회가 중국국민당 정부의 협조를 얻어 열렸다. 그들의 수도인 난징에서 개최한 회의였기 때문에 중국공산당의 그늘 아래서 투쟁하는 독립운동 단체는 참가하지 못했다. 그러나 대표들은 이 정도 모인 것을 다행으로 여겨 기쁨의 눈물을 흘렸다.

창당식이 끝난 뒤 만찬을 열었다. 독립운동의 대선배인 거물 지도자들은 하나같이 김원봉의 노고에 감사하다는 말을 잊지 않았다.

"단결만 하면 무서운 힘을 발휘하는 게 우리 민족이오. 약산, 당신이 참으로 큰일을 했소. 내 무엇이든 도우리다."

"그렇소. 우리 이제는 똘똘 뭉쳐 일본과 싸워야 합니다."

아내 박차정이 끝까지 자리를 지키다가 만찬이 끝나기 전에 먼저 집으로 돌아왔다. 김원봉이 귀가하자 그녀는 남편의 손을 잡고 감격에 겨워 말했다.

"당신이 육탄혈전 의열단의 무시무시한 단장에서 우리 민족 항일운동 집합체의 대표가 되다니요. 당신이 자랑스러워요. 아무튼 당신은 마침내 무서운 테러리스트의 우두머리라는 인상을 지우는 데 성공하셨어요. 나는 당신의 원대한 꿈을 알아요. 유일당을 만들었으니까 이제는 모든 항일 무장세력을 집결시키는 군대를 만들고 싶은 거지요?"

"맞아."

"그래서 군대를 질풍처럼 몰고 압록강에서부터 평안도·함경도·황해도·강원도·경기도·충청도·전라도·경상도 그렇게 고국 땅을 해방시키면서 치달려 내려가 당신의 고향 밀양도 되찾고 제 고향 동래 부산까지 진격하고 싶은 거죠?"

"바로 그거야. 폭탄을 안고 죽을 길을 떠나면서 의열단 동지들이 부탁한 게 그거였어. 나는 그 부탁을 잊을 수 없어."

"내가 당신을 도울게요."

박차정은 남편과의 약속을 지켰다. 김원봉에게 힘이 집중되자 아내에게도 힘이 생겼다. 그녀는 독립운동가 아내들의 단체인 '난징조선부녀회'를 조직하고 이끌어가기 시작했다.

## 조선혁명간부학교 출신들 중국군관학교로

김원봉은 민족혁명당 창당으로 응집된 힘을 다음 목표인 민족해방군 창설로 이끌어가기 위해 잠시 중단했던 조선혁명간부학교의 제3기생 교육에 들어갔다. 조선혁명당 결성에 참가한 단체들이 청년들을 보내 입학생의 수가 늘어났고 교관의 수준도 높아졌다.

"허허, 나도 교관이 되겠소이다. 우리 간부 청년들을 가르쳐야지요."

김두봉이 자진해 난징에 와서 자리 잡고 조선어문 과목을 맡아 가르쳤다. 선생의 몸이 가냘프고 약해서 김원봉은 걱정하며 아내 박차정을 통해 선생 부인에게 음식을 잘 챙겨 보내드리라고 부탁하곤 했다.

반년 뒤 조선혁명간부학교 제3기생이 졸업하자 김원봉은 이청천에게 요청했다.

"우리 졸업생들을 중국 군관학교에 보낼 수 있게 길을 열어주세요."

따지고 보면 김원봉이 신흥무관학교 생도일 때 이청천이 교관이었으므로 두 사람은 사제간이었다. 제자의 역량이 더 커진 터라 스승이 서운해하고 어색해하는 바가 있었다. 민족혁명당 구성원이 두 사람을 중심으로 갈라져 분파될 여지가 있었다. 김원봉은 자신의 친구이자 삼민주의역행사의 서기인 텅제에게 부탁할 수 있었으나 이청천에게 짐짓 그렇게 부탁한 것이었다.

이청천은 그의 충정을 안다는 듯 웃으며 고개를 끄덕였다.

"허허, 내가 어떻게 하면 좋겠소?"

"저하고 같이 삼민주의역행사 사람들을 만나시지요."

"그럽시다."

이청천은 기쁜 표정으로 대답했다.

김원봉의 모교인 황푸군관학교의 공식명칭은 중앙육군군관학교였다. 그 학교가 난징 근교에 있었다. 김원봉과 이청천은 삼민주의역행사의 협조를 얻어 민족혁명당 청년당원들의 입교를 요청했다. 일이 잘 풀려 1935년 10월 중순 12명을 입학시켰다.

호사다마好事多魔라고 곤란한 일들도 생겨나기 시작했다. 중국 정부가 조선인 항일투사들을 지원하며 조선혁명간부학교를 개교했다는 첩보를 일본이 입수하고 중국 측에 지원을 중단하라는 위협을 해왔던 것이다. 중국 정부는 당황해서 지원을 축소하기로 방침을 바꿨다.

김원봉이 화루강 먀오뤼위안에서, 새로 망명해온 애국청년들을 만나고 있는데 갑자기 말발굽 소리가 들리고 전령이 들이닥쳤다.

"교장님, 중앙군관학교로 간 혁명간부학교 졸업생들이 쫓겨 돌아왔다고, 지금 학교로 오시라는 윤세주 수석교관님의 말씀을 갖고 왔습니다."

"뭐라고? 어떤 모습으로 어떻게 왔느냐?"

"야외훈련 복장을 하고 트럭에 실려 왔습니다. 도처에 깔린 일본 밀정의 눈을 피하기 위해 그리 했답니다."

"알았다. 어서 가자."

김원봉은 급히 말을 타고 난징 교외 황룽산에 있는 조선혁명간부학교로 달려갔다.

쫓겨온 학생들이 주저앉아 눈물을 흘리고 있었다. 그때 교무직원이 김원봉에게 공문을 내밀었다. 국민당 군사부에서 온 그 공문에는 모든 조선

김원봉보다 일곱 살 어린
텅제는 명문대학 출신으로
황푸군관학교 동기생 김원봉에게
많은 도움을 주었다.

인 군사단체는 당분간 훈련을 중지해달라는 요청이 담겨 있었다.

김원봉은 텅제를 찾아갔다.

"실망이네. 그래, 이미 입학한 생도들을 내쫓고, 훈련마저 중지할 정도로 일본이 겁난단 말인가? 일본은 이미 중국 땅 여기저기에 군대를 들여놓고 호시탐탐 기회를 노리고 있잖은가. 두고 보게, 중국 전부를 먹으려고 덤벼들 테니까."

텅제는 김원봉의 등을 두드리며 미안해했다.

"미안하네. 그리고 바로 그거야. 중국으로서는 일본 놈들에게 대규모 공격 명분을 만들어주면 안 되지 않는가? 일본군과 홍군 때문에 내우외환일세. 어서 빨리 공산당 군대의 씨를 말리고 모든 힘을 합쳐 일본이 야욕을 부리지 못하게 해야 할 텐데 걱정이네."

"중국공산당은 요즘 어떤가?"

"정신없이 쫓기고 있지. 우리가 밀어붙이자 홍군 30만 명이 5만 명으로 줄었네. 홍군은 자기들이 쫓겨 다니는 작전을 대장정大長征 또는 대서천大西遷이라 부르지. 내륙 깊은 곳에 있는 옌안으로 갈 것 같네."

"당신네 국민당 정부는 그들을 끌어안아 외적과 싸우지 않고 왜 거기 힘을 소모하는지 모르겠네. 일본 놈들이 본격적으로 침략하기 시작하면 정신을 차릴 텐가?"

"아무튼 시간을 갖고 기다려 보세. 내가 곧 다른 방법을 찾겠네. 아니면 저절로 사정이 바뀔지도 모르지. 나도 자네처럼 일본 놈들과 전면전을 벌일 날이 올 걸로 예상하네. 그러면 우리가 자네들한테 같이 싸우자고 요청할 것이야."

### 최창익 · 허정숙 · 한빈을 받아들이다

1936년이 오고 김원봉은 39세가 되었다. 이제 김원봉은 동지들에게 폭탄을 안겨 보낸 뒤 냉정해지자며 수백 번 다짐하고 고심하던 옛날의 의열단 단장이 아니었다. 밀정에게 쫓겨 거리를 걸을 때마다 미행을 따돌려야 하며, 매일 밤 숙소를 옮겨다니고 무서운 꿈에 시달려야 하는 처지가 아니었다. 그런 고난의 세월을 건너온 몸이었다. 수많은 실패를 딛고 의지는 바위처럼 단단해졌다. 무수히 많은 사람을 만나고 감동과 실망을 해본 경험으로 대인관계도 능숙해졌다. 이제 그는 김구를 넘어서는 독립운동계의 최고 거물이 된 것이다.

김원봉은 그해 초부터 이청천과 함께 군사전략을 실천하기 시작했다. 그는 군관학교 출신 젊은 당원들을 화베이와 만주에 밀파해 무장항쟁의 발판을 만들기 시작했다. 그러기 위해 이청천의 부하들을 많이 파견했다. 밀파와 잠입이라면 김원봉의 의열단이 천하제일이었지만 군사경험과 만주 인맥은 일본 육사를 나와 만주에서 독립군 지휘관을 지낸 이청천이 윗길이었기 때문이다.

이청천의 전기에는 유감스러운 표현이 실려 있다. "이청천은 자신의 뜻을 따르는 아끼던 청년들을 주저 없이 적 후방 공작을 위해 파견했다. 이는 김원봉 중심의 민족혁명당 본부가 세력을 보존하기 위해 그 부원 다수를 난징에 잔류시키고 적후 지역에는 당 활동의 감시를 위한 소수의 인원만 파견한 것과 대비된다"고 기술하고 두 개의 일본 첩보보고 자료를 덧붙였다.*

어느 날 김원봉을 실망과 걱정으로 몰아넣는 일이 생겼다. 그는 진정한 항일운동 세력을 통합하기 위해 얼마 전에 사회주의자인 최창익崔昌益·허정숙 부부와 한빈韓斌을 민족혁명당으로 받아들였다. 하지만 이 일로 당내 민족주의 세력들이 거부감을 느끼게 된 것이었다.

최창익은 중년을 바라보는 애국심 강한 사회주의자였다. 1896년 함경북도 온성 출신으로 일본 와세다대학 정경학부를 나왔고 청년기에 서울청년동맹 단원으로도 일했다. 모스크바 국제공산당대회에 조선공산당 대표로 참가하고 동방노력자대학을 졸업했다. 그 뒤 고국 땅으로 들어가 지하투쟁을 하다가 옥살이를 하고 다시 망명했다.

최창익의 아내인 허정숙은 유명한 반일 변호사인 허헌의 딸이다. 배화여학교와 일본 간사이關西대학을 나왔으며 신간회의 자매기관인 근우회의 중심 회원으로 활동하며 김원봉의 아내 박차정과 함께 투옥된 적이 있었다.

한빈은 러시아 연해주 유민 2세였다. 모스크바 동방노력자대학과 모스크바대학을 나온 수재였다. 고향 연해주에서 활동하고 모국으로 들어가 노동자들을 지도해 반일투쟁을 하다가 6년간 옥살이를 했으며 출옥하자마자 난징으로 왔다.

김원봉은 최창익을 장차 조선공산당과 연대하게 될 때 필요하다고 생각해 받아들였고, 허정숙은 아내 박차정과 함께 여성투쟁을 맡기려고 받아들였다. 한빈은 소련 측과 연대할 경우에 필요하다는 생각으로 영입한 것

* 지복영, 『역사의 수레를 끌고 밀며』, 319쪽; 1936년의 『사상정세시찰보고집』, 「昭和 十一年 二月 以降의 在華 不逞鮮人團의 狀況」을 인용했다.

최창익·허정숙 부부. 골수 공산주의자로서
조선의용대의 화베이 이동 공작을 펼쳤다.

이었다.

김원봉은 그 무렵 미국에서 사관학교를 나온 이원李原도 받아들였다. 역시 앞으로 미국과 연대하거나 연락할 때 필요하다고 판단한 것이었다.

김원봉 부부는 최창익·허정숙 부부와 한빈을 초청해 저녁식사를 했다. 국내에서 함께 근우회 투쟁을 하다 옥살이를 같이한 허정숙과 김원봉의 아내 박차정은 얼싸안고 눈물을 흘렸다.

"차정아, 우리가 여기서 다시 만나다니 꿈만 같구나."

"나도 언니가 오신 게 꿈만 같아요. 앞으로 우리 남편 일 잘 도와주세요."

김원봉은 최창익과 한빈의 고집스러운 풍모가 마음에 걸렸다. 둘 다 능력이 탁월했고 명석했으며 열정도 강했다. 그러나 최창익은 끈질겨 보이면서도 외통수였고 한빈은 차분하면서 지나치게 이성적이었다.

"민족혁명당은 여러 신념을 지닌 사람들이 모여 있소이다. 조국 독립이라는 목표를 달성하기 위하여 서로 상대를 자극하지 않고 존중해주는 자세가 필요하지요."

김원봉의 말을 최창익이 받았다.

"원래 당黨이란 투쟁하고 논쟁해야 발전하는 것이지요."

김원봉은 그렇게 조절하고 조율하며 민족혁명당을 이끌어갈 생각이었다. 그는 최창익 일행을 받아들인 것이 뒷날 그의 삶 전체를 뒤흔드는 연속된 낭패를 불러오리라고는 예상하지 못했다.

김원봉이 그 셋을 영입한 것에 대해 한상도는 이렇게 해석한다.

그들은 1936년 국내를 탈출해 난징에 도착했다. 그들은 1차적 목표인 코민테른과의 연대와 조선공산당 재건시도가 좌절되자 목표를 김원봉에게로 돌린 것이었다. 김원봉은 그들을 손님으로 우대했다. 그러나 손님이 주인과 인사를 나누고 헤어지면 주인의 대열은 그 수가 감소해버렸다. 다수의 청년이 주인과 손님의 논전을 방청하고 나면, 젊은 청년들은 손님의 주장에 감화되어버렸다. 최창익과 젊은 공산주의자들은 민족혁명당의 진보적인 청년당원을 상대로 강력한 흡인력을 발휘했다. 최창익은 김학무·김인철·석성재 등 민족혁명당의 소조활동 중심인물과 유대를 강화해 민족혁명당 지도부 탈취를 은밀히 기도하기 시작했다.*

위의 해석을 찬찬히 읽으면 김원봉이 완전한 공산주의자가 아니라 그것을 포용할 뿐이며 외부에서 온 완전한 공산주의자들이 김원봉의 열매를 노렸음을 알게 된다. 한국 공산주의 운동의 권위 있는 연구자들인 스칼라피노와 이정식의 견해도 이와 비슷하다.

당시 김원봉의 활동이 다른 어느 한국인의 활동보다 실질적으로 공산주

---

* 한상도, 「김원봉의 생애와 항일역정」, 『국사관논총』 제18집, 1990, 200쪽.

의 운동에 크게 이바지했음은 의심의 여지가 없다. 그러나 코민테른식 공산주의자가 아닌 김원봉은 언제나 한국 공산주의 운동에서 주변부에 머물러 있었다. 사실 정화암처럼 김원봉을 개인적으로 잘 알고 있던 사람들은 그가 어느 모로 보나 진실한 공산주의자는 아니었다고 말한다. 김원봉은 당시의 공산주의적 관점에서 볼 때, 가장 나쁜 형태의 소부르주아적인 악덕을 지닌 민족주의적 공산주의자의 완벽한 전형으로 간주되었을 것으로 보인다.*

### 조소앙계와 이청천계의 이탈

민족혁명당이 사회주의자들을 받아들인 것에 대해 가장 큰 거부감을 느낀 사람은 조소앙이었다. 조소앙은 민족혁명당이 의열단 계열과 신한독립당 중심으로 운영된다고 생각해 소외감을 느끼던 차였다.

조소앙은 얼음처럼 차가운 목소리로 말했다.

"공산주의자들과 동지가 되느니 차라리 다 그만두고 말겠소."

김원봉은 간곡한 표정으로 말했다.

"조 선생님, 사회주의자는 우리 동포 아닙니까? 일본과 싸우는데 꼭 좋아하는 사람하고만 손잡고 싸워야 합니까? 저는 대동단결을 위해 정성을 다했는데 왜 몰라주십니까? 민족혁명당이 분열하면 기뻐하는 건 일본입니다."

김원봉의 끈질긴 호소로 이 문제는 가라앉았다. 그러나 5개 정파의 세력 균형에 잡음과 알력이 생기기 시작했다.

첫째는 소외감이었다. 민족혁명당은 계속 의열단 출신을 중심으로 운영되었다. 당원의 머릿수로 보면 신한독립당과 조선혁명당이 많지만 그들

---

* 로버트 스칼라피노·이정식 지음, 한홍구 옮김, 『한국공산주의운동사』, 돌베개, 2015, 303쪽.

을 지지하는 기반은 만주에 있었고, 노년층이 많아 역동적이지 못했다. 의열단은 활력이 넘치는 청년층이 많았다. 생사를 가르는 막다른 위기에서 돌파한 경험이 많아 물불 가리지 않고 전진하는 성향이 있었다. 다른 정파 인물들은 그렇지 못했다.

둘째는 당내 재정을 김원봉이 혼자 장악한 것이었다. 그는 당 전체를 운영하기 위해 자금을 공정히 지출하려고 했으나 다른 정파는 이를 서운하게 여겼다.

결국 조소앙·박창길·문일민 등 한국독립당 출신은 창당 3개월 만에 「당원동지에게 고함」이라는 성명을 발표한 뒤 탈당해서 한국독립당 재건을 선언해버렸다. 뒤이어 신한독립당 계열의 조성환·홍진 등이 탈당해 민족혁명당은 흔들리게 되었다. 조소앙·조성환·홍진 등은 평생을 항일운동에 바쳐온 큰 인물들이었다. 김원봉이 그들을 놓친 것은 큰 손실이자 그가 지닌 역량의 한계를 의미했다.

1936년 3월 우발적인 작은 사고가 다시 판을 흔들었다. 민족혁명당 기관지 『민족혁명』에 민족혁명당 당기黨旗 대신 의열단 단기가 잘못 실렸다. 원고마감과 편집마감에 쫓기며 사진 동판銅版을 활판活版에 잘못 붙여 인쇄한 것이었다.

나쁜 일이 또 일어났다. 1936년 6월, 이청천이 장쉐량張學良과 회동해 연합전선 결성을 약속하고 별도의 자금 지원을 약속받았다. 이청천은 민족혁명당이 의열단 출신 중심으로 돌아가고 김원봉이 독단적으로 운영하고 있다고 판단해 그리한 것이었다. 민족주의 진영은 박수를 쳤고 의열단 진영은 단합을 해치는 일이라고 비난했다.

김원봉은 이 균열을 봉합하지 못했다. 날카로운 대립과 비방이 이어지자 그해 9월 민족혁명당은 당을 보호한다는 명목으로 이청천과 동조자들을 제명 처분했다. 결국 1937년 4월에는 이청천 계열도 민족혁명당을 떠났다.

김원봉은 분열을 피하기 위해 전력을 다했다. 그러나 막지 못했다. 그는 윤세주와 술잔을 기울였다.

"항일투쟁이라는 게 늘 가시밭길이었지. 우리는 이보다 더 험한 길을 걸어왔는데 무슨 일이든 헤쳐나가지 못하겠나?"

김원봉은 윤세주에게 자신만만하게 말했지만 정치적 리더십이 미숙해서 일어난 일이었다. 김원봉은 15년간 의열단을 탄탄한 리더십으로 이끌어왔지만 민족혁명당은 여러 단체의 연합체여서 잡음 없이 이끌어가려면 정치적 계산이나 기교가 필요했다. 그는 아첨하는 말을 할 줄 몰랐고 서운해하는 라이벌에게 크게 양보해서 더 큰 것을 얻어내는 술수를 지니지 못했다.

어느 날 한빈이 그를 찾아왔다.

"혹시 홍군 지휘관으로 있던 양림 장군, 본명이 김훈이었던가요. 아무튼 그 사람과 친구가 아니었습니까?"

한빈의 표정이 무거워 보여 김원봉은 가슴이 철렁 내려앉았다.

"그래요. 신흥무관학교 시절에 만난 친구였소. 그 뒤 황푸군관학교 시절에 나는 생도, 그 친구는 교관이 되어 만났소."

한빈이 길게 한숨을 쉬었다.

"양림 장군이 며칠 전 전사했습니다. 나하고는 모스크바 동방노력자대학 선후배라 그쪽 사람들을 통해 들었습니다."

김원봉은 목이 메었다.

"어디서 전사했소?"

"대장정 중에 산시성陝西省 북쪽에서 황허黃河를 건너다가 마오쩌둥毛澤東 지휘부를 구하는 공을 세우고 전사했다 합니다."

김원봉은 혼자 앉아 슬픔을 달랬다. 칭산리 전투에서 전공을 세운 김훈은 바로 이것이 항일운동의 길이라고 중국 홍군에 들어갔다. 그런데 국민당 군대와 홍군 사이의 내전에 휘말려 희생된 것이었다.

김원봉은 1937년 5월과 6월을 난징에서 은인자중하며 지냈다. 중국 정부 측 요구가 일본의 요구에 밀려 민족혁명당에 조용히 있어 달라고 요청한 터라 동지들을 다독거리며 시간을 보냈다. 후자화위안의 주인 후다하이와 텅제는 민족혁명당이 세상에 드러나지 않게 호의를 계속 베풀어 그와 동지들은 불편 없이 지낼 수 있었다. 그는 숙소가 있는 후자화위안에서 동지들이 머물고 있는 먀오뤼위안을 자전거를 타고 오가며 지냈다.

이 무렵, 유자명도 상하이를 떠나 난징으로 왔다. 김원봉은 유자명과 가끔 만나 장래의 대책을 논의했다. 때때로 평생 동지인 윤세주와 지난날을 돌이켜보고 앞날을 예감하며 적적함을 달랬고 한가할 때는 톨스토이와 오노레 발자크Honoré Balzac의 소설을 읽었다. 철학과 역사학 서적들도 읽었다.

아내 박차정이 김원봉을 위해 진링대학 도서관에서 책을 열심히 빌려주었다.

"당신한테는 미안한 말이지만 저는 요즘 행복해요."

박차정은 그렇게 말하며 독서하는 그에게 차를 가져다주었다.

어느 날, 먀오뤼위안에 반가운 손님이 찾아왔다. 고향 밀양에서 윤세주의 아내 하소악河小岳이 아들 손을 잡고 찾아온 것이었다.

"독립투사의 아내가 참고 기다려야지 여기가 어디라고 찾아와, 이 사람아?"

윤세주는 핀잔을 주면서도 좋아서 입이 벌어졌다.

윤세주의 아내는 무사히 찾아와서 안도했는지 길게 한숨을 내쉬었다. 윤세주는 아내 손을 한 번 잡아보고 여덟 살짜리 아들 윤용문尹龍文을 번쩍 안아 올렸다.

"아버지가 그렇게 보고 싶더냐."

윤세주의 아내 하소악과
아들 윤용문.
이들은 고향 밀양에서 난징까지
윤세주를 찾아왔다.

김원봉과 동지들은 가족 상봉을 부러워하며 박수를 쳤다. 모자는 옷차림이 조선 사람 같지 않았다. 윤세주의 아내는 중국 여인들처럼 머리를 두 갈래로 땋았고 그의 아들은 중국 아이들처럼 모자를 쓰고 있었다.

"계수 씨, 제가 김원봉입니다."

김원봉은 순박해 보이는 윤세주 아내에게 정중히 고개를 숙였다.

"우리 남편을 두 번이나 중국으로 불러들인 의열단 단장님이시군요."

그녀는 그렇게 말하며 고개를 숙였다.

김원봉은 후자화위안에 방을 더 달라고 부탁해 윤세주 가족의 거처를 마련해주었다.

윤세주의 집안 형편은 비교적 넉넉한 편이어서 아내 하소악은 돈을 속옷에 감추고 왔는데 그것으로 화루강 골목에 셋집을 얻었다. 집이 넓어 김두봉과 한빈이 방을 빌려 썼다.

윤세주는 아내와 아들을 석 달 만에 돌려보내려 했다. 아들을 공부시켜야 하기 때문이었다. 그러나 의열단은 그들을 보낼 수가 없었다. 집에 도착하는 대로 경찰이 들이닥쳐 샅샅이 심문할 것이기 때문이었다.

윤세주는 아내에게 처음부터 남편과 동지들에 대해 알려고 하지 말라고 신신당부를 했고 동지들도 그렇게 대해온 터였다. 모자는 한 번도 먀오뤼 위안에 오지 않았다. 그래도 마음이 놓이지 않았다.

"독립투사의 가족은 맘대로 찾아오지도 못하고 맘대로 돌아가지도 못하는군요."

윤세주의 아내는 힘없이 말했다.

## 중일전쟁 발발로 상황이 바뀌다

1937년 7월 7일, 마침내 중일전쟁이 일어났다. 화베이 지역에 불법 진주해 있던 일본군은 이날 베이징 교외 루거우차오蘆溝橋에서 계획적으로 중국군을 공격해 전투가 확산되었다. 일본군은 베이징과 톈진을 점령하기 위해 진군하기 시작했다.

김원봉은 장제스가 국민들에게 결사항전을 호소하는 담화를 동지들과 함께 난징에서 라디오로 들었다. 그는 젊은 동지들에게 말했다.

"동지들, 마침내 우리가 기다리던 때가 왔소. 중국은 우리 손을 잡자고 할 것입니다. 중국이 승리해야 합니다. 그러면 우리 조국도 독립될 것입니다."

상황은 빠르게 변했다. 중국국민당 대표 장제스가 조선인 지도자들을 국민당 정부 하계훈련단이 머물고 있는 장시성 루산廬山으로 초대한 것이다.

"예상보다 빠른 신호야."

김원봉은 아내 박차정이 곱게 다리미질해준 양복을 입고 길을 떠났다. 김구와 유자명이 동행했다.

7월 10일, 장제스를 면담했다. 장제스와 국민당 정부는 조선인 독립운동단체들의 통합을 요구했다. 장제스는 한중연합전선을 만들어 전쟁에 잘

장제스.
1937년 7월 7일 중일전쟁이 일어나자
중국국민당 대표 장제스는 조선인
지도자들을 리산으로 초대했다.

이용해야겠다는 뜻을 밝혔다. 세 명의 한인 지도자들은 한중연합 항일전
선의 구축에 동의하고 재정지원을 요청했다.

7월 17일, 중국국민당 정부는 '리산담화'를 발표했다. 중국국민당 정부
가 제2차 국공합작을 선언한 것이었다.

이 무렵 김원봉은 텅제를 자주 만났다. 텅제가 말했다.

"그동안 국민정부 지도자들이 당신들 조선인들의 염원인 조선인 무장
부대를 만들어주지 못한 건 일본을 자극해서 또 다른 핑계를 만들어줄지
모른다는 염려 때문이었지. 이제 그런 염려가 사라졌네."

김원봉은 우선 동포 청년들을 모아야 한다고 생각했다. 동포사회에 애
국심을 호소해 무장부대 병사가 될 인력을 모아야 할 것이었다. 그는 밤새
끙끙거리며 호소문을 썼다. 조선 국내혁명 동지들에게 고하는 글이었다.
그것을 유자명이 잘 다듬어 읽는 이의 마음을 감동시키는 장엄한 문장이
되었다.*

그는 이 글에서 "일본 제국주의는 조선 민족의 적인 동시에 중국 민족의

---

* 이 글은 「告朝鮮國內革命同志書」(조선국내혁명동지들에게 드리는 글)라는 제목
  으로 『조선민족전선』 제2기에 실렸다.

적이기도 하다. 따라서 중국 혁명 운동의 승리는 직접 조선민족해방투쟁에 영향을 미친다. 중국항전의 승리는 조선혁명 운동의 성공을 추진시키며, 조선혁명 운동의 발전은 중국항전의 승리를 촉진시킨다"며 한중연합의 국제적 연대를 상관관계로 파악해 개진했다. 그는 중일전쟁 발발에 직면한 항일투쟁노선 설정과 관련해 항일세력의 일치단결, 대중조직 기초의 확대, 타협주의 및 개량주의 세력의 대중운동의 무장역량 강화 등을 당면 현안으로 촉구했다.

김원봉은 텅제를 통해 난징 교외에 있는 장제스의 사령부를 찾아가 군사지원을 요청했다. 이제 일본을 공동의 적으로 두게 된 장제스는 기꺼이 승낙했다. 한 달 뒤에는 중앙육군군관학교에 다시 조선 청년들을 입학시키겠다고 약속했다.

국민당 측은 그동안 소홀했던 그에게 높은 대우를 해주었다. 다음 날 먀오뤄위안에 미끈한 검은색 승용차가 도착해 경적을 울렸다. 차를 타고 온 군관이 김원봉에게 경례를 했다.

"민족혁명당 총비서님께 이 차를 사용하시게 하라는 사령부의 명령을 받고 왔습니다."

김원봉은 그 차를 전용으로 사용하지 않았다. 민족혁명당 공무를 볼 때 중요도에 따라 사용할 수 있다고 선언했다.

윤세주가 말했다.

"바람 불 때 노 젓는다고 청년들을 모집하는 호소문을 내야 합니다."

유자명이 다시 수려한 문장의 호소문을 작성했다. 수십 명의 밀사가 그 호소문을 들고 속속 떠났다. 모든 동포가 사상과 이념을 초월해 한덩어리로 뭉쳐야 하며, 일제의 관리·순사·헌병보조원을 지낸 사람들도 과거를 떨치고 일어나 부끄러운 망국노의 신분을 벗어나자는 간곡한 호소가 담겨 있었다.

"난징으로 가자! 의열단 단장이자 민족혁명당 당수인 김원봉 선생이 중국군관학교에 넣어준다고 한다. 장교가 되어 항일무장투쟁에 나서자!"

피 끓는 청년들이 호소문을 읽고 길을 떠났다. 민족혁명당과 이전의 의열단의 명성, 김원봉의 명성 덕택이었다.

## 먀오뤄위안의 젊은 투사들

한 달쯤 지나자 동포 청년들이 난징으로 모여들었다. 몇 달 동안 조용했던 먀오뤄위안은 그들의 숨결로 활력이 넘쳤다. 김원봉은 기쁨에 가슴이 벅찼다. 그는 청년들을 사찰 뒤의 소나무 숲에 앉혀놓고 연설했다.

"민족혁명당을 대표해 여러분을 뜨겁게 환영합니다. 조국 강토에서 일본 침략자를 몰아내는 건 조선 청년의 사명입니다. 그 사명을 다하려고 여기까지 온 여러분에게 엄숙하게 동지적인 경의를 표합니다. 여러분에 대한 나의 사명은 앞서 육탄혈전을 감행하고 저세상으로 간 의열단 동지들의 유지를 실현하는 것입니다. 그분들은 꼭 군대를 만들어달라고 했습니다. 나는 여러분을 중국 무관학교에서 교육받게 하여 장차 민족해방군 지휘관으로 양성하고 우리 부모 형제가 있는 조국 땅으로 진격하게 하겠습니다."

중앙학교에 다니던 시절 웅변대회에서 우승한 그였다. 무수히 많은 연설을 하면서 김원봉의 화술은 능숙한 경지에 이르러 있었다. 연설 현장에서 청중과 정신적 유대감을 형성하고, 자신이 하는 말과 지식, 감정과 희망 그리고 신념을 일치시키는 자기 연출이 뛰어났다. 그런 그의 진정성은 얼굴과 목소리에 그대로 드러났다.

먀오뤄위안에 모인 청년들은 소년 시절부터 의열단 투쟁에 대해 익히 들어왔기에 김원봉에 대한 숭배심을 지닌 사람들이었다. 그들은 의열단이야말로 가장 치열하게 항일투쟁을 해온 단체이며, 김원봉은 항일전선의 가장 위대한 별이라고 생각하고 있었다. 청년들은 전율을 느끼며 그의 연설을 들었고, 연설이 끝나자 자리를 떨치고 일어나 박수를 쳤다.

김원봉은 청년들과 일일이 악수하면서 먼 길을 찾아온 노고를 격려했다.

윤세주가 「신원조서철」을 들고 이름과 경력을 말하면 김원봉은 악수하며 한두 마디 물었다.

"이 동지는 이름이 김창만金昌滿인데 축구를 잘해 별명이 축구쟁이입니다."

윤세주의 말을 듣고 그는 눈이 부리부리한 청년의 손을 잡았다.

"오, 그런가요? 어느 팀에서 축구를 했소?"

"평양고보 팀에서 했습니다."

"이 동지는 이름이 이상조李相朝인데 임시정부 쪽으로 갔다가 우리 쪽으로 왔습니다."

김원봉은 콧날이 예리한 청년의 손을 잡았다.

"임시정부나 여기나 독립투쟁하는 건 모두 마찬가지인데 동지는 왜 여기로 왔소?"

"거긴 너무들 연로하시고 장차 어떻게 싸우겠다는 계획이 빈약했습니다. 사회주의를 무조건 사악한 것이라 여기고 있었습니다."

윤세주는 얼굴이 예쁘장하게 생긴 청년을 소개했다.

"김학철金學鐵 동지는 경성의 보성고보 출신이며 시인 지망생입니다."

"오, 그런가요? 시 한 수 읊어보시오."

김학철은 갑자기 받은 질문에 당황하여 우물대다가 큰 소리로 말했다.

"제가 쓴 시는 없고 대신 헝가리 시인 페퇴피 샨도르Petöfi Sándor*의 시를

---

* 19세기 헝가리의 민족시인. 합스부르크 왕조의 지배에서 벗어나고자 문학운동으로 독립혁명을 이끌어갔으며 독립전쟁 도중 전사했다.

외우겠습니다."

"좋소."

김학철은 눈을 지그시 감고 고즈넉한 음성으로 외웠다.

사랑이여
그대를 위해서라면
내 목숨마저 바치리.
그러나 사랑이여
조국의 자유를 위해서라면
내 그대마저 바치리.

김원봉은 박수를 쳤다.

"허허, 참 좋은 시요. 페퇴피는 우리들처럼 독립정신과 혁명정신을 지닌 시인이오."

김학철이 눈을 크게 떴다.

"의백 님께서 페퇴피를 아시는군요."

"그가 행동주의 시인이며 혁명가 시인이었다는 것 정도만 아오. 그리고 26세의 나이에 독립전쟁에서 산화한 것도."

젊은 용사들은 '아, 김원봉 의열단장이 외국의 시인을 아는구나' 하는 놀라움으로 박수를 쳤다.

### 작가 지망생 김학철

민족혁명당의 신입단원들은 의열단과 김원봉의 이름을 들으며 자란 청년 세대였다. 김학철도 그랬다. 난징 먀오뤄위안에 모인 다른 대원들이 대개 그렇듯이 그도 부모형제를 두고 망명한 피끓는 청년이었다.

상하이를 거쳐 난징에 와서 김원봉의 부하가 되기까지 김학철이 밟아온 역정은 마치 소설 같다.* 그는 뒷날 저명한 작가가 되어 『항전별곡』을 내놓아** 까맣게 잊었던 조선혁명군정학교와 조선의용대의 존재, 김원봉과 윤세주 등의 풍모와 투쟁을 세상에 알렸다.

김학철의 본명은 홍성걸洪性杰이다. 함남 덕원군 현면뒷날 원산에 편입 출신으로 외아들이었다. 고향에서 공립보통학교를 나와 경성 관훈동에 있던 외가로 와서 보성고보에 다녔다. 그는 1935년에 '태극기 휘날리는 임시정부가 있고, 겁없이 폭탄을 안고 돌진하는 의열단이 있고, 윤봉길이 폭탄을 터뜨린' 상하이로 왔다.

김학철은 황푸군관학교에 조선인 생도들이 있으니 거기 입학할 수도 있겠다고 생각했다. 그는 원산 집을 판 돈 250원 가운데 100원을 훔쳐 집을 나왔다. 남대문역에서 '어머님 전상서, 불효자를 용서하소서'라고 쓴 편지를 부치고 경의선 열차에 올라탔다.

만주와 랴오둥을 거쳐 상하이에 도착한 김학철은 홍커우 거리에 있는 경성식당에 갔다. 마침 그 식당 주인은 민족혁명당의 비밀첩보원인 김혜숙이었다. 제1차 세계대전 때 비밀공작원을 한 마타 하리Mata Hari 같은 존재였다. 김학철은 김혜숙에게 포섭됐고 리볼버, 모젤 등 권총 사용법과 변장술 등을 배웠다. 그러나 어리숙한 신입단원이었다.

"내가 의열단원이 된 건가요?"

김학철은 조금은 가슴이 벅차고 조금은 두려운 마음으로 김혜숙에게 물었다.

---

* 이원규, 「김학철, 디아스포라의 인생과 문학」, 『문학선』, 2016년 여름호, 150-168쪽.
** 김학철, 『항전별곡』은 중국 하얼빈에서 1983년 흑룡강조선민족출판사가, 서울에서는 1986년 거름출판사가 간행했다.

"의열단은 암살·파괴 작전을 중단하고 다른 단체들과 통합해 민족혁명당이 됐어. 폭파 공작은 1926년 12월 나석주 의사가 식산은행과 동양척식주식회사를 폭파한 걸로 끝이지만 민족혁명당의 정신은 의열단 그대로야."

김혜숙이 설명해주었다.

"그러니까 의열단이 민족혁명당으로 간판을 바꾼 건가요?"

"맞는 말이기도 하고 틀린 말이기도 해. 민족혁명당은 의열단을 포함한 독립운동 연합체야."

김학철은 김혜숙이 설명하는 대로 받아적어 달달 외워야 했다. 정식 입당을 위한 면접 심사를 받아야 하기 때문이었다.

"의열단은 1919년 11월 만주 지린에서 신흥무관학교 출신들이 모여 육탄혈전을 맹세하며 창단했지. 항일 무장부대를 만들고 싶었지만 그게 당장 어려우니까 육탄혈전을 선택한 거야. 열 명의 동지들이 나이는 어리지만 통솔력이 강한 김원봉 동지를 만장일치로 의백으로 추대했어. 다음 해 부산경찰서 폭파·밀양경찰서 폭파·조선총독부 폭파를 감행하고 1922년에는 상하이 황푸탄에서 다나카 대장을 격살하려다 실패했지. 그 후 일본 도쿄 니주바시교 폭파·종로경찰서 폭파·식산은행과 동양척식주식회사 폭파 등을 감행하고 친일파를 처단했지. 무수히 많은 단원이 죽어갔어.

시간이 흐르고 여건이 좋아지자 김원봉 의백은 비원으로 안고 있던 무장투쟁을 준비하기 시작했고 29세의 나이로 황푸군관학교에 들어갔지. 1932년 가을 상하이에서 모든 민족운동 단체들의 대동단결을 호소했고, 한국독립당의 김두봉·이유필·송병조 등과 조선혁명당 대표 최동오, 한국혁명당의 윤기섭·신익희, 한국광복동지회를 대표하는 김규식 등이 호응하여 한국대일전선통일동맹을 조직했어.

이해 8월 일본군이 상하이를 침공한 뒤에는 의열단 본부를 난징으로 옮

민족혁명당 시절의 김학철 작가.
최봉춘의 『조선의용대 혈전실기』 수록 자료.

겼어. 대일전선통일동맹은 각 단체의 독립성을 인정하고 협조 연락하는
체제여서 일사불란하게 힘을 합하지 못한다는 약점이 있었어. 한국 독립
운동세력의 통일기관이 되기에는 한계가 있었지.

따라서 대일전선통일동맹을 기초로 한 새롭고 완전히 통합된 정당조직
을 만들자는 의견이 생겼지. 1935년 7월 5일, 의열단·한국독립당·신한독
립당·조선혁명당·대한인독립당이 연합한 민족혁명당이 조직되었지. 김
원봉 동지가 총서기로 선출되었지만 노선이 달랐던 까닭에 균열이 생겨
조소앙·조성환·홍진 선생은 성명서를 내고 떠났어. 만주독립군 대장 출
신 이청천 장군 그룹도 탈당해 4월 조선혁명당을 결성해버렸어. 그 후에
중일전쟁이 일어나고 다시 국공합작이 성사되고 중국공산당이 득세하자
김원봉 동지의 온건한 중도 좌파노선을 비판하는 극좌 공산주의 일파가
탈당해 조선청년전위동맹을 조직했어.

그러니까 의열단도, 대일전선통일동맹도, 민족혁명당도, 김원봉 동지의
비범한 능력으로 이끌어온 거야. 복잡하지만 김원봉 총비서의 부하가 되
려면 다 알아야 해."

김혜숙은 의열단과 민족혁명당의 역사를 김학철에게 설명했다. 김학철
은 모두 암기해야 했다.

이름이 비슷비슷한 단체 이름 암기하는 골치 아픈 일 말고 재미있는 일도 있었다. 신입 비밀공작원 김학철은 어느 날 거리에서 검은색 안경을 쓴 예쁜 백인 소녀를 보고 와서 김혜숙에게 말했다.

"가엾어라. 그렇게 예쁜데 맹인이더군요."

"미스터 김, 그건 멋으로 쓴 선글라스야."

그녀가 깔깔 웃었다.[*]

김학철은 프랑스 조계 아이런리愛人里 42호에 셋방을 얻었다. 상하이 특유의 다락처럼 달아맨 룽탕주택이었다. 거기서 의열단 출신 심운沈雲, 본명 심성운沈星雲에게 우선 중국어를 배웠다. 심운은 상하이무선전신학교 출신으로 민족혁명당 상하이특구 조직부장으로 암약하고 있었다.

민족혁명당 상하이특구의 총책임자는 최석순이라는 몸이 민첩한 중년 투사였고 그 상급자는 윤세주였다. 윤세주는 가끔 상하이에 와서 프랑스 조계 마당루馬當路 아지트에 머물며 조직을 지휘했다. 윤세주는 신입단원 김학철의 입당 심사를 하며 물었다.

"장차 우리가 독립하게 되면 영친왕 이은李垠을 어떻게 처리해야 하는가?"

"그야 물론 우리 임금님이니 모셔서 섬겨야지요."

김학철은 물색 모르고 그렇게 대답했다. 의열단 초기에는 김원봉과 동지들이 한동안 복벽주의에 기울어 있기는 했지만 혁명을 꿈꾸는 아나키스트들인데 그렇게 말했으니 윤세주는 기가 막혀 껄껄 웃었다.

김학철은 그런 절차를 거쳐 민족혁명당의 정식 행동대원이 되었다. 그

---

[*] 이원규, 「김학철, 디아스포라의 인생과 문학」. 김학철의 짧은 평전으로 이 부분은 김학철의 수필 「여성 순례」(『우렁이 속 같은 세상』, 창작과비평사, 2001)와 몇 가지 증언자료를 참조하여 썼다.

는 농학자로서 젊은 투사들의 정신적 멘토였던 아나키스트 유자명의 영향도 많이 받았다.

그 후 김학철은 민족혁명당 본부가 있는 난징으로 불려갔다. 입당 심사를 통과했지만 본부의 사정을 알아야 하기 때문이었다. 그는 화루강 거리의 청년대원들 집합소에서 한동안 머물렀다. 각양각색의 인물들이 모여 있어서 흥미로웠고 일과는 학습과 권총사격, 단검 투척 등이었다. 그러다 최석순이 비밀공작하러 오라 하여 다시 상하이특구로 갔다.

김학철은 이제 어엿한 대원이었다. 7연발 브라우닝 권총을 품고 상하이 주둔 일본군의 동태를 파악했다. 일본군 소속 한인 통역과 간호원들을 포섭하고 밀정을 처단하는 일을 했다.

독립투사들은 가난했다. 그러나 옷은 마카오제 고급양복을 입었다. 터번을 머리에 두른 인도인 수위들이 관공서나 호텔 정문을 지켰는데, 물색이 후줄근한 사람은 들여보내지 않았기 때문이다. 공동 조계에 메트로폴리스라는 댄스홀이 있었다. 일본인들이 좋아하는 곳이라 김학철은 정보를 얻거나 암살 대상자를 찾기 위해 자주 잠입했다. 댄서들은 김학철이 부잣집 귀공자인 줄 알고 노골적으로 추파를 던졌다.*

김원봉과 윤세주는 젊은 동지들의 숙소인 누관 밖으로 나오자마자 슬픈 일을 목격했다. 먀오뤼위안 본부의 식당 관리인으로 일하는 이강의 기이한 행동 때문이었다. 넓은 마당에 길게 매어져 있는 빨랫줄에 붉은 물을 뚝뚝 흘리는 빨래가 가득 널려 있던 것이다.

이강은 그것을 바라보며 히죽히죽 웃고 있었다.

"이보게, 이강 동지. 정신 차려! 내가 누군가?"

---

* 김학철, 「두 명의 김학철」, 『우렁이 속 같은 세상』, 창작과비평사, 2001.

김원봉이 묻자 이강은 직립부동 자세로 서며 외쳤다.

"명예로운 우리 민족혁명당의 당수님이십니다!"

김원봉은 이강의 어깨를 한 번 어루만지고 그곳을 떠났다.

이강은 의열단 신입단원 시절에 고참단원들의 명령으로 밀정의 머리에 총을 쏘았다. 밀정의 피가 튀어 그의 얼굴이 피투성이가 되었고 그 뒤 정신착란 증상이 생겼다. 김원봉은 이강에게 먀오뤼위안의 식당 관리 일을 시켰는데 이강은 중국 정부에서 주는 월급을 받으면 붉은 물감을 잔뜩 사다가 물에 풀어 빨래를 하고 붉은 물이 떨어지는 것을 바라보곤 했다.

김원봉과 윤세주가 자리를 뜬 뒤 젊은 동지들은 따뜻한 말로 이강을 위로했다.

# 15 조선의용대 창설

## 조선민족전선연맹을 조직하다

1937년 여름, 김원봉은 김성숙이 이끄는 조선민족해방자운동동맹, 유자명이 이끄는 조선혁명자연맹과 연대하는 길을 찾기 위해 분주한 나날을 보냈다. 두 그룹은 의열단 동지들이었지만 중국국민당 측이 아나키스트를 꺼려해서 민족혁명당 창당 때 소외시켰던 그룹이었다.

두 그룹과의 연대는 1937년 7월 중일전쟁이 발발한 뒤 리산회담에서 장제스를 만나 지원을 약속받으며 국면이 유리하게 전개되자 선택한 길이었다. 좌파든 우파든 목표는 조국 독립의 쟁취, 그것 하나였다. 그는 그런 신념으로 7월 말 조선민족전선통일촉성회를 조직하고 우파 세력인 한국광복운동단체연합회와 통합해보려 했다. 그러나 김구 측은 그를 거부했다. 그리고 8월에 먼저 우파 연합인 광복진선光復進線을 발표함으로써 김원봉으로서는 연합체 결성에 선수를 빼앗긴 꼴이 되었다.

좋은 일도 있었다. 9월에 민족혁명당 소속 청년들에게 중국 정규 군관학교 입교 허락이 떨어졌다. 화루강 먀오뤼위안에 모여 합숙하던 청년들은 장쑤성 싱쯔현星子縣으로 떠났다. 그곳에 있는 중앙육군군관학교 분교 특별훈련반에 입학하기 위해서였다.

김원봉은 윤세주와 함께 청년들을 태운 트럭 앞자리에 앉아서 갔다. 그들이 인솔하는 인원은 83명이었다.

"이제는 쫓겨 오는 일이 없겠지. 석정, 자네가 잘 이끌어주게. 자네 가족은 내가 돌볼 테니 염려 말고."

김원봉이 그렇게 말한 것은 윤세주가 그 군관학교의 교관으로 임명되었기 때문이었다.

"생도들은 걱정 마세요. 중국 생도들보다 학력도 정신력도 높을 테니까요."

군관학교 측은 조선인 생도중대를 따로 편성할 것이라고 공문서를 보내왔다. 조선인 교관단은 김두봉·윤세주·한빈·김홍일로 구성되었다. 김홍일을 제외하면 그들은 모두 김원봉이 대표로 있는 민족혁명당 당원이었다.

김홍일은 민족교육의 본산인 오산학교를 나왔다. 중국으로 망명해 당시 중국의 정규 사관학교였던 구이저우貴州의 육군강무학교를 나와 중국군 상교上校의 계급에 오른 고급장교였다.

교육은 순조롭게 진행되었으나 한 달 뒤 작은 문제가 발생했다. 전령이 가져온 윤세주의 보고서에는 군관학교 교도대敎導隊*와 조선인 생도가 충돌했다는 소식이 있었다.

김원봉은 부랴부랴 장쑤성 싱쯔현으로 떠났다.

윤세주가 보고했다.

"중국인 교관이 강의 중에 동아시아 지도를 걸어놓고 지시봉으로 한반도를 가리키며 '이 조그만 나라 조선은 원래 중국의 속국이었는데 일본에

---

\* 교도대(敎導隊): 군대의 교육기관에서 교관들을 도와 훈련을 담당하고 학교 시설을 경비하는 부대로서 생도들을 감시 통제하는 임무도 갖는다.

게 빼앗기고 말았다'라고 말했어요. 그러자 우리 생도들이 들고일어나 항의했고 사과를 받아냈지요. 그 뒤 축성학築城學 실습 때 우리 생도들이 판 방공호가 시원치 않자 교관이 말했어요. '너희들, 일을 이렇게 하면 망국노 소리를 듣는다' 하고 말이에요. 교관은 애정과 연민으로 한 말인데 우리 생도들이 광둥어에 익숙하지 않아 '너희들 왜 이렇게밖에 못하느냐, 이 망국노들아' 하는 말로 알아들었지요. 우리 생도들이 소총에 착검을 하고 반란이라도 일으킬 기세였어요. 오해라는 게 밝혀지고 김홍일 교관이 잘 수습하긴 했지만 아직 앙금이 남아 있어요."

"장한 내 새끼들, 주눅 들지 않고 당당하게 대응했군. 그런데 그게 다 나라 없는 설움이 아닌가. 아무튼 두 번 다 잘했어. 교장님을 만나 사과하는 건 내가 하겠네."

"저도 당황했지만 기분은 좋았어요. 교관들이 그렇게 대한다고 주눅 들어 빌빌거린다면 그런 놈들을 어디에 써먹겠어요."

"그러게 말일세."

김원봉은 그렇게 대답하고 황푸군관학교 선배인 교장에게 사과해 앙금을 가라앉혔다.

싱쯔분교의 특별훈련반은 그 후 후베이성 장링江陵으로 이전했다. 김원봉은 학교가 있는 장링에서 민족혁명당 제3차 전당대회를 열었다. 싱쯔분교 재학생 83명이 당원이기 때문이었다. 여기서 젊은 당원들의 요청으로 중대한 논의가 이루어졌다.

최창익이 말했다.

"만주사변 이후 중국 땅에서의 항일 독립운동은 이분화되었습니다. 정치적 투쟁 중심은 관내關內고 군사적 투쟁 중심은 만주가 되었습니다. 조국이 독립하려면 일원화해야 합니다. 만주로 올라가 일본군과 싸워야 합니다."

이 무렵 만주 지역에서 동북항일연군이 빛나는 전과를 올리고 있었다. 중국공산당 만주성위원회의 지도를 받은 무장세력의 지도자는 김일성·최현·최용건 등이었다.

김원봉은 자리에서 천천히 일어섰다.

"지금 당장은 어렵소. 우리 젊은 당원들을 군관학교에 받아준 중국국민당 정부 당국의 양해가 있어야 할 수 있는 일이오."

김원봉은 그렇게 설득해 분란을 없앴다. 그러나 만주와 화베이로 진출하자는 주장은 청년 동지들의 마음을 사로잡았다.

김원봉은 문득 이것이 자신을 포함한 지휘부와 젊은 당원들 사이에 갈등의 소지가 될지도 모른다는 예감이 들었다. 그는 조심스럽게 젊은 당원들에게 말했다.

"나 김원봉은 무장대오의 둥베이 진출과 국내 진공 감행을 소망으로 안고 살아왔습니다. 단 하루도 잊은 적이 없습니다. 당장 그걸 할 수 없어서 의열단 투쟁을 했고, 조금씩 가능성을 열어가며 중앙군관학교 뤄양분교에 대원들을 보내 육성했고 지금도 그런 거지요. 여러분이 중앙군관학교를 졸업하면 초급 지휘관으로 삼아 만주 지방에서 동포들을 무장시켜 국내 진공을 감행하는 게 나의 꿈입니다."

젊은 당원들은 발을 구르고 박수를 치며 환호성을 질렀다.

12월 초순, 김원봉은 여름부터 추진했던 일의 결실을 맺었다. 조선민족혁명당·조선민족해방동맹·조선혁명자연맹을 묶어 조선민족전선연맹을 창립한 것이다. 이는 앞서 김구를 중심으로 조직된 우파 연합의 광복진선과 쌍벽을 이루게 되었다.

조선민족전선연맹은 전 민족적 반일통일전선 건립, 전 민족의 혁명적 총동원, 중국항일전쟁 참가, 세계 모든 반일세력과의 국제적 연대형성과 민주주의 독립국가 건설, 국민기본권 및 남녀평등 보장 등을 강령으로 제시했다. 그리고 무장부대 창설을 향해 전력을 기울였다.

## 조선민족전선연맹의 분열

중국 군대는 일본군에 밀려 패퇴를 거듭하고 있었다. 상하이가 점령당하고 난징이 위태해졌다. 상하이와 난징 사이에 수십만 명의 패잔병이 길을 메웠다. 국민당 정부 일부가 충칭重慶으로 옮겨갔고 또 다른 일부는 우한으로 이동했다. 중국 관내 한인민족운동 단체들 가운데 좌파세력 연합으로서 김원봉이 주도하고 있는 조선민족전선연맹도 창장강을 끼고 있는 우한으로 이동했다.

창장강을 끼고 우창·한커우·한양 세 도시가 솥의 발처럼 마주하고 있는 아름다운 도시 우한은 지난날 북벌전쟁에 참가한 김원봉이 잠시 머물렀던 곳이다. 하지만 이곳도 일본군이 목표로 삼아 진격해오는 터라 안심할 곳은 아니었다.

1938년 5월 24일, 민족혁명당 소속 무관생도들이 중앙군관학교 특별반을 졸업했다. 그들은 김홍일 상교의 지휘로 장링을 떠나 긴 행군을 해 6월 2일 김원봉과 조선민족전선연맹 본부가 있는 우한에 도착했다.

중국군 소위 자격을 갖춘 83명의 부하들이 우렁찬 구호와 함께 김원봉에게 경례를 올렸다.

"김원봉 장군님께 받들어총!"

김원봉은 거수경례로 답하며 '자랑스런 내 부하들'이라는 생각으로 가슴이 벅차오르는 것을 느꼈다.

김원봉은 대원들에게 우창의 다궁大工중학에 숙소를 정해주었다. 83명의 젊은 투사들은 학교 기숙사에 지친 몸을 눕혔다. 곤하게 자는 투사들을 보면서 그는 흐뭇한 기분으로 그곳을 나왔다. 그러나 가슴 한구석에 일말의 불안이 연기처럼 피어올랐다. 최창익이 청년당원들을 다시 흔들 것 같아서였다.

　중앙군관학교에서 조선민족해방운동사를 강의했던 윤세주도 김원봉의 곁으로 돌아왔다. 옛 의열단 동지들을 포함해 김원봉과 뜻을 같이하는 투사들이 모두 모인 셈이었다.

　김원봉은 윤세주에게 말했다.

　"드디어 때가 왔어. 내가 의열단 창단 전부터 지녔던 희망이자 공작 임무를 받고 고국 땅으로 잠입하던 의열단 동지들이 당부한 군대창설이 가능해졌어."

　"그래요. 정말 군대창설이 가능할 것 같아요."

　그렇게 말하는 윤세주의 표정이 굳어졌다.

　"그런데 우리 졸업생들 중에 충성심이 딴 곳으로 향하는 무리가 있어요. 최창익, 그 여우 같은 놈의 공작 때문이에요. 그놈은 우리 무장세력을 자기 것으로 만들려고 해요. 손 안 대고 코 풀려는 나쁜 놈이지요."

　"나도 걱정하고 있네. 두고 보세."

　김원봉과 윤세주의 우려는 곧 현실이 되었다. 최창익이 김원봉에게 둥베이 진출을 요구한 것이다. 명분상 옳은 말이었지만 그것은 중국공산당의 지배 지역으로 가려는 책략이었다.

　김원봉은 고개를 저었다.

　"그렇게 하면 당장 중국국민당 정부의 재정지원이 끊길 텐데 어떻게 대원들을 먹이고 재우고 무기를 구한단 말이오? 나중에 여건을 봐서 가더라도 지금 당장 둥베이 진출은 어렵소."

　최창익은 막무가내였다. 결국 6월 10일 중앙군관학교 특수훈련반 출신 35명을 포함한 49명이 민족혁명당을 탈당하고 조선청년전위동맹을 창설했다. 최창익은 독자적으로 둥베이 진출을 추진했다. 그러나 성공하지 못했다. 동맹원들 일부가 김원봉의 말에 동의해 반대한 것이다. 최창익 계열은 얼마 후 조선청년전시복무단으로 이름을 바꾸었다.

김원봉은 이성적으로 판단했다.

'민족혁명당과 조선의용대, 넓게 말하면 두 조직이 속한 조선민족전선연맹의 투쟁이 조국에서 먼 중국 남부에 한정되어 있다. 이 투쟁은 조선민족 전체 투쟁의 일부가 되어야 한다. 무력의 방향을 조국과 가까운 만주와 화베이로 돌려야 한다. 일제의 강제 이민정책으로 만주 동포는 120만 명으로 늘어났고 화베이에도 20만 명의 동포가 있다. 조선의용대원들은 거의 모두 중국의 정규 군관학교 출신이다. 동포들 속으로 들어가서 유격대를 꾸리고 지휘관이 되기도 하고, 산둥반도에서 배를 타고 한나절 만에 국내로 진공할 수도 있다. 당장 이동이 어려우므로 우선 중국항일군에 참가해 우리의 위상을 높인 다음 점차 둥베이 진출을 도모해야 한다.'

김원봉은 최창익에게 이러한 자신의 생각을 전달해 상황을 수습하려 했다. 그러나 최창익과 그의 추종자들은 돌아오지 않았다.


## 마침내 조선의용대를 창설하다

1938년 7월, 김원봉은 중국군사위원회에 조선인 항일무장부대 조직을 건의했다. 중국의 정규 군관학교 출신인 조선민족전선연맹의 젊은 투사들을 여러 지역의 중국 군대에 배속시켜서 연합해 싸우고 싶다는 뜻을 밝혔다. 군사위원회는 '모든 항일세력이 연합한다면'이라는 단서를 달아 동의했다.

"모든 세력을 연합하라니! 김구와 최창익이 우리 요구를 듣겠어요?"

윤세주가 공문서를 읽고 탄식하는 것을 보고 김원봉은 그의 어깨를 다독거렸다.

"이삼십 년 꿈꿔온 게 눈앞에 있어. 힘들어도 참고 가세."

김원봉으로서는 김구 계열의 광복진선과 조선민족전선연맹에서 뛰쳐나간 최창익 중심의 조선청년전시복무단을 붙잡아야 했다. 하지만 김원봉이 간곡히 요청했지만 김구는 참여를 거부했고, 최창익은 복귀를 검토하겠다고 통고했다. 김구와 최창익은 중국군사위원회의 동향을 지켜보려는 것이었다.

이때 김원봉의 동정을 일본 첩보문서는 이렇게 기록했다.

이에 즈음해 김원봉은 당의 분열 방지 및 청년층 획득을 위해, 7월 초순 중국군사위원회에 조선민족전선연맹의 청년분자로써 '조선의용군'을 조직해 여러 전투구역에 배속시킴으로써, 제일선 공작에 진출하고 싶다는 희망을 제안했다. 그러나 군사위원회에서는 전체 조선민족단체의 가맹 합동을 전제조건으로 내걸고 이를 허용할 수 없다고 회답했다.

그래서 김원봉은 즉시 전시복무단 및 김구파의 한국광복운동단체연합회에 그 취지를 전달하고 '통일당' 조직에 협력할 것을 선동했다. 김구파는 이를 끝내 거절하였으나, 전시복무단은 마침 경제문제로 고심 중이었으므로, 이에 찬동하고 9월 조선청년전위동맹이라고 개칭하고 조선민족전선연맹에 가맹했다. 이로써 중국군사위원회도 조선의용대 초기방안을 승인하기에 이르렀다.[*]

주목할 만한 것은 '당의 분열을 방지하기 위해'라는 말이다. 김원봉으로서는 둥베이행 문제를 놓고 동요하는 젊은 당원들을 잡으려는 계산도 있었던 것이다.

그런데 여러 자료는 무장부대인 조선의용대 창립 기획자가 김원봉이 아

---

[*] 『사상휘보』, 제22호, 163쪽; 김영범, 「조선의용대 연구」, 『한국민족운동사 연구』 제2집, 1988. 11, 229쪽 재인용.

니라 일본인 공산당원 아오야마 카즈오青山和夫라고 설명하고 있다. 그는 베트남에서 활동하다가 이 무렵 중국에 와서 적정敵情 연구 및 반전활동에 나서고 있었다. 김원봉이 이끄는 조선민족전선연맹의 사정을 제대로 파악하고 있었다.

김원봉과 아오야마 사이에 다리를 놓은 사람은 중국국민당 국제문제연구소 소장 왕펑성王芃生이었다. 왕펑성은 일본인·조선인·대만인 등의 반파시스트 운동을 자기의 정치적 기반으로 삼으려고 계획하고 있었다. 적지 않은 자금을 조선민족전선연맹에 제공했다.

아오야마는 조선의용대 조직계획을 입안해 중국군사위원회에 제출했는데 김원봉과 연맹 지도부의 희망이 거의 그대로 담겼다. 아오야마가 김원봉에게 사전협의 공동입안이나 연맹에서 기록을 받아 작성한 것이 틀림없다.*

김원봉은 끼니도 거르고 사람들을 만나러 다녔다. 중국국민당 지도자, 군사위원회 간부, 한인 지도자는 물론 일본인 망명자들까지 만나 호소하고 타협하고 때로는 압박하면서 여름 한 철을 보냈다. 우한은 중국의 '삼대 찜통' 가운데 하나였다. 조선반도와 비교할 수 없는 무더위 속에서 김원봉은 발이 닳도록 뛰었다. 동기생 텅제가 우한에 있지는 않았지만 그에게 큰 힘이 되어주었다.

유자명이 말했다.

"열정적이고 강한 집념 때문에 성사된 거지요. 그리고 총서기께서 황푸군관학교를 안 나왔으면 어림도 없는 일이에요."

---

* 이 부분은 김영범의 「조선의용대 연구」 및 염인호의 『조선의용군의 독립운동』 (나남, 2001), 그리고 최봉춘의 「조선의용대의 창설과 활동 보유」, 『한국독립운동사연구』 제25집(독립기념관 한국독립운동사연구소, 2005)을 참조했다.

김원봉은 고개를 끄덕였다.

"중국인들은 꽌시關係를 중시하니까요."

"꽌시도 크지만 그동안 쌓아온 불굴의 투쟁경력, 설득력 있는 언변과 잘생긴 얼굴도 도움이 되는 듯해요. 중국인들도 신언서판을 중시하잖아요."

유자명이 긍정적으로 말했지만 김원봉은 웃지 않았다.

"중국은 적은 인원으로 조선의용대를 창설하라고 해요. 나는 대원 300명으로 시작해 1,000명으로 늘리고, 야포도 필요해요. 하지만 중국은 100명의 병력, 소총 100정, 탄약 3만 발, 공냉식 경기관총 4정, 수류탄 1,000발, 무전기 2대, 지프차 3대 정도를 줄 듯해요. 나는 더 달라고 하는 중이에요."

유자명은 눈을 크게 떴다.

"그래도 그게 어디예요? 중국국민당 아니면 누가 우릴 돕겠어요?"

"그렇지요. 창설하면 중국 정부가 대원들 급료도 준다니까요."

김원봉은 중국 측을 설득할 방법을 궁리했다.

조선의용대 창립 전후 김원봉 부부의 숙소는 한커우의 옛 일본 조계 813호현 우한시 성리지에勝利街 15호에 있었다. 김원봉은 중국군사위원회가 마련해 준 집으로 조선민족전선연맹 본부를 겸해 다른 간부들도 합숙했다. 조선청년전위동맹 최창익·허정숙 부부, 조선민족해방동맹 김성숙·두쥔후이 부부, 조선혁명자연맹 유자명·유칙충柳則忠 부부가 함께 살았다.

중국 중앙군관학교를 졸업하고 온 지 얼마 안 되는 젊은 대원들은 어떻게 지냈을까? 그들은 중국군 부대를 찾아가면 장교가 되어 분대장오늘날한국군편제로 소대장이 될 수 있었다. 그러나 아무도 중국군 부대에 가지 않고 독립전쟁의 무명소졸이 되기를 원했다.

대원들의 임시숙소인 중학교 기숙사에는 빈대가 끓었다. 대원들은 일본인들이 철수한 한커우의 옛 일본 조계 지역의 빈집을 차지해 들어가게 되었다. 김학철의 글에 이런 대목이 있다.

우한 시절 중국군사위원회가 마련해준 김원봉 부부의 숙소.
현재 성리지에 15호.

집주인은 어느 회사 사장쯤인 듯싶었다. 찾아낸 앨범 속에서 특히 눈길을 끄는 예쁜 아가씨의 사진이 여러 장 들어 있었는데 우리는 집주인의 딸일 것이라고 단정했다. 집주인의 딸 사나에<sup>早苗</sup> 양이 두고 간 일기장이 우리의 넋을 사로잡을 줄 누가 알았으랴. 특히 우리가 입입이 애송한 구절 하나가 있었으니 그것은 바로, '아아, 귀찮아. 또 월경이 왔네'였다.*

김학철은 사나에 양의 사진과 일기장을 배낭에 넣고 다녔다. 뒷날 일본이 패전하면 승전국 장교가 되어 당당하게 그녀를 찾아가서 돌려주려는 낭만적 환상 때문이었다. 그러나 타이항산에서 일본군 폭탄에 배낭이 날아가면서 그 꿈은 깨졌다.

---

\* 김학철, 『최후의 분대장』, 문학과지성사, 1995.

조선의용대 부대 마크가 들어간 표찰.
황민은 광복회장을 지낸
김승곤 선생의 가명이다.

1938년 8월 12일, 장제스는 조선의용대 창설 계획안을 검토했고 긍정
적인 답을 내놓았다. 일이 이렇게 진척되자 민족혁명당을 탈당해 전시복
무단이라는 간판을 걸고 있던 최창익 일파는 동참을 결정했다. 이번에는
조선청년전위동맹이라는 새 간판을 걸고 조선민족전선연맹에 가입했다.

중국군사위원회 정치부 비서장 허중한賀衷寒은 네 가지 조건을 내세
웠다.

허賀 비서장 지시

1. 현재 의용군이라 칭함은 불필요하며 의용대라 칭할 것.

2. 지도위원회를 조직할 것.

3. 천귀빈陳國斌, 김원봉을 파견해 대장으로 삼을 것.

4. 각 구대장 및 분대장을 선정한 뒤 안책按冊, 명부을 작성해 보고할 것.

중화민국 27년 10월 13일*

대장을 김원봉으로 못 박고 이름을 '의용대'라고 칭했다는 점이 눈에 띈
다. 대隊는 300명 이내로 지휘관을 대장이라 부르고, 군軍은 1,000명쯤으
로 지휘관을 총사령으로 부르게 된다. 김원봉과 일본인 아오야마가 입안

---

* 楊昭全, 『關內地區朝鮮人反日獨立運動資料汇編』 下冊, 瀋陽: 遼寧民族出版社,
1987, 914쪽.

조선의용대 대장 군복을 입은 김원봉.

한 계획안은 조선의용군이었다. 중국군사위원회가 '의용대'라고 칭하라고 했기에 그렇게 창설되었다.

허중한의 공문서 통고 이후 일은 빠르게 진행되었다. 먼저 조선의용대 지도위원회가 구성되었다. 중국군사위원회 정치부 4명, 조선민족전선연맹 4명이었다. 전선연맹은 각 계파별로 민족혁명당 김원봉, 조선청년전위동맹 김학무, 해방동맹 김성숙, 혁명자연맹 유자명이었다.

1938년 10월 10일, 중국인들이 쌍십절이라고 부르는 날, 우한의 중화기독청년회관에서 마침내 최초의 조선인 무장부대인 조선의용대 발대식이 열렸다. 김원봉은 대장군 군복을 입고 무대에 앉았다. 무대 양쪽에는 중화민국 국기인 청천백일기와 태극기, 조선의용대기가 세워져 있었다. 그의 군복에는 한문과 영문으로 '朝鮮義勇隊' 'Korean Volunteer'라고 쓰여 있고 한문으로 '陳國斌'이라는 명찰이 달려 있었다. 그의 눈앞 단상 아래는 군복을 입은 97명의 대원이 앉아 있었다.

김원봉이 자리에서 일어나 마이크 앞으로 가자 조선의용대 대원들은 그를 향해 힘차게 전원 경례를 올렸다.

"대장님께 대하여 받들어총!"

김원봉은 감격에 차서 거수경례로 답했다. 그는 조선의용대 대기隊旗를 번쩍 들어올리며 힘찬 음성으로 선언했다.

"조선의용대 창립을 선언합니다."

중국 내빈들의 축사가 이어졌다. 저우언라이는 "동방 피압박 민족 인민들이 단합해 일본 제국주의자들을 타도하자"라고 호소했다. 시인이자 중국공산당 고급간부인 궈모뤄郭沫若*는 격정적인 축시를 읊어 조선의용대 창단을 축하했다.

발대식이 끝난 뒤, 윤세주는 군모를 만지며 눈물을 글썽거렸다.

"의열단 창단 때부터 소망하던 우리 조국 군대의 군복을 드디어 입어보네요. 19년 만에 소원을 이뤘어요."

"그래, 창단 동지들이 생각나네."

가슴이 뜨거워진 김원봉이 말했다.

감격은 그들 간부들만의 것이 아니었다. 단원들도 감격한 얼굴로 김원봉을 둘러쌌다.

"고마운 우리 대장님! 자랑스런 우리 대장님! 저희는 군복이 자랑스럽습니다!"

"대장님, 이 군복 입고 부모 형제가 있는 조국 땅으로 진군하게 해주십시오."

김원봉은 고개를 끄덕였다.

---

* 궈모뤄(郭沫若, 1892-1978): 쓰촨성(四川省)에서 태어났으며 시인이자 역사학자다. 일본에 유학해 의학공부를 하다가 문학으로 전향했고 중산대학에서 강의했다. 공산당에 가입했으며 대일항전 전면에 서서 항전문화사업을 지도했다.

1938년 10월 10일 우한 조선의용대 창단 기념사진. 앞줄 조선의용대 군기 바로 뒤가 김원봉, 그 왼쪽으로 최창익·윤세주·김성숙 그리고 한 사람 건너 박효삼 등이 보인다.

"그래, 그 말 잊지 않으마. 19년 전 의열단을 창단할 때 동지들과 함께 구호를 외쳤다. '내 몸을 조국의 제단에!'"

대원들이 우렁찬 함성으로 답했다.

"내 몸을 조국의 제단에!"

이날 조선의용대 발대식 직후 찍은 사진에는 조선의용대 대기隊旗 바로 뒤에 군복 입은 김원봉 대장, 그의 왼쪽으로 최창익·윤세주·김성숙 그리고 한 사람 건너 박효삼이 섰고 김원봉의 오른쪽에는 박차정이 여성대원으로 서 있다.

다음 날인 10월 11일 오전, 조선의용대 전원이 상하이극장 앞에 집결했다. '우한전공대武漢戰工隊 검열식'이라는 일종의 열병식 행사였는데 중국군 부대들과 비교가 안 되게 동작이 완벽해서 중국인들의 큰 박수를 받았다.

조선의용대 제1구대장 박효삼.
김원봉과 황푸군관학교 동기생이다.

조선의용대 제2구대장 이익성.
황푸군관학교 제10기생이다.

10월 13일 저녁에는 경축 문예공연이 열렸다. 우한의 각 항일단체 연예대가 찬조출연하고 조선의용대도 노래와 연극을 준비했다. 먼저 김원봉 대장이 인사말을 했다.

"중국 인민과 우리 조선 인민은 이미 혈맹으로 싸워왔습니다. 1920년대에 만주에서 조선독립군이 중국 인민들의 협력을 받아 일본군과 장렬하게 싸웠고 지금도 그곳에서는 중국과 조선 두 나라 인민이 동북항일연군이라는 이름으로 유격전을 벌이고 있습니다. 일본은 우리 조선을 깔보아서는 안 될 것입니다. 조선의 2,000만 동포가 우리 역량이고 전 중국 4억 5,000만 동포가 모두 우리의 역량입니다."

김원봉의 인사말이 끝난 뒤 우한시의 여러 예술단이 무대를 이어갔다. 조선의용대 합창대가 「민족해방가」「자유의 빛」「아리랑」을 부르고 연극반이 「무쇠」를 공연했다.*

---

* 한금옥·리정문 편저, 『광활한 대지 우에서』, 셴양: 료녕민족출판사, 1988, 6~9
쪽; 조선의용군발자취 집필조, 『중국의 광활한 대지 우에서』, 연변인민출판사,

조선의용대는 지휘부인 총대부와 2개의 구대區隊로 구성되었다. 총대부는 14명으로 기밀주임 신악, 총무주임 이집중, 정치주임 김학무, 훈련주임 윤세주 등이 기간요원 대여섯 명을 이끌고 김원봉 대장을 보좌했다. 김두봉과 유자명은 편집위원회를 이끌었다. 대원 가운데 도쿄의전醫專 출신 의사 한금원이 있어서 별도로 의무실도 총대부 편제에 넣었다.

 제1구대는 의열단 출신이자 민족혁명당 소속인 43명으로 구성되었고 박효삼이 구대장을 맡았다. 박효삼은 중국군 상교 계급장을 달았었는데 김원봉의 요청으로 그의 곁으로 와서 분대장 자리에 있게 되었다. 박효삼은 계급이 낮아졌는데도 그 자리가 좋다면서 감격스러워했다.

 제2구대는 41명의 조선청년전위동맹 출신으로 구성되고 이익성이 구대장을 맡았다.

 김원봉은 제1구대를 전선으로 보냈다.

 "동지들, 조선 청년의 기백을 갖고 용감하게 적과 싸우시오."

 그는 대원들과 일일이 악수했다. 마지막으로 의열단 동지이자 황푸군관학교 동기인 박효삼 구대장과 포옹했다. 김원봉은 그보다 여덟 살 어린 동기인 박효삼에게 경어체로 말했다.

 "잘 가오, 박 동지. 의열단의 정신, 조선의용대의 정신을 잊지 마시오."

 "명심하겠습니다, 대장 동지."

 박효삼은 거수경례를 하고 트럭에 올랐다.


## 대원들은 전선으로, 본부는 구이린으로

 계절은 10월 하순, 중국 남부라고 하지만 가을이 시작되어 대원들이 탄차 위로 백양나무 낙엽들이 흩날려 떨어지고 있었다.

---

 1987, 572-578쪽.

김승곤.
조선의용대 대원으로 뒷날 광복회장을 지냈다.

그렇게 제1구대가 중국군 9전구戰區에 배속되어 후난성 창사로 떠났다. 그들은 곧장 전선에 투입되었고 제1차 창사대회전에 참전해 한·중 합작군 100여 명과 함께 일본군 600명에 맞서 싸웠다. 그때의 일을 김승곤 전 광복회장은 노경에 들어 이렇게 회고했다.

중국 창사에서 일본군과의 첫 싸움을 앞두고 우리가 외쳤던 구호가 '3일 동안 굶고, 잠 안 자고, 안 씻는다'였어. 그만큼 우린 독하게 싸움을 준비했지. 중국군도 우리를 보고 '독종'이라고 불렀을 정도니까. 일본군이 기관총 7정을 앞세워 난사를 했는데 우리는 후퇴하면서 추격하는 일본군을 정확한 사격으로 한 놈 한 놈 쓰러뜨리는 전법으로 대응했어. 내 개인적으로는 그게 첫 전투였지만 이미 죽기를 각오했기 때문인지 그리 무섭지 않았어. 일본군이 쏜 대포가 우리 머리 위에서 터져 머리가 멍해지고 천지가 진동하는 것 같았지만, 그 전투에서 우리는 일본군 100여 명을 사살하는 전과를 올렸어. 우리가 싸우는 모습을 본 중국군들이 다들 놀라더라고.*

---

* 『세계일보』, 1996년 9월 14일자. 김승곤 회장은 이 인터뷰를 하고 2년 뒤 세상을 떠났다.

제2구대는 우한방어전을 위해 그대로 남았다. 전황은 위급할 대로 위급해지고 있었다. 일본군은 마치 공을 누르듯이 포위망을 좁히며 밀려들고 있었고 중국군은 창장강을 천연 장애물로 삼아 필사적으로 방어하고 있었다.

며칠 후, 일본군이 쏘는 포성이 들려왔다. 그 소리는 시간이 갈수록 가까워졌고 밤에는 먼 곳에서 터지는 포탄의 화염을 볼 수 있었다. 김원봉은 제2구대로 갔다.

"피난 짐을 싸야 하는데 시간이 없어요."

윤세주가 말했다. 그의 손에는 등사 잉크가 묻어 있었다. 지휘부 요원들은 대적對敵선전용 전단을 만드느라 눈코 뜰 새 없이 바빴다.

짐 쌀 시간이 없는 것은 김원봉도 마찬가지였다. 그도 바빴지만 아내 박차정도 정신없이 바빠 서로 얼굴 보기가 힘들었다. 그녀는 조선의용대 대장의 아내이자 부녀봉사단 단장이라 제1구대 대원들이 두고 간 가족들을 보살펴야 했고 등사판 필경 글씨가 예뻐 철필로 등사원지를 긁어야 했다.

김원봉은 우한 철수가 예정된 날 중국군사위원회 국제선전처에 갔다가 저명한 문학가 궈모뤄를 만났다. 궈모뤄는 중국군사위원회 정치부 제3청 청장이었다.

"알고 보니 대장 동지가 청년 시절 일본인들을 벌벌 떨게 한 테러리스트 대장이었다면서요?"

김원봉은 그가 내미는 손을 잡았다.

"그렇습니다."

"대장 동지, 나는 마침 조선의용대 대원들이 대적선전 공작을 하는 걸 보러 나갈 참이었어요. 같이 가십시다."

"좋습니다."

두 사람은 승용차를 타고 시찰에 나섰다. 옛 일본 조계지, 지난날 일본인들이 살다가 떠난 뒤 중국인들이 차지했던 이 거리는 담벼락마다 콜타르로 일본어 표어가 쓰여 있었다.

'병사들은 전선에서 피를 흘리고 재벌은 후방에서 향락을 누린다.'

'역사는 반복된다. 일본은 곧 처절한 복수를 당하게 될 것이다.'

이런 표어가 한커우 지역에만 수백 개였다. 그리고 장난삼아 썼는지 '우리나라 일본의 왕은 바보예요. 열 살까지 오줌을 쌌어요' 따위의 조롱하는 표어들도 있었다.

거리는 텅 비었고 조선의용대원들만이 서너 명씩 무리를 지어 콜타르 통과 사다리를 들고 뛰어다니며 표어를 쓰고 있었다.

"저 표어들은 어젯밤 내가 만든 건데 벌써 수백 개가 쓰여졌군요. 일본어를 아는 대원이 많은가요?"

"우리 대원들 중엔 일본에서 대학 다닌 사람이 마흔 명쯤 있습니다."

"아, 그런가요. 그런데 부끄럽게도 거리에 중국 동지들은 아무도 없군요."

궈모뤄가 말했다.

궈모뤄는 뒷날 이때의 일을 기록으로 남겼다.


조선의용대 친구들에게 감사를 드려야겠다. 그들은 철수하기 며칠 전에 동원되어 이 사업을 맡았다. 제3청에서 반포한 「대적표어구호집」과 내가 임시로 만들어낸 몇 가지에 근거해 한커우에서 쓸 수 있는 곳이면 되도록 써놓기로 한 것이었다. 그 친구들의 진지한 노력 덕분에 내가 직접 목격한 바에 의하면 한커우를 문자 그대로 하나의 정신적 아성으로 만들어놓았던 것이다.

내가 탄 차가 후성거리를 지날 때 표어를 쓰는 사람들은 일을 계속하고 있었다. 그들은 네다섯 명씩 무리를 지어 콜타르나 뻥키를 들고 사닥다리를 메고 다니면서 부지런히 시간을 다그치며 일하고 있었다. 그것은 나에게 제

한중 민족이 연합하여 일본을 타도하자는 조선의용군의 대적선전 공작.

일 큰 감격을 주었고 또 나를 제일 부끄럽게 한 광경이었다는 것을 나는 승
인해야 하겠다. 그들은 모두가 조선의용대의 친구들이고 중국 사람은 확실
히 한 사람도 없었다.*

중국군 지휘부는 철수 길에 올랐다. 김원봉은 1938년 11월 초 제2구대
대원들과 함께 마지막으로 배를 타고 우한을 떠나 광시성 구이린桂林으로
향했다. 김두봉·윤기섭·최석순을 비롯한 민족혁명당의 노인, 여성, 아이
들은 쓰촨성 충칭으로 갔다. 박차정은 일단 남편 김원봉을 따라 구이린으
로 갔다.

김원봉은 구이린으로 가는 배에 오르자마자 웃었다. 배에는 조선의용대

* 궈모뤄, 「조선의용대」, 중국조선민족발자취총서 편집위원회, 『중국조선민족발
자취총서 4 결전』, 민족출판사, 베이징, 1991, 311-321쪽.

1938년 12월 중국인들을 대상으로 조선의용대 홍보 공연이 열린 장소. 의용대 본부가 근처에 있었다. 현재 구이린시의 치싱(七星)공원 안에 있다(2018년 겨울).

총사령부와 제2구대원, 그리고 대원의 가족 일부까지 100여 명이 타고 있었는데 그는 아내, 윤세주, 유자명과 나란히 작은 선실에 앉아 있었다.

"왜 웃으세요? 제 얼굴에 뭐 묻었어요?"

그의 아내 박차정이 말했다. 유자명과 윤세주도 눈을 뜨고 그를 바라보았다.

그는 고개를 젓고 나서 입을 열었다.

"일본 놈들, 우한에 입성해서 콜타르로 쓴 표어들을 지우려면 열흘도 더 걸릴 거요."

그는 천황을 오줌싸개라고 한 표어를 이야기해주었다. 모두 한바탕 폭소를 터뜨렸다.

김원봉은 구이린에 도착한 뒤 더 바빠졌다. 의용대 총사령부에서 대원들을 지원하기 위한 업무조정을 해야 했고 전선으로 나가 대원들을 만나야 했다. 정신없이 이곳저곳 전선 시찰도 나갔다. 『조선의용대통신』이라는 정기간행물과 소책자를 만들고 일본어로 된 대적선전 전단도 만들어 전선으로 보내야 했다. 중국군 간부들도 만나야 했다.

1938년이 기울고 있었다. 서양인들이 크리스마스라고 부르는 그날 저녁, 조선의용대는 중국인들을 대상으로 조선의용대를 홍보하는 문예행사를 벌였다. 문예일꾼들은 독창도 하고 짧은 연극도 하고 시 낭송도 했다. 여성대원 김위金煒가 시 낭송을 하자 청중들은 감동해 우레 같은 박수를 보냈다.


1939년 새해가 밝았다. 3월에서 4월까지 김원봉은 조선의용대 제1구대의 투쟁을 시찰하러 전선으로 갔다. 제1구대는 의열단과 민족혁명당 출신들이었다. 구대 본부는 후난성 상타上塔에 있었다. 김원봉은 황푸군관학교 동기생인 박효삼 구대장의 보고를 들었다.

"대장 동지, 우리 구대는 4개 분대로 분산되어 투쟁하고 있습니다. 제1·제2유격선전대와 제1·제2진지선전대입니다. 제1유격선전대는 중국군 3개 중대와 함께 3월 20일 후베이성 퉁청通城 남쪽 쓰청완石城灣 북쪽에 매복했습니다. 이튿날 아침 일본군 전차 두 대와 보병을 실은 자동차 여덟 대가 우리 포위망으로 들어왔습니다. 중국군이 포격으로 전차와 자동차들을 명중시키자 우리 대원들은 돌격해 수류탄과 소총사격으로 보병 30-40명을 사살했습니다.

3월 24일 밤에는 중국 자위단과 연합해 충양청崇陽城 20리 지점을 정찰하다가 도로에 나가 박격포탄을 묻고 대전선전 전단 1,000매를 뿌렸습니다. 전주電柱를 뽑아내고 그 구멍에 수류탄을 넣어, 인계철선에 연결해 적의 선두가 건드리면 모두 폭발하게 장치했습니다. 100명의 적을 몰살할 수 있는 무인매복이었는데, 적 정찰대 여섯 명만 접근해 그놈들만 몰살했습니다.

3월 27일 새벽에 중국 유격대와 연합해 일본군 1,000명을 공격할 때 우리 대원들이 이곳저곳에 전단을 뿌리고 또 그걸 묶은 돌을 적진으로 던졌습니다."*

제2유격선전대의 투쟁도 눈부셨다.

유격선전대는 어느 부대에 소속되지 않고 선전공작이 필요한 현장을 찾아다니며 투쟁하고, 진지선전대는 붙박이로 정해진 소속부대 전면에서 투쟁했다.

박효삼은 진지선전대의 투쟁도 보고했다.

"제1진지선전대는 82사 92단 배속입니다. 사단장이 '당신들은 위험을 무릅쓰지 마시오. 당신들은 장래 조선혁명 광복의 공로자입니다'라고 만

---

* 김영범, 「조선의용대의 항일전투(참가) 실적과 화베이 진출 문제 재론」, 『한국 독립운동사연구』 제67집, 2019. 8, 185~188쪽. 조선의용대 전투기록은 조선 의용대가 1941년 4월 간행한 『國際隊伍』(劉金鏞 편역), 1939년 9월 간행한 『火線上的朝鮮義勇隊』(劉金鏞 편역)와 1940년 3월 간행한 『中國戰場上的朝鮮 義勇隊』(王繼賢 편역)에 실렸다. 뒤의 두 책은 「전선에서의 조선의용대」와 「중 국 전장에서의 조선의용대」로 번역되어 밀양문화원이 2006년에 발간한 『조선 의용대 혈전실기』(최봉춘 번역)에 실렸다. 김영범은 위 자료들을 분석해 조선 의용대의 투쟁을 복원했다. 박효삼 구대장 보고와 이하 전투상보는 이를 바탕 으로 삼아 썼다.

정기간행물 『조선의용대』와 소책자들을 만든 구이린의 지우왕리바오(救亡日報)사
(2018년 겨울).

류하는데도 퉁청通城 공격전과 티에주강鐵柱港 공격전에서 최전선으로 나
갔습니다. 부대는 스비쓰石畔寺를 점령하고 적진지의 교통참호를 타고 전
진했습니다. 그때 중국군 2개 소대장이 전사해서 우리 의용대가 병사들을
대신 지휘했습니다. 중국군 선봉대가 티에주강을 점령했고, 의용대는 통
성 북문으로 도주하는 일본군에게 투항 권유 구호를 외쳤습니다. 아군은
큰 전과를 세우고 많은 무기를 노획했지만 적의 대규모 공격으로 포위당
했습니다. 우리 대원들은 이틀간 악전고투해 포위망을 뚫었고, 곧이어 중
국군 엄호대원과 함께 출발하여 마안산馬鞍山 측면 샹펑쓰翔鳳寺의 적진지
80미터 앞까지 접근해 총격전을 벌였습니다."*

접전상황이 많아 박효삼 구대장의 보고는 한 시간 이상이 걸렸다. 김원
봉은 가슴이 뛰었다. 자신이 만든 조선의용대가 용감하게 싸우는 것 같아
감격에 겨워 물었다.

---

* 같은 책, 189-191쪽.

"전사자는 없소?"

"없습니다. 경상자만 셋입니다."

박효삼이 대답했다.

김원봉은 체코제 경기관총이 장착된 무장지프를 타고 박효삼과 함께 최전선으로 나갔다. 운전병과 기관총 사수·부사수, 호위병 셋이 탄 지휘차였다. 적 포탄이 날아와 터져 호위병이 부상당했으나 김원봉은 다치지 않았다.

"나는 괜찮소. 어서 부상당한 동지를 후송하시오!"

김원봉은 무장지프를 부상자 후송에 쓰게 하고 자신은 말을 타고 전장 속을 내달렸다.

"저도 겁이 없지만 대장님은 눈 하나 깜빡하지 않으니 대단하십니다."

박효삼이 말 위에서 소리치자 김원봉은 맞받아 큰 소리로 말했다.

"나는 의열단 시절에 죽었어야 할 몸인데 덤으로 살고 있는 거요."

김원봉과 박효삼은 그렇게 전장 속을 달려 중국군 부대를 찾아갔고 뭉클한 감정으로 부하대원의 손을 하나씩 잡아보았다.

"손이 거칠고 얼굴이 야위었네. 모두 조국 독립을 위한 투쟁이라고 생각하게. 부탁할 건 없는가?"

한 대원이 말했다.

"대장님, 우리는 자신감이 커졌습니다. 하지만 선전공작을 독자적인 전투수행과 결합시킬 수 없어 아쉽습니다. 우리가 유격대를 조직해 유격전을 실행한다면 노획한 무기와 식량을 우리 것으로 만들 수 있지 않습니까. 대적선전도 전투와 결합하면 매우 큰 효과를 거둘 수 있는데 지금 우리의 공작은 늘 피동적인 상황에 빠져 있습니다. 효과도 적습니다."

또 다른 대원이 말했다.

"대장님, 우리의 선전공작이 먹혀들어 일본군 탈주자들이 생깁니다.

조선인 병사들도 있습니다. 동포 귀순자들을 우리 구대에 입대시켜주십 시오."

박효삼이 거들었다.

"대장님, 조선인 귀순병들을 반드시 정예요원으로 만들겠습니다. 대장 님은 군사위원회로부터 급식비와 활동비를 받아주셔야 합니다."

"좋소. 해보겠소. 또 부탁할 게 있습니까?"

"대원들이 아쉬워해요. 저 박효삼이야 중국군 상교 출신이니 중국군 장 교들이 존중해줍니다. 연대장도 제 후배니까요. 하지만 대원들은 달라요. 같이 배운 중국인 동기생들은 지휘관을 하고 있는데 우리 대원들은 무명 소졸로 선전공작을 하고 있단 말입니다. 우리 대원들은 초급장교가 되어 동포 병사들을 지휘하고 싶은 겁니다."

김원봉은 박효삼의 손을 잡았다.

"내가 심각하게 생각해보겠소."

4월 말 김원봉은 구이린의 총대부로 돌아왔다. '동방의 마드리드'라고 부르는 아름다운 우한보다 더 아름다운 도시 구이린은 꽃이 흐드러지게 피어나고 있었다. 김원봉은 아내 박차정과 유자명을 동반해 구이양貴陽을 거쳐 충칭까지 갔다. 그는 그렇게 바쁘게 뛰어다니며 여름을 보냈다.

김원봉은 이익성 제2구대장이 보낸 전령을 통해 보고를 받았다.

우한방어전에 동참해 선전공작을 하고 1월 22일 새벽 최후로 우한을 탈 출한 제2구대는 후베이성 북부의 제5전구로 차량을 통해 이동한 뒤 첸자 뎬陳家店에서 5전구 장관사령부 요원들을 만나 선전공작을 수행했다. 주 력 26명은 이익성 구대장 인솔로 수이자오隨棗 전선으로 가고, 나머지 인 원은 왕자인王子仁의 인솔로 라오허커우老河口로 가 있었다.[*]

___
* 같은 책, 194-196쪽.

이때까지 제2구대의 투쟁 실적은 제1구대보다 적었다. 김원봉은 그 이유가 최창익이 제2구대의 조선청년전위동맹 출신 추종자들을 이끌고, 중국공산당이 대장정을 끝내며 마련한 근거지 옌안으로 떠났기 때문이라고 판단했다.

"어차피 갈 사람이었지."

김원봉은 중얼거렸다. 차라리 잘됐다는 생각이 들었다.

1939년 9월, 김원봉은 충칭으로 가서 민족혁명당 전당대회를 열고 구이린으로 돌아왔다. 그러면서 조선의용대의 조직확대를 계획하기 시작했다. 일본군에서 탈출한 동포 병사들이 입대해 대원 수가 늘어난 데다가 우리 대원들이 중국군과 비교할 수 없을 정도로 용감하게 싸우고 있다는 자신감 때문이었다.

## 7당 통일회의의 갈등

조선인 민족운동가들에게 민족통합당 문제가 다시 대두되었다. 충칭 근방에 모였으니 다시 한번 통합논의를 해보자는 공감대가 있었지만 외부의 요구도 컸다. 장제스는 조선인 민족운동가들에게 다시 통합을 요구했다. 사실 국민당 정부로서는 아무것도 아닌 사소한 문제로 대립하고 충돌해온 조선인 지도자들에게 넌더리를 낼 만했다. 장제스는 1938년 11월 김구를 불러 김원봉과 협력하라고 요구하고 구이린에 있는 김원봉에게도 자신의 의견을 전달했다. 김구는 민족혁명당을 찾아가 통합을 제안했다. 이때의 일을 김구는 이렇게 기록했다.

(충칭에 도착해서) 다포돤大佛段 어궁바오鵝宮堡 조선의용대와 민족혁명당 본부를 방문했다. 김원봉은 구이린에 있었으나 간부인 윤기섭·성준용·

김홍서·석정·최석순·김상덕 등 모두가 즉시 환영회를 열어주었다. 그 자리에서 통일 문제를 꺼내어 민족주의 단일당을 주장하니 모두 만장일치로 찬성했다. 다음에 한 걸음 더 나아가 유저우幽州, 오늘날 베이징 인근와 미국, 하와이에 일치를 구하니 회답이 왔다.

"통일은 찬성하나 김원봉은 공산주의자니 선생이 공산당과 합작해 통일하는 날에는 우리 미국 교포와는 입장상立場上 인연과 관계가 끊어지는 줄 알고 통일운동을 하시오."

나는 김원봉과 상의한 결과 연명선언連名宣言으로 '민족운동이라야 조국 광복에 필요하다'고 발포發布하였고, 류저우 국민당 간부들은 좌우간 충칭으로 가서 토론한 후 결정하자고 회답이 왔다.*

김구의 회고를 보면 유저우의 임시정부 인사들과 재미 독립운동가들이 김원봉을 공산주의자라고 규정하며 상종하지 못할 사람으로 인식하고 있었음을 알 수 있다.

독립운동 양쪽 진영의 거두인 김구와 김원봉은 감히 장제스의 요구를 거절할 수 없었다. 김구는 이념과 정책이 같은 단체들은 '통합'하고 다른 단체들은 '연합'하는 방안을 모든 민족운동 단체에 제시했다. 김원봉은 이미 자신이 이끄는 민족혁명당이나 의열단이 계급주의가 아니라 '민족주의 민족전선'이라고 선언한 후였다.

1939년 8월 27일, 쓰촨성 치장綦江에서 7당 통일회의를 열었다. 7당이란 광복진선 연합에 속해 있는 한국국민당·한국독립당·조선혁명당 등 민족주의 단체와 민족전선연맹 연합에 속해 있는 조선민족혁명당·조선민족해방동맹·조선민족전위동맹·조선혁명자연맹 등 친공산주의 단체였

---

* 김구, 양윤모 편역, 『백범일지』, 476쪽.

다. 각 단체에서 두 명씩 대표를 보내 회의를 열었다. 실제로는 김구 세력과 김원봉 세력의 주도권 경쟁이나 다름없었다. 여러 차례 회의를 열어 치열한 토론을 벌이고 통일전선을 구축하려 했으나 김구의 절대 반공의지와 김원봉의 용공容共의지가 충돌함으로써 결국 결렬되었다.

김원봉은 김구 측이 제시한 토지국유, 신당의 상무위원제 채택, 신당의 임시정부 옹호와 군사외교 임시정부 경유 처리, 당원자격 문제, 삼균주의 실행 등 5개 절대조건이 실패 원인이라고 지적했다. 김구는 당원 자격문제와 임시정부 불신임 문제를 물고 늘어진 김원봉의 태도를 실패 원인으로 지적했다.

김원봉의 전기인 『약산과 의열단』에는 이에 대한 김원봉의 회고 기록이 없다. 반면 김구는 『백범일지』에 실패 원인이 모두 김원봉에게 있다고 썼다.

이에 곧장 5당 통일의 순서를 밟아 순전한 민족주의적 신당을 조직해 각당 수석대표들이 8개조의 협정에 친필서명하고 며칠간의 휴식에 들어갔다. 그런데 민족혁명당 대표 김원봉 등이 갑자기 통일문제 제창 이래로 순전히 민족주의운동을 역설하였으나 조선민족혁명당 간부는 물론이고 의용대원들까지도 공산주의를 신봉하는 터에 지금 8개조를 고치지 않고 단일조직을 결성하면 청년들이 전부 도주케 되니 탈퇴한다고 주장해 결국 통일회의는 파열되었다.*

김원봉에게는 민족통일당 결성 말고도 바쁜 일이 있었다. 조선의용대 조직을 증편해야 했다. 그는 1939년 9월부터 11월까지 제1구대를 후난성

* 도진순 주해, 김구, 『백범일지』, 돌베개, 2002, 380-391쪽.

중남부에 있는 형양衡陽에 집결시켜 특별 강화훈련을 펼쳤다. 그러면서 10월 말에 조직 확대를 목표로 한 조직개편안을 중국군사위원회에 제출했다. 제1구대 절반과 신입대원 31명을 합해 독립구대를 만들되 '구대'가 아니라 '지대'地隊로 한다는 것이었다. 밑져야 본전이라는 생각으로 2개의 독립분대도 요청했다.

이 계획은 모두 승인이 났다. 김원봉은 제3지대장으로 조선혁명간부학교 제1기생 출신 김세일金世日을 지명했는데 그것도 승인되었다. 김세일은 김세광金世光이라는 이름도 썼다. 그는 1910년 평북 용천 출신으로 조선혁명간부학교 제2기생 교관을 지내고 남의사 비밀훈련소를 나왔다. 그 후 중앙군관학교 성자분교도 졸업했다. 김세일은 김원봉에 대한 충성심이 깊고 능력도 뛰어났다.

김원봉은 김세일이 지휘하는 신편 제3지대를 중·일 양군이 8개월 이상 대치하고 있는 장시성 북부 신제新街 지역 주둔 제58군으로 보냈다. 제3지대는 4개 공작대로 나뉘어 투쟁에 나섰다. 그들은 1940년 새해 벽두부터 작전에 나서 평신奉新 공격전, 젠저우乾州 야간 기습작전에 참가해 투쟁했다.

신설된 2개 독립분대는 혁혁하게 싸웠다. 1개 분대는 광시성 난닝南寗 방면으로, 다른 1개 분대는 화베이의 산둥성 방면으로 파견하게 되어 이후 구이난분대桂南分隊와 '북진분대'北進分隊로 불렸다.

1939년 11월 15일 구이난분대는 쿤룬관崑崙關 전투에 참여했고 북진분대는 1939년 산둥성으로 이동해 한인 동포쟁취 선전공작을 벌이고, 일본군 보급품을 실은 화물열차를 공격해 전소시켰다.*

---

* 김영범, 「조선의용대의 항일전투(참가) 실적과 화베이 진출 문제 재론」 참조. 이 논문을 바탕으로 제3지대와 독립분대 투쟁사를 구성했다.

## 아내 박차정 병으로 쓰러지다

1940년 봄, 김원봉은 조선의용대 지도위원회와 대본부를 국민당 정부 전시수도인 충칭으로 옮기기로 결심했다. 지휘상의 편의, 중국군사위원회와의 원활한 연락 때문이었다. 3월 16일 김원봉과 지휘부가 먼저 떠나고 닷새 뒤 후발대가 떠났다. 보름 이상 걸리는 먼 여정이었다.

김원봉의 아내 박차정이 있는 후발대는 도착하는 데까지 거의 한 달 이상이 걸렸는데 이동 도중 일본군 비행기의 폭격을 받는 등 고난을 겪었다. 박차정은 충칭에 도착하자마자 고열이 심해 자리에 누웠다. 조선의용대 본부에 소속된 의사 한금원이 진찰했다.

"병명을 모르겠어요. 사모님 말씀을 들어보니 오래전 근우회 일로 경찰에 끌려갔을 때 당한 고문으로 폐가 상한 것 같아요. 그 후유증인 듯해요. 거기에다 이번에 이동하느라 과로가 겹친 거지요."

예삿일이 아니다 싶어서 충칭 시내 큰 병원에 입원했지만 쉽지 않다는 진단이 나왔다. 김원봉은 십 년 전에 급성 복막염으로 쓰러진 자신을 살리기 위해 박차정이 그의 곁을 지켰듯이 아내 곁을 지켰다. 어느 날, 아내의 손을 잡다가 옷소매 속에 십자가 목걸이가 있는 것을 보았다.

"그때 당신 곁을 지키며 십자가를 들고 주님께 기도했어요."

문득 언젠가 박차정이 그렇게 말했던 것이 생각났다.

김원봉은 교회에 가본 적이 없었다. 종교라면 고향 밀양의 표충사가 생각날 뿐이었다. 눈을 감자 표충사 대웅전의 관음보살과 사명대사의 초상화, 그리고 눈이 부리부리했던 원주 스님의 얼굴이 떠올랐다.

"관세음보살님, 아내가 병을 이기게 해주십시오. 저에게 와서 고생만 한 아내입니다. 제가 지은 악덕이 있다면 빼앗긴 조국을 찾기 위해 적과 반역자를 처단한 것입니다. 그것도 살생의 죄라면 용서를 비옵니다. 아내는 아직도 젊습니다."

김원봉은 그렇게 기도했다.

민족혁명당 감찰부장인 최석순이 그의 아내와 딸을 데리고 박차정의 문병을 왔다. 최석순은 지난날 압록강 국경에서 비밀요원으로 활약했고 임시정부 경무국의 김구 수하에서 투쟁한 인물이었다. 그 후 민족혁명당에 들어와 상하이특구에서 첩보공작을 하면서 김원봉에 대한 신뢰가 커졌다. 최석순은 1891년생으로 김원봉보다 여덟 살 많았다. 그의 첫딸 최동선은 17세인데 착하고 태가 고와서 어른들의 사랑을 많이 받으며 자랐다.* 특히 박차정이 최동선을 예뻐해서 3·1소년단 단장이 되게 밀어주었다.

"사모님, 아프시면 어떡해요? 빨리 나으셔요."

최동선은 눈물을 흘리며 말했다.

5월 4일, 충칭에 미리 자리 잡고 있던 민족혁명당과 조선민족전선연맹 단원들 및 가족들은 조선의용대 총대부의 도착을 환영하는 모임을 열었다. 돌아가면서 덕담을 하고 다짐도 하며 함께 식사하는 자리였다. 그 자리에서 빛난 것은 나이 지긋한 거물 지도자의 연설이 아니라 3·1소년단 단장인 최동선의 환영사였다.

경애하는 김원봉 주석님, 그리고 여러 선생님, 저는 오늘 조선 3·1소년단을 대표해 우리 민족의 선봉 대오인 조선의용대를 향해 가장 거룩한 감사의 인사를 드립니다. 아울러 의용대 지도위원회와 총대부의 충칭 안착을 뜨거운 열정으로 환영하는 바입니다.**

---

* 최동선은 1923년생으로, 1942년 4월 작성한 「충칭시 거류 한교(韓僑) 조사표」에 19세로 기록되었다.

** 최동선의 환영사는 조선의용대 기관지 『朝鮮義勇隊』 34기에 「歡迎朝鮮義勇隊總隊部來渝」라는 제목으로 실렸다(1940년 5월 15일, 18쪽). 『朝鮮義勇隊』는 34기부터 제호가 『朝鮮義勇通迅』으로 바뀌면서 순간(旬間)에서 반월간으로 제작되

歡迎滿勇隊總隊部來渝

3·1소년단 단장인 최동선의 조선의용대 환영사.
『조선의용대』에 실렸다.

이렇게 시작된 최동선의 연설은 모두의 마음을 사로잡았다. 말하는 태도와 표정이 발랄하면서도 진정성이 가득했다. 내용도 좋아서 많은 박수를 받았다.

"올해 열일곱이야. 한 떨기 꽃처럼 아름답네. 누가 저 애를 색시로 데려갈까?"

누군가 이렇게 속삭이기도 했다.

김원봉은 며칠 전 아내 박차정의 문병을 와준 일이 고마워 세 식구를 따로 불러 말했다.

─────

었지만 여전히 한문으로 쓰였다. 제목의 유(渝)는 창장강 지류 자링강(嘉陵江)의 옛 이름으로 통상 충칭을 대유하는 의미다.

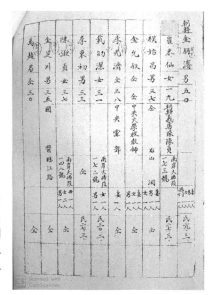

1942년 4월 충칭시 정부 작성
「충칭시 거류 한교 조사표」에
기록된 최동선. 주소와 함께 '19세
조선의용대 대원'이라고 실려 있다.
밀양문화원 제공.

"독립투사의 딸이라서 고생하며 이리저리 다녔을 텐데 잘 배우고 훌륭하게 성장했구나. 환영사를 조리 있게 참 잘했다. 고맙구나. 우강右江 최석순의 호, 따님을 잘 키우셨소."

최석순 부부는 고개 숙여 답했다. 최동선도 다소곳이 고개를 숙였다.

"장군님, 저는 사모님께 많은 걸 배웠습니다. 허락해주신다면 가끔 댁에 가서 사모님을 돌봐드리고 싶습니다."

"그래, 고맙구나."

김원봉은 자신보다 스무 살이나 어리면서 동지의 딸인 처녀가 뒷날 자신의 두 번째 아내가 되리라고는 꿈에도 생각하지 못했다.

중국군사위원회는 연락요원 겸 비서로 조선의용대에 요원을 한 명 파견했다. 쓰마루司馬路라는 22세의 청년이었다. 본명은 마이馬義로 1919년 장쑤성 하이안海安에서 출생했다. 잠시 중학교 교원을 하다가 중국공산당 근거지 옌안에서 중국공산당학교를 졸업했다.

쓰마루는 혁명의지가 강하지는 않으나 총명하고 눈치가 빨랐다. 그는 김원봉의 비서로 일하면서 조선의용대 간행물들의 중국어판 편집도 맡았다. 그가 온 뒤 중국군사위원회와 연락이 원활해져서 김원봉은 그를 총애했다.

쓰마루는 뒷날 『투쟁 18년』이란 회고록에 조선의용대에 대한 인상을 매우 호의적으로 기록했다.

이들 혁명청년들은 수는 비록 많지는 않으나 자질이 매우 뛰어났고 25세 전후 청년들이었다. 조선이 패망한 뒤 30여 년간 그들은 대부분 혁명적 가정에서 자라났으며, 조선이 망한 이후 그들의 부친을 따라 여기저기 떠돌며 혁명의 훈도를 끊임없이 받아왔다. 이들은 신체가 건장하고 생활의 어려움을 잘 견뎠으며, 자신의 희생을 두려워하지 않았다. 이들은 의지가 굳고 순결했으며 사회관계 또한 단순했다. 또 이들은 대부분 적어도 중국어와 한국어와 일본어를 말하고 쓸 수 있었다.[*]

### 화베이 이동론의 대두

1940년 3월, 김원봉은 장시江西전선에 있던 조선의용대 제3지대에 전령을 보내 "화베이 이동을 위해 일단 충칭 총대부로 귀환하라"는 명령을 보냈다. 제3지대는 각지 중국군 부대와 협력투쟁하면서 천릿길을 이동하기 시작했다.

이해 여름, 김원봉은 마흔세 살 생일을 맞았다. 아침부터 일본군 폭격기가 시내 중심가를 폭격했다. 아내 박차정과 함께 지하 대피호에 들어가 있

---

[*]   司馬路, 『鬪爭 十八年』, 香港: 亞洲出版社, 1951, 174쪽.

다가 미역국과 쌀밥을 먹었다.

박차정이 그의 얼굴을 어루만졌다.

"생일을 축하해요. 당신은 얼굴이 귀티가 나서 아직 마흔세 살로 보이지 않아요. 열 살은 젊어 보여요."

김원봉은 눈을 끔벅이며 아내를 바라보았다.

"인심 참 후하군. 당신을 처음 만난 게 서른세 살 때인걸. 그럼 당신은 지금 스물한 살이야."

"제가 건강해야 당신이 조국 땅에 개선하는 모습을 보고 회갑도 보고 칠순도 볼 텐데 제 목숨이 어찌 될지. 미안해요."

박차정은 웃으면서 말끝을 흐렸다. 병이 더 악화되고 있었다. 폐가 다 낫지 않은 데다 심장마저 약해져 기력이 없었다.

김원봉은 아내의 손을 잡아주었다.

"미안한 건 나요. 당신 운명에 대한 책임은 남편인 내게 있으니까."

박차정은 충칭에 온 뒤 줄곧 병원에 다니고 있었다. 매일 약과 주사 치료를 받았다. 김원봉이 식사를 끝내고 군복을 입으려는데 박차정이 차를 마시고 가라면서 그의 손을 끌어당겼다.

"어젯밤도 뒤척이느라 제대로 주무시지 못했죠? 화베이 진출 문제 때문에 그러시는 거죠?"

김원봉은 찻잔을 받아들며 고개를 끄덕거렸다.

"많은 대원이 화베이행을 희망하고 있어. 그게 옳으니까 나는 그들을 화베이로 보내려고 해. 공산당과의 합작이 깨지면서 중국국민당 군사위원회 정치부는 우파 장교들이 차지했어. 그래서 조마조마해. 우리를 자기들한테 굴종시키려 해. 내가 부대를 끌고 직접 가야 하는 건지 그것도 결정하기가 힘들어."

다음 날 아침, 김원봉은 숙소에서 가까운 민족혁명당 본부 겸 조선의용

조선의용대가 발간한 단행본
『국제대오』.

조선의용대의 정기간행물
『조선의용대』에 실린 판화.

대 총대부로 갔다. 김구 중심 민족주의자들이 이청천을 총사령으로 세워 임시정부 소속군인 광복군을 창설할 것이라는 보고를 받았다. 작년1939년 봄 조선의용대 제2지대를 따라갔던 최창익이 추종자들을 이끌고 산시성의 오지 옌안으로 갔고 그들이 그곳에 있는 항일군정대학에 입교했다는 보고가 있었다. 결국 최창익이 조선의용대원들을 화베이로 끌어당겨 지배하려 할 것이라고 추측했다. 김원봉은 심각한 고뇌에 빠졌다.

'중국공산당은 우리 의용대의 효용가치를 알고 대원들을 끌어당기고 있고, 대원들은 다시 동요하고 있다. 병력 일부는 이미 9전구 지역을 벗어나 화베이에서 가까운 안후이성安徽省 뤄양 부근까지 이동했다. 조선의용대를 만들게 해준 국민당 정부 측은 김구가 이청천 장군을 앞세워 광복군을 창설하면 국민당 정부 측이 우리한테 그쪽과 연합하라고 할 것이다.'

이 고민을 해결해줄 답은 없었다. 김원봉은 중대한 결정을 내려야 했다. 그는 한 달쯤 밤잠을 자지 못하고 고심했다. 9월이 오고, 17일에 김구와 이청천 등 민족주의 계열 지도자들은 마침내 광복군을 창설했다. 병력 수는 조선의용대보다 적었지만 참모들은 쟁쟁했다.

김원봉은 김두봉·윤세주와 점심을 들었다. 망명 전 주목받는 국어학자였던 김두봉은 지휘부에서 간행물 발간을 책임지고 있었다. 조선의용대는 정기간행물 『조선의용대』를 내고 있었고 『국제대오』 『현단계 조선사회와 조선 혁명운동』 등 단행본도 출간하고 있었다. 윤세주는 지도위원으로서 여러 곳에 배치된 대원들을 찾아가 지도하고 토론과 회합을 주재하는 임무를 수행하고 있었다.

김원봉의 말을 듣고 김두봉이 먼저 입을 열었다.

"화베이행에 실리와 명분이 있는 거지. 문제는 중국국민당 정부와 공산당이 다시 우리에게 등을 돌리고 있다는 걸세. 우리가 화베이로 가면 국민당 정부의 은혜를 헌신짝처럼 버리는 꼴이 돼버린다는 거네."

김원봉은 심호흡을 했다.

"명분이 있고 대원들이 가기를 희망하면 보내야지요. 10월 말쯤 조선의용대 확대간부회의를 열어서 결정하겠습니다."

전선에 파견되어 있는 대원들의 생각을 가장 잘 알고 있는 윤세주가 입을 열었다.

"만약 자유투표를 한다면 8할이나 9할이 화베이행을 선택할 겁니다. 확대간부회의에서 어떤 결정이 날지 뻔한 일이지요."

김원봉이 입을 열었다.

"문제는 지휘부만 충칭에 남고 주력이 황허를 건넌다면 지휘와 연락이 약화된다는 거지요."

김두봉이 찬찬히 그를 바라보았다.

"조선의용대 주력이 화베이로 가면 팔로군八路軍*의 지원을 받을 텐데 그렇게 되면 김 대장은 지휘권을 잃을 수도 있네. 김 대장은 마음을 비우고 대승적인 생각을 가져야지. 어디 가서 싸우든 내 조국을 찾겠다고 싸우는 내 동지라고 말일세."

김원봉은 문득 두 사람의 선택을 듣고 싶었다.

"두 분도 저와의 인간관계를 떠나서 홀가분하게 선택한다면 화베이로 가고 싶겠지요?"

김두봉이 먼저 대답했다.

"김 대장이 양해해준다면 나는 화베이로 갈 생각이네."

윤세주가 입을 열었다.

"나도 그렇소이다. 물론 대장님이 여기 남으라 하면 남겠어요. 분명한 건 홍군의 지원을 받아 싸우더라도 조선의용대원이라는 신분은 절대로 변하지 말아야 한다는 거지요. 김두봉 선생님과 내가 간다면 본대에 등을 돌린다거나 갈라서는 불행을 막을 수 있겠지요. 중국국민당 쪽의 양해를 얻어 대장님도 화베이로 가면 직접 지휘해 싸워야지요. 만약 우리가 조국 땅으로 진공할 기회가 생긴다면 그때는 달려와 진두지휘하셔야 합니다."

김원봉은 천천히 고개를 끄덕였다. 그는 김두봉의 말대로 대승적인 결

---

* 팔로군: 화베이에서 일본군과 싸운 중국공산당의 주력부대. 처음에는 홍군으로 불렸으나 제2차 국공합작 후에 '국민혁명군 제18로군'으로 개칭했고 8로군으로 통칭했다. 뒷날 화중(華中)에서 싸운 신사군(新四軍) 등과 합쳐져 인민해방군이 되었다.

정을 해야 한다는 쪽으로 마음이 기울고 있었다.

"알겠어요. 나도 마음의 준비를 하지요."

김원봉은 김두봉과 윤세주가 화베이로 간다면 가슴을 메우는 아쉬움도 적어질 것 같았다. 조선의용대의 장래에 대한 걱정은 안 해도 될 거라고 생각했다.

## 조국 독립을 위한 화베이행

1940년 가을, 김원봉은 조선의용대 화베이행 문제를 한 발 진전시켰다. 10월 3일, 그는 윤세주와 함께 계획을 짰다. 신설한 조선의용대 제3지대의 투쟁을 홍보하고, 화베이로 이동하는 당위성을 확보하기 위해 중국의 유력 신문 『중양리바오』中央日報와 『신화리바오』新華日報 기자를 충칭의 요릿집으로 불렀다. 먼저 배석한 제3지대장 김세광과 간부들이 지난 1년간의 투쟁성과를 설명했다.

"우리는 곧 뤄양으로 북상해 적의 후방으로 진입할 것이며 일본군에게 끌려나온 한인 병사들을 쟁취하고, 동포들을 단합시켜 군중적 혁명무장을 하려 합니다. 우리 대원들은 거의 다 군관학교 출신입니다. 탈출한 한인 병사와 청년들로 무장부대를 꾸리면 모두가 지휘관이 될 수 있습니다. 화베이의 20만 동포들이 우리를 도울 겁니다."

이 설명은 다음 날 신문에 실렸다. 김원봉은 이렇게 화베이행에 대한 생각을 바꿨다.

10월 10일, 조선의용대 2주년 기념식이 열렸다. 김원봉은 내빈으로 온 중국 관리와 군 간부들 앞에서 이렇게 연설했다.

존경하는 장관 및 여러 선생님들, 오늘은 우리 조선의용대 성립 2주년이 되는 날입니다. 나는 먼저 우리 의용대 모든 동지의 대표로서 이 자리에 와주신 중국의 붕우朋友들에게 친애하는 형제와 같은 존경을 표하는 바입니다. (…)

오늘 우리는 다시금 대오를 확대하고 무장시켜서 적후의 광대한 조선인민을 쟁취해 반일투쟁에 참가시키며 중국 관내와 둥베이 및 조선의 혁명투쟁을 밀접하게 연계시켜야 합니다. 동북항일연군 중의 조선부대는 수백 명의 독립군에서 수만 명의 강대한 무장력으로 발전하지 않았습니까?[*]

시간은 빠르게 흘렀다. 김원봉은 11월 4일 조선의용대 확대간부회의를 충칭 난안南岸 단쯔스彈子石 다포둔에 있는 조선의용대 총대부 본부에서 열었다. 분대장급 이상 간부는 모두 소집했으므로 참석자는 13명이었다. 이들과 더불어 14일 동안 지난 2년의 투쟁 경험에 대한 자체 평가를 내리고 미래의 계획을 협의했다.

김원봉은 이 마라톤 회의에서 조선의용대의 투쟁방향을 바꾸는 중요한 결정을 내렸다. 첫째, 의용대의 자체 무장화를 통해 전투력이 강한 항일무장대오를 만들자는 것, 둘째, 종래의 분산적이며 유동적인 심리전 공작에서 투쟁 근거지를 구축하는 방향으로 역량을 집중해 공작 중점을 변경하자는 것, 셋째, 조선동포가 많이 사는 지역으로 진출해 동포들을 입대시켜 조직을 확대하고 그들을 실제 전투원으로 만들자는 것이었다.

김원봉은 스스로를 다잡는 마음으로 다음과 같이 선언했다.

"잘됐습니다. 나는 지난 두 달 동안 우리 의용대 주력이 화베이로 진출할 수 있게 중국군사위원회의 양해를 구해왔습니다. 거기 저우언라이 동지가 있으니까 아마 승인하겠지요. 내가 며칠 내로 명령을 하달할 것이니

* 金若山(김약산), 「我們向勝利邁進−金隊長在本隊成立兩週年紀念大會演詞(우리는 승리를 향해 나아가고 있다−김대장 본대성립 2주년 기념대회 연설문)」, 『朝鮮義勇隊』 제38기, 1940년 11월 15일, 5쪽.

동지 여러분은 부대로 복귀해 끝까지 임무를 수행하다가 떠나기 바랍니다. 나는 20대 초반에 의열단을 만들었고, 그 의열단을 주축으로 조선의용대를 조직했습니다. 조국을 위해서는 무엇이든지 할 수 있습니다."

김원봉은 중국군사위원회 정치부에 조선의용대의 북상을 건의했다. 옌시산閻錫山이 지휘하는 제2전구에 속한 우위안五原 지역 동삼성東三省 정진군 사령부로 가서 합류해 공작하겠다는 것이었다. 황푸군관학교 동창회장인 캉저와 동기생 텅제가 앞장 서줘 승인이 떨어졌다.

그렇게 화베이행이 결정되자 김원봉은 최고 인솔자를 정했다. 그는 대원들을 이끌고 화베이로 가고 싶었다. 그러나 저우언라이가 조심스럽게 반대하는 데다가 중국공산당 지역이라는 것이 마음에 걸렸다.

김원봉은 세계정세도 내다보았다. 텅제 장군에게 들은 말 때문이었다.

"유럽에서 벌어진 제2차 세계대전이 아시아 지역에서도 일어날 것이네. 일본이 미국·영국과 충돌할 가능성이 크지. 유럽의 열강들은 프랑스 망명정부를 비롯해 여러 망명정부를 승인했네. 아시아에서 전쟁이 일어나면 열강들이 망명정부들을 승인할 것이네. 연합국이 대한민국 임시정부를 승인한다면 임시정부 소속부대가 아닌 조선의용대의 입지는 추락할 것이네."

김원봉은 그런 계산도 했다. 일단 윤세주가 병력을 이끌고 화베이로 갔고 그는 뒷날 다시 상황을 판단하기로 했다.

김원봉은 윤세주에게 김구를 예방하게 했다. 김구는 임시정부 주석主席에 재선임된 직후였다.

"그래도 독립운동계의 가장 큰 어른이시네. 석정, 자네가 찾아뵙고 화베이행 결정에 대해 말씀드리게."

김원봉의 말에 윤세주는 선선히 고개를 끄덕였다. 다음 날 윤세주는 수행원 한 사람을 데리고 충칭 허핑루和平路 우스예항吳師爺港의 임시정부

김구는 김원봉의 조선의용대와 민족혁명당의 대척점에 서 있었지만 최동선과의 결혼 주례를 하는 등 인간적 유대가 있었다.

청사로 갔다.

"주석님, 한동안 뵙지 못하게 됐습니다. 저희 조선의용대 주력을 화베이로 이동시키기로 했습니다. 제가 갑니다."

김구는 이 소식을 이미 알고 있었다.

"그대들이 화베이 적후로 가서 투쟁을 벌이기로 결정했다고 들었소. 정말 환영하오. 거기에 우리 동포 수십만이 있고 만주와 국내로 용이하게 진입할 수 있는 곳이기도 하니 말이오. 장차 나도 광복군을 그리로 보내서 유격전을 벌이도록 할 거요."

윤세주는 김구 주석의 통 큰 격려의 말이 고마웠다.

"이번에 소집된 확대간부회의는 매우 중요했습니다. 조선의용대 건립 후 2년간의 실천에 비추어 저희는 적후로 들어가 거기서 혈전 중인 팔로군과 함께 항일전투를 벌이는 것이 마땅함을 깊이 깨달았습니다."

화베이로 가면 결국 중국공산당 군대의 영향력 아래로 들어간다고 털어놓았는데 김구 주석은 대범했다.

"조선의용대의 전략방침이 그렇게 바뀌었음을 알겠소. 화베이의 우리 동포가 갈수록 많아지고 있으니 그리로 가서 활동하면 많은 한국인을 끌어올 수 있을 거요. 부디 성공해서 고국으로 진공할 큰 세력이 되기를 기원하리다."*

독립운동의 양대산맥인 임시정부와 민족전선연맹이 넌더리가 나도록 대립하고 논쟁했지만 서로 지켜야 할 도리는 지켰던 것이다. 또는 노회한 지도자로서 산전수전 다 겪은 김구가 조선의용대 주력이 팔로군 지역으로 가면 김원봉의 위상이 약해져 손쉬운 상대가 될 것이라는 공리적인 계산을 하고 기뻐했다고 상상할 수도 있다. 그러나 김원봉이 말했듯이 김구는 독립운동 진영의 최고 어른이었다. 김구가 윤세주에게 한 말은 진심이었을 것이다.

여기서 짚고 넘어가야 할 두 가지가 있다. 첫째는 조선의용대 주력의 화베이행 결정이 김원봉의 주체적 의지였는가, 아니면 다른 힘이 작용했는가 하는 것이다. 조선의용대의 화베이행은 딴죽장이였던 최창익이 진작부터 이야기해온 것이고 김원봉은 당장은 보류하자고 했었다. 막상 조선의용대를 창설해 화난과 화중전선에서 투쟁하다 보니 큰 의의를 찾을 수 없어 많은 대원이 화베이행을 갈망하게 되었다. 결국 김원봉이 마음을 굳히고 확대간부회의를 열어 마라톤 회의를 하는 등 차근차근 절차를 밟아 진행한 것이다.

화베이행은 김원봉이 주체적으로 순리적 절차를 밟아 추진한 일이라는 증언을 보자. 조선의용대 대원 출신 최채崔采는 이렇게 회고했다.

우리가 타이항산 근거지로 찾아가게 된 것은 우리 대 총대부의 김원봉 대장이 극히 비밀리에 팔로군 충칭판사처에서 사업하시는 저우언라이 동지에

---

* 金雲龍, 『金九評傳』, 션양: 됴녕민족출판사, 1999, 130쪽(김영범, 「조선의용대의 항일전투(참가) 실적과 화베이 진출 문제 재론」, 『한국독립운동사연구』 제67집, 2019년 8월, 210쪽 재인용).

게 청시하고 결정지은 일이어서 우리 대원들 외에는 누구도 모르고 있었다.*

김원봉이 저우언라이와 협의해 결정한 결과라는 것이다. 반대로 저우언라이가 조선의용대를 국민당 지역에서 빼돌리기 위해 공작을 전개해 김원봉이 넘어갔다는 증언도 있다. 김원봉의 중국인 비서였던 쓰마루의 주장이다. 자신이 저우언라이의 명령을 받아 대원들을 화베이로 보내라고 김원봉을 설득했다고 말년에 출간한 회고록에 썼다. 요지는 이렇다.

충칭에 와 있던 중국공산당 간부들은 조선의용대를 중국공산당의 영향 아래로 옮기자는 욕심을 지니게 되었다. 저우언라이는 나에게 장차의 중조 관계를 계획하는 일에 헌신해달라고 당부했다. 나는 그의 요구대로 김원봉과 조선의용대에 대해 자주 보고했고 김원봉에게 조선의용대의 대원들을 옌안으로 보내도록 설득했다. 일제가 조선인들을 대거 화베이 지방으로 이주시키고 있으므로 더 많은 대원을 확보해 성장할 곳은 화베이 지방이라고 유혹했다. 김두봉과 김두봉의 아내도 쓰마루의 의견이 옳다고 동의하자 김원봉도 그만 넘어가고 말았다.**

한국독립운동사학계는 쓰마루의 주장을 거의 신뢰하지 않는다. 쓰마루의 견해를 처음 소개한 이정식도 "쓰마루의 공작에 의해서만 조선의용대가 옌안으로 간 게 아니었다. 자발적으로 옌안행을 희망한 대원이 많았다"고 했다.

---

\* 최채, 「햇빛 찬란한 타이항산 근거지로」, 『중국의 광활한 대지 우에서』, 연변인민출판사, 1987, 112쪽.

\*\* 司馬路, 「我毁滅了我的朝鮮友人」, 『鬪爭十八年』, 亞洲出版社, 1951, 173-185쪽 (심지연, 『조선신민당 연구』, 동녘, 1988에 번역 수록).

젊은 날의 저우언라이.
조선의용대의 화베이행을 김원봉과 협의했다.

서대숙徐大肅도 쓰마루의 회고록을 믿지 않는다. 쓰마루는 그 후 중국공산당에서 배신자로 낙인찍혀 옌안에 투옥되었던 전력이 있어, 서대숙은 쓰마루가 자신의 처지를 합리화하기 위해 지어낸 이야기로 판단했다.

쓰마루는 이때 겨우 22세였다. 아무리 역량이 커도 김원봉과 조선의용대 총대부 지도자들이 넘어갔을 리는 없다. 『조선의용대』에 실린 김원봉의 교시나 다른 간부들의 글, 실제로 제3지대가 이동한 시기와 경로를 살펴보면 화베이행이 김원봉의 주체적 결정이었음을 뒷받침한다.

두 번째로 짚고 넘어갈 것은 김원봉은 대원들만 화베이로 보내고 그 자신은 왜 안 갔느냐 하는 것이다. 다시 쓰마루의 글을 보자.

후에 김원봉의 간부들이 전부 공산당 지역으로 떠나버리자 김원봉 또한 자신도 화베이에 가고 싶다고 나를 통해 그의 의견을 당에 제출했다. 이때 저우언라이는 정식으로 거절하며 이유를 댔는데 매우 당당했다.

저우언라이는 나에게 "저우언라이 동지의 뜻은 김원봉 선생이 충칭에 머물러야 이런 공작이 과거보다 더욱 중해진다는 것입니다. 혁명공작은 어니서나 모두 같은 것입니다"라고 전하라고 명령했다.

그러나 이런 상황의 진실한 원인을 나 자신은 분명히 알고 있었다. 김원봉은 당시 조선혁명운동을 하는 사람 가운데 가장 위엄 있고 인망을 지닌 지도자였다. 그는 과거 조선 인민 가운데 영웅적이고 전설적인 인물이기 때문에 우리 당에서는 처음에 반드시 그를 이용해야만 많은 청년을 속여 화베이로 보낼 수 있었다. 그러나 이들 청년들이 화베이에 도착한 후에 여전히 김원봉이 그들과 함께한다면, 즉 만약 김원봉이 화베이에 도착하기만 한다면 지도자의 권한은 자연히 김원봉에게 떨어질 것이고 중국공산당은 직접 통제하기가 쉽지 않을 것이다. (…)

우리 당의 제1차 소조회의에서는 일찌기 김원봉에 대해 토론했다. 그에 대한 당의 결론은 "하나의 소자산 계급의 기회주의자이자 개인 영웅주의자이며 정치적으로 신용할 수 없는 사람이다"라는 것이었다.[*]

결국 김원봉이 저우언라이의 속임수에 넘어갔다는 것이다. 1941년 쓰마루가 국민당군에게 체포당할 위기에 처하자 김원봉이 자기 집에 보름 이상 숨겨주었다는 이야기도 있어 두 사람이 돈독한 사이였던 것 같기는 하다. 그러나 오랫동안 편견을 지녀온 사람의 글이 그렇듯 쓰마루의 글은 그럴듯하게 포장된 느낌이 든다.

중국 관내 조선인독립운동사 전공 중국인 학자 양자오촨楊昭全은 이렇게 설명한다.

첫째, 그는 조선의용대 총대장이자 민족혁명당 총서기였다. 마땅히 남아 국민당과 합작해야 했다.

둘째, 장제스 등 국민당 지도자들의 지속적인 원조와 지지, 신의를 배반하고 팔로군 지역으로 갈 수 없었다.

---

* 같은 자료.

셋째, 그는 비록 사상이 급진적이지만 결국은 민족주의 범위에 속했다. 국민당을 정통적이고 강대한 군사역량을 가진 것으로 믿고 미국·소련·영국과 깊은 관계를 맺은 걸 중시했다.

넷째, 그는 최창익의 조선청년전위동맹과 친밀하지 않았고 그들 주장에 동의하지 않았다.

다섯째, 한국독립당과 갈등이 있었지만 항일하고 독립함은 공통이었다. 프랑스 등 망명 정부가 여러 나라의 승인을 받고 있었다. 국민당 정부 외교부장 궈타이치郭泰淇가 김구와 김원봉을 만나 중국 정부가 임시정부를 승인할 것이니 연합하라고 권고했다. 김원봉은 중국이 임시정부를 승인하면 미국과 영국 등의 승인도 기대할 수 있을 것으로 예상했다.*

김원봉이 화베이로 가지 않은 것은 지금까지 도와준 국민당의 신뢰를 배반할 수 없고 그 자신이 민족주의자였기 때문이라는 것이다. 대체로 이 주장이 맞다는 생각이 든다.


## 화베이로 떠나는 동지들

1941년이 왔다. 새해 벽두인 1월 1일 아침, 충칭에 집결했던 조선의용대 주력은 화베이로 가기 위해 창장강으로 통하는 항구 차오티엔먼朝天門 부두에 집결했다.

바로 전날 밤에는 중국군사위원회가 환송연을 열어주었다. 다시 최채의 기록을 보자.


그믐날 밤이었다. 충칭을 떠나는 우리를 위해 베푼 성대한 연회에는 명망

---

* 양자오촨·이보온,『조선의용군항일전사』, 고구려, 1995, 183-184쪽.

높은 인사인 펑위샹<sup>馮玉祥</sup>·리재성*·선쥔루<sup>沈鈞儒</sup>·궈모뤄 등 애국장령들과 애국인사들이 참석했다. 그들은 우리가 화베이전선에 가게 되면 일본 침략 군과 용감히 싸워 혁혁한 전과를 올리라고 격려해주었다. 그들은 우리가 국민당 통치구역인 충칭을 떠나 위대한 중국공산당이 영도하는 팔로군 타이항산 근거지로 간다는 것은 모르고 있었다.**

멀리 떠나는 대원들은 김원봉 대장에게 경례를 올렸다.

"일동 차렷! 김약산 대장님께 경례!"

대원들의 경례에 답례하고 나서 김원봉은 스스로 다짐하듯이 부하들에게 말했다.

"동지들, 가서 잘 싸우시오. 우리 동포들을 언덕 삼아 대원들을 1,000명 2,000명으로 늘리고 투쟁하시오. 때가 되면 이 김원봉이 달려가 그대들을 이끌고 고국 땅으로 진공할 것이오."

김두봉은 의용대가 자리 잡은 뒤 상황을 보아서 가기로 했으니 윤세주가 최고 선임자가 되었다.

대원들은 민성하오<sup>民生號</sup>라는 증기선을 향해 행진했다. 김원봉은 대원들과 일일이 악수를 하고 그들을 배에 태웠다.

"죽거나 다치지 말고 잘 싸우시오, 동지들."

"대장님, 안녕히 계십시오."

윤세주는 그의 아내와 아들과 작별했다.

"석정, 제수씨와 용문이는 걱정 말게. 내가 잘 건사하겠네."

---

\* 리재성은 당시 저명한 중국지도자들 중에서 이름을 찾을 수 없다. 오류로 보인다.
\*\* 최채, 「해빛 찬란한 타이항산근거지로」, 『중국의 광활한 대지 우에서』, 연변인민출판사, 1987, 112쪽.

1941년 조선의용대 주력이 화베이행에 나선 충칭의 차오티엔먼 부두를 답사 중인 이원규 작가(1995). 지금은 고층건물들이 들어서 흔적을 찾을 수 없다.

"네, 다시 만나게 되겠지요. 우리 대원들을 잘 이끌겠습니다."

김원봉은 윤세주와 포옹했다. 이것이 마지막이라는 것을 그들은 알지 못했다.

그렇게 떠난 조선의용대는 봄이 되어서야 황허를 건넜다. 북진하면서 만나는 국민당 군대에 잠깐 합류해 대적 심리전 공작을 하고 하루에 몇 킬로미터씩 올라간 것이었다.

황허 이북이 거의 홍군 작전 지역이었으므로 그들은 홍군의 지원을 받았고 거기에 따라 전술도 바뀌었다. 예전처럼 대적 심리전 선전공작도 했지만 분산되지 않았고 때로는 후방 교란 작전과 직접전투를 감행했다. 화베이에 사는 동포들을 상대로 대원도 모집해서 동포 청년들을 입대시키기 시작했다.

김원봉은 화베이에 간 1·3지대를 하나로 통합해 화베이지대라고 결정하고 박효삼을 지대장으로, 윤세주를 정치위원으로 임명한다는 명령서를 보냈다. 그것이 끝이었다.

김원봉의 시휘권은 어쩔 수 없이 약화되었다. 작전에 대한 구체적 지시는 물론 어떤 사소한 명령도 보낼 수가 없었다. 그러나 그곳에는 뛰어난 연설가이며 의열단 정신의 상징인 윤세주가 있었다. 김원봉의 황푸군관학교 동기생인 박효삼이 실질적인 작전 지휘권을 쥐고 있었다.

1941년 9월, 김원봉은 아내 박차정과 함께 차오티엔먼 나루로 갔다. 그들은 화베이로 떠나는 처당숙 김두봉을 배웅했다. 김두봉은 큰딸 김상엽相燁은 김원봉에게 맡기고 어린 딸 김해엽海燁만 데리고 갔는데 그게 안타까워서 박차정은 눈물을 흘렸다.

"이제 가시면 언제 다시 뵐지⋯ 부디 해엽이 데리고 무사하셔야 해요."

"걱정 마라. 인명은 재천이라 하지 않느냐. 좋은 세상이 오면 만나게 되겠지."

국어학자 김두봉은 담담했다.

집으로 돌아가면서 박차정이 말했다.

"석정 선생님도 가시고 두봉 아저씨도 가시고 당신 곁이 텅 빈 듯해요."

김원봉은 고개를 저었다.

"나는 쭉쟁이가 되더라도 조국 독립에 도움이 된다면 어쩔 수 없지. 저 세상에 계신 의열단 동지들도 같은 생각일 거야."

중국공산당은 리커농李克農이라는 수완가를 충칭에 파견해 김두봉을 포섭했다고 한다. 리커농은 뒷날 6·25전쟁 종전회담 중공대표로 판문점에 온 인물이다. 김원봉은 화베이로 가겠다는 김두봉을 막을 수 없었을 것이다.

중국공산당이 김두봉을 불러들이는 데 공을 들인 이유는 김원봉의 영향력이 화베이 타이항산의 부하들에게 미치는 것을 차단하기 위해서였다. 중국공산당이 조선의용대 화베이지대 대원들을 받아보니 그들은 최고 수준의 정예였다. 그들을 중국공산당의 지도 체제 아래 집결시키고 반발이나 갈등을 제어하고 무마시킬 수 있는 사람이 필요했다. 중국공산당은 그런 인물로 국어학자로서 명성이 높은 김두봉을 선택한 것이었다.*

한편 당시 충칭에 있었던 정정화鄭靖和 여사는 중국공산당이 김두봉을 불러들이기 위해 그에게 밀사를 보내 '그를 위한 한글연구소를 차려주고 비서를 붙여준다고 유혹했기 때문'이고 또 하나는 '큰딸 김상엽에 대한 여러 가지 염문이 돌아 창피해서 떠났다는 풍문이 돌았다'고 회고했다.**

전설처럼 남은 이야기에 따르면 김두봉은 가난한 벙어리 흉내를 내며 일본군 봉쇄선과 국민당 경계망을 넘어 화베이로 가는 데 성공했다.

## 후좌장 전투

1941년 11월 하순, 김세광이 이끄는 조선의용대 화베이지대원 29명은 팔로군 총사령부가 있는 산시성山西省 퉁위전桐峪鎭을 출발해 허베이성으로 들어가 위안스현元氏縣을 목표로 이동했다. 12월 11일 새벽 셴웡자이仙翁寨라는 곳에서 일본군 300명과 중국인 괴뢰 40명이 속한 부대와 첫 전투를 치렀다. 때리고 빠지는 작전으로 조선의용대는 모두 무사했다.

그들은 다음 날 후좌장胡家莊 마을에 도착해 민가에 투숙했다. 마을 주민 중에 일본군 괴뢰부대원의 가족이 있었다. 괴뢰부대원의 아버지가 먼 길을 달려가 일본군 부대에 밀고해 조선의용대는 포위당했다.

동틀 무렵 탈출 작전이 시작되었다. 김세광 지대장은 마을 뒷산으로 철퇴하기로 하고 손일봉孫一峰·박철동朴哲東·한청도韓淸道·김학철에게 엄호임무를 맡겼다. 격전이 벌어졌다. 손일봉과 한청도는 탄약이 떨어지자 마지막 남은 수류탄을 안고 적진을 향해 돌진해 일본군 7-8명과 함께 산화했다. 박철동은 총검에 찔려 전사했다. 김학철은 다리에 관통상을 입고

---

* 한상도, 「화북조선독립동맹과 중국공산당」, 131쪽.
** 정정화, 『장강일기』, 학민사, 1998, 21쪽.

후좌장 전투 전사자 추도특집으로 꾸민
『조선의용대』 1942년 4월 1일자.

생포되었다.

　조선의용대가 창설 이후 처음으로 전사자가 발생한 후좌장 전투를 충칭의 김원봉 대장과 조선의용대 총대부는 즉시 알지 못했다. 이때 이미 화베이 지대는 김원봉 대장과 거의 단절된 단계로 접어들고 있었다. 일본군의 봉쇄선이 더욱 견고해졌으며 국민당군 지배 지역과 중국공산당 산하 팔로군이 각각 자유왕래를 막았고, 화베이지대원들이 화북조선청년연합회라는 단체에 합류하며 독자적인 길을 걷기 시작했다. 1941년 1월에 창립된 화북조선청년연합회 회장은 김무정이었다.*

　1941년 12월 8일, 일본군이 진주만의 미군 기지를 공격해 태평양전쟁이 시작됐다. 김원봉은 그 소식을 친구 텅제 장군의 초대를 받아 그의 관사에 가서 저녁식사를 하던 중 라디오로 들었다.

---

* 최봉춘, 「조선의용대의 창설과 활동 보유」, 『한국독립운동사연구』 제25집,
　2005. 12, 249쪽.

두 사람은 포도주로 축배를 들었다.

"진주만에서 죽은 수천 명 미군 전사자에게는 안 된 일이지만 우리가 바라는 대로 됐네. 일본이라는 조그만 나라가 그 넓은 태평양에서까지 전쟁을 할 수는 없지. 그놈들은 제 무덤을 판 거야."

텅제의 말에 김원봉이 동의했다.

"물론이네. 덕분에 우리 조국의 독립도 가까워질 듯하네. 지금 우리 조국에선 일본이 민족 말살정책을 펴고 있네. 성을 일본식으로 바꾸게 하고 신사참배를 강요한다네."

태평양전쟁 발발은 독립운동 전선에도 지각 변동을 불러왔다. 중국군사위원회가 조선인 독립운동 단체들의 통합을 요구해온 것이다. 민족혁명당은 임시정부로, 조선의용대는 광복군으로 들어가 통합하라는 것이었다. 임시정부의 중심축인 한국독립당은 민족혁명당보다 세력이 약하고 연로한 인물이 많았다. 광복군도 대원은 없고 겨우 편제만 되어 있어 조선의용대보다 세력이 약했다.

다시 해가 바뀌어 1942년이 되었다. 김원봉은 봄철 내내 바쁘게 뛰어다녔다. 사실 모든 단체의 통합은 그가 몹시 원했던 바였다.

2월 중순, 김원봉은 중국의 『신화리바오』를 보고 깜짝 놀랐다. 그 신문은 「화베이통신」華北通迅 란에서 조선의용대의 전투상황을 보도했다. 후자창 전투에서 일본군 수십 명을 사살하고 네 명이 전사한 것을 4개월 만에 보도한 것이다. 하지만 이 기사는 싱타이邢臺 전투에서 전사자들이 나온 것으로 오보되었다.

김원봉은 대원들이 전사했는데도 모르고 지낸 사실이 슬프고 괴로웠다. 텅제에게 푸념하려 했으나 그는 멀리 출장 가 있었다.

"동지들, 미안하오. 그동안 알지 못해 미안하고 주검을 챙겨주지도 못해 미안하오."

김원봉은 빈소를 차려놓고 동지들 지방紙榜을 향해 절한 뒤 눈물을 흘렸다. 그는 4월 1일에 발행될 반월간 신문『조선의용대통신』42기를 추도 특집으로 꾸미라고 명령했다. 그는 이 특집에 추도사를 써서 싣고 '만장' 挽章도 실었다.

# 16 임시정부와 광복군으로 가다

## 광복군 부사령으로

김원봉이 머물고 있는 충칭은 광대한 중원의 젖줄 창장강과 자링강嘉陵江이 만나는 곳에 마치 오리의 목처럼 생긴 형상을 하고 앉아 있다. 강변 도시인데도 가파른 산과 구릉으로 되어 있어서 중국인들은 '산으로 된성'山城이라고 부르기도 하고, 강 때문에 안개가 많아 '안개도시'霧都라고도 불렀다.

선착장에서부터 도심지까지 언덕마다 계단이 있어서 거리를 걸으려면 하루에 계단을 수천 개 디딜 때도 있었다. 곳곳에 일본군의 폭격을 피하기 위한 방공호가 뚫려 있었는데 봄과 가을은 안개가 많아 폭격이 적고 여름과 겨울에 폭격이 집중되었다.

사람이 살기 좋은 곳은 아니어서 애당초 인구가 10만 명밖에 되지 않았으나 국민당 정부가 옮겨온 이후 일본군에게 쫓긴 다른 지역의 관료와 부자들이 몰려와 인구가 열 배 이상 늘어났다. 그래서 관청에서는 방공호 출입증을 교부하고, 폭격 시기에는 출입증이 없는 사람은 도시 밖으로 내몰았다. 인구가 계절에 따라 고무줄처럼 늘고 줄었다.

1941년과 그다음 해 이곳으로 온 조선인 독립투사들은 두 군데로 나뉘어 살았다. 김원봉을 비롯한 민족전선계 인사들은 다포된 마을에, 김구를 비롯한 임시정부 한국독립당계 인사들은 시내 밖에 있는 투차오土橋 마을에 살았다.

두 조선인 그룹은 멀리 떨어져 머물러 살면서 다시 통합하는 문제로 설전을 벌였다. 김원봉은 그런 현실이 슬펐다. 조국을 강점한 일본군과 싸워야 한다는 공동의 목표를 두고도 노선의 차이로 싸워야 한다니. 그는 중국 국민당에 매달려 이쪽 민족전선계에 대해 험담하는 임시정부와 한국독립당 지도자들에게 환멸을 느꼈다.

1942년 5월 중순, 중국국민당 군사위원회는 명령서 한 장을 내려 보냈다.

한국광복군 사령부에 부사령副司令 직제를 증설함과 아울러 김원봉을 해군該軍의 부사령으로 파견하며 중국군 소장少將으로 예우한다. 원래의 조선의용대는 해군의 제1지대로 개편한다.

이 짧은 명령서 한 장으로 조선의용대는 광복군에 통합되는 운명을 걷게 되었다. 광복군은 본부대원이 50여 명, 각 지대 대원이 60명씩 총 240명이었다. 비록 황허를 건너 멀리 북쪽으로 갔지만 명목상 조선의용대 화베이 지대도 광복군이니 임시정부는 꽤 큰 무장세력을 두게 되는 것이었다.

김원봉이 가장 존경하는 선배 김규식 선생이 말했다.

"씨름을 하다가 심판 때문에 강한 사람이 약한 사람한테 진 꼴이군. 그러나 진 게 아니오. 김 대장의 지위는 막강하오."

김규식은 김원봉이 속한 민족혁명당 계열의 거물이었다.

김원봉은 정색을 하고 말했다.

"선생님, 이제 저는 싫습니다. 독립운동하겠다고 남에 나라에 와서 의탁해 살며 내 나라 찾는 일보다 파벌 싸움에 힘을 낭비하는 게 싫습니다."

성품이 온화해 많은 사람의 존경을 받는 김규식은 헛헛 소리를 내며 웃었다.

"김 대장은 혁명가는 될지언정 정치가는 되기 어렵겠소. 정치가는 줄타기 게임에서 이겨야 하는 거요."

김원봉은 광복군 제1지대장을 겸하게 되어 있었다. 부사령이라는 직책은 실제 전투에 임하고 있는 병력이 조선의용대뿐이라 붙여진 것이었다. 상관인 광복군 총사령總司令은 이청천이었다. 직급상 부사령보다 아래인 참모장은 중국인 육군 소장이 임명되었다. 중국 측은 사령부 편제 안에 무려 30명에 달하는 중국군 장교들을 배치했다. 한국광복군은 엄밀하게 말하면 임시정부의 군대가 아니라 중국군사위원회 소속 군대였다.

이때 광복군사령부는 산시성 시안西安에 가 있었다. 시안에서 조선의용대 통합 문제 때문에 충칭으로 온 이청천이 김원봉을 달랬다.

"이보시게, 약산. 조국 광복을 위해 하나로 뭉치는 데 형식과 명칭이 아무러면 어떻소. 우리 광복군의 실제 전투력은 조선의용대뿐이라 해도 과언이 아니지요. 약산이 원한다면 내가 총사령 자리를 내놓으리다."

김원봉은 착잡한 마음을 드러내지 않은 채 머리를 흔들었다.

"대선배님이 계신데 제가 맡을 수는 없지요. 총사령님을 앞으로 잘 보필하겠습니다."

이청천은 김원봉의 손을 굳게 잡았다.

이로써 1920년대에 무서운 위세로 일본을 떨게 만들었던 의열단의 정신도 광복군의 중심으로 들어가게 되었다.

조선의용대와 광복군의 통합은 즉시 전령에 의해 화베이에 진출한 대원들에게 전달되었다. 화베이에 간 대원들은 위기에 처해 있어 깊이 생각하고 따져볼 여유가 없었다. 일본군은 1942년 2월부터 '춘계소탕전'을 벌여

광복군 부사령으로 기록된 김원봉의 명함.
주소를 친필로 썼다. 김학봉 여사 제공.

6만 병력으로 타이항산에 있는 중국 팔로군을 공격했다.

김원봉이 그 정보를 알게 된 것은 텅제를 통해서였다. 함께 저녁식사를 하다 김원봉은 조선의용대 화베이지대의 소식이 궁금해 그에게 물었다.

"내가 그럴 줄 알고 오늘 군사위원회에 간 김에 작전상황실에 들렀지."

텅제는 종이 위에 지도를 그려가며 설명했다.

"일본군은 다섯 개 사단을 휘몰아 춘계공세를 벌여왔어. 그걸로 끝내는 게 아니라 5월에는 대대적인 공세로 나올 듯하네."

"우리 대원들 있는 곳이 어디인가?"

직접 작전명령을 보낼 수는 없지만 화베이지대는 그의 부대였다. 그가 온갖 난관을 이겨내고 만든 부대여서 '우리 대원들'이라는 표현을 썼다.

"김 대장네 대원들은 마톈전馬田鎭에 있네. 팔로군 총사령부가 있는 협곡 마을이야."

"팔로군 총사령부가 공격당한다면 모를까, 당장은 위험하지 않겠군."

"안심 못 해. 일본군이 어떻게 나올지 모르니까."

텅제가 말했다.

김원봉은 타이항산에 있는 동지들 얼굴이 떠올랐다. 고향 이웃집에서

(위) 타이항산 마톈전 윈터우디춘 마을의 조선의용대 지휘부(1994).
(아래) 당시 대원들이 건물에 쓴 한글 구호(1994).

태어나 함께 공부하고 신흥무관학교도 같이 다녔으며 의열단을 창단했던
윤세주, 처외당숙인 김두봉 선생, 황푸군관학교 동기생 박효삼, 많은 대원
의 얼굴이 떠올랐다. 일본군의 대대적인 공세를 이겨내고 의열단과 조국
의 이름을 떨쳐주기를 기원했다.

## 윤세주, 타이항산에서 전사하다

1942년 5월, 조선의용대 화베이지대는 절체절명의 위기를 맞았다. 텅제가 예상한 대로 일본군은 20개 사단 40만 명을 집결시켜 화베이의 팔로군 부대를 섬멸하려고 밀어붙이고 있었다. 이것을 일본군은 '5월 대소탕작전', 중국에서는 훗날 '5월 반소탕전'이라고 부르게 되었다.

5월 24일, 일본군 3만 명이 팔로군 총사령부를 삼면으로 포위했다. 총사령부 병력은 정치부주임 뤄루이칭羅瑞卿이 지휘하는 2개 소대 70명과 지원부서 요원 40여 명이 전부였다. 총사령부는 대부분 간부들이다보니 휴대한 짐에 공문서 상자가 많아 기동력이 떨어졌다.

근처 윈터우디춘雲頭低村에 조선의용대 화베이지대가 있었다. 전투원 100여 명과 비전투원, 정치요원, 여성 등 40여 명이었다. 그들은 허둥지둥 떠나 밤새 행군해서 일단 위기를 벗어났다. 5월 25일 낮, 다시 걸어서 산골짜기를 따라 행군하고 있을 때, 일본군은 야포와 비행기 공습까지 퍼부었다. 양쪽 산마루에서 총탄이 비 오듯 쏟아졌다. 일본군은 행동이 느린 이 부대에 집중사격을 하면서 승냥이처럼 소리를 질러 댔다. 적 전투기가 머리 위로 날아왔고 폭탄이 대열의 앞뒤에서 터졌다.

조선의용대 박효삼 화베이지대장은 뤄루이칭에게 조선의용대가 포위망을 뚫을 수 있게 해달라고 요청했다. 박효삼이 누군가? 김원봉과 황푸군관학교 동기생이고 국민당군 상교대령까지 올라갔던 투사다. 뤄루이칭으로서는 허락이고 뭐고 말할 상황이 아니었다. 모두가 살려면 그 길밖에 없었다. 조선의용대는 전멸을 각오하고 나섰다.

박효삼은 2개조로 나누어 동쪽 산마루로 돌격하는 작전을 세워 명령했다. 기관총 1정과 개인 소총밖에 없었으나 대원들은 용감히 싸웠다. 여섯 시간 동안 혈전을 벌인 끝에 고지 두 개를 점령해 탈출로를 확보했다. 팔로군 총사령부 요원은 거의 무사히 그곳으로 빠져 나갔다.

    정치위원 윤세주는 비전투원과 대원 가족 40여 명을 이끌고 있었다. 그는 별도의 탈출작전을 감행했다. 밤중에 화위산花玉山이라는 곳에 도착해서 4개조로 분산했다. 윤세주·진광화陳光華·최채·이철중·김두봉, 김두봉의 어린 딸을 포함한 여성대원 네 명이 한 조가 되었다. 당시 대원들의 회고에 의하면 김두봉은 딸의 허리에 줄을 매어 자기 몸에 묶고 뛰었다고 한다.

    윤세주는 김두봉과 동지들에게 말했다.

    "김두봉 선생님, 무사하셔야 합니다. 동지들, 행운을 비오. 살아서 만납시다."

    윤세주의 조는 그와 진광화와 최채가 정찰을 맡아 앞장섰다. 그러나 새벽녘에 일본군 수색대와 부딪치고 말았다. 적의 기관총탄이 비 오듯이 쏟아졌다.

    "안 되겠소. 숲속에 숨은 동지들을 위해 우리는 다시 분산해서 내뜁시다."

    윤세주의 말에 따라 세 사람은 각자 다른 방향으로 내달렸다. 그러나 윤세주와 진광화가 거의 동시에 총탄을 맞았다.

    "동지들, 나는 틀렸소. 저승에서 만납시다."

    진광화는 복부에 총상을 입은 몸으로 바위 절벽으로 기어가서 몸을 날렸다.

    허벅다리에 관통상을 입은 윤세주는 관목 숲에 은신해 적 수색대를 피했다. 적이 스쳐간 뒤 최채가 그를 찾아냈다. 박효삼 지대장이 사정을 알아보려고 보낸 하진동도 도착했다.

    최채와 하진동은 윤세주의 상처를 지혈시키고 부축해 팔로군 의무대를 찾아다녔다. 그러나 의무대는 이미 철수한 뒤였다. 최채와 하진동은 윤세주를 계단밭 뒤에 있는 낡은 움집 안에 눕혔다. 그들은 나뭇가지들을 잘라

움집을 위장했다.

"윤세주 동지, 조금만 기다리세요. 죽을 쑬게요."

두 사람은 물을 길어다 윤세주에게 마시게 하고 조죽을 끓여 먹였다.

하루가 지나자 윤세주의 상처가 썩기 시작했다. 설상가상으로 다시 적 수색대가 오는지 총성이 가까워졌다.

윤세주가 비장한 목소리로 말했다.

"나는 동지들의 마음을 알아요. 그러나 셋이 여기 함께 있으면 모두 죽어요. 조국광복에 몸 바치겠다고 각오한 터에 동지들이 죽음을 두려워하겠소만 승리의 그날을 위하여 한 명이라도 더 살아야 하오. 어서 떠나시오."

두 동지가 눈물을 뚝뚝 흘리며 앉아 있자 윤세주가 큰 소리로 명령했다.

"어서 떠나라! 이건 명령이다!"

최채와 하진동은 거수경례를 하고 그곳을 떠났다.

다음 날 아침 적 수색대가 물러가고 난 뒤 두 사람은 다시 그곳으로 갔다. 움막을 위장한 나뭇가지들이 치워져 있었다. 윤세주는 계단밭 아래로 굴러떨어진 주검으로 발견되었다. 적에게 발견되어 다시 총격을 받은 것이었다.

"저희를 용서하십시오."

최채와 하진동은 눈물을 흘리며 손으로 땅을 파서 윤세주를 묻어주었다.


윤세주는 조선의용대의 정신이자 김원봉 대장과 화베이지대를 잇는 강력한 연결고리였다. 그가 전사하고 한 달쯤 지난 1942년 7월 초순, 김무정이 이끄는 조선청년연합회는 화북조선독립동맹으로 이름을 바꾸고 김두봉을 위원장으로 추대했다. 조선의용대 화베이지대를 조선의용군으로 이름을 바꿔 화북조선독립동맹 소속군으로 만들어버렸다. 명맥만 남아 있던

'광복군 소속 조선의용대 화베이지대'를 떨쳐버린 것이었다. 다만 총사령으로 김무정을 세우지 않고 일단 박효삼을 임명했다. 이로써 김원봉과 화베이의 부하 대원들은 단절된 길로 들어섰다. 김무정은 3년 뒤인 1945년 조선의용군 총사령에 올랐다.

충칭에 있던 김원봉은 조선의용대 화베이지대가 일본군의 대규모 공세에 맞서 위기를 겪을 것이라 예상하고 있었다. 그는 포위망에 갇힌 팔로군 총사령부의 혈로를 뚫고 윤세주가 전사한 사실을 1942년 6월에야 알았다. 윤세주의 아내 하소악은 억척스런 여성이었다. 하소악은 남편이 죽은 자리와 묘지에 가야 한다고 여러 번 말했다. 그러나 김원봉으로서는 그녀를 도울 수가 없었다.

다음 해 1월 이제는 조선의용군이 된 하진동이 옌안에서 충칭으로 전령 임무를 갖고 왔다. 김원봉과 윤세주의 아내는 윤세주가 전사한 전말을 자세히 들었다. 김원봉은 화베이지대로 돌아가는 하진동 편에 윤세주의 아내와 아들을 딸려 보냈다. 모자는 시안을 거쳐 옌안으로 갔고 거기서 다시 길을 떠나 타이항산 석문촌石門村에 모셔져 있는 윤세주의 무덤에 술잔을 올리고 오열했다.

충칭 시절의 약산 김원봉은 「석정동지약사」라는 약전을 썼다.


석정 동지의 원명은 윤세주다. 그의 고향은 나의 고향인 조선나라 경상남도 밀양군 성내이며 그의 집과 나의 집은 거리가 불과 지척 간이다. 우리는 어려서부터 한곳에서 놀고 한곳에서 자랐다. 그는 나보다 두 살 아래이며 8-9세부터 같은 학교에서 공부했다. 그때 서로 사이좋게 지내던 7-8명의 어린이 가운데 그는 나와 특별히 친밀한 사이였다. 조국이 국권을 상실한 망국의 당시 그는 11세, 나는 13세였다.

망국 후 제1차 일제 적의 소위 천장절을 당하여 우리 어린 동무들은 일장

타이항산 스먼춘의 윤세주 석묘. 훗날 허베이성 한단시 열사능원으로 이장되었다.

기를 변소의 똥구덩 속에 꽂아서 천장절 경축을 반대하는 행동을 했다. 그 일로 일본인 교장은 우리를 위협하고 심지어 구타하고 고문까지 했지만 우리가 시종일관 부인했기 때문에 이 사건의 진상은 영원히 밝혀지지 않았다.

동화학교 시절 여러 동학에 애국사상을 적극 고취하고 학교 내에 애국단체인 연무단을 비밀리에 조직했다. 당시 우리는 조선의 무력이 열세하여 멸망했다고 판단하고 동삼성에 가서 훈련을 익히고 나라를 되찾자는 주장이었다. 이것이 당시의 석정 동지와 몇몇 동무들이 지닌 이상이었다. 우리는 이 목적을 달성하기 위해 신체를 단련하려고 강변 뜨거운 모래사장 위에서 풋볼을 했고 겨울 아침 상학 전에는 등산과 냉수욕을 했다.*

* 김약산, 「석정동지약사」, 『앞길』 제32기, 1943년 6월 15일자.

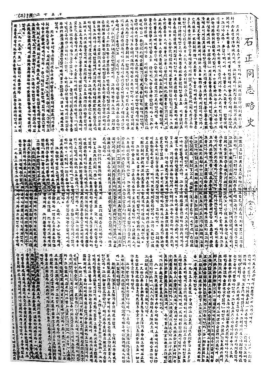

윤세주가
타이항산에서 전사한 뒤
약산 김원봉이 쓴
「석정동지약사」.

## 아내 박차정의 죽음

김원봉은 아내 박차정의 병 때문에 늘 가는 곳을 주변에 일러주고 다녔다. 그때는 의열단장이 아니었으므로 자객이 덤빌 가능성은 거의 없었다.

김원봉의 집은 충칭시 난안南岸에 있는 다포돤 172호에 있었다. 1942년 4월 7일 충칭시 정부가 작성한 「충칭시 거류 한교 조사표」를 보면 해공 신익희가 98호에, 손두환이 150호에 사는 등 민족혁명당원과 가족 40여 명이 다포돤 거리에 살았다.

김두봉이 남겨놓고 간 큰딸 김상엽도 김원봉과 같은 172호에 살았다고 쓰여 있다. '여, 조선의용대원, 난안 다포돤 172호, 미혼, 충칭에 온 날 민국 29년1940년 4월'이라고 기록되어 있다. 김원봉 부부가 김두봉이 떠난

뒤 김상엽을 수양딸로 키웠다는 설이 있는데 외육촌처제로 수양딸은 아니
더라도 데리고 있었던 것은 사실인 셈이다. 김상엽이 아버지가 떠난 뒤에
도 여러 남자를 만나며 바람둥이로 살았는지, 청년들이 김원봉이 무서워
그녀에게 얼씬도 못 했는지는 알 수 없다.

김원봉이 살고 있는 다포완과 인접한 단쯔스 마을에도 그와 노선을 같
이하는 동지들과 그 가족들 수십 가구가 살고 있었다. 거기에는 타오화냐
오桃花鳥라는 중국 별장이 있었는데 김원봉이 이끄는 민족혁명당이 관리
하고 있었다. 난안에 사는 조선인들은 이따금 거기서 모임을 했다. 그런
환경은 김원봉의 아내 박차정에게 큰 위안이 되었다. 조선의용대 의료실
장이었던 도쿄의전 출신 의사 한금원은 충칭에서 병원을 개업했고 난안에
와서 살며 박차정의 병을 돌보고 있었다.

한금원이 박차정의 병세에 대해 말했다.

"심장 기능이 점점 약해지고 있습니다. 기적이 일어나지 않는 한 쾌유는
기대하기 어렵습니다."

김원봉은 한숨을 쉬며 머리를 끄덕였다.

"알았어요. 고통이나 없게 해주십시오."

박차정은 예전 같지 않게 김원봉이 빨리 집에 오기를 기다렸다. 어느 날
김원봉은 싱싱한 햇복숭아를 한 상자 사들고 돌아왔다. 박차정이 과일을
무척 좋아하기 때문이었다. 김원봉이 복숭아를 칼로 깎아주자 박차정이
한 입 베어 물며 그의 어깨에 몸을 기댔다.

"여보, 고마워요. 나는 당신에게 아무것도 해준 게 없어요."

"그게 무슨 소리야. 당신은 내가 급성 복막염으로 쓰러졌을 때 나를 구
해냈고 그동안 내조를 잘해줬어."

김원봉은 아내의 수척한 어깨를 끌어안았다.

"정말 미안한 건 당신에게 아이를 낳아주지 못한 거예요."

(위)1942년 충칭시 정부가 작성한 한교 조사표의 약산 김원봉. 밀양문화원 제공.

(아래) 김원봉이 충칭 시절 살았던 다포둔 172호(2018년 겨울).

결혼한 지 14년이 지났지만 부부에게는 아이가 없었다.

"그게 당신만의 책임이야? 어느 책을 보니까 남자 책임이 더 크다고 하더군. 나 같은 망명자한테는 없는 게 나을 수도 있어."

김원봉은 몸을 일으켜 주방으로 가서 대야에 물을 담아왔다. 그는 박차정을 조심스럽게 의자에 앉히고 그녀의 발을 씻겨주기 시작했다.

박차정이 고개를 흔들며 도리질했으나 그는 듣지 않았다.

박차정이 다시 말했다.

"동선이는 어쩜 그렇게 예뻐요? 엄마도 예쁜데 그 애는 더 아름다워요. 성격이 활발하고 얼굴도 예쁜 데다 어쩌면 자태가 그렇게 고운지. 오늘도 제 곁에 와서 수발을 하다 갔어요."

"응. 우강 내외가 고맙군."

"동선이는 당신을 좋아해요."

"그럴 리가? 제 아버지가 나하고 동지인데."

그는 무심하게 그렇게 말했다.

김원봉은 그즈음 매우 바빴다. 늘 해야 할 일이 쌓여 있었다. 그가 민족혁명당을 이끌고 들어온 뒤 임시정부는 한결 젊어졌다. 지금까지 임시정부의 핵심을 이뤄온 한국독립당 지도자들은 산전수전을 다 겪은 노숙한 연령대의 사람들이었던 것이다. 김원봉은 조선의용대 화베이지대의 이탈로 위상이 조금 흔들리긴 했으나 임시정부 지도자들은 그를 경시하지 못했다. 그가 일생 동안 달려온 투쟁의 자취와 강력한 신념을 알기 때문이었다. 그래서 그를 임시정부 군무부장으로 임명했다.

그때부터 김원봉은 임시정부를 개혁하기 위한 노력에 힘을 기울였다. 특히 광복군의 지위 향상을 위해 전력을 다했다. 광복군은 중국군에 완전히 예속되어 있었다. 그가 조선의용대를 이끌며 광복군 창설을 밖에서 바라보고 있을 때 벌어진 일이었다. 그때 임시정부 지도자들은 어서 빨리 광복군을 창설하고 싶은 욕구 때문에 지휘권을 중국 측에 주기로 약속했던 것이다. 중국 측은 '한국광복군 9개 행동 준승準繩'을 제정해 광복군을 중국군사위원회 참모총장 장악 하에 둠으로써 광복군의 지위를 중국군의 보조군이나 지원군으로 만들어버렸다. 한국광복군은 대한민국 임시정부 소속 군대가 아니라 중국군사위원회 소속 군대로 되어 있었다.

김원봉은 이 예속적 규정을 개선하기 위해 이제 대부분 장군으로 진급한 황푸군관학교 동기생들을 상대로 섭외에 나서야 했다. 광복군 지휘부 상관인 이청천 사령은 일본 육사 출신이어서 중국국민당 군부에 인맥이 없었다. 이범석은 중국 정규군관학교인 윈난강무학교를 나왔지만 그의 동기생들은 대개 군벌 군대로 배치되었고 국민당 군부에 일부가 있어도 실권을 잡은 주류에 들지는 못했다.

　어느 날 저녁, 김원봉이 국민당 군부의 황푸군관학교 선후배들과 자링강변의 이슬람교 음식점에서 쇠고기 요리를 먹고 있는데 최동선이 찾아왔다.

　"사모님이 위급해요. 빨리 집으로 가보세요."

　김원봉은 중국군 장군들에게 양해를 구하고 급히 일어섰다.

　그는 최동선을 태우고 운전병에게 전속력으로 달리라고 지시했다. 중국 정부가 그를 육군 소장으로 예우해주어서 승용차와 운전병이 있었다. 중국군 장군임을 표시하는 별을 단 자동차는 충칭시의 가파른 언덕길을 오르고 내리며 쏜살같이 달렸다.

　최동선이 말했다.

　"제 어머니랑 다른 사모님들 몇 분과 같이 저녁을 드시다가 갑자기 얼굴이 창백해지면서 쓰러지셨대요. 한금원 원장님이 마침 집에 도착한 직후라 달려와 응급조치를 했는데 저한테 어서 장군님을 모셔오라고 했어요."

　최동선의 말을 들으며 김원봉은 올 것이 왔다고 생각했다. 자동차가 속력을 내지 못해 그는 초조했다. 강 쪽에서 물안개가 뭉게뭉게 밀려들고 있기 때문이었다. 그는 빨리 가라며 연신 운전병을 독촉했다.

　최동선이 흐드득 흐느꼈다.

　"장군님, 우리 착한 사모님 돌아가시면 어떡해요."

　김원봉은 손에 밴 땀을 닦으며 말했다.

"내 집사람이 우리 동지 가족들에게 잘 했느냐?"

"네, 잘 하셨어요. 아픈 사람이 있으면 병원비를 주시고, 먹을 것도 나눠 주셨어요. 정작 사모님은 옷도 양말도 기워서 입으셨고요."

자동차가 집 앞에 도착하자 그는 급히 달려 들어갔다. 아내 박차정은 마치 그를 기다렸다는 듯 5분도 안 되어 숨을 거두었다. 김원봉은 문득 난징 시절 젊은 대원 김학철이 읊었던 폐퇴피의 시가 생각났다. '조국의 독립을 위해서라면 그대마저 바치리.' 이 구절은 조선의용대원들도 외우고 다녔다. 그런데 대장의 아내가 그렇게 죽은 것이다.

백범 김구를 비롯한 충칭의 민족운동지도자들이 애도하며 김원봉을 위로했다. 김원봉은 슬픔을 이기기 위해 몸을 던지듯이 일에 매달렸다.


김원봉은 조선 동포들이 많이 이주한 화베이에서 초모招募공작을 하고 국내에서 적 후방 교란을 위한 비정규전 군대를 조직하며, 중국 내 일본군에게 잡혀온 조선인 병사들을 탈출시키며, 화베이의 조선의용군을 임시정부 산하로 복귀시키는 것을 목표로 삼아 혼신의 힘을 기울였다. 그는 이를 위해 수많은 공작원을 밀파했다. 의열단과 조선의용대를 창설해 이끌어온 그에게 참으로 적절한 일이었다.

당시 조선독립동맹과 조선의용군은 중국공산당이 대장정을 끝내고 안착한 근거지인 옌안 교외 뤄자핑羅家坪이라는 곳에 가 있었다. 들리는 소문에 의하면 그들은 야오둥窯洞이라는 움집을 파고 생활하면서 조선혁명군정학교를 열고 대원들을 훈련시키고 있다고 했다. 군정학교 교장은 김두봉이라고 했다.

김원봉은 김두봉과 함께 박효삼의 얼굴을 떠올렸다. 그는 두 사람을 신뢰하고 있었기에 제자와 다름없는 그 밖의 동지들과의 신의를 생각했다.

그는 깊이 궁리한 끝에 임시정부나 광복군 참모들이 눈치채지 못할 젊은 동지를 밀사로 뽑아 옌안으로 보냈다. 밀사는 화북조선독립동맹 김두봉 위원장에게 보내는 것과 박효삼 조선의용군 총사령에게 보내는 것, 그렇게 두 장의 밀서를 갖고 있었다. 김두봉에게 보내는 밀서에는 화북조선독립동맹을 조선민족혁명당 화베이지대로 고쳐줄 것을 요청하는 내용이 들어 있었고, 박효삼에게 보내는 밀서에는 조선의용군을 한국광복군과 통합하자는 내용을 담고 있었다. 보름 만에 밀사가 가져온 대답은 하나는 부정, 하나는 긍정이었다. 김두봉 위원장은 불가능하다고 했다. 박효삼 총사령은 그러기를 희망한다고 대답했다.

김원봉은 비로소 이 사실을 임시정부에 밝히고 정식 대표단을 파견하자고 제안했다. 그러나 한국독립당 계열 사람들은 펄펄 뛰며 반대했다.

"미쳤어요? 임시정부와 광복군마저 공산주의자들한테 바칠 수는 없다고요. 중국국민당 정부가 질색할 게 뻔해요."

김원봉은 단합할 줄 모르는 편 가르기에 다시 한번 절망했다.

김원봉은 혼자 살면서 난안에 있는 집까지 왕래하는 것도 귀찮고 집에 간다 해도 아내의 입김이 서린 곳이라 슬픔을 이기기 어려워서 동지들의 권고를 받아들여 숙소를 시내로 옮겼다. 30년 가까이 중국에서 생활한 터라 아침에 따뜻한 밥을 먹는 조선식 식습관에서 멀어져 있었다. 아침에는 임시정부 청사로 나가는 길에 충칭반점이라는 호텔 앞의 깨끗한 음식점에서 죽을 먹고 점심과 저녁은 외식으로 해결했다. 밤에 혼자 있을 때는 라디오를 들었다.

어느 날 텅제 장군이 단파 수신이 가능한 제니스 라디오를 주었다.

"쓰촨성에 사는 대지주가 미국제 신형 라디오가 나왔다며 하나 사주겠다고 하더군. 그래서 홀아비인 자네가 생각나서 두 대 달라고 했지."

텅제는 그렇게 말하며 검은색 가방처럼 생긴 물건을 건네주고 갔는데 그것이 라디오였다. 충칭의 국민당 국립방송만 들을 수 있는 중파 라디오와 달리 일본의 전쟁지휘부 대본영 방송은 물론 미국과 영국의 방송도 들을 수 있었다. 특히 「미국의 소리」 조선어 방송도 들을 수 있었다. 라디오는 손가방보다는 조금 무거웠지만 들고 다니기 편해 어떤 때는 청사와 숙소로 이동하면서 들었다.

일본의 대본영 방송은 늘 앵무새처럼 승전 소식을 반복했다. 그러나 중국 방송과 「미국의 소리」는 일본군이 곳곳에서 멸망하고 있다는 소식을 구체적으로 보도하고 있었다. 김원봉은 일본의 패전이 다가오고 있음을 깨닫기 시작했다.

그렇게 혼자 사는 일에 조금씩 익숙해질 무렵 뜻밖에 난처한 일이 생겼다. 숙소를 옮긴 뒤 최동선이 와서 청소와 빨래를 해주고 간 것이다. 창문에는 수놓은 레이스가 달린 커튼을 달아놓았으며 새 양말과 속옷을 사다놓았다. 전쟁 중이라 물자가 귀해 구하기 어려운 것들이었다.

## 상사병에 걸린 최동선과 결혼하다

1945년 김원봉은 48세가 되었다. 새해 벽두에도 우울하기만 했다. 아내가 없어서이기도 했지만 마음대로 되는 일이 없고 허전하기 때문이었다. 도무지 신명 나는 일이 없었다. 아무도 말해주지 않았지만 그는 그것이 조선의용대와 거의 단절되었기 때문이라고 생각했다. 일본군 경폭격기가 하루가 멀다 하고 날아와 충칭 시내를 폭격했다.

어느 날 김원봉이 일본군의 폭격을 피해 방공호에 대피해 있다가 숙소로 가니 최동선이 빨랫줄에 빨래를 널고 있었다. 폭격당하는 시간에 빨래를 한 듯했다. 그날 피폭지점이 거기서 먼 곳이긴 했지만 그는 깜짝 놀랐다. 그는 최동선을 불러 세웠다.

"일하는 아줌마를 하나 구할 테니 이제 여기 오지 마라. 충칭은 일거리는 없지만 일손은 많은 곳이니까 사람 구하기는 쉬울 게다. 게다가 폭격도 위험하고."

최동선이 눈물이 그렁그렁한 눈으로 김원봉을 바라보았다.

"네가 애쓰는 건 고맙지만 사람들의 오해를 살지도 모른다. 너에게도 나에게도 좋지 않은 일을 불러올 수 있다."

"장군님이 오시기 전에 얼른 일하고 갈게요. 제발 오지 말라는 말은 하지 마세요. 장군님은 사모님 돌아가신 뒤로 우울하시잖아요. 제가 기쁘게 해드릴게요. 노래를 부를까요, 춤을 출까요?"

김원봉은 엄한 표정을 지으며 천천히 고개를 저었다. 최동선의 두 눈에서 눈물이 불쑥 비어져 나왔다.

"이러면 안 된다는 걸 알지만 장군님이 좋은 걸 어떡해요."

김원봉은 제자리에서 발을 세게 굴렀다.

"나는 네 아버지와 평생 동지다. 네가 지금 한 말은 안 들은 걸로 하겠다. 어서 집으로 가거라."

그날 최동선은 집에 도착한 뒤 물 한 모금도 마시지 않고 눈물만 흘렸다. 어머니가 도대체 왜 그러느냐고 물었지만 그녀는 그저 말없이 눈물만 흘렸다. 그렇게 사흘이 지났다.

난안에 사는 민족전선 계열 인물들의 부인들이 최석순의 집을 방문해서 최동선을 달랬다. 그러다 최동선이 김원봉을 좋아한다는 것을 알게 되었다.

"불쌍한 것, 네가 그만 상사병에 걸리고 말았구나."

부인들은 최동선의 푹 꺼진 눈 주변을 수건으로 닦아주며 말했다.

최동선은 그 뒤에도 아무것도 먹지 않아 기진해버렸다. 부인들이 앞장서기 시작했다.

"나이 차이가 많이 나기는 하지만 안 될 것도 없지요."

이야기가 그렇게 퍼지는 가운데 김원봉은 묵묵히 일에만 매달렸다. 최동선의 단식이 일주일을 넘어서자 목숨이 경각에 달린 지경이 되었다. 그는 최동선을 죽게 할 수는 없었다. 더 두고 볼 수 없어 최석순의 집으로 가서 최동선에게 말했다.

"네 마음을 알았으니 이제 일어나 미음이라도 먹어라."

그가 그 한마디를 하고 돌아가자 최동선은 자리를 털고 일어나 미음을 먹었다.

김원봉은 민망해서 말도 못 하는데 김성숙이 살며시 웃었다.

"여복은 타고난다더니 약산이 부럽소. 동선이가 얼마나 빼어난 미인이오? 스물한 살 차이면 어떻소? 연분이라 여기고 받아들이시오."

김원봉은 난처한 얼굴로 다녔지만 임시정부 청사의 지도자들은 그를 보면 미소를 지었다.

김구 주석이 만나자고 하더니 그의 등을 두드리며 말했다.

"뭘 망설이오? 내가 주례를 할 테니 당장 날을 잡아요."

그리하여 김원봉은 1월 21일 백범의 주례로 최동선과 결혼식을 올리고 다시 난안 다포된 172호에 있는 집으로 들어갔다.

당시 충청에 있던 정정화 여사의 회고록을 보면 김원봉이 동지의 어린 딸을 유혹한 게 아니라 최동선이 떼를 쓴 것이었다.


우강右江, 최석순의 호에게는 동선이란 맏딸이 있었다. 동선은 어머니를 닮아 말쑥하고 예뻤으며 아주 총명했다. 우강의 가족이 충청에 있을 때, 민족혁명당의 서기장이며 임시정부의 군무부장인 약산 김원봉이 상처를 하였는데, 그 후 동선이가 그와 결혼하겠다고 하여 큰 소동이 일어났다.

우강은 딸보다 스무 살이나 많은 약산과의 결혼을 극구 반대했으나 동선이의 결심도 만만치 않아 결국 동선은 약산에게 시집가게 되었다. 그 후 귀국할 때 동선이가 약산과 낳은 갓난아기를 데리고 우리와 함께 선창에서 며칠인가 같이 지냈던 일이 생각난다.*

  김원봉이 결혼하고 열흘쯤 지나 1월이 끝나갈 무렵이었다. 놀라운 일이 벌어졌다. 일본군을 탈출한 학병 출신 청년 50명이 수천 리 길을 행군해 도착한 것이었다. 다음 날 환영회가 열렸다. 첫 순서는 국기에 대한 경례와 애국가 봉창, 다음은 김구 주석의 환영사였다.

  학병 대표 장준하張俊河가 답사를 했다. 학병들은 1년 전쯤 조국 땅을 떠났기 때문에 장준하는 국내 사정 보고와 탈출 경위 보고를 겸했다. 고통받는 조국의 현실을 이야기하자 김구 주석도 울고 노년의 지도자들도 모두 울었다. 김원봉도 울었다.

  김원봉이 임시정부를 대표해 환영사를 했다. 김준엽金俊燁은 그때의 느낌을 훗날 회고록에 적었다.

  장 형이 답사를 하는 동안 김구 선생과 여러 노인 각료들이 소리 없이 울고 있다가, 김구 선생이 학! 하고 지금까지 참았던 그 처절한 울음을 폭발시킴을 신호로 장내는 삽시간에 울음바다가 되어버렸다. 이시영 선생도 울고, 조완구 선생, 조소앙 선생 그리고 김원봉 선생도 울고, 모두가 큰 소리로 울었다. 환영회는 통곡의 바다가 되어버렸고 아무도 먼저 말리려 들지 않았다.

  이런 분위기 속에서 다음 차례로 김원봉 군무부장이 격려사를 했다. 김 부장은 이때 47세였는데 나이가 더 많은 원로 각료들 대신 왜 김 부장이 격려사를 하게 되었는지는 알 수가 없었다. 우리가 군인이기 때문에 군무부장으로서 말하게 되었는지 아니면 임시정부가 좌우합작이기 때문에 좌파 대표로 김 부장이 이야기를 하게 되었는지, 민족혁명당으로서는 당수 김규식 박

---

* 정정화, 『장강일기』, 73쪽.

사임시정부 부주석가 재석하는데 부당수인 김 부장이 격려사를 할 까닭이 없었다.*

김원봉의 격려사는 임시정부에서 그의 위상이 얼마나 컸는지를 말해준다. 비록 조선의용대를 화베이로 보낸 터라 날개가 꺾여 있었으나 그는 임시정부의 제2인자나 다름없어서 원로들을 물리치고 단상에 오른 것이었다.

김준엽이 기록한 김원봉에 대한 또 다른 회고를 옮겨 본다. 김준엽은 이후 임시정부에 머물면서 백범 김구 계열에 속했다. 당시 백범의 한국독립당은 갑자기 임시정부로 밀고 들어온 김원봉의 민족혁명당 계열과 임시정부 주도권을 놓고 힘겨루기를 벌였다.

물론 백범이 김원봉과 최동선의 결혼 주례를 맡아준 것처럼 조국 독립을 위해 분투하는 공동의 길을 가는 터라 인간적인 정을 나누기는 했지만 임시정부 운영에 있어서 두 사람은 한 발도 양보하지 않고 대립했다. 김원봉의 반대편, 즉 한국독립당 쪽에서 당시 상황을 기록한 두 사람이 있다. 한 사람은 김준엽의 장인이 된 석린 민필호閔弼鎬이고 또 한 사람은 일본군 탈출 학병 장준하다. 이 회고록에는 김원봉 진영에 대한 격렬한 비판이 담겨 있다.

두 사람이 김원봉에 대해 지독하게 비난한 회고를 보기 전에 김준엽의 점잖은 회고를 좀더 보자. 최동선의 인상에 대한 회상이다.

그가 어떠한 사상을 지녔건 항일투쟁에 있어 큰 공을 세운 것은 부인할 수 없는 사실이다. 앞서 이야기한 바와 같이 나는 장준하 형과 함께 난안에 있는 김규식 박사를 방문한 다음 그 근처에 있는 김원봉 부장을 찾았으나

---

* 김준엽, 『장정 1: 나의 광복군 시절』, 나남, 1988, 383쪽.

그는 외출 중이어서 만나지 못하고 그의 서른 전후의 젊은 부인만 문밖에서 만났다. 이 부인은 당시 임시정부의 국무위원으로 있던 최석순 선생의 따님으로서 후취라 한다. 부인은 우리의 방문을 무척 기뻐했는데 대단히 발랄한 미모의 여성이었다.

　　나는 어느 날 충칭 거리를 혼자 다니다가 김원봉 선생을 우연히 길가에서 만난 적이 있다. 그는 언덕 위의 길목에 서서 누구를 기다리고 있었다. 내가 찾아갔을 때 집에 없어서 미안하다고 하면서 악수를 청했는데 이때도 그는 웃는 낯이 아니었다. 방금 저우언라이를 만나고 오는 길이라고 하면서 언제 조용히 만나 이야기나 하고 싶다고 친절하게 말했지만 끝끝내 나는 그를 따로 만나지 못했다.*

김준엽은 의열단 단장 출신의 전설 같은 거물 지도자 김원봉이 스무 살 이상 어린 동지의 딸과 결혼한 일이 충칭의 한인공동체를 발끈 뒤집어놓은 사실을 알고 예의를 지켜서 썼다.

## 임시정부에서 위상을 튼튼히 하다

임시정부 인물들은 여러 정당에 속해 있었다. 약산 김원봉이 이끄는 민족혁명당은 백범 김구 주석의 한국독립당 다음으로 당세가 컸다. 좌파인 민족혁명당은 우파인 한국독립당에 비해 적극적인 성향을 지닌 당원들이 많고 죽기 살기로 싸우는 치열한 응전 태세를 갖추고 있었다. 의열단 창단 이후 그들이 걸어온 길이 그랬다. 라이벌을 이루는 두 세력은 즉시 경쟁체제로 들어갔다. 지금까지 누려온 파이를 빼앗기지 않으면서 빼앗으려는 힘겨루기가 시작되었다.

———
* 같은 책, 348-349쪽.

임시정부를 찾아온 학병 탈출 청년들도 두 계열의 목표가 되었다. 장준하는 그 과정에서 김원봉이 비난받을 만한 행동을 했다고 회고록에 썼다.

다만 집단 포섭이 불가능한 대상이란 것만을 알아차린 눈치였다. 그래서 이번에는 수단과 방법을 달리해서 개별 포섭 공작을 집요하게 벌이기 시작했다. 개별적으로 몇 사람씩 불러다가 술을 사 먹이고 심지어 김원봉 일파에서는 미인계까지 쓰고 나서는 형편이었다.*

석린 민필호가 김원봉에 대해 비난한 글은 선생의 회고록「대한민국 임시정부와 나」에 실려 있다. 이것을 사위 김준엽이 훗날 선생의 약전과 함께 한 권으로 묶어 펴냈다. 김원봉에 대한 민필호 선생의 비난은 다음과 같다.

공산당 김원봉이 일본이 패배할 기맥을 알고 중국 남의사 계통 삼민주의 청년단 단장 캉저특무대장를 스승으로 섬기며 그자의 도움을 받아 조선의용대를 조직하고 중국군과 합동 작전을 한다면서 한편으로는 몰래 옌안에 있는 공산당 김두봉과 기맥을 상통하여 임시정부를 탈취할 야심으로 갖은 수단을 다했다. 그는 주석 임기가 다 되어 주석을 재선再選하게 되었음을 기회 삼아 온갖 수단을 동원해 임시의회를 80일간이나 끌게 했다. (…) 국민당 비서장 우톄청吳鐵城 씨와 의논하여 한국임시정부로 하여금 각 당 각 파를 망라하는 연합정부를 조직해 통일하라는 압력을 가했다. 요구를 받아들이지 않으면 원조를 하지 않겠다는 위협이었다.

---

* 장준하,『돌베개』, 사상계, 1988, 208쪽.

80일을 끄는 동안 암암리에 의원들을 돈과 향응으로 매수해 결국 24석까지 확보했다. 그러면서 한편으로는 임시정부의 경비로 의회 중 의원들에게 매일 매인당 10원씩 지불하게 하여 임시정부의 경비를 소진시키게 하는 책략을 사용했다. 경비가 그렇게 소진되면 임시정부의 위의威儀가 훼손되고 따라서 독립당 경비도 조달하지 못하게 된다는 식으로 그 무능함을 폭로하면 충칭에 있는 일반 동포들 사이에서도 임시정부를 배격하는 심리가 유포될 거라 생각했던 것이다. 이러한 음모는 완연한 공산당식 선동 방법이었다.

한국독립당과 임시정부 쪽에는 청년도 약간 있었으나 노인이 많아 대부분 중국어가 익숙지 못했고 조금 쓸 만한 청년들은 다 김원봉이 금력으로 매수해 노인들에게 불만을 품고 있었다. 김원봉이 지도하는 민족혁명당의 전술은 제1차 회의에서 자기파 의원들 몇이 작당해서 한 사람이 나와 쓸데 없는 말로 발언하여 최소 15분에서 20분가량 허비하고 들어가면 곧이어 다른 의원이 이어받아 발언을 계속해 회의를 지연시키는 방식이었다.

의회를 80일이나 끄는 동안 김원봉은 독립당 당적의 의원들까지 상당수 매수한 것 같았다. 독립당 의원들 가운데 일부가 동요하고 있다고 생각한 우리는 관례에 따라 유기명 투표를 주장했고 민족혁명당계는 무기명 투표를 주장하여 1, 2주 이상을 이 문제로 대립해 시간을 허비했으나 결국은 유기명 투표로 결정했다. 주석·부주석을 선거한 결과 주석에 김구 선생, 부주석에 김규식 씨가 각각 선출되었다(당시 김원봉 씨가 실질적으로 민족혁명당을 이끌고 있었으나 사실은 공산당이었으므로 표면을 위장하기 위해 김 박사를 내세우고 있었다. 김 박사 역시 이 사실을 알면서도 생활 관계상 잠시 이용했을 뿐이었다. 따라서 일본이 투항한 후 임시정부가 상하이에 도착하자 김 박사는 민족혁명당 탈당성명서를 발표했다.

김원봉은 군정부軍政部만 민족혁명당에 준다면 다른 부는 한국독립당에게 일임하겠다고 중국 정부 실력자 캉저에게 말했다. 캉저는 곧이듣고 우리에게 압력을 가했다. 이 말을 통고받은 나는 너무나 불쾌해 만일 김원봉이 당시 옆에 있었다면 "이 비루한 놈아"라고 말하면서 죽이고 싶을 정도였다. 나는 돌아와 백범 선생에게 보고하고 간부들과 논의한 후 그들의 요구를 들어주어도 김 주석에게 통수권이 있고 광복군 총사령이 이청천인 까닭에 무방하다 하여 허락했다. 이러한 결정을 국민당에 통보하니 이번에는 또 다른 권고를 해왔다. '한국독립당은 노인들만 임시정부에 참여하고 다른 당은 모두 연부역강年富力强한 자들이니 한국독립당에서도 장년인 자를 임시정부에 보내는 게 좋겠다는 취지였다.*

장준하와 민필호의 글을 보면 김원봉이 임시정부의 주도권을 차지하기 위해 의사 진행을 방해하는 등 적극적인 공세를 펼쳤고 상당한 성취를 이루었음을 알 수 있다. 그래서 탈출 학병 환영식에서도 임시정부의 제2인자로서 격려사를 한 것이었다.

김원봉 계열의 임시정부 장악 기도를 '임시정부 파괴'라고 말하는 사람들도 있는데 좋게 표현하면 극성스런 지분 쟁탈전이었다. 그들은 임시정부에 합류한 이상 국무위원과 의정원 의원을 한 자리라도 더 차지하기 위해 나서야 했다. 한국독립당에서 그들이 가진 지분을 뚝 잘라줄 리가 없으니 김원봉은 국민당 정부의 실력자들을 등에 업는 수밖에 없었다.

김원봉은 조선의용대 주력의 화베이 이동이 가져다준 위상의 약화를 그렇게 분투하며 넘어섰다. 그리하여 몇 달 동안의 힘겨루기 끝에 좌익과 우익의 연합정부가 출범했다. 이른바 '조성내각'組成內閣이었다. 한국독립당

---

* 김준엽 편저, 『석린 민필호전』, 나남, 1995, 103-111쪽.

의 백범 김구가 주석, 민족혁명당 대표 김규식 박사가 부주석이고 20명의 국무위원은 한국독립당이 9명, 민족혁명당이 5명, 나머지가 군소정당이었다. 내각의 각원閣員은 한국독립당이 8명, 민족혁명당이 4명이었다. 광복군을 지휘하는 군무부장은 김원봉이었다. 김원봉보다 열 살 많은 신흥무관학교 은사이자 한국독립군과 조선혁명군을 이끌었던 광복군 총사령 이청천이 그의 수하가 되었다. 국회 격인 임시의정원은 정원이 50명인데 한국독립당이 25석, 민족혁명당이 17석이었다. 그 후 민족혁명당이 24석까지 자리를 늘려갔다.

그런 가운데 조국광복의 희망은 점점 더 커지고 있었다. 김원봉은 텅제가 준 단파 라디오로 시시각각 변하는 소식을 접했다. 4월에 소련군이 독일 베를린을 점령하고, 이탈리아에서는 무솔리니가 처형당하고, 히틀러가 자살했다. 5월에 들어서는 미군이 오키나와沖繩 해전에서 승리하고 일본을 패전의 막다른 길목으로 몰고 가기 시작했다.


### 마침내 해방의 날이

이 무렵 광복군은 연합군과 연대連帶를 맺고 있었다. 인도와 버마전선에 파견된 광복군 공작대는 임팔Imphal 지역에서 대적 방송과 통신 감청, 포로 심문 등을 하면서 충실히 임무를 수행했다. 5월부터 중국 산시성 시안 교외 두취杜曲에서는 이범석의 지휘를 받는 광복군 정진대挺進隊가 미국의 전략첩보국OSS과 연합해 국내 진공을 위한 특수훈련을 받고 있었다.

어느 날 김원봉은 「미국의 소리」 조선어 방송에서 반가운 소식을 들었다.

자유를 갈망하는 조선인 여러분 안녕하십니까. 여기는 콜사인 브이 오우 에이, 보이스 오브 아메리카, 「미국의 소리」 조선어 방송입니다. 지난 7월 26

일 도이칠란트 동부 포츠담시에서 미합중국 대통령·중화민국 정부주석·대영제국 수상은 전쟁의 종결 처리에 대해 회담을 진행하여 다음과 같은 선언문을 발표하였습니다.

이렇게 시작된 방송은 선언문의 첫째, 둘째, 셋째 합의 사항을 발표하다 여덟 번째 사항을 강조해서 말했다.

여덟째, 카이로 선언의 제 조항은 이행되어야 하며 일본국의 주권은 본토·홋카이도·규슈와 우리가 결정하는 작은 섬들에 국한할 것이다." 조선인 여러분, 이것은 조선인의 해방을 명백하게 규정하는 것입니다. 1943년 12월에 발표한 카이로 선언에서 조선인의 장래에 대해 다음과 같이 언급했습니다. "우리 3대 동맹국은 조선인민의 노예 상태에 유의해 적당한 시기에 조선을 자주독립케 할 것을 결정한다.

'종전이 임박했구나. 자칫하면 우리 독립운동 세력은 힘도 못 써보고 조국이 해방되겠구나. 적당한 시기에 조선을 자주독립케 한다는 것은 무슨 뜻인가. 연합국이 군정을 베풀거나 식민지로 만들겠다는 뜻이 아닌가.'
김원봉은 정신이 번쩍 들었다.
그는 김구 주석에게 달려가 강력하게 요구했다.
"시간이 없습니다. 어서 옌안에 특사를 보내 통합이나 연합전선을 제의하십시오. 지금 당장 조국 땅으로 진공하지 않으면 안 됩니다."
김구는 고개를 끄덕였다.
"그렇군. 시안에서 훈련하는 병력은 너무 적지."
"물론입니다. 그 병력은 낙하산 훈련을 받고 있으니 미국과 함께 진공하고, 우리는 독립동맹, 조선의용군과 연합해 바다를 건너가 공격해야 합니다."

"알았소이다. 옌안으로 누굴 보내는 게 좋겠소?"

"장건상 선생이 좋겠습니다. 나이도 지긋하시고, 초기부터 임시정부에서 일한 데다, 한때 공산주의 운동을 한 경력도 있습니다. 민족혁명당에서일한 터라 김두봉 선생과 친분이 있고 조선의용군을 이끄는 동지들이 신뢰하는 사람입니다."

"알았소. 국민당 측이 싫어할지 모르니 이건 나와 김규식 부주석과 군무부장만 아는 걸로 합시다."

김구는 장건상을 옌안으로 밀파하기로 결심했다.

1945년 8월 5일, 임시정부의 김구 주석은 산시성 시안 근교 두취전杜曲鎭에서 미국 전략첩보국의 협조로 특수전 훈련을 받은 광복군 국내 정진대 수료식에 참석하기 위해 미군 비행기를 타고 시안으로 떠났다.

"이보시게, 약산. 군무부장인 당신과 함께 가야 하는데 미군이 소형 비행기를 보냈으니 어찌하오? 내가 가는 것도 기밀로 하라니까 그리 아시오."

김원봉은 고개를 끄덕였다. 충칭에는 일본 밀정이 많았다. 군무부장인자신이 충칭에 남으면 일본 밀정이 김구의 시안행을 포착했다 해도 정진대의 고국 출정이 임박했다는 것을 예상하지 못할 터였다.

김원봉은 청사의 자기 방으로 걸어가며 마침내 때가 다가오고 있음을느꼈다. 30년 동안이나 항일투쟁을 해온 그의 육감 같은 것이었다. 그는초조했다. 광복군이 조선의용군과 연합해 고국 진공을 할 수 있을까. 김구주석을 재촉해 장건상을 옌안으로 파견한 것은 닷새 전이었다. 시안의 국내 정진군은 모국 진공을 할 수 있을까. 그는 상황을 치밀하게 분석하면서하루하루를 보냈다.

김원봉은 매일 새벽 라디오로 「미국의 소리」를 듣다 8월 7일과 9일에 놀라운 소식을 접했다. 8월 6일과 8일에 미군이 히로시마廣島와 나가사키에 미증유의 위력을 지닌 신종 폭탄을 투하해 십만 명씩 목숨을 잃었다는 소식이었다. 미증유의 신종 폭탄이 무엇이기에 단 한 발에 십만 명이 죽은 것인가. 게다가 소련도 8월 8일 일본에 선전포고를 하고 북만주 일대를 밀어붙이고 있었다.

장건상을 옌안으로 보낸 지 열흘이 지났다. 조선의용군과 연합 진공을 할 수 있느냐 못 하느냐. 미국 전략첩보국과 연합한 국내 진공은 어찌 될 것인가. 그는 적어도 일주일 안에 항일 독립운동의 성패를 가늠하는 중대한 변화가 생길 것이라고 짐작했다.

"왜 이렇게 날이 더운 거요?"

김성숙이 문을 열고 들어오며 말했다. 부채로 부채질을 하고 있는데도 웃옷이 땀으로 푹 젖어 있었다.

"난징과 우한의 여름을 겪어봤으면서 뭘 그러세요. 충칭을 난징, 우한과 함께 중국의 3대 찜통 도시라고 부르는 걸 알지 않소이까?"

"왜 이리 가슴이 뛰지? 더위 먹어 한바탕 앓으려나? 모국에서 늙은 어머님이 돌아가신 게 아닐까?"

김성숙이 말했다.

그때 전화벨이 울렸다.

김원봉이 전화기를 드니 임시정부 청사 교환원이 텅제 장군의 전화라고 말했다. 그가 "텅제 장군, 나일세" 하고 말하는데 텅제가 그의 말을 자르며 급히 대화를 이었다.

"일본이 중립국 스위스 정부에 요청해 연합국에 무조건 항복 의사를 전해달라고 했다네."

전화기를 내려놓는 순간 그의 머릿속에 어떤 예감이 번개처럼 스쳤다.

'아, 우리 조국이 해방되는구나. 그러나 우리가 너무 늦었다. 어서 빨리

고국으로 돌아가야 한다.'

김원봉이 통화 내용과 그의 생각을 말하니 김성숙은 펄쩍 뛰었다.

"그 말이 맞아요. 어서 빨리 임시정부와 광복군은 고국으로 돌아가야 해요."

그 순간부터 김원봉은 발 빠르게 움직이기 시작했다. 김원봉과 그의 참모들의 움직임은 뜻밖에도 정적이었던 한국독립당 민필호의 회고록에 비판적으로 실려 있다. 그의 행동은 용납할 수 없는 쿠데타의 책략이라고 표현되었다.

김구 주석이 시안에 있는 광복군 제2지대장 이범석의 요청으로 해대該隊 훈련반 졸업식 전에 훈화하러 가신 동안 김원봉은 내각 각원들이 하루 바삐 귀국하기를 열망한다는 점을 이용해 그들을 선동했다. 그는 김 주석이 무능하고 한국독립당이 무력하여 우리가 본국에 돌아갈 희망이 없으니 임시 국회를 소집해 주석을 갈고 정부를 개조하여 중국이나 미국의 도움을 받아 속히 귀국해야 한다고 주장했다. 한편으로 그가 의정원 의장 홍진을 설득해 김구 주석을 갈고 당신을 주석으로 추대할 테니 빨리 임시의회를 소집하여 김구 주석을 파면시키고 정부를 개조하여 귀국하자고 하니 의장은 이에 응하여 임시회의를 소집했다. (⋯) 임시회의가 열린 지 이삼 일이 되었으나 회의가 제대로 진행되지 않고 있는 가운데 김 주석이 시안에서 돌아왔다. 김 주석이 의회에 출석해 "내가 시안에 가 있었어도 임시정부의 귀국과 관련된 중국 당국과의 협의는 이미 진행되고 있으며 머지않은 장래에 그 문제가 원만히 해결될 것이다. 그러니 여러분은 조급해하지 말고 나를 신임하면 나는 절대로 여러분을 실망시키지 않겠다"라는 연설을 하여 의회는 무사히 폐회하게 되었다.*

8월 15일 정오를 앞두고, 김원봉은 충칭 임시정부청사 군무부장실에 앉아 있었다. 언제 어떤 상황이 벌어질지 몰라 신경을 곤두세우고 있었다. 그날 일본 천황이 방송으로 항복을 공포할 것이라는 정보가 있어서 라디오를 틀었다.

정오가 되자 밀양의 보통학교 시절 일본인 선생에게 배웠던 일본 국가 기미가요가 라디오에서 울려퍼졌다.

군세君世는 천 세 팔천 세니 조그만 돌이 바위가 되고 청버섯이 필 때까지.

기미가요 합창이 끝나자 히로히토 천황의 음성이 흘러나왔다.

우리의 선량하고 충실한 신민臣民들이여! 세계의 일반 정세와 오늘 우리 제국에서 지배하고 있는 특수한 여러 관계를 깊이 고려한 끝에 우리는 비상조치로 피난처를 구하고 현재의 정세를 조정할 것을 결정하였노라. 우리는 정부에 명하여 미국·영국·중국·소련 정부에 우리 제국이 이들 여러 나라 정부의 공동성명 조건을 수락할 것을 통고시켰노라.

사람들은 일제히 두 팔을 치켜올려 만세를 부르면서 달려 나갔다.

"만세! 만세! 우리나라 독립 만세!"

김원봉은 손수건을 꺼내 눈물을 닦으며 집무실 책상에 걸터앉아 있었다.

"약산! 해방이오, 해방! 우리 조국이 해방됐어요!"

김성숙이 웃는지 우는지 모를 얼굴을 하고 다가와 그의 목을 껴안았다.

---

* 같은 책, 116-117쪽.

"네. 해방이에요. 나는 너무 많은 동지를 잃어서, 의열단 단장 노릇 하며 무수히 많은 의열단 동지를 희생시켜서 기쁜 줄 모르겠어요."

"그 사람들도 저승에서 기뻐할 거요."

두 사람은 서로 끌어안고 엉엉 울었다.

감격의 시간은 길지 않았다. 김원봉이나 김성숙이나 사태를 통찰하는 예리한 두뇌를 지닌 사람들이었기 때문이다. 광복군 정진대는 출정하지 못했다. 독립동맹과 임시정부, 광복군과 조선의용군도 개와 고양이처럼 서로 신뢰하지 못해 연합 진공의 기회를 놓쳐버렸다. 만주에서 싸웠던 동북항일연군도 동시베리아로 이동했다는 소문이 도는 것을 보면 국내 진공을 하지 못한 것 같았다. 그렇다면 독립전선은 조국광복을 위해 아무것도 기여한 게 없는 꼴이 되어버리는 것이다.

"아아, 모든 게 늦어버렸어요."

김원봉의 말에 김성숙이 머리를 끄덕였다.

"우리 조국의 앞날을 아무도 예측할 수 없어요."

김원봉이 난안에 있는 집으로 가니 그의 젊은 아내 최동선이 임신해 배가 부른 몸으로 태극기를 꺼내 막대기에 달고 있었다.

"타오화냐오 별장 앞에서 여인네들끼리 태극기를 흔들면서 만세를 부르고 춤추기로 했어요. 가도 되지요?"

김원봉은 그녀를 향해 웃어 보였다.

"괜찮아. 춤은 못 추겠지만 목이 쉬도록 만세를 부르고 와."

태극기를 들고 나가려던 아내 최동선이 다시 돌아섰다.

"아까 아주머니들이 저한테 '너는 좋겠다, 너는 좋겠다' 하셨어요. 장군님이 독립된 조국에서 다섯 손가락 안에 드는 높은 자리에 앉을 거라고."

김원봉은 머리를 좌우로 천천히 흔들었다.

"나는 그런 생각을 해본 적이 단 한 번도 없어. 어서 나가서 만세를 부르고 와."

혼자 방으로 들어간 김원봉은 먼저 세상을 떠난 첫 아내 박차정의 사진을 꺼내 들었다. 그는 사진을 가슴에 품고 여인네들과 아이들이 만세를 부르면서 춤을 추고 있는 타오화나오 별장 반대편으로 난 길을 천천히 걸어 나갔다. 그는 방아깨비가 뛰어다니는 밭두렁을 지나 풀이 우거진 능선을 올라갔다.

두 해가 지난 아내의 산소에는 이제 잔디가 무성해지고 있었다. 김원봉은 거기 사진을 놓고 앉아 혼자 중얼거렸다.

"여보, 차정이. 마침내 일본이 항복했어. 당신을 두고 조국으로 갈 수는 없지. 당신 유골을 도자기 항아리에 담아 흰 보자기로 싸서 내 고향 밀양의 선영으로 가서 묻어줄 거야. 그리고 당신이 마지막으로 입었던 모직 상의는 내가 한 번도 뵙지 못한 장모님께 드릴 거야."

사진 속의 박차정은 환하게 웃고 있었다.

김구 주석의 장담과 달리 대한민국 임시정부는 아무런 힘이 없었다. 중국이나 미국이 비행기를 보내줄 때까지 속절없이 기다리는 수밖에 없었다.

김원봉은 가까운 인사들 앞에서 탄식했다.

"백범 대신 우리가 임시정부 운영을 맡았다면 이 지경이 되진 않았을 거야."

그는 임시정부나 광복군이 비행기 한 대, 배 한 척 없다는 사실이 슬프고 부끄러웠다.

한 달이 지나고 두 달이 지나자 임시정부 지도자들은 분통을 터뜨렸다.

"이거 참 이상하지 않은가. 3·8선을 긋고 남쪽에는 미군이, 북쪽에는 소련이 군정을 편다는데 자기네들 식민지를 만들려고 우리들 귀국을 일부러 늦추는 건 아닌가 말이야."

그렇다고 믿게 되는 일이 일어났다. 남한을 통치하고 있는 미군의 하지 Hodge 중장은 김구 주석에게서 '개인 자격으로 입국한다'는 각서를 받아 간 뒤 임시정부 인사들의 귀국을 허용했다.

10월에 고국에서 이상한 소식이 들려왔다. 임시정부와 광복군이 중국에 있는데 군대를 창설하겠다고 덤비는 단체가 많다는 것이었다. 김원봉은 광복군 총사령 이청천을 만났다. 일본 패전 후 두 사람은 서먹서먹한 관계를 벗어났다. 이청천 총사령은 이응준 이야기를 꺼냈다.

"나하고 일본 육사 동기생인 이응준 대좌, 그놈이 임시군사위원회를 조직한 모양이오. 사람 마음을 혹하게 하는 비상한 두뇌를 가진 놈이오."

김원봉은 신흥무관학교 스승인 김경천의 주도로 이청천·홍사익·이응준이 뒷날 함께 독립전쟁에 투신하기로 맹세한 것을 알고 있었다. 그 맹세를 배신하고 일본군에 끝까지 남았던 이응준이 국군을 창설한다고 나선 것이었다.

"민족 앞에 사죄하고 근신해야 할 자가 그러는군요."

김원봉의 말에 이청천은 한숨을 쉬었다.

"우리가 끝내 국내 진공을 못 한 탓이오. 나는 미군의 요구에 굴복해 개인 자격으로 입국할 수는 없소. 오광선吳光鮮 동지를 미리 보내겠소."

임시정부 군무부장이 광복군 총사령보다 상급자였으므로 김원봉은 승인해주었다.

"그러시지요."

11월 5일 중국이 비행기 두 대를 보내주어서 임시정부 요인들은 일단 상하이까지 이동하기로 했다. 거기서부터는 미국 비행기를 타면 된다고 했다.

김원봉은 만삭이 된 아내 최동선을 두고 비행장으로 갔다.

"임시정부 각료의 가족이니까 귀국 길이 곧 열릴 거야. 그때까지 아기 잘 낳고 잘 지내야 해. 아들이면 안중근 선생 이름을 따서 중근이라 짓고 딸이면 당신 마음대로 예쁘게 지어."

그는 그렇게 말하고 아내와 헤어졌다.

김원봉의 짐 속에는 첫 아내 박차정이 숨이 끊어질 때 입었던 저고리와 그녀의 유골을 담은 작은 나무 상자가 들어 있었다. 그는 귀국을 기다리는 동안 그녀의 무덤을 파서 유해를 화장한 뒤 한 줌의 유골로 만들었다.

# 17 해방 조국으로 돌아오다

## 고국으로 가는 길

다시 한 달, 미국 군용기를 기다리는 지루한 생활이 이어졌다. 상하이에서는 제니스 라디오로 경성 방송을 잘 들을 수 있었다. 김원봉은 방송을 통해 미군이 이미 10월 16일에 이승만을 귀국시켰다는 사실을 알게 되었다.

"미국은 친미파를 키우겠다는 속셈이지. 그럼 소련은 친소파를 키울 건가?"

조소앙 선생의 말에 김원봉이 대답했다.

"그런 모양입니다. 김일성이라는 소련군 소좌가 조선의용군보다 먼저 귀국했으니까요."

"김일성이 누구인가? 백마 탄 김일성이라는 장군 말인가?"

조소앙 선생이 다시 물었다.

"백마 탄 김일성 장군은 일본군에서 탈출해 신흥무관학교 교관을 하고 연해주로 간 김경천 장군을 말하는 것이었지요."

"그 김경천 장군은 어찌 됐소?"

"1937년도에 우리 연해주 동포들이 모두 중앙아시아로 강제 이주를 당했다고 하지 않습니까. 김경천 장군도 거기 끼었는지 남았는지 모르지요."*

"새 김일성은 누구요?"

"제 짐작에 이번 김일성은 동북항일연군에서 지휘관을 지냈던 사람인 것 같습니다."

"미국이나 소련은 우리처럼 중국에서 투쟁한 세력은 뒷전에 놓겠다는 거군."

"선생님, 그러게 제가 뭐랬습니까. 사회주의고 뭐고 따지지 말고 뭉쳐서 천황이 항복 선언을 하기 전에 진공해야 한다고 하지 않았습니까."

조소앙은 한숨만 쉬었다.

다른 지도자들은 귀국하지 못해 애면글면하고 있었지만 김원봉은 느긋하게 시간을 보냈다.

조선으로 가는 관문인 상하이는 조선인들로 들끓었다. 특히 일본의 항복으로 군대에서 풀려난 조선인 장병이 수천 명에 달했다. 그들은 군대에서 나올 때 한 달치 식량과 여비를 받았지만 일본 화폐는 휴지 조각이 되어버렸다. 고국으로 가는 배편은 많지 않았다. 거리에는 조선인이 떼를 지어 몰려다녔다.

김원봉은 대책을 강구했다.

"우리 광복군에 입대시키는 수밖에 없소이다."

---

* 김경천은 일본군 기병중위 시절 탈출해 신흥무관학교 교관을 지냈다. 러시아 연해주로 가서 일본군, 마적단 및 반혁명군인 백군과 싸웠으며 '백마 탄 김 장군'이라는 별명으로 불렸다. 러시아 내전 종료 후 블라디보스토크 극동고려사범대학 교수를 지냈다. 1935년 간첩혐의로 피체되어 1942년 유형지에서 사망했다. 1956년 무죄선고를 받고 복권되었다(이원규, 『김경천 평전』, 도서출판 선인, 2018 참조).

김원봉을 비롯한 임시정부 요인들은
충칭에서 상하이로 이동해
미군정의 귀국 승인을 기다렸다.

임시정부 인사들은 난처한 얼굴을 했다.

"어떻게 입히고 재운단 말이오?"

그런 가운데 일본군 장교 출신 조선인들이 단체를 조직하고 있다는 말
이 돌았다. 그들 가운데 한 명이 김원봉을 찾아왔다. 황용주黃龍珠였다. 일
본군 소위 군복을 입은 황용주는 직립부동 자세로 경례했다.

"뵙게 되어 영광입니다, 장군님."

황용주는 대구사범학교 출신으로 와세다대학에서 유학하던 중에 학병
으로 징집되었다. 그는 어린 시절부터 의열단을 깊이 존경하고 있었다. 할
머니가 김원봉 집안에서 출가해 그의 이름을 들었다고 했다.

"나도 그 할머니가 기억나네. 그러고 보니 자네와 나는 먼 인척이군."

김원봉은 황용주의 어깨를 다독여주었다.

황용주의 역량은 컸다. 그는 사병 출신들을 후장滬江대학과 항저우의 큰
사찰에 수용해 먹이고 입히고 있었다. 일본군 장교 출신 조선인들은 일본
인이 경영하던 완수이관萬歲館이라는 호텔을 접수해 경영했다.

장준하는 황용주가 학병 출신 동포 청년들을 김원봉과 연결시킨 것에
대해 비판적으로 회고했다.

그들은 마치 일본군에서의 탈출이 이런 독선과 교만을 위해서였던 것처럼 행동했다. 그것은 탈출의 동기를 허영과 공명심에 둔 것과 다름없었다. 그런데 이런 상황을 재빨리 이용하는 자가 있었다. 그것은 일본군 출신 부대로 하여금 임시정부나 광복군에 대한 불신을 부채질하면서 그 어부지리를 노리는 김원봉의 계산이었다. 일본군 출신 부대의 책임자 격으로 있던 황용주는 일본군 육군 소위 출신인데 이자가 묘하게도 김원봉과 친척 관계였다. 김원봉이 황용주에게 직접 이소민이라는 자를 파견하고 광복군 제1지대로 끌어들일 공작을 펴며 손을 잡았다. 결과적으로 이것은 광복군과 임시정부에 백해무익한 처사였다. 안타까운 일이었다. 김원봉은 일본군 출신 부대에게 임시정부와 광복군에 대한 불신을 열심히 심어주었다. 그 효과는 아주 컸다.[*]

조선인 징병·학병 출신자들의 문제가 해결된 뒤 김원봉은 매일 저녁 상하이 황푸탄의 술집들을 순례하며 동포 청년들과 밤이 깊도록 대화를 나눴다. 임시정부 인사들 가운데 학식과 덕망이 높은 사람이 많았는데도 청년들은 김원봉을 보기 위해 몰려 다녔다. 김원봉은 그들을 황푸탄 포구의 술집으로 몰고 다녔다. 23년 전 이종암·김익상·오성륜이 황푸탄 의거를 일으킨 자리가 저만치 보이는 곳에서 그들과 술을 마시며 토론했다.

김원봉은 늘 술잔 세 개를 나란히 놓고 잔을 채운 뒤에 술을 마셨다. 황푸탄 의거 후 옥사한 김익상 동지, 생사를 알 수 없는 이종암 동지와 오성륜 동지의 잔이었다.

마침내 미군 비행기가 온다는 소식이 들렸다. 우선 제1진으로 15명만 탈 수 있었다. 임시정부 지도자들은 서로 제1진으로 타겠다고 언성을 높

---

* 장준하, 『돌베개』, 사상계, 1988, 266쪽.

이며 싸웠다. 김원봉은 뒤로 물러나 민망한 꼴을 구경했다.

김성숙이 그의 등을 떠밀었다.

"약산은 적어도 5순위 안에 드는 사람이오. 왜 뒤로 물러나는 거요?"

"싸우기 부끄러워서 그럽니다."

그는 머리를 흔들었다.

11월 23일 제1진인 15명이 탄 미군 수송기가 상하이의 장완江灣 비행장을 이륙했다.

김원봉은 12월 2일, 임시정부 인사 귀국 제2진에 끼어 미군 수송기에 올랐다. 수송기는 굉음과 함께 하늘로 떠올라 기수를 동쪽으로 틀었다. 고국 땅까지 두 시간을 날아가는 동안 김원봉은 조국을 찾겠다고 몸을 던진 의열단 동지들을 한 명씩 떠올렸다. 그의 눈시울이 붉어졌다.

그리운 조국 하늘에는 폭설이 쏟아지고 있었다. 수송기는 여의도 비행장을 몇 바퀴 돌다가 남쪽으로 방향을 바꾸었다. 미군 중위 복장을 한 승무원이 손나팔을 하고 객석을 향해 영어로 외쳤다.

"우리 비행기는 폭설을 피해 옥구 비행장에 도착할 예정입니다."

일본군이 사용했던 전라도 벽지 군용 비행장이어서 환영객은 없었다. 트랩을 걸어 내려오는 김원봉에게 처음 달려온 것은 눈보라를 실은 채찍처럼 차가운 겨울바람이었다.

지도자들은 눈밭에 엎드려 이마를 대고 감격하고 있었다. 김원봉은 어깨를 펴고 가슴 가득 모국의 바람을 받아들였다.

"꿈에도 잊지 못할 의열단 동지들이여! 마침내 조국에 돌아왔습니다. 동지들의 유지를 절반도 실천하지 못해 부끄럽습니다."

그는 눈송이가 까만 알갱이처럼 쏟아져 내리는 허공을 향해 소리쳤다. 앞서간 동지들의 이름을 목 놓아 부르기 시작했다.

8·15광복으로 귀국한 후 임시정부 요인들과 함께한 김원봉(앞줄 맨 오른쪽).

## 해방된 서울

김원봉이 귀국해 조국 땅을 밟은 날은 12월 2일로, 일본이 항복하고 석 달 반이 지난 시점이었다. 그 기간에 조국에서는 많은 일이 일어났다.

8월 15일 오전 8시, 국내에서 조선건국동맹을 이끌고 있던 몽양 여운형은 대화정大和町, 현재의 중구 필동에 있는 엔도遠藤 정무총감 관저로 갔다. 전날 오후 엔도가 요청해 급히 이루어진 회동이지만 두 사람은 이미 한 해 전부터 접촉하고 있었다. 총독부는 거물 지도자인 그를 끊임없이 회유하려 했고 때로는 자문을 얻기도 했다. 한 달 전에는 엔도가 일본 패전 뒤의 치안문제를 터놓고 자문하기도 했다. 총독부는 국내 질서를 유지하고 일본인들을 본국으로 보내는 날까지 보호해야 했다. 통치권도 누군가에게 넘겨줘야 하는 과제를 안고 있었다.

"차를 타고 오는 길에 '본일本日 정오 중대 방송 1억 국민 필청'이라는 벽보를 붙이는 걸 봤소. 항복인가요?"

여운형의 말에 엔도가 초조한 표정으로 대답했다.

"맞습니다. 우리는 패배했습니다. 오늘 천황 폐하께서 공식적으로 발표할 것입니다. 여운형 선생이 행정권을 인수하고 치안을 맡아주십시오. 이제부터 우리 일본 사람들의 생명은 선생에게 달렸습니다. 정세가 달라졌습니다. 미·소 양군이 한강을 경계로 남과 북에 나눠서 진주할 것입니다. 북위 38도선을 경계로 분할 진주한다는 말도 있습니다. 아무튼 소련군은 내일모레 경성에 진주할 듯합니다."

여운형에게 「미국의 소리」 조선어 방송을 듣고 알려주는 사람이 있어 그는 급변하는 정세를 눈치채고 있었다. 그는 8월 6일과 8일에 미국이 일본에 원자폭탄을 투하했으며 소련이 일본에 선전포고하고 재래 무기로 파죽지세의 공격을 감행했다는 것, 8일에는 나진을 공습했으며 9일에는 웅기를 폭격하고 경흥으로 진격해 들어갔다는 소식을 들었다.

여운형은 다섯 가지 조건을 앞세우며 엔도에게 노력해보겠다고 이야기했다.

"첫째, 전 조선의 정치범과 경제범을 즉시 석방하시오. 둘째, 집단생활지인 경성의 3개월 분 식량을 즉시 확보하시오. 셋째, 치안 유지와 건설 사업에 아무런 구속과 간섭을 하지 마시오. 넷째, 조선의 추진력인 학생의 훈련과 청년의 조직화에 간섭하지 마시오. 다섯째, 조선 내 각 사업장에 있는 일본 노동자들을 우리 건설 사업에 협력시키시오."

엔도가 답했다.

"좋습니다. 그렇게 하겠습니다."

엔도와 여운형과의 접촉 말고 또 다른 측면에서의 접촉도 있었다. 아베 阿部 총독은 경상북노 지사 김대우에게 급히 상경해 조선인 지도자들을 만나라고 지시했다. 김대우는 안재홍·송진우·유억겸* 등을 만나 총독의 요청을 전했다. 이들 가운데 김원봉의 중앙학교 은사인 안재홍과 송진우는 서로 다른 의견을 제시했다. 안재홍은 아베 총독의 요청을 수락한 반면 송진우는 과업은 패전국인 일본이 아니라 승전국인 연합국에게서 인수받아야 한다고 이야기하며 거절했다.

엔도를 만나고 계동 자택으로 돌아온 여운형은 거기 모인 동지들과 건국준비위원회를 설립하기 위한 구수회의에 들어갔다. 그는 거물 지도자들에게 사람을 보냈다. 그의 중앙학교 제자 이여성이 송진우를 찾아갔는데 송진우는 냉랭하게 말했다.

"건국준비위원회를 설립한다고? 너무 성급하네. 그런 기구는 패전국의 부탁으로 만드는 게 아닐세. 승전국인 미국과 소련이 조선의 운명을 좌지우지할 거네. 건국 준비는 임시정부를 비롯한 국내외의 민족 총역량을 집결해야 하네. 몽양은 급변하는 정세를 알고나 있나?"

"몽양 선생님도 「미국의 소리」 방송에 나오는 소식을 매일 보고받고 있습니다."

이여성이 말했다.

여운형과 송진우는 정보가 빨랐다. 그들은 제2차 세계대전의 전황과 조선반도를 둘러싼 연합국의 계획을 알고 있었다. 두 사람은 가까운 지인들이 「미국의 소리」를 듣고 메모한 것을 매일 받아 읽었다. 그들은 연합국의 분할 점령 논의에 대해서도 짐작하고 있었다.

여운형은 미군이 오건 소련군이 오건 우선 민족의 자치조직이 있어야 한다고 생각했다. 반면 송진우는 일본이 정식으로 항복한 후에 연합국과

---

* 유억겸(兪億兼, 1896-1947): 『서유견문』을 쓴 유길준의 아들로 도쿄제국대학을 졸업하고 연희전문에서 교수·학장을 지냈다. 흥업구락부 사건으로 구속되어 복역했으며 YMCA 회장·미군정기의 문교부장 등을 지냈다.

508

논의해 설립해도 늦지 않다고 생각했다. 일본 총독에게서 행정권을 넘겨받는 것은 일본의 심부름을 하는 것밖에 되지 않는다고 판단해 협조를 거절한 것이었다.

여운형은 건국준비위원회 구성에 착수했다. 자신이 속한 중도좌파 외에 김성수 계열의 극우파, 극좌파 박헌영과 조선공산당, 중도우파 안재홍 계열 등 모든 정파가 포함되었다. 명실공히 반민족적 친일세력을 제외한 각 계각층 인물이 조화된 통일전선체였다. 위원장은 여운형 자신이 맡고 부위원장으로 안재홍과 장덕수張德秀를 위촉했다.

8월 15일 오전, 경성 시내 곳곳에 '본일 정오 중대 방송 1억 국민 필청'이라는 벽보가 붙었다. 그 방송이 항복 칙어일 것이라고 생각한 사람은 극히 드물었다. 오히려 남녀노소 모두 나서 단 한 사람이 남을 때까지 귀축미영鬼畜米英과 싸워야 한다고 항전 의지를 북돋는 것이라 생각한 사람이 더 많았다.

정오가 되자 사람들은 라디오 앞으로 모여들었다. 천황이 비애에 찬 목소리로 항복을 선언하자 사람들은 국민복과 작업복을 벗어던지고 흰색 한복으로 갈아입었다. 그러고는 태극기를 만들어 다 함께 거리로 나갔다. 오후 2시가 되자 광화문 일대에 30만 명이 넘는 군중이 모여 목이 터져라 "광복 만세!" "해방 만세!"를 외쳤다.

8월 16일 정오, 여운형은 휘문중학교에 모인 10만 명의 군중 앞에서 엔도 정무총감과 면담한 내용을 보고하고 국민들에게 협조를 요청했다. 그리고 그다음 날, 건국준비위원회 선언과 강령을 발표했다. 거리에는 벽보가 붙고 전단이 뿌려졌다.


조선 동포여

중대한 현단계에 있어 절대 자중과 안정을 요청한다.

우리의 장래에 광명이 있으니 경거망동은 절대 금물이다.

제위의 일어일동이 민족의 휴척休戚에 지대한 영향이 있는 것을 맹성하라!

절대 자중으로 지도층의 포고에 따르기를 유의하라.

— 조선건국준비위원회*


우리 동포에게 고함

1. 신생 조선은 돌진하고 있다. 우리의 산 맥박에서 세기적 역사 창조의 열혈熱血이 약동하고 있지 않은가! 들어라 저 함성을. 오로지 자각과 맹성猛省만이 있을 뿐이다.

2. 천千의 이론보다 일一의 실천이 더 위대한 이때가 아니냐. 각각 직장에서는 동지로서 결합해야 할 것이다. 우리의 일거일동이 건군 준비에 지속遲速을 지적함이요, 천만대 우리 역사상 지위를 결정한다는 것을. 이기利己와 인습적 파벌관념을 죽이고 총화總和, 일원一圓되어 건국에 심신을 모아 협력하여 돌진하자.

3. 우리는 안전에 영리와 사복私服의 충족을 단연코 격멸시키자. 인내와 자주에 힘 쓰면서 지도층의 산하로 들자. 그리고 건국준비위원회 치안부의 임무를 다 같이 맞자. 자타自他와 그리고 내 일 네 일이 어데 있을 것이냐!

— 건국준비위원회 치안부 정보부**


한편 김성수와 송진우 등 우익 인사들은 건국준비위원회에 불참했다. 그들은 대부분 일제하에 민족개량주의를 외치고 일제와 타협한 지주·자

---

* 심지연, 『해방정국논쟁사 1』, 도서출판 한울, 1986, 69쪽.

** 김현식·정선태 편저, 『삐라로 듣는 해방 직후의 목소리』, 소명출판, 2011, 29쪽.

본가 세력이었다. 그들은 대한민국 임시정부에 대한 대우를 명분으로 내세우며 참가를 거부했다.

건국준비위원회는 정권을 위임받으면서 총독에게서 치안유지권 및 방송국과 신문사 등을 넘겨받았다. 모든 사람이 새 나라 새 정부가 설립되는 줄 알고 감격스러워했다. 그러나 일은 곧 틀어지기 시작했다. 8월 20일, 미·소 두 승전국은 이 나라가 이 나라 백성들의 것이 아니라 승전국의 것임을 천명하는 포고문을 발표했다.

미군은 서울 시내에 비행기를 띄워 전단을 살포했다.

조선인들에게 고함

본관은 미합중국 태평양사령부 사령관에게서 받은 명령에 따라 조선반도의 남쪽에 대한 권한을 지니게 되었다. 모든 권한은 본관에게 있다. 본관과 본관 휘하의 미군은 곧 조선반도 남부에 상륙할 것이다.

— 재조선 미군사령관 육군 중장 존 알 하지*

이미 조선반도 북쪽으로 진주를 시작한 소련군 사령관 치스차코프 대장도 포고문을 발표했다.

조선의 인민들이여, 붉은군대와 동맹국 군대들이 조선에서 일본 약탈자들을 구축했다. 조선은 자유국이 되었다. 그러나 이것은 오직 새 조선 역사의 첫 페이지일 뿐이다. 화려한 과수원은 사람의 노력과 고심의 결과다. 이와 같이 조선의 행복도 조선 인민의 영웅적인 투쟁과 꾸준한 노력에 의해서만 달성된다.

---

\* 김천영, 『한국현대사: 1945. 8-1848. 8』, 한울림, 1985.

이로써 조선인들은 한반도가 미·소 두 나라에 의해 분할 점령되며 남한에는 미군이, 북한에는 소련군이 주둔한다는 것을 확실히 깨닫게 되었다. 그런데도 건국준비위원회는 새 나라 새 정부를 만들기 위해 힘을 기울였다. 며칠 만에 13개 모든 도에 지부가 생겼다. 8월 말까지 지부가 145개가 설립되었다.

건국준비위원회는 8월 28일 선언문을 통해 "일시적으로 국제세력이 우리를 지배할 것이다. 하지만 우리의 민주주의적 요구를 도와줄지언정 방해하지 않을 것이다"라며 희망을 피력했다.

9월 6일 한반도 남쪽을 통치할 미24군단의 선발대가 김포 비행장에 도착했다. 미군 본대의 상륙에 대비한 준비와 일본군 철수에 관한 임무를 맡은 해리스Harris 준장이 인솔하는 장교 29명, 사병 8명으로 구성된 준비팀이었다.

해리스 준장은 그날 곧바로 엔도 정무총감과 만났다. 그는 미군이 남한을 해방시키는 게 아니라 점령지 통치로 여겨, 당분간 치안유지권을 총독부에 주고 자기들은 관여하지 않은 것이라고 말했다.

건국준비위원회는 그날 밤 서둘러 경기여고에서 전국인민대표회의를 열고 '조선인민공화국' 성립을 선포했다. 전국인민위원 55명, 후보위원 20명, 고문 12명을 선임했다. 면면을 보면 우익보다 좌익이 훨씬 많았다. 김원봉은 전국인민위원에 들었다.

다음 날 총독부는 태도를 바꿔 행정권 이양을 취소하고, 건국준비위원회에 내주었던 권한을 다시 접수했다. 그다음 날에는 하지 중장이 미24군

---

* 김천영, 같은 책, 연표.

단을 이끌고 인천에 상륙해 서울로 들어왔다.

조병옥·장택상·정일형 등이 연합군 환영위원회를 대표해 인천으로 가서 하지 중장을 만나려 했으나 거절당했다. 여운형 등 지도자 4명도 보트를 타고 나가 해상에서 미24군단 참모장 카빈Carbin 장군을 만났으나 하지 중장과의 면담 연결을 거부했다.

한편 송진우·김성수 등 국내 민족주의자들은 급히 한국민주당 결성을 준비하고 있었다. 9월 8일에는 임시정부 지지를 천명하고 한국민주당 창당발기인 1,000명의 이름으로 조선인민공화국 타도를 선언했다.

건국준비위원회는 빛을 잃기 시작했다. 애당초 각 정파를 차별 없이 망라해 최선의 통일전선이라는 평가를 받았던 건국준비위원회 내부에서 공산주의자들의 입지가 커졌기 때문이다. 여운형은 끝까지 건국준비위원회의 위상을 견고하게 유지하는 데 실패했다. 그런 가운데 조직한 것이 중앙인민위원회와 조선인민공화국이었다.

9월 14일, 중앙인민위원회는 조선인민공화국 정부 부서를 발표했다. 김원봉은 군사부장에 이름이 올랐다. 대세는 이미 미군정으로 넘어가고 있어 중요한 직책은 아니었다. 게다가 김원봉으로서는 우파인 한국민주당이 지지하는 임시정부 군무부장이 현직인데 그들이 타도하자고 하는 조선인민공화국 각료 명단에 들어간 난처한 상황이 되었다.


## 해방된 밀양

8월 15일, 서울에서 800리 떨어진 밀양에 '본일 정오 중대 방송 1억 국민 필청'이라는 포스터가 붙었다. 비교적 부유한 사람들이 사는 노하 지역에는 진공관 2구, 4구짜리 라디오가 있는 집이 대여섯 가구 있었다. 한 라디오 앞에 수십 명씩 모여 히로히토 천황의 칙어를 들었다.

대부분 방송이 끝난 뒤에도 사람들은 그것이 항복을 의미하는 줄 몰랐다. 경성방송의 전파가 약해 잡음이 난 데다 축음기판에 녹음한 히로히토 천황의 목소리를 내보내서 선명하지 않았기 때문이다. "우리는 정부에 명하여 미·영·소·중 연합국에 우리 제국이 공동성명의 조건을 수락할 것을 통고시켰노라"는 말이 일반 시민들에게 어렵기도 했다. 중학교 선생이거나 좀 배운 사람들이 "일본이 항복했어요! 우리는 해방됐어요!" 하고 외친 뒤에야 사람들은 자리를 박차고 일어섰다.

밀양역에서 도매상을 하는 심현태의 집에 모여 방송을 듣고 만세를 부르며 뛰쳐나간 사람 가운데는 김원봉의 셋째 동생 김춘봉과 여덟째 동생 김구봉이 있었다. 마흔다섯 살 중년 고개에 올라와 있던 김춘봉은 열여섯 살짜리 동생 김구봉에게 말했다.

"해방됐으니 큰형님이 돌아오실 거야. 어서 아버님께 말씀드려라."

몸이 민첩해 별명이 '발바리'인 김구봉은 10리 떨어진 감천리 집으로 단숨에 달려갔다.

'해방이 됐다. 일본을 벌벌 떨게 만든 의열단을 이끌어온 큰형님이 돌아오신다. 한 번도 얼굴을 보지 못한 위대한 큰형님이 돌아오신다.'

김구봉은 이상한 전율에 휩싸여 괜스레 눈물을 흘렸다.


올해 70세가 된 김원봉의 아버지 김주익은 앞니가 거의 다 빠져 입을 오물거리면서 배꼽참외를 먹고 있었다. 대문이 벌컥 열리자 그는 안구건조증으로 뻑뻑해진 눈을 끔벅이며 바라보았다.

"왜 그러냐, 이놈아."

"일본이 항복하고 우리나라가 해방됐대요. 큰형님이 돌아오실 거예요."

김주익은 나이가 들어 총기는 흐렸지만 귀는 밝았다. 저놈이 여덟째인가 아홉째인가 생각하고 있었지만 '해방'이라는 말은 알아들었다.

"뭣이라고?"

김주익은 들고 있던 참외를 툭 떨어뜨렸다.

"왜놈들이 항복하고 우리나라가 해방됐어요. 독립군 대장인 큰형님이 돌아오실 거래요."

김주익은 허방을 짚은 듯 비틀거리다가 간신히 균형을 잡고 툇마루에 엉덩이를 걸쳤다. 그는 어깨를 들썩이며 울기 시작했다. 장남 김원봉이 망명한 지 27년, 그 긴 세월 동안 겪은 핍박 때문이었다. 걸핏하면 일본경찰에게 끌려가 무릎을 꿇고 따귀를 맞았으며 마루 밑까지 수색당했다. 그는 그 모진 핍박을 견디다 노인이 되어버렸다.

어서 집으로 모이라고 알린 것도 아닌데 아홉이나 되는 자식들이 집으로 몰려왔다. 그의 자식들은 다른 집 아이들과 달랐다. 다른 아이들은 모두 만세를 부르며 거리로 뛰쳐나가는데 그의 자식들은 집으로 모여들고 있었다. 마흔이 넘은 차남에서부터 열네 살 막내까지 아버지를 에워싸고 훌쩍거렸다.

그 시간은 그리 길지 않았다. 이삼백 명의 만세 군중이 몰려왔던 것이다.

"대한독립만세!"

"김원봉 장군 만세!"

군중은 투쟁하듯 외쳐댔다.

김주익과 그의 자식들은 집 앞에 나가 한 줄로 서서 마당과 골목길까지 가득 메운 군중을 향해 고개를 숙였다.

마을 밖 10리를 나가더라도 경찰에 사전 신고를 해야 했던 김주익과 그의 자식들, 취직도 할 수 없고 소매상 하나 열 수 없던 그들은 그렇게 광복의 순간을 맞았다.

정작 달라진 것은 다음 날이었다. 많은 사람이 쌀가마니와 장작, 무명피륙을 들고 김주익을 찾아오기 시작한 것이었다.

"진작부터 돕고 싶었는데 왜놈들 눈치 보느라 그러지 못했어요."

김원봉이 인민공화국 군사부장으로
표시된 1945년 9월의 전단.
김현식·정선태 편저, 『삐라로 듣는 해방
직후의 목소리』에서 옮김.

해방의 날, 김원봉의 집 마당을 가득 메웠던 만세 군중은 김원봉의 동생들을 에워싸고 읍내의 만세 군중과 합세하기 위해 읍내로 향했다. 읍내에서는 몇 배나 많은 군중과 섞여 군청거리로 밀려갔다.

십여 채의 일본인 가옥은 굳게 문을 닫아걸고 있었다.

"쪽발이 새끼들아!"

누군가가 돌을 던져 2층 건물의 유리를 박살냈다. 그것이 신호가 되어 수백 개의 돌이 닫힌 문으로 날아들었다.

군중은 어떤 집 하나를 지목하고 그쪽으로 이동했다. 청년 하나가 마른 솔가지에 불을 붙여 대문을 두드렸다.

"모리森 경부 놈 나와라! 안 나오면 식구들 다 타 죽는다. 네 식구들은 해치지 않을 테니 너 혼자 나와라!"

문이 열리고 밀양경찰서 모리 경부가 나와 무릎을 꿇었다.

불 붙은 솔가지를 들고 섰던 청년이 김원봉의 동생들을 돌아보았다. 그 동안 모리에게 시달린 형제들, 그 가운데 성격이 괄괄한 김춘봉이 냅다 뛰어들어 일본인 형사의 따귀를 때리고 얼굴에 침을 뱉었다.

"쪽발이 새끼야, 언제까지나 네 세상일 줄 알았더냐!"

군중이 외쳤다.

"개처럼 네 발로 기어라!"

모리 경부는 덜덜 떨며 네 발로 땅바닥을 기었다.

군중이 다시 소리쳤다.

"벙어리 개냐? 머리를 들고 멍멍 짖어라!"

모리는 시키는 대로 했다. 군중들은 깔깔 웃었고 성급한 청년들은 달려나와 개처럼 짖으며 기어가는 모리 경부의 엉덩이를 걷어찼다.

만세 시위는 2-3일 만에 끝났지만 일본인들을 혼내주는 일은 8월 한 달 내내 계속되었다. 김원봉의 동생들은 한풀이하듯 그 일에 앞장섰다.

9월 14일, 건국준비위원회가 만든 조선인민공화국 정부 부서 조직이 전단으로 만들어져 경성과 전국 대도시에 뿌려졌다. 전단은 밀양 땅에도 도착했다. 주석 이승만, 부주석 여운형, 국무총리 허헌, 내정부장 김구, 외교부장 김규식, 군사부장 김원봉(임시대리 김세용), 재정부장 조만식 등 각료 명단이 실려 있었다.

마흔다섯 살, 머리에 백발이 희끗한 김주익의 차남 김경봉이 밀양역에서 구한 전단을 아버지에게 내밀었다.

"아버지, 원봉 형님이 새 나라의 군사부장이 된답니다. 옛날식으로 말하면 병조판서입니다."

군사부장 김원봉(임시대리 김세용)

김주익 노인은 감격에 겨워 벌떡 일어서며 만세를 불렀다.

"내 아들 김원봉이 만세!"

열 번도 더 만세를 부르고 나서 그는 덩실덩실 춤을 추었다. 늙은 아버지를 바라보던 아들들도 하나씩 일어서서 덩달아 춤을 추었다.

## 미·소 양국 군정을 펼치다

9월 11일, 하지 중장은 일본의 조선총독부를 미군정청으로 개칭하고 군정 시정방침을 발표했다. 14일에는 소련군 정치사령부가 역시 시정방침을 발표하고 본격적인 군정에 들어갔다.

한편 조선공산당은 박헌영·김일성·이주하·김무정 등의 이름으로 재건되었다. 북한에서는 김일성의 존재가 갑자기 크게 부각되었다. 조선공산당 서북 5도 책임자 및 열성자 대회에서 그는 북조선공산당 중앙조직위원회 제1서기로 선출되었다.

송진우·김성수·장덕수 등의 우익 인사들은 한국민주당을 결성했다. 그들은 아직 강한 세력으로 건재하는 건국준비위원회에 맞서기 위해 대한민국 임시정부를 봉대奉戴한다고 천명하고 친일 경력이 있는 자본가들을 받아들였다. 또한 그 어느 세력보다도 미군정에 적극적으로 협력했다.

10월 16일에는 이승만이 맥아더Douglas MacArthur 사령관이 주선한 군용기편으로 귀국했고, 다음 날 군정청은 인민공화국과 산하 조직인 인민위원회의 해산을 명령했다. 인민공화국의 부주석 여운형과 국무총리 허헌 등은 이승만을 방문해 환영 인사와 함께 그를 인민공화국 주석으로 추대한 경과를 보고했다. 이승만은 쓰다 달다 말하지 않았다.

나흘이 지난 10월 21일, 미국무성 극동국장 빈센트Vincent의 미국 외교정책협의회 연설이 외신을 타고 보도되었다.

오랫동안 일본에 예속되었던 한국은 지금 당장 자치를 행할 준비가 되어 있지 않다. 따라서 미국은 우선 신탁관리제를 실시해 그동안 한국 민중이 독립적 통치를 할 수 있도록 준비할 것을 제창한다. 미국은 한국을 될 수 있는 대로 속히 민주주의적인 독립국가로 만들 예정이다.

연합국의 신탁통치가 처음으로 한국에 알려졌다. 이승만은 국내 정세를 관망한 뒤 미·소의 신탁 관리안에 대한 반대를 천명하고 독립촉성 중앙협의회를 결성해 세력 확장에 나섰다. 그는 오랜 세월 미국에서 활동했기 때문에 그를 뒷받침해줄 국내 추종 세력이 없었다.

11월 23일 김구 주석을 비롯한 임시정부 요인 15명이 개인 자격으로 귀국했다. 그들을 가장 뜨겁게 환영한 사람들은 일반 국민과 한국민주당이었다. 그들은 임시정부를 핵심 세력으로 강력한 단일 정당을 결성하자고 제안했다.

이승만은 가장 먼저 김구를 만나러 경교장京橋莊*을 방문했다. 환영 인사가 목적이었지만 그는 해방 조국에 좌파와 우파가 연합하는 연립정부가 서는 것을 용납할 수 없다는 의견을 분명히 전했다. 철저한 극우파인 이승만은 그것을 몸서리칠 정도로 거부하고 있었다. 그는 임시정부를 자기 세력으로 끌어들이려 하면서도 김구에게는 임시정부 내 좌파를 경계하라고 권유했다.

김구와 임시정부 요인들의 귀국에 대해 우파와 좌파는 각각 다른 목소리를 냈다. 우익세력인 한국민주당은 임시정부를 적극 지지했다. 국내 좌익들에게 친일파라고 공격당하던 그들은 임시정부의 법통을 이용하려 했다. 반대로 공산당 등 좌익세력은 임시정부를 하는 일 없이 해외에서 돌아

---

* 금광을 하던 최창학(崔昌學)의 저택으로 약 1,600평 대지에 건평 260여 평 규모의 일본식 양옥이었는데 최창학이 백범 김구의 거처로 제공했다. 지금은 종로구 평동 108번지 강북삼성병원 안에 있다.

다닌 단체일 뿐이라고 비난하면서 임시정부의 법통을 인정하지 않고 인민 공화국 건설만이 최선이라고 외쳐댔다.

김원봉이 아직 중국에 머무는 동안에 펼쳐진 해방정국은 이렇게 희망보다는 실망이 커지고 있었다. 김원봉은 임시정부 군무부장이 지닌 우선 서열에 따라 제1진 귀국 인물 명단에 들 수 있었는데도 고집스럽게 자기가 먼저 가야 한다고 우기는 사람들에게 비행기 좌석을 양보했다. 어떤 사람들은 그가 해방정국의 선두에 설 수 있었는데 그 사건으로 놓쳤다고 말하기도 한다.

김원봉이 김구보다 열흘 늦었을 뿐이었다. 시기상으로 보면 임시정부 요인 모두 시기를 놓친 셈이다. 미국은 참으로 인색하게 중형 수송기인 C-47 한 대를 뒤늦게 배정하고 열흘 간격으로 띄웠으며, 개인 자격으로 귀국하라고 했다. 그것이 임시정부의 힘을 약화시키려는 책략인 줄 알면서도 미국에게 감사하다고 했다. 그것이 아수라장 같은 해방정국에 내던져진 김원봉과 그가 속한 임시정부가 지닌 한계적 숙명이었다.

그를 떠난 옛 동지들, 즉 의열단과 조선의용대의 맥을 잇는 조선독립동맹과 조선의용군의 경우도 다를 바 없었다. 중국 내륙 깊숙한 곳 산시성 옌안에 있던 그들은 산둥반도를 통해 급히 귀국하려 했으나 중국공산당에게 거부당했다. 중국공산당 군사위원회는 그들에게 육로를 타고 만주로 진격하면서 패전 일본군을 제압하고 국민당 군대보다 먼저 만주를 점령하라고 명령했다.

미군에게 특수전 훈련을 받은 광복군 정진대가 출정 직전에 일본의 항복으로 고국 진공이 좌절된 것과 마찬가지로 조선의용군에게도 절호의 국내 진공 기회가 있었다. 일본이 항복하기 석 달 전인 5월 여운형이 이끄는 건국동맹에서 경인지구에 집중된 일본 군수 공장 비밀 지도를 손에 넣었다. 여운형은 그것을 옌안에 있는 독립동맹과 조선의용군에게 보내 기습공격을 요청하려 했으나 밀명을 갖고 떠난 밀사가 도중에 행방불명되었다.

조선의용군은 질풍같이 진격하며 곳곳에서 패전 일본군의 항복을 받아냈고 조선인 청년들의 지원입대를 받아 병력이 2-3만 명으로 늘어났다. 그러나 9월 하순에 귀국해 소련군의 확실한 지지를 등에 업으면서 정국의 표면에 부상한 동북항일연군 지도자들에게 국가 건설의 기선을 빼앗겼다. 동북항일연군은 1930년대에 만주에서 치열하게 싸운 빨치산 부대로서 일본 관동군과 만주군 토벌에 밀려 동시베리아로 들어가 소련의 후원을 받았다. 그들은 '붉은군대 제88특별저격여단'에 소속되어 하바롭스크 북쪽 아무르 강변에 있는 브야츠코에 주둔하면서 강 건너 중국 땅의 관동군 부대를 상대로 전투정찰을 하다가 해방을 맞았다.

미·소 양군이 한반도를 분할 점령하지 않았거나, 분할 점령했더라도 해방된 나라의 건국을 진심으로 도왔다면 역사는 달라졌을 것이다. 그랬다면 김원봉은 해방조국의 최고위 군사 책임자 신분으로 귀국했을 것이다. 하지만 역사는 한국인의 뜻대로 되지 않았다.

오랫동안 중국에 체류했던 미국인 기자 에드거 스노Edga Snow는 해방정국에 서울에 와서 두 달간 취재를 하고 돌아가 『새터데이 이브닝 포스트』지에 아래와 같은 글을 기고했다.

미국은 아무 준비 없이 조선에 상륙했다. 그러나 조선에는 건국준비위원회가 있었다. 그들은 곧 정치적인 준비를 했다. 만일 미국이 건국준비위원회를 살렸더라면 조선의 건설은 더 신속하고 유리하게 이루어졌을 것이다.*

---

* 이기형, 『여운형 평전』, 실천문학사, 376쪽 재인용. 에드거 스노는 1905년 미국 캔자스 출신 기자로 1928년부터 13년간 중국에 체류했다. 『중국의 붉은 별』 『붉은 중국의 오늘』 등의 저술이 있다. 그는 의열단원 장지락의 전기소설 『아리랑』(Song of Arirang)을 쓴 님 웨일스(헬렌 포스터 스노)의 남편이었다.

미국과 소련의 편의주의적 점령지 정책은 한반도의 운명은 물론 독립투사 김원봉의 운명을 바꿔놓았다. 김원봉은 남북분단과 단독정부 수립을 몸을 던져 막으려 했다. 이 때문에 그는 항일투쟁만큼이나 큰 시련에 맞서야 했다.

# 18 민족화합의 비원悲願

## 아버지와 동생들

1945년 12월 3일 늦은 오후, 김원봉은 백범 김구의 숙소 겸 임시정부 사무실로 사용하고 있는 경교장에 도착했다. 날씨가 춥지는 않았지만 어지럽게 눈발이 흩날리고 있었다.

그는 어제 일행 19명과 함께 비행기를 타고 김포 비행장으로 날아왔으나 폭설 때문에 전라도 옥구에 착륙했다. 옥구에서 차를 타고 논산까지 와서 하룻밤을 묵고 다시 유성으로 이동한 뒤 비행기를 타고 김포로 날아와 경교장에 이른 것이었다.

20명의 임시정부 요인 제2진이 탄 지프가 열을 지은 채로 멈춰 서자 김구 주석을 포함해 열흘 전 제1진으로 도착한 임시정부 요인들과 고향에서 온 가족들이 환호하며 박수를 쳤다.

"하도 오랜만이라 가족들이 못 알아볼 거요."

김원봉이 탄 차 뒷좌석에 앉아 있던 김성숙이 말했다.

임시정부 군무부장인 김원봉은 그날 도착한 요인들 가운데 서열이 가장 높아 2호차 선임 탑승석에 앉아 있었다. 그는 먼저 차에서 내렸다. 임시정부 주석인 백범 김구가 다가오고 있었기 때문이다.

"잘 지내셨습니까, 주석님."

"어서 오시오, 군무부장 동지."

김원봉은 김구와 포옹한 뒤 임시정부 요인들과 악수를 했다.

기다리고 있던 가족들이 그들을 둘러쌌다. 미군정은 임시정부 요인들을 개인 자격으로 귀국한 것으로 규정해 그들을 위한 환영행사를 허가하지 않았다. 널리 알려지지 않았지만 가족들은 용케 알고 찾아와 며칠 동안 그들을 기다렸다. 20년 또는 30년 만에 만난 가족들은 얼굴을 알아보지 못하고 이름만 불러대다가 얼싸안고 눈물을 흘렸다. 김원봉은 사람들의 눈물겨운 상봉을 바라보며 발길을 옮겼다. 가족들이 후미진 경상도 밀양에서 서울까지 올라와 있을 리가 없었다.

그때 신문기자가 따라붙어 김원봉에게 귀국 소감을 물었다. 그는 자유와 평등의 정치를 희망한다고 말했다.

어둑해질 무렵 임시정부 간부들은 검은색 승용차를 타고 남산 밑 필동으로 떠났다. 거기 있는 한미호텔이 숙소 겸 집무실이었다. 차가 천천히 달리는 동안 김원봉은 차창으로 어두운 거리를 내다보며 가족을 생각했다. 내 아버지는 일제의 핍박 속에서 무사하실까. 넷이었던 내 동생들, 윤세주 동지의 아내가 난징에 왔을 때 들려준 말에 의하면 계모와 박 씨 성을 지닌 여인이 아버지와 아이를 더 낳았다고 했는데 도대체 내 동생은 몇명이나 되는 것일까. 아, 나의 명령에 따라 적을 공격하다 생명을 잃은 동지들의 가족은 어찌되었을까.

'혼마치本町호텔'이 광복 후 친미 이미지가 나게 개명한 한미호텔에는 그의 몫으로 침실과 부속실 그리고 접견실이 마련되어 있었다.* 제1진으로 온 임시정부 요인들은 그 호텔에서 업무를 보고 있었다. 김원봉에게는

---

* 한미호텔은 현재 신한은행 충무로지점 자리에 있었다.

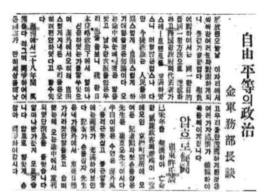

자유와 평화의 정치를
희망한다고 말한
군무부장 김원봉의
귀국 소감.『동아일보』.

비서가 두 명 배치되었다. 그는 김성숙과 앞으로의 계획에 대해 이야기를
나누다 자리에 누웠다.

다음 날 아침, 눈은 그쳐 있었다.

비서진이 밤부터 아침 사이에 온 전화 메모를 내밀었다.

"군무부장님, 많은 분의 접견 요청이 있었습니다."

열 명이 넘는 사람들 가운데 몇 사람을 선택했다. 오전 8시 30분 그는 광
복군 국내 잠편지대장 오광선을 만나 보고를 들었다.

"11월 29일 김구 주석님께서『동아일보』주필과 대담하면서 국군 창설
에 대해서도 말씀하셨습니다. '지금 우리 이청천 장군이 우방 중국의 원조
로 광복군을 확대 편성 중이고 국내에서도 군정 당국과 협의해서 국군편
성의 토대를 세우려 한다. 국내에는 국군을 목표로 하는 여러 단체가 있지
만 우리의 명령계통을 받는 것은 오광선 부사령 하에 있는 광복군 하나뿐
이다'*라고 하셨습니다. 유동열 장군님도 귀국하셨지만 미군정이 인정하
지 않으니 속수무책입니다."

---

* 『동아일보』, 1945년 12월 1일자.

이야기를 더 들어보니 이응준 대좌가 미군정의 자문역을 맡고 만주군 출신 원용덕元容德과 함께 군사영어학교를 꾸려 미군의 구미에 맞는 작업을 진행하고 있었다. 패전하는 순간까지 일본군 군복을 입던 자들이 군대 창설을 맡다니 참으로 한심한 일이었다.

김원봉은 오전 9시에 독립촉성국민회 대표로 온 이갑성李甲成을 만났다. 이갑성은 세브란스 의전을 나온 의사 출신으로 신간회 활동을 하다가 옥고를 치르고 상하이로 망명했다. 그때 의열단원 몇 사람의 총상을 수술해준 적이 있었다.

9시 반에는 조소앙과 신익희가 와서 민족단일당 꾸미기를 의논하고 나갔다. 10시에는 옛 친구 이여성을 만났다.

"여성아!"

"약산 형님!"

황푸탄 의거를 감행한 직후 상하이로 찾아온 이여성을 만났으니 20년이 훌쩍 지나 있었다. 중앙학교와 난징 유학 동지인 두 사람은 어린 시절 쉽게 의기투합해 평생 친구가 될 줄 알았는데 25년 동안 겨우 두 번째 만나는 것이었다.

이여성은 여운형이 이끄는 조선인민당 총무국장으로 공식 예방한 것이지만 김원봉에게 사태가 돌아가는 일을 충고하다 짧은 접견 시간을 다 써버렸다.

"해방 이후 이 나라는 정신없이 돌아가고 있어요. 일제에 결탁해 영화를 누린 자들이 미군정에 빌붙어 결사적으로 권익을 지키려 해요. 검찰과 경찰에 친일파들이 속속 배치되고 있어요. 특히 이승만이 문제예요. 사회주의자를 끔찍하게 싫어해요. 사회주의자보다는 차라리 친일부역자가 낫다고 생각하는 늙은이라고요. 해방 직후에 건국준비위원회가 만들어졌고 형님은 건국준비위원회가 만든 인민공화국의 군사부장으로 내정됐어요. 처음엔 건국준비위원회가 모든 걸 다 붙잡을 것 같았어요. 하지만 겨우 문고리만 잡아봤을 뿐이에요. 지금은 미군정이 조정하는 정국의 중심에서 점점 멀어지고 있어요."

김원봉은 고개를 천천히 주억거렸다.

"귀국한 뒤 백범의 행로를 어떻게 봤나?"

"백범은 민족 전체의 큰 기대를 받으며 귀국했지요. 앞서 귀국한 이승만은 마치 자기가 이 나라의 국부國父인 양, 무조건 내 말을 따라라, 나를 믿어라, 덮어놓고 뭉쳐라, 하며 민중 위에 군림하려는 듯해 고개를 갸우뚱했지요. 백범이 돌아오자 민심은 그쪽으로 옮겨갔어요. 이미 백범은 상하이에서 귀국을 준비하는 동안 말했었지요. 조국에 과도정부가 생기면 임시정부의 기득권을 양보한다고 말이에요. 하지만 귀국한 뒤 간단한 귀국성명만 내놓았을 뿐 침묵하고 있지요. 이승만처럼 덤비지 않고 신중하고 차분해서 민중은 신뢰하고 있어요."

"나는 우선 국내 사정을 파악해야겠네."

"그래야지요. 빨리 신문 잡지를 샅샅이 읽어 정세를 파악하세요."

"그러겠네. 자네 고미술사 연구는 어떻게 되어가나?"

"그림을 그렸고 『동아일보』와 『조선일보』 자료부에서 일한 덕에 공부도 좀 했지요. 민속학, 미술사, 복식사服飾史 등 이것저것 손대보고 책 몇 권 썼어요. 책은 나중에 드릴게요."*

형제처럼 지냈던 옛 친구와 같이 앉아 있을 시간은 짧았다. 접견실 밖에는 두 사람의 중앙학교 은사인 안재홍 선생이 기다리고 있었다.

---

* 이여성은 1935년 이상범과 2인전을 열었으며 미술사와 복식사 연구에 선구적 업적을 남겼다. 지은 책으로는 『숫자조선연구』 『조선복식고』 『조선미술사 개요』 『조선 건축 미술의 역사』 등이 있다. 1948년 월북한 뒤 김일성대학 교수가 되었다.

"어서 오십시오, 선생님."

김원봉은 이여성과 함께 그 자리에 엎드려 큰절을 올렸다.

그가 스승을 안락의자로 모시는 사이, 이여성은 방을 나갔다. 두 사람은 사제간이지만 정치적 노선이 달랐기 때문이다.

"28년 만에 조국에 돌아온 소감이 어떤가?"

안재홍이 눈부신 독립투쟁으로 자신을 능가하는 큰 인물이 되어 환국한 제자에게 말했다. 김원봉은 이틀 전 전라도 옥구에 도착해 충청도 논산까지 달리면서 본 것을 떠올리며 말했다.

"비행장에서 내려 먼지가 뽀얗게 일어나는 길을 달렸습니다. 승용차도 지프도 아닌 덮개 없는 미군 트럭이었지요. 명색이 임시정부 요인인데 대접이 그랬습니다. 아무튼 차가 너무 빨리 달려 어지러운 데다가 추워서 나이 드신 원로 지도자들이 호송장교에게 쉬어 가자고 했어요. 어느 마을에 내려 불을 피우고 꽁꽁 언 몸과 손발을 녹였어요. 무슨 일인가 하고 마을 사람들이 모여들었지요. 그 사람들은 임시정부 지도자들을 김구 주석밖에 모르고 있었습니다."

"그랬겠지. 촌사람들은 일제 치하에서 임시정부가 존재한다는 것도 몰랐을 테니까. 하지만 자네는 의열단 단장이었으니까 알았을 테지."

스승의 말에 김원봉은 고개를 끄덕였다.

"다른 분들께는 민망한 일이지만 그랬습니다. 김성숙 씨가 저를 가리키며 의열단 단장이라고 하자 마을 사람들이 김원봉 장군이냐고 제 이름을 대며 깜짝 놀랐습니다."

김원봉은 잠시 찻잔을 들여다보다 다시 입을 열었다.

"선생님, 그날 가슴 아픈 일이 있었습니다. 학교에서 돌아오는 아이들이 우리를 둘러쌌는데 엄동에 모두 맨발이었습니다. 신발과 양말을 신은 아이가 하나도 없었습니다. 일제의 착취가 얼마나 심했는지 알 수 있었습니다. 저는 나라가 망한 직후 시골에서 소학교를 다녔지만 그때도 그렇게 가난하진 않았습니다."

안재홍은 한숨을 쉬었다.

"전쟁에 밀리면서 일제는 놋숟가락, 무쇠 문고리까지 모든 걸 빼앗아 갔네."

"그 자리에서 한 원로께서 눈물을 흘리며 말했습니다. '이게 우리 조국의 현실입니다. 우리, 추위를 참읍시다. 이 지경인데 무슨 불만을 갖습니까.' 우리는 곧장 다시 덮개 없는 트럭을 타고 달렸습니다."

안재홍과의 만남도 길지 않았다. 실무 이야기는 10분도 나누지 못했다. 30분 뒤에는 한국민주당 대표 백관수, 그 뒤에는 조선농민당 대표 원세훈元世勳을 만나야 했다. 백관수도 김원봉의 중앙학교 은사였다. 그는 중앙학교에서 김원봉을 가르친 뒤 일본 메이지대학으로 유학을 갔다. 이후 2·8독립선언에 참가하고 붙잡혀 6개월간 복역했다.

원세훈은 청년 시절에 러시아 연해주에서 독립운동을 했다. 대한국민의회 부의장을 지냈고 연락원으로 베이징에 파견되어 김원봉과 알고 지냈다. 의열단에 「조선혁명선언」을 만들어준 단재 신채호가 체포되었을 때* 구출하려다 붙잡혀 복역했다. 베이징 시절 김원봉이 평생 은인으로 생각하는 단재 선생에 대한 도리를 생각하면 외면할 수 없는 사람이었다.

김원봉은 점심때가 되어 간신히 설렁탕을 한 그릇 먹고, 요청해온 사람들을 계속 접견했다. 그날 좌익 청년단체인 전국청년단체 총동맹이 전국대회를 열고 김원봉·여운형·김일성·김무정 등을 명예회장으로 추대했

---

* 신채호는 1923년 상하이로 가서 의열단 강령인 「조선혁명선언」을 작성한 뒤 베이징으로 돌아가 조선상고사 연구를 계속했다. 1927년 일본경찰에 체포되어 10년형을 선고받고 1936년 뤼순(旅順)감옥에서 순국했다.

다. 그는 대회 장소에 가지 않았다. 저녁에도 여유롭지 않았기 때문이다.

김원봉은 지도자들이 제각각 당을 만들어 해방정국에서 한몫하려고 덤빈다고 생각했다. 자신이 난징에서 만들어 이끌어온 민족혁명당 조직을 다잡아야 한다고 판단했다. 저녁에는 이 문제를 점검했다.

민족혁명당 조직은 눈에 띄게 약화되어 있었다. 핵심 간부는 귀국했으나 어수선한 판에 흩어져 나갈 듯했고, 젊은 단원들은 아직 중국에 있거나 귀국하고 있는 중이었다. 그는 자정이 넘은 뒤에야 잠자리에 들었다.

김원봉은 찾아오는 사람만 만날 수 없었다. 그는 안국동에 있는 건국준비위원회로 몽양 여운형을 만나러 갔다. 여운형은 망명 시절 의열단에 많은 도움을 주었고 모두 수포로 돌아갔지만 자신이 귀국하기 전에 인민공화국 내각의 군사부장으로 지명해준 것에 대한 고마움도 컸다.

"노고가 많으십니다, 선생님. 그간 안녕하셨습니까."

그는 정중하게 고개를 숙였다.

"어서 오시오, 김 장군."

여운형은 두 팔을 벌려 그를 안았다. 두 사람은 민족운동의 한줄기인 중도좌파의 대표 격이었다. 김원봉의 정신이 '민족혁명'이라면 그것에 가장 가까운 선배였다. 1926년과 27년 광저우에서 만난 뒤 20년 만의 재회였다.

여운형은 김원봉의 손을 잡고 간곡히 요청했다.

"미국과 소련이 남북에 따로 진주하고, 정파들은 좌파와 우파로 나뉘어 의견 조정이 어렵소. 따지고 보면 나도 그렇지만 김 장군은 늘 민족독립을 위해 좌파와 우파를 결속하려 애써온 사람이 아니오? 거기에 힘써주시오."

"알겠습니다, 선배님. 저도 그게 제 사명이라고 생각합니다."

김원봉은 선뜻 그렇게 말했다.

사흘 뒤 그는 밀양에서 상경한 큰 동생 경봉을 만났다. 28년 만의 만남이었다. 그는 호텔 로비에서 동생이 손을 흔들며 다가오는데도 알아보지

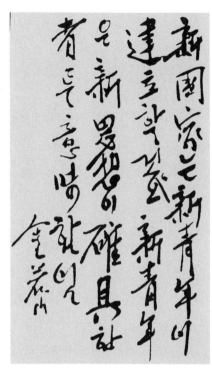

"신국가는 신청년이 건립할 것이요 신청년은 신사상이 확구한 자를 의미한다"고 김원봉이 귀국 직후 쓴 휘호.

못하고 지나쳤다.

"형님, 저 경봉입니다."

동생이 외치자 그는 그제야 걸음을 멈추고 돌아섰다.

김원봉은 자신보다 더 늙어 보이는 중년의 동생을 부둥켜안았다.

"그렇구나, 경봉이로구나!"

"우리는 형님이 귀국하신 걸 신문을 보고 알았어요."

"그랬구나. 내가 무척 바빠서 전보 한 장 치지 못했다."

김원봉은 가족들과 고향의 소식을 대강 묻고 호텔 가까운 곳에 있는 여관에 방을 얻어주었다.

"전보를 쳐서 아버님과 숙부와 형제와 사촌들을 올라오라고 해라."

사흘 뒤 김원봉은 가족들을 만날 수 있었다. 아버지 김주익과 동생들, 숙부 김주오와 사촌동생들이었다.

김원봉은 아버지와 숙부에게 큰절을 올렸다.

"저의 불효를 용서하십시오."

21세이던 1918년 여름, 난징 진링대학에 유학 간다고 집을 떠난 뒤 독립투쟁의 길로 들어섰기 때문에 48세가 되도록 아버지를 뵙지 못했다. 28년이 지나 이제 아버지는 늙고 병약해 보였다. 붉게 충혈된 두 눈에 눈물이 고여 있었다.

늙은 아버지는 가래 끓는 목소리로 한마디 했다.

"이제 그만해라. 몸조심해야지."

'긴장과 갈등으로 엎치락뒤치락하는 해방정국에서 아버지는 내가 안전하기를 바라는 걸까. 아니야. 일제 때 핍박받아 혼이 났던 터라 이제 해방된 걸 실감하지 못하고 물색 없이 말씀하시는 거야.'

그는 그렇게 생각했다. 아버지는 총기라고는 거의 없는 늙은이가 되어 있었던 것이다.

김원봉은 껄껄 웃으며 말했다.

"걱정 마세요. 미국 대통령도 나를 잡아가지 못해요. 왜놈들이 그렇게 나를 잡으려 했지만 잡히지 않았어요."

"아이는 몇이나 뒀느냐? 동래의 박 씨 가문 여자와 결혼했다는 건 들어서 안다."

아버지가 다시 물었다.

"첫 아내는 죽었어요. 그 사람과는 아이가 없었어요. 두 번째 아내는 아마 지금쯤 아이를 낳았을 거예요. 아들인지 딸인지는 몰라요."

김원봉은 숙부와 동생들과 사촌들을 향해 돌아섰다.

"작은아버님, 이제 좋은 세상이 왔어요."

숙부가 어깨를 으쓱했다.

"정말 그렇구나. 신문에 네가 돌아왔다고 사진이 실렸으니 좋은 세상 아니냐."

둘째 동생 춘봉이가 앞니를 모두 드러내 웃으면서 말했다.

"왜놈들 세상일 때는 가난해서 끼니도 굶고 괄시도 받고 그랬는데 세상이 달라졌어요. 형님은 모르시겠지만 모리토森藤라는 일본 사람이 경일慶一은행 지점장이었는데 영남루 아래 근사한 집을 짓고 살았어요. 해방 뒤 심현태라는 사람이 그 집을 차지했는데 형님이 존경스럽다고 우리에게 그 집을 내놨어요. 아버지하고 둘째 형네는 거기 살아요."

김원봉은 '너는 옛날처럼 말이 많구나' 하고 생각하며 천천히 고개를 끄덕였다.

"내 동생들과 사촌동생들은 모두 내 말을 들어라. 딴마음 먹지 말고 지금 자기가 있는 자리에서 열심히 일해라. 경거망동하면 내가 절대로 용서하지 않는다."

그는 자기 주변 사람들에게 엄격해야 한다고 생각했다. 그는 수많은 의열단 동지에게 죽음의 길로 가라고 명령한 사람이었다. 그의 동생들은 금방 알아들었다. 표정 속에 담긴 범접할 수 없는 위엄을 느끼며 묵묵히 고개를 끄덕였다.

김원봉은 아버지와 숙부를 향해 입을 열었다.

"이미 집을 받은 건 어쩔 수 없지요. 앞으로는 남한테서 달걀 하나 받지 마세요. 필요한 건 제가 다 만들어드릴 테니까요."

서울의 친일파들이나 지방 토호들이 그를 끌어들이려고 접근하는 것을 막기 위해서였다.

김원봉은 가족들을 보내면서 큰 동생 경봉에게 첫 아내 박차정의 유골 상자를 넘겨주었다.

"죽은 네 형수 유골이다. 나는 한두 달 지나야 밀양에 갈 수 있을 거다. 그때 제대로 장례를 지내자."

## 정치적 행보

12월 8일, 김원봉은 서울 천도교당 교회에서 열린 전국농민조합총연맹 결성식에 갔다. 처음으로 군중 앞에 서는 것이었다. 남북에서 농민대표 576명이 참석했다. 임시정부를 대표해 조소앙과 김원봉이 이 대회에 참석했지만 좌익계열의 중요한 행사라 시작부터 어수선했다. 사람들은 대회장 밖에 백색테러단이 포위하고 있다면서 술렁였고 누군가가 전기선을 자르고 도주해버려 마이크가 꺼지는 바람에 육성으로 연설해야 했다.

김원봉이 축사를 하기 위해 등단하자 군중은 쥐 죽은 듯 조용해졌다. 군중은 일제의 간담을 서늘하게 한 의열단 단장이었던 약산 김원봉의 귀족적인 풍모와 부드러운 목소리에 집중했다.

"친애하는 농민대표 여러분, 저는 오랫동안 일제의 핍박을 받은 여러분에게 위로를 표합니다. 인구의 절대 다수인 농민을 위해 모인 여러분에게 경의를 표합니다. 여러분의 토지 문제 인식에 저는 동의합니다. 지금 우리의 투쟁 대상은 일제가 아니라 일제의 대리인입니다. 그들을 철저히 물리치지 않으면 안 됩니다. 저는 군인입니다. 그리고 우리 군대는 농민의 군대입니다. 저는 여러분과 함께 오줌통을 지고 김을 매고 씨도 뿌리겠습니다. 저는 일개 군인으로 농민운동을 지지합니다. 대표 여러분이 굳게 싸우기 바랍니다."

김원봉은 좌익 색채가 매우 농후한 공식행사에 첫 모습을 드러냈고 토지에 대한 신념이 확실했다. 타파계급과 평등지권, 그것은 의열단을 창설할 때 그와 동지들의 세계관이기도 했다. 그는 전날 주최 측인 전국농민조합총연맹으로부터 자료를 받았다. 100정보 이상을 가진 조선인 지주가 전국에 500명이나 되고, 경기도만 해도 100명이 넘는다는 통계자료였다.

다음 날 그는 『동아일보』 기자와 인터뷰했다. 12월 10일 그 신문은 다음과 같은 기사를 실었다.

조국 광복의 일편단심

구적을 멸하고자 산전수전 의열단 27년 투쟁사

우리 민족의 해방을 위해 망명 28년간 때로는 포연탄우 속에서 왜적을 물리치며 민족운동의 원동력으로 또는 추진부대로 활동해온 의열단을 이끈 의열단장 김원봉 선생을 왕방往訪해 그동안의 지내온 내력을 들어 독자 여러분과 함께 궁금한 가슴을 풀기로 하자. 듣기에도 어마어마한 총독부에 폭탄을 던져서 폭파시킨 김상옥·김익상 사건과 김지섭의 니주바시교 사건은 아직 우리 머리에서 사라지지 아니하였거니와 왜노倭奴의 앞잡이로 진군한 밀양경찰서장을 폭탄으로써 단번에 폭살한 사건을 회상할 때 무엇이라 형용할 수 없는 감격을 가슴 깊이 느끼게 된다. 그러면 우리 민족의 꽃이요 자랑인 의열단의 혈투로 점철된 27년사는 어떠한 것이었는가.

기미년에 결단結團 일인日人 암살 결행決行

의열단은 1919년 11월 11일 지린에서 조직되었다. 조직한 후 첫 대상은 일본의 정계와 군부의 요인 암살을 계획해, 일본 제국주의 활동 노선을 교란시키는 것으로 일삼았다. 이 일을 4-5년 동안 계속해 왔는데 이러한 개인적 암살만으로는 조선독립운동 선상의 한 충격을 주는 것에 지나지 못하고 민족해방의 근본문제는 해결할 수 없음을 느껴서, 개인적 분산적인 활동보다는 조직적 체계를 갖춘 진보적인 투쟁을 하지 않을 수 없어, 전술을 바꿔 결사적인 항일부대 편성을 했다. 이것이 1924년의 일인데 먼저 진보적이고 과학적인 전투기술과 군사교육의 실제적 체험을 받기 위하여 황푸군관학교에 입학했다.*

김원봉에 대한 인터뷰는 『동아일보』의 배려와 계산에 따른 것이었다. 1925년 2월의 인터뷰와 마찬가지로 중앙학교 은사인 김성수의 배려가 있었던 것이다. 김성수가 이끄는 한국민주당은 임시정부를 공경하는 태도를 지니고 있었다. 김성수는 제자인 김원봉을 자기편으로 끌어당기고, 임시정부의 군무부장인 그를 칭송함으로써 임시정부의 존재를 보다 뚜렷하게 부각시키려는 계산을 하고 있었다.

김원봉은 또 다른 스승 송진우를 찾아가 만났다.

"광복이 되니 우리가 다시 만나는구먼. 늘 자네가 자랑스러웠네. 장차 이 나라 정국이 어디로 튈지 모르는 공처럼 혼란스럽고 복잡하네. 부디 신중하게 행동하시게."

20대 중반에 김원봉을 가르쳤던 스승 송진우는 그가 귀국한 다음 날 만난 안재홍 선생과는 달리 차분하고 신중한 노신사가 되어 있었다. 두 사람은 신생 조국을 위해서 필요한 길이 무엇인가 담론을 나누기로 하고 헤어졌다.

김원봉은 눈코 뜰 새 없이 바쁜 와중에도 민족혁명당 조직을 다잡으려 애썼다. 당은 이미 응집력을 잃어가고 있었다. 사람들은 그를 의열단 단장, 조선의용대 대장으로 기억하며 존경심을 보일 뿐 민족혁명당에는 관심을 보이지 않았다. 너무 많은 당이 이 나라에 생겼기 때문이다.

민족혁명당이 나서야 할 사명이 생겼다. 친일파 문제를 둘러싼 이승만 세력과 공산당의 첨예한 대립이었다. 12월 17일, 이승만은 중앙방송을 통

* 기사문의 리드와 본문 앞부분인데 본문은 김원봉의 회상과 보고 형식으로 되어 있다. 북벌에 참가하게 된 동기와 조선의용대 창설, 광복군과의 합류에 대해 보고했다.

해 공산당을 공격하고 나섰다.


　　공산당은 공화국이라는 명사를 조작해 민중을 현혹시켰습니다. 지금은
저희들이 공산주의자가 아니요 민주주의자라고 하며 러시아를 저희 조국이
라고 한다니, 이것이 사실이라면 한국에서 떠나 저희 나라를 섬기라고 하고
싶습니다. 이 분자들과 싸우는 방법은 친부모나 친자식일지라도 원수로 대
하는 것입니다. 대의를 위해서는 애정과 친소親疎를 둘 수 없습니다.


　이 방송이 나가자 공산당은 이승만을 늙은 파시스트라 비난했고 그들은
서로 적개심을 지닌 원수가 되었다.
　김원봉은 민족혁명당 간부 장건상·성주식 등과 의논했다.
　"민족 모두가 한 덩어리로 뭉쳐 한목소리를 내는 수밖에 없어요. 하지만
지금은 힘이 흩어져버렸어요."
　의열단 시절부터 김원봉을 지켜온 장건상이 나섰다.
　"그게 바로 김 동지와 우리 민족혁명당의 몫이요. 김 동지와 우리는
망명 중에도 그렇게 노력해왔어요. 지금 이 나라는 좌익과 우익이 견원지
간처럼 되어버렸어요. 승전국들은 이 나라를 두 토막으로 잘라 나눠 가지
려는데 좌파와 우파가 원수처럼 대립하고 있다고요. 김 동지와 우리는 지
금 그걸 조정해야 하는 위치에 있어요. 첫째, 국민들은 김 동지를 의열단
영웅으로 기억하고 있고, 둘째, 김 동지는 임시정부의 중요한 간부고, 셋
째, 공산주의자들도 김 동지를 거부하지 않아요. 넷째, 미군정과 찰싹 붙어
있는 극우파인 한국민주당도 그래요. 인촌 김성수는 김 동지를 제자 이상
의 깊은 신뢰로 바라보고 있어요."
　김원봉은 고개를 끄덕였다.
　"민족화합을 가져올 수 있다면 뭐든지 해야지요. 내가 혼자 앞장서는 것

보다 우리 민족혁명당이 나섭시다."

이튿날 장건상은 민족혁명당의 위치에서 양쪽을 조율하기 위해 나섰다. 그는 신문기자들에게 말했다.

"좌익을 무시하고 통일을 운운하는 것은 불가능한 일이지요. 우리 민족혁명당은 이승만 박사의 방송에 찬성하지 않습니다."

임시정부의 김구 주석도 비슷한 맥락으로 좌익과 우익의 합작을 지지하고 나섰다.

한편 김원봉은 북한으로 귀국한 조선독립동맹의 대표 김두봉에게 편지를 보내 연락 유지와 함께 합작을 요청했다. 그렇게 자신의 옛 동지들이 다수 들어 있는 조선의용군과의 관계도 회복하려 했다.

12월 25일, 김원봉의 노력에 힘입어 임시정부는 통일전선을 결성하기 위해 특별정치위원회를 조직했다. 김원봉은 조소앙·김명준·김성수·최동오·장건상·유림 등과 더불어 중앙위원으로 지명되었다.

12월 26일, 김원봉은 자신의 모교 중앙중학교 강당에서 열린 전국군사준비위원회 결성식에 참석함으로써 다시 대중 앞에 모습을 드러냈다. 이 단체는 국군준비대, 학병동맹 등 좌익계 군사단체들의 통합 준비 기구였다. 김원봉은 김무정·김일성과 함께 명예의장으로 추대되었고 김구에 이어 짧은 축사를 했다. 그는 이렇게 말했다.

국군은 친일파 민족반역자의 군대가 아닌 노동자·농민 근로대중을 위한 군대가 되어야 할 것입니다.

다음 날, 새 나라 새 정부를 만들기 위해 노력한 김원봉과 지도자들, 그리고 국민 모두의 희망을 뿌리째 뽑아 흔드는 소식이 전해졌다. 모스크바 삼상회의가 한국에 대한 신탁통치안을 결정했다는 보도가 나온 것이다.

조선임시정부를 수립하고, 미소공동위원회를 설치해 운용하며, 5년 이내에 신탁통치를 실시, 2주 안에 미소 양군 대표회의를 연다는 내용이었다.

우려했던 일이 현실이 되었다. 한반도 삼천리는 발칵 뒤집혔다. 이승만은 "죽음으로써 투쟁하자"고 신탁통치를 반대하는 라디오 방송을 했고, 김구도 '3,000만 동포에게 고함'이라는 제목으로 방송을 했다.

김원봉은 통탄하는 얼굴로 지인들에게 말했다.

"세상에, 우리나라가 아프리카처럼 미개한 나라도 아닌데 나라를 세울 역량이 없어 신탁통치를 한다니. 설마 했던 게 터져버린 거지요. 모두 우리 손으로 독립을 쟁취하지 못한 탓이에요."

민족혁명당 간부 성주식이 입을 열었다.

"이런 때일수록 김 동지와 우리 민족혁명당의 사명이 큽니다. 좌우가 합작하고 온 국민이 힘을 합하면 신탁통치를 거부할 수 있습니다."

광복을 맞은 해 연말 서울의 거리는 신탁통치 반대 시위로 물결쳤다.

하지 중장은 한국인들의 집단적 의사 표시에 단호하게 대응했다.

"미국과 소련의 신탁통치는 승전 이전에 이미 결정된 사항입니다. 이것은 3·8선을 없애고 통일과 독립을 달성하기 위한 조치이기도 합니다. 승전 연합국 간에 이미 합의한 사항을 한국인들이 원한다고 철회할 수는 없소."

그런 와중에 불똥이 엉뚱한 방향으로 튀었다. 김원봉의 옛 스승인 송진우가 김구·신익희·조소앙 등 지도자들과의 대책회의에서 신탁통치를 찬성한다고 말한 것으로 알려지면서 '매국노 송진우를 처단하라'는 벽보가 나붙었다. 그러다가 송진우는 집으로 잠입한 자객의 총을 맞고 절명하고 말았다.

김원봉은 종로구 원서동에 있는 스승의 빈소에 찾아가 절했다.

"선생님, 신생 조국을 위해 무엇을 해야 할지 의논하자 하시더니 이렇게 가셨습니까."

빈소에서 그의 머리에 스치는 것이 있었다. 여운형이 이미 몇 차례 암살 위기를 모면했다는 사실이었다. 좌익과 우익이 대립하고 수많은 정파가 옥신각신하고 있는 해방정국. 그는 자신에게도 언제 어떤 위험이 닥칠지 모른다고 생각했다.

김원봉은 그날 빈소에서 윤치영尹致暎과 인사를 나눴다. 윤치영은 중앙학교 동문임을 내세우며 반가워했다. 김원봉은 그가 이승만 박사의 캠프에 있다는 걸 알고 있었으나 정치 이야기는 하지 않았다. 잠깐 다닌 중앙학교 학창 시절 이야기를 하고는 다시 만나자고 말하고 헤어졌다. 윤치영은 김원봉과 동갑이었으나 몇 해 먼저 중앙학교를 다녔다. 선배인 셈이다.

이 무렵 김원봉은 한미호텔을 나와 청계천 수표교 근처에 집을 구했다. 밀양의 동화학교 동창으로 의열단 동지가 되었던 한봉인의 아들은 일본회사에서 일하다가 적산敵産을 물려받아 운수회사를 운영하며 넉넉하게 지내고 있었다. 그러던 중 그가 김원봉에게 활동자금과 함께 집을 마련해 준 것이었다. 그의 새집 근처에는 장택상의 집이 있었다.

1947년 새해가 왔고 김원봉은 50세가 되었다. 미군정이 휴일이라고 공포했지만 중국에서도 음력으로 설을 쇠었으므로 특별한 움직임은 없었다. 새해에 국운이 잘 풀려 부강한 나라의 초석을 놓을 수 있기만을 기원할 뿐이었다.

다음 날 오전에 특별한 손님이 찾아왔다. 윤치영이었다.

"이승만 박사님은 기독청년회관 중학부 시절 저의 스승이십니다."

그렇게 운을 뗀 윤치영은 방문한 목적을 말했다.

"이 박사님께서는 '김약산 장군 같은 분과 함께 나라 세우는 일을 하면 참 좋겠다'고 하셨습니다. 그래서 제가 장군님을 찾아뵙겠다고 했습니다."*

그 말을 듣는 순간, 김원봉의 머릿속에는 이승만 박사에 대한 여러 가지

부정적인 생각이 한꺼번에 떠올랐다. 이승만 박사가 철저한 반공주의자이며, 미국을 등에 업고 지주 자본가 중심의 정부를 만들려 한다는 것, 김원봉 자신이 추구하는 노동자·농민 중심의 사회민주주의가 아니라는 것, 친일인사들을 끌어모으고 있다는 것, 심지어 군대창설마저도 이응준 같은 일본군 고급장교 출신들에게 맡기려 한다는 것 등이었다.

"아, 그러셨습니까? 이승만 박사님께 감사하다고 전해주십시오. 조국을 부강한 나라로 만드는 일이라면 함께 의논하고 일해야지요. 하지만 내가 평생 추구해온 건 민족혁명입니다. 이승만 박사 캠프로 가면 그걸 버려야 할 것인데 나에게도 동지가 많아 어렵습니다."

김원봉은 그렇게 에둘러 이승만 박사의 요청을 거절했다. 이로써 남한을 휘어잡게 될 이승만 박사 중심의 친미정권에 들어갈 첫 번째 기회를 걷어찬 셈이 되었다.

새해 벽두가 되자 신탁통치 문제는 또 다른 변수를 맞아 돌변했다. 좌익이 신탁통치를 찬성하는 쪽으로 선회한 것이었다. 한반도는 신탁통치를 반대하는 우익과 찬성하는 좌익의 대립으로 치닫기 시작했다.

김원봉은 김성숙과 함께 5개 정파가 참여하는 비상국민회의를 여는 데 성공했다. 그러나 그의 노력은 수포로 돌아갔다. 좌익은 임시정부 측의 역할을 인정하지 않았고 우익 정파들은 신탁통치 반대를 끝까지 굽히지 않았다. 결국 정국은 통일전선을 만들려던 김원봉의 노력마저 거부하며 상황은 반공과 용공의 대립으로 끌고 가려 한 이승만의 뜻대로 흘러가게 되었다. 곧이어 임시정부는 이승만과 뜻을 같이해 임시정부의 임시의정원을

---

* 이승만이 김원봉에게 윤치영을 보내 함께 일하자고 한 사실은 유석현 선생의 증언에 있다(길진현, 『역사에 다시 묻는다: 반민특위와 친일파』, 삼민사, 1984, 19-20쪽).

대신할 최고정무회의를 만들고 '재남조선대한국민대표민주의원'으로 그 명칭을 바꾸었다. 그것은 미군정의 자문기관이 되었다.

김성숙이 김원봉을 붙잡고 탄식했다.

"임시정부는 우리 민족의 광복에 큰 힘은 못 되었어도 독립투쟁의 구심점이었는데 이렇게 해산했어요."

김원봉은 허탈하게 고개를 끄덕였다.

"그래요. 임시정부는 이제 허공으로 사라졌어요."

한편 진보적 성향의 좌익 단체들은 새로운 통일전선을 만들기 위해 발빠르게 움직였다.

이때의 일을 객관적으로 바라본 미국인이 있었다. 서울에 와서 미군정 전사편수관으로 일하던 리처드 로빈슨Richard Robinson이었다. 그는 회고록에 이렇게 썼다.

1946년 2월 1일 즈음에 김구의 임시정부에 마지막까지 남아 있던 진보적 분자들이 김구를 떠났다. 이날 임시정부 '내각의 장관'이었던 김규식과 김원봉이 김구의 지도권을 벗어나 그들의 당파를 구성해 주도했다. 그러한 움직임은 김구와 그 추종자들이 우익에 대한 지배력을 더욱 강화하기 위한 수단으로써 비상국민회의를 구성할 것이 분명해지자 일어났다. 김원봉과 그의 가장 오래된 조선의 정치단체 가운데 하나인 민족혁명당은 민주주의 민족전선에 의해 통치되는 공산주의 진영 쪽으로 끌려 들어가는 자신들을 발견했다.*

---

* 리처드 로빈슨, 정미옥 옮김, 『미국의 배반』, 과학과사상, 1988, 123-124쪽.

## 이여성·김약수와의 해후

귀국한 다음 날 잠깐 만났던 이여성이 김약수까지 셋이 함께 만나자는 전갈을 보내왔다. 그들은 김원봉이 젊은 날에 만나 의기투합해 평생 우정을 약속하고 같을 약若자와 같을 여如자를 넣어 아호를 나눠 가졌으며 함께 난징까지 가서 진링대학 입오생 과정을 같이 다닌 친구들이었다. 김원봉이 이름과 호를 같이 쓰는 데 비해 두 사람은 아예 본명을 버리고 호를 본명처럼 쓰고 있었다. 둘 다 젊어서는 무정부주의자로 활동했는데 이여성은 진보적 색채가 강한 여운형의 조선인민당에 들어가 있고, 김약수는 좌익활동을 청산하고 한국민주당에 들어가 있었다.

김원봉은 김약수와 포옹했다.

"약수 형님은 한국민주당, 여성은 진보정당인 조선인민당, 나는 중도좌파인 민족혁명당. 서로 정치적 신념은 다르지만 존중하며 술을 마십시다."

김약수와 이여성은 좋다고 하며 고개를 끄덕였다.

우익의 재남조선대한국민대표민주의원에 대응하는 진보적 성향의 단체들을 규합하는 실무를 맡고 있는 이여성이 말했다.

"새로 만들 통일전선 이름을 민주주의민족전선이라고 부르기로 했어요. 모두 형님이 들어오시기를 기다리고 있습니다. 북조선에 귀국한 형님의 옛 동지들, 독립동맹의 김두봉 선생, 박효삼 선생, 한빈 선생도 가입 의사를 밝히셨습니다. 형님이 들어오시면 결속력이 더 강해질 겁니다. 들어오셔서 진정한 통일전선을 만들어 민중이 원하는 새로운 나라를 만드는 일에 나서십시오."

김원봉은 머리를 끄덕이면서 김약수를 가리켰다.

"약수 형님 이야기도 들어봐야지요."

김원봉보다 여섯 살, 이여성보다 아홉 살 많은 김약수는 여유 있는 미소를 지어보였다.

"한국민주당이라고 모두 친일파와 지주 자본가만 있는 게 아니야. 나는 거기서 당원들이 자본가들의 이익을 대변하는 태도를 지니는 것에 제동을 걸고 있어. 내가 보기에 가장 장래성 있고 미군정 치하에 맞는 현실적인 감각을 지닌 정당은 한국민족당이야. 나는 약산이 한국민족당에는 오지 않더라도 민주의원으로 들어왔으면 좋겠어."

김원봉은 한참을 묵묵히 있다가 입을 열었다.

"여성 동생은 민주주의민족전선으로 오라 하고 약수 형님은 민주의원으로 오라 하시네. 생각할 시간을 줘요."

세 사람이 회동한 것은 1919년 봄 이후 26년 만이었다. 그들은 흘러간 세월을 아쉬워하며 밤이 깊도록 술을 마셨다. 김약수가 김원봉의 잔에 술을 따라주며 말했다.

"일제 때 직접 투쟁한 경력으로는 약산이 제일이야. 민중은 그걸 알고 있어. 하지만 약산은 그걸 정치 역량으로 집중시키지 못하고 있어."

김원봉은 묵묵히 앉아 있다가 술 한 잔을 마셨다.

"좋은 충고로 받아들일게요. 내 어깨에는 무거운 짐이 있어요. 의열단 창단 당시 동지들은 자신을 죽음의 길로 보낼 명령권을 지닌 의백으로 나를 지명했어요. 내 명령을 받고 하나둘 죽음의 길로 떠나갔어요. 그러면서 유언을 남겼지요. 끝까지 살아남아 조국을 되찾으라고, 민족혁명을 통해 완전 자주독립의 나라, 민권이 평등한 나라를 만들어달라고요. 나는 앞서 간 동지들의 삶을 대신 산다는 생각을 버릴 수 없어요. 나는 그들에게 물어보고 행동하는 습관이 있어요. 절대로 나 하나의 영달을 위해 정치적 실리를 찾는 행동은 할 수 없어요."

김약수와 이여성은 이해한다는 듯 고개를 끄덕였다.

이틀 뒤 중앙학교 은사인 인촌 김성수가 사람을 보내 만나기를 청해왔다. 그는 종로의 한 중국 음식점에서 옛 스승을 만났다.

"이보게, 약산. 자네가 의열단 단장, 조선의용대 대장, 광복군 부사령, 임시정부 군무부장으로 독립전선의 중요한 위치에 앉을 때마다 내가 얼마나 감격했는지 아는가? 나는 못 하지만 내 제자가 저렇게 싸우니 얼마나 좋은가. 대리만족 같은 걸 느껴왔네. 자네가 지금까지 민족의 역량을 한데 모으기 위해 통일전선을 만들려고 무던히 노력해온 것을 참으로 고맙고 소중하게 생각해왔네.

하지만 말일세. 우리가 지금 거룩하게 훌륭한 민주국가를 만들자고 분투하는 것도 따지고 보면 정치행위인 것일세. 정치는 흐름을 타야 하네. 그걸 거부하면 설 자리를 잃게 되네. 불행한 예단이긴 하지만 우리 조국은 미국과 소련에 의해 남과 북으로 갈라지고 말 거네. 그렇게 되면 반목이 심해질 테고 그러면 합작이나 통일전선을 주장하던 사람은 양쪽에 설 자리를 잃게 되네. 자네는 중도좌파이지 공산주의자가 아니지 않은가? 자네가 공산주의자와 손잡은 것은 통일전선을 만들고자 한 게 아닌가? 그래서 지난날 조선의용대 주력을 화베이로 보내고 임시정부에 들어간 게 아닌가? 하지만 우리는 해방됐네. 민주의원은 임시정부가 미군과 손잡은 것이 아닌가? 나는 자네가 민주의원으로 돌아오기를 바라네."

김원봉은 옛 스승이 비록 세계관은 다르지만 제자를 생각하는 염려와 애정이 깊다는 것을 알고 있었다. 그는 스승을 향해 고개를 숙였다.

"선생님, 염려 말씀 고맙습니다. 그러나 저는 현실이 어떻다 해도 제 신념과 다른 길은 갈 수 없습니다."

김성수는 고개를 끄덕였다.

"알았네. 나도 자네 신념을 존중하겠네."

스승과 제자는 굳은 악수를 하고 헤어졌다.

김원봉은 며칠 동안 스승의 조언을 깊이 생각해보았다. 그가 임시정부의 양립 단체인 의열단과 조선의용대를 이끌다가 임시정부에 들어간 것은 온 국민이 역량을 합해 일제에 대항해야 한다는 커다란 명제 앞에서 진정한 화합을 통한 통일전선을 만드는 데 기여하겠다는 뜻에서였다. 김성수 선생은 해방이 되어 그 명분이 사라진 것처럼 말했지만 그는 그것이 진정한 해방은 아니라고 생각했다.

'나는 어찌해야 하는가.'

그는 초조한 마음으로 시간을 보냈다. 묵상에 잠겨 세상을 떠난 동지들을 떠올리며 그들에게 물었다. 그들은 한결같이 말했다.

"당신의 생각이 옳소."

그의 생각이 확실해졌다.

며칠 후 그는 민주주의민족전선을 선택했다. 이여성을 불렀다.

"민주주의민족전선이 문호를 개방하고 언제든지 우익과 보수 성향의 단체들과 합작하기 위해 노력한다는 약속을 하면 들어가겠네."

이여성은 그의 손을 잡았다.

"목숨을 걸고 약속합니다."

김원봉은 오랜 동지인 김성숙 그리고 민족혁명당의 동지 장건상·성주식과 함께 민주주의민족전선에 참여하기로 결심했다. 그는 자칫 분열할지 모르는 민족의 장래를 위해 그게 낫다고 판단했다.


## 민주주의민족전선

1946년 2월 15일 11시 30분, 서울 종로에 있는 기독교청년회관 강당에서 민주주의민족전선 결성대회가 열렸다. 조선인민당을 대표해 조직에 참가한 이여성이 사회를 맡아 식을 진행했다.

김원봉은 민족혁명당 동지인 김성숙·장건상·성주식과 함께 대회에 참석해 연설했다. 그는 소설가이자 작가동맹 대표인 이태준의 소개로 연설을 시작했다. 대회 의사록을 옮기면 이렇다.

남부조선의 씩씩한 민중의 전사戰士가 일당一堂에 모여 조선 장래의 행복을 위해 토론함을 볼 때 만강滿腔의 기쁨을 금치 못하겠습니다. (박수) 우리는 지나간 제2차 세계대전에 있어서 무수한 인류의 전사가 흘린 피를 헛되이 돌려보내서는 아니 되겠습니다. (큰 박수) 본인은 오랫동안 외국에 있었고 군인이라고 자처합니다. 그리하여 정치에 어둡습니다. 그러나 여러 혁명 동지의 뒤를 따라 우리 건국 대업에 분골쇄신해 혁명자의 책임을 다하고자합니다. 이것이 앞서간 내 동지들이 내게 맡긴 사명이라고 생각합니다. (큰 박수).*

　　김원봉은 다섯 해에 걸친 임시정부 소속에서 벗어나 또 다른 통일전선을 꿈꾸며 새로운 단체에 몸담게 되었다. 민족전선에는 조선공산당·조선인민당·독립동맹 등 여러 좌익 단체가 들어와 있었다. 그는 골수 공산주의자는 아니었으나 이제 매우 선명해진 좌익 성향의 행로를 가게 되었다. 해방 조국에서 김원봉의 행로와 운명을 결정한 민족주의민족전선에 대한 설명은 『민족문화대백과사전』에 잘 나와 있다.

　　민주주의민족전선은 1946년 1월 19일 발기되어 2월 19일에 결성을 본 남한의 모든 좌익계 정당 및 사회단체의 총집결체다. 2월 1일 결성된 김구 중심의 비상국민회의와 2월 14일 미군정의 자문기관으로 발족한 대한국민민주의원이 이 나라 건국과 정국을 주도하는 데 맞서 좌익이 연합한 것이었다. 정식으로 국민대표기관이 구성될 때까지 과도기적 임시국회의 기능을 맡아 과도정부 수립을 담당하고, 미소공동위원회의 임시정부 조직 사업에 남한

* 「민주주의민족전선대회 의사록」, 44쪽, 1946년 2월 15일, 김남식·이정식·한홍구 엮음, 영인본 『한국현대사자료총서 12』, 돌베개, 1986, 637쪽에 수록.

1946년 2월 15일. 민주주의민족전선 창립대회에서 연설하는 김원봉.

의 유일한 민족대표로 참가할 목적으로 박헌영이 이끄는 조선공산당과 여운형이 이끄는 조선인민당에 의하여 결성되었다.

의장단으로는 여운형·허헌·박헌영·김약산·백남운이 공동의장을 맡고 부의장단에 백용희·홍남표·이여성·김성숙·장건상·윤기섭·성주식·정노식·유영준·한빈이 선출되었다.

강령은 총 아홉 개로 특히 제9항에서 '행동슬로건'으로 38개 조항의 정책을 나열했는데, 모두 조선공산당의 주장과 대동소이했고, 같은 해 2월 8일에 발족한 북조선 임시인민위원회의 당면목표와 같은 조항들이었다.

우익계의 비상국민회의와 좌익계의 이 단체는 서로 과도적 임시국회의 역할을 자임하며 과도임시정부의 수립을 목표했고, 전자는 신탁통치 반대, 후자는 신탁통치 찬성의 태도를 취했다.

민주주의민족전선은 조직형태로는 좌익단체들의 민주적 연합체였으나 실질적으로는 조선공산당에 의해 움직였다. 조선정판사 위폐사건을 계기로 남조선노동당의 주요 간부들이 북한으로 탈출하고 지하로 들어가게 되자 이 단체는 사실상 해체되었다. 명목상으로는 1949년 6월 27일 평양에서 북조선민주주의민족통일전선과 통합해 조선노동당의 외곽단체인 조국통일민주전선으로 되어 있다.

김원봉은 민족전선대회 며칠 후, 이여성을 만났다. 이런저런 소식을 묻다가 이여성이 그가 한 연설 이야기를 꺼냈다.

"약산 형이 그날 공동회장 가운데 가장 큰 박수를 받았어요."

"그랬었나?"

"그런데 '나는 군인이어서 정치에 어둡다'라고 말한 부분 말이에요."

이여성의 말에 김원봉은 고개를 끄덕이기만 했다.

"형이 그렇게 말하면 많은 사람이 그렇다고 생각해요. 나는 형이 정치적 역량을 충분히 발휘하며 독립운동을 했다고 봐요. 민족혁명당이라는 강력한 정당을 이끌고 임시정부 안에서 정치를 했으니까요."

"이보게, 여성. 국내에 들어와서 보니 그건 정치도 아니었네."

"이제부터 진짜 정치예요. 능수능란해져야 해요. 내가 형의 군인 이미지를 지워버리는 글 한 편을 신문에 실을게요."

김원봉은 미소로 답했다.

"고맙네. 자네가 작년에 「피로 쓴 전기 김원봉 장군」인가 그런 제목으로 나에 대한 글을 한 번 썼잖은가?"*

"그건 우리들의 추억을 이야기하는 글이지만 이번에는 정치적 목적을 두고 써야지요."

김원봉은 마음대로 하라는 뜻으로 다시 고개를 끄덕였다.

---

* 『신조선보』, 1945년 12월 3일자.

이여성의 글은 4월 좌익신문에 「김약산론」이라는 제목으로 실렸다.

　일제의 야욕적 폭압은 절망 질식의 심연 속으로 민중을 쓸어넣어 오로지 아부와 추종을 강제했다. 당시 서슬이 푸른 '의열단' '김원봉'의 혁명적 활약은 그 비굴한 추종을 거부하는 총이요 폭탄이었다. 전의戰意 잃은 민중에게 준 정문맹침頂門猛針이었고 단결의 명령이기도 했다. 과연 왜놈과 친일파의 악랄한 착취자와 현상유지자들은 모조리 떨었으며 또 이에 자극받아 일어선 허다한 혁명운동자가 있었던 것도 기억하지 않으면 아니 된다. 열사들의 비장한 희생과 몇몇 죽은 부하들의 기습적인 전술만으로 일제의 경천지세를 막았던 것이다.

　그는 또 가장 정력적인 혁명가였다. 그는 일시 기회주의자라는 말을 들었다 하나 그는 테러리스트로서 대중운동자로 전환한 것같이 편협한 민주주의에서 진보적 민주주의로 전환할 때 촉바른 자들에게서 얻은 망계妄計일 것을 나는 잘 안다.

　(…) 그는 민족혁명당의 실질적 당수로서 중지中支, 중국 중부 혁명세력을 대표하는 가장 치열한 혁명운동을 수행해왔다. 당수 김약산—정치가 김약산을 모르고 어찌 그의 전모를 안다고 할까. 나는 군인으로서의 그에게 권주圈朱, 붉은 동그라미를 치기보다 차라리 정치가로서의 그에게 권주를 치고 싶다.*

──────

*　이여성, 「김약산론」, 『조선인민보』, 1946년 4월 14일자. 영인본 『한국현대사자료총서 3』, 돌베개, 1986.

# 19 귀향

## 금의환향

민주주의민족전선대회를 치르고 며칠 뒤인 1946년 2월 하순, 김원봉은 남부지방 순회에 나섰다. 민족전선은 조직 결성의 당위성을 알리고 지방조직을 확대하기 위해 3개의 순회 홍보단을 만들었다. 경상남도는 밀양 출신 김원봉이, 경상북도는 칠곡 출신 장건상이, 전라남북도는 평안도 출신 김성숙이 맡았다. 민족전선 지도부는 이번 기회에 정국을 자기들에게 이로운 방향으로 이끌어갈 계획이었다.

김원봉은 고향 밀양에도 들르고, 의열투쟁에서 산화한 동지들의 유족도 방문하려 했다. 의열단 순국자 가운데는 경상남도 출신이 많았다.

2월 25일 대구에 도착해 민족전선 홍보를 위한 강연과 기자회견을 한 그는 다음 날 경상남도 쪽으로 방향을 돌렸다. 민족전선의 순회단은 포장을 씌운 트럭 한 대와 김원봉이 탄 고급 포드 승용차로 이동했다.

'뜨거운 가슴으로 모시자 독립투쟁의 영웅 김원봉 장군' '의열단 단장 김원봉 장군 만세'라는 표어가 붙은 트럭에는 수행원들과 경호원들이 타고 있었고 확성기를 실어놓았다.

군소재지와 면소재지를 지날 때마다 사람들은 목청을 높여 소리쳤다.

"김원봉 장군 만세!"

그는 그때마다 차에서 내려 사람들의 손을 잡아주고, 짧은 연설을 했다.

이동 속도는 예상보다 느렸다. 고향 밀양에는 늦은 오후에 도착했다. 창녕군과 밀양군의 경계에 이르자 거기까지 그를 호위해온 창녕경찰서장이 거수경례를 하고 물러났다.

"안녕히 가십시오, 장군님."

밀양경찰서장이 창녕서장의 호위임무를 물려받았다.

"어서 오십시오, 장군님. 모시게 되어 크나큰 영광입니다."

밀양읍이 가까워지자 사람들의 환영은 열광적으로 바뀌었다. 어른아이 할 것 없이 모든 밀양 사람이 나온 듯했다. 더러는 그가 거치지 않은, 인접한 군郡에서 온 사람들도 있었다. '김원봉 장군 만세'라고 쓴 깃발을 휘두르며 눈물을 흘렸다.

밀양읍을 50리쯤 앞둔 밀양군 무안면 인교 마을 삼거리부터는 인파에 길이 막혔다. 사명대사의 표충비각 앞이었다. 김원봉은 차를 세우고 내렸다. 나라가 위기에 빠지면 눈물을 흘리는 비석을 향해 허리 굽혀 절을 하고는 군중에게도 그렇게 인사했다.

거기서 간신히 다시 차를 타고 20여 리를 이동했다. 하지만 그는 마흘리 고개에서 다시 내려야 했다. 그를 환영하는 사람들 때문에 길이 막혀 도무지 차가 움직이지 못했다.

"내 고향 사람들이 이렇게 뜨겁게 나를 환영하는데 차를 타고 갈 수는 없어."

김원봉은 수행원들에게 말하고 차에서 내려 걸어갔다.

"김 장군, 장군 덕분에 우리 밀양이 자랑스럽소."

노인들은 그의 손을 잡고 감격했다.

"항우장사처럼 큰 줄 알았는데 활동사진 배우처럼 잘생기셨네."

그렇게 중얼거리는 사람들도 있었다.

"참 대단하군. 기미년 만세를 부를 때보다 더 많이 모였어."

그렇게 말하는 사람도 있었다.

김원봉은 수만 군졸을 지휘하며 진군하는 장군처럼 군중을 이끌고 길을 걸었다.

읍내가 가까워지자 밀양중학교와 밀양농잠학교 관악대가 힘차게 환영 연주를 시작했다. 그의 아버지가 사는 영남루 아래 옛 일본인 은행 지점장 저택에 도착했을 때는 갈대 우거진 남천강 강변이 몰려든 군중으로 인산인해를 이루었다.

그는 집으로 들어갈 수 없었다. 다음 날 공식 연설이 있을 예정이었지만 영남루 언덕으로 올라가 짧게 연설을 해야 했다.

"여러분, 이 김원봉이 28년 만에 고향의 품으로 돌아왔습니다. 독립투쟁에 나섰던 그 긴 세월, 제가 지닌 지혜와 용기와 힘은 고향 밀양이 준 것이었습니다."

김원봉은 아버지 집에서 하루를 묵었다. 비록 그가 태어난 집은 아니었지만 감회가 커서 쉽게 잠들지 못했다. 그가 잠자리에 누운 뒤에도 집 주변은 불이 환하게 켜져 있었다. 그를 흠모해온 고향 청년들이 빙 둘러싸듯이 서서 그의 집을 지켰다. 그들은 누가 시킨 것도 아닌데 스스로 '의열단'이라는 완장을 만들어 차고 있었다.

다음 날 아침, 김원봉은 자신의 고모부이자 스승이며 의열단 창단을 성취시킨 황상규의 무덤을 찾아 술잔을 올리고 절했다.

"고모부님, 원봉이가 왔습니다. 제게 베풀어주신 사랑과 가르침을 늘 잊지 않고 살았습니다."

황상규는 의열단의 국내 제1차 암살·파괴 작전 때 폭탄이 발각되어 체포당했다. 그때 일본 검찰의 조사 과정에서 혹독한 고문을 받았으나 혀를

김원봉의 고모부이자 스승이며 의열단 창단에 주도적 역할을 한
황상규의 묘소(2019년 봄).

깨물고 대답하지 않아 생명이 위태로워졌다. 결국 검찰은 백지 상태로 기소하기에 이르렀고 징역 7년을 선고받아 옥고를 치렀다. 출옥해서는 신간회에 참여해 활동하다가 1931년에 별세했다.

김원봉은 고향의 유지들에게 이웃집 후배이자 평생 동지였던 윤세주의 유족을 만나보고 싶다고 했다. 밀양제일국민학교에서 열릴 예정인 환영대회에 참석하기 위해 걸어가던 중 윤세주의 두 형을 만났다.

"저 혼자 살아온 걸 용서하십시오."

그는 두 사람 앞에 고개를 숙였다.

두 사람은 고개를 저었다.

"아니야. 내 동생은 조국을 위해 자랑스럽게 싸우다가 죽었어. 우리는 자네가 개선장군으로 귀국한 걸 알고 우리 세주도 왔으려니 했지. 자네 부친이 서울 가서 자네 만나고 온 후에야 전사한 걸 알았고 계수씨가 얼마 전에 다녀갔네. 타이항산에 모신 묘지 사진을 내놓았어."

윤세주가 화베이로 간 뒤, 그의 아내 하소악과 아들 용문은 한동안 조선의용대 지휘부가 있는 충칭에 남았다가 윤세주가 전사하자 묘소를 참배한다고 떠났다. 김원봉이 알고 있는 모자의 행적은 거기까지였는데, 언제 귀국했는지 한 달 전 밀양에 들른 것이었다.

하소악은 밀양 인민위원회 초청으로 시내 조일극장에서 환국보고 연설을 했다. 젊은 날 윤세주가 열렬한 강연을 한 곳이었다. 그녀는 옛날의 수줍고 다소곳하기만 하던 모습과 달리 당당한 기백으로 연설해 청중은 우레와 같은 박수를 보냈고 모두 함께 윤세주의 명복을 비는 묵념을 했다.

"안녕히들 계십시오. 저희는 대오 따라갑니다."

모자는 이 말을 남기고 떠났다고 했다. 옌안에서 온 독립동맹과 조선의용군을 찾아간다는 뜻이었다.*

김원봉을 환영대회장으로 안내하려고 밀양군수와 경찰서장, 미군정의 밀양 군정관인 던Dern 중위가 다가왔다. 김원봉은 그들의 소개를 받아 환영대회 연단에 섰다. 수만 명의 군중이 운동장을 가득 메웠다. 청년들과 아이들이 교정의 벚나무와 소나무에 올라가 있어 멀리서 보면 사람들의 얼굴이 다닥다닥 열린 열매처럼 보였다. "김원봉 장군 만세!"를 연호하던 군중은 그의 연설을 듣기 위해 숨을 죽였다. 그는 장엄한 표정으로 말하기 시작했다.

"꿈에서도 잊지 못하던 고향 밀양에 발을 디뎠을 때, 변함없는 것은 종남산과 남천강이었습니다. 이처럼 산천은 의구하지만 전홍표 선생님, 황상규 선생님, 김대지 선생님, 윤세주 동지 등 많은 사람이 저세상으로 가셨고 젊음과 정열에 불타던 동지들은 백발이 성성해졌습니다.

---

* 김영범, 『윤세주: 의열단·민족혁명당·조선의용대의 영혼』, 역사공간, 2013, 192-193쪽. 하소악은 서울로 가서 한 달쯤 머물고 월북했다. 1950년 여성독립투사 이화림(李華林, 1905-99)이 평양에서 하소악을 만났고, 아들 윤용문은 레닌그라드 공과대학에 유학한 것으로 알려졌다.

김원봉이 고향 밀양에 돌아왔음을 보도한『민주중보』.

　해방이 됐는데도 우리 동포들은 헐벗고 굶주리고 있습니다. 언제 굶주림에서 벗어날지 여전히 가슴을 쓰리게 합니다. 내가 28년 전에 떠날 때 든 생각은 다만 한 가지, 굴욕의 생을 살고 싶지 않았고 일본 세력과 압박을 우리 금수강산에서 물리쳐 몰아내고 우리 동포들을 안정시킬 수 있을까, 그것 한 가지였습니다.

　나는 우리 밀양 출신의 젊은 동지들과 더불어 의열단을 만들어 적과 싸웠습니다. 동지들 300명 이상이 목숨을 잃었지만 우리 민족의 의기가 아직 죽지 않았음을 만천하에 알렸습니다. 조선의용대와 민족혁명당을 꾸려 조국 광복을 위해 힘을 다했고 마침내 오늘 고향 땅에 서게 되었습니다.”

　그는 동포들 대다수가 빈곤하고 농민의 지위가 향상되지 않으면 상업도

공업도 문화도 발전하지 못한다고 말했다. 이 나라 정치의 목적은 반드시 농민과 노동자와 소상인의 경제력 향상에 두어야 하며, 소수의 이익에 봉사해서는 안 된다고 역설했다. 그는 자신이 대표로 있는 민주주의민족전선에 대해 소개하고 지지를 호소했다.

김원봉은 환영대회가 끝난 뒤 아내 박차정의 장례를 치르러 갔다. 아버지와 숙부와 동생들과 사촌들이 부북면 제대리 송악마을에 있는 그의 어머니 무덤 아래쪽에 박차정의 무덤을 파놓고 기다리고 있었다.

"여보, 차정이. 여기서 편히 잠들어요. 나도 죽으면 당신 곁으로 가겠소."

박차정의 유골이 담긴 관이 대형 태극기에 덮인 채 청년단원들에게 운구되어 왔다. 정성을 다한 하관의식이 진행되었다.

그는 땅에 놓인 아내의 유골함 위에 흙을 뿌렸다.

장례가 끝난 뒤 그는 고향 사람들의 환송을 받으며 밀양을 떠났다. 그는 동생들에게 말했다.

"바쁜 일이 정리되면 다시 오마. 그동안 나 때문에 공부를 제대로 못했으니 내가 곧 살길을 마련해주마."

## 박재혁·이종암의 유족

김원봉은 부산으로 가서 민족전선 부산시 위원회가 주최한 환영회에 나가 연설했다. 삼일절 행사에도 참석했다. 그날 서울에서는 참으로 한심한 행사가 벌어지고 있었다. 광복 후 처음 맞는 삼일절을 좌익은 남산에서, 우익은 서울운동장에서 제각각 기념식을 열었다. 그가 참석한 부산 행사는 그렇지 않았다. 좌익과 우익이 공설운동장에 함께 모였고 그는 기념식 끝부분에 연설을 했다. 민족전선의 목적을 강조하지 않았기 때문에 좌우익 모두의 박수를 받았다. 부산 시민들은 좌익 우익 할 것 없이 어깨를 나란히 하고 시가행진을 벌였다.

김원봉의 첫 아내 박차정의 장례식을 충청 화상산(和尙山) 묘지에서 치르는 모습.

김원봉은 시가행진이 끝나는 대로 박재혁의 추모제에 참석하기 위해 공동묘지로 갔다.

의열단에 입단하기 전 박재혁은 상하이·난징·싱가포르 등지를 돌며 무역을 하고 있었는데 김원봉의 간곡한 요청으로 의열단에 가입했다. 그 뒤 다시 무역업에 종사하다가 김원봉 의백의 명령을 받고 부산으로 갔다. 그는 고서수집광으로 변장해 부산경찰서에 들어가 서장에게 폭탄을 던졌다. 의거는 성공했으나 부상을 입은 채로 생포되어 사형을 선고받았다. 그는 사형집행 전 단식을 해서 스스로 목숨을 끊었다.

"박 동지, 내가 왔소이다. 동지의 뜻을 이어 힘을 다했으나 조국광복을 우리 손으로 얻지 못하고 지금은 승전국의 군정을 받는 처지라 부끄럽소이다."

김원봉은 동지의 무덤에 절했다. 자신은 닭 모가지도 비틀지 못하는 사

김원봉의 고향 밀양 선산에 있는 박차정의 묘소(2019년 봄).

람이라고, 뒤에서 무역으로 돈을 벌어 군자금이나 대겠다고 하는 사람에게 간곡히 호소해 가입시키고 죽음의 길로 가는 명령을 내렸던 터라 그는 더욱 가슴이 아팠다.

김원봉은 75세가 된 동지의 노모에게 큰절을 올렸다.

"제가 아드님의 동지인 김원봉입니다."

"오, 그대가 의백이군. 내 아들 본 듯이 반가우이."

노모는 눈물을 글썽거렸다.

김원봉은 의열단 시절 가장 가깝게 의지했던 동지 이종암의 유족도 만났다. 이종암은 의열단 창단 순간에 만장일치로 김원봉을 의백으로 추대하게 한 사람이었다. 그는 김원봉 뒤에서 의열단의 어려운 살림을 꾸려가며 부단장 역할을 했다. 제1차 암살·파괴 작전 때 포위망을 뚫고 살아나왔고 황푸탄 의거 때도 다나카 기이치를 저격하고 현장에서 탈출했다. 몸이 민첩하고 눈치가 빨라 국내에 여러 번 잠입해 의열단 활동을 이끌기도 했다. 하지만 1925년 활동자금이 떨어지자 자금을 구하기 위해 국내로 잠입했다가 체포당했다. 이른바 경북의열단사건이었다.

이종암은 극심한 고문을 당해 반송장이 된 채로 대전에서 감옥살이를 했다. 아내가 정성을 다해 옥바라지를 하여 5년을 버티고 1930년 출옥했으나 후유증으로 세상을 떠났다. 그의 아내는 열세 살 된 아들을 키우기 위해 봇짐장수를 하며 살았다. 그러다 견디지 못해 재가했다. 김원봉을 만나는 자리에 이종암의 동생 이종범과 아들 이태수가 나왔다.

이종암은 독립투쟁에 몸을 던지지 않고 은행원으로 있었으면 넉넉하고 유복하게 살았을 사람이었다. 김원봉은 동지의 동생과 아들의 손을 잡았다.

"이종암 동지는 의열단에서 가장 큰 일을 한 동지였어요. 늘 내가 마음속으로 의지했던 동지였지요."

이종암의 아들 이태수는 29세 어른이 되어 장가를 든 몸이었다. 이태수는 그에게 큰절을 했다.

"제 아버님을 뵌 것처럼 반갑습니다."

"그래, 아버지 묘지는 어디 있느냐?"

김원봉의 말에 이태수는 눈물을 철철 흘리며 고개를 숙였다.

"왜놈들이 평토장을 하고 비석도 세우지 못하게 했어요. 화장해 유골함을 묻었는데 홍수가 나서 휩쓸려 갔습니다. 제 아버님은 무덤조차 없습니다. 저를 용서하십시오."*

---

* 같은 날, 이정근 선생 인터뷰. "이종암 할아버지의 유골을 묻은 곳은 대구 '앞산 지역'이었다." 당시 경상북도 경찰이 국법에 따라 처형된 형사자(刑死者)의 장례식·무덤·봉분·묘비를 제한하는 조선총독부령 제120호를 적용한 것으로 보인다.

김원봉은 눈물을 흘리며 탄식했다.

"내가 술 한 잔 부어 올리고 절할 무덤조차 없구나. 태수야, 너는 나를 아버지로 여겨라."

"네, 그리하겠습니다."

이태수는 고개를 숙였다.

김원봉은 거기서 승용차를 타고 동래로 달려 첫 아내 박차정의 친정을 찾아갔다. 박차정의 남동생 박문하朴文河는 수안동에서 민중병원을 운영하고 있었다. 박문하는 병원 조수 노릇을 하면서 독학을 해서 의사 검정고시를 합격해 의사가 되었다고 했다. 김원봉은 아내가 세상을 떠날 때 입었던 모직 상의를 손아래 처남에게 내놓았다.

"집사람은 일본경찰에게 고문당한 후유증이 있었네. 구이린에서 충칭으로 일본군에게 쫓기며 장기간 이동한 뒤에 쓰러졌어. 다시 일어나 조선의용대 부녀봉사단장의 자격으로 많은 일을 했네. 결국 심장이 약해져서 세상을 떠났지. 유해를 화장해 유골로 모셨다가 이번에 밀양에 있는 내 선산에 모셨다네."

"고맙습니다, 누님 유품을 전해주셔서."

처음 만나는 손아래 처남은 누나의 옷을 받았다.

김원봉은 부산을 떠나 마산과 진해와 진주를 순회하며 수천 명, 수만 명 군중 앞에서 연설하고 열렬한 박수를 받았다.

서울로 돌아오는 차 안에서 비서인 황용주가 말했다.

"경상남도는 완전히 장군님 편이 됐습니다. 만약 투표를 한다면 9할 이상이 지지표를 던질 겁니다."

황용주는 학병 출신으로 김원봉과 일본 패전 후 상하이에서 만났다. 그때 만난 인연으로 서울에 도착한 뒤 김원봉의 비서가 되었다.

김원봉은 연일 이동하면서 연설한 탓에 몸과 마음이 지쳤다. 그는 차창에 몸을 기대면서 말했다.

"나는 그런 정치적 야망은 없네. 지도자들이 서로 싸우지 않고 진정한 민주국가를 세울 수 있다면 얼마나 좋겠는가."

그는 가슴이 무거웠다. 그가 돌아갈 서울은 며칠 전에 삼일절 행사를 따로 열 정도로 좌우익 갈등이 극에 달해 있었다.

3월 중순에 접어들면서 그는 민족전선의 하부조직 확대에 힘을 기울였다. 3월 12일 대전 민족전선 결성, 13일 서울시 민족전선 준비위원회 결성, 충북 민족전선 결성, 19일 전남 민족전선 결성 등 바쁘게 움직였다.

## 민족분열의 조짐

1946년 3월 20일, 덕수궁에서 미소공동위원회가 열렸다. 그 뒤에도 몇 차례 회의가 이어졌으나 5월 7일에는 결렬되고 말았다. 이때부터 미군정은 좌익을 본격적으로 탄압하기 시작했다.

이때 부산에서 전보가 왔다. 아내 최동선이 선박 편으로 남한에 도착한 것이다. 그는 서울역에 직접 나가지 못하고 황용주를 보내 아내를 승용차에 태워 데려오게 했다.

저녁에 수표교에 있는 집으로 가자 반년 만에 그를 만난 아내 최동선은 눈물을 흘렸다.

"1월에 충칭을 떠났어요. 자동차를 타고 남쪽으로 내려갔다가 또 며칠을 배를 탔어요. 유명한 둥팅호洞庭湖도 보고, 난징을 거쳐 상하이까지 와서 배를 탔어요. 상하이에서는 미군의 엘에스티라는 군함을 타고 왔어요. 멀고 먼 길을 오는데 돈이 없으니까 거의 모두 거지꼴이었어요."

그는 여섯 달 된 아들 중근을 처음으로 보았다. 그가 안아올리자 아이는 낯설어서 크게 울음을 터뜨렸다. 그는 아기를 아내에게 안겨주고 입을 열었다.

"우리나라 사정이 최악으로 돌아가고 있어. 36년 만에 왜놈들의 노예상태에서 벗어났는데 미군과 소련의 틈바구니에 끼여 철천지원수처럼 맞서고 있어. 나는 양심적인 진보 세력이 만든 민주주의민족전선에 들어갔어. 옛날에도 그랬지만 좌우합작을 위해 뛰고 있지. 하지만 여기가 미군정 지역이라 탄압을 받고 있어. 언제 무슨 일이 벌어질지 몰라. 언제라도 몸을 피할 수 있게 준비하고 지내."

젊은 아내 최동선은 겁먹은 얼굴을 하고 고개를 끄덕였다.

그때 기침 소리를 내며 장인 최석순이 방으로 들어왔다. 최석순은 충칭에 있을 때 민족혁명당에서 감찰부장을 하고 임시정부 마지막 내각에서 교통부장을 한 동지였는데 그의 장인이 되었다.

"나는 정국이 도대체 어찌 돌아가는 건지 모르겠네. 특히 신탁통치에 대해 어느 정파가 찬성하고 반대하는지 말일세."

최석순은 사위에게 전단 두 장을 내밀었다. 신탁통치를 반대하는 쪽과 찬성하는 쪽이 제각각 뿌려 서울 거리에 지천으로 널린 전단이었다. 김원봉은 그것들을 읽어보았다.


우리는 피로써 건립한 독립국과 정부가 이미 존재하였음을 다시 선언한다. 5,000년의 주권과 2,000만의 자유를 전취하기 위하여 자신의 정권활동을 옹호하고 탁치세력을 배격해야 한다. 우리의 혁혁한 혁명을 완성하기 위해 민족의 일치로써 최후까지 분투할 것이다.

일어나자, 동포여!

신탁통치 절대 반대!

결사코 자유를 전취하자!

살아서 노예가 되느니보다 죽어서 조국을 방호하라!

—신탁통치반대국민총동원위원회*

1. 삼상三相 결정을 지지하자.

2. 미소로 대표단을 환영하자.

3. 모스크바 결정은 조선독립을 보장하는 민주주의 노선이다.

4. 반탁운동은 민주주의 건설의 방해다.

5. 조선 해방을 위하여 내원來援한 연합군에게 축하를 드리자.

6. 미·소 양국과의 친선을 강화하자.

　　─ 건국청년동맹 서울지부**

　김원봉은 아내에게 차를 준비해달라고 부탁한 뒤 장인 최석순에게 이야기하기 시작했다.

　"복잡하지만 제가 그간의 경과를 정리해서 말해볼게요. 이 전단처럼 우파들이 반탁을 주장하고 있어요. 백범 김구와 이승만 박사가 가장 강력히 주장하고 있지요. 이승만 박사는 처음에 소극적으로 반탁을 지지하다가 공산당이 찬탁으로 돌아서자 반탁을 적극적으로 지지하기 시작했어요. 한국독립당은 어정쩡한 태도를 보이다가 송진우 선생이 찬탁 주장 때문에 암살당한 뒤 반탁으로 돌아섰어요.

　우파들은 반탁을 주장해요. 박헌영이 이끄는 공산당은 반탁을 지지하다가 1월 초 찬탁으로 돌아섰어요. 우리와 비슷한 중도좌파 여운형 선생은 어정쩡해요. 탁치를 지지한다고 분명하게 말하지 않고 모스크바삼상회의를 수락하고 실천하자고 말하고 있어요. 중도우파격인 김규식 선생은 3월에 미소공동위원회가 열린 뒤에는 새로 임시정부를 만들어 해결하자고 하며 우선 좌우익 합작을 주장하고 있어요."

───

\* 심지연, 같은 책.

\*\* 심지연, 같은 책.

"사위는 어느 쪽인가?"

최석순이 물었다.

"반탁은 주장해봤자 소용없는 일이라고 생각해요. 연합국들이 제멋대로 결정한 걸 바꿀 리가 없지요. 저는 좌우익 합작을 주장하고 있습니다. 힘을 합해 대처하자는 거지요."

김원봉은 그렇게 대답했다.

며칠 뒤, 미국이 미소공동위원회가 결렬된 이유를 들어 남한만의 단독 정부 수립을 계획하고 있다는 외신 보도가 나왔다. 다시 며칠 뒤 지방 순회에 나선 이승만이 전라북도 정읍에서 열린 환영강연회에서 꺼낸 발언이 신문에 공개되었다.

무기휴회된 미소공동위원회가 재개될 기색도 보이지 않으며 통일정부를 고대하나 여의케 되지 않으니, 남한만이라도 임시정부나 위원회를 조직하여 3·8선 이북에서 소련이 철퇴하도록 세계 공론에 호소해야 할 것입니다.

김원봉은 신문을 집어던졌다.

"지금은 독립운동을 하듯이 몸을 바쳐 좌우합작을 해야 할 시기인데 단독정부를 이야기하니 이 박사는 남북분단을 받아들이는 건가!"

세상은 그의 뜻대로 되지 않았다. 좌우합작은 점점 꼬여갔고 가능성은 더 희박해지고 있었다.

6월 22일 일요일, 김원봉은 여운형·성주식·이강국李康國·이현상 등과 함께 인천에 갔다. 민족전선이 주최하는 미소공동위원회 촉진 인천시민대회에서 연설을 했다. 인천 민족전선에는 문제가 있었다. 조선공산당 창당 단원이자 공산당원의 원조 격인 죽산 조봉암이 열흘 전 미군 CIC*에 연행되었기 때문이다. 그래서 긴급히 시민대회를 열기로 한 것이었다.

비가 내리는데도 인천공설운동장에는 시민 2만 명이 운집했다. 전설 같은 의열단 단장 김원봉을 보러온 것이었다.

이강국과 여운형의 연설에 이어 김원봉이 마이크 앞에 섰을 때였다. 갑자기 청중 한구석이 웅성웅성하더니 전단 뭉치가 하늘로 솟아오르고 누군가가 크게 외쳤다.

"공산당은 이제 끝이다! 죽산 선생이 공산당을 버리고 전향하셨다!"

순간 김원봉은 조봉암이 CIC에 회유당했음을 알아차렸다.

"여러분! 죽산 조봉암 동지가 미군 방첩대의 협박에 굴복한 모양입니다. 전단은 집에 가서 보시고 제 이야기를 마저 들으십시오."

의열단장 김원봉을 처음 보는 인천시민들은 동요하지 않고 박수와 함성을 보냈다.

"의열단 단장 김원봉 장군 만세! 조선의용대 대장 김원봉 장군 만세!"

서울로 돌아오는 차 안에서 몽양 여운형이 말했다.

"CIC가 온갖 미끼를 던지며 죽산 조봉암을 회유했겠지. 소비에트처럼 말 안 듣는다고 끌어다 총살하지는 않을 거야. 장차 우리까지 회유하려 할 거야."

몽양의 말에 김원봉은 크게 고개를 저었다.

"차라리 필부가 되어 밭을 갈더라도 신념을 버리고 타협할 수는 없지요. 저의 목표는 여전히 민족혁명입니다. 나라를 되찾았으니 이제 민족정신에 활기를 불어넣어 부강한 나라로 만들어야지요."

6월 초에 김원봉은 민족혁명당 전당대회를 개최했다. 그는 거기서 중앙

---

* Counter Intelligence Corps의 약칭. 광복 직후 미24군과 함께 남한에 온 제224 파견대는 군사정보에 치중했고, 1946년 4월에 교대한 제971파견대는 민간인 사찰 공작으로 활동을 확대했다.

위원장으로 추대되었고 당명을 인민공화당으로 고쳤다.

여름이 왔다. 김원봉은 다시 남부지방 순회에 나섰다. 이 무렵 그가 공동의장으로 있던 민주주의민족전선은 산하 정당인 인민공화당·공산당·인민당·신민당*이 합당하는 문제로 논란을 겪었다. 김원봉은 자신이 이끄는 인민공화당의 참가를 거부했다. 끝까지 좌우익 합당을 이끌기 위해서는 비원·민족전선을 단일 정당이 아니라 통일전선 연합체로 끌고 가야 한다는 생각 때문이었다. 자신은 공산주의자가 아니라는, 지금까지의 의식이 연장된 까닭이기도 했다. 그는 인민공화당의 지방 조직을 확대할 겸 다시 경상도를 찾게 된 것이었다.

## 친척 야유회

김원봉은 순회여행 중에 다시 고향 밀양에 들렀다. 이번에는 아내 최동선과 아들 중근을 데리고 갔다. 고향집에 대엿새 동안 머물렀고 형제들과 사촌형제들을 이끌고 표충사에 가서 이틀 동안 머물렀다.

소년 시절에 병서를 읽고 심신을 수련한 표충사에 가니 법당과 불탑, 도량에 선 큰 팽나무도 모두 그대로 있었다. 그를 절에 머물게 해주고 의기를 지니도록 해준 원주 스님은 돌아가시고 안 계셨다. 천천히 도량을 한 바퀴 돌아보고 사명대사의 유품이 있는 유물보관소로 갔다. 그는 사명대사의 장삼을 잡아보았다.

주지 스님이 말했다.

"일본 사람들이 한때 이걸 제 나라로 가져가려고 해서 스님 한 분이 몰래 산에다 묻었습니다."

"그랬군요. 잘 지키셨어요. 왜놈들과 싸우며 힘들 때마다 사명대사님의

---

* 광복 당시 옌안에 있었던 조선독립동맹이 귀국한 뒤에 정당으로 바꾼 것이다.

표충사 계곡의 가족 야유회. 아기를 안고 있는 김원봉 옆에
두 번째 부인 최동선이 서 있다. 김태근 선생 제공.

장삼을 생각했어요."

그는 동생들과 요사채와 절 아래 여관에서 묵었다. 맑은 물이 흐르는 표
충사 대웅전 앞 계곡 너럭바위에 앉아 아내와 담소를 나누었다. 누군가가
사진기를 가져와서 가족사진도 찍었다. 동생들과 조카들이 자신의 아들
김중근을 업어주고 어르는 것을 흐뭇하게 바라보았다. 그는 행복이란 바
로 이런 것이라고 생각했다.

저녁에는 동생들, 사촌동생들과 흥에 겨워 춤도 추고 노래도 불렀다.

"이제 큰형님 노래를 들어야지요."

사촌동생이 소리치자 모두 박수를 쳤다.

그는 매우 기분 좋게 취해 있었으므로 목청껏 노래를 불렀다. 난징에서
열었던 조선혁명간부학교 시절 생도들이 불렀던 군가였다.

동지들이여 굳게굳게 결속하여 생사를 함께하자

어떠한 박해에도 압력에도 최후까지 굽힘 없이

우리들은 피 끓는 젊은이 혁명군의 선봉대*

그렇게 며칠을 고향에서 보낸 그는 다시 동생들과 헤어졌다.

"또 오마. 열심히들 살아라. 아직 내가 너희들을 도울 형편이 못 되지만 곧 그럴 때가 올 것이다."

이때 그는 자신이 다시 고향에 오지 못하고 동생들을 돕기는커녕 몇 해 뒤 자기 때문에 떼죽음을 당하게 되리라고는 상상도 하지 못했다.

서울로 돌아왔을 때, 그는 『지도자 군상』이라는 책을 저자에게 증정받았다. 해방정국의 탁월한 좌익 논객 가운데 하나인 김오성金午星이 쓴 인물 평론집이었다. 박헌영·여운형·김일성·허헌·김두봉·김무정·장건상 등 민족전선 측 인물들을 소개한 글이었다. 그는 중간 부분을 펴서 읽었다.

김구 씨의 뒤를 이어 입국한 김원봉 씨는 참으로 호好인상을 우리에게 주었다. 김구 씨 등이 성의를 다해서 찾아가는 국내 혁명가들을 오만하게 냉대하지 않고 김 장군은 먼저 국내 혁명가들을 몸소 찾았으며 또 그들에게서 국내의 사정을 청취하고, 앞으로 취할 태도를 논의했다. 이러한 겸허한 태도로 극히 단시일 안에 국내 진보 세력의 전적인 지지를 획득할 수 있었다.

김원봉 씨는 위에서 본 바와 같이 해외에 있어 온갖 정객들이 소극적 퇴피책退避策이나 안전책을 쓰고 있을 때에도 일시도 휴식함이 없이 반일투쟁에 적극 투쟁하였을 뿐만 아니라 민족 통일전선의 형성을 위해 분투해왔다.

---

* 한상도, 『한국독립운동과 중국군관학교』, 문학과지성사, 268쪽.

그가 오랫동안의 대립을 버리고 의연히 임시정부에 참가한 것도 오로지 민족통일의 현실만이 민족재건의 과업을 완수하는 유일한 길임을 인식하고 그 통일 현실을 위한 조치였던 것이다.

이러한 김원봉 씨의 신념은 입국 후에도 조금도 동요되지 않았다. 그러므로 김원봉 씨는 입국하자마자 여장을 풀 새도 없이 통일공작을 위해서 활약하기 시작한 것이다. 그리하여 그 완고한 노인들에게 사리를 따져 입이 닳도록 설명도 하여 보았으며 국내 동지들에게 최대한의 양보도 권해보았던 것이다. 그러나 일념자재一念自在 정권욕에 눈이 어두운 그들 완고배頑固輩는 김원봉 씨의 민족을 위한 지성과 세계사를 통찰하는 양식을 이해할 길이 없었던 것이다. 그리고 조선 건국은 국내 국외의 혁명가만이 논의할 수 있다고 정당한 관점에서 제의한 혁명가 대회안案도 그대로 거부되고 만 것이다.

김원봉 씨는 임시정부와 인민공화국과의 타협을 위해서도 성의를 다해 노력하였으며 그 뒤 5당 회합에 있어서는 자기의 지혜를 다해서 합작을 주장했다. 김원봉 씨는 모스크바삼상회의 결정 반대를 고집하는 정객들에게 이런 비유를 들어서 설명한 것을 필자는 아직 기억하고 있다.

"대원군의 쇄국정책이 민족적 국수주의적 견지에서는 통쾌한 일이었으나 세계 정세를 살피지 못하고 민족의 장래를 오도誤導한 책임은 영구히 벗을 수가 없을 것이다."

아주 함축적인 비유였으며, 민족 장래를 생각하는 우국적인 말이었다고 나는 지금도 생각한다. 그러나 이것도 그들 완고파에게는 우이독경이었던 것이다.

완고한 정객들은 끝끝내 통일을 거부하고 친일파·민족배반자·정치 브로커 매판 계급을 중심으로 소위 비상국민회의를 열고 민주의원을 만들어냈다. 그것이 비민주적이요 반민족적이라는 것은 김 장군 같은 양식인이 아닌 세인世人이 공인한 바였으니, 김원봉 씨가 그것을 용인할 리가 없었던 것이다. 그리하여 김원봉 씨는 단연 탈퇴를 성명하였던 것이다.*

　　좌익진영의 논객이 좌익 인사들을 칭송한 글이다. 여기에는 귀국 후 김원봉의 정치적 행보가 잘 드러난다. 이 글을 쓴 김오성은 그해 마흔한 살로 평안도에서 출생해 니혼대학 철학과를 나왔다. 일제 때는 문화비평에 종사했으며 1943년에는 친일문학단체에 가담한 일도 있었다. 광복 후에 조선프롤레타리아 예술동맹 창립을 주도하고, 여운형이 이끄는 인민당 선전부장을 지내다가 민족전선에 들어와서 상임위원 겸 선전부장을 맡고 있었다.

　　10월 어느 날, 김원봉과 함께 민족전선 공동의장을 맡고 있던 인민당 당수 몽양 여운형이 저녁 무렵 자택 앞에서 괴한들에게 납치되어 나무에 묶였다가 탈출한 일이 일어났다. 여운형의 측근은 그가 여덟 번째로 위기를 벗어난 것이라고 했다. 여운형은 지난해인 1945년 종로구 계동 자택 앞에서 괴한에게 곤봉을 맞은 적이 있고, 가을에는 원서동에서 계동으로 넘어오다가 괴한들에게 잡혀 밧줄에 묶인 적이 있고, 겨울에는 황해도 배천白川온천에 갔다가 피습된 적이 있었다. 그해에는 창신동 친구 집에 숙소를 마련해두었는데 그가 출타한 중에 괴한들이 숙소에 침입해 분탕질을 하고 돌아갔고, 4월과 5월에는 대낮에 길거리에서 괴한들에게 포위당했다가 행인들의 도움으로 위기를 면한 일이 있었다.

　　김원봉이 몽양에게 말했다.

　　"저에게 한 수 배우시지요."

　　몽양은 그의 손을 잡았다.

---

* 김오성, 「김원봉론」, 『지도자 군상 1』, 대성출판사, 61-71쪽. 영인본 『한국현대사자료총서 13』, 418-428쪽.

"가르쳐주시오. 김 장군은 이십여 년 동안 일본경찰과 밀정들을 따돌린 분이니까요."

"육감과 불확실성으로 놈들의 상상력을 뛰어넘으십시오. 모자를 두 개쯤 갖고 다니시고 옷을 걸쳤다가 벗을 수 있게 외투를 챙겨 갖고 다니십시오. 가까운 친구나 친척 댁 말고 전혀 상상할 수 없는 곳에 예비숙소를 더 마련하십시오."

여운형은 그의 훈수를 새겨 들으며 머리를 끄덕였다.

며칠 후인 1946년 10월 19일, 김원봉은 허헌과 함께 마크 게인Mark Gayn이라는 미국인 기자를 만났다. 『시카고 선』의 도쿄 특파원인 게인은 한국인 좌파 지도자들을 비밀리에 만나고 싶어 했고 허헌과 김원봉은 그에 응하기로 했다.

그때의 일은 게인의 회고록에 실렸다. 게인은 먼지투성이 도로와 불결한 골목을 지나서 한 2층 건물을 찾아갔다. 그때 김원봉은 "얼룩져 있는 흰 벽에 어떤 장식도 없는 넓은 2층 방"에서 허헌 등과 회의 중이었다. 게인이 보기에 그는 매우 불안해 보였다.


허헌은 밝은 표정을 한 60세가량의 머리가 흰 잘생긴 사람이었는데 두 손은 떨고 있었다. 다른 한 사람은 준엄한 얼굴과 놀랍도록 튼튼한 목과 어깨를 지닌 사람이었다. 그는 지금은 소멸된 충칭 임시정부의 군무부장이었으며 현재 인민공화당 위원장인 김약산이라고 말했다. 나는 그가 충칭 시절부터 좌익으로 전향했다고 들었다. 김약산은 부드러운 말투로 이야기했다. 그의 부드러운 태도는 튼튼한 두 손과 우리에게 들려준 격렬한 이야기에 비추어 볼 때 기이하게 보일 정도였다. 그는 말했다.

"허헌은 변호사지요. 나는 직업적 혁명가요."

젊었을 때 중국으로 건너가서 장제스의 황푸군관학교에서 공부하고

1926-27년의 중국 북벌 시에 장교로 복무했다. 그 후에는 상하이 만주와 북한에서 한국인 지하 조직에 참여했다.

허헌과 김약산이 나에게 질문을 퍼붓기 시작했다.

"수천 명의 좌파들이 감옥에 있는 동안 민주적인 선거를 할 수 있는가? 노동조합이 정책적으로 금지되어 있고 경찰 테러가 극성을 부리고 있을 때 선거를 할 수 있는가? 여운형의 인민당 당원 전체가 체포되었거나 잠행하고 있는 동안에 김규식과 여운형의 합작이 진지하게 고려될 수 있는가? 저런 모임―그들은 건너편 테이블을 가리켰다―이 언제라도 습격당할 수 있는데도 군정은 한국인들의 협력을 기대할 수 있단 말인가?"

나는 대답하지 못했다.*

이 기사는 미국이 남쪽 절반을 점령하고 있는 나라에서, 장차 친미정부가 들어서게 될 이 나라에서 김원봉의 입지가 끝없이 좁아지고 일신이 위태로워졌음을 암시하고 있다.

---

* 마크 게인, *Japan diary*, 도서출판 까치 편집부 옮김, 『해방과 미군정』, 까치, 1986, 36-39쪽.

# 20 분노의 시간들

## 친일경찰 노덕술에게 끌려가다

1946년 12월 하순, 조선공산당·남조선신민당·조선인민당 등 서울의 공산주의 단체들은 합당해 남조선노동당이라는 이름 아래 하나로 묶였다. 8월, 북한에서 북조선노동당이 결성된 이후 그것과 보조를 맞추면서 조직과 힘을 재정비하기 위한 것이었다. 김원봉이 이끄는 인민공화당은 거기에 속하지 않았다. 그는 스스로를 공산주의자가 아닌 중도좌파라고 생각했기 때문이다.

양력 섣달 그믐날 밤, 김원봉은 청계천 수표교에 있는 집으로 갔다. 그는 열흘에 한두 번 정도 집에 들를 수 있었는데 양력이지만 그믐날이라 아내와 아들 곁으로 간 것이었다. 새해에 그는 50세가 될 것이었다.

새해에 29세가 되는 아내 최동선은 두 번째 아이를 가져 배가 불러오고 있었다. 그는 아내의 배를 만지며 잠자리에 누웠다.

"딸이었으면 좋겠는데 또 아들 같아."

아내 최동선이 눈을 동그랗게 떴다.

"왜요? 아들 꿈을 꾸셨어요?"

"아니야. 우리 집이 딸이 귀해서 그래. 내 형제가 열한 명이 태어났지만 그중 딸은 둘뿐이거든."

"우리 집은 엄마가 딸만 셋 낳았는데요, 뭐."

최동선은 그렇게 말하고 더 할 말이 있는 듯 멈칫멈칫했다.

그는 아내의 손을 잡았다.

"할 말이 있으면 해봐. 속에만 담아두지 말고."

여자 나이 스물아홉에 두 번째 아기까지 임신했으면 아무리 나이 차가
나도 거리낌 없을 텐데 아내는 아직도 남편을 어려워했다. 심지어 '중근이
아버지'라는 말도 못 하고 '장군님'이라든지 '여기 좀 보세요'라고 그를
불렀다.

아내는 자고 있는 아들의 이불을 덮어주며 한숨을 쉬었다.

"충칭에서 조국이 해방된다는 소식을 들었을 때 난안에 사는 아주머니
들이 그랬어요. '동선아, 너는 좋겠다, 너는 좋겠다. 장군님이 독립된 조
국에서 다섯 손가락 안에 드는 높은 자리에 앉을 테니 말이다' 하고 말이
에요. 제가 그 말을 전하자 장군님은 '나는 그런 욕심이 없다' 하셨지요.
그래서 저도 욕심을 버렸어요. 그냥 좋은 세상에서 살 줄 알았어요. 하지
만 지금 살얼음판을 걷는 것 같아요. 차라리 나라 없던 충칭 시절이 그리
워요."

"그게 무슨 말이야? 나는 좀더 좋은 나라를 만들기 위해 분투하고 있
는데?"

그는 큰소리를 내고 싶었지만 아내의 눈에 눈물이 맺히는 데다 뱃속의
아기를 생각하고 더 말하지 못했다.

"제가 아는 분들은 대부분 임시정부에서 일한 분들의 부인들이시잖아
요. 그분들하고 서먹서먹해졌어요. 그러다가 국무위원을 지내신 조 선생
님 댁 손자가 돌이라 해서 찾아갔었어요. 거기 모인 분들이 그랬어요. 장
군님이 임시정부 동지 분들하고 같이 민주의원에 남아 계시면 영화를 누

576

리실 텐데 위험한 길을 자처하신다고요. 저 하나는 장군님을 따라 지옥에라도 갈 수 있지만 아이들이 걱정이에요. 3·8선 남쪽은 미군이 지원하는 우익정부가 설 거라고 하는데 장군님은 반대편에서 싸우시니 말이에요."

김원봉은 아내의 어깨를 안았다.

"고생시켜서 미안해. 하지만 당신까지 내 신념을 이해해주지 않으면 나는 어떡하나."

아내는 눈물을 옷소매로 닦았다.

다음 날 아침, 김원봉이 일찍 외출하려는 것을 알고 최동선은 급히 이불을 개고 일어났다. 아내가 부지런히 밥을 지어주자 김원봉은 아침밥을 몇 술 떴다.

개인비서 황용주가 그의 집에 도착해 같이 밥을 먹었다. 황용주 비서가 22구경 모젤 권총을 내놓았다. 그 권총은 김원봉이 광복군 군무부장으로 있던 충칭 시절에 차고 다닌 것이었는데 짐 속에서 찾아내 분해한 다음 기름칠을 해둔 것이었다.

"꼭 품속에 넣고 다니십시오. 세상 돌아가는 게 심상치 않습니다."

"너무 걱정하지 말게."

김원봉은 그것을 양복 안주머니에 넣었다.

황용주 비서가 호신용 권총을 닦아준 것은 정국이 워낙 불안하기 때문이었다. 남로당과 진보세력에 대한 미군정의 박해가 더욱 심해지고 우익청년들의 백색테러가 도처에서 일어나고 있었다. 미군정은 지난해 8월 남로당 최고 지휘부에 대한 체포에 나섰고 박헌영 등 최고 지휘부는 이미 3·8선을 넘어 북한으로 가 있었다. 들리는 소문에 의하면 박헌영은 영구차에 실은 검은 관 속에 누워 3·8선을 넘었다고 했다.

미군정은 지난해 10월 대구와 영남에서 일어난 민중의 폭동을 진보세력이 부추긴 것으로 인정하고 탄압을 가속화했다. 김원봉은 옛날 의열단 시절이나 다름없이 몸조심을 하고 있었다. 그가 어떻게 움직이는지는 비서인 황용주와 김상태밖에 알지 못했다.

1947년이 왔다. 김원봉은 1월과 2월에 조심스럽게 행동하며 민족혁명당의 후신인 인민공화당 조직을 확충하는 데 힘을 기울였다. 인민공화당은 민족전선으로 들어온 뒤 진보적 성향을 더 강하게 드러냈다. 특히 남로당 최고 간부들이 북쪽으로 간 뒤 김원봉은 여운형과 함께 민족전선의 구심점이 되었다. 두 사람의 특징은 공산주의에 한 발을 담그고 살지만 공산당에는 가입하지 않았으며 끊임없이 좌익과 우익의 연합을 위해 분투한다는 것이었다.

다시 미군정 전사편수관 리처드 로빈슨의 회고록을 보자.

김원봉의 철학적 입장은 공산주의였는데 공산당에 가입하기를 단호하게 거절했다. 여운형과 같이 그도 민족주의자이면서 동시에 중도파였기 때문에 공산당의 고질적인 전체주의와 소련의 권위를 거부했다. 그러나 그는 공산당이 통제하는 민족전선 이외에 어떤 정치적 단체에도 가입하지 않았다. 1946년 4월 9일, 필자는 한 조선인 친구의 집에서 그를 우연히 만났다. 그때 그는 우익과 좌익 사이에서 화해를 주선하기 위해 필사적으로 노력하고 있었다.*

김원봉은 여운형의 집이 폭파당했다는 소식을 들었다. 여운형이 다른 곳에 머무는 동안 밤에 괴한이 침입해 침실에 폭탄을 던진 것이었다. 마침 다음 날 그는 여운형을 만났다.

___

* 리처드 로빈슨, 정미옥 옮김, 『미국의 배반』, 과학과사상, 1988, 193쪽.

"선배님, 이제 정말 조심하셔야 합니다. 놈들이 물불 안 가리고 덤비지 않습니까."

여운형은 한숨을 쉬었다.

"고맙소. 조심할게요. 김 장군도 조심해요. 놈들이 어디 나만 해치려 하겠소이까."

"제 걱정은 마십시오. 저는 그런 테러는 피할 수 있습니다."

김원봉은 담담하게 말했다.

3월 하순에 마침내 올 것이 왔다. 민족전선의 산하단체인 조선노동조합 전국평의회를 중심으로 전국적으로 24시간 총파업이 시작되었다. 미군정은 경찰을 앞세워 민족전선 세력에 대한 대대적인 검거 작전에 나섰다. 우익 청년 단체들도 각목을 휘두르며 경찰에 가세했다. 일주일 동안 2,000명이상이 체포당했다.

3월 22일 토요일, 김원봉은 서울역에서 오랫동안 기차를 기다리다가 경찰에 체포되었다.[*] 그는 파업 때문에 기차를 운행하지 않는 것을 모르고 서울역에 있었다.

"당신이 김원봉이지?"

눈이 뱀처럼 날카로운, 우두머리로 보이는 자가 얼굴을 알고 있다는 듯 다짜고짜 그의 멱살을 잡아 끌어냈다.

"나를 잡으러 왔는가? 너는 누구고 어디 소속이냐? 붙잡아가는 데도 순서와 예의가 필요한 법이다."

김원봉은 침착하게 말했다.

---

[*] 같은 책, 194쪽. 김원봉은 이날 아침 수표교에 있는 집에서 체포되어 끌려갔다고 알려져 있으나 로빈슨은 서울역이라고 기록했다. 그는 "서울역에서 오랫동안 기차를 기다리다 체포되었다는 사실은 그의 무죄에 대한 확실한 증거가 되었다"라고 덧붙였다.

"나는 수도경찰청 노덕술盧德述 수사국장이다. 빨갱이 두목을 잡는 데 무슨 순서와 예의가 필요한가? 당신을 군정청 포고령 위반으로 체포한다."

김원봉은 아아, 하고 분노의 탄식을 했다. 노덕술은 무수히 들어온 일제 고등과 형사의 이름이었다. 그자가 좌익 인사들을 잡는 데 악명을 떨치고 있었다. 그는 노덕술 수하의 무술경관 두 사람에게 두 팔이 꺾인 채 끌려 나가 검은색 지프에 올라탔다.

노덕술은 이때 김원봉보다 한 살 적은 마흔아홉 살이었다. 경북 울산에서 태어나 보통학교 2년을 중퇴하고 일본 상점에서 일하다가 21세에 경남 순사교습소를 나와 순사가 되었다. 울산·의령·김해·거창·동래·통영에서 근무하다 경부로 승진했고 그 뒤 고등계 주임을 맡았다. 사상 관련 사건을 맡아 큰 성과를 올렸고 일본 천황에게 훈7등 종7위勳7等 從7位 훈장을 받았다. 그는 고위직인 경시까지 승진했다. 죽음에 이르도록 잔인한 고문으로 독립투사들을 취조해 성과를 올릴 만큼 독립운동 조직을 파헤치는 데 앞장선 사람이었다.

노덕술은 광복 후 수도경찰국이 문을 열자 장택상 국장에 의해 수사과장으로 발탁되고 수도경찰국이 수도경찰청으로 승급되자 수사국장이 되었다. 그는 장택상 청장의 특별 명령을 받고 국장 신분으로 직접 김원봉을 체포하러 나온 것이었다.

"테러를 저지른 의열단 놈들, 나도 몇 번 붙잡아 취조한 경험이 있지. 이봐, 의열단 단장을 했다고 목에 힘주지 마라. 지금 이 나라에서 빨갱이라면 죽여도 죄가 안 된단 말이야."

노덕술은 지프를 타고 가는 동안 그의 비위를 긁었다.

김원봉은 삿대질을 하며 호통쳤다.

"이 천벌을 받을 고등과 형사 놈아, 네놈 이름이 의열단 처단 명단에 있었는데 처단하지 못한 게 후회스럽다."

"죽기 싫으면 입 다물고 있어, 빨갱이 두목아."

노덕술은 그렇게 대꾸하고는 부하들에게 명령했다.

"수갑을 채워라!"

양쪽의 무술경관들이 김원봉의 몸을 제압하고 수갑을 채웠다.

'아, 내가 수갑을 차다니.'

김원봉은 이를 악물고 묵묵히 피눈물을 흘렸다.

경찰청에 도착한 김원봉은 수갑을 찬 채 장택상 청장 방으로 끌려갔다. 그는 장택상 청장에게 호통을 쳤다.

"감히 나를 잡아온 놈이 어느 놈들이냐! 도대체 이 나라에서 나를 잡아올 놈이 어떤 놈이냔 말이다!"

장택상은 그의 서슬에 당황해 노덕술을 나무랐다.

"이 자식아! 모셔오라고 했지, 언제 쇠고랑을 채워서 오라 했느냐?"

장택상은 직접 수갑을 풀어주었다.

장택상은 김원봉의 고모부 황상규가 속한 대한광복회의 손에 의해 처단당한 친일파 장승원의 아들이었다. 아버지는 독립투사들에게 처단당했지만 그는 16세에 영국으로 건너가 에든버러대학에 다녔다. 영어에 능통해서 광복 후 미군정에 의해 수도인 서울의 경찰 총수로 발탁되었다.

장택상은 그를 유치장으로 보냈다. 미군정의 검거명령을 받긴 했지만 장택상은 그가 부친을 살해한 대한광복회의 중심 단원 황상규의 처조카라는 것을 알고 있었다. 더구나 그가 소년 시절부터 황상규의 영향을 깊이 받았으며, 의열단이 대한광복회의 의열투쟁 경험이 있는 백민 황상규의 자문을 받아 조직된 것도 알고 있었다.

김원봉도 장택상이 누구인지 알고 있었다. 그는 이날의 체포가 장택상 청장의 직접 명령에 따른 것이라고 생각하면서 유치장 안으로 들어갔다.

왜 하필이면 노덕술을 보내 체포하게 했을까. 김원봉은 자신이 받은 생애 최대의 모욕이 장택상의 의도적인 분풀이라고 생각했다. 그는 유치장 벽을 향해 돌아앉아 소리 없이 울었다.

'아, 평생을 바쳐 독립투쟁을 한 내가 해방된 조국에서 이런 대우를 받다니. 먼저 간 동지들에게 부끄럽구나.'

신문들은 김원봉이 체포되어 미군정의 군사재판에 회부되었다고 보도했다.

"의열단 단장 김원봉 장군을 재판하다니. 세상이 잘못 흘러가고 있어."

여론은 김원봉을 풀어주라고 들끓었다. 그런 여론이 일어난 이유는 같은 진보 계열 지도자 여운형과 허헌은 군정 당국이 연행조차 하지 않았기 때문이었다.

장택상 수도경찰청장은 자신의 부친이 죽은 구원舊怨 때문에 김원봉을 무리하게 체포한 것일까? 아니다. 그것은 분명 '미군정과 고위 당국자'가 내린 명령이었다.

로빈슨의 회고를 보면 김원봉의 체포 배경과 경위, 이 무렵 김원봉이 안았던 숙명의 굴레가 보인다. 공산주의를 거부하는 미군정 체제에서 그는 온전할 수 없었다. 항일독립전선에서 공산주의에 한 발을 담그고 투쟁해 온 그는 좌우합작을 위해 노력했지만 우익에게는 먹히지 않았다. 그는 숙명처럼 공산주의의 길을 향해 걷고 있었다.

(1932년 3월 22일에) 수도경찰청장인 장택상은 김원봉을 포함해 좌익계 노동조합·남로당·좌익 청년동맹·농민동맹 등의 고위 지도자들에 대한 대거 체포를 명령했다. (…) 민정장관인 안재홍에 의하면, 자기는 당시 무력했으며 체포명령은 '군정의 고위 당국자'에게서 나왔다고 주장했다. 나중에 경무부장인 조병옥은 군정정책에 대한 좌익의 반대 때문에 좌익 지도자

582

들의 체포에 동의는 했지만 그 체포에 대해 자신이 어떤 조치를 취하기에는 힘이 없었다고 말했다. 분명한 것은 그에게 김원봉을 체포하도록 명령한 것은 미군정 고위 책임자였다는 점이다.

이즈음에 군정의 한 미국인 관리—우연하게도 그는 조선에 오랜 기간 머문 적이 있는 선교사의 자손이었다—가 수감돼 있던 김원봉을 만나서 민족전선을 탈퇴하도록 부추겼다. 김원봉은 이렇게 대답했다. "여기는 그런 문제를 이야기할 장소가 아니다."*

이 무렵, 미군정은 김원봉이 이미 공산주의자들에게 발목 잡혀 있는 것으로 파악한 듯하다. 경찰 또는 미군정은 김원봉의 젊은 아내 최동선도 연행했거나 아니면 만삭의 몸임을 감안하여 집으로 방문해 진술을 받았거나 회유한 것으로 보인다.

김원봉의 사고에 큰 영향을 미친 그의 아내는 공산주의자들이 자신의 남편에게 씌운 굴레가 남편을 아주 큰 혼란에 빠뜨렸다고 진술한 것으로 알려져 있다. 대개의 경우 김원봉은 대중 앞에서 급진적인 연설문안을 읽기를 거절하였지만 공산주의자들은 자신들이 작성한 연설문을 김원봉에게 건네주면서 그대로 연설하도록 강요했다.**

김원봉은 4월 9일에 무혐의로 석방되었다. 그러나 이미 민족전선 탈퇴 요구를 거부했으니 미군정의 눈에 난 존재가 되어버렸다.

김원봉은 파란만장한 인생행로를 걸으면서 많은 선택을 했다. 난징 진

---

* 리처드 로빈슨, 『미국의 배반』, 192-193쪽.
** 같은 책, 194쪽.

링대학 입학을 앞두고 만주로 간 일, 신흥무관학교를 나오고 육탈혈전 비밀결사인 의열단을 만들고 단장을 맡은 일, 안광천과 손을 잡아 공산주의를 받아들이며 레닌주의정치학교를 열었던 일, 조선의용대 주력을 화베이로 보내고 임시정부에 합류한 일 등이 굵직한 선택이었다. 지난해 이승만이 윤치영을 보내 캠프 합류를 요청했을 때 거부한 일, 그리고 이때 미국과의 타협을 거부한 것은 남은 생애의 운명을 가르는 선택이었다.

김원봉의 체포와 타협 거부는 죽산 조봉암과 대비된다. 죽산은 미군정직할 CIC에 직접 체포당해 회유받았고 약산 김원봉은 미군정의 명령으로 수도경찰청장이 체포해 갇힌 상태에서 미군정의 회유를 받았다. 회유작업의 주체는 아마 같은 CIC였을 것이다. 죽산 조봉암은 현실주의자였다. 1925년의 조선공산당 창당 주역이었지만 공산주의를 버리고 미군정 편에 붙는 전향을 택했다. 그는 남한만의 단독정부 수립에 찬성해 제헌의회 의원에 당선되고 초대 농림부장관이 되어 농지개혁의 기틀을 놓았다. 그러나 김원봉은 그런 지독한 공산주의자가 아닌데도 '나라가 잘 살기 위해서는 민족혁명이 필요하고 자본 중심의 정치에서는 그걸 이룰 수가 없다'는 진보적인 신념을 지키려 했다.

1947년 4월 9일, 김원봉이 석방될 때 오래된 동지 유석현이 경찰서 앞에서 맞아 자기 집으로 데려갔다. 유석현이 그렇게 한 것은 김원봉의 아내가 며칠 전 둘째 아들을 출산했기 때문이었다. 처음에는 택시에 태워 가족이 있는 집으로 모셔 가려 했으나 그의 분노가 하도 커서 가라앉히려고 자기 집으로 데려간 것이었다. 유석현은 김원봉보다 두 살 아래로, 1923년 황옥 경부를 통한 제2차 암살·파괴 작전 때 체포되어 징역 10년을 선고받고 복역한 의열단 동지였다.

김원봉은 점령군처럼 군림하는 미군정의 탄압은 억울해도 어쩔 수 없는 일이지만 노덕술에게 수갑 찬 채 끌려간 것을 몹시 억울해했다.

김원봉은 유석현 동지의 집에서 사흘 동안 물 한 모금 먹지 않고 울었다.

"유 동지, 여기 살다가는 왜놈 앞잡이 등쌀에 언제 죽을지 몰라."

"물이라도 한 잔 드세요. 그래야 또 싸우지요."

유석현이 냉수가 담긴 대접을 들고 왔으나 그는 까맣게 타들어간 입술을 들먹이며 말했다.

"내가 조국 해방을 위해 중국에서 왜놈들과 싸울 때도 이런 수모를 당한 적이 없어. 그런데 해방된 조국에서 악질 친일파 경찰 놈 손에 수갑을 차다니, 어찌 이럴 수가 있어."

김원봉의 눈물은 친일경찰에게 끌려가며 수갑을 찼다는 원통함 외에 미군정 편에 설 수 없고 공산주의자들에게 이끌려 갈 수밖에 없는 한계 상황이 주는 절망도 있었을 것이다.

사흘 만에 유석현에게 아내의 출산 소식을 들은 김원봉은 세수와 면도를 하고 아내가 있는 곳으로 갔다. 그는 아버지가 유치장 철창에 갇혀 당한 치욕을 잊지 말라고 둘째 아들 이름을 철근鐵根이라고 지었다.

"첫애는 안중근 의사의 이름을 따서 중근이라 하시더니, 둘째를 또 그렇게 철근이라고 지으셔요? 아이들 인생도 장군님처럼 험해지면 어떡하라고요?"

아내 최동선은 그렇게 말하며 눈물을 흘렸다.

며칠 후, 김원봉은 미국에 체류 중인 이승만이 남한만의 과도정부 수립을 언급한 외신보도를 읽고 길게 탄식했다.

"민족이 대동단결해도 어려운 판에 왜 미국에 가서 그런 말을 하는 것이야!"

그는 다시 뛰었다. 쉬지 않고 좌우합작을 위해 노력하며 미소공동위원회 재개의 필요성을 강조하고 나섰다.

## 여운형이 암살당하다

1947년 6월 하순과 7월 초순, 미소공동위원회가 재개되었다. 미국은 신탁통치를 반대하는 남한의 우익세력을 참여시키려 했고 소련은 그에 반대하면서 팽팽히 맞섰다. 이에 좌익을 대표하는 4인이 회동을 갖고 친일파를 제외하라는 성명을 냈다. 김원봉과 좌우합작위원회 김규식, 근로인민당 여운형, 남로당 대표 허헌이었다. 김원봉은 기자들에게 말했다.

"미소공동위원회와의 협의에 참가를 신청한 정당 및 단체 가운데 삼상결정을 왜곡하고 계속 반대하면서 직간접적으로 공위 업무를 방해하는 정당과 단체는 마땅히 협의에서 제외해야 할 뿐만 아니라 임시정부에서도 제외해야 합니다. 지난날 친일 부역했던 자들의 단체는 제외해야 합니다."

좌익세력의 거두들이 한 목소리를 내자 우익 진영은 격렬하게 비난하며 나섰다.

여기에 진보세력에 결정적 타격을 입히는 사건이 일어났다. 몽양 여운형이 대낮에 총을 맞고 사망한 것이었다.

김원봉은 그 소식을 듣고 원남동에 있는 대학병원으로 달려갔다. 고인의 동생인 여운홍呂運弘이 주먹으로 눈물을 훔치면서 그를 맞았다.

"이게 어찌 된 일이오? 조심하시라고 제가 여러 번 말씀드렸는데 기어이 이렇게 당하셨군요."

여운홍이 울먹거렸다.

"종합해서 말하면 이렇습니다. 운전사 홍준태와 경호원 박성복이 고경흠 씨와 함께 차를 타고 혜화동 교차로를 막 돌려고 할 때 혜화동 지서에 대기하고 있던 돌을 가득 실은 트럭이 길목을 가로막았어요. 그 때문에 승용차는 서서 트럭에게 비키라고 했지요. 이때 돌연 괴한 한 명이 차 범퍼에 매달렸어요. 그러고는 유리창 속으로 손을 넣어 총을 쏬어요. 형님은 그 자리에서 절명하고 말았지요. 박성복 경호원이 범인을 추격했어요. 범인을 쫓는 그의 뒤를 순경이 따라갔어요. 범인이 담장을 넘자 박성복 경호원도 담장을 넘으려고 했어요. 그때 누군가가 발목을 잡았는데 뒤따라온 순경이었대요."

　김원봉은 분노했다. 그는 미군정과 이승만 세력이 우익테러 단체들과 손잡고 저지른 일이라고 생각했다. 다음 목표는 자신일 것이라는 느낌이 들었다. 그것은 의열단 이후 체득한 위험을 감지하는 육감이었다.

　김원봉은 공동장례위원장을 맡았다. 장례는 15일장으로 치르기로 했다. 그는 좌익계 신문에 조사弔辭를 기고했다.


　몽양 선생 흉변의 보報는 드디어 사실이었던가. 몽양 선생은 인민의 구적仇敵인 반역흉한에 의해 백주에 암살되었다. 몽양 선생은 풍운에 싸인 전 생애를 통해 누구를 위해 투쟁하였으며 무엇을 주장하였으며 어떠한 무리가 몇 번이나 선생을 죽이려 하였던가를 조선 인민은 잘 알고 있다. 이 땅의 농민이며 노동자며 청년이며 빈곤에 시달리는 조선 사람들은 그들 자신을 불행과 공포에서 건져보려고 인민전선의 선두에서 일신의 위험을 무릅쓰던 선생이 마침내 인민의 구적의 손에 희생이 되었음을 잘 알고 있다.

　인민의 원수들은 어리석게도 인민의 행복을 추구하는 지도자 몇 사람을 살해함으로써 인민이 저들에게 굴복하리라고 망상妄想한 것이다. 그러나 그 결과는 정반대로 되어버린다. 잔인한 살인마들의 흉행兇行은 인민으로 하여금 자기 구적의 포악한 본질을 한층 더 명백히 알게 하고 분노는 일시적 상심과 통곡만으로 그치지 않을 것이다.

　(…) 선생의 영령英靈은 영원히 인민의 진두陣頭에 계신다. 몽양 선생의 유지遺志는 무엇을 가리키는가! 인민은 단결하라. 조국의 민주 재건은 인민의 힘으로 완수하라. 이것이 선생이 우리에게 남기신 유지인 것이다. 그렇다. 넘어지고 또 넘어지는 지도자를 넘는 끊임없는 투사의 전진은 계속될 것이다. 인민

의 속에서 끝없이 배출하는 지도자군群은 수數 없는 몽양이 아니고 무엇인가.

철鐵의 조직을 지키는 간부들과 인민들이여! 경각의 거안巨眼으로써 민주 진영을 수호하자. 조국의 진정한 민주재건은 멀지 않았다. 그날이 오면 우리 인민의 위대한 지도자 여운형 선생은 우리의 선두에서 민족 만대를 축복하는 귀에 익은 음성을 들려줄 것이다. 선생은 서거하였으나 선생의 유지는 영원히 계시다. 동포여 그 뜻을 받자옵자.*

8월 3일, 서울운동장에서 여운형의 장례식이 열렸다. 김원봉은 발인식과 장례식을 주관했다.

며칠 후 그는 측근에게 말했다.

"다음 암살은 내 차례지. 그게 아니면 다시 잡으러 오겠지. 집사람과 아이들을 데리고 어디 시골이라도 가서 묻혀버려야겠다."

다시 열린 미소공동위원회가 8월 10일에 기약조차 없이 결렬되고 한반도 남쪽은 다시 좌익 검거의 회오리바람이 불었다. 8월 15일을 맞아 좌익이 폭동을 준비하고 있다는 명분을 앞세운 검거였다.

8월 12일 새벽, 수표교 근처에 있는 김원봉의 집을 경찰 한 개 소대가 포위했다. 십여 명이 집 안으로 들이닥쳐 샅샅이 뒤졌다. 김원봉과 그의 아

---

* 김원봉, 「몽양 여운형 선생의 흉보를 듣고」, 『노력인민』, 1947년 7월 25일자, 『한국현대사 자료총서 5』, 439쪽. 이 조사를 보면 김원봉은 몽양 암살이 미군정 비호를 받는 극우세력의 소행이라 믿은 듯하다. 그러나 뒷날 이정식은 소련 극비문서와 몽양의 딸 여운구의 증언을 토대로 몽양이 "7월 19일 그날 미군정의 제2인자인 E.A.J. 존슨과 비밀회의를 하기 위해 그의 관사로 가던 길이었고 미군정은 우익세력의 독주를 막기 위해, 그리고 방향전환을 하기 위해 여운형을 동원하기로 결정했으며, 암살은 박헌영 일파의 소행이다"라고 설명했다(이정식, 「'여운형은 박헌영파에 암살' 주장. 미군정 행정장관 수락하러 가는 길에 좌익이 사주한 테러 당해」, 『신동아』 통권 576호, 2007년 9월호, 476-477쪽).

내와 아이들은 이미 사라지고 없었다.

이 무렵, 여중 2학년이었던 김원봉의 막내 여동생 김학봉은 여름방학을 맞아 바로 위의 오빠인 김구봉과 함께 서울 수표교에 있는 큰오빠 김원봉의 집에 와 있었다. 김구봉은 당시 부산고등학교 3학년이었다. 김원봉의 집은 일본식으로 지어진 이층집이었는데 살림살이는 비교적 넉넉했으며 전화기도 있었다. 하지만 며칠을 묵어도 큰오빠 얼굴을 보지 못했다.

어느 날 오후 어디선가 전화가 왔다. 최동선은 백일밖에 안된 아기는 등에 업고 큰아이는 안고서 허둥지둥 집을 나섰다. 기저귀 가방 하나 챙기지 못한 상태였다.

김구봉이 막내 여동생 김학봉에게 말했다.

"경찰이 큰형님을 잡으러 오나 보다. 경찰에도 큰형님을 숭배하는 사람들이 있어서 그 사람들이 형님 비서들한테 알린 거고 비서가 형수님한테 전화를 건 거야. 큰형님은 지금 용산에 계시대. 경찰이 들이닥치면 너는 김원봉의 사촌동생이라고 해라. 나도 그렇게 말할 테니까."

다음 날 새벽, 경찰이 들이닥쳤다. 큰오빠 침대에 누워 자던 김학봉은 김구봉과 함께 종로경찰서로 끌려갔다. 저녁 6시까지 12시간 동안 물 한 모금 마시지 못하고 심문을 받았다. 김학봉은 큰오빠가 어딘가 비밀 숙소에 있을 것이라고 생각은 했지만 그 이상은 아는 것이 없었다.*

김원봉은 이때부터 7개월 동안 서울 근교의 시골 마을을 옮겨 다니며 은둔했다. 신문이라고는 들어오지 않는 벽지, 아무도 그의 얼굴을 알아보지 못하는 곳을 골라 한두 달씩 묵고 다른 곳으로 떠났다.

수행원은 황용암 한 사람뿐이었다. 황용암은 황상규의 아들로 김원봉의

---

* 2004년 6월 17일의 김학봉 여사 인터뷰. 여사는 그날 이후 오빠인 김원봉을 만나지 못했다.

고종사촌이었다. 그가 귀국한 후 줄곧 비서 노릇을 한 황용주가 떠나고 이제는 황용암이 그를 수행하고 있었다.

혼란을 거듭하고 있는 서울의 정국이 그가 없다고 조용해질 리 없었다. 그는 충칭 시절에 텅제 장군이 선물해준 제니스 라디오를 갖고 있었다. 엿장수나 방물장수 등으로 변장하고 찾아오는 동지들에게 며칠간의 신문을 받아서 읽고 보고를 받았으며 지시를 내렸다.

9월에 들어서자 미국은 한반도 문제를 미소공동위원회에서 해결하려던 기대를 버리고 유엔의 힘을 빌리려고 했다. 한반도에 유엔 임시위원단을 파견하고 그들 감시 하에 총선거를 치러 정부를 수립하게 하자는 것이었다. 소련은 반대했다. 유엔을 미국이 휘어잡고 있었으므로 한반도 문제가 미국의 욕심대로 될 것이기 때문이었다. 대신 한반도에 주둔한 미국과 소련 군대를 철수하자고 제의했다.

김원봉은 자신의 은신처를 찾아온 장건상에게 말했다.

"미국이 장기판에서 '장군!' 하니까 소련은 '멍군!' 하고 나왔지요. 결국 미국과 소련의 뜻대로 될 거예요. 유엔을 마음대로 주무르고 있으니까."

11월 14일, 유엔총회는 한반도에 한국임시위원단을 파견해 총선거를 실시하고 정부를 수립하자고 미국·오스트레일리아·중국·필리핀이 공동 제안한 동의안을 찬성 43, 반대 0, 기권 6, 결석 8로 가결했다.

1948년 1월 1일 북한의 김일성이 한국 문제에 대한 유엔 결의를 비난하고 나섰다. 일주일 뒤 유엔 임시위원단이 도착했으나 북한은 입북을 거부했다. 결국 북한 지역까지 총선거를 치르기는 불가능해졌다.

한편 이승만이 이끄는 독립촉성중앙협의회와 김성수가 이끄는 한국민주당 등 극우파들은 유엔의 결정을 찬성하고 소련의 양쪽 군대 철수안에 반대했다.

라디오를 들은 김원봉은 길게 탄식했다.

"이승만과 한국민주당 사람들은 결국 나라를 반쪽 내자는 게 아닌가!"

김원봉은 백범 김구가 단독정부 수립은 절대로 안 된다고 주장한 것을 라디오로 듣고, 중도 성향을 지닌 한국독립당·근로인민당·민주한독당·사회민주당 등에 인편으로 서신을 보냈다. 비록 검거령을 피해 숨어 있는 처지지만 백범의 편을 들어 단독정부 수립만은 막아야 한다는 신념 때문이었다.

서신을 받은 정파의 대표들도 다시 한번 좌익과 우익을 화합시키려는 그의 의견에 동의했다. 김원봉이 이끄는 인민공화당까지 포함해 그들은 '정당협의회'를 만들었다. 이미 김원봉과 인민공화당이 지난날 임시정부에 속했던 몇 개 정파들과 오랜만에 연합한 것이었다.

정당협의회 합의 소식을 듣고 그를 찾아온 동지는 백범의 말을 전했다.

"약산, 부디 몸조심하고 자중자애하시오. 나는 끝까지 남한 단독정부를 막을 겁니다. 그러지 못하면 천추의 한을 남길 거요."

김원봉은 그에게 이런 대답을 보냈다.

"고맙습니다, 백범 선생님. 저도 동감입니다. 지금 막지 못하면 3·8선은 국경이 되고 남북한 사람들은 서로 적이 되어버릴 겁니다."

2월 16일, 중앙방송은 김구와 김규식이 공동 서명한 서한을 북쪽의 김일성과 김두봉에게 보냈다고 보도했다. 남과 북에 제각각 단독정부가 설지 모르는 이 고비를 타개하기 위해 남북 주요 지도자회의를 열자고 제안했다는 것이었다.

중앙방송은 다시 유엔 한국 임시위원단이 김원봉·허헌·허성택 등 좌익계 지도자들에게 협의를 요청했다고 보도했다. 지난해 여름 구속되어 갇혀 있는 허헌을 가석방하고, 지명수배를 피해 숨어 있는 김원봉을 체포하지 않기로 했다고 신문과 방송은 보도했다. 그러나 김원봉은 아무 반응도 보이지 않았다.

남한 신문들은 북한의 평양방송이 김일성과 김두봉의 대답을 방송했다고 보도했다. 김구와 김규식이 제안한 남북한 지도자 연석회의를 수락하면서 4월 19일에 평양에서 열자고 했다는 것이었다.

## 월북을 택하다

김원봉은 자신이 유엔 한국 임시 위원단의 요청에 불응하자 경찰이 다시 지명수배령을 내리고 다섯 개 이상의 특별 체포조가 전국을 누비기 시작했다는 보고를 들었다. 그는 측근들과의 연락마저 끊고 잠적했다.

이때 김원봉은 중국 상하이에 있던 옛 비서 쓰마루와 편지를 주고받았다.

이때 나는 상하이에 있었는데 정이 가득한 편지 몇 통으로 그에게 북한에 가지 말라고 권했다. 그는 마지막 편지 한 통에서 은밀히, 북한은 그가 가고 싶지 않은 곳이지만 남한의 정세가 매우 나쁘고 심지어 그를 위협해 서울에서 살 수가 없어 이미 시골로 거처를 옮겼다고 알려주었다.*

1948년 4월 초, 김원봉은 3·8선을 넘었다. 4월 14일 개최 예정인 남북연석회의전조선제정당사회단체 대표자 연석회의에 참가하기 위해서였다. 민족전선 산하단체 80명과 동행하기로 돼 있었는데 일주일 빨리 갔다. 아내와 두 아들까지 데려가야 하기 때문이었다.

김원봉은 왜 월북을 선택했을까? 사람들이 말하는 것처럼 수갑을 차고 친일경찰 노덕술에게 끌려갔기 때문이었을까? 그것은 작은 상징적 사건일 뿐이다.

---

* 司馬路,「我毁滅了我的朝鮮友人」, 같은 자료.

한상도는 이렇게 설명한다.

먼저 당시 해방정국의 정치 상황을 지적할 수 있다. 강화되어 가던 미군정의 좌파에 대한 일련의 정치적 공세는 김원봉 같은 중간노선의 활동 입지를 거의 소멸시켜버렸다. 다음으로는 보다 현실적인 동기로 가중되고 있는 신변 위협을 들 수 있을 것이다. 미군정 경찰의 체포 위협과 극우파의 백색테러에 대한 불안감은 김원봉의 운신을 극도로 핍박하는 현실적인 위협이었다.

이외에 북한의 정치 상황도 김원봉이 월북을 결심하는 배경으로 작용하였을 것이다. 당시 북한에는 '옌안파'가 정치적 기반을 구축하고 있었는데 조선의용대 동지들이었던 옌안파의 건재 사실은 김원봉의 결정을 재촉한 요인 가운데 하나다.

이에 덧붙여 김원봉의 월북을 '갑산파'의 중심인물 최용건의 존재와 관련지어 설명하는 견해가 제시되었다. 북한정권의 변천 과정에 정통한 김창순 북한연구소 이사장의 교시에 의하면, 최용건이 김원봉의 월북 결심에 크게 작용하였고 월북 후에도 그가 김원봉의 정치적 안전을 보장해준 후견인 역할을 했다고 한다.*

그밖에 젊은 아내 최동선의 희망도 작용했을 것이다. 그녀의 친정 식구들은 이미 북한에 가 있었다.** 최동선은 아마 아버지가 보낸 밀서를 받았을 것이고 평양이 안전하다고 생각해 친정 부모와 가까운 곳에서 아이들을 키우고 싶었을 것이다.

---

* 한상도,「김원봉의 생애와 항일역정」,『국사관논총』제18집, 1990, 224-225쪽.
** 김원봉의 동지이자 장인이었던 최석순은 임시정부 마지막 내각의 교통부장을 지냈다. 정정화 여사는 그가 광복 직후 평안북도로 갔다고 회고했다(정정화,『장강일기』, 73쪽).

## 평양의 동지들

평양에 도착한 김원봉은 장인 장모를 만났고 옛 동지들의 뜨거운 환영을 받았다. 김두봉이 자기 집에서 조촐한 환영연을 열어주었다. 그의 집은 50-60평쯤 되는 적산가옥이었다. 옛 의열단과 조선의용대의 동지인 박효삼·한빈·최창익과 허정숙 부부·김창만·이상조·김학철 등이 왔고 김무정도 왔다. 그들은 뜨거운 환영으로 김원봉을 반겼다.

존경받는 국어학자로서 연구를 중단하고 항일투쟁에 뛰어들었던 김두봉은 북조선인민위원회 상임위원장이 되어 있었다. 한때 조선의용대에 몸담았던 그는 옌안에서 조선독립동맹을 이끌고 귀국해 북조선임시인민위원회 부의장을 거쳐 북조선노동당 위원장을 지냈다. 독립동맹은 합당 절차를 거쳐 노동당에 들어가 있었다.

김두봉은 자신이 충칭에 두고 온 큰딸 김상엽을 김원봉이 잘 거두어준 것을 몹시 고마워했다. 김상엽은 인민군 장교가 되었다고 했다.

"이렇게 모이니 옛날 조선의용대 시절이 생각나는군. 나는 평양에 머물면서 약산이 남쪽에서 미국 제국주의 놈들한테 핍박당한다는 소식을 들을 때마다 안타까웠지. 일이 잘되어 우리가 옛날처럼 어깨를 나란히 하고 일했으면 좋겠네."

죽은 첫 아내 박차정의 외당숙인 김두봉은 김원봉에게 친근감을 표현했다.

"저도 그렇습니다."

김원봉은 그가 궁금해할지도 모른다고 생각해 아내 박차정의 모직 상의를 처가에 전했고 유골을 가져와 선산에 모셨다는 말도 했다.

"고맙네. 차정이는 갔지만 약산은 언제까지나 내 조카사위일세."

김일성 다음으로 북조선 서열 2위에 있는 왕년의 국어학자가 말했다.

의열단원으로서 그와 함께 황푸군관학교를 다니고 북벌전에 참가해 중국군 상교까지 올랐다가 조선의용대로 돌아왔던 박효삼은 북조선인민위원회 상임위원이 되어 있었다. 그는 조선의용대 시절의 호칭 그대로 김원봉을 대장이라고 불렀다.

"해방 전에 저는 대장님이 통일전선 의지가 강해 광복군을 이끌고 조선의용군과 연합해 모국 땅으로 진공할 기회를 잡으실 걸로 믿고 기다렸어요."

"모든 힘을 기울였지만 그리하지 못했소. 미안하오."

그는 왕년의 부하단원의 어깨를 툭툭 두드렸다.

"조선의용군이 일본군 패전 후 화베이와 랴오둥반도와 만주를 평정하며 몇 배 늘어났다고 하던데 노고가 많았겠소."

"대장님께 제대로 보고드리겠습니다."

박효삼은 옛날 조선의용대 구대장 시절처럼 정색하고 차렷 자세로 섰다. 절반은 진정성으로, 절반은 재미로 하는 태도였다.

김원봉도 '어디 보고해봐' 하는 표정으로 박효삼을 바라보았다.

"일본이 항복하자 우리 조선의용군은 옌안과 화베이에서 중국 홍군과 더불어 3개 대대로 나누어 화베이와 요동을 평정하고 만주로 진군했습니다. 일부는 산둥반도에서 배를 타고 압록강 단둥항으로 갔습니다. 일본군의 항복을 받는 건 식은 죽 먹기고 국민당 군대보다 먼저 만주를 점령해야 하니까 정신없이 진격했지요. 일본군의 항복을 받으면서 확보한 무기들이 창고마다 가득 쌓였습니다. 일본 민간인들의 재산도 알거지가 되도록 다 빼앗았습니다. 조선동포들 가운데 일본에 붙어먹고 산 밀정 놈들과 일본의 앞잡이가 돼서 부역한 놈들은 인민재판을 열어 모두 총살했습니다. 동포들이 감격해 만세를 부르며 눈물을 흘렸습니다. 그리고 곳곳에서 동포 청년들을 받아 입대시켰습니다. 제1대대는 9,500명으로 늘어나 지린과 판스磐石과 평톈 일대를 장악했고 제2대대는 6,500명으로 늘어나 북만주 무단강牧丹江과 하얼빈 일대를 장악했으며 제3대대는 9,500명으로 지린 일부와 간도를 차지했습니다. 만주 점령은 해방된 그해 9월부터 11월 사이에 끝났습니다. 하얼빈대대는 제1단, 지린대대는 제2단, 무단강대대는 제3단이라 했는데 그 후 창춘에서 '민족부대'를 창설하고 거기 통합해 독립 제11사단이 되었습니다. 병력이 거의 100배로 늘어나니까 소대장이 중대장과 대대장을 거쳐 연대장이 된 겁니다. 모두 김원봉 대장님이 황푸군교·뤄양분교·싱쯔분교에 보내 키우신 재목들입니다. 중화인민공화국은 알고 있습니다. 국민당 군대가 만주에 발붙이지 못하게 된 게 우리 조선의용군 덕분이란 걸 말이지요. 이제 만주는 평정됐고 우리 공화국에 군대를 만들어야 하니까 독립 11사단에서 간부들이 내려와 인민군 기간요원이 됐습니다. 인민군 창설은 손쉽게 이뤄졌습니다. 앞으로도 간부가 많이 필요할 테니 더 내려올 겁니다."

김원봉이 흐뭇해져서 "조선의용군 출신을 아무도 무시하지 못하겠군"이라고 말하려는데 박효삼이 마침 그 말을 했다.

"우리 조선의용군 출신을 북조선에서는 아무도 무시하지 못합니다. 군인이 아닌 동무들도 많습니다. 황푸군관학교 제6기 후배로 국민당 헌병대위를 지낸 이춘암, 중산대학에 다닌 이상조, 축구쟁이 김창만 모두 당 중앙위원입니다. 타이항산 후좌장 전투를 지휘했던 김세광은 김내무성 국장·의용대 지대장을 지낸 이익성은 나남보안훈련소 소장으로 있고 막판에 의열단에 입단해서 막내단원으로 뛰었던 장평산張平山은 신의주 경찰서장에 임명될 겁니다. 조선의용대 초기대원 박무朴茂는 중앙통신사장이고, 고봉기高峯起는 김일성 위원장 비서실장입니다. 홍순관洪淳官도 비서실에 있습니다. 김한중金漢中은 평남도당 조직부장으로 있습니다. 모두 대장님이 중앙군관학교를 보내준 소장층입니다."*

"아주 잘 됐어. 모두 다 고맙군. 내 곁을 떠난 뒤에도 열심히 투쟁한 경력이 있어서 중용됐다고 나는 믿소."

김원봉은 박효삼의 어깨를 다시 두드렸다.

모스크바로 유학을 갔던 한빈이 곁으로 왔다. 그는 독립동맹에서 이름을 바꾼 노동당의 남조선 담당 특별위원이었다.

"제가 남조선 담당이어서 대장님 소식을 속속들이 그리고 가장 빨리 알고 있었습니다. 매일 남조선 방송을 듣고 하루쯤 지난 서울의 신문을 읽었으니까요."

"그랬군. 내가 쉰 살이 돼서 늦둥이 아들을 둘이나 낳은 것도 알았소?"

그가 농담처럼 말하자 한빈은 웃으며 고개를 저었다.

"그건 남조선 신문과 방송이 보도를 안 해줘서 몰랐지요."

일행은 웃음을 터뜨렸다.

최창익은 북조선인민위원회 검열국장, 허정숙은 선전국장이었다.

"저희 부부가 조선의용대 시절에 대장님 속을 썩여드렸지요."

최창익의 말에 김원봉은 빙긋이 웃었다.

"나는 저 친구들을 함께 끌고 가야 독립전쟁이고 뭐고 할 수 있다고 생각했지요."

허정숙은 자신이 근우회에서 지하투쟁을 할 때 후배였던 김원봉의 아내 박차정이 그렇게 죽은 것을 나중에야 알았다고 슬퍼하고는 아직도 남쪽에 있는 자신의 아버지 허헌 변호사의 소식을 물었다.

"워낙 점잖은 신사이신 데다 과묵한 분이라 테러 위험은 다른 분보다 적지요. 참으로 꿋꿋하게 싸우는 분이에요. 하지만 언제까지 무사하실지는 알 수 없소."

김학철은 작가동맹 맹원이자 『로동신문』 기자가 되어 있었다. 그는 목

---

* 김중생, 『조선의용군의 밀입북과 6·25전쟁』, 명지출판사, 2000, 121-135쪽.

발을 짚고 있었는데 조선의용대 시절 후좌장 전투에서 중상을 입어 생포되고 다리를 절단한 것이었다.

"동지가 외웠던 헝가리 시인 페테피의 시가 생각나는군."

거기 모인 사람들이 다시 외워 보라고 권하자 김학철은 고즈넉한 음성으로 시를 읊었다.

사랑이여
그대를 위해서라면
내 목숨마저 바치리.
그러나 사랑이여
조국의 자유를 위해서라면
내 그대마저 바치리.

여간해서는 농담을 안 하는 김두봉이 입을 열었다.

"조국의 자유를 위해서라면 뭐든지 다 바치겠다더니 정말 바치긴 바쳤군. 한쪽 다리를 말일세."

일행은 다시 폭소를 터뜨렸고 김학철도 목발을 짚은 채 웃었다. 김원봉은 죽은 아내 박차정을 생각하며 슬프게 웃었다.

오성륜이 변절해 조선의용군 동지들에게 처형당했다는 슬픈 소식도 들었다. 오성륜은 아나키스트이자 의열단의 명사수로서 황푸탄 의거를 감행하고 일본영사관 감방을 탈출해 중국인들을 놀라게 한 협객이었다. 모스크바에 유학하고 황푸군관학교 교관으로 왔던 그는 만주로 가서 동북항일연군 제1로군 정치부주임 겸 군수처장을 지냈다고 했다. 그러나 1941년 1월 푸쑹현撫松縣에서 관동군에게 생포되어 친일로 변절했다. 만주국 치안부로 들어가 러허성熱河省 경무청 경위부로 일했다. 하지만 일본 패망

후 화베이 지역을 해방시키며 진격해온 조선독립동맹과 조선의용군은 그를 체포해 인민재판을 거쳐 몽둥이로 타살했다는 것이었다.*

의열단이 발전적으로 해체해 조선의용대가 창설되고 그 주력이 화베이로 이동한 뒤 조선의용군으로 변모한 것을 놓고 보면 오성륜은 결국 옛 동지들에 의해 처단된 것이다.

김무정은 김원봉과 실제로 어깨를 나란히 하고 싸운 동지는 아니지만 따지고 보면 그의 동지였다. 김무정은 2월에 창설된 조선인민군의 포병사령관을 맡고 있었다. 그는 김원봉의 중앙학교 후배라 옛날 상하이 시절 처음 만났을 때처럼 그를 선배님이라고 불렀다.

"제가 김 선배님한테 늘 미안한 마음을 갖고 있던 걸 아십니까?"

"왜요?"

"선배님이 공들여 만들고 훈련시킨 조선의용대 지휘권을 제가 거저 얻듯이 받지 않았습니까. 그들을 지휘하면서 늘 선배님께 미안함과 고마움을 느끼고 있었지요. 제가 이런 마음을 지니고 있는 걸 선배님이 짐작하고 이해하실 거라고 생각했어요."

김원봉은 소탈한 그의 말에 고개를 끄덕였다.

"내 동지들이 어디 가서 싸우면 어떤가. 왜놈들하고 싸우기만 하면 되지. 난 그렇게 생각했소. 그 지휘권을 김 장군이 지닌 걸 다행으로 여겼소."

옌안에서 투쟁하다 귀국해 이미 '옌안파'라고 불리는 그들은 별 잡음 없이 요직에 앉아 있었다.

김원봉은 박효삼과 함께 정원 잔디밭을 거닐면서 그런 느낌을 슬며시 박효삼에게 말했다.

박효삼은 조용히 대답했다.

---

* 이명영, 「동만의 풍운아 오성륜」, 『월간중앙』, 1973년 7월호, 279쪽.

"북조선은 남조선 같은 어수선한 혼란이나 잡음이 없습니다. 최고 통치자나 소련 군정이 용서하지 않기 때문이지요. 남조선은 반대하고 떠들 자유가 있어 혼란스럽지만 이곳 북조선은 오로지 하나의 목표를 향해 달려갑니다. 강력한 지도력을 가진 전체주의 국가입니다. 거슬리면 죽습니다. 마르크스가 프롤레타리아 독재에 대해 말한 걸 아시지요?"

"기억나요. '혁명에 뒤이은 여하한 과도적인 국가상태도 항상 독재를, 더욱이 정력적인 독재를 필요로 한다' 뭐 그런 거였지요. 나는 사실 그게 싫어서 공산당에 입당하지 않았어요."

"맞아요. 북조선은 이 과도기에 프롤레타리아 독재를 실현하고 있지요."

광복 직후 북한에도 여러 정파가 있었다. 조선공산당을 이끌어온 박헌영과 현준혁, 소련군과 함께 들어온 허가이許哥而와 박창옥, 만주에서 동북항일연군으로 싸운 김일성과 최용건, 중국에서 독립동맹과 조선의용군으로 싸운 옌안파의 지도자 김두봉과 김무정, 민족주의 세력을 이끄는 조만식 등이었다. 민족주의 세력은 남쪽으로 축출해버렸고 그들을 뺀 정파들은 소련 군정의 강력한 조정에 의해 북조선노동당 하나로 묶였다.

1945년 8월 북한은 지방 인민위원회를 조직하기 시작해 10월에 완료했다. 곧 '5도 인민위원회 연합회의'가 열리고 '5도 행정국'이 세워졌다. 1946년 11월에는 북한 전역에 걸쳐 선거를 해서 인민위원을 선출했다. 1947년 2월에 북조선 인민위원회가 구성되었다. 북조선인민위원회는 최고 집행권을 지니고 있었고 임시법령을 만들 수 있는 무한한 권한이 있었다. 곧바로 '무상몰수 무상분배' 원칙에 따라 토지개혁을 단행하고 '중요 산업 국유화 법령'을 발동해 중요산업을 국유화했다. 조선인민군이라는 군대 창설도 소련군 고문관들의 지도와 조선의용군 간부들의 도움으로 착착 진행되었다. 북한은 그렇게 사회를 공산화하고 공산정권을 수립하는 일을 한

치의 오차도 없이 차근차근 진행하고 있었다. 행정체계뿐만 아니라 곳곳에서 국가 기간시설을 건설하느라 모든 인민의 힘을 집중시키고 있었다.

김원봉은 잘생긴 적송나무 밑에 서서 다시 물었다.

"박 동지, 며칠 전에 열린 제2차 북조선노동당 전당대회 중앙의원 구성은 정파간 배분이 어떻게 됐소?"

"김일성 동지와 만주 빨치산파가 여섯, 이송운 동지 등 갑산계가 둘, 저와 김두봉 동지를 포함하여 우리 옌안계가 열일곱, 소련계가 허가이 동지 등 열넷이지요."

옌안에서 온 김무정과 김두봉 등에 비해 훨씬 강력한 실세로 느껴지는 사람은 그를 끌어당기고 무사히 평양으로 올 수 있게 모든 조치를 취한 최용건이었다. 최용건은 황푸군관학교 교관을 그만두고 만주로 가서 실전에 뛰어들었다. 김일성과 함께 동북항일연군 지휘관으로 일본군과 싸우다가 동시베리아로 넘어갔다. 하바롭스크 북쪽 비밀병영에 있는 붉은군대 제88특별저격여단 정치지도원으로 있다가 해방을 맞아 귀국했다. 그는 평안남도 자치준비위원회 중앙위원·조선민주당 위원장·북조선 인민위원회 상임위원회 부위원장 등을 거쳐 인민군 총사령관 자리에 앉아 있었다.

며칠 후 최용건은 김원봉을 시내 음식점에 초대해 냉면을 대접했다.

"평양에서 여럿이 걱정했는데 잘 오셨습니다. 남북연석회의가 열리기 전에 김일성 위원장이 김 장군님을 한 번 초대할 겁니다."

김원봉은 목소리를 낮춰 물었다.

"김일성 위원장을 한마디로 표현하면 어떤 사람입니까?"

"김 장군님보다는 열네 살, 저보다는 열세 살 아래지만 강함과 부드러움을 고루 갖춘 대단한 사람이지요. 남조선에서는 김 위원장이 무능한데 소련에 의해 간택됐다고 생각하겠지만 그게 아닙니다. 소련이 일본에 선전포고를 한 직후 소련 측에서 저를 포함한 제88특별저격여단 지휘관들에게 물었지요. 누구를 해방조선의 최고지도자로 정하겠느냐고 말이에요. 우리들, 그러니까 저하고 안길·강건·최현·김일·최광이 비밀회의를 열어 결정했어요. 김일성 동지는 가장 젊지만 군사적 능력이나 정치적 능력이 탁월해요."

최용건은 거의 입술만 움직여 소곤거리는 투로 말했다. 그러고는 다시 크게 말했다.

"김일성 위원장은 김 장군님에 대한 예우를 결정해놓고 만나자고 할 겁니다. 북조선 정부 조직에 참여하실 수 있도록 대우해드릴 거예요. 아마 김두봉 위원장에 버금가는 예우를 하겠지요."

"나는 그런 예우를 바라고 온 게 아니오. 자칫 분단될지도 모르는 우리 조국을 통일시키려는 일념밖에 없소."

그의 말에 최용건은 정색을 했다.

"제가 왜 그걸 모르겠습니까. 김일성 위원장이나 고급 간부들이나 모두 다 알고 있지요. 다만 공적에 맞는 대우를 해드리려는 겁니다. 그건 북조선 인민들이 합의해준 것이기도 하고요."

최용건은 냉면을 다 먹고 담배를 피우면서 냉소했다.

"참으로 온 세계가 웃을 일 아닙니까? 남조선에서 친일파들이 놀고 있는 꼴 말입니다. 왜놈 시절에 독립투사를 고문한 고등계 형사 놈들이 경찰 간부가 되어 독립투사를 체포하고, 일본군과 만주군 장교를 지낸 자들이 국군인지 국방경비대인지, 아무튼 남조선 군대의 주축이 됐다는 거 말입니다. 해도 해도 너무한 것 아닙니까?"

김원봉은 길게 한숨을 쉬었다.

"그래서 내가 참을 수 없었던 거지요. 지하에 계신 순국선열님들과 내 의열단 동지들이 가슴을 치며 울 거예요."

최용건은 고개를 끄덕였다.

"북조선은 단 한 놈도 용납하지 않습니다. 정부와 당과 군대의 요직은 항일투사들의 몫입니다. 군대만 해도 그렇습니다. 차차 두고 보십시오. 인민군이 20개 사단 정도로 커질 텐데, 장군이 30명쯤 필요하겠지요. 조선의 용군 출신 20여 명이 사단장급 이상 고위 지휘관이 될 겁니다. 김 장군님의 옛 부하들이 장군이 될 겁니다."

최용건의 말은 김원봉의 가슴속에 잠깐 동안이나마 행복감을 불어넣어 주었다. 내가 키운 인재 20명 이상이 장군이 된다니. 그러나 그 행복감은 길지 않았다. 그들이 두 동강 난 조국의 지휘관이라는 사실 때문이었다.

김일성 수상이 김원봉을 최고로 우대할 것이라는 최용건의 말은 맞았다. 사흘 뒤 그와 그의 가족이 묵고 있는 숙소에 검은색 승용차가 왔다. 김일성 위원장 비서실장이 직접 왔는데 뜻밖에도 그 사람은 초기 조선의용대 출신 고봉기였다.

"대장님, 다시 모시게 되어 영광입니다. 김일성 위원장님 특별 지시로 제가 직접 왔습니다."

"아, 반갑네."

옛 부하인 고봉기의 안내를 받아 그 차를 타고 자신에게 배정된 집으로 갔다. 일본인 상사 사장이 살던 적산가옥으로 작은 연못까지 있는 큰 집이었다. 비서와 운전사가 배정되었다. 식료품과 의복 그리고 설탕·비누·과자 따위 간식이 넉넉하게 지급되었다.

그렇게 며칠을 보내고 나서 아내 최동선이 말했다.

"우리는 갑자기 풍족해졌어요. 하지만 다른 사람들은 쪼들리는 듯해요. 남쪽에 비해 물자가 형편없이 부족한가 봐요. 공산주의 체제지만 지도자와 인민이 평등하지 않은 거지요."

아내는 모란봉 아래 있다는 미국 물건을 파는 암시장에 대해서도 말했다.

"지도층 가족들이 그 벼룩시장에 들러 미국 물품을 사간대요. 나는 누가 지켜볼까봐 구경만 했어요. 제니스 라디오도 새 걸 살 수 있대요. 그 벼룩시장 이름을 '스콜카'라고 하는데 그건 '값이 얼마냐'라는 소련 말이라고 하네요. 소련군 장교나 병사들도 찾아오는 거지요."

며칠 뒤 김원봉은 김두봉·최용건과 함께 김일성을 방문했다.

"저와 가족에게 특별한 배려를 해주신 것에 감사드립니다."

광복 후 혜성처럼 등장한 서른일곱 살의 북한 최고 실력자는 공손한 표정으로 그를 바라보았다.

"천만의 말씀입니다. 장군님이 의열단과 조선의용대를 이끌고 싸우지 않았다면 조선 민족의 자존심은 절반도 남지 않았을 것입니다. 조선의용군은 조국의 자랑입니다. 장군님에 대한 대우는 인민들이 해드리는 겁니다. 나는 그것을 대신 집행할 뿐입니다."

그들은 한 시간 가까이 담소를 하고 함께 점심을 들었다.

김일성은 머리를 올백으로 넘긴 모습이었다. 이야기하는 동안 머리칼이 앞으로 흘러내리면 쓰다듬어 뒤로 넘겼다. 키가 상당히 컸으며 목이 조금 쉰 듯 음성이 탁했다. 손이 매우 컸다.

김일성의 첫인상은 예상과 달랐다. 김원봉은 김일성이 만주 항일 빨치산 시절 포위망에 갇힌 뒤 흰 광목 한 장으로 위장해 영하 30도의 눈 속에서 이틀 동안 숨어 견뎠다는 이야기를 들은 적이 있었다. 그런 강인함은 숨겨두고 자기 표정에 여유로움을 연출하는 젊은 지도자 김일성. 김원봉은 최용건의 평가가 과장이 아닌 것 같았다. 김일성이 북조선에서 최고 실력자로 떠오른 것이 그런 자기 연출 때문일 것이라고 생각했다.

김원봉이 월북할 당시 남한 사회에는 "김일성이 너무 젊다. 가짜다" 하는 말이 돌았다. '백마 탄 김일성 장군'이라는 항일투사에 대한 전설과도 같은 풍문이 떠돈 것은 1920년대 초반이므로 지금 북한정권의 최고지도

자 김일성이 아홉 살 때라는 것이었다. 그 오래된 전설 속 김일성은 그가
존경한 신흥무관학교 시절의 은사 김경천이었다. 27년 만에 똑같은 별호
를 지닌 또 다른 김일성을 본 그는 두 사람이 매우 다르다고 느꼈다.

# 21 북한에서 보낸 세월

## 국가검열상에 오르다

1948년 4월 19일 평양 모란봉극장에서는 전조선남북한제정당사회단체 대표자 연석회의가 개최되었다. 16개 정당과 41개 단체에서 695명이 참가했다. 첫날 주석단 선거에서 김원봉은 김일성·김두봉·김구·조소앙·조완구 등과 함께 주석단에 선출되어 축사를 했다.

"친애하는 정당 사회단체 대표 여러분, 해방 2년이 지나도록 남북의 지도자들이 한자리에 모여 흉금을 터놓고 조국의 운명을 토론한 적이 없었습니다. 이 회의는 조국의 운명을 진정으로 근심하는 남북의 모든 정당과 사회단체 대표들이 한자리에 모임으로써 성사되었습니다."

김구와 조소앙은 회의 3일째인 22일에야 등장해 축사를 했다. 회의는 5일째인 23일에 끝났고 김원봉은 마지막 날 사회봉을 잡았다.

행사가 모두 끝난 후, 남한에서 온 한 기자가 그의 집을 방문했다. 해방정국 서울에 머물 때 그를 존경하며 따랐던 합동통신 편집부장 설국환薛國煥이었다. 나이는 열 살 아래지만 늘 그의 입장을 대변하는 기사를 써줘서 가깝게 지내왔다. 김원봉은 설국환 기자가 그를 꼭 만나고 싶어 해서 승용차를 보내 모셔 왔다.

"설 형, 평양에서 며칠 지내보니까 어때?"

김원봉은 아내가 가져온 차와 과일을 설국환 기자에게 권했다.

"광복 후 3년 동안 남쪽보다 빨리 정리된 느낌이에요. 혁명가 유가족학원, 새로 짓고 있는 김일성종합대학, 겸이포 제철소, 국영극장을 돌아봤거든요. 이번에 연석회의를 연 모란봉극장을 70일 만에 완공했다더군요. 인민들을 딴생각 못 하도록 정신없이 몰아붙여 끌고 가는 것 같아요. 총동원령이 내려졌던 일제 말보다 인민들이 더 바쁘겠어요."

"나도 처음 왔을 때 그걸 느꼈지. 경제 발전이 남쪽보다 앞서게 될 거야."

"이번 연석회의는 백범 선생과 남쪽 인사들이 김일성에게 이용당하기만 한 것 같아요. 김 장군님도 그래요. 공산주의자들의 선전도구가 된 듯해요. 장군님은 공산주의자가 아니시잖아요? 차라리 다시 남쪽으로 돌아가서 은퇴해버리고 마세요."

김원봉은 길게 한숨을 쉬었다.

"설 형의 충고는 고맙네. 하지만 정치하는 사람은 때때로 자기 뜻대로 못하는 경우가 있지."

설국환 기자는 박헌영과 김일성의 관계에 대해 물었다.

"나보다 더 멀어. 물과 기름처럼 섞이지 않고 따로 도는 것 같아."

김원봉은 조용히 대답했다. 그리고 한마디 덧붙였다.

"설 형, 누가 물으면 김원봉을 찾아가 만났다고 하지 말게. 막연히 중앙당에 놀러갔었다고 하시게."*

김일성에게 맹목으로 충성하는 사람들이 트집을 잡을 것 같아서 한 말이었다.

---

* 조규하·이경문·강성재, 『남북의 대화』, 고려원, 1987, 408쪽.

남북한의 정국은 평양 연석회의에서 논의한 대로 되지 않았다. 남로당이 거세게 저항하며 막았으나 남한에서는 5월 10일에 유엔한국위원단의 감시 아래 선거를 치렀다. 제헌국회가 개원했고 이에 따라 북한도 신속히 절차를 진행했다. 8월 25일 찬성과 반대를 구분하는 흑백함 투표에 의해 최고인민회의가 구성되고 9월 9일 조선민주주의인민공화국 정부가 성립되었다. 김일성은 김두봉의 추천을 받아 서기로 선출되었다. 공산주의 국가에서 서기는 최고 권력자를 뜻했다. 김원봉은 국가검열상에 지명되었다. 비록 반쪽의 나라이지만 그는 이웃에 살던 시종 윤희규가 풀어본 사주대로 장상의 자리에 오른 것이었다.

　한편 남한에서는 백범 김구가 여전히 민족화합을 주장하고 있었다.

　오늘 2,000만이 갈망하는 일은 외국의 간섭 없이 동족의 유혈 없이 오직 평화롭고 민주적인 방법으로 조국의 통일독립을 완수하는 것입니다. 나는 불원에 서울에서 조국의 통일을 위한 남북협상이 있을 것을 희망하며 또 믿고 있습니다.

　서울에서 발행된 신문에서 김구의 담화문을 읽고 김원봉은 두 가지 생각에 잠겼다. 하나는 저러다가 김구가 여운형처럼 암살당하지 않을까 하는 걱정, 또 하나는 자신이 북쪽에서 김구와 호응해 다시 한번 남북합작을 시도해야 한다는 것이었다. 그러나 남한의 정국은 점점 더 어렵게 흘러가고 있었다. 이승만 정권은 남한에 남아 있는 좌익세력을 빗자루로 쓸듯 모두 없애버리려고 했다.

　6월 26일, 김원봉은 우려했던 소식을 들었다. 백범 김구가 대낮에 경교장 집무실에서 살해당한 것이었다.

　"아아, 이제 남북합작은 정말 어렵게 됐구나."

월북 후 북한 정부 초대내각 국가검열상에
오른 김원봉(1949년 개성).
(사) 몽양 여운형 선생 기념사업회 소장.

그는 신문을 내려놓으며 탄식했다. 그리고 누구보다도 자신을 닮았던 늙은 항일투사 김구의 생전 모습과 그와의 인연을 더듬었다.

남한에서는 여수와 순천에서 군대의 반란사건이 일어나고 지리산 지역에서 빨치산 투쟁이 일어났다. 한 줌 남아 있던 진보세력은 위축되고 지하로 숨어들었다. 김원봉이 주로 경상도 지역에 탄탄하게 구축한 인민공화당도 마찬가지였다.

김원봉은 월북해 있던 옛 의열단원들과 옛 민족혁명당 당원들이 강동정치학원*에서 교육받고 남한으로 밀파되는 것을 알고 있었다. 그의 소관이 아니라서 잘되기를 바랄 뿐이었다. 국가검열부라는 곳은 당과 정치 일꾼들의 부정과 나태를 감찰하는 부서이긴 하지만 수장인 그는 크게 신경 쓸일이 없었다. 그는 참으로 오랜만에 편안한 세월을 보냈다.

---

\* 1947년 평안남도 강동군에 세운 사회주의 정치 교육기관. 당·정 간부들의 재교육이나 월북인사들을 재교육시키는 일을 했다.

1950년 봄부터 전쟁의 조짐이 보이기 시작했다. '남조선을 해방시키는' 해방전쟁을 준비하기 시작한 것이다. 인민군의 전력은 막강했다. 북한은 지난해 옛 조선의용군 출신 부대인 민족사단, 즉 인민해방군 제11독립사단의 입국을 위한 회담을 열었고 2만 3,000명을 곧 창설할 조선인민군의 골간으로 받아들이기로 합의했다. 그들은 속속 입국해 간부가 되었다. 조선의용군은 인민군 수뇌부의 중심이 되었다.

김원봉은 동족끼리 전쟁하는 것에 반대하고 있었지만 대놓고 말하지 못했다. 그저 단추를 채운 듯 입을 다물고 침묵할 뿐이었다.

## 남침전쟁

1950년 6월 25일, 민족상잔의 전쟁이 일어났다. 개전 사흘째 되는 날 정오, 그는 국가검열부 청사 사무실에서 서울의 중앙방송을 들었다.

영용무쌍한 인민군은 오늘 500년 조국의 수도 서울에 입성해 시민들의 열렬한 환영을 받았습니다. 남조선 동포 여러분, 조국 해방의 감격은 이제 목전에 있습니다. 용맹한 인민군대는 옹진반도와 서울·춘천·강릉을 점령하고 남으로 남으로 진격하고 있습니다.

김원봉은 주먹을 부르쥐었다.

"이제 남한과 북한은 통일된다! 남북분단은 이제 청산해야 한다. 자주통일을 이루고 민족혁명을 완성해 평등하고 정의롭고 부강한 나라를 만들어야 한다!"

그의 수하 대원이던 남한 내의 인민공화당원들은 대체로 남로당원들과 함께 움직이면서 인민군대와 호응해 혁명을 완수하려 분투하고 있었다. 그들은 남한 인민들로 인민위원회를 구성해 지주와 자본가들을 처형하거

6·25전쟁 중 인민군이 뿌린 「우리는 토지의 주인이 되었다」 전단.
토니 로빈슨(Tony Robinson)의 『역사를 바꾼 전투들』
(*Battles that changed history*) DK에 수록.

나 투옥해 북으로 끌고 왔다. 인민공화당원들이 머무르는 지역에서 그런
일이 일어나니 남한 당국과 경찰은 좌익 운동을 하다가 전향했던 보도연
맹원들을 도처에서 닥치는 대로 학살했다. 좌익세력의 민중봉기 가능성을
꺾어버린 것이다.

　그 당시 김원봉은 알지 못했지만 그의 네 동생도 그때 화를 입었다. 일곱
명이나 되는 그의 동생들은 김원봉이 점차 좌익으로 기울자 여럿이 민주주
의민족전선 조직에 가담했고 뒷날 보도연맹에 가입하기도 했다. 그의 동생
김봉철·김봉기·김덕봉·김구봉은 계속 밀양에서 살았고 김경봉과 김춘봉
은 부산에서 살았다. 김경봉은 염색공장 일을 했고, 김춘봉은 구멍가게를
했다. 어느 날 경찰이 들이닥쳐 밀양에 사는 네 사람을 굴비 두름 엮듯이 묶
어 끌고 나갔다. 그들은 삼랑진 산골짜기에서 300여 명과 함께 처형당했다.
김원봉은 동생들의 죽음을 월북해온 인민공화당원들에게 들었다.

　"불쌍한 내 동생들아, 내가 원수를 갚아주마."

　그는 피눈물을 흘리며 울먹였다.

어느 날, 김원봉은 내각회의에 참석하고 나오다가 인민군이 남한에 살 포하는 선전용 전단지들을 구경했다. 남한의 정황에 맞는 것도 있었지만 안 맞는 것도 있었다. 그 가운데 하나가 우리는 「토지의 주인이 되었다」라 는 전단이었다.

김원봉이 알기에 남한은 모스크바 동방노력자공산대학에서 천부지권 을 신념으로 새긴 조봉암이 농림부장관이 되어 농지개혁을 입안했고 그 효력이 드러나고 있었다. 문득 남한의 농민들은 박헌영이 장담한 대로 인 민군에 목숨 걸고 호응할 것 같지는 않았다.

김원봉은 인민군이 부산과 제주까지 점령해 통일이 되기를 기원했다. 남한에서 당한 억울한 일들, 동생들의 억울한 학살에 대한 분노를 넘어 통 일조국이 사회민주주의 국가로서 번영하기를 바라는 비원이 있었다.

북한정권은 전쟁 중 '모시기 작전'이라는 특별작전을 감행했다. 정치문 화적으로 영향력이 큰 남한 쪽 인물들을 납치해오는 것이었다. 조소앙·안 재홍·유동열·백관수·김약수·정인보·이광수 등 많은 인물이 북한으로 끌려 왔다. 그들 가운데는 김원봉과 절친했던 인물이 허다했다.

하지만 전황은 점차 북한에게 불리하게 전개되었다. 미국을 포함한 16개 국이 남한 편을 들어 참전했고, 남한 내의 남로당원들이 봉기하려 했으나 농민들의 호응을 얻지 못했다. 인천상륙작전 이후 연합군과 남한의 국군이 압록강까지 북진을 거듭했고 밤낮으로 미국의 폭격기가 평양 시내를 융단 폭격했다. 인구 30만 명이 채 안 되는 평양에 항아리만 한 폭탄이 10만 개 이상 퍼부어졌다. 김원봉은 거의 24시간을 방공호에서 보냈다.

12월 4일, 압록강 중류 만포에서 가까운 별오리에서 노동당 중앙위원회 가 열렸다. 패전의 원인을 분석하고 신속히 뒷수습을 해 전세를 역전시키 기 위한 논의를 하기 위해서였다. 평양 방위사령관 김무정이 전쟁 중 제2군 단장으로서 전세를 유리하게 이끌지 못해 패전을 초래했다는 지적을 받고 숙청당했다. 그는 중국 땅으로 탈출했다. 이로부터 한 달 뒤 항미원조抗美援朝라는 깃발을 내세워 중화인민공화국 군대가 개입하고 전선은 차차 회복되었다. 이들 항미원조군의 중심에는 만주에 남았던 김원봉의 옛 부하들, 즉 옛 조선의용군 병력이 있었다.

북한의 남침은 김원봉이 평생에 걸쳐 이뤘던 큰 성과들을 뒤엎는 결과를 가져왔다.

김원봉은 의열단 성과를 쏟아부어 조선의용대를 창설했다. 조선의용대의 항쟁은 눈부셨다. 대원들이 화베이로 가고 싶다고 하고 그게 옳다고 확신해 자신의 위상이 낮아짐을 감수하고 조선의용대 주력을 보냈다. 그가 중국국민당 정부의 요구에 따라 나머지 대원들을 이끌고 임시정부·광복군과 통합하자 조선의용대 화베이지대는 반발해 조선의용군으로 깃발을 바꿔 달았다.

광복 후 북한이 인민군을 창설할 때 조선의용군 출신 간부 일부는 중국에 남고 일부는 북한으로 와서 군 간부가 되었다. 인민군 장성 30여 명 가운데 20여 명이 조선의용군 출신이었다. 한편 화베이로 가지 않고 김원봉과 함께 광복군에 합류한 조선의용대 출신 부하들은 광복 후 국군 간부가 되었다.

6·25전쟁에서 인민군 소속 옛 조선의용군 간부들은 남한으로 진군해 국군 소속 옛 동지들과 싸웠다. 중국에 남아 있던 조선의용군 간부들도 전황이 불리해지자 항미원조 병력을 이끌고 참전했다. 결국 옛 동지들이 적과 적으로 만나 싸운 것이다.

독립전쟁사에서 김원봉의 자취는 큰 나무처럼 창대했으나 분단의 현대사에서는 동족상잔 때문에 찬란한 영광으로 승화되지는 못했다. 4년째 북한 정부에서 국가검열상을 지내고 있던 그가 이 문제를 놓고 혼자 가슴앓

이를 했는지, 체제에 충실해 남한이 완전히 점령되는 통일을 기대했는지는 알 수 없다.

## 노동상에서 물러나다

수백만 명이 죽었다. 승자도 패자도 없이 휴전회담이 진행되고 있던 1952년 5월, 김원봉은 국가검열상에서 물러났다. 그 직제가 폐지되고 국가검열위원회가 신설되었기 때문이다. 국가검열위원장 자리에 앉은 남로당 출신 이승엽李承燁은 업무인수를 하면서 주변을 살핀 뒤 조그만 목소리로 중얼거렸다.

"김 동무가 하시던 일을 물려받아서 영광이긴 하지만 예감이 아주 나쁩니다."

박헌영 숙청을 두고 하는 말이라고 생각해 김원봉은 고개를 끄덕였다.

이승엽이 다시 말했다.

"박헌영 동무가 미제의 간첩이라니요? 그렇다면 남로당원 모두가 간첩이지요."

김일성은 김무정에 이어 박헌영을 숙청했다. 표면상으로는 '미제의 간첩'이지만 남로당이 인민군 남침에 맞춰 민중봉기를 일으키지 못한 책임을 물은 것이다. 북한 고위층 사이에는 박헌영의 최후에 대해 쉬쉬하는 가운데 이러한 소문이 퍼지고 있었다. 박헌영은 평북 철산군의 어느 산속 오두막집에 갇혀 고문을 당하며 버티다가 '하지 장군의 첩자였다'는 혐의사실을 인정하고 비공개 재판을 받아 처형됐다는 것이었다.

김원봉은 집으로 돌아와 웃옷을 벗어 아내 최동선에게 건네주었다.

"나는 해임됐어. 중앙공급 1호* 특권을 받지 못할지도 몰라. 그러니 마음

---

* 북한의 중앙정부가 의식주와 급여를 직접 관장하는 고위층. 중앙공급 1호는 장

김원봉은 국가검열상에서 해직되었지만
보름 후 노동상에 임명된다(1950년경).
정창현 평화경제연구소장 제공.

의 각오를 해둬."

"왜요? 아무 과실도 없잖아요?"

"남조선의 좌익이 민중봉기로 호응하지 못한 책임에서 나도 자유로울
수 없지."

"그래요. 조선공산당 제1인자라는 박헌영 선생도 온갖 고초를 당하다가
죽었다는데 당신이 처벌받지 않는 것만 해도 다행이지요. 곳곳에 감시의
눈이 있는 것 같아요. 남조선보다 북조선이 더 무서워요."

아내가 목소리를 낮춰 말했다.

김일성은 김원봉을 버리지 않았다. 그를 보름 뒤에 노동상에 임명했기
때문이다. 김원봉은 무보직 대기 중에도 특권을 박탈당하지 않았고 다시
고급 승용차를 타고 출근하게 되었다.

판문점에서의 휴전회담이 제대로 진행되어 협정이 조인되었다. 전쟁이
끝나고 남북한은 일단 파괴된 시설을 복구하는 데 힘을 기울였다. 김원봉

---

관급 이상, 2호는 차관급, 3호는 국장급에 해당된다. 김원봉은 월북 직후부터 줄
곧 중앙공급 1호 대우를 받았다.

은 노동상으로서 노동력을 국가재건에 어떻게 효율적으로 집중시킬 수 있는지 고심하면서 시간을 보냈다.

김원봉이 노동상으로서 전쟁으로 파괴된 시설을 복구하기 위해 혼신의 힘을 다하고 있던 1954년 남한 사람들은 잊고 있던 그의 이름을 신문에서 보았다. 다음은 그가 간첩을 남파했다는 기사다.

어마어마한 간첩단 체포

김원봉이 직접 지휘

경제 혼란과 선거 방해를 기도

25일 시경 수사과에서는 세상이 깜짝 놀랄 만한 사건이 있다고 말한 대간첩사건을 발표했다. 동 발표에 의하면 시경 사찰과에서는 지난 11일경 본적을 평양에 둔 김춘옥金春玉, 45세 외 4명을 체포하여 취조한 바 다음과 같은 죄상이 탄로났다고 한다. 김춘옥은 일찍이 일본 니혼대학을 졸업하고 중국 및 만주 등지에서 공산주의 운동에 활약한 바 있고 8·15 후에는 괴뢰집단 국가검열성 고문 김원봉의 직접 지휘 하에 활동 중 6·25 당시 서울에 침입했다. 9·28에는 평양에 돌아갔고 또다시 작년 6월에 괴뢰집단의 밀령을 받고 남하 중 남한간첩단에게 자금을 조달하는 3·8 지역에 있는 ○○상사에서 순금 및 마약 그리고 인삼 등 시가 400만 환가량의 물품을 가지고 인천항으로 침입했다.*

『경향신문』 단독보도였다. 김춘옥이 광복 직후 김원봉의 지휘를 받아 활동했다는 것인데 그는 민족혁명당 출신이었던 것으로 보인다. 그는 1954년 당시 김원봉이 훈련시켜 보낸 공작원이 아닌데도 마치 그런 것처

---

* 『경향신문』, 1954년 1월 26일자.

럼 제목을 뽑고 김원봉을 끌어다 붙인 것이다.

1956년 봄, 남로당원들에 대한 대규모 숙청이 시작되었다. 지난해 김원봉에게서 국가검열 업무를 인수했던 이승엽을 필두로 임화·이강국·이원조·김약수 등 수십 명의 남로당 출신 지도자들이 미제의 간첩이란 혐의로 처형당하거나 감금되었다.

김원봉은 최고인민회의 김두봉 상임위원장에게서 전화를 받았다.

"김 동무, 한 시간 뒤 이리로 오시오. 중요한 일이 있소."

김원봉은 차를 타고 최고인민회의 청사로 갔다. 김두봉 위원장의 접견실에는 뜻밖에도 납북인사들이 앉아 있었다. 조소앙·엄항섭·유동열 등 총 여섯 명이었다. 그들은 납북되고 처음으로 북한 고위 인사를 만나는 것이었다. 김원봉은 그들이 모두 지난날 임시정부에서 일한 분들이라 몹시 반가웠다. 그는 그들을 얼싸안았다. 조소앙과 엄항섭도 임시정부에서 같이 일해 정이 많이 들었지만 유동열은 무관 출신 선배로서 존경해온 분이었다.

"얼마나 고생이 많으셨습니까. 진작 찾아뵈었어야 하는데 그러지 못해 죄송합니다."

명칭은 '모시기 작전'이었지만 실상은 납치되어 온 것이었다. 천 리 북행길을 걷다가 많은 사람이 사망했다. 이들은 살아남은 사람들이었다. 북한에 온 뒤 제대로 대접을 못 받은 터라 그들은 김원봉을 만나자 눈물을 흘렸다.

김원봉은 납북인사들에게 바싹 다가갔다. 그들이 안고 있는 여러 문제를 해결해주면서 그들이 통일전선을 조직하는 데 나설 수 있도록 이끌어주었다.

그는 김일성 수상에게 말했다.

"이분들은 지난날 일신의 안일을 생각하지 않고 자신을 희생해 독립투쟁을 해온 분들입니다. 그들을 애국심 강한 세력으로 인정하고 당을 꾸밀수 있도록 도우십시오. 우리 공화국에 통일전선 실현이라는 성과를 만들어줄 겁니다."

몇몇 사람은 옛 임시정부 인사들을 지나치게 중요하게 평가하면 공산주의에 인민 모두의 정신을 집중시키는 데 부작용이 생긴다며 반대하기도했다. 그러나 김일성은 김원봉의 말을 들어주었다. 그들의 독자적 활동을어느 정도 보장해준 것이다.

조소앙이 남북한의 무조건 통일과 중립화안을 내놓았다. 그것은 북한당국자들을 당황하게 만들었으나 김원봉은 적극 찬성하며 그들을 도왔다.

1956년 7월 납북인사 400명은 마침내 재북평화통일촉진회의를 조직했다. 조소앙·안재홍·오하영이 최고위원이라는 이름으로 공동대표가 되었다. 집행위원 중에는 임시정부 인사인 윤기섭·최동오·엄항섭 등과 남한국회에서 이른바 국회 프락치 사건을 일으킨 김원봉의 청년 시절 친구 김약수도 들어 있었다.

일제하에 대하소설 『임꺽정』을 쓴 바 있는 북한 문단의 거물 홍명희*가이 조직을 위해 김원봉을 뒤에서 도왔다.

"노동상 동무는 생애를 관통하며 일관되게 지킨 의지를 또 한 번 펼쳤군요. 망명 시절에 끊임없이 시도했던 민족주의 진영과 공산주의 진영의 화합을 위한 노력, 광복 후 조국에서 벌였던 좌우합작을 위한 분투, 월북 직후 평양에서 열린 전조선 남북한제정당사회단체 대표자 연석회의에서 벌인 노력, 민족분단이 기정사실로 확정된 오늘도 그 뜻을 펼치고 있군요."

---

* 홍명희는 1948년 4월 전조선 남북한제정당사회단체 대표자 연석회의에 갔다가 평양에 남았다. 뒷날 숙청된 김두봉을 이어 최고인민회의 상임위원장과 부수상을 지냈다.

홍명희의 말에 김원봉은 고개를 끄덕였다.

"왜 우리가 화합을 못 하는지 알 수가 없습니다. 좌익과 우익이, 북조선과 남조선이 서로 상대를 인정하고 어울리면 될 거 아닙니까. 분열된 탓에 결국 수백만 명이 죽는 민족상잔을 겪지 않았습니까. 남북대결이 지속된다면 결국 양쪽 모두 거기에 힘을 소모하고 말 겁니다. 그렇게 되면 다른 민족에 비해 발전이 늦어지겠지요. 우리가 분열해서 힘을 소모하는 틈을 타 패망한 일본이 다시 일어나 우리를 지배하겠다고 나설지도 모른단 말입니다. 중립국으로 만들어서라도 남북이 통일해야 합니다."

납북된 임시정부파 인사들이 단체를 조직해 목소리를 크게 내고 김원봉이 그들을 구체적인 조직으로 만들어간 것은 당시 북한의 분위기 때문이었다. 김일성 수상을 비롯한 고위 지도자들의 생각은 김원봉의 의도와 달랐다. 그들은 전쟁을 일으켜 혹독한 실패를 경험했기 때문에 대남공작을 평화통일 공세로 전환하려는 생각을 지니고 있었다. 그들은 지난날 항일투쟁을 했고 광복 후 남한에서 큰 영향력을 지녔던 거물 납북인사들을 이용해 남한 사회를 흔들어보자는 책략을 세우고 있었다.

재북평화통일촉진회의 사람들은 쉬지 않고 자기들 주장을 펼치고 나섰다.

"남북이 무조건 대화에 나서야 합니다. 남북한을 스위스 같은 중립국으로 만들어야 합니다."

김원봉은 물론 그들에게 동조했다.

"물론이지요. 그러지 않으면 후손에게 불행한 역사를 물려주게 된단 말입니다."

김원봉은 정부의 노동상으로서 격무에 시달렸다. 그는 아내와 두 아들이 있는 관사로 가지 못하고 청사에서 잘 때가 더 많았다.

"닷새 만에 오셨군요. 그렇게 바쁘세요?"

아내의 말을 들으며 그는 속옷을 갈아입었다.

"전쟁 피해를 복구하기 위해 인민 모두가 혼신의 힘을 기울이고 있잖아. 김일성 수상은 파괴된 시설을 복구하고 국가생산력을 전쟁 이전 수준으로 빨리 끌어올리라고 다그치고 있어."

전체 인민의 노동력을 하나로 응집시키는 방법은 무엇인가. 그것은 노동상인 그의 과제이기도 했다. 그와 막료들은 김일성의 뜻에 따라 미국에 대한 적개심을 인민의 심리적 원동력으로 이끌어가는 데 주력했다.

"미국 놈들이 우리 것을 모두 파괴했다. 어서 다시 일어나 원수를 갚자!"

작업장마다 승냥이 얼굴을 한 미군 그림이 걸리고 구호가 넘쳐 났다.

그러던 중 인민의 노동력과 자원의 효율적인 배분을 둘러싸고 심각한 권력투쟁이 일어났다. 김일성은 중공업 우선 정책을 펼쳤으나 북한 내 가장 큰 정파인 옌안파는 우선 농업과 경공업을 일으켜야 한다고 주장했다.

옌안파의 목소리는 점점 커졌다. 그들 뒤에 중국공산당 정부가 든든히 앉아 있었기 때문이다. 중국은 항미원조라는 깃발을 들고 전쟁에 참여해 북한을 파멸에서 구했고 많은 군대를 북한에 주둔시키고 있었다. 김원봉은 엄밀하게 말하면 옌안파는 아니었지만 대부분 옌안파는 그의 옛 동지들이었다. 옌안파는 그가 의열단을 발전시켜 조직한 조선의용대가 중심축이었다.

옌안파에 대한 김일성 비판은 점점 더 커져 마침내 권력을 빼앗기 위한 투쟁으로 발전했다. 소련파가 그들과 연합하면서 북한은 소용돌이 속으로 빠져들었다.

1956년 6월과 7월, 김일성은 경제원조를 요청하기 위해 소련과 동유럽 국가들을 순방했다. 이 틈에 옌안파와 소련파는 행동을 개시했다. 부수상 겸 재무상 최창익·직업동맹 위원장 서휘徐輝·상업상 윤공흠·황해남도 당위원장 고봉기 등의 옌안파와 김승화·박의완 등 소련파가 뭉쳤고 북한 주재 소련대사 이바노프가 이들을 후원했다. 이바노프는 전후 복구 건설과 농업집단화 정책을 추진하는 데 김일성이 소련의 말을 듣지 않자 이 기회에 그를 권좌에서 끌어내리려 했다.

최용건을 중심으로 한 김일성파의 대응은 만만치 않았다. 8월 30일 노동당 중앙위원회 전원회의에서 대결이 이루어졌다. 김일성을 비판하는 그룹과 옹호하는 그룹 간의 건곤일척의 싸움이었다.

옌안파와 행동을 같이하기로 한 소련파가 주춤거리며 소극적으로 나왔다. 대세는 김일성 쪽으로 기울었다. 옌안파는 공직에서 축출당하고 일부는 생명의 위험을 느껴 중국으로 탈출했다.

소련 주재 북한대사 이상조는 소련과 중국에 긴급히 이 사태의 해결을 요청했다. 소련은 부수상 미코얀Anastas Mikoyan을, 중국은 항미원조군 사령관을 지낸 평더화이彭德懷를 평양에 급파했다. 김일성은 잘못했음을 인정하고 공직에서 축출된 사람들을 복직시킬 테니 이 정도 선에서 묵인해달라고 애걸했다. 미코얀과 평더화이는 그 정도 선에서 마무리 짓고 돌아갔다.

김일성은 역습에 나섰다. 중앙위원회 전원회의에서 자신을 비판했던 사람들에게 반당·반혁명·사대주의 죄를 씌우면서 목숨을 건 대대적인 숙청을 감행했다. 소련과 중국의 상황은 그에게 유리하게 돌아가고 있었다. 소련은 헝가리 사태로 동유럽 공산주의 블록이 붕괴될 조짐이 있어 온통 거기에 관심을 쏟고 있었고 중국은 정풍운동에 휘말려 있었다.

김일성은 단호했다. 당과 정부와 군대에 있던 옌안파 출신 인물들과 소련파들을 대부분 축출했다. 사건에 직접 나서지는 않았지만 그들의 동태를 알고서도 좌시했다는 이유로 옌안파의 우두머리 김두봉도 제거했다.

"태반이 총살당했대요. 김두봉은 평안남도 순안군 산골 마을 오지의 오리 키우는 농장 노동자로 끌려갔는데 젊은 노동자들한테 종파분자라고 몽둥이로 맞아 죽었대요."

평양 지도층들 사이에는 이런 소문이 돌았다.

김원봉은 1957년 9월 노동상에서 해임되었다. 북조선 정부 수립 때부터 9년간 상相급 고위관료로 일했으니 유감은 없었다. 특권을 박탈당하지는 않았지만 그는 아무것도 하는 일 없이 가을과 겨울을 보냈다.

1958년 2월 8일, 김일성은 인민군 제324군 부대를 시찰하면서 자신이 속했던 만주의 항일 빨치산 외에 모든 독립투쟁 무장세력을 부정하는 연설을 했다.

인민군대를 항일유격투쟁의 계승자라고 하는 리유는 비단 항일유격투쟁에 참가한 사람들이 정규군을 조직하고 그 당시 주도적 역할을 했다는 데만 있는 것이 아니라 더욱 중요하게는 항일유격대가 맑스-레닌주의의 기치 아래 일제를 반대하고 로동자, 농민을 비롯한 근로자들의 리익을 옹호하여 투쟁하였으며, 이러한 전통을 인민군대가 계승했다는 데 있습니다.

물론 일제를 반대하는 군대들 가운데는 '의병대'라든지 '조선독립군'이라든지 '의렬단'이라든지 하는 것들이 있었지만 이것은 다 순전히 민족주의적인 군대였으며 지주 자산계급의 리익을 옹호하는 군대였습니다.

(…) 우리가 자산계급의 리익을 옹호하던 '독립군'이나 '의렬단'이나 일본 놈들과 한 번 맞서도 보지 못하고 일본 놈만 오면 달아나던 김두봉의 '독립동맹'이나 '의용군'을 계승하자는 말입니까? 우리는 비맑스주의 군대를 계승할 수 없습니다. *

---

* 「조선인민군은 항일무장투쟁의 계승자이다」, 『김일성저작집』 12권, 평양: 조선 로동당출판사, 평양, 1981, 64-65쪽·71쪽.

3월에 열린 제1회 노동당 대표자회의에서 김일성은 당과 정부에서 종파는 완전히 청산되었다고 선언했다. 완전히 김일성의 시대가 왔음을 선언하는 것이기도 했다.

그것은 김원봉과 조선의용대의 광휘가 단번에 암흑처럼 꺼져버리는 비극의 시작이었다. 가장 치열하게 싸운 의열단과 조선의용대의 역사가 독립운동사에서 실종되는 순간을 맞은 것이다. 북한에서 그의 자취는 이렇게 지워졌다. 남한은 남한대로 의열단과 조선의용대의 후신인 조선의용군이 남침전쟁에 앞장서고 중국공산군으로 6·25전쟁에 참전한 사실 때문에 이미 지워져버린 터였다. 당연히 김원봉이라는 이름도 양쪽에서 지워졌다.

어느 토요일 점심에 최용건이 김원봉을 초대했다. 권력투쟁에서 승리해 김일성을 튼튼한 반석 위에 올려놓은 최용건은 내각 부수상에서 최고인민회의 상임위원장으로 서열이 높아져 있었다. 북한의 서열 2위 자리로서 김두봉이 앉았던 직책이었다.

꿩고기를 넣은 만두가 식탁에 올랐다.

"강바람이나 쏘입시다."

최용건의 말에 김원봉은 고개를 끄덕였다. 최용건은 뭔가 하고 싶은 말이 있는 듯했다. 두 사람은 차를 타고 모란봉으로 가서 언덕의 푹신한 잔디에 앉아 담배를 피웠다.

"요새 마음이 불편하시지요?"

김원봉은 말조심해야 하지만 상대가 최용건이니 속마음을 털어놓아도 된다고 생각했다.

"의열단과 조선의용대는 지주 자산계급을 옹호하는 세력이 아니었는데 김일성 동지가 싸잡아서 폄하하니 맘이 불편하지요. 칼자루를 잡은 듯합니다."

"김일성 동무가 그렇게 하는 원인을 김 동무는 무엇이라고 봅니까?"

김원봉은 머릿속의 생각을 정리했다.

"유일 지배체제로 간다는 신호지요. 대부분 당 중앙위원들에게서 지지를 받고 있기 때문이기도 하고요. 소련 특사 미코얀과 중국 특사 펑더화이彭德懷가 김일성에 대한 인민 대중의 지지도를 확인하고 신뢰를 거두지 않아 권력투쟁에서 이겼으니 당 중앙위원들이 지지할 수밖에요. 김일성은 승자로서 다 먹겠다는 거지요."

"잘 짚었소이다. 옌안파가 들고일어날 때 나는 김 동무가 거기 가담할까 봐 걱정했소이다. 그랬다면 지금쯤 형장의 이슬로 사라졌겠지요. 김일성 수상 동무나 나는 김원봉 동무가 앞장서 그놈들을 제압해주지 않은 게 불만이에요."

"옌안파는 충칭에서 나를 두고 떠났지만 내가 키운 부하들인데 어떻게 그럽니까?"

김원봉은 고개를 들어 하늘을 보았다. 종달새가 봄이 왔다고 하늘에 까맣게 날아올라 지지배배 울고 있었다. 그는 담배 연기를 후욱 뿜어 올렸다.

"남조선에 있을 때 이승만이 윤치영을 보내 자기 캠프로 오라 회유했고, 노덕술이가 나를 수갑 채워 끌고 갔을 때도 미군정이 회유했지요. 나는 내 신념과 달라서 거부했어요. 북조선에 오니까 여기도 똑같네요. 중도좌파는 갈 곳이 없어요."

최용건은 목소리를 죽여 소곤거렸다.

"딱합니다. 한 번도 아니고 두 번 다 타협을 못 하니 말입니다. 막다른 골목이니 이제 그만 김일성에게 고개를 숙이세요."

김원봉은 천천히 고개를 저었다.

"소용없을 겁니다. 이제 우리 공화국은 김일성 유일 지도체제로 들어섰소이다. 스탈린처럼 할 겁니다. 충성하더라도 거추장스러운 자, 용도가 없어진 자는 숙청하겠지요.”

최용건은 정색하고 그를 바라보았다.

“그렇다면 용도를 더 크게 만들어 가야지요.”

“내게 약발이 남았다면 평화통일촉진회의겠지요.”

최용건은 머리를 끄덕였다.

“그렇소이다. 400명이나 되는 남조선 출신들과 통일전선 전술을 구사하는 것이지요.”

“알았소이다.”

김원봉은 선선히 그렇게 말했다. 지도자에 대한 절대 충성과 아부 말고 그가 할 일은 남북 대화를 통한 통일의 모색이었다.

그날 퇴근하고 관사로 갔을 때 문을 열어준 것은 두 아들이었다.

“항상 준비!”

소년단 단복을 입은 형제는 힘차게 외치며 거수경례를 했다.

아내 최동선은 아이들 뒤에 서서 잔잔히 웃고 있었다. 열네 살인 장남 중근과 열두 살인 둘째 철근. 두 아이는 혁명열사나 당·정 고위간부의 자녀들이 다니는 만경대혁명학원에 다니고 있었다. 일주일 동안 야영훈련을 하고 그날 돌아왔다.

“항상 준비!”

김원봉은 조선의용대 대장 시절 때처럼 거수경례로 답례했다. 그는 막내의 붉은색 머플러를 고쳐 매주었다.

“이 녀석아, 힘들었느냐?”

“밧줄을 타고 절벽을 내려갈 때 무서웠어요.”

막내가 대답했다.

저녁을 먹고 차를 한 잔 마실 때 아내가 말했다.

"낮에 아이들이 야영에서 돌아오는 걸 맞으려고 학교에 갔었어요. 학부모가 여럿 왔는데 모두 당·정 고위간부의 부인들이었어요. 옌안파 종파사건으로 처형된 사람들 가족이 탄광지대로 쫓겨났다는 나쁜 소식을 들었어요. 아이들은 남산중학교와 만경대혁명학원에서 쫓겨났고요. 우리는 괜찮겠지요?"

"괜찮을 거야."

김원봉은 담담하게 말했다.

아내가 그의 곁에 앉았다.

"당신 회갑이 여름이잖아요. 그때 휴가를 얻어 금강산이나 묘향산에 갈 수 없나요?"

"그렇게 해볼게."

그는 아내의 손을 잡고 말했다.

납북인사들로 조직된 평화통일촉진회의는 북한 당국자들과 끊임없이 충돌하며 주장을 펼쳤다. 그러나 그들의 주장은 메아리처럼 허공에서만 울렸다. 점점 나쁜 방향으로 흘러갔다. 그들이 내세웠던 중립화 주장이 독소로 작용했다.

옌안파 종파사건이 일단락된 뒤 북한 정부 내에는 강경파들이 자리 잡았고, 그들은 임시정부파 인사들을 공격적으로 비판했다. 평화통일촉진회의는 남조선 적화 책략을 위한 통일전선 수단이 되어야 하는데 반당·반국가·반혁명 단체로 변질되어 버렸다는 것이다. 중립화 주장은 공화국의 앞날을 위태롭게 한다고 비판했다. 그들은 임시정부파 인사들을 반역으로 몰았다.

임시정부파 인사들은 물러서지 않았다.

"민족의 장래를 위한 길을 제시했는데 반역이라니!"

그들은 단식투쟁에 돌입했다. 그런 가운데 학질이 돌아 여러 사람이 쓰

김일성을 튼튼한 반석 위에 올려놓은 최용건은 북한 서열 2위인
최고인민회의 상임위원장을 지냈다(왼쪽부터 최용건·양륭·김일성).
『중국인 이야기』의 저자 김명호 제공.

러졌고 조소앙은 끝내 절명하고 말았다. 단식으로 몸이 쇠약해진 데다 학
질 치료제인 염산 키니네 3회 복용 분량을 한꺼번에 먹어버린 탓이었다.

북한 당국이 그들의 제안에 귀를 기울이지 않은 것은 남한의 경직된 태
도에도 원인이 있었다. 이승만 정부는 강력한 반공국가로 기울어져 있었
으며 조국통일은 오로지 북진통일밖에 없다고 외치고 있었다. 서울에서
남북회담이나 평화통일을 주장하면 여지없이 용공으로 찍혀 구속당했다.
진보당 당수 조봉암의 구속이 대표적인 예였다.

남북한의 권력자들은 평행선을 달리고 있었다. 민족분단을 반 토막 난
나라의 통치력을 강화하는 수단으로 이용하고 있었다.

북한 당국은 더 이상 참을 수 없다는 듯 평화통일촉진회의 사람들에게

철퇴를 휘두르기 시작했다.

"안 됩니다. 그분들의 중립국가안을 충실히 검토해야 합니다. 그분들은 민족화합을 위해, 민족의 장래를 위해 그런 제안을 한 것입니다."

김원봉이 목청을 높여 외쳤으나 허사였다. 북한 당국은 평화통일촉진회의 사람들을 체포해 평안남도 양덕군에 있는 특별강습소에 집어넣었다. 강압적인 사상교육·강제노동·강제 군사훈련으로 혹독하게 몰아붙였다. 인간이 견뎌낼 수 없는 한계상황으로 몰고 갔다. 그들은 극심한 육체적·정신적 고통을 견디지 못해 정신병자가 되거나 스스로 목숨을 끊었다.

임시정부파와 평화통일촉진회의 인사들이 반역으로 몰리는 것을 보면서 김원봉은 자신에게 곧 숙청의 바람이 불어올 것이라 짐작했다.

최용건이 그에게 말했다.

"김 동무는 왜 공화국의 국시國是에 등을 돌리려 합니까. 수상 동지가 진노하면 나는 감당하지 못합니다. 스스로 고난을 자초하지 말고 신중하게 행동하세요."

"내 신념은 변함없습니다. 우리는 남북 대결을 중단하고 중립국이 돼야 번영합니다."

그는 조용히 말했다.

최용건은 그의 손을 잡고 안타까운 표정으로 말했다.

"참 딱하세요. 남조선에서도 최고 권력자와 맞서 통일전선을 주장해 밀려나더니 여기 와서도 그럽니까? 이제 갈 데가 없지 않소이까?"

김원봉은 청년 시절의 친구 이여성을 만났다. 그와 비슷한 시기에 월북한 이여성은 김일성대학의 역사강좌장이 되어 학자로서 명성을 쌓아가고 있었다. 이여성의 동생인 화가 이쾌대李快大*도 북한에 와 있었다. 그는 사

---

* 이쾌대(1913-65): 경북 칠곡 출생. 이여성의 동생이다. 휘문고보와 도쿄 데이코

회주의 리얼리즘 작품으로 명성을 떨치고 있었다.

"형을 멀리서 바라보기에 불안해서요. 별일 없겠지요?"

"신념대로 일했으니 여한은 없어. 자네 형제는 학문적·예술적 업적을 쌓아가기 바라네."

"무서운 세상에서 사는데 학자나 예술가라고 무사하겠어요?"

이여성은 그렇게 말하고 길게 한숨을 쉬었다.

"쓸모없으면 숙청하는 거야. 프롤레타리아 독재는 잘잘못을 따지지 않아. 대혼란기를 겪고 평화가 찾아올 즈음 나라가 휘청할 정도로 한 번 흔들어야 지배체제가 견고해지는 거야."

"스탈린의 숙청을 말씀하려는군요."

이여성이 담배를 권했다.

김원봉은 담배를 뽑아들고 이여성이 켠 성냥에 담뱃불을 붙였다.

"그래, 1930년대 중반 소련이 대숙청기에 들어갔을 때 스탈린이 반역자는 물론 공산당의 핵심당원들도 제거했다는 보고서를 중국 첩보대 남의사에서 본 적이 있어. 1934년의 전당대회에서 선출된 중앙위원과 후보위원들도 140명 가운데 100명이, 대의원들도 2,000명 가운데 1,000명이 체포되어 재판도 없이 총살당했다고 적혀 있었어. 김일성은 그렇게 할 거야. 절대권력에 아무 장애가 되지 않는데도 존재 자체만으로도 거북한 자는 사라져줘야 하는 거지."

이여성도 그의 말에 공감하며 머리를 주억거렸다.

---

쿠미술학교(帝國美術學校)를 나와 신미술가협회를 조직하여 활동했다. 해방 후 조선조형예술동맹·조선미술동맹·조선미술문화협회에 속해 활동했다. 민족적이며 사실주의적인 작품으로 큰 주목을 받았다. 6·25전쟁 중 국군에게 북한군으로 오인받고 체포돼 거제도 포로수용소로 끌려 갔으며 정전협정 시 북한을 선택해 평양으로 갔다.

## 숙청, 그리고 자결

1958년 8월, 김원봉의 회갑을 맞아 북조선 정부는 그에게 훈장을 주었다. 그는 담담하게 앞날을 예감하면서 아내와 두 아들을 데리고 사흘 동안 금강산을 다녀왔다. 그는 큰아들 중근과 온정리溫井里 온천장 주변을 산책했다.

"너는 아버지가 젊은 날에 무엇을 했는지 아느냐?"

중근이 씩씩하게 대답했다.

"민족해방을 위해 의열단을 만들어 싸우셨고 조선의용대로 만드셨습니다. 둘 다 조선 민족의 자존심을 지킨 단체였습니다."

"무슨 일이 있어도 아버지가 쌓은 명예를 잊지 마라. 네 동생을 잘 보살피거라."

그는 아들의 어깨를 움켜잡으며 말했다.

1958년 10월 1일, 김원봉은 허울뿐인 이름인 북조선인민위원회 상임위원회 대의원 자리에서 해임되었다.

이 무렵 북한에서 벌어진 옌안파 숙청 작업을 국가정보원 기획조정실장을 지낸 서동만은 이렇게 설명한다.

10월 당 중앙상무위원회에서 김일성은 "반혁명분자들을 더욱 철저히 진압할 것"을 제기했다. 그는 여기서 옌안계인 평양 위수사령관 장평산 등이 쿠데타를 시도했다는 사건을 문제 삼는데 옌안계 군인에 대한 숙청 구실을 만들기 위함이었다. 1958년 10월 30일 김일성은 김두봉·최창익·한빈·리유민·김민산 등 신민당 출신자들이 폭동 음모를 꾀했다고 밝혔다. 이미 최창익·김두봉·한빈은 숙청되어 있었고 리유민·김민산이 추가되었다. '반혁명 음모'가 처음 밝혀진 이후 7개월 만에 '확인'되었다고 할 수 있다. '반당종파 행위'에만 머물러 있던 것이 '반혁명음모'와 본격적으로 결합된 것이다. 이로써 당내 숙청은 새로운 단계로 비약하게 되었다.*

당시 북한 주재 소련대사 알렉산드르 푸자노프는 김원봉 숙청의 전주곡이 되는 대의원직 박탈에 대해 1958년 10월 1일 자신의 일지에 기록을 남겼다.

최고인민회의 정기회의에 참석했다. (…) 회의에서는 상相, 장관들의 이동에 대한 정령政令과 옛 중앙통신사 사장 박무, 옛 강원도인민위원회 위원장 문태화, 최고인민회의 상임위원회 부위원장 김원봉옛 남조선인민혁명당 위원장 등을 반국가적 및 반혁명적 책동의 죄를 물어 그들의 대의원 자격을 박탈한다는 정령을 비준했다.**

김원봉은 북한정권에 대한 환멸과 일신의 위기를 느껴 고향 밀양이 있는 남한으로 탈출을 계획했다. 남북한이 전쟁을 겪고 난 뒤 휴전선은 더 견고해져 있었다. 김원봉은 서해안에서 선박을 이용해 북한을 탈출하는 길을 선택했다. 젊은 아내와 어린 두 아들을 두고 갈 수는 없었다. 네 식구가 가려면 위험성이 컸다. 실패하면 모든 것이 끝날 것이다. 그는 소년 시절부터 자신을 숭배해왔다는 화학연구소 연구원에게 청산가리를 구해달라고 부탁했다.

"모욕당하지 않고 명예롭게 죽는 것을 도와주는 것도 커다란 호의네."

연구원은 그의 표정에 깃들인 의지를 알고 조용히 고개를 끄덕였다. 그

---

* 서동만,『북조선사회주의체제 성립사 1945-1961』, 도서출판 선인, 2017, 777쪽.
**『조선민주주의인민공화국 주재 소련대사의 일지 3』, 1958년 10월 1일자, 국사편찬위원회, 2014, 227-228쪽. 이 일지의 이전 1년을 살펴보면 수많은 북한지도자의 이름이 있으나 김원봉의 이름은 없다. 이미 실권 상태였던 것으로 보인다.

리고 며칠 후 그것을 건네주었다. 김원봉은 극약을 기름종이에 싸서 가죽 허리띠 틈 속에 집어넣었다.

1958년 10월 어느 날, 그는 승용차를 타고 탈출길에 올랐지만 추격해온 정치보위부원들에게 가로막혔다. 그는 곧장 평양으로 압송되어 교외에 있는 정치보위부 독립가옥으로 끌려갔다. 한 간부가 그의 혐의 사실을 낭독했다.

"김원봉은 일제 때 항일투쟁을 빙자해 중국 반동 첩보단체인 남의사를 도와 중국 인민혁명을 방해하였으며 해방 후 남반부로 귀국해서는 수하의 성주식 등에게 미제 간첩 노릇을 하게 했다. 미국인들과의 전쟁 시기에 인민들을 학살한 김달현金達鉉과 모의해 미제의 간첩 노릇을 했다. 그것이 발각될 위기에 처하자 남반부로 탈출하려다가 실패했다. 공화국 정부는 반역 혐의로 김원봉을 구속하는 바다."

김원봉은 조사실로 끌려갔다.

"혐의를 인정하고 자술서를 쓰시오."

그는 그곳에 닷새 동안 수감되어 있었다. 조사의 강도는 점점 더 강해졌다.

다시 푸자노프 대사의 일지를 보자.

남일의 초청으로 그를 방문했다. 남일에게 최근의 연회들에서 왜 청우당 위원장 김달현이 보이지 않는지, 그리고 그의 체포에 대해 어떤 이야기들이 돌고 있는지 질문했다. 남일은 다음과 같이 말했다. 김달현은 실제로 체포되었다. 개최된 청우당 중앙위원회 전원회의에서 중앙위원회 일부 위원들이 위원장인 김달현의 적대 행위를 폭로했다. 남일의 말에 의하면, 미국인들과의 전쟁 시기에 김달현은 주민들에게 미국인들을 잘 맞이하라고 지시했고, 김달현의 지시로 몇 명이 총살되었다고 한다. 김달현은 미국인들과 연결되어 있고 최근의 체포 직전에 남쪽으로 도주하고자 온갖 방법을 사용한 전 최고인민회의 부위원장 김원봉[현재 체포되어 있음]과 교류했다.*

당시 청우당에 대한 조사와 김원봉이 받은 혐의를 경남대 북한대학원 발행 『북한현대사』는 이렇게 설명한다.

청우당은 해방 직후부터 지주 및 자본가 정권의 수립을 목적으로 여러 차례에 걸친 조직적 시도를 비롯해 한국전쟁 시기에 이승엽 등과 결탁하여 일명 '비상조치 집행위원회'를 통해 로동당 파괴 활동 및 정권 획득을 위한 봉기 조직 활동을 벌였으며, 김달현·김원봉 등 청우당 상층 지도부는 이승만 정권과의 통일정부에 대해 합의했다는 것이다. 1956년에는 '최창익 그룹' 등과 반정부 정변 실현을 공동으로 음모하고, 헝가리 사태 직후, 김원봉은 김달현에게 개별 지역 단위의 인민봉기를 위한 조건 조성을 지시했다가 상황이 불리해지자 남한으로의 도피를 계획했다는 것이 조사 내용에 포함되었다.**

김원봉이 1958년 10월 1일부터 24일 사이에 숙청을 예감하고 남한으로의 탈출을 기도하다 체포당했음을 알 수 있다. 그 이상 자료는 없다. 이제는 전설이 되어버린 풍문만 있을 뿐이다.

김원봉은 갇혀 지내면서 자술서를 쓰라는 요구를 거부했다. 정치란 이런 것이다. 최고 권좌에 오른 사람은 탄탄한 지위를 확보하기 위해 가차 없이 숙청한다. 누명을 쓰고 구차하게 살 수는 없다. 그는 소문으로 들은

---

*  같은 자료, 1958년 10월 24일 일지.

** 경남대학교 북한대학원 엮음, 『북한현대사 1』, 도서출판 한울, 2004, 264쪽.

박헌영의 최후를 생각했다. 박헌영은 평북 철산군의 어느 산속 오두막집에 갇혀 거의 두 해 동안 고문을 당하며 버티다가 무서운 셰퍼드 한 마리를 몰아넣었다고 했다. 그러자 '하지 장군의 첩자였다'는 혐의 사실을 인정하고 비공개 재판을 받아 처형됐다는 것이었다.

김원봉은 자신의 생애에서 일관되게 지켜온 신념이 말살되고 오욕으로 덮이고 만다면 그때까지 기다릴 필요가 없다고 생각했다. 무수한 생각이 머리를 스치고 지나갔다. 표연한 모습으로 폭탄을 품고 떠난 의열단 동지들, 전장에서 피를 흘리며 죽어간 조선의용대의 무명용사들, 자신처럼 남북합작과 통일을 외치다가 쓰러져간 김구와 여운형, 지독한 공산주의자였으면서도 공산주의가 지배하는 땅에서 처형당한 박헌영, 종파투쟁을 방관했다 하여 제거당한 김두봉. 그들과 나눈 대화들을 생각했다.

문득 중앙학교의 은사 김성수의 말이 떠올랐다.

"불행한 예단이긴 하지만 우리 조국은 미국과 소련에 의해 남과 북으로 갈라지고 말 거네. 그렇게 되면 반목이 심해질 테고 그러면 합작이나 통일전선을 주장하던 사람은 양쪽에서 설 자리를 잃게 되네."

그는 자신이 정말 그렇게 됐다고 생각했다. 하지만 남에서도 북에서도 서로 타협하지 않아 자신이 마지막 낭떠러지 앞에 선 것이었다.

인간은 막다른 골목에 몰리면 끝까지 저항하거나 모든 것을 내려놓고 순응하기 마련이다. 김원봉은 치욕스럽게 처형당할 수는 없었다. 깨끗하게 자결하기로 결심했다. 이런 경우에 처한 사람들이 대개 그러듯이 그는 수도승처럼 반가부좌를 틀고 앉아 묵상하며 자신의 60년 생애를 돌아보았다.

시시때때로 뼈저린 후회가 가슴을 채웠다. 젊은 시절 겁 없이 덤벼들어 많은 의열단 동지를 저세상으로 보냈기 때문이다. 그들을 죽게 한 회한, 그들이 남긴 유지 때문에 단 하루도 나태하지 않고 열심히 살았다는 생각이 들었다.

3·1운동이 일어나던 해 11월 10일 밤, 만주 지린에서 의열단 단장으로 뽑히지 않았다면 그렇게 하지 않았을 것이다. 내가 정말 만장일치로 의백에 뽑힐 만한 대장의 기질이 있었던가? 앞장서지 않으면 참지 못하는 기질은 있었지만 그건 철없던 소년 시절이었다. 비밀결사를 끝까지 유지하고 동지들을 지키기 위해 눈앞의 일을 고심하며 살다 보니 작은 장점이던 우두머리의 기질은 몇 배로 커졌다. 때로는 기회주의자라는 말을 들었고 가끔은 무리했으며, 때로는 처절하게 자신을 둘러싼 고난의 언덕을 넘어서다 보니 오늘의 김원봉이 된 것이었다.

위안이 되는 것은 신념대로 살았다는 것이었다. 그는 늘 '민족혁명'을 마음속에 깃발처럼 붙잡고 있었다. 그것을 위해 민족주의를 신봉하면서도 아나키즘과 공산주의에 가까이 다가갔고, 늘 하나로 뭉쳐야 한다고 통합을 주창하곤 했다. 마음속으로 존경했던 백범과 대결한 것도 그 때문이었고, 이승만이 윤치영을 보내 그의 캠프로 오라고 했을 때나 노덕술에게 체포당해 갇혀 있을 때 미군정과 타협하지 않은 것도 일관되게 지녀온 정신 때문이었다.

"의열단 정신이 내 평생을 이끌었어. 다시 살아도 이보다 더 열심히 살 수는 없다."

김원봉은 감방에서 혼자 중얼거렸다.

새벽에 그는 잠에서 깨어났다. 꿈이 생각났다. 윤세주와 이종암을 꿈에서 만났다.

"의백, 어서 감방 문을 열고 나가시오."

윤세주였는지 이종암이었는지 누군가 그렇게 말했다.

김원봉은 가죽 허리띠에서 청산가리를 꺼내 들고 발돋움해 창을 내다보았다. 첫눈이 오려는지 하늘이 잔뜩 흐려 있었다. 그는 그대로 서서 고개를 숙인 채 60년 인생을 반추했다.

"아쉬움이 많지만 후회는 없다."

그는 속으로 중얼거렸다.

잠깐 머릿속으로, 죽은 첫 아내 박차정과 조기 두름 엮듯이 엮여서 총살당했다는 동생들이 떠올랐다. 두 번째 아내 최동선과 어린 두 아들 중근과 철근. 그들의 얼굴이 순서 없이 떠올랐다.

김원봉은 손가락 다섯 개를 모두 펴서 머리를 빗어 올렸다. 옷을 단정히 입고 꼿꼿하게 침대에 누웠다. 자신은 의열단 단장으로서 제1차 암살·파괴 작전에 나가서 죽었어야 할 몸이었다. 그야말로 동지들의 유지를 지키며 그들 대신 살아온 것이었다.

초겨울 감방이 썰렁해 조금 오한이 느껴지자 낡은 담요를 끌어당겨 몸을 덮었다. 그러고는 주저 없이 손에 든 것을 입속에 넣었다.


아침에 김원봉은 주검으로 발견되었다. 사법부와 정치보위부에서 온 관리 두 사람이 의사와 함께 그가 절명했음을 확인했다. 김원봉의 최후는 추하지 않았다.

의사는 극약을 썼던 기름종이를 집어들어 냄새를 맡았다.

"살구씨 냄새가 나요. 시안화칼륨이 분명합니다. 다른 극약을 먹고 죽으면 입술이나 얼굴이 파랗게 변하지만 이건 그렇지 않거든요."

정치보위부원이 물었다.

"시안화칼륨이 뭐요?"

"흔히 청산가리라고 하는 거지요. 0.1그램이 치사량이지요."

의사는 검안소견서를 작성하기 시작했다.

그 소견서 내용은 현장 책임자의 전화 보고로 즉시 북한정권 최상층으로 올라갔다. 대책협의를 할 여지도 없이, 문상 절차를 밟을 여지도 없이 최용건 부수상이 급히 차를 타고 달려왔다.*

"김 장군이 스스로 목숨을 끊으시다니. 이분은 가장 위대한 투사였소."

최용건은 손바닥으로 김원봉의 얼굴을 쓸어내려 그의 눈을 감겨주었다.

최용건은 그의 주검을 향해 경례를 하며 감옥소장에게 말했다.

"가장 정중하게 모셔야 하오."

그날 북한 땅에는 온종일 초겨울비가 주룩주룩 내렸다.

---

* 김원봉은 감방에서 자결했다고 김학철이 여러 번 증언했다. 김원봉의 막냇누이
  인 고 김학봉 여사도 '북한에서 온 어떤 사람'에게서 그렇게 들었다며 확신했다
  (2004년 6월 17일의 김학봉 여사 인터뷰). 한편 북한 노동당 자강도당 선전부장
  을 하고 탈북귀순한 김남식(金南植)은 김원봉이 숙청당해 처형되었다고 증언했
  다(「김원봉 등 수천 명을 학살」, 『동아일보』, 1964년 1월 29일자).

# 주요 참고자료

**단행본**

강만길, 『조선민족혁명당과 통일전선』, 창비, 2018.

강만길·성대경, 『한국사회주의운동인명사전』, 창작과비평사, 1996.

경남대학교 북한대학원 엮음, 『북한현대사 1』, 한울아카데미, 2004.

국역심산유고간행위원회, 『심산유고』, 1979.

국회도서관, 『한국민족운동사료』 제7권 중국편, 1976.

극동문제연구소, 『원전공산주의 대계』, 1984.

길진현, 『역사에 다시 묻는다: 반민특위와 친일파』, 삼민사, 1984.

김남식·이정식·한홍구 엮음, 영인본 『한국현대사자료총서 1-14』, 돌베개, 1986.

김구, 양윤모 편역, 『김구 자서전 백범일지』, 더 스토리, 2017.

김삼웅, 『약산 김원봉 평전』, 시대의 창, 2008.

──, 『의열단 항일의 불꽃』, 두레, 2019.

김상옥열사기념사업회, 『김상옥 열사 투쟁사』, 1949.

김성민, 『나석주: 투탄과 자결 의열투쟁의 화신』, 역사공간, 2017.

김영범, 『한국근대민족운동과 의열단』, 창작과비평사, 1997.

──, 『혁명과 의열』, 경인문화사, 2010.

──, 『윤세주: 의열단·민족혁명당·조선의용대의 영혼』, 역사공간, 2013.

김용달, 『김지섭: 살신성인의 길을 간 의열투쟁가』, 역사공간, 2017.

김정옥, 『이모 김활란』, 정우사, 1977.

김준엽, 『석린 민필호전』, 나남, 1995.

김준엽, 『장정. 나의 광복군 시절』, 나남, 1988.

김준엽·김창순, 『한국공산주의운동사 1-6』, 청계연구소, 1986.

김중생,『조선의용군의 밀입북과 6·25전쟁』, 명지출판사, 2000.

김학준 편집 해설, 이정식 대담,『혁명가들의 항일 회상』, 민음사, 2005.

김학철,『최후의 분대장』, 문학과지성사, 1995.

김학철,『우렁이 속 같은 세상』, 창작과비평사, 2001.

김학철·최일남·이호철 외,『우정 반세기』, 창작과비평사, 1997.

김현식·정선태 편저,『삐라로 듣는 해방 직후의 목소리』, 소명출판, 2011.

김희곤,『이육사 평전』, 푸른역사, 2010.

김희곤·류시중·박병원 역주,『국역 고등경찰요사』, 도서출판 선인, 2010.

노중선,『민족과 통일』, 사계절, 1985.

민주주의민족전선 편집,『해방조선』Ⅰ·Ⅱ, 과학과사상, 1988.

박태원,『약산과 의열단』, 깊은샘, 2000.

서동만,『북조선사회주의체제 성립사 1945-1961』, 도서출판 선인, 2017.

서중석,『신흥무관학교와 망명자들』, 역사비평사, 2001.

심산사상연구회 편,『김창숙 문존』, 성균관대출판부, 2001.

심지연,『해방정국논쟁사 1』, 도서출판 한울, 1986.

양소전·이보온,『조선의용군항일전사』, 고구려, 1995.

유자명,『한 혁명자의 회억록』, 독립기념관 한국독립운동사연구소, 1999.

역사문제연구소,『인물로 보는 항일무장투쟁사』, 역사비평사, 1995.

염인호,『김원봉 연구』, 창작과비평사, 1993.

──,『조선의용군의 독립운동』, 나남, 2002.

운암김성숙기념사업회,『운암 김성숙의 생애와 사상』, 도서출판 선인, 2013.

이기형,『여운형 평전』, 실천문학사, 2004.

이덕일,『이회영과 젊은 그들』, 역사의아침, 2009.

이원규,『김산 평전』, 실천문학사, 2006.

──,『김경천 평전』, 도서출판 선인, 2018.

이정식·한홍구 엮음,『항전별곡』, 거름, 1986.

이정은,『김상옥 평전』, 사단법인 김상옥기념사업회, 2014.

이종범,『의열단 부장 이종암전』, 사단법인 광복회, 1970.

장준하,『돌베개』, 사상계, 1988.

정정화,『장강일기』, 학민사, 1998.

조규하·이경문·강성재,『남북의 대화』, 고려원, 1987.

조지훈,『한국민족운동사』, 나남, 1993.

지복영,『역사의 수레를 끌고 밀며』, 문학과지성사, 1995.

최국철,『석정 평전』, 연변인민출판사, 2015.

한상도,『한국독립운동과 중국군관학교』, 문학과지성사, 1994.

한상도,『대륙에 남긴 꿈 김원봉의 항일 역정과 삶』, 역사공간, 2006.


국사편찬위원회,『일제침략하 한국 36년사』 제8·13권, 1973.

독립운동사편찬위원회,『독립운동사자료집 10』, 1976.

민족문제연구소,『친일인명사전 1·2·3』, 2009.

『김일성 저작집』 제12권, 평양: 조선로동당출판사, 1981.

『대한민국임시정부공보』, 독립기념관, 2004.

『원전공산주의대계』, 극동문제연구소, 1984.

『한국독립운동인명사전 특별판 1·2·3』, 독립기념관, 2019.


김양,『항일투쟁 반세기』, 센양: 료녕민족출판사, 1995.

김형직 편역,『불굴의 투사 -리철부 동지를 추억하며』, 센양: 료녕민족출판사, 1982.

님 웨일스·김산, 송영인 옮김,『아리랑』(개정판), 동녘, 2005.

로버트 스칼라피노·이정식 지음, 한홍구 옮김,『한국공산주의운동사』, 돌베개, 2015.

류자명,『나의 회억』, 센양: 료녕민족출판사, 1985.

리처드 로빈슨, 정미옥 옮김,『미국의 배반』, 과학과사상, 1988.

마크 게인, 도서출판 까치 편집부 옮김,『해방과 미군정』, 까치, 1986.

최봉춘 번역,『조선의용대 혈전실기』, 밀양문화원, 2006.

야마다 쇼지, 정선태 옮김,『가네코 후미코』, 산처럼, 2003.

푸자노프,『조선민주주의인민공화국 주재 소련대사의 일지 3·4』, 국사편찬위원회, 2014.


조선의용군발자취 집필조,『중국의 광활한 대지 우에서』, 연변인민출판사, 1987.

조선혁명열사전 편집위원회,『조선혁명열사전 2집』, 센양: 료녕민족출판사, 1986.

중공중앙당사 연구실,『중국공산당의 70년』, 베이징: 민족출판사, 1981.

중국조선민족발자취총서 편집위원회,『중국조선민족발자취총서 4 결전』, 베이징: 민족출판사, 1991.

한금옥·리정문 편저,『광활한 대지 우에서』, 션양: 료녕민족출판사, 1988.

劉金鏞 編譯, 朝鮮義勇隊叢書 3,『火線上的朝鮮義勇隊』, 朝鮮義勇隊, 1939.


楊昭全,『關內地區朝鮮人反日獨立運動資料滙編』, 上冊·下冊, 瀋陽: 遼寧民族出版社,
　　1987.

中國中央黨史資料征集委員會,『廣州起義』, 北京: 中共黨史資料出版社, 1988.

盛平,『中國 共産黨 人名大辭典』, 北京: 中國國際廣播出版社, 1991.

中國人民革命軍史博物館,『中國人民革命軍戰史圖集』, 北京: 新華書店 北京發行所,
　　1990.

宇都宮太郎 關係資料研究會 編,『陸軍大將 宇都宮太郎 日記 3』, 東京: 岩波書店, 2007.

司馬路,『鬪爭 十八年』, 香港: 亞洲出版社, 1951.


## 논문·잡지

김광주,「상해 시절 회상기」하,『세대』 29호, 1965. 12.

김영범,「1920년 서울, '암살단'의 결심과 의열투쟁 기획」,『한국민족운동사 연구』 제
　　79집, 2014. 6.

───,「이육사의 독립운동 시-공간(1926-1933)과 의열단 문제」,『한국독립운동사
　　연구』 제34집, 2017. 5.

───,「조선의용대 연구」,『한국민족운동사 연구』 제2집, 1988. 11.

───,「조선의용대의 항일전투 참가 실적과 화북진출 문제 재론」,『한국독립운동사
　　연구』 제67집, 2019. 8.

───,「1920년 밀양 항일폭탄 의거의 배경과 전말: 최수봉의 생애 행로와 의열단의
　　초기동향을 중심으로」,『한국민족운동사 연구』 제85집, 2015. 12.

───,「의열단 창립단원 문제와 제1차 국내거사 기획의 실패 전말」,『한국독립운동
　　사연구』 제58집, 2017. 5.

김용달,「김익상의 생애와 항일무장투쟁」,『한국독립운동사연구』 제38집, 2011. 4.

김주용,「긴 여정의 마무리, 신채호와 김성숙의 흔적을 좇다」,『독립기념관』 통권 제
　　339호, 2016. 5.

김희곤,「이육사의 독립운동에 대한 연구성과와 과제」,『한국근대사연구』 제61집,
　　2012. 6.

박철규,「의열단원 박재혁의 생애와 부산경찰서 투탄」,『항도부산』 제37집, 2019.

염인호, 「조선의용대 화북지대의 팔로군과의 연대투쟁」, 『한국독립운동사연구』 제10 집, 1996. 12.

이동언, 「이종암의 생애와 의열투쟁」, 『한국독립운동사연구』 제42집, 2012. 8.

이명영, 「동만의 풍운아 오성륜」, 『월간중앙』, 1973. 7.

이명화, 「식민지 청년 김익상의 삶과 의열투쟁」, 『한국독립운동사연구』 제52집, 2015. 12.

이승원, 「김한의 민족운동 연구」, 『한국독립운동사연구』 제74집, 2013. 3.

이정식·김성숙 대담, 「한국현대사, 중도좌파의 비극적 종말」, 『신동아』, 1988. 8.

이원규, 「김학철, 디아스포라의 인생과 문학」, 『문학선』, 2016년 여름호.

이정은, 「3·1운동과 학생층의 선전활동」, 『한국독립운동사연구』 제7집, 1993. 12.

임경석, 「임경석의 역사극장 혁명가의 총구 경성 뒤흔들다」, 『한겨레21』 통권 1171 호, 2017. 7. 24.

———, 「임경석의 역사극장 독립운동가의 마음에 어린 딸이 떠올랐다」, 『한겨레21』 통권 1248호, 2019. 2. 5.

장건상, 「독립운동 반세기의 회상」, 『세대』, 1971년 8월호.

장세윤, 「중국공산당의 광주봉기와 한인 청년들의 활동」, 수선사학회, 『사림』 제24집, 2005.

전성현, 「일제강점기 경남지역의 의열투쟁과 지역성」, 『한국독립운동사연구』 제38집 2011. 4.

최기영, 「1930년대 중산대학과 한국독립운동」, 『진단학보』 제99집, 2005. 6.

최봉춘, 「조선의용대의 창설과 활동 보유」, 『한국독립운동사연구』 제25집, 2005. 12.

———, 「중산대학과 조선인의 혁명운동」, 『사학연구』 제48집, 2004.

최용수, 「김산(장지락) 연보」(2005년 증보판), 『황해문화』, 2005년 겨울호.

한동민, 「수원의 여성독립운동가 이현경과 이선경」, 『수원역사문화연구』 통권 1호, 2011.

한상도, 「화북조선독립동맹과 중국공산당」, 『역사학보』 제174집, 2000. 6.

———, 「김원봉의 생애와 항일역정」, 『국사관논총』 제18집, 1990.

———, 「중일전쟁 직후 협동전선 운동과 전국연합진선협회」, 『한국독립운동사연구』 제10집, 1996. 12.

홍정선, 「격랑의 삶, 김학철 선생과의 대담」, 『황해문화』, 1995년 여름호.

「붉은 연애의 주인공」, 『삼천리』 제7호, 1931년 7월호.

「여기자 군상」, 『개벽』 신간 제4호, 1935년 3월호.

「영부인학력등급기」, 『삼천리』 제7권 제5호, 1935년 6월호.

「이정식 교수, '여운형은 박헌영파에 암살' 주장」, 『신동아』 576호, 2007년 9월호.


金若山, 「石正同志略史」, 『앞길』 제32기, 1943.

「金九 及 金元鳳の 合同聲明書」, 『思想彙報』 第20號, 1939년 9월.

杜君慧, 「廣州起義見聞」.

北山康夫, 「抗日軍政大學」, 『東洋史 硏究』 30券 4號, 東京, 1971.

「告朝鮮國內革命同志書」, 『朝鮮民族戰線』 第2期, 1938년 4월 25일.

## 신문

「상해 조선가정부, 미(米)의원 단일행에 조선 문제에 관한 진정서 제출계획」, 『동아일보』, 1920년 8월 8일자.

「신의주의 의열단사건도 이십팔일 검사국에 넘겨」, 『동아일보』, 1923년 3월 30일자.

「조선 안에 있는 모든 관청을 폭발탄으로 깨트리려 하던 의열단사건의 내용」, 『동아일보』, 1923년 4월 12일자.

「폭탄 삼백 개 제조, 북경의열단 본부의 활동」, 『동아일보』, 1923년 4월 12일자.

「적화(赤化)의 봉화, 독립의 맹염(猛炎)」, 『동아일보』, 1923년 4월 12일자 호외.

「자칭 의열단원 조치원에서 검거하여 대소동」, 『동아일보』, 1923년 4월 25일자.

「폭탄과 권총의 대음모, 김상옥사건의 공판」, 『동아일보』, 1923년 5월 13일자.

「의열단의 폭발탄, 일본군대용과 같이 정교한 것」, 『동아일보』, 1923년 5월 14일자.

「의열단원 동경에 독립선언을 배포」, 『동아일보』, 1923년 5월 16일자.

「의열단원 천진(天津)에 모여 남부선 파괴를 계획」, 『동아일보』, 1923년 8월 7일자.

「의열단 공판, 황옥의 진술은 무엇이라 말하였나」, 『동아일보』, 1923년 8월 9일자.

「의열단 2회공판 속보, 민족의식으로 보든지 정의인도로 보든지」, 『동아일보』, 1923년 8월 13일자.

「김약산(의열단장)을 일본인의 부탁을 받고 암살하려 한 중국인, 재판에 부쳤다」, 『동아일보』, 1923년 9월 27일자.

「의열단장 김약산 암살교사자는 모처와 연락이 있었다」, 『동아일보』, 1923년 10월 4일자.

「중국인 장아성(章阿成) 외 2인」, 『독립신문』, 1923년 12월 1일자.

「의열단사건의 김시현의 친제(親弟) 김정현, 중국에서 오는 것을 종로서에 구인하여」, 1923년 12월 23일자.

「의열단 피고, 법정에서 고성노호(高聲怒號)」, 『동아일보』, 1924년 2월 29일자.

「일본공산당과 의열단장 김원봉, 연락하야 일본대관 암살차로 단원을 일본에 보낸다는 정보」, 『동아일보』, 1924년 4월 15일자.

「상해청년동맹 선언문제 해결」, 『동아일보』, 1925년 1월 9일자.

「합치되는 두 운동」, 『동아일보』, 1925년 2월 20일자 및 2월 21일자.

「밀정 필경피살 북경에서 암살당해」, 『동아일보』, 1925년 4월 4일자.

「니주바시교 폭탄범인은 의열단원 김지섭」, 『동아일보』, 1924년 4월 25일자.

「의열단의 암살설 김원봉의 지휘로 활동한다고」, 『신한민보』, 1924년 7월 24일자.

「중국동란을 동기로 의열단의 비밀회의」, 『동아일보』, 1925년 6월 11일자.

「심방 왔던 괴청년 일거 후 유혈참시」, 『동아일보』, 1925년 8월 6일자.

「중대사명 띠고 의열단원 입경, 의열단원 양건호가 상해를 떠나 대구를 거쳐 경성에」, 『동아일보』, 1925년 10월 30일자.

「의열단원 양건호 경북 경찰부에 피착」, 『동아일보』, 1925년 11월 11일자.

「경계망을 돌파 전후출입 6차」, 『동아일보』, 1926년 1월 11일자.

「경북중대사건의 기일; 의열단 전후활동 진상」, 『동아일보』, 1926년 11월 11일자.

「김원봉을 단장으로 의열단을 조직, 군사교육 받다 시국 따라 분기」, 『동아일보』, 1926년 11월 11일자.

「관서 파괴 담당한 고인덕, 경북의열단 사건경개」, 『동아일보』, 1926년 11월 11일자.

「하씨가 감금 중 안광천 탈출」, 『동아일보』, 1928년 2월 8일자.

「조선공산당재건동맹 체계도」, 『조선중앙일보』, 1935년 8월 24일자.

「김구 발언 광복군 하나다」, 『동아일보』, 1945년 12월 1일자.

이여성, 「피로 쓴 전기 김원봉 장군」, 『신조선보』, 1945년 12월 3일자.

「중후한 협상 축하」, 『남선신문』, 1948년 4월 27일자.

「어머어마한 간첩난」, 『경향신문』, 1954년 1월 26일자.

서봉학, 「대형 다큐멘터리 중국 관내의 조선 민족(11)-혈흔」, 『연변일보』, 2006년 3월 17일자.

김승곤 구술, 『세계일보』, 1996년 9월 14일자.

「전도사 의열단원으로 다시 일어서다」, 『국민일보』, 2018년 1월 5일자.

「박열, 의열단과 관계 있다. 내 사상 일치해 제휴」, 인터넷 뉴스 매체 『뉴시스』, 2019년
　　7월 20일자.

「일본 다나카 기이치(田中義一) 폭탄세례」, 『中國日報』, 상하이, 1922. 3. 22. 국편DB.

「다나카 기이치 대장 살해를 기도한 자들의 거처에서 발견한 한국어 서류」, 『中國日
　　報』, 상하이, 1922. 4. 3. 국편DB.

「신흥무관학교 4기생 졸업식」, 『독립신문』, 1923년 2월 3일자.

최봉춘 옮김, 「전선에서의 조선의용대」, 『朝鮮義勇隊血戰實記』, 밀양문화원, 2006.

劉金鏞 編, 『國際隊伍』, 朝鮮義勇隊, 1941.

──── 譯, 「朝鮮義勇隊第一區隊血戰紀實(伍)」, 『朝鮮義勇隊通訊』第十八期, 1939. 7.

韓志成, 「目前朝鮮義勇隊的動態」, 『朝鮮義勇隊通訊』第三十期, 1939. 12.

金鐵遠, 「中條山的反掃蕩戰 —朝鮮義勇隊隊員的戰鬪日記」, 『朝鮮義勇隊』第三十六
　　期, 1940. 7.

韓志成, 「朝鮮義勇隊三年來工作的總結」, 『朝鮮義勇隊』第四十期, 1941. 10.

李貞浩, 「朝鮮義勇隊成立由來」, 『朝鮮義勇隊』第四十期, 1941. 10.


## 문서

국가보훈처, 『독립유공자 공훈록』, 국편DB.

'나혜석 검찰신문조서', 「3·1독립시위관련자신문조서」, 국편DB.

「조선총독부 국경지방 순찰 보고서」, 『백산학보 9』, 1970.

「경성복심법원 105인사건 공판시말서」, 『한민족독립운동사사료집』 제1권, 국편DB.

조선총독 齋藤實이 외무대신 內田康哉에게 보낸 보고, 「金相玉 등의 朝鮮總督 暗殺計劃
　　에 관한 건」, 1920. 8. 24. 국편DB

「조선총독부 고등경찰관계 연표」, 1922. 6. 5. 국편DB.

「김철호 경찰신문조서」, 『한민족독립운동사사료집』 제30권, 국편DB.

「서웅호 경찰신문조서」, 『한민족독립운동사사료집』 제30권, 국편DB.

「대한민국임시정부 제2회 의정원회의 속기록」, 1919. 4. 23. 국편DB.

조선총독부 立田 내무사무관 보고서, 「북경지방 재주(在住) 선인(鮮人) 일반상황」,
　　1924. 9. 8. 국편DB.

조선총독부 芳澤謙吉 지나(支那) 특명전권공사 보고서, 「북경 천진 지방 재주 선인 일
　　반상황」, 1925. 3. 20. 국편DB.

광동총영사 森田寬藏이 외무대신 幣原喜重郎에게 보낸 보고서, 「광동 황포군관정치

학교 내 조선인의 동정에 관한 건」, 1926. 4. 6. 국편 DB.

「김공신, 김성제 경찰신문조서」, 1944. 6. 19. 『한국민족운동사자료집』 제31권, 국편 DB.

조선총독부 경찰국장, 「북경에서의 조선인 학생단체 상황에 관한 건」, 1925. 5. 18. 국편 DB.

「증인 이육사 심문조서」, 1935년 5월 15일, 경기도 경찰부, 국역, 국편 DB.

강고(江高) 제2048호. 강원도 경찰부장이 경무국장 등에게 보낸 보고, 「조선혁명간부학교(군관학교) 졸업자 송국에 관한 건」, 1936. 8. 24.

경서고비(京西高秘) 제493호 경성 서대문경찰서장이 경성지방법원 검사정 등에게 보낸 보고.

경고특비(京高特秘) 제248호 경기도지사가 경무국장 등에게 보낸 보고, 「조선민족혁명당원 검거에 관한 건」, 1937. 2. 5. 국편 DB.

경고특비(京高特秘) 제1710호 경기도경찰부장이 경무국장 등에게 보낸 보고, 「조선의용대의 내용에 관한 건」, 1939. 6. 29. 국편 DB.

'개인 정보'(Information on persons) 1948. 2. 2. 「유엔 한국임시위원단 관계문서 4」 『대한민국사 자료집』, 국편 DB.

「홍명희 김규식 안재홍 김원봉 등의 동정」, 구두 정보 보고 № C-8, 1946년 3월 30일, 러시아연방국방성 중앙문서보관소 문서군 172, 목록 614631, 문서철 12.

「공산주의자들과의 면담 시도(Attempts to Interview Communists)」 1948. 2. 19. 『유엔한국임시위원단의 언론 발표 31호(UNTCOK Press Release No. 31』, 국편 DB.

의열단장 김원봉 이하 단원 일동이 1923년 6월 19일자 『조선일보』, 언문신문차압기사집 『朝鮮日報』 86-87面, 『일제침략하 한국36년사』 제7권, 국편 DB.

## 미디어자료 · 기타

기록영화 「조선의용대」.

TV 히스토리 채널 「다시 읽는 역사 호외 12: 다시 찾은 아리랑, 비운의 혁명가 김산」, 2002.

KBS TV, 「시사기획 창: 임시정부를 파괴하라」, 2019.

웹사이트 중문백과.

# 약산 김원봉 연보

| | |
|---|---|
| **1898** (1세) | 3월 14일, 경상남도 밀양군 밀양읍 성내 노하골(현 내이동 901번지)에서 출생. 아버지는 김해김씨 김주익(金周益), 어머니는 이경념(李京念)이었으며 족보에 수록된 이름은 원태(元泰)였음. |
| **1900** (3세) | 6월 24일, 이웃인 밀양읍 내이동 880번지에서 윤세주가 태어남. |
| **1905** (8세) | 봄, 서당에서 한문을 배우기 시작함. |
| | 11월 17일, 을사늑약이 체결됨. |
| **1907** (10세) | 4월, 밀양 공립보통학교 2학년에 입학함. |
| **1908** (11세) | 7월, 아버지 김주익이 밀양읍에 개설한 사립 밀흥야학교 교장을 맡음. |
| **1910** (13세) | 8월 29일, 한일강제병합 조칙 발표됨. |
| | 11월 3일, 천장절에 대한 저항으로 윤세주·한봉인 등과 일장기를 똥통에 넣음. 그 일로 공립보통학교에서 자퇴하고 동화학교로 전학. |
| **1911** (14세) | 가을, 동화학교가 폐교됨. |
| | 겨울, 이모할머니를 찾아가서 경성에 머묾. |
| **1912** (15세) | 표충사에서 수도하면서 독학함. |
| **1915** (18세) | 12월, 대한광복회의 김좌진 부사령, 만주 지린에 만주 본부, 일명 '길림광복회'를 설치함. |
| **1916** (19세) | 봄, 경성 중앙중학에 입학함. 평생 친구인 이명건(이여성)과 김두전(김약수)을 만남. |
| | 여름, 무전여행으로 전국을 유랑함. |
| | 10월, 중국 톈진으로 가서 더화학당에 입학함. |
| **1917** (20세) | 7월, 여름방학에 일시 귀국함. |
| | 11월, 대한광복회(회장 박상진) 회원들이 친일부호 장승원을 처단함. |

**1918** (21세)　2월, 황상규는 대한광복회 사건으로 일경에 쫓겨 만주 지린으로 망명함.

9월, 난징 진링대학 입오생 과정에 입학함.

**1919** (22세)　1월, 파리강화회의가 열림.

2월, 황상규, 지린에서 여준·박찬익·조소앙·김좌진·손일민 등과 「대한독립선언서」(「무오독립선언서」)에 서명함.

3월 1일, 탑골공원에서 만세운동 일어남.

3월~4월, 황상규의 연락을 받고 난징 떠나 만주로 가는 도중 3·1운동 소식을 들음. 지린 도착, 황상규를 만나 육탄혈전 비밀결사를 협의함.

4월 3일, 상하이에서 대한민국 임시정부 수립.

6월, 서간도로 가서 신흥무관학교 속성과 입학. 윤세주와 함께 육탄혈전 동지들을 규합함.

10월 10일, 지린에서 의열단 창단, 의백으로 추대됨.

11월, 폭탄을 구하러 상하이로 감.

**1920** (23세)　3월~6월, 제1차 암살·파괴 작전을 위해 곽재기·이성우 등 의열단원들과 국내로 침투.

5월, 상하이에서 도산 안창호와 만남. 임시정부 소속으로 들어오라는 권유 사양하고 폭탄피를 받음.

6월, 제1차 암살·파괴 작전 실패. 국내 침투 의열단원들 거의 체포당함. 홍범도 등 펑우둥 대첩이 일어남.

9월 14일, 의열단원 박재혁이 부산경찰서장을 폭사시킴.

10월, 김좌진 등 청산리 전투에서 대승을 거둠.

12월 27일, 의열단원 최수봉이 밀양경찰서에 폭탄을 던짐.

**1921** (24세)　9월 12일, 의열단원 김익상이 조선총독부에 폭탄을 던지고 생환함.

겨울, 레닌 자금을 받음.

**1922** (25세)　3월 28일, 의열단원 김익상·오성륜·이종암이 상하이 황푸탄에서 일본군 대장 다나카 기이치를 공격함.

6월, 의열단 제2차 암살·파괴 작전 계획을 세움.

여름, 상하이의 철공장 기사장 마첼에게 폭탄제조를 주문함.

**1923** (26세)　1월 12일, 의열단원 김상옥이 종로경찰서에 폭탄을 던짐. 17일 일경과 교전하다 순국. 상하이에서 임시정부 개편을 위한 국민대표회의가 열림.

1월, 단재 신채호가 김원봉의 요청으로 「조선혁명선언」의 초안을 작성함.

3월, 제2차 암살·파괴 작전 실패, 책임자 김한과 황옥 등이 피검됨.

봄, 다시 레닌 자금을 받음. 46,700원.

6월, 상하이에서 의열단총회를 개최해 규율 강화 명령을 하달함.

6월 16일, 중국 광저우에서 황푸군관학교가 개교함.

9월 5일, 일본의 사주를 받아 김원봉을 암살하려던 중국인 자객들 체포됨.

9월, 무기와 군자금을 획득하기 위해 홍콩에 다녀옴. 국내·일본·만주 동시 공격. 광역작전의 일본 투쟁 의열단원들이 간토대지진으로 대부분 학살당함.

10월 12일, 의열단원 위로연 개최. 160여 명의 단원이 모임.

10월, 톈진에 다녀옴.

11월, 군자금을 모으기 위해 의열단원 11명을 국내에 밀파함. 이종암·배중세·고인덕 등 국내로 무기반입, 거사 준비에 들어감.

**1924** (27세)  1월 5일, 의열단원 김지섭, 도쿄 궁성 니주바시교에 폭탄을 던짐.

4월, 의열단의 방향 선회를 고심하며 광둥성 광저우로 감.

10월, 상하이청년동맹과 논쟁, 의열단이 타격을 입음.

**1925** (28세)  2월 20, 21일, 『동아일보』에 「합치되는 두 운동」을 기고함.

3월 30일, 의열단원 이인홍과 이기환이 밀정 김달하를 처단함.

4월 17일, 경성에서 조선공산당이 창당됨.

7월 10일, 광둥에서 국민정부가 수립됨.

가을, 의열단 본부를 광둥성 광저우로 옮겨감.

11월, 이종암·배중세·고인덕 등이 무기를 국내로 반입함. 거사를 기획하다 체포당한 '경북의열단사건'이 일어남.

**1926** (29세)  3월 8일, 황푸군관학교 제4기생으로 입학함.

7월 9일, 중국에서 북벌전 시작됨.

10월, 황푸군교 제4기 졸업 사관 임명, 황푸군관학교에 배속됨.

12월 28일, 의열단원 나석주가 경성 식산은행과 동양척식주식회사에 폭탄을 던짐.

**1927** (30세)  2월 7일, 윤세주가 구속 6년 7개월 만에 출감됨.

2월 15일, 신간회를 창립함.

2월, 북벌군, 항저우·상하이·난징 점령, 이후 중국 관내 지역 대부분을 장악함.

4월, 장제스가 쿠데타를 일으켜 진보세력을 공격하자 광저우를 탈출해 상하이를 거쳐 우한으로 감.

7월 13일, 중국의 1차 국공합작이 끝남.

8월, 유자명 등과 중국공산당의 난창봉기에 참가함.

12월 11일, 광둥성에서 공산주의자들의 광저우봉기가 일어남.

**1928** (31세)　6월 9일, 북벌군이 베이징을 점령함. 북벌전이 끝남.

10월 17일, 의열단원 이해명·이지견이 베이징에서 박용만을 암살함.

10월, 상하이에서 의열단 3차대회 개최. 의열단 9주년 선언을 발표함.

육탄혈전에서 대중운동 지향으로 전환하기 시작함.

**1929** (32세)　3월, 의열단을 상하이에서 베이징으로 옮겨감. 안광천과 조선공산당 재건운동을 전개함.

가을, 조선공산당재건동맹 결성.

11월 3일, 고국에서 광주학생운동이 일어남.

**1930** (33세)　1월, 상하이에서 한국독립당이 결성됨.

2월, 의열단원인 박문호의 누이동생이며 근우회 간부였던 박차정이 망명 탈출함.

4월, 레닌주의정치학교 개교함. 『레닌주의』 창간호를 발간함.

5월 29일, 이종암이 대전형무소에서 석방 열흘 만에 옥살이 후유증으로 순국함.

9월, 레닌주의정치학교 제1기생 졸업시킴.

**1931** (34세)　2월, 레닌주의정치학교 제2기생 졸업.

3월, 박차정과 결혼함.

5월, 황상규가 사망함.

6월, 의열단원들 국내에서 조선공산당재건동맹 조선지부를 결성함.

9월 18일, 만주사변 발발.

10월, 베이징에서 의열단 제5차 임시대표회의를 개최함.

**1932** (35세)　3월 1일, 괴뢰 만주국 수립.

4월 29일, 한인애국단원 윤봉길이 상하이 홍커우공원에서 폭탄을 던짐.

봄, 황푸군관학교 동기생 텅제의 협조로 의열단 본부를 난징으로 옮김. 윤세주, 인천-톈진 항로를 타고 다시 망명함.

9월, 윤세주가 이육사를 동반해 난징에 안착, 13년 만에 김원봉과 재회함.

10월 20일, 난징 교외 탕산에서 조선혁명간부학교 개교, 교장이 됨. 제1기생으로 윤세주·이육사 등 26명이 입학함.

11월 10일, 의열단과 한국독립당·조선혁명당·한국광복군동지회·한국혁명당 등 5개 단체가 대일전선통일동맹을 결성함.

**1933 (36세)** 3월, 조선혁명간부학교 제1기생을 졸업시켜 국내와 만주로 밀파함.

6월 말, 난징에서 의열단 제7차 정기대표자회의를 개최함.

9월 16일, 조선혁명간부학교 제2기생 교육을 시작함.

**1934 (37세)** 4월 초순, 백범 김구가 조선혁명간부학교를 격려차 방문함.

4월 20일, 난징 교외 샹팡젠 황룽산 톈닝쓰 교사에서 조선혁명간부학교 제2기생 35명을 졸업시킴.

4월, 의열단원들을 중국 중앙군관학교 뤄양분교에 입학시킴.

10월, 중국공산당이 국민당군 토벌 피해 대장정에 들어감.

**1935 (38세)** 7월 5일, 난징 진링대학 대례당에서 의열단과 한국독립당 등 5개 단체를 묶어 민족혁명당을 결성하고 서기가 됨.

9월, 조소앙·박창세 등 한국독립당 계열이 민족혁명당을 탈당함.

10월, 조선혁명간부학교 3기생 36명을 졸업시킴.

**1936 (39세)** 1월, 민족혁명당 기관지 『민족혁명』 창간호를 발간함.

3월 14일, 신채호가 뤼순감옥에서 죽음.

여름, 최창익·허정숙 부부와 한빈을 만남.

**1937 (40세)** 4월, 이청천이 이끄는 조선혁명당이 민족혁명당에서 이탈함.

7월 7일, 루거우차오사건 발발, 중일전쟁이 일어남.

7월 10일, 장제스의 초청으로 김구·유자명과 장시성 루산으로 가서 회동함. 한인 진영의 통합과 단결을 통한 항일투쟁에 합의함.

8월 13일, 일본군의 상하이 진공으로 상하이사변이 발발함.

9월, 민족혁명당 소속 청년회원들을 중국 중앙군관학교 싱쯔분교에 입학시킴. 중국군 상교(대령) 김홍일이 학생감독관을 맡음.

11월 12일, 조선민족혁명당을 중심으로 조선민족해방동맹과 조선혁명자연맹의 대표자들이 모여 조선민족전선연맹을 조직함.

12월 29일, 난징 함락. 중앙군관학교 씽즈분교 생도들은 학교를 따라 후베이성 장링현으로 이동. 윤세주·김두봉 등 한인 교관들이 증강됨.

12월, 민족혁명당과 해방동맹, 혁명자연맹을 연합해 우한에서 조선민족전선연맹을 결성하고 대표로 취임함.

**1938** (41세)  4월, 국내외 혁명동지들에게 궐기 호소문을 발표함.

5월 24일, 중앙군관학교 싱쯔분교 한인 졸업생들 우한으로 이동함.

6월 10일, 최창익과 김학무 등 공산주의자들이 둥베이행 주장, 좌절되자 민족혁명당을 탈당하고 조선청년전위동맹을 결성함.

7월 7일, 한인 무장부대 계획안을 중국군사위원회에 제출함.

10월 10일, 우한 중화기독교청년회 강당에서 조선의용대 창설식을 거행함. 대장에 취임함. 저우언라이와 궈모뤄 등이 참석해 격려함. 조선의용대를 즉각 강남 및 화중 전선과 우한방위전에 투입함.

10월 하순, 조선의용대 1구대가 후난성 창사대회전에 참전해 혁혁한 승리를 거둠.

11월, 조선의용대 총대부가 구이린으로 이동함.

**1939** (42세)  1월 21일, 대외선전 정기간행물 『조선의용대통신』을 창간함.

2월, 조선의용대원들을 격려하고자 전선 시찰에 나섬.

3월 20일, 조선의용대 제1구대 유격선전대가 허베이성 스청완에서 일본군과 격전 승리함.

5월, 백범 김구가 민족혁명당을 찾아와 우호적 회합을 열고 「동지 동포에게 고함」 발표.

8월 27일, 쓰촨성 치장에서 7당 통합회의를 열어 통일전선을 구축하려 했으나 김구의 절대반공 의지와 김원봉의 용공의지가 충돌해 결렬됨.

10월, 조선혁명자연맹이 발전한 한국청년전지공작대가 창설됨.

**1940** (43세)  1월 초순, 조선의용대 편성을 구대에서 지대로 바꿈. 제3지대 신설로 규모가 커짐.

3월, 구이린이 함락되자 충칭으로 이동함.

4월 6일, 충칭 도착, 난안 탄쯔스에 주거지와 본부를 마련함. 조선의용대 제3지대에 화베이 진출 위해 충칭으로 이동할 것을 명령함.

9월 17일, 충칭에서 임시정부 산하 광복군이 창설됨.

10월 3일, 중국 기자들에게 조선의용대 화베이 진출 당위성을 설명함.

10월 10일, 조선의용대 창설 2주년 기념식에서 중국 내빈들에게 화베이 진출 당위성을 강조함.

11월 4일~18일, 조선의용대 확대간부회의에서 화베이 진출을 결정함.

**1941 (44세)** 1월 1일, 조선의용대 충칭 집결 주력이 화베이로 이동하기 위해 윤세주의 인솔로 창장강 차오톈먼 부두를 떠남.

1월 10일, 김무정과 최창익 등이 산시성 옌안에서 화북조선청년연합회를 결성, 조선의용대 수용을 준비함.

4월, 조선의용대 주력이 황허를 건너 화베이 타이항산에 도착, 적 후방에서 공작을 벌임.

9월, 김두봉이 화베이로 떠남.

12월 12일, 조선의용대 화베이지대 무장선전대가 후좌장에서 일본군과 접전, 손일봉·박철동·최철호·왕현순 네 명이 전사함. 김학철이 부상당해 포로로 잡힘.

12월 26일, 조선의용대가 싱타이에서 일본군과 접전.

**1942 (45세)** 2월, 조선의용대 화베이지대 주력, 리아호현 마티엔젠 원터우디춘으로 이동.

2월 19일, 『씬후아일보』(新華日報, 화베이판)가 조선의용대의 싱타이전투와 후좌장전투를 보도함. 충칭의 총대본부, 후좌장전투와 대원들 희생을 뒤늦게 확인함.

4월 1일, 정기간행물 『조선의용대』 42기를 「조선의용대전방진망동지추도전간호」로 발간하며 추도문을 기고함.

5월, 조선의용대가 광복군에 통합, 제1지대로 편제됨.

5월 28일, 조선의용대 화베이지대가 5월 반(反)소탕전에서 일본군 포위망을 뚫어 팔로군 지휘부의 활로를 만듦. 윤세주와 진광화가 전사함. 김원봉은 6월에야 알게 됨.

7월, 조선의용대 화베이지대가 조선의용군으로 개편하고 광복군에서 이탈 화북조선독립동맹 소속군이 됨.

**1943 (46세)** 10월, 민족혁명당 이끌고 임시정부 임시의정원에 참여, 경상도 대표위원이 됨.

12월, 광복군 부사령 겸 제1지대장이 됨.

**1944** (47세)  5월, 임시정부 군무부장에 취임함.

5월 27일, 아내 박차정이 죽음.

**1945** (48세)  1월 21일, 민족혁명당 간부 최석순의 딸인 21세 연하 최동선과 재혼.

8월 15일, 충칭에서 조국 광복을 맞음.

9월, 건국준비위원회 인민공화국 내각 군사부장으로 지명됨.

11월, 귀국을 위해 임시정부 요인들과 충칭을 떠나 상하이로 이동함.

12월 초, 충칭에서 아내 최동선이 장남 김중근을 낳음.

12월 2일, 미 군용기편으로 귀국. 다음 날 서울 도착, 한미호텔에 머묾.

12월 8일, 서울 천도교당 교회에서 열린 전국농민조합총연맹 결성식에서 연설함.

12월 10일, 『동아일보』에 인터뷰 기사 실림. 자신의 항일투쟁을 총 2회에 걸쳐 회고함.

12월 26일, 중앙중학교 강당에서 열린 전국군사준비위원회 결성식에서 연설함.

**1946** (49세)  1월 2일, 김성숙과 함께 국내 좌익 인사들과 회담함.

2월 15일, 민주주의민족전선 결성식에 참석, 공동의장이 됨.

3월 20일, 덕수궁에서 미소공동위원회 첫 회의가 열림.

9월 25일, 민주주의민족전선 홍보차 남부지방을 순회하기 시작함. 대구에 도착해 환영식에 참석함.

9월 26일, 고향 밀양에 도착, 열렬한 환영을 받고 다음 날 밀양제일국민학교에서 3만 명이 모인 환영식에서 연설함.

9월 28일, 부산 민주주의민족전선 환영식 참석, 다음 날 3·1절 기념식에도 참석함.

12월, 기록영화 「조선의용대」가 부산에서 상영됨.

**1947** (50세)  1월, 윤치영이 방문해 이승만 캠프로 오라고 권유했으나 거절함.

3월 22일, 서울역에서 수도경찰청 수사국장 노덕술에게 체포당함. 미군정의 회유를 거부함.

4월 9일, 무혐의로 석방됨. 구속 중에 차남 김철근이 태어남.

6월 초, 민족혁명당을 인민공화당으로 명칭을 바꿈.

6월 22일, 인천 민주주의민족전선의 미소공동위원회촉진대회에 참석해 연설함.

7월 19일, 여운형이 암살됨.

7월 25일, 좌익신문 『노력인민』에 여운형에 대한 조사(弔辭)를 기고함.

8월 3일, 여운형 인민장의 장례위원을 맡음.

8월 12일, 대대적인 좌익 검속에 앞서 몸을 피함.

**1948** (51세) 1월~3월, 체포를 피해 계속 잠행, 상하이에 있는 옛 비서 쓰마루와 편지를 교환함. 내키지 않으나 월북할 수밖에 없는 사정을 토로함.

4월 10일 전후, 처자와 함께 월북함.

4월 19일, 평양에서 열린 전조선남북한제정당사회단체 연석회의에 참석해 축사를 하고 23일에는 사회를 봄.

9월 9일, 북한정권이 수립되고 국가검열상에 취임함.

**1950** (53세) 6월 25일, 인민군이 남침을 감행함.

**1952** (55세) 4월 10일, 국가검열상에서 물러남.

5월, 노동상에 임명됨.

**1953** (56세) 3월, 박헌영이 '반당 반혁명' 혐의로 체포됨.

11월, 납북된 임시정부 인사들과 해후함.

**1954** (57세) 1월 26일, 『경향신문』이 김원봉 지휘 받은 간첩이 남파되었다고 보도함.

**1956** (59세) 봄, 북한에서 남로당원의 대숙청 시작됨. 이승엽·임화·이강국·이원조·김약수 등이 체포됨.

7월 19일, 박헌영 처형됨.

7월, 재북평화통일촉진협의회 결성식에 참가함.

8월, 옌안파 최창익이 '반당 반혁명' 혐의로 체포됨.

**1957** (60세) 6월~7월, 김일성이 경제원조를 요청하기 위해 소련과 동유럽 국가들 순방, 옌안파와 소련파가 권력쟁취를 기도했으나 실패함.

9월, 노동상에서 물러남. 최고인민회의 제2기 제1차 회의에서 상임위원회 부위원장에 선임됨.

**1958** (61세) 2월 8일, 김일성 수상, 「조선인민군은 항일무장투쟁의 계승자이다」연설을 통해 만주 항일 빨치산 외 의열단과 조선의용군 포함 모든 독립투쟁 무장세력을 부정함.

3월, 전후(戰後) 복구의 공로로 노력(勞力)훈장을 받음. 김두봉이 '반당 반혁명' 혐의로 체포됨.

9월, 최고인민회의 상임위원회 부위원장에서 해임됨.

10월 24일, 평양 주재 소련대사 푸자노프의 일지에 남한으로 탈출을 기도하다 체포된 것으로 기록됨.

10월 말, 자결한 것으로 알려짐.

# 찾아보기 · 인명

ㄱ

강세우 16, 21, 26, 29, 34, 104, 105, 109,
    116, 182, 184, 186-188

강택진 32, 63

강홍렬 242, 244, 245

고봉기 596, 603, 622

고인덕 131, 132, 258, 259, 645

곽재기(곽경) 21, 23, 25, 26, 29, 30, 38,
    39, 94, 95, 104, 109, 116-118, 126-
    129, 132, 134

구여순 242-244

구영필 59, 64, 65, 81, 83, 84, 90, 99,
    116, 127, 134-136, 241

궈모뤄 422, 427-429, 458

권준(권중환) 27, 30, 104, 182

김가진 325

김광서(김경천) 93, 103, 265, 499, 501,
    502, 605

김구 171, 173, 180, 195, 278, 280-282,
    328, 353, 357, 366, 369-371, 374-
    379, 381, 388, 397, 409, 412, 415,
    416, 436-438, 441, 446, 447, 451-

453, 457, 466, 484-487, 489, 491-
    493, 495, 498, 499, 514, 517, 519,
    520, 523-525, 528, 538, 539, 542,
    547, 564, 569, 589, 591, 592, 607,
    609, 610, 612, 635

김구봉 45, 514, 589, 612

김규식 60, 275, 325, 371, 375, 378-
    380, 404, 466, 467, 485, 486, 489,
    491, 493, 517, 542, 564, 573, 586,
    591, 592

김규홍 264, 265

김기득 39, 111, 112, 114, 117, 119, 124,
    127, 128, 134, 527

김달하 260-264, 266-269, 273, 280,
    318, 327, 416, 467, 489, 617

김달현 633, 634

김대지 33, 49-51, 59, 64, 66, 68, 81, 83,
    84, 87, 100, 102, 109-112, 117, 139,
    156, 157, 555

김두봉 62, 280, 333, 336, 337, 346, 371,
    376-378, 380, 385, 404, 410, 429,
    447-449, 454, 458, 460, 461, 469,

471, 475, 480, 481, 488, 493, 538, 543, 569, 591, 592, 594, 598, 600, 601, 604, 607, 609, 618, 619, 622-624, 631, 635

김립 170, 172-175

김무정 276, 277, 462, 472, 473, 518, 529, 538, 569, 599-601, 613, 615

김병환 38, 85, 102, 116, 117, 125, 127-130, 134, 135, 258, 259

김상엽 460, 461, 475, 476, 594

김상옥 156-158, 200-209, 212-214, 223, 535

김상윤(김호) 17, 25, 29, 30, 34, 38, 51, 52, 85, 98-100, 104, 109, 130-132, 235-237, 285

김성수 59, 60, 62, 509, 510, 513, 518, 536-538, 544-546, 590, 635

김성숙 88, 89, 192, 198, 283-288, 294, 296, 297, 304, 313-315, 317, 318, 321, 341, 342, 409, 421, 423, 484, 494-497, 505, 523, 525, 528, 541, 542, 546, 548, 551

김세광(김세일) 439, 449, 461, 596

김승곤 21, 421, 426

김시현 89, 196, 197, 222-225, 227, 232, 233, 242, 244, 362, 363

김애란 260, 261, 269

김약수(김두전) 32, 62, 63, 69-71, 73, 75, 76, 78, 79, 82, 83, 316, 320, 332, 376, 543, 544, 613, 618

김영범 30, 31, 41, 59, 102, 115, 136, 140, 176, 239, 241, 252, 295, 314, 360, 361, 374, 379, 416, 417, 432, 439, 453, 555

김오성 569, 571

김우영 218, 229, 232

김위 431

김익상 140-142, 149, 158-164, 181-185, 187, 188, 191-193, 197, 266, 504, 535

김인태(김철성) 63, 76, 147, 151, 217

김일성 412, 501, 502, 518, 527, 529, 538, 569, 590, 592, 594, 596, 600-605, 607-609, 615, 616, 618-625, 629-631

김재봉 320

김재영 237, 238, 274

김정현 242-245

김좌진 16, 18, 22, 67, 68, 78, 80, 81, 87, 89, 90, 98, 104, 105, 146

김주익 43, 45, 47, 49, 54, 55, 514, 515, 517, 532

김준엽 174, 341, 343, 485-488, 490

김지섭 176, 196, 197, 245-251, 253, 535

김창만 401, 594, 596

김창숙 164, 179, 260-264, 269, 280, 281

김창환 93, 380, 381

김철수 174, 320

김태석 128, 129, 134, 135

김학봉 45, 47, 80, 349, 468, 589, 638

김학철 401-407, 418, 461, 480, 594, 597, 598, 638

김한 164, 165, 201, 204, 215, 216, 221, 223, 239, 596

김혜숙 403-406

김홍일 297, 410, 413

김활란 261

김훈(양림) 106, 107, 146, 291-294, 394

ㄴ

나경석 35, 60, 362

나석주 136, 278-280

나혜석(혜석) 60, 217-220, 228, 229, 232

남정각 215, 216, 229, 232, 233

노덕술 18, 575, 580-582, 584, 592, 625, 636

노백린 173, 323, 325

님 웨일즈 143, 145, 169, 216, 287, 326, 521

ㄷ

다나카(다나카 기이치) 180-182, 184-186, 189, 191, 193, 266, 294, 404, 559

두쥔후이 296, 297, 315, 318, 418

ㄹ

랴오중카이 252, 289

레닌 169-171, 180, 238, 271

로버트 스칼라피노 176

루쉰 332

뤄루이칭 470

리지셴 311

리처드 로빈슨 542, 578, 579, 582, 583

리커농 460

ㅁ

마르크스 143, 270, 321, 600

마자르 168-170, 214, 216, 217, 221, 227, 228

마쳴 195, 196

마크 게인 572, 573

맥아더 518

문시환 242, 244, 245

미코얀 622, 625

민필호 486, 488, 490, 495

ㅂ

박건웅 288, 296, 313-315, 317, 331, 339, 340, 371

박문호 316, 331-333, 336, 376

박문희 316, 333, 335, 358

박상진 18, 19, 59

박열 239-241

박용만 123, 180, 263, 322-329

박은식 20, 60, 78, 179, 260, 280
박재혁 147-153, 156, 557, 558
박진순 170-172, 175
박차정 43, 44, 331, 333-339, 342-439,
　　351-353, 355, 359, 363, 376, 384,
　　385, 389, 390, 395, 397, 423, 429,
　　430, 440-442, 445, 460, 475, 476,
　　478, 480, 498, 500, 533, 557-559,
　　561, 594, 597, 598, 637
박태원 32, 73, 95, 136, 137, 266, 269,
　　280
박효삼 288, 294, 423-425, 431-435,
　　459, 460, 469, 470, 471, 473, 480,
　　481, 543, 595-597, 599
배동선 30, 75, 117, 118, 134, 259
배중세 38, 96, 102, 104, 118, 128, 130,
　　131, 135, 258, 259
백관수 60, 529, 613
백영무 228, 233

ㅅ

사명대사 48, 58, 440, 552, 567
사이토 마코도 129, 193, 201, 204, 205,
　　213, 215, 324, 328
살만 189
서상락 20, 23, 29, 34, 38, 96, 104, 105,
　　124, 130-132, 182, 184, 186-188
서왈보 179
서휘 621
설국환 607

성준용 93, 436
손두환 283, 286, 475
손일민 22, 35, 49, 54, 55, 57, 66, 67, 78,
　　80, 98
손일봉 461
손정도 173
송상도 123
송진우 60, 507, 508, 510, 513, 518, 536,
　　539, 564
송호 140, 179, 182
신규식 78, 173, 325
신숙 139, 180, 239
신익희 173, 202, 371, 380, 381, 404,
　　526, 539
신채호 35, 57, 78, 140, 180, 198, 200,
　　209, 211-213, 260, 264, 275, 280,
　　285, 529
신철휴 29, 30, 38, 39, 100, 109, 112,
　　125-127, 134, 258, 259
신팔균 103
쑨원 32, 70, 73, 97, 111, 177, 251, 252,
　　279
쑨촨팡 294

ㅇ

아오야마 카즈오 417
안광천 319-322, 331, 339-344, 584
안병철 362, 363
안재홍 60, 333, 507-509, 527-529,
　　536, 582, 613, 619

안중근 19, 20, 29, 40, 56, 81, 105
안창호 20, 50, 120, 123, 142, 173, 174, 180, 214, 262, 275, 323, 324, 371
양세봉 353, 366, 370
에드거 스노 521
엔도 506-508, 512
여운형 70, 180, 283, 286, 295, 506-509, 513, 517, 518, 520, 526, 529, 530, 540, 543, 548, 564-566, 569, 571-573, 578, 579, 582, 586, 588, 609, 635
여준 65, 78, 80, 89, 90, 98, 104, 180, 287, 461
예젠잉 314
예팅 314
옌시산 323
오광선 499, 525
오성륜 140-142, 157, 181-188, 191-193, 266, 283-285, 291, 293, 314, 315, 317-319, 504, 598, 599
오택 150, 151
우쓰노미야(우쓰노미야 타로) 264, 265, 329
우페이푸 294, 297
원주 스님 57, 58, 440, 567
위안스카이 92, 260
유동열 88, 323, 378, 525, 613, 618
유석현 226, 227, 229, 233, 541, 584, 585
유스 포인 116, 117
유엔한국위원단 609

유자명 164, 165, 174, 192, 209, 213, 215, 223, 226, 229, 242, 255, 260, 264, 265, 276, 278, 280, 281, 283, 285, 286, 294, 305-308, 315-318, 344, 353, 368, 369, 395, 397-399, 407, 417, 418, 421, 425, 430, 435
유창순 18, 59
윤기섭 93, 105, 380, 381, 404, 429, 436, 548, 619
윤봉길 357, 366, 371, 403
윤세복 49, 54, 78
윤세용 49, 54, 72, 78
윤세주(석정) 16, 17, 22, 26, 27, 29, 30, 36, 38-40, 46, 47, 50, 51, 85, 94, 100-102, 104, 106, 109, 124-129, 131, 132, 134, 135, 258, 358-360, 362, 363, 365, 368, 369, 374-376, 380, 386, 394-397, 399, 401, 406-408, 410, 414, 415, 422, 423, 425, 427, 430, 437, 447-449, 451-453, 458-460, 469-475, 554, 555, 636
윤숙경 202
윤자영 176, 245, 246, 253, 254
윤치형 27, 30, 37, 51, 85, 100, 102, 104, 106, 109-111, 116, 124, 134-136, 169
윤희규 45, 47, 49, 54, 55, 78, 609
이강국 565, 566, 618
이기환 266, 269, 295
이낙준 27, 30, 128, 129, 134
이덕요 101, 342, 343

이동녕 78, 90, 173, 280, 325, 381

이동휘 169, 170, 172, 173, 177, 260, 275, 323, 325

이바노프 622

이병철 38, 116-118, 130, 258

이봉창 353, 357, 366

이상룡 87, 90, 92, 93, 98, 106, 260

이상설 170

이상조 401, 594, 596, 622

이성우 17, 19, 29, 30, 38, 39, 96, 104, 105, 109, 116-118, 127-129, 132, 134, 146

이시영 78, 90, 91, 92, 173, 381, 485

이여성 32, 37, 63, 71-73, 75, 76, 78, 79, 81-83, 88, 277, 508, 526, 528, 543, 544, 546, 548-550, 629, 630

이영준 331, 339, 380

이오길 228

이용(이영) 297, 314

이원조 360, 362

이육사 359-365, 368, 369

이을규 260, 266, 269

이웅준 265, 499, 526, 541

이익성 424, 425, 435, 596

이정규 196, 260, 266, 269

이정근 17, 27

이종범 27, 82, 94, 131, 560

이종암(양건호) 259, 15-17, 19, 21-27, 29, 30, 32, 36-38, 82-84, 88, 90, 94-96, 99, 100, 104, 106, 109, 111, 112, 120, 129-133, 156, 164, 165, 169,

179, 181, 182, 184-189, 212, 213, 218, 221-223, 226, 230-233, 241-243, 255-259, 272, 274, 285, 504, 557, 559, 560, 636

이지견 322, 324, 327, 328

이집중(이인홍) 266-269, 288, 423, 425

이청천(지석규·지청천) 93, 103, 146, 265, 326, 353, 375, 379-381, 385, 386, 388, 392, 393, 405, 446, 447, 467, 479, 490, 499, 525

이춘암 288, 340, 349, 350, 362, 380, 596

이쾌대 629

이태준 167, 168, 170, 172, 179, 216, 546

이토 히로부미 19, 40, 56, 81

이해명 322-329

이현경 321, 339, 342, 343

이회영 72, 78, 90-92, 164, 260, 262-264, 266, 269


ㅈ

장건상 35, 36, 112, 113, 115-117, 120, 139, 215, 493, 494, 537, 538, 546, 548, 551, 590

장덕수 509, 518

장승원 17, 18, 35, 68, 81, 268, 581

장제스 252, 283, 286, 289, 294, 303, 304, 308, 312, 313, 331, 354, 355, 397-399, 420, 436, 437, 456, 572

장준하 485, 486, 490, 503

장지락(김산) 140, 142-145, 169, 194, 195, 216, 277, 283, 284, 286-288, 294, 296, 297, 313-315, 318, 319, 326, 327, 342, 343, 521

장택상 513, 540, 580-582

저우언라이 289, 295, 308, 341, 422, 450, 451, 453-456, 487

전홍표 49-52, 54, 55, 57, 102, 120, 555

정이소 111, 114

정인교 140

정재관 78, 170

정정화 461, 484

조동호 320

조봉암 275, 320, 565, 566, 584, 613, 628

조성환 16, 87, 326, 393, 405

조소앙 78, 80, 202, 375, 379-381, 392, 393, 405, 485, 501, 502, 526, 534, 538, 539, 607, 613, 618, 619, 628

조완구 381, 485, 607

조지 쇼 36, 37, 109, 117, 218, 219, 227, 274

조지훈 31

주더 308

진광화 471

저우쾅 90, 95, 97, 98, 100, 106, 112

정화암 195, 346, 392

ᄎ

채기중 17, 18, 59

최동선 441-443, 479, 482-484, 486, 497, 499, 562, 563, 568, 575-577, 583, 585, 589, 593, 603, 615, 626, 637

최동오 239, 371, 378-381, 404, 619

최석순 380, 406, 407, 429, 437, 441, 443, 483, 484, 487, 563, 564, 565, 593

최수봉 51, 52, 85, 125, 131, 132, 153-156

최용건 291-293, 314, 412, 593, 600-604, 622, 624-626, 628, 629, 638

최용덕 140, 179, 196, 197, 227

최재형 29, 105, 146

최창익 388-391, 411, 413-416, 418, 420, 423, 436, 446, 453, 457, 594, 597, 621, 631, 634

최채 453, 457, 471, 472

ᄏ

캉저 340, 451, 488, 490

ᄐ

텅제 290, 349-351, 353-355, 357, 370, 385, 387, 395, 398, 399, 417, 451, 462, 463, 468, 481, 491, 494, 590

톨스토이 143-145, 395

투르게네프 145, 336, 338

**ㅍ**

펑더화이 625
페퇴피 401, 402, 480
푸자노프 632, 633

**ㅎ**

하소악 395, 396, 473, 555
하지 499, 512, 513, 518, 539, 615, 635
하진동 471-473
한금원 425, 440, 476, 479
한봉근 17, 29, 30, 51, 64, 85, 125-127, 131, 135, 254, 259, 281
한봉인 30, 50, 51, 63-66, 83-85, 88, 89, 125, 127, 131, 132, 258, 259, 540
한빈 388-390, 394, 396, 410, 543, 548, 594, 597, 631
한상도 391, 593
한용운 198, 275

한위건 101, 342, 343
한춘옥 135
한형권 170-173, 175, 178, 180
허룽 308-311
허위 18, 19, 360, 363
허정숙 352, 388-390, 418, 594, 597
허중한 420, 421
현계옥 216, 217, 227
홍명희 619, 620
홍범도 73, 416
홍진 223, 393, 405, 495
황상규(백민) 17, 22-25, 31, 33, 36, 38, 47, 49-55, 59, 61, 64, 66, 68-72, 78-83, 87-90, 98-100, 102, 104, 106, 109, 120, 124, 127-129, 134, 135, 156, 268, 553, 554, 581, 589
황옥 136, 223-229, 232, 233, 239, 245, 584
황용암 589, 590
황용주 503, 504, 561, 562, 577, 578, 590
히로히토 193, 241, 496, 513, 514

# 찾아보기 · 용어

ㄱ

간토대지진 240, 242, 245

개조파 180, 217, 218

건국동맹 506, 520

건국준비위원회(건준) 508-513, 517, 518, 521, 526, 527

경북의열단사건 88, 560

경성 18, 54-57, 64, 69, 70, 73, 78, 101, 115, 124, 126-129, 134, 135, 159, 160, 163, 203, 205, 215, 217, 219, 224, 232, 233, 238, 239, 243, 276, 299, 303, 320, 335, 340, 342, 401, 403, 501, 507, 509, 517

경성일보사 116, 126

경성전기회사 215

고려공산당 169-174, 176, 177, 196, 224, 241, 253

고수파 180, 381

공산당 169, 176, 177, 215, 256, 287, 289, 306, 308, 313, 352, 387, 455, 488, 536, 537, 564, 566-578, 600

「공산당선언」 144

공산주의 36, 114, 164, 177, 178, 215, 254, 287, 290, 305, 319, 321, 331, 339-342, 352, 391, 392, 405, 438, 493, 542, 575, 578, 582, 584, 603, 609, 619, 622, 635, 636

공약 10조 27

관동군 240, 329, 521, 598

관부연락선 150

광둥성 251, 252, 305, 308, 311, 314, 318, 361

광복군 103, 266, 325, 329, 446, 447, 452, 463, 465-468, 473, 478-481, 490, 491, 493, 495, 497-499, 502, 504, 520, 525, 545, 577, 595, 614

광복군 정진대(정진대) 491, 497, 520

광복진선 409, 412, 415, 437

광시성 297, 429, 439

광저우 251-253, 255, 272-275, 283, 285, 288, 294-296, 303-305, 310, 313-315, 317-319, 321, 361, 530

구국모험단 110, 122

구이난분대 439

구이린 425, 429-431, 433, 435, 436,
　561
국가검열상 609, 610, 614, 615
국공합작 252, 284, 303, 398, 405
국군준비대 538
국민당 252, 255, 256, 279, 283, 290,
　296, 308, 314, 340, 351-354, 367,
　386, 387, 397, 399, 413, 436, 437,
　440, 447, 454, 456, 457, 459, 461,
　462, 465, 470, 479, 481, 488, 490,
　493, 520, 595, 596
국민대표회의 175, 178-180, 194, 197,
　213, 214, 217, 218, 280
국민혁명군 294, 297, 304, 307
『국제대오』 446, 447
군사통일주비회 180
군사통일촉진회 139
근로인민당 575, 586, 591
근우회 333, 335, 339, 342, 343, 348,
　352, 389-440, 597
급진대 41
기독교청년회관 421, 540, 546
「기미독립선언서」 139, 198
길림군정사 16, 20-24, 33, 35, 88-90,
　98-100, 104, 105, 111, 123, 156, 169
구이양 435
『꿈하늘』 199

ㄴ

난안 150, 475, 476, 481, 483, 484, 486,
　497
난징 29, 30, 32-34, 70, 71, 73-76, 82,
　85, 148, 167, 181, 182, 298, 332, 336,
　353, 357, 358, 360-363, 365, 367-
　370, 373-375, 377, 381, 383-386,
　388, 389, 391, 395, 397, 399, 400,
　402-404, 407, 413, 480, 494, 524,
　526, 530, 532, 543, 558, 562, 568,
　583
난창 297, 308, 312
남대문역 129, 202-204, 206, 403
남만삼천 103
남의사 353, 354, 357, 359, 375, 439,
　488, 630, 633
내정독립론 211, 271
니우마항 22, 87
니주바시교 247, 249, 404, 535
니혼대학 129, 333, 360, 571, 617
닝구타 83, 134, 241, 243, 255


ㄷ

다궁중학 413
다물단 264, 326
다포퇀 436, 450, 466, 475, 476, 477,
　484
단둥 30, 35, 36-38, 65, 66, 67, 71, 79,
　109, 116-119, 130, 132, 159, 198,
　215, 218, 226, 228, 229, 232, 244
단쯔스 450, 476
대동청년단 29

대륙농간공사 323, 324

대양표 123

대장정 387, 394, 436, 480

대한광복단 17, 20, 49

대한광복회 17, 18, 20, 24, 30, 31, 35,
47, 59, 61, 66, 68, 81, 83, 84, 98, 100,
102, 147, 156, 157, 201, 268, 581

대한독립당 375, 379, 382

「대한독립선언서」(「무오독립선언서」)
22, 23, 49, 76, 78, 80, 81, 90, 98

대한독립청년단 198

『대한매일신보』 155, 198, 220

대한민국 임시정부 20, 21, 23, 35, 38,
41, 60, 87, 92, 93, 101, 103, 104,
109-112, 115, 117, 119-123, 139,
140, 164, 169-173, 178-180, 189-
191, 194, 197, 198, 200-202, 211,
212, 215, 217, 223, 224, 238, 244,
252, 256, 261, 265, 266, 271, 272,
278-280, 282, 283, 318, 323, 325,
329, 377, 378, 381, 382, 401, 403,
437, 438, 441, 446, 451, 453, 457,
478, 498, 511, 518, 463, 466, 467,
478, 480, 481, 484, 485-487, 488-
490, 493-499, 503-505, 511, 513,
518-520, 523, 524, 527, 528, 534,
536-538, 541, 542, 545, 547, 549,
563-565, 570, 572, 576, 584, 586,
591, 593, 614, 618-620, 627, 629

더화학당 29, 33, 67, 70, 73, 85

도쿄 35, 60, 111, 142, 159, 204, 239,
240-242, 245, 246, 249-251, 253,
316, 343, 349, 353, 360, 404, 572,
630

『독립신문』 35, 85

동방노력자대학 284, 389, 394, 613

동북항일연군 412, 424, 450, 497, 502,
521, 598, 600, 601

『동아일보』 134, 205, 207, 214, 236,
244, 275, 303, 327, 342, 525, 527,
535

동양척식주식회사 32, 33, 116, 126,
136, 214, 279, 280, 299-301, 332,
404

동화학교 22, 29, 47, 49, 51, 54, 61, 63,
81, 98, 100, 125, 153, 474, 540

두취전 493


ㄹ

라오허커우 435

랴오둥반도 240, 595

『레닌전집』 271

레닌 정부 180, 238

레닌주의정치학교 331, 339, 340, 344,
369, 584

루거우차오 397

룽탕 110, 178, 182

류허현(류허) 90-93, 98, 105

뤄양 369, 370, 412, 447, 449, 597

**ㅁ**

만경대혁명학원 626, 627

만주군 521, 526, 602

먀오뤼위안 373, 386, 395, 397, 399,
400, 402, 407-409

모스크바 169, 171, 172, 174, 175, 178,
196, 224, 244, 284, 314, 320, 389,
394, 564, 597, 598, 613

모스크바삼상회의 538, 564, 570

무산자동맹 164, 215

무장투쟁론 139

미24군단 512, 513

「미국의 소리」 482, 491, 493, 507, 508

미군정청 518, 580

미소공동위원회 539, 547, 562, 564,
565, 585, 586, 588, 590

민귀대학 284

민성하오 458

민족대표 33인 352

민족유일당 372, 381

민족혁명당 34, 94, 103, 303, 325, 329,
380-386, 388-395, 399, 400, 402-
411, 413-415, 420, 421, 425, 429,
431, 436-438, 441, 445, 456, 463,
466, 476, 478, 484, 485-487, 491,
493, 530, 536-539, 542, 543, 546,
549, 550, 556, 563, 566, 578, 610,
617

민족협동전선 288, 321, 322

민주주의민족전선 437, 466, 483, 542-
544, 546-548, 551, 557, 562, 563,
565, 567, 569, 571, 578, 579, 583,
587, 592, 612

밀양경찰서 51, 126, 131, 139, 153, 154,
156, 516

밀양 공립보통학교 29, 49, 51, 64

밀양폭탄사건 96, 137, 196, 224

밀흥야학교 49, 54


**ㅂ**

바오딩군관학교 276

바후먼 15, 41, 94, 95

배재학당 56, 93

백군 170, 179, 216

『백범일지』 173, 377, 438

보도연맹 45, 612

보성전문학교 61, 333

부르주아 민족주의 271

부민단 93, 95

부산경찰서 135, 139, 147, 149, 151-
153, 156, 404, 558

부산상업학교 29, 64, 147, 334

부산진 117, 151

북간도 71, 72, 75, 91, 104, 106, 141,
146, 147, 172, 210

북로군정서 22, 72, 292

북조선노동당 575, 594, 600, 601

북진분대 439

블라디보스토크 149, 158, 170, 172, 216

ㅅ

사회주의자 32, 63, 255, 321, 389, 392, 526

산둥성 150, 298, 439

산시성(陝西省) 394, 446, 467, 491, 493, 520

산시성(山西省) 461

삼민주의역행사 340, 385, 386

상하이 20, 36, 37, 38, 60, 73, 75, 84, 87, 92, 93, 98, 109-112, 114-117, 120, 123, 139-142, 145-148, 151-153, 156, 164, 168, 169-182, 184, 189, 190, 192, 193, 195, 196, 198, 200-202, 209, 212, 214-218, 223, 226, 227, 229, 234, 236, 237, 239, 241, 244, 245, 246, 253-255, 260, 261, 266, 269, 272, 274, 276, 278, 280, 283, 284, 293, 303, 304, 306, 307, 313, 315, 319, 322, 323, 331, 336, 346, 357, 358, 362, 371, 376, 395, 403, 404, 406, 407, 413, 489, 499, 501, 502, 504, 505, 526-558, 561, 562, 573, 592, 599

서간도 16, 51, 57, 59, 66, 71, 72, 75, 84, 87, 89, 90, 91, 93, 97, 98, 104, 106, 146, 210, 240, 265

서대문경찰서 335, 340

서로군정서 93, 98

서북학회 56, 260

서울청년회 215, 320

「석정동지약사」 94, 473

성균관 198, 263

수도경찰청 580, 582, 584

쉬안우호 74, 363, 364

스자좡 349

시베리아 15, 107, 169, 171, 172, 210, 297

시안 467, 473, 491-493, 495

『시카고 선』 572

식산은행 136, 279, 280, 299, 300, 404

신간회 321, 333, 335, 339, 352, 358, 389, 526, 554

신탁통치반대국민총동원위원회 563

신탁통치안 538

신한독립당 375, 378-380, 382, 383, 392, 393

신흥무관학교 16, 20-22, 29-31, 51, 78, 84, 87, 89-100, 103-106, 142, 146, 265, 274, 292, 314, 325, 381, 385, 394, 404, 469, 491, 499, 501, 584, 605

『신화리바오』 449, 463

싱쯔현 409, 410

싱타이 463

쌴위안푸 90, 92, 93

쓰촨성 429, 437, 481

ㅇ

아나키즘 36, 164, 184, 209, 636

안봉선 71, 79, 159, 240

압록강 35, 36, 67, 71, 72, 79, 109, 124,

132, 159, 202, 203, 218, 219, 228, 229, 258, 384, 441, 595, 613

『약산과 의열단』 30, 32, 73, 95, 97, 103, 137, 266, 280, 438

연해주 17, 29, 72, 87, 104, 105, 146, 180, 291, 323, 389, 501, 529

영국 조계 36, 235, 236

옌안 145, 306, 387, 436, 444, 446, 454, 455, 473, 481, 488, 492-494, 520, 555, 594, 595, 599, 601

오성학교 29, 101

온성 141, 389

와세다대학 60, 64, 159, 389, 503

왜성대 115, 126, 161

외교론 139, 180, 221, 254, 271

외몽골 167, 168

우창 297, 304, 305, 307-310, 413

우한 307, 313, 413, 417, 418, 421, 423, 424, 427, 429, 431, 435, 494

우한방어전 427, 435

원보상회 116

위안스현 461

위임통치 139, 173

윈난강무학교 291, 293, 479

유격선전대 431, 432

육탄혈전 15, 16, 19, 21-28, 35, 36, 39, 77, 81, 90, 100, 104-107, 110, 111, 114, 124-126, 136, 137, 148, 168, 174, 176, 183, 188, 200, 239, 245, 255, 258, 284, 285, 292, 301, 384, 400, 404

의병대 18, 623

『의열단 부장 이종암전』 27, 38, 82, 94

의용단 239

이륭양행 36, 109, 117, 218, 227

이르쿠츠크 169, 215, 241, 242, 251

이종암 15-17, 19, 21-27, 29, 30, 32, 36-38, 82-84, 88, 90, 94, 95, 99, 100, 104, 106, 109, 111, 112, 120, 129-133, 156, 164, 165, 169, 179, 181, 182, 184-189, 212, 213, 218, 221-223, 226, 230-232, 241-243, 255-259, 272, 274, 285, 504, 557, 559, 560, 636

인성학교 175

인천 253, 260, 298, 336, 513, 565

인플루엔자 16, 22

일본영사관 91, 182, 191, 192, 202, 218, 284, 598

일월회 320

일합사 59, 64, 66, 83, 98, 100, 135, 147

임시군사위원회 499

임시의정원 180, 261, 280, 378, 490, 491

입오생 73, 74, 99, 167, 336, 543


ㅈ

자링강 442

『자본론』 143

자치론 211, 271

「자평명리학」 45

장링 411

장시성 311, 397, 439

장쑤성 290, 294, 308, 367, 409, 410, 443

재남조선대한국민대표민주의원 542-545, 570, 576

적군(赤軍) 171, 317

적기단 241, 243

전국농민조합총연맹 534

전국인민대표회의 512

정공단 151

제324군 부대 623

조선공산당 319, 320, 340, 341, 349, 351, 389, 391, 509, 518, 547, 548, 565, 575, 584, 600, 616

조선공산당재건동맹 339, 340, 349

조선공산당재건준비위원회 339

조선국권회복단 17, 59

조선군사령관 264, 329

조선노동조합전국평의회 579

조선민족전선연맹 409, 412, 413, 415-418, 420, 421, 441, 453

조선민족전선통일촉성회 409

조선민족해방자운동동맹 409

조선은행 33, 214

조선의용군 416, 421, 480, 481, 492-494, 497, 501, 520, 521, 538, 595, 596, 598-600, 603, 604, 611, 614, 624

조선의용대 39, 47, 51, 94, 278, 286, 355, 329, 403, 409, 415, 417, 418, 420-425, 427-429, 431, 433, 436, 438, 440, 441, 443-457, 459-463, 466-468, 470, 472-476, 478, 480, 482, 486, 488, 490, 520, 536, 545, 554, 556, 566, 584, 593-599, 603, 604, 614, 621, 624, 626, 631, 635

『조선의용대』447, 455, 463

『조선의용대통신』431, 464

『조선의용대 혈전실기』292, 405

조선인민공화국 512, 513, 517

조선청년연합회 472

조선청년전시복무단 415, 420, 416

조선청년전위동맹 405, 414, 416, 418, 420, 425, 436, 457

조선총독 215, 323, 328

조선총독부 32, 51, 115, 126, 132, 133, 137, 139, 158, 161, 162, 164, 181, 182, 188, 193, 194, 197, 207, 214, 260, 263, 404, 518

「조선총독부 소속 관공리에게」221, 227, 242

조선혁명간부학교 355, 358, 363, 365, 367, 369, 370, 374, 385, 386, 439, 568

조선혁명군정학교 403, 480

「조선혁명선언」209, 213, 214, 221, 227, 242, 258, 271, 285, 288, 529

조선혁명자연맹 409, 412, 418, 421, 437

조성내각 490

좌우합작 485, 563, 565, 582, 585, 619

좌우합작위원회 586

중산대학 285, 286, 288, 294, 296, 297, 306, 314, 315, 361, 596
중앙방송 536, 591, 611
중앙학교 29, 56-60, 62, 85, 98, 219, 227, 376, 400, 508, 526, 527, 529, 536, 540, 544, 599, 635
중화면 373
지난역 78
지린 15, 16, 18, 20-23, 30, 31, 34-38, 41, 49, 68, 76, 78-85, 87-90, 94-98, 104, 106, 107, 109, 112, 123, 128, 132, 196, 404, 535, 595, 596, 636
지우장루 188
진링대학 29, 30, 33, 70, 71, 73-75, 85, 99, 167, 336, 383, 395, 532, 543, 584
진영(進永) 117, 130, 131, 137
진지선전대 431, 432
진화이허(秦淮河) 373
집조 72, 79
징스제일소학교 260
쩌우자가 90, 91
쩡쭈쓰 367

창조파 180, 217, 272, 325
창춘 325, 596
창파오 22, 110
천도교 130, 239
충칭 413, 429, 435-437, 440, 441, 444, 445, 448-451, 453-455, 457, 458, 460, 461, 465, 467, 473, 475, 476, 479, 481, 482, 484, 487, 489, 493, 494, 496, 555, 561-563, 572, 576, 577, 590, 594, 625
치싱공원 430
진화이허 373
칠곡 18, 31, 35, 61, 68, 88, 551
칭산리 181, 292, 293, 394

## ㅋ

캉(坑) 15, 16
캉닝저 367
코민테른 178, 254, 320, 340, 351, 391, 392
쿠룬 172, 216
쿤룬관 439

## ㅊ

차오티엔먼 457, 459, 460
참정권론 211, 271
창장강 73, 74, 297, 307, 373, 413, 427, 457, 465
창사 297
창저우섬 252, 253, 273, 289

## ㅌ

타오화냐오 476, 497, 498
타이항산 39, 94, 419, 453, 458, 460, 468, 470, 473, 554
타파계급 32, 33, 177, 534
탕산 365, 367

테닝쓰 370

텐진 29, 33, 36, 66, 67, 70, 82, 85, 147,
163-165, 181, 182, 193, 202, 218,
223, 224, 226, 227, 229, 230, 240,
253, 254, 278, 280, 281, 303, 331,
362, 363, 397

『투쟁 18년』 444

퉁위전 461

퉁화현 92, 96, 104


**ㅍ**

파리강화회의 75, 76, 107, 147, 261

평신 439

평톈 49, 66, 71, 73, 76, 79, 83, 84, 89,
116, 159, 163, 193, 202, 203, 228,
362, 595

평균지권 32, 33, 177

평화통일촉진회의 619, 626-629

「폭발탄」 190, 191

폭탄제조기 20, 123

표충비각 48, 552

표충사 48, 57, 58, 147, 199, 440, 567,
568

풍기 17, 31, 49, 54, 157

프랑스공원 346

프랑스 조계 110, 111, 114, 117, 145,
168, 182, 187, 189, 191, 192, 214,
216, 224, 226, 230, 235-237, 270,
272, 274, 315, 346, 406

**ㅎ**

하니허 92, 93, 96, 104, 105

하바롭스크 170, 521, 601

하얼빈 19, 40, 596

하이허강 230

학병 485, 486, 488, 490, 503, 504, 561

한국광복동지회 371, 404

한국광복운동단체연합회 409, 416

한국국민당 381, 437, 519, 529, 536,
537, 544, 564, 590

한국대일전선통일동맹 370, 373, 374,
377, 380, 383, 404

한국독립당 489, 490, 591

한국민주당 513, 518, 543, 591

한미호텔 524, 540

한인사회당 170, 172, 173

한인애국부인회 191, 229

한인소년병학교 323

한인애국단 357, 366, 371, 375, 379

한커우 237, 238, 274, 297, 307, 413,
418, 428

항미원조 614, 621

항저우 298, 378, 503

허룽 141

허베이성 278, 461

홍군 314, 317, 387, 394, 395, 459, 595

화루강 373, 386, 396, 407, 409

화베이대학 331, 334, 337, 339

화북조선독립동맹 472, 481

화위산 471

황금정 115, 126, 163, 299, 300, 320

황룽산 370, 386

황푸군관학교 251, 252, 255, 256, 273, 274, 279, 283-286, 288-291, 293-295, 297, 304, 305, 311-315, 325, 329, 339, 341, 349, 358, 361, 365, 367, 369, 386, 394, 403, 404, 411, 417, 425, 431, 451, 460, 469, 470, 479, 535, 572, 594, 596, 598, 601

황푸탄 110, 140, 150, 168, 179, 184, 189, 191, 193, 194, 197, 201, 202, 222, 252, 266, 284, 285, 293, 294, 404, 504, 526, 559, 598

황허 448, 459, 466

후난성 97, 297, 426, 431, 438

후베이성 297, 411, 431, 435

후자화위안 367, 373, 395, 396

후장대학 503

후좌장 461, 462, 596, 598

홍커우공원 357


ML계 331, 340

3·1운동 22, 29, 31, 49, 51, 82, 93, 107, 111, 112, 119, 137, 146, 164, 197, 200, 204, 211, 218, 223, 244, 265, 271, 276, 284, 292, 323, 371, 636

CIC 565, 566, 584

OSS 491

제1차 세계대전 75, 107, 403

제2차 세계대전 451, 508, 547

제88특별저격여단 521, 601

7가살 5파괴 32, 181

8·15광복 136

사랑이여

그대를 위해서라면

내 목숨마저 바치리.

그러나 사랑이여

조국의 자유를 위해서라면

내 그대마저 바치리.

─헝가리 민족시인 페퇴피 샨도르의 시

저자 **이원규** 李元揆

1947년 인천에서 출생, 인천고와 동국대 국문학과를 나와 젊은 시절 고등학교 교사로 일했다. 1984년 『월간문학』 신인상에 단편소설 「겨울무지개」가, 1986년 『현대문학』 창간 30주년 기념 장편공모에 베트남 참전 경험을 쓴 『훈장과 굴레』가 당선되었다. 인천과 서해를 배경으로 분단문제를 다룬 소설을 주로 썼으며 분단에 대한 진보적 시각을 온건하게 표현한 작가라는 평가를 받는다. 1990년대 초, 역사에서 지워진 의열단·조선의용대 등 사회주의 계열 독립전쟁 자료를 찾고 중국과 러시아 현장을 여러 차례 답사해 신문에 르포를 연재했다. 약산 김원봉이 그 중심에 있었다. 1947년에 박태원의 『약산과 의열단』이 출간된 이후 김원봉의 전기를 처음으로 썼으며(2005년) 그 후로도 자료 수집과 답사를 계속했다. 창작집 『침묵의 섬』 『깊고 긴 골짜기』 『천사의 날개』 『펠리컨의 날개』, 장편소설 『훈장과 굴레』 『황해』 『마지막 무관생도들』 등을 출간했다. 대하소설 『누가 이 땅에 사람이 없다 하랴 1-9』, 르포 『독립전쟁이 사라진다 1-2』 『저기 용감한 조선 군인들이 있었소』(공저) 등이 있다. 평전으로는 『약산 김원봉』 『김산 평전』 『조봉암 평전』 『김경천 평전』이 있으며 일제강점기 무관 15인을 다룬 약전 『애국인가 친일인가』 등을 출간했다. 대한민국문학상 신인상, 박영준문학상, 동국문학상, 한국문학상 등을 수상했으며, 모교인 동국대 겸임교수로서 10여 년간 소설과 논픽션을 강의했다.

민족혁명가 김원봉

**지은이** 이원규
**펴낸이** 김언호

**펴낸곳** (주)도서출판 한길사
**등록** 1976년 12월 24일 제74호
**주소** 10881 경기도 파주시 광인사길 37
**홈페이지** www.hangilsa.co.kr
**전자우편** hangilsahangilsa.co.kr
**전화** 031-955-2000-3 **팩스** 031-955-2005

**부사장** 박관순 **총괄이사** 김서영 **관리이사** 곽명호
**영업이사** 이경호 **경영이사** 김관영 **편집주간** 백은숙
**편집** 박희진 노유연 최현경 이한민 김영길
**마케팅** 정아린 **관리** 이주환 문주상 이희문 원선아 이진아
**디자인** 창포 031-955-2097
**인쇄** 예림 **제책** 경일제책사

제1판 제1쇄 2019년 11월 5일
제1판 제2쇄 2022년 11월 21일

값 24,000원
ISBN 978-89-356-6328-6 03910